Nancy Storace
muse de Mozart et de Haydn

Certains éléments de cette biographie ont été et seront approfondis sur le blog consacré à la cantatrice :
Nancy Storace (1765-1817). Ann Selina, 'L'Italiana in Londra' - L'art et la vie d'une cantatrice des Lumières
http://annselinanancystorace.blogspot.fr

L'auteure peut également être contactée via emmanuelle.pesque_AT_gmail.com (remplacer _AT_ par @)

Première édition.

Illustration de couverture : d'après le portrait d'Ann Selina Storace gravé par Pietro Bettelini : « S^{ra}. Storacce » « Bettelini del et sculp / Pub^d April 12. 1788, by Moltano Colnaghi & Co. No. 132 Pall Mall / A Paris chez Tessari Zanna et Co. Quay des Augustins No. 42. » (Image tombée dans le domaine public et restaurée par Adam Cuerden.)

Crédits photographiques : Emmanuelle Pesqué, Bibliothèque nationale de France, British Library, Philafrenzy (contributeur de Wikimedia Commons). La gravure originelle de Bettellini a été retouchée par Adam Cuerden, contributeur de Wikimedia Commons.

Tous droits réservés © Emmanuelle Pesqué, 2017.
ISBN 978-2-9560410-0-9
Dépôt légal : avril 2017.

Emmanuelle Pesqué

Nancy Storace
muse de Mozart et de Haydn

2017

A Jérôme.

Avant-propos

En notant sur la partition autographe de son air de concert *Ch'io mi scordi di te* (KV. 505), *scena* concertante pour soprano et clavier, « *Composto per la Sigra. Storace dal suo servo ed amico W. A. Mozart Vienna li 26 di dec^bre 1786* », Mozart ne s'imaginait sans doute pas qu'il assurait à la dédicataire un sauf-conduit pour la postérité…

Ann Selina Storace, dite « Nancy » (1765-1817), débuta sa carrière avant ses huit ans et l'acheva en 1808. Elle est désormais connue des mélomanes pour avoir créé l'une des plus riches figures du « théâtre » mozartien, Susanna, la camériste futée des *Nozze di Figaro*. Ce rôle aurait suffi à assurer sa notoriété posthume, mais la jeune cantatrice, qui s'était déjà fait un nom en Italie avant d'être recrutée à Vienne, inspira également certains des compositeurs les plus réputés de son temps, durant son séjour viennois (entre 1783 et 1787). Pourtant c'est désormais à Mozart que son destin reste attaché…

Les assertions d'Alfred Einstein y sont pour beaucoup. Dès 1935, dans un article sur Mozart, le musicologue germano-américain se demandait quelle était la nature des liens entre la *prima buffa* et le compositeur… et s'interrogeait sur les lettres sans doute échangées entre eux : « Que sont devenus les papiers [de Storace] ? Ces lettres, qui pourraient éclairer sur les pensées de Mozart durant les mois qui séparent *Figaro* de *Don Giovanni*, ont-elles été détruites ou attendent-elles quelque part leur redécouverte ?[1] » En 1953, quand il fait paraître *Mozart, Sein*

---

[1] Les notes bibliographiques indiquent leur auteur ou référence, volume ou tome (si nécessaire), page. (Voir la bibliographie en fin de volume pour les détails.) Afin de ne pas alourdir le corpus de notes, les références précises de certaines sources des XVIIIème et XIXème siècles n'ont pas été indiquées. Toutes les traductions, hors mention contraire, sont de l'auteur. Les textes rédigés en français sont cités en italique, ainsi que les expressions d'origine étrangère. L'orthographe d'origine et la ponctuation ont été conservées, ainsi

Charakter, Sein Werk (en français, *Mozart, l'homme et l'œuvre*), son hypothèse lui est devenue une quasi-certitude : « Mais [Mozart] resta en relation épistolaire avec Anna-Selina. Que sont devenues ces lettres ? C'est un mystère, Anna-Selina les a certainement conservées comme un trésor, mais peut-être, avant sa mort [...] les a-t-elle détruites comme n'étant pas destinées à des yeux profanes[2]. » Cette interrogation s'est répandue, confortant l'image d'une liaison passionnée entre les deux musiciens...

Cet air de concert KV. 505 m'a toujours été cher, unissant en une même partition mes deux « instruments » préférés dans l'œuvre mozartienne : la voix et le clavier. Sachant que Mozart taillait ses airs sur mesure « comme un habit bien fait », Ann Storace, la dédicataire, a donc suscité mon intérêt. Peu de renseignements précis étaient à ma disposition avant 1995, quand j'ai pu consulter à la bibliothèque du Mozarteum le seul ouvrage biographique lui étant consacré, celui de Geoffrey Brace, *Anna... Susanna. Anna Storace, Mozart's first Susanna: Her Life, Times and Family,* paru en 1991. La partie britannique de la carrière de la cantatrice m'a vivement intéressée, mais j'ai été déçue en constatant que cette période si importante de sa vie n'était pas documentée avec autant de détails que les quelques années passées à Vienne. Une vive curiosité, stimulée par la mise en ligne de fonds d'archives britanniques, d'organes de presse désormais numérisés, ou la parution d'ouvrages savants sur la vie des théâtres londoniens, m'a poussée à narrer plus en détail la vie et la carrière d'une artiste à la personnalité marquante, qui inspira les plus grands. Ainsi certaines erreurs et approximations de cette biographie pionnière ont pu être corrigées.

Eclipsé par cette liaison épistolaire hypothétique, par les *Nozze di Figaro* qu'elle n'interpréta que quelques soirées, et cet air de concert KV. 505 qu'elle ne chanta probablement qu'une seule fois en public, le reste du parcours professionnel de la cantatrice s'est effacé... Sa pléthorique carrière britannique, qui la vit s'accorder au goût des élites ainsi qu'à celui du peuple, entre opéra italien et opéra anglais, mérite

---

que la mise en valeur de certains termes par des italiques ou des petites majuscules. Les termes français insérés dans un texte originellement en langue étrangère sont en italique surmontés d'un astérisque. – « *Mozart in London: Footnote to the History of Two Famous Songs* », *The Daily Telegraph* (23 février 1935). Réédition dans Einstein 1991, 196-197.

[2] Einstein 1954, 101. (Jacques Delalande, trad.)

toutefois bien plus qu'une esquisse rapide : elle sera ainsi l'objet de la majeure partie de cet ouvrage. Les nombreux comptes rendus de la presse et les écrits des contemporains, certains publiés ici pour la première fois, permettent d'en tisser une trame très serrée, comme en témoigne la chronologie de carrière publiée en annexe. Le parcours d'Ann Storace servira aussi de fil conducteur pour évoquer les conditions de travail d'un chanteur d'opéra de la période, ainsi que la vie des théâtres dans lesquels elle fut engagée.

Dans la mesure du possible, la vie privée et familiale d'Ann Storace n'a pas été négligée, ni l'image prégnante de la personnalité bien trempée d'une artiste qui ne laissait personne indifférent, et qui fréquenta ce que l'Europe comptait de plus brillant.

Car elle fut très appréciée, autant pour ses talents d'actrice que pour la conduite de son chant, bien que sa voix ait pu être décriée. Elle fut sans doute une musicienne expressive doublée d'une excellente technicienne, et ce qu'on appellerait aujourd'hui une « bête de scène ». Sans être une beauté reconnue, elle séduisait également par son charisme, sa bonne humeur et sa vivacité, traits dont Mozart tira profit pour peindre une Susanna sans doute assez proche de la personnalité de sa créatrice. Dès le lendemain de son décès, on pouvait lire ces lignes dans *The Morning Post* : « De ses talents professionnels comme chanteuse et actrice, il n'est pas nécessaire de parler. Ils faisaient les délices et l'admiration du public, et assurément, elle était insurpassée dans son style. » Si cet hommage a l'avantage de la brièveté, il ne rend compte que très imparfaitement du plaisir qu'éprouva un public venu en nombre pour l'applaudir.

Ce public n'était pas séduit par une beauté classique. Joseph Haslewood (1769-1833), un bibliographe et collectionneur, qui croquait les interprètes des théâtres londoniens, a laissé d'elle un portrait bien sévère qui frise la caricature, dans un ouvrage à charge, *The Secret History of the Green room: containing authentic and entertaining memoirs of the actors and actresses in the three Theatres Royal*[3] :

> Sa personne est petite et robuste ; son teint, très sombre. Ce n'est donc pas par la beauté de sa physionomie ou l'élégance de sa silhouette qu'elle charme : c'est par une vivacité tout à fait

---

[3] Différentes éditions, comportant quelques variantes, se succèderont entre 1790 et 1795. L'ouvrage a été publié anonymement.

enchanteresse, la malice sous-jacente de ses manières, et l'allant de son maintien, qui lui sont particulières. Tout d'abord, sa voix frappe l'oreille comme étant vulgaire, mais le goût et l'expression avec laquelle elle chante, aidées par son jeu inimitable, captive plus que les notes froides et plaintives des chanteurs anglais qui possèdent un talent naturel plus grand ; Storace, dans son jeu, est complètement italienne […] (1992)

En 1795, le même rajoutera, en s'appuyant sur ses préjugés anti-italiens, qu'« Elle a une voix flûtée d'une grande puissance et très assurée – mais son goût est mauvais. Elle dédaigne totalement la simplicité, et veut introduire une cadence *capriccioso* avec ses *dentelles* et ses *fanfreluches* de trille ouvert, au mépris du sentiment, qu'il soit le *sujet* de l'air ou sa *musique.* » A l'en croire, la Signora Storace ne serait qu'une chanteuse qui ne mériterait pas son succès… Pourtant, la même année, l'auteur des *Candid and impartial strictures on the performers belonging to Drury-Lane, Covent-Garden, and the Haymarket Theatres…*, considère qu'elle est

> Une chanteuse charmante et scientifique […] il y a tant de vivacité enchanteresse, et pour utiliser le langage de Sterne, tant d'*excellences inexprimables* en elle, qu'elle enchante toujours dès qu'elle apparaît.

Cette « science » musicale, l'historien du théâtre Thomas Gilliland en brosse un portrait tout aussi séduisant dans *A dramatic synopsis…*, paru en 1804 :

> Parmi les nombreux chanteurs qui ont été honorés de la protection du public, personne ne peut se targuer de posséder la variété de talents unis dans la Signora Storace […] si cette dame ne possédait que la part ordinaire de talent vocal, ou était même incapable de chanter correctement, sa puissance comique serait placée très haut ; mais les peuples les plus connaisseurs de ces nations où la musique et le chant sont admirés et encouragés avec extravagance, l'ont distinguée pour les pouvoirs de son chant et la douceur de son expression, qui ont réjoui les théâtres d'Italie, d'Allemagne et de France.

Comme pour tous les interprètes décédés avant l'ère de l'enregistrement, on ne peut décrire son art qu'au travers des avis de ses contemporains qui sont pour la plupart conquis. En 1795, un journaliste du *Tomahawk* est bien obligé d'en convenir : « Sa connaissance musicale est très grande, et elle doit plus à son jugement qu'à sa voix, qui n'est en aucune mesure douce, et très souvent fausse », mais « en général, il faut admettre, que la SIGNORA STORACE, si l'on doit la juger sur ses capacités musicales, est l'honneur de son pays ; et peut être justement rangée parmi les premières interprètes dans sa profession ».

Selon le graveur Abraham Raimbach, qui l'a souvent croisée dans le privé, « [s]a voix était très profonde, puissante et d'une grande étendue, parfaitement sous son contrôle, jamais fausse et remarquable pour son articulation, à la fois dans son chant et dans ses propos ». Mais comment évoquer la vocalité d'un chanteur dont il ne demeure aucune trace sonore ? La tâche est sans doute plus aisée quand l'interprète est aussi une créatrice. Ann Selina Storace, par sa notoriété et sa personnalité scénique, a eu le bonheur d'inspirer des compositeurs de tout premier plan. Les airs écrits pour elle tracent ainsi en creux un « portrait vocal » qui se prête à l'esquisse[4]. On doit se garder en partie de l'opinion des contemporains d'Ann, plus subjectifs et dont le discours obéit souvent à des formules convenues ou une idéologie sous-jacente[5]. Ainsi que le développe la musicologue Dorothea Link, « de nombreux airs écrits pour elle n'ont pas rencontré un succès public notable, mais ceux qui plurent témoignent d'une remarquable unité de style[6] ». Contrairement à ce que l'on pourrait imaginer, Ann Storace n'a pas choisi d'interpréter tous les airs qui lui étaient expressément destinés, car elle s'est abondamment prévalu de son privilège de *prima donna* : insérer des airs de substitution. Ceux-ci ne sont d'ailleurs pas toujours tombés de la plume de compositeurs de grand talent. En cela, le *Fra i due litiganti* de Sarti reste un cas d'école[7]. Un florilège des partitions écrites pour Ann, réalisé par Dorothea Link, atteste que sa tessiture allait approximativement du la2 au la4 (voire la#4 ou si bémol4)[8], soit une tessiture proche de ce que nous appelons aujourd'hui une mezzo-soprano[9], le terme étant peu usité à son époque. Elle semble avoir eu une excellente voix de poitrine et de beaux graves, ce dont témoigne l'écriture des airs mozartiens.

---

[4] Comme l'a fait Dorothea Link (Link 2002, VII-XIII.)
[5] Dubois 2013.
[6] Link 2002, VII.
[7] Link 2002, VII et 113-115.
[8] Link 2002, X-XII.
[9] C'est d'ailleurs l'opinion de Piotr Kaminski, 27-28.

Au début de sa carrière, Ann considérait apparemment qu'elle avait atteint le statut le plus éminent pour les chanteuses : celui d'une interprète d'*opera seria*[10], ce qui ne l'empêcha pas d'être rapidement distribuée comme *prima donna* dans le genre *buffa*[11], et d'y bénéficier dans chaque ouvrage d'au moins un grand air de type *seria*. L'évolution de sa typologie vocale vers les rôles plus légers semble s'être accentuée à Vienne, ce qui lui permit de se mettre en valeur avec des airs correspondant davantage à sa personnalité pétillante. La cantatrice finira par admettre que le public la préfère davantage dans des airs mettant en valeur ses talents comiques et sa présence scénique. Elle privilégiera désormais ce versant théâtral où son charisme scintille, sans pour autant abandonner les airs sérieux ou pathétiques[12]. Elle a eu également l'intelligence de tirer parti de sa formation musicale pour parodier le style sérieux, dans des airs mêlant *vis comica* et technique éprouvée. La jeune femme ne possédait pas une voix à la hauteur de ses ambitions, correspondant aux qualités attendues dans *l'opera seria*. Mais, fine mouche, elle était suffisamment musicienne pour se servir de ses limites et les transformer en atouts.

Comme beaucoup de célébrités, la *Signora* Storace défraya la chronique tout au long de sa vie. Comme toutes les « actrices[13] », Ann Selina Storace vivait sous l'œil d'un public qui ne se priva pas de commenter les nombreux remous et scandales qui émaillèrent son existence. Malgré cela, elle est respectée comme une professionnelle accomplie, sans avoir à jouer de ses charmes, par la courtisanerie qu'on attend encore des chanteuses, bien que sa carrière soit observée par ses contemporains avec les préjugés de l'époque.

Cette biographie cherche à retracer une trajectoire personnelle et artistique, indissociable des bouleversements connus alors en Europe. Elle fait découvrir la personnalité attachante d'une femme qui eut le courage de son indépendance, qu'elle conservera en dépit des limitations imposées aux « personnes du sexe », et ce, avec une telle

---

[10] *Opera seria* : terme générique, désignant en Italie des œuvres lyriques ne comprenant ni scène, ni personnage comique, et dont le sujet est tirée de la mythologie ou de l'histoire ancienne.
[11] *Opera buffa* : terme générique s'appliquant à l'opéra comique italien, aux intrigues et aux personnages ni mythologiques, ni historiques.
[12] Ce développement est inspiré par Link 2002, VIII.
[13] Ce terme englobe à l'époque autant les actrices du théâtre parlé que les cantatrices.

autorité qu'un nécrologue en déduira qu'elle « n'avait rien de féminin » ! Ann Storace eut la volonté de rester maîtresse de sa vie et de sa fortune. Elle y parvint infiniment mieux que la plupart de ses contemporaines, « *traitées en mineures pour [leurs] biens, punies en majeures pour [leurs] fautes* », comme le soulignait la Marcelline de Beaumarchais dans *La Folle journée, ou le Mariage de Figaro* (III, sc. 16)…

I
Origines : les familles Storace et Trusler

Connue de nos jours sous son diminutif de « Nancy », Ann Selina Storace l'entendra sans doute relativement peu… Pour sa mère, elle est « Ann », pour ses amis italiens, « Annina » ou « Nanzi », pour son collègue et ami Kelly, « Nancy » ! Elle signera « Ann », « Anna » ou « AS ». Contrairement à son frère qui soulignera toujours son anglicité, Ann mettra l'accent sur son italianité : « *Inglesina* » ou « *Inglese* » en Italie, elle sera la *Signora* Storace à Londres. Cette préférence linguistique affichée sera aussi une stratégie professionnelle. Son accent italien (mais n'est-il pas artificiel ?) sera remarqué quand elle se produira en anglais au théâtre de Drury Lane. Son patronyme est prononcé à l'italienne, si l'on en croit certaines orthographes : « Storache », « Storacci », « Storazzi », « Storachi » ou « Steracci ». C'est aussi l'usage du temps, que rappelle un article du *Morning Post* daté du 6 janvier 1803 : les noms d'origine étrangère gardent leur prononciation. Néanmoins, dès sa naissance, Ann est en porte-à-faux entre deux mondes. Son père, italien, catholique, a épousé une anglicane. De nationalité anglaise, Ann assurera sa réputation grâce à un répertoire italien.

A propos du nom de la famille, une fable tenace relate le changement de nom du père lors de son arrivée en Angleterre : « Storace n'est pas le patronyme d'origine de cette Dame ; on y a ajouté un "t" pour lui donner une prononciation plus délicate » (Haslewood 1790). Cette plaisanterie maintes fois citée trouve sans doute son origine dans le fameux *The Secret History of the Green Rooms…* Sous un prétexte biographique, l'auteur y énumérait des anecdotes scandaleuses sur les interprètes en vue. L'allusion – car « Sorace » est prononcé « *Sore Ass* », soit, âne endolori – atteste davantage de la xénophobie agressive dont les musiciens italiens sont souvent la cible que de la véracité de l'anecdote.

Ann Selina Storace est la fille de Stefano Storace, instrumentiste italien, et d'Elizabeth Trusler, fille de pâtissier. Immergée dès son plus jeune âge dans un milieu musical, la carrière d'Ann est façonnée par son entourage familial. Stefano, comme il est d'usage, tire le meilleur des possibilités vocales de sa fille et l'insère rapidement dans le circuit professionnel. Le frère aîné d'Ann, Stephen John Seymour (né le 4 avril 1762), deviendra un compositeur qui écrira sur mesure les principaux succès qui émaillent la carrière anglaise de sa sœur.

Ses antécédents familiaux expliquent une partie de son parcours, aussi n'est-il pas inintéressant de s'y pencher. Le réseau familial compte tout autant que les accointances professionnelles, et Ann semble avoir été bien consciente de ses obligations.

Son père, Stefano Storace, est né entre 1720 et 1725[1]. Selon ses dires, il est originaire d'« un petit village appelé La Torre della Annunziata, à près de dix lieues de Naples ». Il suit des études musicales au Conservatoire de San Onofrio. Ces rares détails sur sa vie figurent dans une curieuse lettre intitulée « Sur la piqure de la tarentule » que Stefano fait paraître dans le *Gentleman's Magazine* en septembre 1753 : ce texte explique comment Stefano aurait guéri un homme piqué par une tarentule en jouant un air spécifique au violon (la tarentelle). Cette méthode de guérison traditionnelle a été mise en doute par des observateurs plus impartiaux. La famille était-elle apparentée au compositeur Bernardo Storace, actif dans la seconde moitié du XVIIème siècle ? Ni l'origine sociale des parents de Stefano ni sa famille ne sont connues, mais leurs amis le peintre Thomas Jones et le ténor Michael Kelly[2] mentionnent que l'un des oncles paternels d'Ann était évêque à Naples.

---

[1] Dates traditionnellement avancées. Il est attesté qu'en juin 1761, il a « bien plus de vingt et un ans » (« *twenty one years and upwards* ») et qu'il est donc majeur. (London Metropolitan Archives, *Marriage Bonds and Allegations*.)

[2] Michael Kelly (1762-1826), ténor et compositeur irlandais, ami et collègue d'Ann Storace. Il créa Basilio et Antonio des *Nozze di Figaro*. Ses *Reminiscences* (1826), en réalité rédigées par le dramaturge Theodore Hook, sont une source précieuse sur la vie musicale de son temps et les Storace, bien qu'il se soit plaint que son « nègre » littéraire ait supprimé les meilleures anecdotes et rajouté des inventions de son cru.

Stefano Storace aurait commencé sa carrière comme violoniste associé aux théâtres napolitains. Son exil anglais daterait des années 1740, alors que les économies pratiquées dans ces théâtres les obligeaient à réduire les effectifs, dont ceux de l'orchestre du Teatro San Carlo. Y connut-il le grand violoniste Felice Giardini[3] qui dirigeait alors l'orchestre, comme peut le faire supposer un exercice de correspondance rédigé par l'écrivain et librettiste du King's Theatre Giuseppe Baretti (1719-1789) ? Cette invention littéraire garde peut-être une trace du réseau européen qu'avait tissé Stefano Storace avant son départ[4]… Giardini croisera par la suite le chemin des enfants Storace.

On trouve une première mention de Stefano « Storachi » sur le sol anglais en 1747 à Bristol. On le retrouve ensuite à Dublin vers 1749-1750 où il est employé en tant que directeur musical aux Great-Britain-street Gardens. Si on ne sait exactement quels sont ses autres engagements, ni pourquoi Stefano se rendit dans la capitale irlandaise, cette scène musicale très active qui pouvait se comparer sans rougir avec celle de Londres, a pu l'attirer pour sa vitalité. En 1751, Stefano et quatre autres musiciens louent pour six ans une salle de concert, le Crow Street Musick Hall[5]. La même année, des démêlés l'opposent à Thomas Sheridan (1719 ?-1788), le père du futur dramaturge et homme politique, directeur du Smock Alley Theatre[6].

Comme beaucoup de musiciens italiens, Stefano finit (vers 1758 ?) par se rendre à Londres où les opportunités étaient bien plus variées. Il est engagé au King's Theatre, l'Opéra italien de Londres, alors dirigé par la soprano Regina Valentini-Mingotti (1722-1808). Cet emploi est confirmé par un pamphlet satirique, *The Remarkable Trial of the Queen of Quavers*, mentionnant chanteurs et instrumentistes de la saison 1777-

---

[3] Felice Giardini (1716-1796), violoniste et compositeur. Employé à Naples dans les années 1730-1747, il se rendit à Londres où il obtint le poste de directeur musical ou de directeur au King's Theatre, et travailla pour de très nombreux festivals.
[4] Dans la lettre XXVIII de la *Scelta di Lettere familiari fatta per uso degli studiosi di lingua italiana*, publiée à Londres en 1779. Cette édition précisait que Baretti avait indiqué des épistoliers et des destinataires qui n'étaient en rien auteurs des lettres, et que toutes étaient de sa composition.
[5] Highfill Burnim Langhans, XIV, 305.
[6] Boydell, 81.

1778[7]. Une anecdote de cette période atteste de l'opportunisme et de la débrouillardise de Stefano : Regina Mingotti « avait l'habitude de réunir de nombreux instrumentistes à l'auberge du Prince d'Orange, au Haymarket. Elle y institua ce qu'elle appela l'Ordre de la Lyre, et le restreignit à douze personnes de ce club qui reçurent une lyre en or à arborer à la boutonnière ; elle leur fit jurer de ne jamais l'ôter. Giardini en avait une, Pasquali, une autre ; et Storace […] une troisième. » Un jour que Stefano se trouvait en compagnie de son beau-frère à Harrow, relate ce dernier dans ses mémoires, « la foule était si importante que je ne pouvais pénétrer dans l'amphithéâtre, mais au moment où Storace arriva, lequel était Italien et arborait cet ordre – Faites place, ordonna-t-on, on le prit pour un ambassadeur étranger ; les gens s'écartèrent de droite et de gauche, et nous entrâmes gratuitement. Voilà bien la force des apparences ! »

Un autre récit, plus tardif, mentionne son aspect physique : « Le vieux Storace [....] avait perdu précocement presque toutes ses dents. Ce qui, pour quelqu'un qui était incontestablement un bon vivant, était d'une grande gêne. Un dentiste réputé remédia à ce défaut : il retira celles qui restaient et équipa le patient d'un ensemble entièrement nouveau, qui fonctionnait grâce à des ressorts et qui était amovible. » Un collègue de Storace n'est pas abusé par ce dentier quand ce dernier retire « ses dents d'ivoire ». « "Peuh ! Ridicule ! Me surprendre !", répondit Foster, "je savais très bien qu'elles étaient fausses." "Comment diable pouvez-vous le savoir ?", fit Storace. "Eh bien, répondit Foster, Je n'ai jamais rien vu de véridique sortir de votre bouche[8] !" » Voilà bien un témoignage de la jalousie latente de musiciens anglais confrontés à l'afflux à Londres de confrères italiens pensant y faire fortune…

On ne sait quand Stefano troqua le violon pour la contrebasse. La seconde édition du *Thespian Dictionary* (1805) précise qu'il jouissait d'une célébrité considérable comme contrebassiste. La concurrence, importante à Londres, des violonistes italiens est-elle la raison de ce changement ? Elle était rude, comme le signale Baretti en 1766 dans ses *Letters from Italy, Describing the Customs and Manners of that Country, in the Years 1765, and 1766*, car « à peine un sur vingt se trouve mieux de vingt livres à la fin de l'année ». Toutefois la virtuosité de Stefano le

---

[7] Woodfield 2001, 171-179.
[8] « *Octogenarian Reminiscences* », dans *The Mirror of Literature, Amusement, and Instruction*, en 1831.

met en contact avec tout ce que Londres compte d'important dans la communauté musicale.

Durant la période de la fermeture estivale annuelle des trois théâtres londoniens autorisés par *patent* ou *licence*, les musiciens trouvaient des engagements dans les festivals de province ou pour les divertissements musicaux offerts par les jardins d'agrément. Les emplois d'été de Stefano lui font côtoyer une tout autre catégorie de professionnels. Entre 1759 et 1770, on trouve ainsi trace de sa participation au Three Choirs Meetings (Festival des Trois Chœurs), manifestation annuelle se tenant alternativement dans les villes de Gloucester, Hereford et Worcester. Il s'associera étroitement avec John Trusler senior, propriétaire des jardins de Marylebone, dont il épousera la fille Elizabeth quelques années plus tard.

Les parcs et jardins de Londres avaient été ouverts au public sous le règne des Stuart. Dès la fin du XVIIème siècle, on vit apparaître des « *Pleasure Gardens* », jardins publics d'agrément où, contre un droit d'entrée, les visiteurs pouvaient avoir accès à un service de restauration en plein air, à des concerts ou autres divertissements. Les lieux les plus réputés et attirant une société choisie étaient Vauxhall, Sadler's Wells et le Ranelagh. Marylebone, de par sa situation excentrée et la relative dangerosité de son voisinage (les bandits de grands chemins n'étant pas rares alentours), ne fut jamais un lieu chic, mais jusqu'à sa fermeture, tira néanmoins son épingle du jeu au sein de la concurrence que se livraient entrepreneurs et propriétaires.

Entre 1746 et 1763, John Trusler senior est le propriétaire de *The Rose*, taverne jouxtant les jardins publics de Marylebone (ou Marybone)[9]. Comme le mentionne une annonce publicitaire de 1746, il aurait été un ancien cuisinier de la duchesse douairière de Malborough, résidente régulière de Bath depuis 1716. Trusler serait originaire de Bath, si l'on en croit le ténor Michael Kelly, mais son patronyme serait d'origine suisse, une déformation de « Treslaur » en « Truslaer » puis « Trusler », selon les souvenirs de son fils, le pasteur John Trusler junior[10]. Si on

---

[9] La majeure partie des éléments sur l'activité musicale dans les jardins est empruntée à Sands 1987.
[10] Le révérend John Trusler (v. juillet 1735-23 juin 1820) fut une célébrité littéraire mineure et un compilateur infatigable. Il fit fortune en publiant en 1771 sous forme « manuscrite » un recueil de sermons imprimés laissant penser à la congrégation que le pasteur les avait lui-même rédigés.

connaît des associés au cuisinier-pâtissier, ils restent dans l'ombre. C'est à Trusler qu'on doit les innovations qui firent l'apogée de ce lieu de détente populaire. Le 21 juillet 1731, John Trusler senior épouse Elizabeth Webb[11]. Dans ses mémoires, leur fils donne quelques éléments sur sa famille maternelle qui « comptait de nombreux tisserands dans le comté du Wiltshire, et dont certains acquirent une fortune importante dans le tissage. [Ma mère] était la cousine germaine de Philip Carteret Webb, *Esq. Solicitor* [notable, homme de loi] au Trésor, et Membre du Parlement durant de nombreuses années pour la circonscription d'Haselmire [Haslemere] dans le Surrey. Mais comme je n'ai reçu aucun *avantage* d'aucun de ceux auxquels je suis allié, et peu de *retombées* de cette alliance, je n'en dirai pas davantage : ceux qui étaient riches aimaient trop leur argent pour s'en séparer au profit de leur famille ». Le membre le plus fortuné de la famille est un certain Benjamin Webb, notable de Devizes (Wiltshire), si pingre que pour ne pas payer un legs, il refusa de faire enterrer son fils six mois durant, conservant le cercueil dans sa demeure. Il n'aurait obtempéré que sous la menace d'un procès !

Dès 1746, John Trusler senior entreprit des changements. La direction musicale et la composition de la musique pour les jardins fut confiée au violoniste et compositeur Willem (ou William) De Fesch (baptisé en 1687-1761) en 1748. Trusler engagea des chanteurs plus connus comme le ténor Thomas Lowe (v. 1719-1783), si apprécié de Haendel et de Arne, qui s'y produisit à partir de 1750. En 1752, les jardins furent réaménagés et agrandis. Dès 1753, on annonça la tenue de concerts et des feux d'artifices, les dimanches. Certains sont réglés par Torre, artificier qui officiera plus tard au mariage de Marie-Antoinette en 1770. A partir de 1756, paraissent des publicités plus nombreuses, qui vantent principalement la restauration et les célèbres gâteaux au carvi[12] et « *plumb-cakes* »[13]. Les annonces précisent que le propriétaire est en mesure de fournir « café, thé, tourtes, pâtisseries et toutes sortes de vins et de spiritueux ». Trusler est aidé par une de ses filles, une « Miss

---

[11] A St Luke, Chelsea. Selon le *Marriage Allegation* (document par lequel le couple affirmait que les conditions du mariage étaient réunies) daté du 27 juillet 1731, Trusler aurait eu environ 24 ans et Elizabeth plus de vingt ans. Elle serait donc née vers 1709 et Trusler vers 1707. (Information généreusement communiquée par Mr Peter Jones.)

[12] « *seed cakes* ». Le carvi ou cumin des près, est également appelé anis des Vosges.

[13] Gâteaux aux fruits macérés dans du rhum.

Trusler » portraiturée dans une gravure datant de 1760, femme joviale et potelée, attablée devant une tourte, un verre à la main[14].

En une génération, la famille Trusler connait une belle ascension sociale. Les Trusler ont huit enfants. Le fils aîné, John, fait des études poussées ; il est admis dans l'école voisine de Mr Fountaine[15], réservée à l'aristocratie, puis en 1753 à l'Emmanuel College à Cambridge. Il entre dans les ordres (Eglise d'Angleterre) et manifeste des ambitions d'homme de lettres. Si sa carrière est bien documentée, on ne dispose que d'informations lacunaires sur les autres enfants survivants, toutes des filles. Elles paraissent, elles aussi, avoir reçu une éducation supérieure à la moyenne des femmes de leur classe sociale. Une des tantes d'Ann, « Miss Trusler », sera même, vers 1795 et 1797, responsable d'une école pour filles à Lancastre[16].

Bertha (l'aînée ?) est probablement la « Miss Trusler » puis la « Mrs Trusler » des réclames parues dans les journaux, vantant l'excellence de sa pâtisserie. Reprenant la tradition familiale, elle continuera de vendre des gâteaux à Saville Row par la suite[17]. Elizabeth, née le 1er novembre 1739[18], la mère d'Ann et Stephen Storace, parait avoir hérité du sens pratique de son père. Catherine, née le 15 novembre 1741[19], est probablement décédée avant 1749, puisqu'une autre fille est également baptisée Catherine le 25 février de cette année-là[20]. Sarah, née le 20 octobre 1743, mourra célibataire en 1821[21]. Mary, dont on ne sait rien,

---

[14] Sands 1987, Illustration 10.
[15] Fountain ou Fontayne, un ami d'Haendel qui se promenait en sa compagnie dans ces jardins…
[16] Comme l'atteste une annonce publicitaire parue dans la presse locale en 1795.
[17] Des encarts publicitaires parus en 1777 en témoignent.
[18] Elizabeth est baptisée le 26 novembre 1739 à St James, Westminster (Middlesex).
[19] Elle est baptisée le 14 décembre 1741 à Westminster.
[20] Elément généreusement suggéré par Mr. Peter Jones. La seconde Catherine, née le 28 janvier 1749, est baptisée à St Marylebone. Elle décède le 17 janvier 1826 à Maddington (Wiltshire) où son mari Joseph Legg (ou Legge), épousé en 1798, était pasteur, comme l'atteste une plaque funéraire érigée dans l'église.
[21] Sarah est baptisée le 17 novembre 1743, à St James, Westminster. Elle vivait chez sa sœur Catherine Legg(e) au moment de son décès à Maddington le 28 septembre 1821. Son nom est gravé sur la même plaque funéraire qu'elle.

faisait partie des légataires de sa mère en 1766. On perd ensuite sa trace. Un autre fils, George, né le 3 juin 1749, décèdera jeune[22].

Alors que Trusler senior est encore à la tête de l'entreprise, Stefano Storace et John Trusler junior collaborent à une *burletta*, c'est-à-dire un *opera buffa* miniature, représentée dans les jardins. Le futur ecclésiastique aborde succinctement cette période de sa vie dans ses mémoires en oubliant commodément de préciser la part que prend Stefano dans la traduction. Elle « fut jouée sur une petite scène dans le jardin, avec succès, et j'en récoltais le profit des livrets imprimés qui y furent vendus, ce qui me paya de mes efforts, et garnit ma bourse », se souvient-il. Dès 1758, Stefano Storace est le maître d'œuvre d'une série de *burlette*. La première est bien une version anglaise de *La Serva Padrona* de Pergolèse, représentée le 8 juin sous le nom de *The Servant Mistress*, avec l'adjonction d'un troisième personnage. Soixante-dix représentations se succèdent, soit une quasiment tous les soirs. Storace dirige l'orchestre. Mais ce succès amène les deux collaborateurs devant le juge, chacun revendiquant l'exclusivité de la vente des livrets imprimés, en accusant l'autre de contrefaçon... Devant le triomphe public, l'opéra est redonné au Little Theatre in the Haymarket durant l'hiver 1759, bien que cette salle n'ouvre normalement que l'été, quand les théâtres autorisés « d'hiver » ont fermé leurs portes, grâce à l'entregent de Stefano Storace. L'année suivante, il adapte musicalement et traduit seul deux autres *burlette* de Pergolèse (ou Hasse) et Galuppi. Mais toutes ses entreprises ne sont pas couronnées de succès : en 1766, son adaptation du *Devin de Village* de Rousseau sera devancée par celle du compositeur et historien de la musique Charles Burney (1726-1814), *The Cunning Man*, représentée à Drury Lane dès le 21 novembre 1766. « Mr Storace, un Professeur de Musique réputé » fera néanmoins jouer sa propre version, *The Conjuror*, à domicile une semaine plus tard[23].

Malgré la querelle avec son frère, Stefano Storace épouse Elizabeth Trusler le 16 juin 1761 en l'église St James, selon le rite anglican[24].

---

[22] Information généreusement communiquée par Mr. Peter Jones.
[23] Lettre ouverte de « *A Lover of the Science* » (Leigh, 352-353). Voir aussi Roddier, 308-309.
[24] Dans l'*Allegation* du 15 juin 1761, la future déclarait être de la paroisse de Leithhill (Surrey), et le futur de celle de St James, Westminster (Middlesex). Ils sont tous deux majeurs puisqu'ayant plus de 21 ans. Il est intéressant de noter que sur ces documents le futur époux signe « Stephen Storace ».

En 1763, John Trusler senior se sépare des jardins. Le ténor Thomas Lowe lui succède. Mais ce n'est que l'année suivante que Trusler déménage au *Gold Lamp*, dans Boyce Street, près de Saville Row. On continue néanmoins de lire dans la presse l'annonce des pâtisseries recherchées proposées par Miss Trusler. Il décède le 2 avril 1766, et dans son testament du 6 juin 1765, lègue tout ce qu'il possède à son épouse. Sa veuve meurt à son tour le 9 octobre 1766. Dans son testament daté de l'avant-veille, Elizabeth Webb-Trusler lègue un peu d'argent à ses enfants et le reliquat à sa fille Bertha, son exécutrice testamentaire, qui reprendra le commerce familial.

Quand les Trusler quittent le quartier de Marylebone, Stefano et son épouse y demeurent car ce dernier poursuit sa collaboration avec Lowe, le nouveau propriétaire des jardins. Ils partagent alors la responsabilité de l'organisation des concerts que Stefano dirige apparemment depuis le clavecin. Son implication diminue avec l'abandon de la gestion par le ténor qui a perdu ses droits au profit de ses créanciers fin 1766. En octobre 1769, après plusieurs changements de mains, Thomas Pinto et le compositeur et organiste Samuel Arnold (1740-1802) deviennent alors propriétaires de Marylebone Gardens. Le nom de Stefano réapparait alors dans les annonces[25]. On note également la présence, dans les concerts des années 1770, du jeune violoniste et compositeur Thomas Linley junior (1756-1778), dont la famille de musiciens est originaire de Bath. Né la même année que Mozart, il rencontrera ce dernier à Florence en avril 1770, où les deux jeunes garçons se lieront d'amitié. Les liens entre les familles Storace et Linley se perpétueront.

En 1774, devant la difficulté d'équilibrer les comptes tout comme celle d'obtenir une *Licence* chaque année, Samuel Arnold abandonne la direction des jardins. Ce départ met fin aux concerts. Après bien d'autres revers, les jardins ferment en 1778. Mais Stefano Storace était sans doute déjà trop occupé à lancer la carrière de sa fille pour s'en soucier…

---

[25] Mollie Sands suggère que son absence durant les années précédentes serait dû à un voyage en Italie.

II
1765-1778
Une carrière très précoce

Ann Selina Storace voit le jour le 27 octobre 1765, quatre ans après le mariage de ses parents. On ignore où elle est née exactement, mais un contemporain affirmera que c'était en Irlande[1]. John Hall[2] qui la tient sur les fonts baptismaux le 25 novembre 1765 à Westminster (Londres), s'il n'est pas musicien, gravite néanmoins dans ce milieu professionnel. C'est un graveur, auteur de nombreuses planches hors texte réalisées pour la série *Bell's British Theatre*, qui diffuse des portraits d'acteurs et de chanteurs dans ses collections de pièces de théâtre.

La famille Storace fréquente musiciens et gens de théâtre. La petite Ann est ainsi témoin de l'un des scandales les plus retentissants de l'hiver 1773. Les jeunes Richard Brinsley Sheridan[3], futur employeur d'Ann, et Elizabeth Linley[4], soprano adulée, sœur de l'ami de Mozart, viennent se réfugier pour une courte période chez les Storace au 72 High Street, Marylebone. Ils amènent avec eux un parfum de transgression et de génie : leur mariage s'était fait contre la volonté familiale, dans un tumulte rocambolesque qui ne déparait pas la

---

[1] Voir chapitre XV.
[2] John Hall (1739-1797), graveur britannique, spécialisé dans les sujets d'histoire et les portraits. Les mentions des parrains et marraines ne sont pas reportées sur les registres paroissiaux. C'est par son élève Abraham Raimbach (1776-1843) que l'on apprend qu'il était le parrain d'Ann. Selon un descendant de R. B. Sheridan, Hall aurait été à l'origine des relations entre sa famille et Storace (Sichel, 432.)
[3] Richard Brinsley Sheridan (1751-1816), dramaturge irlandais, parlementaire et propriétaire du théâtre de Drury Lane. Fils de Thomas Sheridan que Stefano Storace avait connu à Dublin.
[4] Elizabeth Ann Linley (1754-1792), soprano britannique, fille du compositeur Thomas Linley senior (1733-1795), originaire de Bath, et sœur de Thomas junior.

littérature du temps. Leur demande d'asile, avant leur installation à Orchard-Street, Portman-Square, plaide en faveur d'une certaine intimité. En se mariant avec Sheridan, Elizabeth doit mettre fin à sa brillantissime carrière : son mari, mettant en avant sa qualité de *gentleman*, considère qu'il déroge en permettant à son épouse de s'exhiber contre rémunération. A l'inverse, Ann, la petite fille de huit ans, commence à se produire en public cette saison-là...

Si on ne conserve aucun détail de son éducation musicale, elle a été indubitablement approfondie. Son frère Stephen, instruit à domicile, peut « jouer au violon les solos les plus difficiles de Tartini[5] et Giardini » à l'âge de dix ou onze ans[6]. Pour sa part, Ann peut « jouer et chanter à vue », selon Michael Kelly. Sa formation instrumentale inclut le clavecin, la harpe et la guitare, ce qui lui sera bien utile sur les scènes d'opéra. Elle sera suffisamment habile pour suggérer des mélodies et pouvoir achever en 1796 l'opéra posthume de son frère en puisant dans ses partitions antérieures. Par son environnement familial, Ann est bilingue. Elle saura suffisamment de français pour pouvoir écrire un poème[7] et connaîtra aussi quelques rudiments d'allemand. Cette éducation la place très au-dessus de certaines de ses consœurs, qui ne savaient parfois même pas déchiffrer la musique... Cet apprentissage parmi les siens comporte également un avantage : nul besoin d'un contrat où est stipulé que l'élève réside en pension chez son maître et est généralement tenu de lui reverser une partie de ses premiers cachets. Les gains de la petite fille restent donc au sein de la famille qui s'assure ainsi des bénéfices. Toutefois Ann a eu d'autres professeurs, même occasionnels : Joseph Corfe[8] et Lanza[9].

---

[5] Giuseppe Tartini (1692-1770) violoniste et compositeur italien, fondateur d'une école de violon à Padoue, auteur du « trille du diable ».

[6] *The Oracle*, nécrologie de 1796. (Cité dans Girdham 1997, 8.)

[7] L'officier Joseph Rauch raconte comment Ann a donné des leçons d'italien à l'un de ses amis, et l'a également aidé à écrire un poème en français. (Brace, 127.)

[8] Joseph Corfe (baptisé en 1741-1820), ténor, compositeur et organiste britannique. Membre de la Chapel Royal (1783) et organiste de la cathédrale de Salisbury (1792-1804), il fut un professeur de chant estimé.

[9] « Lanza, dont Storace était l'élève, sera directeur des chœurs de l'Opéra [King's Theatre] », selon une brève de *The Albion and Evening Advertiser*, publiée en décembre 1800. Giuseppe Lanza (v. 1750-après 1812) et son fils Gesualdo (1779-1859) furent tous deux des professeurs de chant réputés. Ils seraient arrivés à Londres en 1793.

Le 18 août 1773, Miss Storace, « une enfant qui n'a pas encore huit ans » se produit en concert dans les Martin's Rooms à Southampton, alors une élégante ville balnéaire. Quelques jours après, une lettre publiée dans le journal local déplore que l'excellence de la jeune chanteuse, dont « la jolie figure, la voix et le goût » sont « admirables » et qui déploie une « manière de chanter magistrale, avec une prononciation claire et distincte », n'ait guère attiré de public[10]. Le 25 août 1773, un « déjeuner public avec un concert de musique vocale et instrumentale » se tient au même endroit[11]. Outre la petite Ann, se produit le violoniste espagnol Nicholas Ximenez, un collègue de Stefano Storace. Après plusieurs concerts, on en annonce un au bénéfice[12] de la jeune artiste, encouragée par « plusieurs dames distinguées » ; le 17 septembre, « Miss Storace chantera une série de nouveaux airs[13] ». Le 22 septembre, un autre bénéfice a lieu, mais Stefano Storace a perdu de l'argent dans l'entreprise.

Ces concerts contrarient les plans de son père Stefano et de Stephen, engagés au Three Choirs Festival. Elizabeth Sheridan y est également attendue. L'opposition intransigeante de Sheridan à la poursuite de la carrière de son épouse donne lieu à des tractations serrées entre le mari irrité et Stefano Storace qui avait arrangé ce qui fut la dernière apparition publique d'Elizabeth[14]. La jeune femme se produira finalement gratuitement pour complaire à Sheridan[15]... Pris par ses obligations, Stefano doit laisser à Southampton sa très jeune fille, vraisemblablement chaperonnée par sa mère. Avec un sens très sûr de

---

[10] Lettre ouverte datée du jeudi 19 août 1773, qui a tout de la publicité déguisée, publiée dans *The Hampshire Chronicle* du 23 août 1773. Elle mentionne un concert donné « Mercredi dernier » (et non pas « hier »), mais une annonce du concert dans *The Hampshire Chronicle* du 16 août donne bien la date du 18. (Robertson-Kirkland, 108.)

[11] Déjeuner à dix heures, concert à midi. (*The Hampshire Chronicle*, 23 août 1773.)

[12] Un bénéfice (*Benefit night*) est une représentation dont le produit est abandonné par le théâtre à un comédien, à un auteur, etc. Le bénéficiaire organise entièrement la représentation, le programme, vends lui-même les billets et s'occupe de la publicité. Le théâtre déduit généralement de la recette les frais d'occupation du lieu. Certains interprètes se rendent réciproquement service en jouant gratis pour leurs collègues.

[13] *The Hampshire Chronicle*. (Cité par Matthews 1969, 735.)

[14] Les lettres de Sheridan sont reproduites dans Moore, 116-119.

[15] Kelly 1997, 54-55.

la publicité, il lui attire les faveurs de la bonne société par l'insert d'une annonce dans la presse locale. En suscitant ainsi la compassion sur l'abandon de sa fille, Stefano Storace attire également l'attention de futurs mécènes :

> Mr. Storace (toujours plein de gratitude & prêt à obliger le Public, particulièrement les *Ladies* & *Gentlemen*, qui ont prêté attention à son Enfant, et l'ont encouragée à demander un Bénéfice) espère, que durant son Absence (étant obligé de se rendre aux rencontres musicales de Worcester), son Enfant se trouvera sous la Protection de la *Nobility* & de la *Gentry*, auxquels elle ira respectueusement présenter ses Hommages dans leurs demeures[16].

Cette stratégie est courante dans le contexte économique du temps, ainsi que le précise Ian Woodfield : « Une partie substantielle du public des concerts était encore constituée de patrons privés, dont l'aide était obtenue de manière plus efficace à travers un contact direct[17] ». L'insert de publicités pour les concerts dans les journaux, les comptes rendus qui pouvaient en être faits, les paragraphes artificiellement louangeurs sur un interprète – ce que l'on nomme des « *puffs* », articles « gonflés » inspirés par les intéressés, comme l'explique si bien le personnage du même nom dans la pièce parodique de Sheridan sur le théâtre, *The Critic* (1779)[18] – ou encore la diffusion d'affichettes-programmes (*handbills*) ne garantissaient pas forcément le remplissage de la salle ou le retour sur investissement. Mieux valait, en effet, se constituer un réseau de protecteurs qui soutiendra la renommée de l'artiste et qui fournira un public régulier pour ses représentations « à bénéfice ».

Encouragé par un accueil favorable, Stefano fait ensuite engager sa petite fille au Festival annuel de Salisbury, qui se tient en octobre dans les *Assembly Rooms* (salons publics de la ville). Le 3 octobre 1773, Ann est déjà sur place, comme en témoigne Gertrude Harris (1750-1834), une des filles du directeur du festival, James Harris[19] : « *Quelques un des*

---

[16] *The Hampshire Chronicle*. (Cité par Matthews 1969, 735.)
[17] Woodfield 2003, 1.
[18] Le personnage de Puff explique comment bonimenter dans les articles de presse, en utilisant « *the PUFF DIRECT – the PUFF PRÉLIMINARY – the PUFF COLLATÉRAL – the PUFF COLLUSIVE, and the PUFF OBLIQUE, or PUFF by IMPLICATION* » ! (*The Critic*, I, sc. 2.)
[19] James Harris (1709-1780), politicien et grammairien. Originaire de Salisbury, il était l'un des directeurs de la société de concerts locale et du

musiciens sont déja arrivee [;] la petite Storace agee de huit [ans] dois chanter quelques airs [;] il est etonnant a son age d'entendre comme elle chante bien[20] ». Le compositeur John Marsh (1752-1828), qui assiste au concert du 8 octobre où la jeune Ann interprète « plusieurs airs italiens », note :

> Eté le soir au concert de pièces variées (*Miscellaneous Concert*), qui était bien beau & plus rempli que le soir précédent. J'y ai entendu le célèbre Fischer[21] au hautbois, qui a joué 2 concertos (dont un avec *Gramachree*[22]) Bach au clavecin & Cervetto le jeune[23] au violoncelle […] Les principaux chanteurs étaient Mlle Storace (l'actuelle Signora alors enfant, qui dansa après avec beaucoup d'allant), Messrs Norris d'Oxford, Parry & Corfe de Sarum avec le maître des chœurs Master Amor, dont je me rappelle que nous fûmes ravis la veille au soir par son chant avec Miss Storace, dans le duo « *My Faith & Truth* » [du *Samson* de Haendel][24].

La petite Ann est associée dès ses premiers concerts aux instrumentistes les plus appréciés du moment… Joseph Corfe est peut-être déjà son professeur[25]. Sont aussi présents la soprano Cecilia Grassi (1740 ?-après mai 1782), future épouse de Johann-Christian Bach (1735-1782), le plus jeune fils du Cantor, qui est engagée pour *Samson* d'Haendel ; pour sa part, son fiancé « gratifi[e] la compagnie d'une élégante prestation au clavecin[26] ». Un compte rendu de presse ajoute

---

festival annuel de musique. Il fut ami d'Haendel. Membre du Parlement dès 1761, il passait la moitié de l'année dans sa résidence londonienne. Son fils, également prénommé James (1746-1820), fut le premier comte de Malmesbury. Toute la famille était passionnée de musique. Une partie de leur correspondance est rédigée en français.

[20] Burrows Dunhill, 744.
[21] Johann Christian Fischer (1733-1800), hautboïste et compositeur allemand. Il s'était fixé à Londres en 1768 et se produisait dans toutes les meilleures sociétés musicales de l'époque. Ses variations sur « *Gramacree Molly* » (une chanson irlandaise) furent publiées.
[22] Une ballade populaire.
[23] James Cervetto (1748-1837), compositeur et violoncelliste formé par son père Giacobbe Cervetto, et le gambiste et compositeur allemand Carl [Karl] Friedrich Abel (1723-1787), lequel s'associa avec J-C Bach pour organiser des séries réputées de concerts, entre 1765 et 1781.
[24] Marsh Robins, I, 112. – J. Marsh a revu son journal par la suite, comme certaines tournures le prouvent.
[25] Robertson-Kirkland examine l'apport de l'enseignement de Corfe à travers son traité de chant (112-126).
[26] *The Salisbury Journal*. (Cité par Matthews 1969, 735.)

qu'il « ne faut pas oublier de rendre justice aux grands mérites de Miss Storace, qui a chanté plusieurs airs avec beaucoup de vivacité et a montré des signes peu communs de génie[27] »... Sa carrière débute donc sous les meilleurs auspices.

Il est désormais temps pour Stefano Storace de présenter sa fille sur la scène londonienne. Ce sera à l'occasion du concert à bénéfice de Mr. Evans, un harpiste, au Little Theatre in the Haymarket le 15 ou 16 avril 1774[28].

En août 1775, à Southampton, Ann participe à un concert aux côtés de deux membres de la famille Corfe : l'instrumentiste joue dans l'orchestre auprès de Stefano, alors que « Miss Storace et Mr Corfe sont [...] grandement admirés dans leurs airs » (*The Hampshire Chronicle*). Quelques mois après, Ann devient l'élève du célèbre castrat Venanzio Rauzzini[29], une figure musicale londonienne. Stefano Storace le connaissait sans doute de ses années d'instrumentiste au King's Theatre où le chanteur jouissait d'une belle réputation. L'intervention d'un professionnel prestigieux est probablement devenue nécessaire pour le développement vocal de la petite fille[30].

Après Jean-Chrétien Bach et Thomas Linley junior, le castrat est un autre lien entre Ann et Wolfgang Amadeus Mozart. Cet ancien élève de Porpora a créé Cecilio dans *Lucio Silla* (KV. 135) à Milan en 1772. Le Salzbourgeois a également composé à son intention la première mouture de son motet *Exsultate Jubilate* (KV. 165). La méthode de chant de Rauzzini, telle qu'il l'exposera dans son *Twenty Four Solfeggi or Exercises for the Voice to be Vocalized* (1816) insiste sur deux principes : les difficultés des partitions interprétées doivent être en deçà de la tessiture et des moyens du chanteur, et le texte doit être clairement

---

[27] *Ibid.*
[28] McVeigh, *Calendar* (n°1792) donne la date du 15 avril, mais une publicité parue dans le *Gazetteer* du 16 avril semble indiquer un report du concert. (Nigh, 428.)
[29] Venanzio Rauzzini (1746-1810), castrat soprano et compositeur italien. Il se fixa en Angleterre en 1774 et devint l'un des chanteurs les plus appréciés du public au King's Theatre.
[30] Robertson-Kirkland pense qu'Ann est entrée en apprentissage chez le castrat. Comme aucune trace de l'accord entre les Storace et Rauzzini n'a vu le jour, on ne sait si ce dernier fut payé ou s'il toucha une partie des cachets de son élève (233-234).

audible. La sélection de son programme témoigne de son but : la « flexibilité et la dextérité vocale doivent être atteintes par des exercices de vocalises apparemment simples, puis de plus en plus difficiles »[31]. Comme le souligne Mollie Sands, « les traités d'art vocal qui nous sont parvenus, et les commentaires de critiques intelligents comme le Dr Burney mettent en évidence qu'on s'attendait qu'un chanteur bien formé, quel que soit son type de voix, ait un bon legato et une bonne *messa di voce*, une agilité brillante, un trille égal, un répertoire d'"ornements" et quand il s'agissait de chanter en anglais, une bonne prononciation. Savoir respirer était un *sine qua non*[32] ».

Brianna Robertson-Kirkland a souligné que les interruptions entre les apparitions publiques d'Ann correspondent vraisemblablement aux changements de ses professeurs et à leurs nouvelles méthodes de chant[33]. Rauzzini permet à Ann de faire sa toute première apparition sur les planches à onze ans en Cupido dans *Le Ali d'Amore* (Les Ailes de l'Amour), son opéra créé au King's Theatre le 29 février 1776. Cupido intervient lors des deux dernières scènes, en « *deus ex machina* » surgissant de l'enclume de la forge de Vulcain, ce qui a sans doute beaucoup amusé la jeune interprète qui chantait un air précédant le finale, « *Dolci amanti, se bramati (sic)*… ».

Ann accompagne également son professeur au festival de Winchester où Haendel domine la programmation, avec *Judas Maccabeus*, *Joshua* et *The Messiah*. Le 5 septembre 1776 au soir, se tient un concert d'airs variés où la jeune fille interprète airs et duos avec Rauzzini devant la très nombreuse assistance aristocratique que la presse énumère avec délices…

La saison des oratorios, qui remplacent les opéras durant le Carême, donne également à Ann l'occasion d'apparaître en 1777 à Covent Garden aux côtés du castrat Giusto Ferdinando Tenducci (v. 1735-1790), dit « *il Senesino* ». Haendel est une fois de plus à l'honneur. L'oratorio de Thomas Augustine Arne (1710-1778), *The Prodigal Son* (Le fils prodigue), est également programmé. Toutefois le critique

---

[31] Chancellor 1990, 105. – Sur l'enseignement de Rauzzini, voir Robertson-Kirkland, 77-104.
[32] Sands 1942, 76.
[33] Robertson-Kirkland, 113, 137. – G. Brace avait avancé que Rauzzini aurait tenté de réparer des dommages causés par un début de carrière précoce en interdisant à sa jeune élève de se produire en public (22-23).

publiant un avis dans *Le Courier de l'Europe*, n'est guère convaincu par le talent d'Ann :

> *[O]n fit à Covent-Garden l'ouverture des oratorios par celui de Judas Maccabée : Signor Tenducci, Mr. Saville, Mr. Reinhold, les demoiselles Storace & Harrup (sic), chantèrent les différentes parties, & furent applaudis à proportion de leur mérite qui ne laisse pas d'avoir des nuances très-fortes. L'Italien écrasoit tout ; cet homme est un très-grand chanteur dans ce genre. Le Sr Saville étoit un débutant, on l'applaudit comme tel par excès d'indulgence ; il promet cependant. La pauvre Miss Storace ne donne aussi que de l'espérance : quant à la demoiselle Harrup (sic), il est difficile de trouver une plus belle voix, la méthode & le goût viendront quand il plaira à Dieu. [...] Ce concert étoit sous la direction du docteur Arnold, qui a trouvé dans les marques de la satisfaction publique le prix des soins qu'il n'avoit pas épargnés.* (Le Courrier de l'Europe: gazette anglo-françoise)[34]

Cette prestation du 14 février 1777 est également commentée en détail par John Marsh qui remarque qu'Ann chante ses cadences en étant totalement dépourvue de la timidité qui inhibe la soprano Sarah Harrop (v. 1755-1811)[35]. L'assurance de « Miss Storace » ne se manifeste pas uniquement en scène. Marsh décrit une personnalité extravertie, bien éloignée de la retenue attendue chez une jeune fille. Ces reproches, vulgarité et sans-gêne, la suivront longtemps. Il note que « Le soir suivant, j'ai [...] rencontré un certain Mr. Shute et son fils, ce dernier joue bien du violon. Comme ils logent en face de Miss Storace, Mr. Shute nous a régalés de plusieurs anecdotes sur son effronterie & ses manières impudentes[36] ». Mais Marsh, qui subira par la suite le franc-parler de la cantatrice, est-il totalement neutre ? Il demeure que la désinvolture d'Ann peut faire obstacle à une réussite professionnelle qui dépend tout autant d'une bonne réputation…

Les 13 et 20 mars 1777, une version modifiée de *Le Ali d'Amore* est rejouée au King's Theatre. Cette fois, Ann partage l'affiche avec Rauzzini et la soprano Cecilia Davies (v. 1757-1836), surnommée *l'Inglesina*, l'une des rares chanteuses britanniques à faire une grande carrière en Italie. En cette fin de saison, la jeune fille est bien moins

---

[34] Ann est fortement critiquée, puis défendue, dans deux lettres ouvertes anonymes publiée par *The Morning Chronicle*. (Robertson-Kirkland, 129-130.)
[35] Marsh Robins, I, 158-159.
[36] *Ibid.*, 159.

sollicitée. Elle n'en chante pas moins en privé, comme pour ce concert chez James Harris, qui mentionne :

> On a donné le *Miserere* chez moi devant environ une centaine de personnes de la meilleure compagnie. – Voix Miss Steracci & Rauzzini les deux sopranos, ma fille Louisa[37] le contre-ténor, Trebbi le ténor, Webb la basse – Sacchini dirigeait depuis le pianoforte, assisté de Mr Leaves au violoncelle, Mr Bates à la contrebasse[38].

Le 5 juillet 1777, pour l'ultime soirée de la saison du King's Theatre, Antonio Sacchini[39] dirige *Le Ali d'Amore*. Cette soirée est aussi l'occasion des adieux de Venanzio Rauzzini à cette scène. Avant le ballet conclusif, il interprète *La Partenza*, « une cantate composée par le Sgr. Venanzio Rauzzini et chantée par lui-même et Miss Storace à l'Opéra[40] », en remerciement au public. Rauzzini et Sacchini entretenaient des relations très cordiales, mais elles auraient commencé à se rafraichir dès 1776, bien avant la célèbre controverse de 1782 où Rauzzini revendiqua la paternité d'arias signées Sacchini : Sacchini étant au faîte de sa gloire londonienne, les ouvrages du castrat faisaient désormais pâle figure[41].

Après le retrait de Rauzzini de la scène d'opéra[42], Sacchini accepte Ann comme élève[43], dérogeant à son habitude. En effet, une lettre

---

[37] La fille de James Harris, Louisa (1753-1836), fut une excellente chanteuse amateur.
[38] Burrows Dunhill, 933.
[39] Antonio Sacchini (1730-1786), compositeur italien. Arrivé à Londres en 1772, il y demeura une dizaine d'années. Son premier opéra pour le King's Theatre en 1773, *Il Cid* avait été reçu avec enthousiasme.
[40] On trouve une analyse de la partition de cette « *Address of Thanks* » dans Rice 2015, 66-68. Ann y chantait Amore, et Rauzzini, Fileno. La partition est reproduite dans Robertson-Kirkland, 416-435.
[41] Woodfield 2001, 139-140.
[42] Pour les raisons possibles, voir Rice 2015, 69-72.
[43] Comme l'attestent Michael Kelly ainsi qu'une des nécrologies d'Ann parue dans *The Gentleman Magazine*. De nombreux textes écrits au XIXème siècle affirment que Sacchini donna des cours à Ann Storace à Rome ou à Venise, toutefois il fut directeur du Conservatorio dell'Ospedaletto entre 1768 et 1772, avant son départ pour Londres. Jane L. Baldauf-Berdes avance également qu'Ann a figuré parmi les *figlie de spese* (élèves payants) du Conservatorio dell'Ospedale dei Poveri Derelitti (dit Ospedaletto) et la donne comme une élève de Sacchini.

d'Elizabeth Harris, une des filles de James Harris, datée du 9 février 1773, précise : « Sacchini donne des leçons à [ma sœur] Louisa cette année ; cela doit être regardé comme une faveur insigne, car il ne fait pas profession d'enseigner[44] ». Toutefois Rauzzini ne se désintéresse pas pour autant de son élève qui continue de se produire à ses côtés. Le castrat va par la suite s'établir à Bath, mais cette installation dans la ville d'eau ne signifie pas pour autant la fin de sa vie professionnelle ; il deviendra l'une des figures marquantes de la vie musicale locale, organisant des concerts par souscription très attendus par les amateurs, composant et dirigeant. Il sera surtout un des professeurs de chant les plus recherchés de la fin du XVIIIème siècle anglais, formant des interprètes de tout premier plan.

L'été venant, Ann fait comme tous ses collègues musiciens : dès la fin de la saison londonienne, elle est engagée dans les festivals provinciaux. Elle est donc l'une des solistes, avec Rauzzini, du « grand concert » inaugural de la première saison de Fox à Brighton, le 30 août 1777. L'accueil enthousiaste la fait revenir au Théâtre de North Street le 3 septembre suivant. Le 10 septembre, le castrat et la petite fille sont au festival des Three Choirs, à Herreford[45]. Ils y sont les solistes du *Piramo e Tisbe* de Rauzzini[46].

Les relations entre la famille Harris et Stefano Storace se sont tendues, comme en témoigne une lettre assez allusive sur la compétition forcenée entre les concerts donnés à Bath par Thomas Linley et ceux du violoniste Franz La Motte associé à Rauzzini[47], en novembre 1777. Storace semble avoir soutenu Linley, et s'être attiré les mauvaises grâces des Harris : « J'ai trop de raisons de croire que le père Storach (pas la petite fille) ait joué au *D—a*[48] pour le concert de Rauzzini. Bien qu'il ait, sans aucun doute, été soutenu d'ici, c'est un pauvre type (*poor*

---

[44] Burrows Dunhill, 711.
[45] Annonce générale du programme du festival dans *Jackson's Oxford Journal* du 16 août 1777.
[46] Il ne faut pas confondre l'opéra de 1775 avec la cantate dramatique du même nom, publiée la même année par Rauzzini à partir d'éléments de son opéra. En 1812, Lysons affirme que c'est la seule fois dans l'histoire de la manifestation qu'on y aurait exécuté un opéra intégral en version de concert (208), mais Paul F. Rice pense que la cantate fut donnée et indique la date du 13 août 1777. (Rice 2015, 76.)
[47] Rice 2015, 79-83.
[48] Une allusion à *The Duenna*, l'opéra de 1775 de Sheridan et Linley ?

unworthy object). Je n'ose en écrire davantage sans la permission de Louisa, connaissant son attachement pour l'enfant. Ce fut une bien sale affaire (*vile black affair*)[49] ». Malgré cela, James Harris sera présent au concert d'adieu d'Ann[50], car la famille Storace va bientôt quitter Londres.

Ann a graduellement acquis une expérience professionnelle à travers ses engagements. Stefano Storace décide alors de lancer la carrière de sa fille en Italie, là où elle pourra gagner les lauriers nécessaires pour s'illustrer dans le genre où célébrité et profits sont les plus grands, l'*opera seria*. Quelques temps auparavant, il a d'ailleurs fait partir Stephen à Naples, pour qu'il y achève sa formation musicale. Les Storace vont donc être réunis.

Ce concert donné au bénéfice d'Ann Storace a donc pour objet de collecter des fonds, comme le précise un encart paru dans *The Gazetteer and New Daily Advertiser* du jour[51] : « Miss Storace sollicite humblement la faveur de ses amis en cette occasion, car elle part en Italie l'été prochain pour se perfectionner ». Le 27 avril 1778, aux Ancient Music Concert room (ou New Rooms) de Tottenham Street, entourée de célébrités musicales du temps, Ann se produit dans un programme dont on a gardé trace :

> Première partie : Ouverture – Rauzzini ; Air – Sr. Rovedino – Sacchini ; Quartetto – Sacchini ; Solo violoncelle – Mr [James] Cervetto – Sacchini ; Duetto – Miss Storace & Sr. Rauzzini – Sacchini
> Seconde partie : Ouverture – Sacchini ; Air – Miss Storace, accompagnée au violon par Mr. [Franz] La Motte – Sacchini ; Concerto – hautbois Mr. [Johann Christian] Fisher ; Air – Sr. Rauzzini – Rauzzini ; Concerto – violon solo La Motte ; Terzetto – Sr. Rovedino Miss Storace Sr. Rauzzini – Sacchini ; Direction musicale : Signor Sacchini.

Si le produit de la soirée contribue aux frais du voyage, le budget familial est apparemment renforcé par une autre source : la générosité d'un ecclésiastique habitant à Devizes, le Dr. Kent (1718 ?-déc. 1799), un ami de John Trusler junior. Ann « témoignait d'une telle puissance

---

[49] Burrows Dunhill, 960.
[50] Burrows Dunhill, 985-986.
[51] Brace, 24. — Le concert avait été préalablement annoncé pour le 9 avril.

vocale » qu'il « encouragea charitablement ses études musicales » en lui « donn[ant] […] de l'argent pour aller en Italie ». Ce mécène, qui avait également compris et soutenu le génie pictural naissant du jeune Thomas Lawrence, avait alors comme gouvernante une tante d'Ann.

En juin, les Storace sont encore à Londres, car début septembre 1778, Stefano Storace est engagé au festival de Birmingham. Paraît alors une annonce de la mise en vente à leur adresse du 3 Bentinck-Street, de « médailles de tous les empereurs romains, de Jules César à Postumus, mélangées avec quelques-unes des *secondi* & *terti Moduli* », « indéniablement antiques », ainsi que « quelques camées et bas-reliefs » en provenance de Naples. Doit-on y voir autant l'indice des accointances italiennes de Stefano qu'un moyen de compléter le pécule nécessaire ?

III
1778-1780
« *L'Inglese* » en Italie

Fin 1778, Ann et ses parents partent donc rejoindre Stephen Storace qui poursuivait sa formation au Conservatoire de San Onofrio à Naples. La famille est réunie peu avant Noël. Le jeune homme semble avoir été confié à la garde d'un oncle paternel, « un des évêques napolitains[1] ». Selon le ténor Michael Kelly, collègue et ami du frère comme de la sœur, que l'on retrouvera par la suite, Stephen serait devenu « un grand ornement » du conservatoire. Au contraire, le journal de Thomas Jones, peintre gallois effectuant son Grand Tour et lié d'amitié avec Stephen Storace, nous renseigne sur les loisirs et la passion pour le dessin de ce dernier[2]. Cet intérêt trouvera par la suite une issue inattendue, car l'une des toiles peintes des décors de son opéra *The Pirates* (1792) aurait été réalisée d'après l'un des croquis napolitains de Stephen… Jones mentionne pour la dernière fois la famille Storace le 22 janvier 1779 : « Je me joignis à une assemblée chez Storace où nous avons exécuté des danses traditionnelles à la mode anglaise [*country dances*][3] ». Le milieu des expatriés anglais en Italie est bien petit. Durant ses pérégrinations italiennes, Jones fréquente les

---

[1] Selon Thomas Jones (1742-1803), peintre de paysages. Il vécut sept ans en Italie et tint un Journal de ses voyages jusqu'en 1798, qu'il édita par la suite et publia en 1803. Il mentionne longuement ses excursions avec Storace. – Note pour l'entrée du 25 décembre 1779.
[2] « Le jeune Storace, pourtant, étant à cette période un jeune homme instable et étourdi, s'appliquait bien peu à ses études musicales, & étant fatigué des contraintes qu'il sentait sous le toit de son oncle, vivait presque complètement avec les Anglais, & comme il aimait dessiner, était presque toujours des nôtres. » (Note pour le 25 décembre 1779.)
[3] Jones, 617. (Isabelle Baudino et Jacques Carré, trad.)

mêmes cercles que les peintres Maria Hadfield[4], James Northcote et Prince Hoare, ou le jeune architecte John Soane, qui deviendra un ami intime d'Ann... L'arrivée de son père met rapidement fin aux apparentes velléités d'indépendance de Stephen ; il reprend alors sa place au sein de la famille et privilégie les engagements de sa jeune sœur à ses propres aspirations.

Nouvelle venue sur la scène napolitaine, Ann ne peut apparemment pas trop compter sur les anciennes relations de son père. Ce dernier s'est donc muni d'une lettre de recommandation de l'influent Sir Watkin Williams Wynn[5], adressée à Sir William Hamilton[6], l'ambassadeur en poste à Naples de 1764 à 1800. Cela a-t-il aidé Stefano Storace à trouver des engagements pour sa fille ? Ann se serait produite lors des représentations d'ouvrages sacrés fondés sur l'Ancien Testament, promus par les Bourbons. Selon Kelly, « elle chanta dans les Oratorios donnés au théâtre San Carlo durant le Carême. Elle fut très appréciée ». Ann était également présente lors de concerts (ou « académies »), comme en témoigne la lettre de recommandation datée du 29 avril 1779 rédigée par W. Hamilton, produite par Stefano Storace à Florence, nouvelle destination des Storace. Ce courrier, au ton assez contraint, nous apprend que l'ambassadeur devait être fréquemment sollicité et qu'il s'exécute ici avec une relative mauvaise grâce.

> Mon cher Lord,
> Le porteur de la présente, Mr. Storace, m'ayant été recommandé par Sir Watkins Williams Wynn, et ayant souhaité une lettre d'introduction pour votre Seigneurie, je n'ai pu m'y soustraire. Il est

---

[4] Maria Hadfield (1760-1838), peintre britannique. Elle épousera le miniaturiste Richard Cosway (baptisé en 1742-1821) en 1781. Ce dernier portraiturera Ann en Angleterre.

[5] Sir Watkin Williams Wynn (1749-1789), homme politique gallois, Membre du Parlement. Il fut connu pour ses activités de mécène passionné par la musique et les arts. Vice-président honoraire de la Royal Society of Musicians, il sera l'un des organisateurs des concerts annuels de commémoration haendéliens à l'abbaye de Westminster, les *Handel Commemoration Concerts*, dès 1784.

[6] William Hamilton (1731-1803), diplomate et collectionneur. Sa première épouse, Catherine (1738-1782), était une fine musicienne. Il épousa en seconde noces Emma Lyon (1765-1815), la fameuse « Lady Hamilton » qui fut la maîtresse de l'amiral Nelson et la favorite de la reine Marie-Caroline de Naples.

bon musicien et sa fille qui l'accompagne chante bien, mais je ne l'ai pas entendue, car j'étais à Caserte quand elle a chanté ici dans quelques académies. J'espère que Votre Seigneurie excusera cette liberté […][7].

Ce billet est adressé à George Nassau Clavering, 3ème comte Cowper (1738-1789), fervent amateur d'opéra qui s'était fixé à Florence depuis 1759. L'« amitié » de son épouse Anna avec l'archiduc Pierre Léopold II, Grand-Duc de Toscane et futur empereur Leopold II, lui vaut l'honneur d'être fait Prince du Saint-Empire. Grand mécène des arts et des sciences à Florence, l'aristocrate était devenu en quelques années l'une des éminences grises les plus importantes de la vie musicale londonienne. Sa correspondance atteste de l'importance de ses avis pour les engagements au King's Theatre où il servait en quelque sorte d'agent officieux. Par son entremise, Florence est ainsi devenue un vivier de recrutement lyrique pour Londres. Tous les musiciens qui passaient par Florence cherchaient à se faire introduire auprès de lui : Michael Kelly avance même que l'aristocrate anglais avait plus de poids sur la vie musicale locale que le Grand-Duc… Lord Cowper influença-t-il le recrutement de sa jeune compatriote comme *seconda donna seria* au Teatro di Via della Pergola ? L'avis de Cecilia Davies, qui y chantait les premiers rôles et avait déjà partagé l'affiche avec Ann au King's Theatre, a-t-il également compté[8] ? On ne dispose d'aucune indication précise sur les conditions de l'engagement de la jeune fille, qui, à treize ans, entame une carrière théâtrale sur le Continent avec deux *opere serie*.

Composé par un élève de Jommelli, Francesco Bianchi (v. 1752-1810), *Castor e Polluce*, l'opéra dans lequel Ann va faire ses débuts florentins le 10 septembre 1779, est tiré d'une adaptation du *Castor et Pollux* de Rameau, réalisée par le poète arcadien Carlo Innocenzo Frugoni (1692-1768) pour le compositeur Tommaso Traetta en 1758, *I Tindaridi*. C'est une création, dont la distribution compte deux interprètes prestigieux : Cecilia Davies (« *L'Inglesina* ») en Telaire et Luigi Marchesi en Castore. Ann Storace (« *Inglese* ») interprète Febe (Phoebe, la rivale de Télaïre) et Ebe. Le directeur musical est

---

[7] Brace, 26.
[8] Daniel Heartz avance que Luigi Marchesi, programmé au San Carlo, avait entendu Ann à Naples et peut l'avoir recommandée, ce qui semble bien improbable quand on connaît la suite… (Heartz 2012, 220.)

Bartolomeo Cherubini, le père du compositeur[9] ; Stephen Storace est au second clavecin. Le castrat Luigi Marchesi, dit Marchesini (1755-1829) est l'attrait principal de la distribution. Très apprécié depuis ses premières apparitions scéniques à Rome (1773), Munich (1776-1777) et Naples (1778-1780), il va rapidement devenir l'une des principales étoiles de l'*opera seria*. Acteur parfois impavide, il séduit le public par d'immenses qualités vocales et une virtuosité sidérante, soulignées par sa prestance et sa beauté.

Le compte rendu paru dans la *Gazzetta Toscana* met, comme c'est l'usage, l'accent sur la magnificence du spectacle. On ne consacre alors dans les gazettes italiennes que peu de place aux interprètes et seuls les plus remarquables sont mentionnés :

> Le 10 au soir [...] on ouvrit pour la première fois le Teatro di via della Pergola avec le *Dramma* intitulé *Castore e Polluce* [...] lequel s'est attiré l'admiration du public entier, par l'art des chanteurs, particulièrement celui du premier soprano [Marchesi] ; la richesse et le bon goût des costumes, l'élégance et la somptuosité des décorations et des nouvelles toiles du Sig. Domenico Stagi qui s'est surpassé lui-même pour cette occasion, tout cela forme l'un des spectacles les plus complets et les plus magnifiques qu'on ait vu depuis longtemps sur les scènes toscanes. (*Gazzetta Toscana*, compte rendu daté du 18 septembre.)

On en sait un peu plus sur les coulisses de la prise de rôle d'Ann grâce au peintre James Northcote (1746-1831) qui effectue lui aussi son Grand Tour en compagnie d'un ami peintre, Prince Hoare[10]. Les destins de ce dernier et des jeunes Storace s'entrelaceront leurs vies durant : après le retour d'Hoare en Angleterre, malgré des accrochages

---

[9] Luigi Cherubini (1760-1842), compositeur florentin, actif à Paris. Il était le fils de Bartolomeo Cherubini, « *maestro al cembalo* » au Teatro della Pergola.

[10] Prince Hoare (1755-1834), peintre et homme de lettres britannique. Dessinateur précoce, il fut encouragé par son père, le peintre William Hoare, puis voyagea à Florence et à Rome où il fit partie du cercle de Henry Fuseli. Il visita Naples et retourna en Angleterre à travers le nord de l'Italie en passant par Florence (son autoportrait est conservé aux Offices) et Venise. Hoare conserva toute sa vie son intérêt pour la peinture : il devint en 1799 *Secretary for Foreign Correspondence* à la Royal Academy, il y publia trois volumes, ainsi que divers ouvrages de critiques artistiques. Prince est son prénom, et non un titre, comme le croyaient les aubergistes italiens qui gonflaient ses notes d'hôtellerie…

remarqués à la Royal Academy of Arts dans les années 1780, sa mauvaise santé le força à abandonner la peinture. En 1788, il débutera une carrière d'auteur dramatique et de librettiste. Il aura l'occasion de collaborer souvent avec Stephen pour lequel il écrivit certains de ses plus durables succès. Northcote se souvient qu'

> [Ann Storace] avait à cette époque environ seize ans (*sic*) et était une jeune fille de beaucoup d'esprit ; elle était alors accompagnée de son père, sa mère et son frère, qui venaient d'Angleterre […] À cette époque, elle n'était jamais apparue sur aucune scène (*sic*), mais était engagée pour la première fois comme *seconda donna* à l'opéra italien à Florence […] Storace devait faire ses premiers pas sur scène dans l'opéra de Castor et Pollux, opéra qui fut reçu avec les plus grandes marques d'approbation. La musique était supérieurement belle, les décors variés et agréables, et il fut donné de nombreuses fois. […] Moi et mon compagnon, Mr. P. Hoare, fûmes consultés, et aidâmes à parer notre amie Storace pour sa première apparition, pour laquelle elle s'attira une grande approbation et joua au-delà de toute attente ; en fait, de manière bien surprenante pour quelqu'un qui n'avait jamais joué sur les planches. Ses amis assistèrent à cette soirée depuis les coulisses, bien anxieux et bien intéressés à son succès.

Bien que malade, Ann est régulièrement bissée dans ses cavatines[11]. Le succès de l'opéra est tel qu'une soirée supplémentaire est organisée à la « demande publique » (*Gazetta Toscana*), le 10 novembre 1779.

Le second ouvrage auquel Ann participe est une reprise de l'*Achille in Sciro* (Achille à Skyros) mis en musique en 1759 par Giuseppe Sarti[12], l'un des compositeurs favoris des Florentins. Le vieux livret de Métastase[13] a été modifié et neuf nouveaux airs sont composé pour l'occasion : le jeune Luigi Cherubini, alors élève de Sarti, aurait prêté son assistance pour certains des airs plus mineurs… Dans cette nouvelle version, les personnages originels de Nearco et d'Arcade cèdent la place au jeune Ellenio incarné par Ann, « jeune homme, ami et compagnon d'Achille, lui aussi en habits féminin sous le nom

---

[11] Selon la correspondance de Giovanni Coltellini.
[12] Giuseppe Sarti (baptisé en 1729-1802), compositeur italien. Il fut l'un des compositeurs les plus fameux et les plus appréciés en Europe. Sa carrière l'emmena jusqu'au Danemark et en Russie.
[13] Pietro Trapassi, dit Metastasio (1698-1782), librettiste et homme de lettres italien. Plus de quatre cent compositeurs auraient mis ses textes en musique.

d'Ismene[14] ». Marchesi interprète bien entendu le rôle-titre, et Cecilia Davies, celui de Deidamia. Stephen Storace est, à nouveau, au second clavecin. La première a lieu le 25 octobre 1779, en présence du compositeur.

Bien avant cette soirée, au début d'octobre, Prince Hoare est parti à regret de Florence. Son ami Giovanni Coltellini, fils du librettiste Marco Coltellini (1724-1777), lui écrit pour lui rendre compte des incidents de la vie florentine. Hoare et Northcote avaient fait connaissance des Coltellini en septembre ; les deux jeunes gens partageaient le même logement et s'étaient pris d'amitié pour les membres de cette famille liée au monde littéraire et lyrique. Ces lettres font apparaître que le jeune peintre n'est pas resté insensible à la vitalité rieuse de la jeune cantatrice. Ann, pour sa part, semble être bien marrie de ce départ, et Giovanni Coltellini se gausse de ces amours contrariées. Sa morale ? Loin des yeux, loin du cœur, même si la « *Signora Annina* » semble bien abattue pour le moment, car « *così fan le donne* »… La sincérité du correspondant peut néanmoins être mise en doute sur l'impartialité de ses bons conseils, car en décembre, il affirme vouloir rompre tout contact avec Ann, et assure Prince Hoare qu'il la lui cède s'il en veut encore… Ann a-t-elle « fleureté » successivement avec les deux jeunes gens ?

Elle commence à gravir petit à petit les échelons d'une carrière classique, quand un incident précipite les choses. Il aura sans doute une incidence durable sur sa carrière. Il est rapporté par Michael Kelly :

> Bianchi avait composé la célèbre cavatine, « *Sembianza amabile del mio bel sole* », que Marchesi chantait avec le goût le plus ravissant ; lors d'un passage, il gravissait une *voletta* d'octaves [de demi tons] en demi tons[15], dont il donnait la dernière note avec une telle délicieuse puissance qu'elle fut ensuite appelée « *la bomba di Marchesi* » ! Immédiatement après cet air, Storace devait en chanter un, et elle était déterminée à montrer qu'elle pouvait elle aussi lancer une *bomba* sur le champ de bataille. Elle la tenta, et l'exécuta, à l'admiration et la

---

[14] Ainsi que le qualifie le livret.
[15] Cette cadence fait l'objet d'une définition dans Rice 1998, 378-379. La cavatine, avec la reconstitution de cette « *bomba* », a été enregistré par la mezzo-soprano Ann Hallenberg dans *Arias for Luigi Marchesi*, CD Glossa, 2015.

stupéfaction de l'auditoire, mais à la consternation du pauvre Marchesi. Campigli, le directeur, lui demanda de ne pas recommencer, mais elle refusa péremptoirement, en disant qu'elle avait tout autant le droit de montrer la puissance de sa *bomba* que n'importe qui d'autre. La dispute fut close par Marchesi qui déclara que si elle ne quittait pas le théâtre, il le ferait ; et bien que ce soit injuste, le directeur dut la remercier et engager une chanteuse bien moins ambitieuse pour exhiber sa *bomba*.

La crédibilité des anecdotes relatées par Kelly est souvent mise en doute, et celle-ci pourrait être exagérée car le 7 novembre 1779, un voyageur britannique, Henry Herbert, semble avoir entendu Ann, la « seconde chanteuse » : « Miss Davis (*sic*) première Chanteuse, mais semble peu de chose dans tous les sens du terme, face à Marquési (*sic*). La Seconde Chanteuse également une compatriote [.] […][16] »

Ainsi que le mentionne Michael Kelly, l'*impresario* du théâtre entre 1775 et 1789 est Andrea Campigli, joaillier florentin qui faisait office d'agent (*sensale*). Il correspondait avec tous les théâtres d'Europe, les pourvoyant en chanteurs, danseurs et compositeurs[17] et son réseau de relations est important pour bâtir une carrière… On ne trouve effectivement plus trace de la jeune fille dans les distributions conservées du Teatro della Pergola pour l'année 1779. Son contrat suivant l'amène à Lucques, comme le précise Giovanni Coltellini dans une lettre à Prince Hoare, le 11 décembre 1779 : Ann y est engagée comme *prima buffa*. Toutefois ces deux rôles endossés à Florence, capitale du Grand-Duc de Toscane, frère de l'empereur Joseph II, auront des conséquences à long terme : les chanteurs engagés à Vienne en 1783 pour former la nouvelle troupe *buffa* avaient en général une expérience de chanteurs « sérieux »[18], et son défi lancé à Marchesi fut certainement remarqué.

La période du Carnaval 1780 marque une césure importante dans la carrière de la jeune cantatrice qui, jusqu'alors, se produisait dans des seconds rôles d'*opera seria*. Elle va désormais être distribuée dans les premiers rôles d'*opera buffa*, ce qui n'empêchera pas quelques rôles « sérieux », exceptionnels dans sa carrière. Son éviction du Teatro della Pergola a-t-elle eu des conséquences néfastes ? N'est-ce pas plutôt sa

---

[16] Weaver, 438.
[17] Gibson, 238-239.
[18] Rice 1998, 337.

petite taille qui l'empêche de poursuivre dans cette voie[19] ? Serait-ce une question de tempérament dramatique et de personnalité ? Ou faut-il consulter des témoignages plus tardifs pour tenter d'expliquer ce tournant ? A la fin de la décennie, ses contemporains anglais insisteront sur l'incompatibilité entre la vocalité d'Ann et ses ambitions dans le genre noble… bien qu'on puisse y voir également l'expression de préjugés et d'une perception très précise de ce que doit être une chanteuse *seria*. Ainsi, on affirmera qu'elle « avait une rudesse dans son aspect, une gaucherie dans sa figure, une rugosité dans sa voix et une vulgarité dans ses manières, qui la rendaient totalement impropre à l'opéra sérieux qu'elle n'aborda jamais. (*sic*) Mais sa connaissance musicale était inégalée et elle pouvait bien chanter dans tous les styles[20] ».

A Lucques, Ann se produit dans deux opéras pour le Carnaval. Elle interprète l'un des rôles-titres de *Le Due Contesse* (Les deux comtesses) de Giovanni Paisiello[21]. Elle est la Contessina di Bel Colore, la véritable comtesse dont la cameriste Livietta usurpe l'identité, pensant sa maîtresse partie en voyage, provoquant confusion et embrouillaminis amoureux. Puis Ann chante Donna Flavia dans *Il Geloso in cimento* (Le jaloux à l'épreuve) de Pasquale Anfossi[22]. Elle donne également un concert en janvier 1780, qu'une lettre écrite par Giovanni Bastianelli à son ami Prince Hoare, le 29 janvier, décrit : Ann a suscité le même « fanatisme » à Lucques que Marchesi, et, lors de cette soirée, un *Cavaliere* lui a solennellement remis un sonnet écrit en son honneur, « imprimé sur de la soie blanche bordée de soie d'or »

---

[19] C'est l'explication avancée par *The British Register* en 1787 : « […] la médiocrité de sa taille l'ayant poussée à refuser de jouer des personnages sérieux, bien que ses dons musicaux l'aient faite pour les grands efforts demandés par les airs des opéras sérieux ».

[20] Mount Edgcumbe, 58. – De même, dans une de ses nécrologies, il est précisé que « sa silhouette n'ayant pas la dignité, et sa voix, l'amplitude et l'exécution nécessaires pour [l'*opera seria*], elles la poussèrent à étudier les gestes et les attitudes pour lesquelles elle fut par la suite si célébrée dans le genre *Buffa*… »

[21] Giovanni Paisiello (1740-1816), compositeur italien, maître incontesté de l'*opera buffa* napolitain, ses œuvres connurent une immense popularité européenne.

[22] Pasquale Anfossi (1727-1797), compositeur italien. Très actif en Italie (avec plus de soixante opéras), il composa également pour le King's Theatre de Londres entre 1782 et 1786.

posé sur un plateau d'argent. Six cents exemplaires du même sonnet ont été lancés dans le parterre de la salle[23]. Une partition, « *Oh ciel... qual nov'arte... Mia speranza io pur vorrei* », portant « *Recitativo e Rondeau / Di Sarti cantato in Lucca / dalla Sig. Anna Storace L'Anno / 1780* » semble bien indiquer qu'elle y chanta cet air favori de son ancien collègue, ce qui fut sans doute une revanche symbolique…

De retour à Florence, le 23 février 1780, Ann Storace se produit lors du second concert (*Accademia*) des « Sigg Academici Armonici » au Teatro di Porta Rossa, aux côtés du castrat Michele Neri[24]. Lord Cowper était l'un des membres les plus influents de l'Accademia degli Armonici, société qui mêlait amateurs et professionnels lors de concerts publics. Doit-on voir l'influence de l'aristocrate dans cet engagement ?

Giovanni Coltellini croyait savoir qu'Ann reviendrait à Florence pour le Carême et serait ensuite engagée comme *prima buffa* au Teatro della Pergola pour la saison de Printemps. Or la cantatrice engagée dans ce théâtre pour les représentations de mars d'*Il Talismano* (Salieri et Rust) et de *La Scuola de'Gelosi* (Salieri), n'est autre que la propre sœur de l'épistolier, Celeste Coltellini[25], qui partage l'affiche avec la basse Francesco Benucci. En décembre 1779 et janvier 1780, les deux artistes avaient figuré dans *L'Italiana in Londra* et *La Frascatana*, deux ouvrages dans lesquels Ann s'illustrera par la suite. Entre deux engagements à Lucques, Ann a-t-elle eu l'occasion de les y entendre ? Les Storace doivent probablement résider fréquemment dans l'ancienne cité des Médicis, comme semble l'attester le journal du

---

[23] Lettre conservée à la James Marshall and Marie-Louise Osborn Collection, Beinecke Rare Book and Manuscript Library, Yale University, Mss. 867.
[24] Michele Angiolo Neri (v. 1755- ap. 1797), castrat soprano italien, dit « *Il Manzuolino* ». Il se produisit comme *primo buffo* à Londres au King's Theatre, où il partagea l'affiche avec Ann Storace dans *La Villanella rapita* (1790), avant de repartir à Florence à la fin des années 1790.
[25] Celeste Coltellini (1760-1829), soprano italienne. Engagée à Vienne pour la saison 1785-1786 comme *prima buffa*, Mozart composa pour elle des morceaux d'insertions dans *La Villanella rapita* de Bianchi (KV. 479 et 480). Réengagée à Vienne en 1788-1789, elle fût remerciée au bout de trois mois, son retard et son insolence ayant déplu. A Naples, elle créa le rôle-titre de *Nina, o sia La pazza per amore* (1789) de Paisiello.

jeune architecte John Soane[26] qui arrive à Florence le 23 avril 1780. Il en part quatre jours plus tard, et note laconiquement dans son journal : « quitté Florence et la chère Miss S. ». Il lui écrit immédiatement après, et encore le 30 avril lorsqu'il arrive vers Bologne[27]. Nous n'avons gardé aucune trace de leur rencontre, ni même aucune certitude absolue que la « *Miss S.* » à laquelle Soane semble si attaché est bien la jeune cantatrice, mais il semble établi que les deux jeunes gens firent bien connaissance en Italie. Ce béguin de jeunesse fit place par la suite à une solide amitié. Soane sympathisa-t-il avec Stephen qui aimait tant dessiner ? Le fils de Stephen fut l'élève de Soane après la mort de son père.

Ce n'est finalement pas au Teatro della Pergola qu'Ann se produit, mais dans l'établissement rival, le Teatro di Via del Cocomero. Si sa présence n'a pas laissé de traces abondantes dans les livrets imprimés et les journaux locaux en ce début d'année, on sait qu'elle rejoint entre juillet et septembre la compagnie itinérante Marchesi (sans aucun lien avec le castrat), engagée pour la saison d'été afin de donner neuf « des meilleurs *Drammi giocosi per musica* » à partir du 2 juillet 1780, puis en août et aux premiers jours de septembre. La première représentation se tient le 4 juillet, avec un *Amore artigiano*, sans doute l'opéra de Gassmann sur un livret de Goldoni, qu'ils avaient donné à Ravenne[28]. La représentation à bénéfice du 4 septembre de *Il Geloso in cimento* (probablement le *dramma giocoso* d'Anfossi) nous intéresse bien plus. La bénéficiaire n'est autre qu'Ann Storace, qui chantait peut-être dans la troupe depuis le début de la saison. La *Gazzetta Toscana*, habituellement peu prolixe, loue l'art de la jeune fille, qui s'attire « des applaudissements unanimes » pour « son aisance dans le comique » et sa « maîtrise du chant ». Cette mention prend d'autant plus d'importance quand on sait que les chanteurs *buffe* sont encore rarement cités dans les chroniques. Ils sont perçus comme « des descendants des catégories moralement, socialement et artistiquement "basses" du spectacle du XVIIème siècle (décors et personnages

---

[26] Sir John Soane (1753-1837), architecte britannique. Il voyagea en Italie entre 1778 et 1780 grâce à une bourse, et s'installa à Londres en 1781. Tenant du néo-classicisme et inspiré par Piranèse, il devint l'un des architectes les plus originaux et les plus côtés de la période. Sa demeure londonienne, sise au 12-14 Lincoln's Inn Fields, contenant ses collections et ses archives, est devenue le Sir John Soane's Museum.
[27] Darley, 52-53.
[28] Weaver, 452.

comiques). En outre, des catégories littéraires d'ascendance aristotélicienne (infériorité de la comédie par rapport à la tragédie) étaient largement répandues dans la culture et auprès du public du XVIIIème siècle[29] ». Ces interprètes commenceront seulement à récolter des mentions laudatives dans les journaux italiens à partir du milieu des années 1770, preuve de l'importance grandissante du genre.

A Trévise, Emirena, dans l'*Adriano in Siria* (Hadrien en Syrie) d'Anfossi, est le dernier rôle pleinement *seria* qu'Ann chantera avant de nombreuses années ; lors de la saison d'automne 1780, elle est affichée avec le ténor Vincenzo Calvesi[30] qu'elle retrouvera plus tard à Vienne. Bien qu'on lui confie un premier rôle *seria*, Ann ne poursuivra pas dans cette voie… Sa carrière italienne s'infléchit incontestablement vers les premiers rôles *buffe*. C'est dans ce répertoire qu'elle se crée rapidement une réputation flatteuse qui lui ouvre les plus grands espoirs professionnels.

---

[29] Bianconi Pestelli, IV, 70.
[30] Vincenzo Calvesi (actif entre 1777 et 1811), ténor italien. Il chanta en Italie jusqu'en 1782 dans des rôles de *mezzo carattere* dans l'*opera buffa*. Entre 1785 (pour Sandrino dans *Il Re Teodoro*) et 1794, il fut engagé à Vienne. Il y créa Giovanni (*Una Cosa rara*) et Endimione (*L'Arbore di Diana*) pour Martín y Soler, Casimiro (*Gli sposi malcontenti*) et Eufemio di Siracusa (*Gli Equivoci*) pour Storace, Artemidoro (*La grotta di Trofonio*) et Atar (*Axur, re d'Ormus*) pour Salieri, et Ferrando (*Così fan tutte*) pour Mozart. Il interpréta les ensembles d'insertion de ce dernier, « *Dite almeno, in che mancai* », (KV. 479) et « *Mandina amabile* » (KV. 480), dans *La Villanella Rapita* de Bianchi. Retiré de la scène, il termina sa vie comme impresario à Rome (v. 1796-1811). Son épouse, la soprano Teresa Gherardi Calvesi, « *detto la Romanina* », fut engagée conjointement à Vienne, dès la saison 1785-1786. (Sur la carrière de Calvesi, voir Link 2011, IX-XVII.)

IV
1781-1783
De Livourne à Venise

La carrière italienne d'Ann Storace est itinérante ; elle se déplace de ville en ville, au gré de ses engagements. Elle devait être très appréciée à Lucques puisqu'elle est à nouveau engagée pour la saison de Carnaval 1781 en tant que *prima buffa* au Teatro Castiglioncelli. Elle chante également dans un concert donné à son bénéfice en mars 1781. Est-ce à cette occasion qu'elle interprète le *rondò* « *Care spiagge* » de Giuseppe Finucci[1] ? Ou peut-être même la cantate à deux voix (perdue) de Stephen Storace, *Orfeo negli Elisi*, dont le livret de Pier Domenico Arrighi est imprimé dans cette cité en 1781 ? Est-elle également allée à Padoue, comme une mention sur une partition permet de le supposer[2] ?

L'un des ports d'attache d'Ann est Livourne. Michael Kelly y fit sa connaissance et nous donne des informations qui semblent correspondre aux années 1780 et 1781[3]. On sait qu'elle est bien

---

[1] « *Rondeau / Del Sig:r Giuseppe Finucci / Composto per La Sigra Anna Storace / in Lucca* ». [« *Care spiagge* »] La partition est reproduite dans Robertson-Kirkland, 436-452.

[2] Gaetano Andreozzi : « *Caro sposo ah dove sei* », portant « *A: Storace Padua Firenze 1781* », de la main d'Ann. La partition est reproduite dans Robertson-Kirkland, 453-464.

[3] L'âge d'Ann correspond à l'année 1780, et G. Brace place cette rencontre à l'automne de cette année-là, sans tenir compte de l'absence de traces de sa présence dans les théâtres pour cette période. (Brace, 29.) Autres indices, la présence du vaisseau corsaire anglais *The Fame* et de la flotte russe qui mouillaient dans le port et qui jouent un rôle non négligeable dans les souvenirs du ténor. La *Gazzetta Toscana* corrobore ses dires et confirme que, dès le 8 novembre 1780, une flottille de quatre navires de guerre et une frégate russes, ainsi que *The Fame* étaient bien présents. (Kelly est pourtant pris en défaut sur le nom de l'amiral de la flotte). Les vaisseaux russes

engagée comme *prima buffa* au Teatro da Sebastiano dans *Le Nozze in contrasto* (Les Noces en dispute) de Giovanni Valentini[4] et dans *L'Italiana in Londra* (L'Italienne à Londres) de Domenico Cimarosa (1749-1801), pour la saison théâtrale de *Primavera* 1781[5]. Elle se trouve sans doute pour la première fois en scène avec la célèbre basse Francesco Benucci[6], qui deviendra un collègue régulier et plus encore…

Michael Kelly narre de manière particulièrement pittoresque sa première rencontre avec les Storace à son arrivée depuis la Sicile :

> En débarquant, j'allais montrer mon passeport à la douane ; je portais une capote sicilienne, et mes cheveux (dont j'avais alors une grande quantité, et qui, comme mon teint, étaient très pâles) flottant par-dessus. J'étais aussi fin qu'un roseau. Alors que je débarquais, j'aperçus une jeune demoiselle et un gentleman sur le môle, qui échangeaient des remarques, et comme la première me dévisageait, elle se mit à rire, et en m'approchant, je l'entendis dire à son compagnon en anglais, ce que, bien sûr, elle pensait que je ne comprenais pas, « Regarde cette fille habillée en garçon ! » À sa stupéfaction, je répondis dans la même langue : « Vous vous trompez, mademoiselle, je suis un mâle parfait, et entièrement à votre service ! »
> Nous avons tous ri à en avoir mal aux côtes, et devînmes immédiatement intimes, et ceux-là même dont j'avais fait connaissance grâce à cette plaisanterie puérile sur le môle de Livourne, furent nos vies durant les plus chaleureux et les plus chers de mes amis. Amour et Honneur à votre mémoire, Stephen et Nancy Storace !

---

mouillent dans le port de Livourne jusqu'en mai 1781. *The Fame* lèvera l'ancre définitivement le 24 octobre 1781.

[4] Giovanni Valentini (v. 1750-1804), compositeur italien. Il est *maestro di cappella* de l'Ospedale dei Derelitti (Ospedaletto) à Venise entre 1779 et 1786. *Le Nozze in contrasto* (1779) est l'un de ses opéras qui connut le plus de succès.

[5] Venturi, 171.

[6] Francesco Benucci (v. 1745-1824), basse italienne. Après une carrière italienne et espagnole, il est engagé à Vienne en 1783. Il y créa, entre autres, pour Mozart, Figaro (*Le Nozze di Figaro*), Leporello (version viennoise de *Don Giovanni*), Guglielmo (*Così fan tutte*) ; pour Salieri, Trofonio (*La Grotta di Trofonio*), Axur (*Axur, re d'Ormus*) ; pour Martín y Soler, Tita (*Una Cosa rara*) ; pour Cimarosa, le Comte Robinson (*Il matrimonio segreto*). Considéré comme un excellent acteur *buffo*, il compta parmi les chanteurs les plus appréciés de son temps. Sur sa carrière, voir Link 2004.

> Ce même jour à marquer d'une pierre blanche, je dînais avec elle et son frère, et Stephen, qui possédait une intelligence merveilleusement vive, intuitivement me questionna sur l'état de mes finances. Je lui dis honnêtement qu'elles n'étaient guère florissantes. […] Il me dit que Chiotti pouvait m'être d'une grande aide si je donnais un concert, et qu'il ne doutait pas que les chanteurs se produiraient gratuitement pour moi. Chaleureux et actif comme toujours, mon cher Stephen me présenta au Consul britannique, et à Messieurs Darby, d'éminents marchands résidant à Livourne, les frères de Mrs. Robinson, la belle Perdita[7]. Deux familles écossaises, les Grant et les Frazer me patronnèrent, et mon concert fut plein à craquer.

Une remarque bien plus sobre dans une notice biographique sur le ténor confirme cette rencontre qui atteste de l'importance d'un bon réseau de relations : « Avant son départ, notre héros donna un concert, qui fut honoré par une nombreuse assistance de personnes de la première élégance, tout comme par tous les gens importants de la profession. Lors de ce concert, Mr. Kelly fit la connaissance de Madame Storace et de son frère, qui étaient alors engagés à l'Opéra de Livourne » (*The Monthly Mirror,* août 1801)[8]. Kelly donne également des précisions sur l'impression produite par Ann, soutenue par certains de ses compatriotes, officiers de marine avec lesquels les Storace avaient sympathisé. Ils avaient aussi leurs habitudes à bord du vaisseau amiral de la flotte russe à l'ancre dans le port :

> Quand la soirée à bénéfice de Storace eut lieu, tous les officiers et l'équipage [du vaisseau corsaire *The Fame*] qui pouvaient être exemptés de service, se dirigèrent comme un seul homme (et quelle vision c'était !) vers le théâtre, et en remplirent presque tout le parterre. A la fin de l'opéra, Storace chanta la ballade irlandaise « *Molly Ahstore* ». A la fin, le maître d'équipage du *Fame* [Thomas Benney[9]] émit un sifflet bruyant, et l'équipage, se leva *en masse** et poussa trois acclamations. La sidération des Italiens du public fut

---

[7] Mary Robinson, née Darby (1756/8 ?-1800), actrice et femme de lettres britannique. « Perdita », comme elle fut surnommée d'après le personnage de Shakespeare qu'elle interpréta en 1779, fut la première maîtresse officielle du prince de Galles. – Les liens des Storace avec le cercle élargi du milieu théâtral anglais se confirment.

[8] Ce concert avait fait préalablement l'objet d'une indication dans le *General Magazine* de mai 1788. (Fiske, 493.)

[9] Sa signature apparait dans un document daté du 5 janvier 1782, à Livourne. Sur l'histoire du *Fame*, voir Rickard.

extrêmement risible. Les marins chantèrent alors en chœur « *God save the King* », et quand ils eurent fini, ils s'applaudirent eux-mêmes : rien n'aurait pu excéder en unanimité ou en vacarme leur autocongratulation.

Kelly mentionne également qu'à cette époque, Stephen Storace partit seul pour l'Angleterre. Ses allées et venues dans les années 1780 sont mal documentées. C'est à cette période qu'est peut-être mort Stefano Storace. Pour sa part, le peintre Thomas Jones situe son décès vers 1783 ou 1784. On ne sait rien de plus précis. Nouveau chef de famille, Stephen aurait donc abandonné sa jeune sœur en Italie au seul chaperonnage de leur mère…

Sa réputation fait engager de nouveau Ann Storace à Florence, au Teatro degl'Intrepidi « *detto Nuovo Teatro Real della Palla a Corda* » où elle retrouve Francesco Benucci. Elle y reprend un *drama giocoso* qui sera l'un des piliers de sa carrière, *L'Italiana in Londra* de Cimarosa. Pour cette série de représentations dont la première a lieu le 29 août 1781, elle endosse le rôle-titre, Livia. La cantatrice se trouve sans doute encore à Florence durant les représentations de *Giulio Sabino* de Sarti, programmé à la Pergola à partir du 24 octobre, où Luigi Marchesi chante le rôle-titre, l'un de ses triomphes. Ann aura l'occasion de l'observer soigneusement et elle saura l'imiter plus tard à la perfection.

Le début de l'année 1782 la trouve à Parme, au Teatro di Corte (Teatro Ducale) pour la saison du Carnaval. Ann interprète deux opéras au cours de cette saison qui s'achève le 12 février 1782. Elle se rend ensuite à Turin, pour la *Primavera*, durant la visite du « Comte et de la Comtesse du Nord » (le prince Paul Petrovitch, futur Tsar Paul Ier et son épouse) au duc Victor Amédée III[10].

L'étape suivante conduit Ann Storace à Milan, au Regio Teatro alla Scala ; ce théâtre avait été inauguré en août 1778 avec des opéras de Salieri[11] et Mortellari. Pour sa seconde création italienne, la jeune cantatrice est favorisée par le destin. Elle participe à la première mondiale de l'une des œuvres les plus aimées du XVIIIème siècle, *Fra i*

---

[10] Pour le détail de la programmation et son évolution, Bouquet, 401 *sq.* – Une affiche annonçant les spectacles est reproduite dans Bianconi Pestelli, Cahier « *Deux siècles d'affiches de théâtre* », ill. 9, [n. p.].

[11] La présence de Salieri (qui composa *L'Europa riconosciuta*) a sans doute été fortement suggérée par Joseph II à son frère Ferdinand. (Rice 1998, 258.)

due litiganti il terzo gode (Pendant que deux se disputent, le troisième se réjouit) de Giuseppe Sarti, le 14 septembre 1782. Dans quelle mesure le compositeur tailla-t-il le rôle pour elle ?

Cet opéra, refonte des *Nozze* de Goldoni et Galuppi (écrit en 1755), est désormais connu pour la citation de l'air de Mingone, « *Come un agnello* », faite par Mozart dans la scène du dernier souper de Don Giovanni. L'intrigue porte sur la rivalité des trois prétendants de la servante Dorina (créée par Ann Storace), Masotto (intendant du Comte Belfiore), le serviteur Titta (créé par Francesco Benucci) et le jardinier Mingone. Ces deux derniers sont soutenus par le Comte, ainsi que par la Comtesse et sa camériste Livietta, éprise de Masotto. Le Comte veut faire épouser à Dorina le prétendant qu'il lui a choisi afin de pouvoir la séduire plus aisément. La Comtesse, qui a compris la manigance, tourmente l'innocente et plaintive héroïne. Le livret, qui porte sur les abus domestiques de la noblesse, présente de nombreux points communs avec le *Nozze di Figaro*, mais sa tonalité est néanmoins plus légère et approfondit moins des personnages qui demeurent principalement des archétypes. Le succès foudroyant de l'œuvre suscita une diffusion européenne : elle fut représentée avec des insertions diverses sous différents titres comme *I pretendenti delusi*, *Im Trüben ist gut fischen*, *Le Nozze di Dorina*, *Les noces de Dorine*, *I rivali delusi*, ou *Hélène et Francisque*. La gazette officielle, la *Gazzetta Universale*, se borne à mentionner de manière lapidaire, comme c'est l'usage, ce qui sera l'un des opéras les plus populaires de tout le XVIIIème siècle. Cette mention rapide reste encore relativement exceptionnelle pour ce répertoire comique.

> MILAN 18. Septembre.
> Samedi soir a été mis au théâtre au Teatro Grande un *dramma giocoso* mis en musique par le célèbre *maestro* Sarti, intitulé *fra i due litiganti il terzo gode*, qui a été reçu par une salve d'applaudissements. (*Gazzetta Universale*)

Milan était gouvernée par l'archiduc Ferdinand, fils de l'impératrice Marie-Thérèse d'Autriche, nommé Gouverneur général de Lombardie. Lors des fêtes nuptiales qui célébraient son union avec Marie Béatrice d'Este en 1771, on avait représenté la sérénade *Ascanio in Alba* du jeune Mozart… Les liens politiques et artistiques entre la capitale autrichienne et Milan étaient donc extrêmement forts. Après Florence, gouvernée par l'archiduc Pierre Léopold, Ann se trouve donc à nouveau dans une importante zone d'influence viennoise. Briller à

Florence et Milan lui a probablement ouvert les portes de Vienne ; ce dernier engagement italien lui vaudra sans doute d'être recrutée par Joseph II.

Durant la saison d'automne de la Scala, la jeune cantatrice reprend un autre de ses rôles emblématiques, Mademoiselle Eurilla du *Pittore Parigino* (Le peintre parisien) de Cimarosa. Cette fois-ci, son Baron Cricca est Benucci. Elle chante ensuite logiquement à Monza, puisque son théâtre est rattaché à celui de Milan : les corps de ballet, les scénographes et les costumiers sont communs aux deux établissements. Le Teatro Arciducale, inauguré en 1778 dans ce lieu de villégiature aulique, avait été construit pour héberger les divertissements de l'archiduc et de ses invités. Il était géré le reste de l'année par une société et proposait des opéras déjà représentés avec succès dans les meilleurs théâtres de la péninsule[12]. Pour la saison d'Automne 1782, Ann Storace endosse le rôle de Gabrielina dans *Le Sorelle rivali* (Les Sœurs rivales), un *pasticcio* de l'original de Giovanni Valentini et d'autres compositeurs[13]. Ce *dramma giocoso* se joue depuis début novembre jusqu'au 27, fin de la saison.

Un illustre spectateur ne tarit pas d'éloges sur la jeune femme. L'abbé Giovanni Battista (Giambattista) Casti (1724-1803), poète renommé et futur librettiste d'opéra, est également le correspondant du chancelier Joseph Kaunitz qui se trouve alors à Madrid. Par une lettre datée du 27 novembre 1782 – qui infirme le recrutement vénitien d'Ann pour Vienne et éclaire sa vie privée –, il lui écrit depuis Milan :

> Comme j'ai mentionné l'Opéra de Monza, je vous dirai que le couple des premiers chanteurs est excellent, je n'en ai jamais vu de semblable pour l'opera buffa. La *Prima Donna* s'appelle Storaci, elle est anglaise, est un peu petite de taille, mais pas laide et, surtout, elle a les yeux et les seins grands et beaux ; de voix, pas énormément, mais elle chante remarquablement, de l'expression, de l'âme, de la vivacité, du style, de la grâce, de tout, et en particulier, du jeu, ce qui est si rare chez les autres. Le buffo est Benucci [...]. Ils sont épris l'un de l'autre, et au printemps, ils s'en vont à Vienne où va s'ouvrir un théâtre d'*opere buffe* italiens, parce qu'une dizaine de comédiens

---

[12] Bascialli, 17-28.
[13] *Ibid.*, 77-78.

allemands, qu'on ne peut réguler, à ce qu'ils en disent, a fait défection. Et c'est pour cela que je vous ai donné ce détail[14].

C'est au Teatro San Samuele de Venise qu'Ann Storace est engagée pour le Carnaval 1783. Elle s'y produit dans trois ouvrages[15]. L'un d'eux est une création, *I Puntigli gelosi* (Les susceptibilités jalouses) de Felice Alessandri (1747-1798) ; elle y est Gilsomina. Ann reprend également un précédent succès vénitien, *La Pescatrice fedele, o sia, la Vera costanza*[16] (La Pêcheuse fidèle, ou la vrai constance) d'Anfossi et un opéra d'Antonio Salieri (1750-1825), composé pour Venise en 1779, *La Scuola de'Gelosi* (L'Ecole des jaloux). On lui accorde désormais le privilège des divas, celui des airs d'insertion qui viennent se substituer à la partition d'origine, car convenant mieux à l'interprète : elle choisit d'insérer dans *La Pescatrice Fedele* un *rondò* de Sarti, « *Ah perché se tante pene*[17] ».

On ne sait trop qui est la « *sublime donna* » du Teatro San Samuele mentionnée par Luigi Ballarini, « *amministratore* » de l'ambassadeur à la cour de France Daniele Andrea Dolfin[18], au sujet d'une querelle entre le Teatro San Samuele et celui du San Moisè[19], car Rachele d'Orta, « *virtuosa di camera dell'Infante di Spagna, duca di Parma* », porte également le titre de « *prima buffa* » sur les livrets imprimés. Mais pour Michael Kelly, il n'y a pas d'ambiguïté de statut : « Au théâtre de St. Samuel, il y avait une troupe solide d'*opera buffa* – à sa tête était ma vieille amie Madame Storace, dont le succès était effectivement immense. Vincenzo Martini, le célèbre compositeur italien (*sic*), composa l'opéra (*sic*) ». Effectivement, le compositeur espagnol Vincente Martín y Soler (1754-1806) a probablement croisé sa future interprète à Venise où

---

[14] Casti, 300.

[15] Geoffrey Brace liste erronément *Il filosofo immaginari* (Paisiello), *Le Vendemmie* (Gazzaniga) et un opéra de Sarti. Par ailleurs, Taddeo Wiel ne mentionne pas la présence de la Signora Storace dans *Il Vecchio Burlato* de Caruso, représenté au T. San Samuele. (Wiel, 370 *sq.*)

[16] Ce *dramma giocoso* avait été donné en 1776 au Teatro San Moisé (Sartori n°18582). Le livret est identique à celui de *La Vera Costanza*.

[17] « *Rondo / cantato dalla Sig.ᵃ Anna Storace / detta l'Ingesina nel Teatro di S. Samuel il Carnevale 1783. / con Musica del Sig.ʳ Sarti nell'Opera intitolata la Pescatrice Fedele.* » (RISM)

[18] Ambassadeur à la cour de France de 1780 à 1786, puis à Vienne de 1786 à 1792.

[19] Molmenti, 16.

l'on représentait l'un de ses ballets, *Cristiano II, re di Danimarca,* au Teatro di San Benedetto[20]. S'étaient-ils également rencontrés à Turin[21] ?

Le succès de la jeune femme ne se dément pas, se souvient Kelly :

> Storace remplissait les salles à ras bord, elle était la coqueluche du public – elle annonça son bénéfice, le premier que l'on permit à un chanteur à Venise, mais comme elle était Anglaise, on le lui accorda. La salle était pleine à craquer. Sa mère se tenait à la porte pour recevoir l'argent ; les tendres et généreux Vénitiens ne firent pas que payer leur entrée, mais lui abandonnèrent toutes sortes de colifichets, montres, chaînes, bagues &c pour qu'on les lui remette. La soirée fut extrêmement lucrative et très flatteuse envers son talent.

Néanmoins, un incident désagréable gâche en partie ce triomphe artistique et financier. Kelly, qui vole à la défense de l'honneur de sa compatriote, relate :

> […] mais, malgré ces honneurs qui s'accumulaient, advint un évènement qui lui occasionna un désagrément très vif, tout comme à sa mère et à ses amis. […] Une femme sans principes vint à Venise, fit savoir qu'elle était la sœur de la Signora Storace, et prit ses quartiers dans une rue appelée la Calle di Carbone [Calle del Carbon] (un quartier de la ville où les femmes de cette sorte ont l'obligation de résider). Elle fit pendre son portrait à la fenêtre, sous lequel était écrit *Questo e il ritratto della sorella della Signora Storace* (Ceci est le portrait de la sœur de la Signora Storace). C'est presque incroyable que les gens fussent ainsi dupés, mais c'est un fait que ses appartements furent quotidiennement encombrés par des gens de toute sorte, désireux de voir la sœur supposée de leur chanteuse préférée. La simulatrice récolta une belle somme d'argent versée pour la voir. Le jeu continua quelque temps, mais certains des amis de Storace allèrent à la police, l'imposture fut découverte, et son organisatrice emprisonnée puis bannie de la république vénitienne.
> C'était une ancienne coutume à Venise pour les personnages de l'emploi que tenait cette femme de faire peindre leur portrait, et de le suspendre hors de leur fenêtre, afin d'attirer l'attention.

---

[20] Waisman, 61.
[21] Leonardo Waisman envisage cette hypothèse, mais Ann Storace s'est probablement cantonnée durant l'*Autumno* 1782 à Milan et Monza. (Waisman, 580.)

L'anecdote illustre éloquemment la difficulté pour des femmes dont le métier nécessitait une exposition publique aux regards masculins, à être respectées pour leurs qualités professionnelles. Le temps n'était pas loin où être actrice ou cantatrice correspondait à un statut peu éloigné de celui de la courtisane, et où un certificat de bonnes mœurs était parfois nécessaire pour pouvoir exercer son art[22] ! Et l'absence des hommes de la famille laissait plus facilement deux femmes seules à la merci de rumeurs salaces…

---

[22] Rosselli, 56 *sq.*

V
1783
Premiers pas à Vienne

La présence à Venise du comte Giacomo Durazzo (1717-1794), ambassadeur de l'empereur Joseph II auprès de la Sérénissime, est une chance pour Michael Kelly. En effet, l'empereur d'Autriche a décidé de redonner des *opere buffe* dans son théâtre, le Burgtheater, et souhaite faire venir à Vienne les talents les plus reconnus de la péninsule. L'apparent déficit de ténors et une possible recommandation d'Ann Storace lui assurent un recrutement profitable. Kelly écrit :

> [J]e rendis visite à son Excellence Monsieur l'Ambassadeur, et conclus un engagement d'un an, mon salaire étant équivalent à 400 ducats d'or de Venise (200 l.) ; logement gratuit, ainsi que le chauffage, fourniture de quatre grandes chandelles par jour, ce qui était la gratification habituelle. Je signai le contrat avec Son Excellence, et en fut très content, pensant que j'étais très favorisé par la fortune de le faire. Madame Storace était également engagée, ainsi que les deux meilleurs chanteurs comiques d'Europe, Benucci et Mandini[1].

Si on n'a pas gardé trace des détails de l'engagement de la jeune femme, on peut supposer qu'il ne différait guère pour les avantages de celui de Kelly, car aucun contrat pour les chanteurs du Burgtheater

---

[1] Stefano Mandini (v. 1750/1756-v. 1799). Il chantait aussi bien les rôles de ténors que de basses. A Vienne, il créa des opéras de Paisiello, Storace, Salieri et Martín y Soler. Il chanta dans les deux ensembles d'insertions composés par Mozart pour *La Villanella rapita* de Bianchi (KV. 479 et 480, 1785), et créa le comte Almaviva dans *Le Nozze di Figaro* (1786). En 1781, il avait épousé la soprano Maria Piccinelli, une ravissante interprète de second ordre, qui créa Marcellina (*Le Nozze di Figaro*). Entre 1790 et 1792, il chanta à Paris au Théâtre de Monsieur (puis Théâtre Feydeau), où il obtint un grand succès. (Sur leurs carrières, voir Link 2015, IX-XV.)

n'aurait survécu[2]. Le statut d'Ann dans la troupe, bien supérieur, lui assurait sans doute des privilèges plus importants[3]… La comptabilité du Burgtheater[4] donne un chiffre précis pour le premier salaire viennois d'Ann Storace. Equivalent à celui de Francesco Benucci, il est de 3 247 florins 44 kreuzers[5], bien supérieur à celui des autres chanteuses. La disparité de leurs salaires lors de cette première saison théâtrale 1783-1784 s'explique uniquement par la période d'absence du *primo buffo* qui honore également un engagement italien. Par la suite, leur rémunération saisonnière augmentera en parallèle : 4 061 fl. entre les 10 avril 1784 et 25 mars 1785, et 4 071 fl. 20 kr. entre les 26 mars 1785 et 14 avril 1786. Pour la saison 1786-1787, les émoluments de la *prima buffa* seront de 4 500 fl., identiques à ce que touchait le grand ténor Domenico Mombelli et supérieurs à ceux de la basse. On peut les mettre en regard avec les émoluments touchés par Salieri (853 fl. 28 kr. pour la saison 1784-1785) ou Da Ponte (600 fl. pour les saisons 1783-1784 et 1784-1785). Les autres chanteurs se situent bien plus bas sur l'échelle des salaires.

Pour avoir un point de comparaison, voyons quelques revenus moyens de la population viennoise et le coût de la vie[6]. Selon le chroniqueur de la vie viennoise Johann Pezzl, le budget annuel d'un célibataire de la classe moyenne supérieure en 1786 (vêtements, logement, chauffage et éclairage, serviteur et coiffeur) est de 164 florins par an, auxquels s'ajoutent les loisirs, soit 500 à 550 florins par an. Ce train de vie correspond au salaire annuel d'un comptable du Bürgespital en 1779. Mais les disparités sociales sont grandes : si les plus riches des aristocrates, comme les Esterhàzy, peuvent se targuer d'un revenu annuel de 700 000 fl., l'aristocratie moyenne peut compter sur 50 000 à 100 000 fl. Le responsable d'une administration aulique reçoit en moyenne 4 000 à 6 000 fl., mais cette noblesse tire également d'autres ressources de ses terres. Un artisan spécialisé comme un charpentier,

---

[2] Link 2011, X.
[3] En 1785, Vincenzo Calvesi et son épouse, qui font leurs débuts à Vienne, louent leur logement. (Lorenz 2013). Ils sont alors défrayés. (Link 2011, X.)
[4] On trouve les transcriptions des livres de comptes du Burgtheater dans Link 1998, 399-424.
[5] On utilise quatre monnaies à Vienne : le gulden (ou florin, abrégé en fl.), le kreutzer (abrégé en x), le thaler et le ducat. Soixante kreutzers font un gulden. Le ducat impérial vaut 4, 5 fl. dès le 1er février 1786, ce qui met fin à une période de fluctuations. (Link 1998, [IX] ; Edge 1991.)
[6] Eléments tirés de Deutsch 1934 et Morrow, 109-116.

touche environ 135 fl. par an. Quant à la domesticité, une servante gagne entre 16 et 20 fl. par an ; un précepteur, 50 fl., tous deux étant logés et nourris[7]. Durant le séjour viennois d'Ann Storace, le coût de la vie évoluera très peu, car les prix resteront stables jusqu'en 1785.

Vienne vit alors un âge d'or pour le théâtre et l'opéra. Joseph II, empereur passionné par la scène et excellent musicien, en bon monarque éclairé, considère que le théâtre fait partie des outils d'éducation et de propagande. En 1776, il décide de promouvoir ainsi la culture germanique en établissant un théâtre national allemand au Burgtheater, le théâtre attaché au Palais. L'opéra échappe ainsi pour une longue période aux imprésarios sous contrat, comme c'était auparavant le cas. En 1778, Joseph II crée une troupe nationale de *Singspiel*, l'opéra-comique allemand. C'est un relatif échec : le genre n'est guère florissant malgré la contribution forcée de Salieri qui écrit *Der Rauchfangkehrer* (Le Ramoneur) en 1781, et surtout, malgré *Die Entführung aus dem Serail* (1782) de Mozart, derniers feux d'une l'entreprise qui présente principalement des traductions allemandes d'opéras-comiques français. Cette troupe de *Singspiel* sera dissoute au printemps 1783 et certains de ses membres seront incorporés à la troupe d'opéra italienne nouvellement constituée ; quand la troupe d'opéra allemande sera réinstaurée en 1785, seuls Valentin Adamberger[8] et Caterina Cavalieri[9] demeureront avec les Italiens.

En 1783, Joseph II institue donc le retour d'une troupe d'opéra italien. L'empereur, faisant fi de ses principes habituels d'économie, réunit certains des meilleurs chanteurs italiens du temps. Le genre *buffa* est ainsi donné en alternance avec un répertoire dramatique en langue

---

[7] Morrow, 112.

[8] Le ténor allemand Valentin Adamberger (1740 ou 1743-1804) rejoignit la troupe de *Singspiel* pour les saisons 1786-1787 et 1787-1788. Il ne retournera dans la troupe d'*opera buffa* qu'à la nouvelle dissolution de la troupe allemande en 1788. Il prit sa retraite en 1793. Mozart composa pour lui Belmonte (*Die Entführung aus dem Serail*, 1782), Vogelsang (*Der Schauspieldirektor*, 1786), des airs d'insertion (KV. 420 et 431) ainsi que la cantate maçonnique *Die Maurerfreude* (KV. 471).

[9] Catharina Magdalena Josepha Cavalier, dite Caterina Cavalieri (1755-1801), soprano colorature viennoise. Pour Mozart, elle créa Konstanze (*Die Entführung aus dem Serail*, 1782) et Mme Silberklang (*Der Schauspieldirektor*, 1786). Elle créa Donna Elvira au Burgtheater (1788) et y reprit le rôle de la Comtesse dans *Le Nozze di Figaro* (1789).

allemande. Les mardis, jeudis, samedis et dimanches sont réservés au théâtre allemand (le *Singspiel* réinstallé dépendra de la troupe théâtrale) ; les lundis, mercredis et vendredis voient les Italiens occuper la scène. L'alternance ne se limite pas au Burgtheater, pour les deux troupes. Quand la Cour se rend à Laxenbourg, la résidence d'été de Joseph II, elles sont tenues de s'y produire aussi, tout en maintenant leur présence dans la capitale.

A Vienne, la saison théâtrale commence le Lundi de Pâques pour se terminer au Mardi Gras suivant. Durant le Carême, l'opéra n'est évidemment pas de mise, même si les répétitions continuent : on y substitue des concerts et, à partir de 1786, des pièces de théâtre. On trouve aussi dans la programmation des « académies » données en faveur d'œuvres de charité et les concerts à bénéfice octroyés à certains interprètes dans le cadre de leur contrat, privilège très apprécié. On sait qu'Ann Storace se produit pour son propre compte durant les Carêmes des années 1784, 1785, et 1787[10].

L'administration du théâtre dépend directement de l'administration aulique. L'opéra et le théâtre se trouvent sous la juridiction de l'*Obersthofmeister*, qui administre la vie quotidienne de la Cour et supervise le personnel. Cet officier, le plus élevé dans la hiérarchie curiale, est responsable de tout ce qui relève des cérémonies, et partant, du théâtre. Il est épaulé par le *Musikgraf*, le véritable directeur du théâtre. En 1776, lors du décès du *Musikgraf*, l'Impératrice Marie-Thérèse avait demandé à Joseph II de le remplacer par le comte Orsini-Rosenberg[11], qui était déjà en charge de la Maison de l'Empereur et de ses serviteurs. Il restera *Musikgraf* de fait, sans jamais en avoir le titre officiel[12]. Le *Kapellmeister*, le *Balletmeister*, quand il y avait un corps de ballet, et le directeur de la troupe théâtrale sont sous ses ordres. Le fonctionnement au quotidien reste, hélas, bien flou, mais Joseph II s'y implique fortement, comme le prouve sa correspondance

---

[10] Ann donna peut-être aussi un concert à bénéfice en 1786. (Link 1998, 19.)
[11] Le comte (puis prince en 1790) Franz Xaver Orsini-Rosenberg (1723-1796). Ancien diplomate, il fut conseiller de l'archiduc Léopold à Florence. Rappelé à Vienne en 1772, il devint Grand chambellan (*Oberstkämmerer*) de Joseph II. Hors une période de vingt mois sous le règne de Leopold II, il remplit la charge de *Musikgraf* de fait, jusqu'en 1794. (Link 1998, 204.)
[12] Link 1998, 481-482.

avec Orsini-Rosenberg[13]. On reste par contre incertain de l'identité de la troisième personne qui gère la troupe au jour le jour aux côtés du *Kapellmeister* (Antonio Salieri) et du *Poeta* (Lorenzo Da Ponte) ; il pourrait s'agir d'Orsini-Rosenberg ou de Johann Thorwart, le contrôleur financier, responsable des costumes et de la gestion des « académies » données au Burgtheater. Le chanteur Francesco Bussani[14] semble avoir parfois tenu un emploi de « metteur en scène », tâche généralement dévolue au librettiste et poète du théâtre. C'est le *Kapellmeister* qui distribue les rôles, en accord avec le poète et la direction. Ni le livret imprimé ni le *Theaterzettel* (affiche) ne mentionnant habituellement la distribution, il est souvent difficile de la connaître, car le public était informé de la teneur de la représentation suivante en fin de soirée, quand on annonçait le programme du lendemain. On est donc réduit à rechercher les informations disponibles dans les documents privés, les mentions parues dans la presse – car les débuts des interprètes y sont parfois relatés, et celles portées sur les livrets ou partitions.

On compte environ un peu moins d'une première par mois en moyenne ; si l'année 1783 peut s'enorgueillir de 13 premières, c'est aussi par la nécessité d'établir un répertoire. Par la suite, leur nombre décroit. Si les échecs sortent du répertoire du Burgtheater assez rapidement, il semblerait qu'il n'ait pas été si facile pour les programmateurs, en cas de succès, d'ajouter des représentations dans un planning serré, établi longtemps à l'avance[15].

En 1783, comme librettiste du théâtre, Joseph II nomme Lorenzo Da Ponte (1749-1838), totalement novice en matière d'opéra. L'empereur en plaisante d'ailleurs, en traitant le poète de « muse vierge » ; du moins, c'est ce qu'affirme Da Ponte dans ses mémoires. On ne dispose plus que du point de vue de l'Italien sur sa nomination qui reste très étrange. Faut-il ici suivre Da Ponte, souvent prompt à affabuler et à se donner le beau rôle dans ses *Mémoires* ? Si on l'en

---

[13] Cette correspondance de *memoranda* (*Hand-Billets*) est en partie rassemblée par Payer Von Thurn.
[14] Francesco Bussani (1743-après 1807), basse italienne. Pour Mozart, il fut Bartolo et Antonio (*Le Nozze di Figaro*, 1786), le Commendatore et Masetto (*Don Giovanni* viennois, 1788) et Don Alfonso (*Così fan tutte*, 1790). Mozart pensait à lui pour le Pulchiero de son inachevé *Lo Sposo deluso*.
[15] Cette présentation rapide du fonctionnement du Burgtheater se fonde sur Link 1998, 479-488.

croit, il aurait été recommandé par son ami, le librettiste Caterino Mazzolà (1745-1806), poète de cour à Dresde et collaborateur de Salieri à Venise pour *La Scuola de'Gelosi* : à sa demande, le compositeur l'aurait introduit auprès du souverain[16]. Mais le Vénitien ne parvint jamais à son ambition suprême, succéder à Métastase comme *Poeta Cesareo*, et il dût se contenter d'être le poète du théâtre. Il se sentit par là-même constamment menacé par les professionnels reconnus, ses concurrents qu'il épargne peu dans ses écrits, et dont le principal est Giambattista Casti, ami personnel d'Orsini-Rosenberg, qui pourra se targuer de porter le même titre que Da Ponte.

Le Burgtheater, démoli en 1889, était une salle de petites dimensions. Le bâtiment, proche du palais, avait d'abord hébergé le court de tennis impérial, puis fut transformé en théâtre en 1741[17]. De la place Saint Michel, on apercevait la façade avec ses baies vitrées et son balcon qui cachaient le mur de fond de la scène. La dominante crème et or de l'intérieur était rehaussée par des sièges de velours rouge comme les tapis de sol pour les loges. La scène était de dimensions relativement réduites : selon les calculs effectués, elle avait entre 13 à 15 m de profondeur sur 17 m de largeur, et un proscenium d'environ 9 m. Avec une machinerie très moderne pour l'époque, le théâtre permettait une grande variété de répertoires. La fosse d'orchestre pouvait accueillir une quarantaine de musiciens, ce qui correspond à la comptabilité du théâtre : 35 musiciens salariés pour la saison 1782-83, 33 en 1783-84, 34 pour la saison 1786-87. Ce théâtre à l'italienne à quatre étages de loges et de galeries pouvait contenir environ 1 350 personnes, assises ou debout[18]. Il était desservi des escaliers étroits qui rendaient son évacuation problématique : elle ne pouvait s'effectuer qu'en une heure ! Un plafond relativement bas et une architecture intérieure en bois avaient pour avantage de créer une acoustique très favorable, à la fois claire et brillante, qui soulignait l'intimité des œuvres et ne laissait perdre aucun détail. L'exiguïté du bâtiment avait pour conséquence une chaleur souvent excessive, sans compter la

---

[16] Aleramo Lanapoppi semble également très réservé sur la version de l'affaire présentée par Da Ponte (102-104). John A. Rice voit dans cette nomination l'influence de Salieri (Rice 1998, 309), tandis que Lionel Salter est d'avis que la lettre était un faux réalisé par Da Ponte (23).
[17] Pour un résumé de l'histoire du bâtiment, Heartz 1982.
[18] L'estimation de Dorothea Link est de 300 aristocrates (au *parterre noble*) et d'au moins 770 spectateurs dans les autres parties du théâtre. (Link 1998, 494.)

crainte toujours renouvelée d'un incendie, l'éclairage étant assuré par des chandeliers qui pendaient dans l'auditorium et au-dessus de la scène[19].

Le public du Burgtheater était socialement mélangé : « les nobles, les artistes, les intellectuels et les officiers se mêlaient au *parterre noble*. Ceux qui pouvaient payer leur place allaient au second parterre. La haute noblesse monopolisait les loges, les membres de la classe moyenne, les critiques et connaisseurs allaient au troisième niveau, et les personnes les moins huppées du public se rendait à la galerie » (Cole). Cependant, au parterre, les sièges entre les deux catégories de spectateurs étaient séparés par une barrière en bois… Bien que le théâtre de la Cour ne fût pas réservé aux courtisans, le prix des places était pourtant prohibitif pour la classe moyenne basse, qui se trouvait de fait, exclue de cette vie culturelle. Le public le moins riche des théâtres de cour était constitué de personnes socialement proches des fonctionnaires de la Cour les moins bien payés qui touchaient 400 à 1000 fl. par an[20]. En 1776, les prix des places au Burgtheater étaient de 2 fl. pour une loge, 1 fl. pour le Parterre noble, et allaient ensuite de 7 à 20 kr. pour les emplacements moins en vue[21].

Le Théâtre de la Porte de Carinthie (Kärntnertortheater), théâtre auparavant disponible pour les troupes ambulantes et divers spectacles, est annexé par la Cour durant la saison 1785-1786 pour y donner le *Singspiel* les mardis, vendredis et dimanches. Il avait auparavant été rénové et inauguré dans sa nouvelle splendeur par une série de représentations de gala, à l'occasion du passage à Vienne de Luigi Marchesi[22]. Ce théâtre, bien plus spacieux que le Burgtheater, comptait environ 1 700 à 1 800 places. Il devient donc un lieu privilégié pour les concerts, malgré sa localisation non loin de la porte

---

[19] Cole, 126-127, 133-135. Sa synthèse a fourni la présente description du bâtiment.
[20] Mary Sue Morrow fait remarquer que pour une personne gagnant 100 fl. annuels, le billet d'entrée le moins cher (7 kr.), correspond à un billet de 12 dollars pour un salarié gagnant 10 000 dollars annuels. Le prix d'entrée normal à 2 fl. représenterait alors 2% des revenus. (Morrow, 111, note 3).
[21] Données indiquées par Morrow, « *Table 15: Theater prices* ».
[22] Le théâtre, construit en 1709, fut victime d'un incendie en 1766 et reconstruit à l'identique. Il fut démoli à la fin du XIXème siècle, quand on construisit la Ringstrasse.

sud de la ville : le bruit de la circulation pouvait couvrir les passages musicaux les moins sonores, surtout en été…

Le premier opéra représenté par les Italiens au Burgtheater, le 22 avril 1783, est fort logiquement un opéra du *Kapellmeister* Salieri. Ann Storace (la Contessa), qui donne la réplique à Francesco Benucci (Blasio) et Francesco Bussani (il Conte di Bandiera)[23], a l'avantage d'avoir tout récemment interprété *La Scuola de'Gelosi* à Venise. Une annotation dans une partition viennoise non datée[24] précise également que Il Conte est interprété par Kelly ; Ernestina, par Cavalieri ; Lumaca, par Bussani[25], il Tenente, par Bugnetti ou Pugnetti[26], et Carlotta, par Teyber ou Teuber[27]. L'ouvrage n'est pas inconnu à Vienne ; il y a été monté en 1780 au Kärntertortheater. Pour l'occasion, Salieri révise sa partition et le rôle d'Ann est légèrement différent de ce qu'elle a chanté à Venise[28]. On peut s'étonner de ne pas voir programmer un nouvel opéra pour marquer l'occasion, mais Salieri était bien occupé avec une *Semiramide* pour Munich et l'écriture des *Danaïdes* pour l'Académie royale de Musique de Paris[29]… Michael Kelly, qui insiste sur l'éclat du public (« un flamboiement de beauté et d'élégance »), précise que l'accueil de Storace et de Benucci fut « parfaitement enthousiaste ». Il mentionne la présence de l'archiduc Maximilien François d'Autriche (1756-1801), auprès de Joseph II, lesquels « manifestèrent leur approbation par les applaudissements qu'ils décernèrent ».

---

[23] Link 1998, 204.
[24] Link 2002, 113.
[25] Francesco Bussani aurait rejoint la troupe comme ténor mais chanta également des rôles de basse. (Link 1998, 204.)
[26] On ne sait presque rien sur ce ténor, engagé pour des emplois de serviteurs. (Link 2011, XIII.)
[27] Therese Teyber (baptisée en 1760-1830), soprano autrichienne. Elle chanta à Vienne dès 1778 et y créa Blonde (*Die Entführung aus dem Serail*, 1782). Elle fut l'une des chanteuses les moins payées de la nouvelle troupe italienne. Elle a probablement remplacé Luisa Laschi en Zerlina en 1788. Elle prit sa retraite en 1791.
[28] Link 2002, IX et 113.
[29] Rice 1998, 309.

L'un des témoins de la soirée, le comte Karl von Zinzendorf und Pottendorf[30], spectateur assidu au théâtre et à l'opéra, tient quotidiennement son journal écrit en français, langue de l'élite intellectuelle européenne[31]. Au fil des années, il y a noté consciencieusement ses impressions de spectateur. Elles sont souvent lapidaires, manquent de précision sur les partitions (le comte n'est pas musicien), mais restent précieuses pour sa chronique des évènements, petits et grands, du Burgtheater et des représentations viennoises, publiques ou privées. Ces annotations sont régulièrement citées dans la littérature mozartienne comme représentatives des réactions du public viennois, ce qui est souvent le cas, mais le diariste, s'il aimait sincèrement le théâtre, se rendait également à l'opéra pour sa sociabilité, et son avis ne reflète pas toujours celui de ses contemporains éclairés… Il a visiblement été séduit par les charmes d'Ann Storace :

> *Au Théâtre dans la loge de Mes de fekete et de Los Rios. La Scuola de'gelosi. Melle Storace, l'Inglesina, jolie figure voluptueuse, belle gorge, bien en Bohémienne, elle et Bussani chanterent ce duo: Quel visino é da ritratto, mais B. moins bien que Calvesi a Trieste. Le Buffo Venucci [Benucci] tres bon, le primo amoroso Bussani moins. L'auditoire fort content.* (22 avril 1783)

Mozart assiste à l'une des représentations de ce premier *opera buffa* mis en scène au Burgtheater, mais on ne sait ce qu'il pensa précisément de sa future interprète[32]. Le critique du *Berliner Literatur-und Theaterzeitung für das Jahr 1783* est nettement moins élogieux que Zinzendorf : « La première chanteuse chante agréablement, par ailleurs ses gesticulations sont insupportables. Le *Buffo* [Benucci] est en ce qui concerne son jeu plein de naturel, l'un des meilleurs que l'on puisse voir. Les autres ne méritent pas même d'être mentionnés[33] ». Belle illustration des divergences entre un critique théâtral pour lequel la dimension dramatique reste primordiale et un amateur pour lequel une actrice ou

---

[30] (Johann) Karl von Zinzendorf und Pottendorf (1739-1813). Il fut gouverneur de Trieste, président de l'*HofRechnungskammer* (Cour d'audit) et Conseiller d'Etat en 1792. (Voir Link 1998, 194-195.)

[31] Le contenu du *Tagebücher* relatif au théâtre est retranscrit dans Link 1998, 204-398.

[32] Dans sa lettre du 7 mai 1783, il se borne à mentionner que « Le *buffo* est particulièrement bon. Il s'appelle Benucci. » (Mozart, IV, 92.) (Geneviève Geffray, trad.)

[33] Michtner, 151.

une chanteuse séduit par son corps et par sa voix ! La dimension érotique de la présence scénique de Storace est mainte fois affirmée dans le journal de Zinzendorf, même s'il n'oublie pas pour autant de mentionner l'agrément que lui procure son chant :

> *La Storace est une jolie personne et chant fort bien.* (7 mai 1783)
> *l'Inglesina chanta comme un ange* (9 mai 1783)
> *La Storace y joua comme un ange. Ses beaux yeux, son cou blanc, sa belle gorge, sa bouche fraîche faisoient un charmant effet.* (28 mai 1783)
> *La Storace a beaucoup de physionomie, une figure trapûe, beaux yeux, belle peau, la naïveté et la petulance de l'enfance.* (1ᵉʳ juillet 1783)

Le renom d'Ann est tel que Giacomo Casanova, qui séjourne alors à Vienne, semble avoir écrit à son sujet à son ami vénitien, le patricien Andrea Memmo (1729-1793), car ce dernier lui répond, le 26 avril, que « *la scenetta della Storace* » l'a diverti, et qu'il « l'a communiquée à de nombreuses personnes, qui [le] complimentent »[34]… Anecdote théâtrale ou privée ? On ne sait. Memmo avait sans doute entendu chanter Ann en Italie.

Ann Storace devient assez rapidement la coqueluche de Vienne, comme en témoignent les *Skizze von Wien* (Esquisses de Vienne) de Johann Pezzl : « Vienne est un monde en soi, et un innocent ici vit sa vie sans se préoccuper du monde extérieur […] si son coiffeur, son traiteur et son domestique sont prompt à le servir, si ses chevaux ne sont pas mal ferrés et Madame Storace n'a pas pris froid […] cet homme n'est pas intéressé par ce qui se passe dans le reste du monde[35]. » Le rythme soutenu des représentations, comparativement à une saison d'opéra en Italie, n'empêche pas la jeune cantatrice d'avoir une vie sociale. Zinzendorf mentionne en passant le 19 mai qu'elle « *din[e] chez elle avec Wassenaer*[36] ». Ou encore le 26 juillet 1783, que « *[l]a Storace vint pour le bal du soir* » à Medling.

Ce grand succès public est également reflété dans une brève de la *Gazzetta Universale* qui mêle le potin de cour à l'annonce de

---

[34] Molmenti 1917, 185.
[35] Landon 1991, 78 [« *23. Dandies of Both Sexes* »].
[36] Il s'agit probablement de Carel George, comte de Wassenaer [Heer Graaf van Wassenaar tot Wassenaar] (1733-1800), ambassadeur de la République de Hollande à Vienne entre 1782 et 1784, puis en 1785.

programmation : « La princesse de Wurtemberg[37] s'est rendue vendredi dernier au Théâtre National [...] dans la loge impériale pour apprécier le spectacle du *dramma giocoso* [...] *La Scuola dei'Gelosi*, qui a reçu une approbation unanime ; dans le même lieu on donnera dans peu de jours un nouvel opéra, *L'Italiana in Londra.* » Le premier opéra représenté a récolté les suffrages escomptés ; désormais l'agenda des chanteurs et autres artisans de l'opéra va s'alourdir avec l'ajout de nouveaux ouvrages...

---

[37] Elisabeth, fille du duc de Wurtemberg (1767-1790), épousera en 1788 le neveu de Joseph II, le futur empereur François II.

VI
1783-1784
Les noces d'Ann

Au bout de trois représentations de *La Scuola de'Gelosi*, une alternance s'instaure avec la première de *L'Italiana in Londra,* le 5 mai 1783. Ann Storace y reprend son rôle de Livia, déjà chanté en Italie[1]. Le *Berliner Literatur-und Theaterzeitung für das Jahr 1783* indique que « L'opéra […] a été accueilli avec peu d'applaudissements[2] ». Dans la foulée, on programme le 28 mai, *Fra i due litiganti il terzo gode*[3]. Témoin de l'engouement du public, Zinzendorf précise que « *La Scuola de'Gelosi ne fait plus autant d'effet apres qu'on a entendu l'opera de Sarti* » (13 juin 1783). L'alternance pouvait être cruelle pour certains ouvrages… Le comte s'étend en détails sur les beautés de la partition qui l'« *enchante* » (11 juin). Au fur et à mesure des représentations, Ann semble avoir troqué, comme elle le fera très souvent dans sa carrière, les airs composés par Sarti contre d'autres sélections : de ses trois airs d'origine, elle ne garde que la cavatine[4]. Cela contribue à infléchir son personnage de Dorina vers une typologie de soubrette : cette *persona* scénique plait aux Viennois[5]. A partir du 11 juin, probablement, Ann insère un air de son frère Stephen, « *Compatite miei signori* », à la place de

---

[1] Maria Mandini est Madama Brillante, l'aubergiste ; Stefano Mandini, mentionné par Zinzendorf, est sans doute Milord Arispinghe ; Francesco Benucci, également cité par Zinzendorf, chante peut-être Don Polidoro. L'historien du Burgtheater Otto Michtner avance le nom de Michel Kelly pour Sumerse. Il convient néanmoins de se méfier des distributions qu'il indique : Dorothea Link a souligné que Michtner met parfois sur le même plan ses suppositions et les faits documentés.
[2] Michtner, 152.
[3] Kelly (Masotto), Mandini (Mingone), Benucci (Titta) incarnent les trois prétendants de Dorina (Storace). Sa rivale pour l'amour de Masotto, Livietta, est Therese Teyber.
[4] Link 2002, IX-X et 113.
[5] Platoff 2014.

« *Non fidarti Amor mi dice* ». Cette adjonction reçoit un accueil flatteur[6]. Cette version modifiée de *Fra i due litiganti* essaimera à son tour en Europe.

Le 2 juin 1783, Joseph II fait part de ses plans au comte Orsini-Rosenberg : « [...] *je souhaiterais que vous essayiez de convaincre [Benucci] de rester jusqu'à Pâques et par la suite de l'engager pour une saison de plus ; s'il l'accepte dans un nouveau contrat, et si Storraci, qui est également appréciée du public, reste, alors vous pouvez garder les meilleurs sujets de la troupe, si Benucci et Storraci ne restent pas, alors les autres ne doivent pas être gardés* ». Ce même jour, la soprano batifole sur scène avec Benucci et sort de son personnage, ce qui est remarqué par Zinzendorf : « *Il y avoit hier de l'Espieglerie et de l'amour entre la Storace et le buffo. Au lieu de la Storace il repondit a OKelli, fortissimo quanto vi par. Et elle battit dans ses mains tandis qu'elle devoit Selon la piéce avoir l'air de se moquer de lui, en chantant le Saltellar* ». Mais, justice immanente de Thalie ou fatigue, le 4 juin, Ann « *s'est trouvé mal a l'opera, qu'on a du terminer avant le 3ᵐᵉ acte* ». Dans le même temps, les chanteurs manifestent leur mécontentement à la direction du Burgtheater à cause de leurs conditions de travail intensif et l'insuffisance de leur rémunération. Un échange de lettres a lieu à ce sujet entre Orsini-Rosenberg et l'empereur alors en déplacement dans ses Etats. Devant ces revendications, la réponse de Joseph II est très sèche : « *Quant à l'opera buffa dèsque Benucci ne peut point rester, il ne vaut pas la peine de garder les autres, le Public aura sans cela déjà emoussé son enthousiasme jusqu'à la fin du Carneval. Il sera tems de distribuer tout de suite les roles du Barbier de Seville, afin d'en tirer encore parti pendant la presence de Benucci* » (19 juin 1783). Benucci, élément essentiel de la troupe, doit partir fin novembre pour honorer un contrat à Rome[7] et en profite donc pour dicter ses conditions pour son retour. Le pragmatisme de Joseph II le pousse à programmer l'une des pièces maîtresses de sa saison, le *Barbiere di Siviglia* de Paisiello, tant que le chanteur est encore sous contrat. La réponse suivante de l'empereur nous en apprend davantage. Il inspectait alors les dispositifs militaires le long de la frontière, craignant une guerre contre la Sublime Porte.

Vous aurez vu par le dernier couri[e]r ce que je pense sur l'opera buffa, si ces Messieurs et Belles Dames neu veullent pas rester au même prix à un Ducat près qu'ils sont actuellement engagés, et surtout si Benucci doit être engagé pour 3

---

[6] Link 2002, 114.

[7] Il est rémunéré entre les 1er mars et 30 novembre 1783, puis à partir du 1er mars 1784. (Link 1998, 214.)

ans pour pouvoir le garder, il n'en vaut plus la peine, et on n'a qu'a leur laisser finir leurs contracts et en tirer le parti possible, et les laisser après partir tout simplement et on tâchera de se pourvoir de quelques chanteurs allemands pour remettre sur le theatre les operas allemands. Voila mon dernier mot. Nous ne voulons point augmenter outre mesure les gages de ces fredonneurs, sans cela n'étant point sûrs des circonstances publiques qui existeront, et dans les quelles 100 Grenadiers de plus vaudront mieux que 3 Buffons qui couteroient le même argent. (25 juin 1783.)

En attendant, les Italiens voient leur charge de travail allégée par la mise au théâtre, le 30 juin, de *Il Curioso indiscreto* (Le curieux indiscret) d'Anfossi, dans lequel Mozart introduit des airs de remplacement taillés sur mesure pour sa belle-sœur Aloysia Lange (1759/61-1839) et le ténor Valentin Adamberger, d'une façon suffisamment cavalière pour créer un mini scandale ; et, le 25 juillet, de *Il Falegname* (Le menuisier) de Cimarosa. Leurs distributions emploient principalement des chanteurs allemands. Les « *Buffons* » peuvent donc se concentrer sur les répétitions intensives du *Barbiere* de Paisiello. Néanmoins, la rivalité entre les deux factions italienne et allemande semble avoir été vive, si l'on en croit la remarque de Mozart, mentionnant les répétitions à son domicile de ses airs d'insertions : « [N]ous [Aloysia Lange et Wolfgang Mozart] avons tenu conseil pour être plus malins que nos ennemis. – Car j'en ai suffisamment à cause d'elle [Aloysia], et la Langin en a maintenant aussi à cause de la Storace, *la nouvelle chanteuse*[8] ».

Le 1er juillet, l'ambassadeur anglais en poste à Vienne, Sir Robert Murray Keith (1730-1795), organise une soirée musicale. Zinzendorf s'y rend, et l'on sait grâce à ses annotations que « *la Storace chanta un air de Julia Sabina* (sic), *opera seria de Sarti, tandis que Benucci joua du clavecin, puis elle joua de clavecin et lui chanta un air de Pittor Parigino de Sarti. […] Puis ils chanterent un duo de l'amor costante de Cimarosa. Bella, bella, gioja, gioja, qui nous enchanta* ». L'opéra est bien sûr *Giulio Sabino*. Il semblerait qu'Ann choisisse régulièrement des airs du répertoire de Marchesi pour se mettre en valeur…

Le 13 août 1783 a lieu la première viennoise du *Barbiere di Siviglia* de Paisiello sur laquelle avait porté tous les soins de la troupe italienne. Ce *dramma giocoso per musica* avait été créé à Saint-Pétersbourg sur un livret de Giuseppe Petrosellini, une adaptation logique quand on se souvient

---

[8] Lettre du 2 juillet 1783. (Mozart, IV, 98 ; Geneviève Geffray, trad.)

qu'en 1772, Beaumarchais avait tout d'abord conçu sa pièce, créée en 1775, comme un opéra-comique... On en sait un peu plus sur la réception de l'œuvre grâce aux documents privés. Zinzendorf, de retour de la représentation du 13, s'épanche longuement :

> *musique de Paisiello charmante, il y a des morceaux admirable, des habillemens tres beaux. Mandini comme Lindor, comme Bachelier envoyé par Basilio a enseigner la musique a Rosina, enfin comme Comte d'Almaviva est fort bien*[9] *Benucci joue a merveille le rôle du tuteur, Bussani dans celui de figaro n'est pas mal, Lumaraca fit Basilio*[10]*. L'Emperor fit repeter l'air du Bachelier, qui vient en Tartuffe souhaiter Gioja e pace au Tuteur. La Storace chante de bien beaux airs, des duo charmans, mais l'action de la pièce perd par la musique, et l'opera des litiganti me plait toujours infiniment mieux.*

Le lendemain de cette première, Joseph II en rend compte à Orsini-Rosenberg qui s'est éloigné de Vienne :

> *J'ai tardé à repondre à la lettre que vous m'a avés écrite pour vous donner nouvelle de la reussite du Barbier de Seville, qu'on a joué hier, ils sen sont tirés pour l'action en verité au dela de l'esperance, surtout Benucci qui dans des certains moments a copié et presque frisé Schröder. La Storacci à très bien chanté un air cantabile et quoiqu'imitant assés les differens gestes de la Adamberger*[11] *dans differentes situations la Squaiatezza* [vulgarité] *prenoit pourtant le dessus. Mandini a fort bien joué hors l'ivrogne qui ne lui alloit pas, et Figaro passablement beaucoup du monde et on a fait repeter plusieurs morceaux.*

Il manifeste également sa bienveillance aux chanteurs de manière sonnante et trébuchante, comme en témoigne la *Gazzetta Universale* : « Très satisfait des représentations musicales faites par les Italiens, et plus particulièrement par celui du *Barbier de Séville*, samedi dernier, notre Monarque a signifié son obligeance aux quatre principaux acteurs Storace, Benucci, Mandini et Bussani, en daignant leur envoyer la cassette de la recette de la soirée précédente, pour qu'ils se la partagent, et ils y trouvèrent plus de 620 florins ». La correspondance administrative publiée entre Orsini-Rosenberg et Joseph II est par la suite muette sur les revendications salariales des chanteurs ; doit-on en

---

[9] Michael Kelly indique qu'il chanta le rôle en alternance, probablement pour la suite des représentations. (Link 2015, XIX.)
[10] Aucun chanteur de ce nom n'est connu. (Link 1998, 210.)
[11] L'actrice Marie Anne Ja[c]quet (1753-1804), épouse du ténor Valentin Adamberger. Elle joua dans *Der Schauspieldirektor* (KV. 486). Elle interprétait Rosine dans la pièce de Beaumarchais.

déduire que cette gratification, ainsi que leur augmentation salariale pour la saison suivante, les avaient apaisés ?

Les Italiens ont apparemment mis à profit la loge du théâtre qui leur était réservée pour étudier de plus près le jeu des acteurs allemands en vogue. Michael Kelly consacre d'ailleurs tout un développement de son autobiographie aux pièces et aux acteurs qu'il a vu à Vienne. Friedrich Ludwig Schröder (1744-1816) était un tragédien très apprécié, considéré comme étant le Garrick[12] allemand. Quant à Ann Storace, elle s'est apparemment appliquée à mettre dans son jeu des attitudes prisées du public, bien que sa « vulgarité » ressorte. Sa pétulance scénique, tout comme son attitude sans affectation dans la vie, lui seront par la suite plus encore reprochées en Angleterre.

Sa vie professionnelle pour les mois d'août à mi-septembre 1783 se déroule apparemment sans heurts avec l'alternance du nouvel opéra, de *La scuola de'gelosi*, de *L'Italiana in Londra*, et de *Fra i due litiganti*. La seule représentation mémorable est celle du 15 septembre. La *Gazzetta Universale* fait part d'un évènement mondain, le mariage du jeune prince Nicolas Esterhàzy[13], neveu du prince régnant, avec la princesse Marie de Lichtenstein. La fête nuptiale culmine au Burgtheater, car « Après le service religieux, auquel a pris part nombre de la première noblesse, l'illustre compagnie s'est rendue au théâtre, où la compagnie italienne, a représenté, à la demande, l'opéra *Fra I due litiganti il terzo gode*, toujours aussi applaudie par le public ». Le surlendemain, on introduit dans le répertoire *Le Gelosie villane* (Les jalousies villageoises) de Sarti. Ann y est Giannina, face au Cecchino de Benucci[14]. L'opéra comporte une scène, celle du sofa, qui titille le public... Le 12 novembre, Benucci prend congé lors d'une représentation de *La Scuola de'Gelosi*. Zinzendorf note que « *[l]a Storace joua comme un ange mais paroissoit affectée* », sans doute par le départ de son amant. Le chanteur ne reviendra à Vienne qu'en mars 1784...

Le rythme des représentations se ralentit pour Ann ; la nouvelle production introduite le 14 novembre 1783 est *La Finta Principessa*, dans laquelle elle n'apparaît pas. Elle figure néanmoins en Violante

---

[12] David Garrick (1717-1779), acteur et dramaturge britannique, considéré comme l'un des plus grands acteurs de son temps.
[13] Nicolas Esterhàzy II (1765-1833), futur employeur de Joseph Haydn.
[14] Sur les incertitudes entourant la distribution, voir Link 2004, X.

dans *La Frascatana* de Paisiello[15]. Joseph II n'assiste pas à la première du 8 décembre, car il est parti deux jours plus tôt en Italie. Ses lettres, envoyées depuis Bologne, Florence et Naples, à Orsini-Rosenberg témoignent de son souci constant de recruter d'autres chanteurs. Cette correspondance nous éclaire sur ses objectifs artistiques, ses goûts et ses considérations économiques pour la gestion de sa troupe. Le 31 décembre, il annonce qu'il a entendu la soprano Celeste Coltellini[16], sœur de ce Giovanni qu'Ann a fréquenté à Florence. Cette rivale potentielle « *a beaucoup moins de voix et moins agréable que celle de la Storacci ; son jeu est chargé, mais on nesauroit nier, qu'elle ne joue assés bien differens caracteres dans les quels elle entre assés subitement* ». Le 16 janvier 1784, l'empereur revoit son jugement :

> […] *je ne puis disconvenir qu'elle est une actrice du premier ordre et quoique sa voix et son chant ne soyent pas comparables a celui de la Storacci, elle ne peut manquer de plaire en la voyant; je l'ai fait sonder si elle voudroit venir a Vienne, et elle m'a fait assurer le desirer infiniment et exautement aux memes conditions que la Storacci; son engagement à Naples est encore d'une année, après la quelle elle est decidée de venir a Vienne avec sa mere et sa sœur; je lui ai même fait dire qu'elle navoit qu'à ecrire à tems à son frere à Vienne et que les affaires s'arrangeroient.*

Les négociations vont bon train. Le 3 février, le monarque peut annoncer à Orsini-Rosenberg que « *Vous pourrés donc dès àprésent en faire parler à son frère* […] *pour qu'elle sache qu'on veut l'engager aux mêmes conditions que la Storace qui pourroit même rester avec elle ou être remplacé par la Allegranti* ». Voilà désormais une concurrente sérieuse pour Ann ! Elles ont sensiblement les mêmes emplois, et la comparaison possible entre les deux cantatrices divertit Joseph II, qui apprécie ce type de compétition… Les seuls obstacles à la venue de Celeste Coltellini sont ses contrats antérieurement signés – elle ne sera libre qu'à Pâques 1785 – et la possible réticence du *primo buffo*… Ce dernier point est bientôt levé le 20 février : « […] *je suis assuré en outre que Benucci ne fait aucune difficulté de chanter avec la Coltellini, et de rester avec elle, quand même la Storacci s'engageroit ailleurs, d'autant plus qu'il est ami de la Coltellini, et que celle ci desire beaucoup de jouer avec lui.* » Durant la saison 1784-1785, Celeste

---

[15] La distribution viennoise de l'opéra était : Mandini et Kelly, en alternance (Nardone), Rosa Manservisi (Donna Stella), Bugnetti (Il Cavaliere Giocondo), Antonio Marchesi (Don Fabrizio), Teyber (Lisetta), Bussani (Pagnotta). (Link 1998, 215.)

[16] Voir chapitre III.

Coltellini touchera effectivement le même salaire qu'Ann Storace, ce qui est cohérent avec la volonté de Joseph II de créer une émulation entre deux chanteuses de célébrité équivalente. N'a-t-il pas fait de même auparavant en opposant Clementi et Mozart dans une joute au clavier, en 1781 ? Ann ignore sans doute totalement ces transactions… Il est vrai que le 13 juin, alors qu'il se trouvait chez Orsini-Rosenberg, Salieri avait déjà mentionné d'autres recrues possibles, Maddalena Allegranti (1754-après1801) et Anna Morichelli[17]. Le malaise d'Ann quelques dix jours auparavant, avait sans doute renforcé la nécessité de trouver une autre *buffa* de premier plan pour pallier à ses éventuelles défections.

La cantatrice enchaîne comme auparavant les nouveaux rôles à Vienne : le 29 décembre, elle a peut-être interprété Bettina dans *I Viaggiatori Felici* (Les heureux voyageurs) d'Anfossi, comme elle l'avait fait à Parme en 1782. On ne sait précisément quel fut son rôle. Ses indispositions s'avèrent relativement fréquentes et expliquent le souci de renforcer la troupe. Ann tombe à nouveau malade le 7 janvier 1784, et l'on doit donner *La Finta Principessa* au lieu des *Viaggiatori felici* initialement prévus. Elle ne fait son retour sur scène que le 19, comme le note Zinzendorf. Il est vrai que cet hiver 1783 est particulièrement rude dès la première quinzaine d'octobre… En janvier, la programmation compte plus de représentations théâtrales que d'opéra. Les chanteurs sont fragiles…

Le 18 mars 1784, Ann donne son concert à bénéfice. Le succès financier de l'entreprise trouve même un écho dans la presse italienne. Les profits annoncés sont à prendre avec une certaine retenue, les chiffres étant souvent exagérés : « La Cantatrice Sig. Storace dite *l'Inghilesina* a donné jeudi dernier une académie à son propre bénéfice, et a gagné 246 *zecchini* de billets distribués aux Cavaliers et Dames, et plus de 630 florins déposés à sa porte » (*Gazzetta Universale*). Le programme détaillé de la soirée est connu : une symphonie de Fisher, un air allemand d'Holzbauer interprété par Ann, un concerto pour pianoforte de Sarti, un air du même compositeur par Kelly, un concerto pour violon de et par Fisher, une symphonie du même, un air concertant avec violon par la bénéficiaire et Fisher, une symphonie

---

[17] Anna Morichelli Bosello (v. 1750/5-1800), soprano italienne. Elle fut engagée à Vienne pour succéder à Ann Storace pour la saison 1787-1788, mais certains spectateurs (dont Zinzendorf) jugèrent qu'elle ne la « *remplace pas* ».

« avec des mélodies russes et tartares » par Fisher, un *rondò* de Sarti chanté par Ann, et pour conclure, une dernière symphonie non identifiée[18]. Si la programmation de pièces de Sarti n'étonne personne, puisque son *Fra i due litiganti* est le grand succès de la saison, l'omniprésence de John Abraham Fisher trouve son explication par les liens qui se sont noués entre la chanteuse et le violoniste…

En effet, la fin de la saison amène un changement majeur dans la vie d'Ann. Sa relation avec Fisher devient publique. Le 13 mars, l'empereur, en bon *impresario*, s'interroge sur ce bouleversement qui peut avoir des conséquences immédiates sur la vie de son théâtre : « *Est-ce que le mariage de la Storace lui fera quitter le théatre ou l'engagerat-il d'aller autre part [?]* ». Le 21 mars 1784, les bans pour le mariage entre « Johann » Abraham Fisher et Ann Selina Storace sont enregistrés à Vienne, à la paroisse de la Schottenkirche (Notre-Dame des Ecossais)[19].

L'Anglais John Abraham Fisher (1744-1806), âgé de quarante ans, est une connaissance de longue date de Stefano Storace. Docteur de l'université d'Oxford, ce violoniste virtuose, également compositeur, s'est produit dans les jardins de Marylebone à la fin des années 1770. Formé par Thomas Pinto, le violoniste principal du King's Theatre, il dirige l'orchestre de Covent Garden (vers 1769). Fisher compose diverses musiques de scène pour ce théâtre, ainsi que trois concertos pour violon publiés à Berlin en 1783, six symphonies et de la musique vocale. Il consolide intelligemment sa carrière en épousant en 1772 Elizabeth Branston, la veuve de William Powell (1735/6-1769) – un acteur et *manager* de Covent Garden –, qui lui donne un fils. Elle lui apporte dans sa corbeille de noces la propriété d'1/16e du théâtre de Covent Garden. Il prend donc part à sa gestion où il se montre tatillon à l'extrême : Michael Kelly rapporte que son avarice était telle qu'il aurait réprimandé une actrice pour avoir déchiré son jupon ! A la mort de sa femme, la part de Covent Garden revient aux filles de Powell[20]. Quittant l'Angleterre, Fisher entreprend alors un tour d'Europe. Ce personnage flamboyant se produit en France, en Allemagne et en Russie, avant d'arriver à Vienne, sans doute fin 1783. Kelly relate que

---

[18] Morrow, 255.

[19] Le fac-similé de l'acte est publié par Brace, 142-143.

[20] Pour *The New Monthly Magazine* (1838), « Dans son testament, [William Powell] indiqua que sa part de Covent Garden devait servir à l'entretien de son épouse et de ses deux filles, et à ses filles après la mort de leur mère ».

c'était « un homme très excentrique, possédant certains mérites dans sa profession, mais un peu charlatan, et un babillard démesuré ; il racontait sur lui-même des choses étranges, et insistait avec ténacité sur leur véracité ». Sa nationalité, ainsi que ses liens anciens avec Stefano, doivent sans doute faciliter le bon accueil que lui font les Storace. Kelly, par une boutade apparente, donne peut-être une explication à l'enchaînement des évènements : « L'harmonieux Docteur [...] (qui soit dit en passant était un Chrétien très déplaisant) fit le siège de la pauvre Nancy Storace ; et à force de persévérance avec elle et de boire du thé avec sa mère, la persuada de le prendre pour le meilleur et pour le pire, ce qu'elle fit en dépit de l'avis de tous ses amis ».

Les sources sont muettes sur les raisons de cette union. Y eut-il pression de la part d'Elizabeth, qui aurait souhaité que sa fille retournât en Angleterre ? Ann en était-elle vraiment éprise ? Pensa-t-elle s'émanciper de la tutelle familiale et imagina-t-elle qu'il s'agissait d'une transaction de convenance qui n'aurait qu'une influence négligeable sur sa vie ? Sa carrière de chanteuse itinérante l'exigeait-elle urgemment ? Stephen Storace aurait déclaré par la suite que ce mariage était la conséquence de l'obstination de sa sœur. On n'en sait guère plus. Toutefois, un terme utilisé par Kelly pour qualifier ce mariage, « *bargain* » (marché), introduit une notion de contrat commercial et d'entente professionnelle entre les deux parties, ce qui était relativement courant. Fisher était bien introduit à Londres, ce qui pouvait servir la carrière de la jeune femme. Il pouvait également espérer retirer des avantages matériels d'une jeune épouse, diva de l'opéra. Ces gains sont immédiats : Fisher se taille la part du lion lors du concert à bénéfice d'Ann. Cette participation à l'un des concerts phares de l'année pouvait lui laisser présager par la suite une fructueuse association... *The Morning Chronicle* ne dit pas autre chose :

> Extrait d'une lettre de Vienne, datée du 8 avril 1784.
> Le Docteur Fisher [...] est ici, et au pinacle de son succès et de sa réputation professionnelle. Il est à nouveau marié, avec des perspectives de grand confort et d'avantage. Sa seconde épouse est la fille de feu Mr. Storace [...]. Quand le docteur est arrivé de Berlin, il a trouvé cette jeune femme engagée au théâtre de l'Empereur, universellement admirée et respectée, autant par le talent qu'elle possède que par sa réputation excellente et irréprochable. Quitterait-elle à loisir cette contrée pour l'Angleterre, elle serait un joyau précieux pour un théâtre britannique. Sa valeur est grande ici, mais

> pas plus que ce qu'elle mérite : sa voix et ses manières (*manner*) sont incomparables, et toute l'Italie l'admet. Si ce n'était pour elle et Benucci, l'opéra de Vienne aurait peu d'attrait, malgré le fait que l'empereur consacre une grosse somme chaque année pour se procurer les meilleurs chanteurs que l'Italie peut produire.

Fisher est également mis à l'honneur les 28 et 30 mars 1784, lors des deux concerts organisés par la Tonkünstler-Societät au Burgtheater. Il se produit dans un concerto de son cru le 28, en complément de l'oratorio donné au bénéfice de musiciens dans le besoin, soutenus par cette société fondée en 1771 par Florian Gassmann. Pour l'occasion, Joseph Haydn a revu son *Ritorno di Tobia*[21]. Ann interprète Anna, auprès de Caterina Cavalieri (Raffaele), Therese Teyber (Sara), Stefano Mandini (Tobit) et Valentin Adamberger ou Carl Friberth[22] (Tobia). L'occasion est grandiose, la presse annonce cent quatre-vingt instrumentistes ! En réalité, les archives de la société attestent d'un effectif bien inférieur : quatre-vingt-cinq instrumentistes, deux altos, quinze ténors, autant de basses, vingt-huit garçons choristes, cinq solistes, un claviériste, deux instrumentistes solos, et un « *battutist* », Haydn[23]. Car c'est le compositeur lui-même qui dirige. C'est la première rencontre professionnelle de Haydn avec celle qu'il appellera par la suite, sa « chère Storace ». Il en sera sans doute durablement marqué ; à la fin de sa vie, il conservera encore chez lui un portrait de la cantatrice...

Le mariage a eu lieu entre ces deux concerts. Les deux époux, tous deux protestants, habitent depuis « plus de cinq mois » dans la paroisse catholique de la Schottenkirche, Ann demeurant alors dans le palais du comte Clary. Les futurs époux souhaitant célébrer leur mariage selon leur rite, ce registre paroissial porte la mention de leur renvoi vers le

---

[21] L'oratorio avait été créé pour la même société en 1775. Haydn compose deux nouveaux chœurs, pratique des coupures dans les airs, sauf un des airs d'Anna « *Come in sogno* » et un duo. (Vignal, 885.) H. C. Robbins Landon mentionne l'existence d'une partition dans laquelle le rôle d'Anna, originellement écrit pour alto, a été réécrit pour soprano (avec coloratures). Ce manuscrit qui se trouvait à Zittau avant 1939 aurait été détruit. La partition conservée dans les archives de la Tonkünstler-Societät est celle de la reprise de 1808.

[22] Le ténor et compositeur Carl (ou Karl) Friberth (ou Frieberth) (1736-1816).

[23] Morrow, « *Table 25* », 179.

culte réformé[24]. Ils échangent donc leurs vœux le 29 mars 1784 dans la chapelle de l'Ambassade des Pays-Bas[25]. Le comte Mount Edgcumbe[26], qui passe l'hiver à Vienne, avant de se diriger vers Venise, se rappelle bien de l'occasion : « La cérémonie fut célébrée par un membre du clergé réformé allemand dans la chapelle de l'ambassadeur hollandais. Le prince Adam Auersperg[27] et moi-même conduisîmes la mariée à l'autel, et notre ambassadeur, Sir Robert Keith (dont j'avais tenu la place par procuration) donna le repas de noces[28] ». Etrangement, Michael Kelly, l'un des deux témoins[29], n'en conservera pas grand souvenir, même s'il s'est fait faire un nouvel habit pour l'occasion. En 1826, il se montrera incapable de donner le moindre détail sur cette cérémonie[30]… amnésie sans doute volontaire.

---

[24] « *Petunt dimitti ad pastoram Ecclesio reformato* ». – Joseph II a autorisé le culte protestant depuis 1781, par un édit de tolérance. A Vienne, les protestants étaient divisés entre les Luthériens (de la confession d'Augsbourg, dite A. B.) et les Calvinistes de l'Eglise réformée (confession helvétique, dite H. B.). Le pasteur qui baptisera l'enfant des Fisher sera de confession helvétique (H. B). En 1783, les deux congrégations, A. B. et H. B., avaient établi leurs cultes à l'emplacement de l'ancien Königinkloster, Dorotheergasse.

[25] A Vienne, une tolérance impériale permettait aux ambassadeurs des puissances protestantes de construire des chapelles pour leur culte, l'ambassade ayant un caractère d'extraterritorialité. Les réformés se rassemblaient à la chapelle de l'Ambassade des Pays-Bas où l'on célébrait aussi baptêmes, confirmations et occasionnellement des mariages, avant l'achat et la consécration du nouveau lieu de culte en 1783.

[26] Richard Edgcumbe (1764-1839), vicomte Valletort (1789-1795), puis second comte de Mount Edgcumbe, qui passait l'hiver à Vienne. Il sera l'un des amants d'Ann Storace à Londres.

[27] Le prince de l'Empire Johann Adam Auersperg (1721-1795). Il possédait un théâtre privé dans son palais viennois ; Mozart y dirigea *Idomeneo* le 13 mars 1786, et Ann Storace s'y produisit le même mois.

[28] Mount Edgcumbe, 59-60.

[29] L'autre était un certain Thomas Wissin, « *Inspector* », ainsi que l'indique le registre partiellement transcrit par Nebinger, 485.

[30] Ingraham, 518.

VII
1784-1785
Les époux mécontents

Rapidement, Vienne bruisse de rumeurs sur le couple de la *prima buffa*. La nouvelle saison théâtrale est à peine commencée que Zinzendorf écrit dans son journal, « *fischer (sic) rosse la Storace sa femme* » (15 avril 1784). Kelly évoque aussi l'échec du mariage : « [Storace] eut cause, cependant, de regretter ce marché (*bargain*), car au lieu d'harmonie il n'y eut que dissonances entre eux, et l'on raconta qu'il avait une manière très frappante de renforcer son opinion ; ce dont un des amis [de Storace] informa l'empereur, qui suggéra au mari qu'un changement d'air lui serait bénéfique. Le Docteur fut ainsi banni de Vienne ». Ce « bannissement » consiste certainement en un ordre informel qui le rend *persona non grata* : n'étant plus bien en cour, Fisher aurait donc eu des difficultés à organiser des concerts ou à être reçu en société… Joseph II avait, au moins dans ses Etats, la possibilité de protéger ses employés. Une explication sera avancée en 1795 par un chroniqueur de *The Tomahawk! or, Censor General* :

> La lune de miel ne fut pas longue. Nous n'affirmerons pas que le Docteur faisait des fausses notes ou que Madame aille dans le dièse ou mette des bémols. Mais il est certain qu'une séparation eut lieu par consentement mutuel, et que l'accord stipulait certaines clauses comme quoi jamais le mari et la femme ne devaient se trouver ensemble dans le même royaume, aussi longtemps que Mrs. Fisher continuait de payer un traitement annuel à son mari !

Quelques trente-cinq ans plus tard, Spencer Braham, le fils naturel d'Ann Storace, s'interrogera sur les circonstances de cette séparation : « Combien de temps vécurent-ils en tant que mari et femme, je ne puis le dire, mais je comprends que ce ne fut pas durant un laps de temps considérable. Ils se séparèrent par consentement mutuel, et l'empereur […] lui accorda une Annulation du mariage ou une Exemption de toutes obligations envers son mari (*Release or Immunity from all obligations to her husband*), mais qui n'était pas un divorce légal ; la question est la suivante, est-ce qu'un tel accord fait dans ce pays serait valable ici ?[1] » Le chroniqueur de 1795, tout comme Spencer Braham, font probablement allusion au type de contrat de séparation privée établi entre époux en Grande Bretagne durant les XVIIème et XVIIIème siècles : spécifiant leur désunion, l'acte notarié dressé entre le mari et le représentant légal de son épouse (à laquelle on ne reconnaissait pas de personnalité juridique) permettait à cette dernière d'agir tout comme une « *feme sole* » : elle pouvait signer des contrats, aller en justice et gérer sa fortune propre. L'épouse séparée était également protégée de son mari, lequel ne pouvait plus la forcer à une cohabitation, ni lui intenter un procès à cette fin. Plus important, l'une des clauses précisait souvent que le mari autorisait son épouse à vivre maritalement avec un amant, sans lui intenter un procès pour adultère. En général, c'est l'époux qui verse une rente à sa femme ; en contrepartie, il n'est plus responsable de ses dettes, mais cette dernière doit alors vivre en célibataire et avec une réputation irréprochable, car le risque reste grand de voir nier l'accord par le mari. En effet, ces accords privés ne sont pas toujours reconnus par les tribunaux de droit coutumier, et dès les années 1790, plus réactionnaires, la justice réaffirmera souvent l'indissolubilité contractuelle du mariage[2].

La fortune et le statut professionnel d'Ann Storace ont sans doute inversé la règle habituelle : c'est elle qui aurait versé une rente annuelle à Fisher pour en être débarrassée, d'où l'ironie du chroniqueur. Les époux parvinrent sans doute à un accord à Vienne ; accord qui a pu être contesté par Fisher en Angleterre en 1787[3]. Paradoxalement, ce sont sans doute les mauvais traitements de son mari, entraînant le scandale et la séparation, qui assureront l'indépendance d'Ann.

Notons qu'en 1826, une Cour ecclésiastique anglaise considérera que l'union des Fisher était un simulacre ; on y verra un arrangement apparent contre le scandale d'une cohabitation, coutumier à la profession des acteurs ! Il est impossible de trancher sur la validité du

---

[1] Note autographe non datée de Spencer Braham, conservée au Somerset Archive and Record Service, Strachie collection, *Mr. & Mrs. John Braham Correspondence.* (DD/SH/49/56 JB6/10)

[2] Sur le contenu et l'évolution du « *Private Separation deed* », voir Stone 1990, 149-158.

[3] Voir chapitre XIII.

mariage, tant les données connues sont fragmentaires et le comportement apparent de la principale intéressée incohérent. En 1787, à son retour en Angleterre, Ann semble craindre l'arrivée de Fisher comme s'il était son mari de fait, alors qu'en 1817, sa mère Elizabeth déclarera sous serment que sa fille est morte « célibataire » et non pas « veuve »[4]…

L'épouse molestée ne se laisse pas abattre par les mauvais traitements que Fisher lui réserve et rend à son mari la monnaie de sa pièce. Selon Zinzendorf qui, décidément, se délecte des potins croustillants, « *Casti* […] *dit que la Storace caresse la Manservisi pour qu'elle lui facilite l'occasion de se faire — par Benucci* » (23 avril 1784). Fisher estimait peut-être avoir d'excellentes raisons pour maltraiter son épouse : se venger de son infidélité. Il est vrai que la loi anglaise est alors très laxiste sur ce point ; un homme peut frapper son épouse sans scandale, si le bâton utilisé n'est pas plus gros que le pouce du mari ! La maltraitance conjugale mettra très longtemps à être sanctionnée, et c'est l'épouse qui pâtit de cette inégalité juridique. Une femme rencontre bien des difficultés pour obtenir une séparation de corps pour mauvais traitements.

Une autre explication tardive, qui se fonde peut-être sur une déformation du jugement de 1826, sous-entend qu'Ann fit renvoyer son mari pour devenir la maîtresse de l'empereur…

> Ces « œillades aguicheuses » étant connues pour être généralement suivies d'effet par ce stupide souverain, cette dame trouva expédient de se quereller avec son infortuné mari, et de demander le divorce en s'appuyant sur une absence insignifiante de caractère officiel dans la cérémonie. Le divorce fut accordé sur un signe de tête de l'empereur – on envoya au pauvre mari son passeport avec le *fiat* ecclésiastique. Ce dernier l'obligeait à abandonner son épouse, et le premier à

---

[4] « S'est présentée en personne Elizabeth Storace […] Mère d'Ann ou Anna Selina Storace, […] dernièrement de Herne Hill Cottage près de Dulwich dans le comté du Surrey susdite célibataire décédée, et ayant juré sur les saints évangiles de dire la vérité, fit serment que la dite Ann ou Anna Selina Storace quitta cette vie à sa susdite résidence […] » (The National Archives (Kew), *Prerogative Court of Canterbury and Related Probate Jurisdictions. Will Registers*, PROB 11/1597.)

s'enfuir de l'empire autrichien, *sur le champ**. (*The Metropolitan Magazine*, 1837)[5]

Mais la vie théâtrale reprend avec *I Viaggiatori felici* et *Le Gelosie Villane*. La première nouveauté de la saison arrive rapidement avec *I Contrattempi* (Les Contretemps) de Sarti, dont la première est le 26 avril 1784. Le nom d'Ann Storace et celui de Rosa Manservisi sont annotés dans un livret imprimé pour le rôle de Carlotta[6].

Le 1er mai 1784, Vienne accueille un des plus célèbres compositeurs du temps, Giovanni Paisiello, qui s'en revient de Saint-Pétersbourg, et est en route pour Naples. Reçu en audience par Joseph II durant plus d'une heure, l'Italien doit accepter la commande d'un *opera buffa*. Ce souhait impérial retarde ses plans, car il doit rester deux mois, pense-t-il, sur place[7]. Le librettiste choisi n'est autre que l'abbé Casti, grand rival de Da Ponte, qui saisit l'occasion pour faire ses débuts de poète d'opéra pour le Burgtheater, malgré ses réticences à aborder le genre. Son *Poema Tartaro*, satire politique dirigée contre Catherine II de Russie, avait été très apprécié de Joseph II. En outre, le poète est lié d'amitié avec Orsini-Rosenberg, ce qui explique cette préférence… Il est vrai que Da Ponte n'a guère eu de chance. Son livret pour Salieri, *Il Ricco d'un giorno*, a vu sa création retardée car le compositeur, invité par l'Académie Royale de Musique, est parti superviser *Les Danaïdes* à Paris, où la première a lieu le 26 avril 1784.

Paisiello assiste à une représentation de son *Barbiere di Siviglia* le 14 mai, qui, grâce à sa présence, est « *mieux rendu que l'année passée* », selon Zinzendorf. On organise en son honneur et à son bénéfice une soirée de concert au Burgtheater avec sa *Passione di Nostro Signor Gesu Cristo*[8].

Quatre jours après la commande impériale, Ann endosse un nouveau rôle, Madama, dans *Il Vecchio geloso* (Le Vieux jaloux) d'Alessandri. Zinzendorf, appelé dans la loge de l'empereur, note qu'« *[i]l fut content del'opera, qui est extremement bouffon, mais ou rien ne me toucha* » (7 mai 1784).

---

[5] Cette rumeur découle probablement de la mention d'Haslewood en 1790, reprise dans toutes ses éditions successives.
[6] Link 2002, [XIV].
[7] Lettre de Paisiello du 8 mai 1784. (Citée par Landon Haydn, II, 491.)
[8] Link 1998, 227.

La préparation du « *drama eroi-comico* » de Paisiello et Casti, a semble-t-il commencé dès le 19 mai : Zinzendorf se rend ce jour-là chez Orsini-Rosenberg, y rencontre le compositeur et « *entendi[t] [chez] lui une partie del'opera de Casti* ». Le 10 juillet, le texte est achevé, et la moitié de la partition écrite. *Il Re Teodoro in Venezia* (Le Roi Théodore à Venise) se fonde sur un épisode du *Candide* de Voltaire (chapitre XXVI). Le souverain n'est autre que Theodor von Neuhof (1694-1756), qui se proclama brièvement roi de Corse en 1736, et qui termina ses jours à Londres. Le sujet aurait été suggéré par l'empereur lui-même. Le livret de Casti abonde en parodies (y compris de l'air célébrissime de Métastase, avec un ironique « *Io re sono, e sono amante* »[9]), en allusions politiques contemporaines et en structures inhabituelles : le finale du premier acte s'achève comme la symphonie « La Surprise » de Haydn ! Le « roi », épris vainement de Lisetta, la fille de son aubergiste, finira dans une prison vénitienne pour dettes sous les *lazzi* des protagonistes. La leçon de Casti sera retenue et appliquée par Da Ponte, malgré son dédain affiché pour l'œuvre qui devance la sienne : l'air de Lisetta « *O giovinette inamorate* » (I, sc. 4) sera presque entièrement copié dans celui de Cherubino, « *Voi che sapete* »… Alors que la mise en place du nouvel opéra s'élabore peu à peu, les représentations continuent. S'y ajoute *Fra i due litiganti i terzo gode* le 2 juin. Sarti est en effet arrivé à Vienne ; successeur de Paisiello en Russie, il fait lui aussi une halte dans la capitale impériale. Pour célébrer sa présence, la recette de cette soirée lui est accordée comme bénéfice[10].

Est-ce à cette période qu'eut lieu l'un des concerts privés les plus fameux de l'histoire musicale du temps ? Kelly, qui rapporte l'anecdote, n'est guère précis sur la date, mais il ne peut s'agir que de l'été 1784, avant la première de l'opéra de Paisiello[11]. Si le ténor ne fait pas erreur dans la chronologie de ses *Reminiscences*, souvent confuse pour ses souvenirs viennois, Stephen Storace aurait rejoint sa mère et sa sœur durant l'été. Ce concert s'est peut-être tenu chez Ann où son frère logeait probablement. On ne connaît pas la durée du séjour

---

[9] Casti écrit une satire de l'air « *Son regina e son amante* » du *Didone abbandonata* (I, sc. 5) de Métastase, en reprenant son premier et son dernier vers dans un air de Teodoro, « *Io re sono e son amante* » (I, sc. 3).
[10] Link 1998, 42.
[11] H. C. Robbins Landon a avancé que ce concert se serait tenu le 13 juin 1784, date mise en doute par Marc Vignal. (Vignal, 267.)

viennois de Stephen, mais on sait qu'il est de retour en Angleterre durant l'hiver, étant à Bath le 24 décembre 1784[12].

> [Stephen] Storace organisa pour ses amis une séance de quatuors. Les interprètes étaient assez bons (*tolerable*) ; aucun d'eux n'excellait sur son instrument, mais ils n'étaient pas dépourvus de science, ce qui sera admis, je l'espère, lorsque je les aurais nommés :
>
> Premier violon, HAYDN
> Second violon, Baron DITTERSDORF[13]
> Violoncelle, VANHALL [Wanhal]
> Alto, MOZART
>
> Le poète Casti et Paisiello étaient dans le public. J'en étais, et un délice plus grand ou plus remarquable ne se peut concevoir.
>
> Ce soir-là particulièrement, après le festin musical, nous nous assîmes devant un excellent souper, et devînmes extrêmement joyeux et égayés. Après divers airs qui furent interprétés, Storace, qui était présente, me demanda de chanter la Canzonetta.

Cet air parodique interprété par Kelly aurait inspiré Casti pour le personnage de Gafforio pour *Il Re Teodoro*.

Le 16 juin, c'est un nouveau rôle qui s'ajoute aux précédents : celui de la Baronessa Doralice dans *Le vicende d'amore* de Pietro Alessandro Guglielmi[14].

Avec l'été, l'empereur effectue un court séjour d'une quinzaine de jours dans sa villégiature de Laxenbourg. C'est un privilège que d'y être convié. Michael Kelly se souvient avec plaisir de cette retraite : « Le palais n'est qu'à quelques lieues de Vienne, et rien ne peut être plus magnifique ; il est entouré de forêts pleines de gibier ; le parc, les jardins et les terrains alentours sont réellement beaux, et situés au sein d'un paysage prospère et luxuriant. Le théâtre était très joli et toujours rempli car tous pouvaient y avoir leur *entrée** gratuitement, y compris la paysannerie d'alentours ». Malgré le côté informel du séjour, chanteurs et comédiens sont tenus de faire leur service au théâtre, alternant entre

---

[12] James, 981.

[13] Johann Carl Ditters von Dittersdorf (1739-1799), compositeur et violoniste autrichien. (Sur le rétablissement de ses véritables prénoms, voir Lorenz 2014.)

[14] On trouvait également dans la distribution : Cavalieri (Elvira), G. Viganoni (Don Alonso), Mandini (Conte Caramella, sous le nom de Don Piccariglio) et Kelly (Pinadoro). (Link 2015, 122.)

Vienne et cette résidence estivale, dans des conditions de travail difficiles. Le 17 juin, Zinzendorf précise que « *la chaleur etoit epouvantable* ». Ann fait vraisemblablement partie des chanteurs qui vont et viennent entre les deux scènes : entre les 15 et 28 juin, on donne *Le Vicende d'Amore, Il Barbiere di Siviglia, Il Vecchio geloso, Fra i due litiganti* et *La Scuola de'gelosi*, qui appartiennent à son répertoire. Son nom n'apparaît pas dans les annotations de Zinzendorf, qui ne signale sa présence que le 14 juillet suivant dans *I Viaggiatori felici* : « *La Storace jolie resta court au rondeau, a la Cavatina* ».

La santé de la jeune femme semble effectivement fragile. Le 26, le diariste observe qu'elle est « *fort enrouée* ». Si le rôle de Violante lui est encore attribué[15], le retour au théâtre de *La Frascatana*, le 4 août, est sans doute une charge de travail supplémentaire, d'autant plus que les répétitions d'*Il Re Teodoro* doivent s'accélérer. En effet, la première a lieu le 23 août 1784[16]. Ann a-t-elle été en état d'interpréter le rôle qui lui est destiné ? Zinzendorf ne la mentionne pas dans son compte rendu de la première, mais il se contente de commenter l'œuvre[17]. L'opéra commandé par l'empereur est un succès. Ce dernier, pourtant peu prodigue, accorde une gratification de cent ducats à Casti, en témoignage de satisfaction.

Ses absences mettent Ann en difficulté. Si la programmation affiche principalement des représentations du *Re Teodoro*, les débuts de Luisa Laschi[18], le 24 septembre, dans le rôle-titre féminin de *Giannina e*

---

[15] Dorothea Link suggère que le rôle aurait pu être attribué définitivement à sa remplaçante de janvier 1784, peut-être Rosa Manservisi. (Ann Storace n'avait pu assurer la représentation du 16 janvier 1784.) (Link 2014, 3.)

[16] La distribution de l'opéra, selon des annotations portées sur un exemplaire du livret, aurait été : Mandini (Teodoro), Kelly (Gafforio), Bussani (Acmet Terzo), Benucci (Taddeo), Piccinelli (Lisetta), Viganoni (Sandrino), Manservisi (Belisa). Kelly se souvient que Storace chanta Lisetta et Laschi, Belisa, mais cette dernière ne fit pourtant ses débuts à Vienne que le 24 septembre 1785. (Link 2002, 115 et 122).

[17] Selon Michtner (puis Brace), Ann Storace aurait été remplacée par Maria Piccinelli, et n'aurait repris son rôle que le 6 octobre suivant. (Michtner, 177.) Toutefois, D. Link note que son absence aurait été signalée par Zinzendorf. (Link 2002, 115.)

[18] Luisa Laschi, épouse Mombelli (v. 1760-v. 1790), soprano italienne. Elle débuta à Vienne en 1784, partit pour Naples à Pâques 1785, mais fut de retour un an après. Elle y créa la Contessa Almaviva (*Le Nozze di Figaro*) et reprit Zerlina pour le *Don Giovanni* viennois. Elle chanta la Regina Isabella et

Bernardone de Cimarosa est préoccupante pour sa position dans la troupe. L'accueil fait à la nouvelle soprano du théâtre est en effet très flatteur. Le *Wiener Kronik* la loue en ces termes : « Sa voix est belle et claire, et deviendra plus ronde et pleine avec le temps ; elle est très musicienne, chante avec plus d'expression que les chanteuses d'opéra habituelles et possède une jolie silhouette ! Madame Fischer (Storazi) a simplement plus d'expérience, et n'est, à part cela, aucunement supérieure à la Dem. Laschi[19] ». Dans le même temps, Joseph II félicite Orsini-Rosenberg pour cette nouvelle recrue, et s'interroge à plusieurs reprises sur l'opportunité de garder la Londonienne :

> *Vous faites tres bien de boucher le vide que la Storace vat occasionner par son tour* [trou] *qui n'a été que trop bouché par son vilain mari.*
> *Il me paroit qu'il seroit infiniment moins economique d'avoir apres Paques reuni a Vienne les trois premieres et les plus cheres Chanteuses del'opera bouffon, qu'un peintre de decorations dont on s'est pourtant privé par epargne. Je crois donc que vous poures hardiment dire à la Laschi qu'elle peut accepter l'engagement de Naples et en même tems vous l'engagerés pour Paques de 1786. puisque on pourra renvoyer la Storracce ou la Coltellini, savoir celle qui plaira ou conviendra le moins.*

Bientôt, Ann est obligée d'annoncer officiellement la raison de ses indispositions récurrentes. Joseph II accueille la nouvelle avec un certain détachement : « *La Storacce a l'avantage d'avoir a peu pres tout l'année la taille d'une femme grosse* [enceinte]*, par consequent on n'en remarquera pas si facilement la difference* ». Cette complication supplémentaire est-elle la cause de l'écartement de Fisher ? On ne connait pas la date exacte de son départ de Vienne, mais fin janvier 1785, le père officiel de l'enfant sera « en voyage[20] »… Cette grossesse qui complique encore plus l'organisation future du théâtre a sans doute été la cause décisive d'un éloignement peut-être forcé.

Amore (*Una Cosa rara* et *L'Arbore di Diana*) de Martín y Soler. Pour Salieri, elle fut Aspasia (*Axur, rè d'Ormus*) et Carolina (*Il Talismano*). Elle fit ses adieux viennois dans le *pasticcio L'Ape musicale* en 1789. Domenico Mombelli se remaria en 1791.
[19] Christopher Raeburn, « *Laschi [Mombelli], Luisa* » dans *The New Grove Dictionary of Opera* (Grove Music Online).
[20] Il est noté sur l'entrée du baptême de sa fille, le 30 janvier 1785 que « *NB / Der Vatter ist nun / auf Reisen* ». (Transcrit et traduit par le Dr. Johanna Senigl, au Mozarteum le 24 juillet 2014.)

La cantatrice se rend chez l'empereur, le 20 novembre 1784, joliment mise, ce qui est remarqué par Zinzendorf[21]. On a avancé qu'elle aurait été la maîtresse du souverain, mais cette audience a peut-être une toute autre raison. Le 6 décembre, quand on crée enfin le premier livret original de Da Ponte, *Il Ricco d'un giorno* de Salieri, le rôle de Lauretta destiné à « Madame Fisher » est incarné par Rosa Manservisi, qui était « aussi bien préparée à ce rôle qu'une colombe à celui d'un aigle[22] », selon le librettiste dépité. Est-ce l'une des raisons de la chute de l'ouvrage ? Il ne sera représenté que six soirs. Cet échec conforte la position de Casti, qui prétend, lui aussi, à la succession de Métastase comme *Poeta Cesareo*, poste supprimé par mesure d'économie. Il faut donc replacer les remarques perfides de Da Ponte à son encontre dans un contexte de rivalité professionnelle aiguë, qui laisse assez peu de place à l'objectivité critique sur la qualité d'un livret…

Un autre opéra avait été écrit en pensant à « *sig: ra fischer* ». Il s'agit de *Lo Sposo deluso, ossia La rivalità di tre donne per un solo amante* (L'époux déçu ou la Rivalité de trois femmes pour un seul amant) (KV. 430), composé par Mozart sur un livret d'un anonyme déjà utilisé par Cimarosa en 1780 pour *Le Donne rivali*. On ne sait trop pourquoi Mozart laissa son ouvrage en plan. Le livret, modifié par rapport à sa version romaine, ne lui convenait sans doute pas. Sa correspondance, très lacunaire entre juillet 1784 et fin 1785, reste muette sur cette ébauche, qui n'est datable que par la mention du nom d'épouse d'Ann…

Son terme approchant, la cantatrice avait été remplacée par Luisa Laschi en Rosina, le 21 janvier 1785… Dix jours auparavant, « *Benucci la [faisait] asseoir à l'air du stretto in mano* » durant le *Re Teodoro*[23].

Fin janvier 1785, dans son logis du n°35 de la « Läwlgasse[24] » (dite « *Klein Uhlfeldischen Haus*[25] »), non loin de la Minoritenplatz, Ann donne

---

[21] « *La Storace vint assister a notre diner, elle alla dela chez l'Emp. aparemment pour le voir de pres, elle etoit proprement mise, et gaye* » (Link 1998, 236.)
[22] Da Ponte 1988, 100.
[23] Zinzendorf, entrée du 10 janvier 1785. – Ann Storace a peut-être chanté jusqu'au 17 janvier 1785. (Link 2014, 3.)
[24] *Taufbuch* (registre de baptême) de la paroisse Unsere Liebe Frau zu den Schotten. Accessible sur <www.matricula-online.eu> (consulté le 15 avril 2014). (Transcrit et traduit par le Dr. Johanna Senigl, au Mozarteum le 24

naissance à une petite fille, Josepha Fisher[26]. L'enfant est baptisée le 30 janvier 1785 à la Schottenkirche par un pasteur calviniste de l'« *Ecclesiae Helvetica Confessionis* ». Elle a pour parrain et marraine Johann Baptist von Drossdik (v. 1727-1790) et son épouse, Josepha Theresia, née von Kutter (décédée en 1827). Ce dernier, agent royal de Hongrie-Transylvanie, était l'un des souscripteurs des concerts organisés par Mozart à la Trattnerhof[27].

Le mois de février amène, avec de fortes chutes de neige, *Le Mariage de Figaro* de Beaumarchais. La vogue est immédiate – « *Nos élégantes en sont coëffées au point dene plus porter que des chapeaux & des ajustemens* à la Figaro » (*Correspondance politique et anecdotique...*) –, mais Joseph II interdit rapidement les représentations prévues par la troupe de Schikaneder au Kärntnertortheater, qui devaient commencer le 3 février 1785. L'empereur est ulcéré par les éléments « offensants » de la pièce traduite en allemand, et prône soit l'interdiction, soit des coupures par le censeur avant les représentations[28]. Il permet néanmoins la publication d'une traduction allemande intégrale de la pièce, ce qui mécontente : « *On peut permettre bien des choses au public qui lit & qui raisonne, mais il convient de les dérober à celui qui n'a que des yeux & des oreilles* ». Le même chroniqueur francophone récrimine bientôt :

> *Vienne, le 12 Février 1785 [...] C'est une cabale théâtrale qui a interrompu les représentations allemandes du* Mariage de Figaro. *Cette même cabale qui ne durera qu'aussi longtems que trois actrices seront jolies, (& ce ne sera plus guère) nous prive aussi de Schröder, le plus grand des comédiens allemands. Ce théâtre auquel nous attribuons le titre moins juste que pompeux de Théâtre national, repousse souvent, par jalousie mâle & femelle, les meilleures pièces & les meilleurs génies, je ne dis pas de l'étranger, mais même de la nation.*
> (*Correspondance politique et anecdotique...*)

---

juillet 2014.) L'entrée du registre de décès donne comme adresse « *Löwel / strasse N. 35.* ».
[25] Lorenz 2011.
[26] Sur le registre de baptême, l'enfant est nommée « *Maria Anna* », sans doute une confusion avec le prénom erroné de sa mère, noté « *Maria Anna Storacce* ». Comme c'est en général l'usage, on lui a probablement attribué le prénom de sa marraine, Josepha. C'est avec ce prénom (masculinisé en « *Josephus* » !) qu'est noté son décès.
[27] Lorenz 2009 ; Mozart, IV, 297-298.
[28] Joseph II expose ses raisons au comte Pergen, chargé de la police et de la censure, dans un billet du 31 janvier 1785.

Sa seconde saison théâtrale s'achève probablement sans qu'Ann puisse reprendre ses emplois, alors que sa rivale Celeste Coltellini est annoncée… Ann donne néanmoins un concert à son bénéfice le 20 mars 1785 au Burgtheater. Mozart s'y est peut-être produit[29]. Ce serait alors la première collaboration professionnelle de la cantatrice et du compositeur, qui, en privé, ne mâche pas ses mots, défendant farouchement les chanteurs allemands et prônant un opéra national[30]… Zinzendorf, qui assiste au concert, se borne à constater que « *La Storace chanta un air allemand sur l'air Saper bramante du Barbier de Seville. Dem Ersten von Deutschlands Fürsten etc, elle prononça assez bien* ».

Le 29 mars 1785, à l'ouverture de la nouvelle saison, Ann continue d'être souffrante, ce dont le diariste se désole : « *les operas comiques italiens ne commencent pas encore a cause de la maladie de notre meilleure actrice, que tout le monde aime parce qu'elle est bonne et chante bien*[31] ». C'est en effet le *Singspiel* qui est programmé. Celeste Coltellini, appelée comme seconde *prima buffa*, fait ses débuts avec la rentrée des Italiens le 6 avril. Ann est bien sur scène le 20 avril dans *Il Re Teodoro*, mais elle est manifestement mal en point, bien qu'elle soit applaudie, avec des rappels, comme le souligne Zinzendorf : « *La Storace avoit l'air d'avoir souffert. On la fit sortir tandis qu'il fesoit déja obscur, elle remercia en allemand. Calvesi etoit sorti et rentra* ». Pour la représentation du 11 mai, elle est remplacée par Elizabeth Distler[32]. Bien qu'enrhumée, Ann rechante le 13, comme l'atteste Zinzendorf.

Néanmoins des créations se profilent. Le succès de Casti lui a valu une seconde commande impériale. Son *Antro di Trofonio*, titre provisoire, avait été lu chez Orsini-Rosenberg le 17 février. Ce n'est pas le seul nouvel opéra en chantier durant cette fin d'hiver. Malgré sa santé défaillante, Ann se joint aux chanteurs pressentis pour la création de l'opéra de son frère. En effet, Stephen a obtenu une commande du théâtre ; il va ainsi faire représenter son premier opéra et se trouve donc à Vienne pour un long séjour. Ann a-t-elle influencé

---

[29] Deutsch 1965, 241.
[30] Dans une lettre du 21 mars 1785, adressée à Anton Klein. (Mozart, IV, 175-176 ; Geneviève Geffray, trad.)
[31] Lettre du 29 mars 1785 de Zinzendorf. (Link 1998, 59.)
[32] Elizabeth Distler (ou Diestler) (v. 1770-1790), soprano allemande. Elle était la sœur du violoniste et compositeur Johann Georg Distler (décédé en 1798), un élève de Haydn. (Mozart, IV, 341, note 22.)

l'empereur[33] ? Joseph II a peut-être fait un pari artistique sur un quasi inconnu[34], comme il l'avait fait pour l'un des librettistes de son théâtre… Si l'on en croit Da Ponte, cette création est le prétexte de diverses cabales contre lui-même, de la part des chanteurs, de Casti et d'Orsini-Rosenberg.

Le 1er juin 1785 a lieu la première de l'*opera comica* de Stephen Storace, *Gli Sposi malcontenti* (Les Epoux mécontents)[35], au titre symbolique pour son interprète principale[36]. Il a en effet taillé sur mesure le rôle d'Eginia pour sa sœur. La réception est flatteuse comme en témoigne la *Gazzetta Universale,* qui souligne que c'est le premier ouvrage du « frère de la célèbre cantatrice. Ce dernier est très jeune, mais tous admirent sa composition harmonieuse, et appliquée en conformité avec les règles les plus exactes, à ce qu'on croit, la direction impériale du théâtre lui fera écrire cette année un autre ouvrage ». Cet organe de presse ne mentionne pas la sérieuse défaillance d'Ann, laquelle serait devenue aphone durant la représentation. En effet, Zinzendorf rapporte que la « *musique de Storace [est] charmente. Sa sœur fit des effortes pour chanter et n'en vint pas a bout, ce qui rendit l'opera moins interessans* ». Michael Kelly, qui fait partie de la distribution, se souvient qu'« [a]u milieu du premier acte, Storace perdit sa voix d'un coup, et ne put plus émettre un son durant toute la représentation ; cela jeta évidemment un froid sur le public tout comme sur les chanteurs. La perte de la *prima donna* qui était l'une des préférées du public – et ce, avec raison – fut un coup terrible pour le compositeur, son frère. Je n'oublierai jamais son désespoir et son désappointement ; elle ne s'attendait toutefois pas à l'entière étendue de ses malheurs, car elle ne put recouvrir sa voix avant cinq mois pour être en mesure de revenir sur scène.[37] »

---

[33] Geiringer, 237.

[34] On n'avait entendu à Vienne que son air d'insertion pour *Fra i due litiganti* en 1783.

[35] Sur un livret de Gaetano Brunati. Selon des annotations portées sur un livret, le reste de la distribution était : Benucci (Rosmondo), Calvesi (Casimiro), Cavalieri (Enrichetta), Mandini (Artimidoro), Kelly (Valente), Teyber (Bettina). (Link 2002, 116.)

[36] Parfois de manière involontaire, car l'un des airs d'Eginia, « *Fra quest'orror… Ma tarde le lagrime* » (II, sc. 16) parait même un commentaire sur le mariage malheureux de l'interprète…

[37] L'opéra sera redonné les 27 et 29 juin, 1er, 8 et 18 juillet, 24 août et 9 novembre (Link 1998). Ann y a très probablement été remplacée dès fin juin.

VIII

1785-1786
Le rétablissement d'« Ofelia »

Deux jours après la première catastrophique de son opéra, Stephen Storace se trouve chez Orsini-Rosenberg. Il y « *f[ait] le detail de la maladie de sa sœur avec sensibilité. Elle devroit aller soit a Spa, soit en Angleterre, elle est testarda* [têtue], *dit-il, voila la cause de son mariage ridicule* », affirme Zinzendorf. On n'en saura guère plus sur les raison de cette union mal assortie… Quoi qu'il en soit, Ann est bien incapable de revenir en scène. L'empereur-imprésario s'en émeut à sa façon. Il écrit le 8 juin 1785 depuis Mantoue à son Grand Chambellan : « *Je suis bien faché que la Storace menace de ne plus recuperer sa voix et si vous le croyés, vous devriés dés à présant tacher d'avoir la Moricelli* (sic) *qui se trouve actuellement à Naples.* » En 1787, Anna Morichelli sera effectivement engagée dans la troupe pour remplacer Ann. Joseph II annonce également l'arrivée prochaine de « Marchesini » à Vienne ainsi que l'annulation du séjour prévu à Laxenbourg où était prévue la création du nouvel opéra de Salieri. L'été 1785 éloigne donc Ann du théâtre, ce qu'un chroniqueur mentionne ironiquement :

> *La Signora Storacci est à la campagne où elle rétablit lentement sa voix délabrée. A peine relevée de ses couches, elle eut une dispute au marché avec une de nos poissardes, qui lui fit la menace & le geste de quelques soufflets ; on peut penser que les organes délicats d'une princesse de théâtre, sont pour longtemps affectés d'une pareille aventure.* (Correspondance politique et anecdotique…)

Cette anecdote sonne étrangement quand on sait le nouveau coup du sort qui va frapper la jeune femme… Le 17 juillet 1785, à cinq heures du matin, Josepha, sa petite fille de cinq mois et demi, décède de la « *Gedärmfrais* », une infection intestinale accompagnée de coliques ; cette même maladie qui avait déjà emporté le petit Raimund Leopold

Mozart en 1783 et tuera la petite Theresia Mozart en 1788[1]. Josepha meurt chez elle, dans la maison dans laquelle elle était née. Elle est inhumée le lendemain au cimetière de Währing[2]. Ann n'avait sans doute pas allaité sa fille, usage peu fréquent dans la capitale impériale, ce qui est source d'une importante mortalité infantile[3]... La rumeur qui circule dans Vienne, relayée par Zinzendorf, en parait d'autant plus cruelle : « *La fille de la Storace est mort de faim, dit-on, parce que la mamma avoit renvoyé la nourrice par avarice* » (20 juillet 1785). L'enfant n'était pas forcément désirée, mais cette accusation de cupidité qui s'attache publiquement aux faits et gestes de la cantatrice est sans doute la plus infâme.

Fin juillet, Luigi Marchesi, en route pour la Russie, arrive à Vienne, et l'empereur fait représenter *Giulio Sabino* au Kärntnertortheater, avec le *primo uomo* dans le rôle-titre. L'opéra de Sarti est profondément remanié, avec des insertions de Salieri, d'Angelo Tarchi (v. 1760-1814), etc... Catarina Cavalieri, en Epponina, et Valentin Adamberger, en Tito, donnent la réplique au castrat[4]. C'est un évènement musical et mondain, car le ballet et l'*opera seria* sont ordinairement bannis de Vienne pour leurs coûts prohibitifs, au grand déplaisir d'une noblesse férue de ces divertissements aristocratiques. Zinzendorf, présent dans la salle, note que « *Marchesini* [...] *enchanta tous l'auditoire par sa belle voix, douce, sonore, harmonieuse et touchante.* [...] *March. a un visage de femme, des gestes de femme, que la Storace, son ecoliére a tres bien imité, une voix au dela de celle d'une femme, des sons flutés etonnans* » (4 août 1785). Ann, son « *écolière* »[5], avait-elle déjà parodié son aîné quand elle avait interprété un air du même opéra chez l'ambassadeur anglais en juillet 1783 ? Ou s'est-elle livrée à cet amusement lors de soirées privées ? Son talent d'imitatrice ajoutera au piquant d'autres représentations l'année

---

[1] Mozart, IV, 291, note 16 ; Lorenz 2013b.
[2] *Sterbebuch* (Registre de décès) de la paroisse Unsere Liebe Frau zu den Schotten, consulté sur <www.matricula-online.eu> le 15 avril 2014. (Transcription et traduction réalisées par le Dr. Johanna Senigl, au Mozarteum, le 24 juillet 2014.)
[3] Mozart, IV, 96 et 284, note 7 : Certains enfants « étaient nourris "à l'eau", c'est-à-dire avec des décoctions d'orgeat ».
[4] Rice 1998, 379-381.
[5] Ce qualificatif ironique a été interprété par Daniel Heartz comme étant la preuve que le castrat avait donné des leçons de chant à Ann Storace à Naples. Il semblerait toutefois qu'il s'agisse d'une métaphore. (Heartz 2012, 220.)

suivante, car le modèle a pu être observé par le public viennois. Le castrat quitte Vienne le 22 août.

Un mois s'écoule. La jeune femme est suffisamment rétablie pour reprendre sa place au Burgtheater : ce sera le 19 septembre 1785, dans *Il Re Teodoro*. Le 26 septembre 1785, jour où elle chante *Il Barbiere di Siviglia*, le *Wienerblättchen* fait paraître une annonce de vente de la partition d'une « cantate » pour soprano composée en hommage à Ofelia, rôle endossé par Ann dans *La Grotta di Trofonio*. Malheureusement, Zinzendorf, absent de Vienne, ne peut nous renseigner sur la possible exécution publique de *Per la ricuperata salute di Ofelia* (Pour la santé retrouvée d'Ophélie) (KV. 477a), seule œuvre écrite conjointement par Mozart et Salieri. Longtemps considérée comme perdue, elle n'était connue que par les annonces de la vente de sa partition imprimée par Artaria[6] :

> Pour célébrer l'heureux rétablissement de la *virtuosa* favorite Mme. Storace, le poète de la cour impériale et royale *Herr Abbate* Da Ponte a écrit une cantate de réjouissance « Per la recuperata salute di Ofelia ». Cette dernière a été mise en musique pour être chantée avec accompagnement de pianoforte, par les trois célèbres *Kapellmeister* Salieri, Mozart et Cornetti, et est en vente aux éditions Artaria, Michaelsplatz, pour le prix de 17 kr[7].

En décembre 2015, le musicologue Timo Jouko Hermann en a découvert une autre version imprimée par Joseph von Kurzböck, dans les fonds du Musée de la Musique de Prague. Cette plaquette comporte une partition voix-clavier en sus du poème de trente strophes. Salieri a mis en musique les deux premières strophes, Mozart, les deux suivantes, et une sorte de *da capo* est composé par un certain « *Cornetti* » sur le texte déjà choisi par Salieri.

Ce troisième compositeur n'est pas formellement identifié. G. Brace a avancé le nom de Stephen Storace[8], mais ce dernier aurait-il utilisé un pseudonyme ? Quelle qu'ait pu être l'implication de Stephen dans cette

---

[6] Une autre annonce est publiée dans le *Wiener Realzeitung*, le 18 octobre 1785. (Deutsch 1965, 255.)
[7] Deutsch 1965, 253.
[8] Brace, 47. – *Per la ricuperata salute di Ofelia, canzone a fille* est conservé dans le fonds des livrets, cote B 4858. La partition a été publiée par Timo Jouko Hermann chez Friedrich Hofmeister Musikverlag en 2016.

pièce de circonstance, il n'est plus à Vienne lors de sa parution, mais à Bath le 29 septembre 1785[9]. O. E. Deutsch penche pour Alessandro Cornet[10], bien que l'on ignore son rôle à Vienne où il publia divers airs chez Artaria. « *Cornetti* » est-il bien ce professeur de chant, qualifié en mars 1793 de « *Maestro di Cappella Napoletano* » sur la partition de son aria « *Cara flamma divi amoris* » conservée à Naples[11] ? On peut imaginer qu'il contribua au rétablissement vocal de la Storace… Le titre de la cantate a longtemps intrigué, avant qu'on ne le mette en relation avec l'opéra de Salieri. Ni Mozart, ni Salieri n'ont mentionné cette cantate dans la liste de leurs œuvres, et, pour l'instant, aucun exemplaire de l'impression d'Artaria ne nous est parvenu… Que Da Ponte garde le silence sur sa contribution n'étonne guère ; le poète n'allait pas mentionner un poème dont le texte faisait directement allusion à un succès de Casti, sur lequel il s'acharne tant dans ses *Mémoires*.

Finalement, le 12 octobre 1785 a lieu la première de *La Grotta di Trofonio* de Salieri. Son livret a sans doute été imprimé bien à l'avance, car il porte la mention « *Da Rappresentarsi nell'Imperial Villeggiatura di Laxenbourg. L'Anno 1785* » ! Il semblerait que l'opéra n'y ait pas été donné, comme prévu, avant sa première viennoise[12]. Toutefois il a été remanié entre la date de sa création supposée et les représentations d'octobre 1785 : parmi les ajouts qui figurent dans la partition gravée, on trouve le *minuetto* – comme le qualifiait le compositeur – chanté par Ofelia à sa sortie de la grotte magique.

Bien que cette création ait été considérée comme un des points importants de discorde entre Mozart et Salieri, un simple examen de la chronologie permet de réfuter cette légende. Michael Kelly, que l'on sait fâché avec les dates, affirme que « Trois opéras étaient alors sur le *tapis**, un par Righini [*Il Demogorgone*], l'autre par Salieri (La Grotte de T.) et le dernier, par Mozart, sur ordre de l'empereur. […] Ces trois pièces étant presque prêtes quasiment en même temps pour la

---

[9] Son arrivée est mentionnée dans le *Bath Chronicle*. (James, 981.)
[10] Le RISM indique qu'Alessandro Cornet, actif dans les années 1790, était violoniste, ténor et professeur de chant.
[11] « *Napoli a di 30 Marzo - 1793 / Aria a voce / Sola di soprano del Sig.re / D. Alessandro Cornet / Maestro di Cappella Napoletano* », partition manuscrite conservée à Naples, Biblioteca del Conservatorio di musica San Pietro a Majella. (<http://id.sbn.it/bid/MSM0064140>)
[12] Dorothea Link affirme que la création n'eut lieu qu'au Burgtheater, alors que John A. Rice n'exclut pas une création estivale. (Rice 1998, 362.)

représentation, chacun des compositeurs revendiqua de passer en premier ». En réalité, *La Grotta di Trofonio* était prête depuis l'été, et Mozart travaillait encore aux *Nozze di Figaro* alors que les représentations de l'opéra de Salieri débutaient au Burgtheater. Les nouvelles productions se succédant sans cesse, l'avant-veille, Da Ponte avait lu son nouveau livret, le *Burbero di Buon cuore* (adaptation du *Bourru bienfaisant* de Goldoni), chez Orsini-Rosenberg, en présence de Casti[13].

Da Ponte, évincé pour son adversaire Casti, se venge dans ses mémoires en relatant une anecdote qui laisse transparaître une autre de ses tâches de poète du théâtre, veiller à l'édition des livrets, fussent-ils de ses rivaux[14]. Il va également tirer parti du texte de Casti… L'un des plaisirs des spectateurs d'alors était la reconnaissance musicale et littéraire des allusions entre les différents ouvrages donnés au théâtre de la Cour. Ces clins d'œil sont aujourd'hui obscurs pour le public, mais les œuvres qui témoignent de ces « conversations » et qui eurent une fortune artistique supérieure à leur modèle sont bien connues : *La Grotta di Trofonio* inspire ainsi deux chefs-d'œuvre de Mozart, *Don Giovanni* et *Così Fan Tutte*… Le livret de Casti mettant en scène deux couples, l'un sérieux et philosophe, l'autre frivole et joyeux, qui permutent leurs caractères en passant dans la grotte de Trophonius, ne manque pas de points communs avec la dernière collaboration de Mozart et Da Ponte, *Così Fan Tutte*.

L'opéra plaît modérément à Zinzendorf : « *La musique charmente, les habillemens extraordinaires, la Storace avec son manteau de philosophe étoit jolie, et Calvesi parfaitement bien. La Coltellini a merveille dans son rôle. Benucci vêtu en vieux Philosophe. Mais le sujet sans génie, sans art, point de decorations, toujours le jardin, toujours la grotte, toujours les transmutations* […] » (12 octobre 1785). Malgré ses réserves, l'opéra récolte un succès immense et Joseph II octroie à Salieri une gratification de 200 ducats, cent de plus que la rémunération habituelle. La partition complète de *La Grotta di Trofonio* est la seule à être éditée du vivant du compositeur, et le premier *opera buffa* publié dans son intégralité chez Artaria en 1786 : le frontispice représente la scène « *Venite o donne meco* » où l'on reconnaît

---

[13] Zinzendorf, entrée du 10 octobre 1785.
[14] Da Ponte 1988, 106.

Ann Storace et la Coltellini s'apprêtant à rentrer dans la grotte que leur désigne Benucci[15].

Malgré ce triomphe et l'accueil chaleureux réservé à son Ofelia qui danse son menuet tout en chantant[16], Ann souhaite résilier son contrat. Début novembre, on chuchote que

> *Notre théâtre italien va perdre un de ses plus beaux ornements. La Signora Storace le quitte ; les uns disent qu'elle a demandé elle-même son congé, à cause de la foiblesse de poitrine qui lui reste de sa dernière maladie, ou à cause de sa rivale Mad. Cottellini (sic), favorite de la Reine des deux Siciles ; les autres soutiennent que la direction à qui ses caprices devenoient insupportables, l'a renvoyée. La conduite de cette virtuose chez nous, a justifié le mot d'un connoisseur Vénitien à son sujet :* canta bene, beve meglio, ed e assai impertinente [elle chante bien, elle boit encore mieux, et elle est assez insolente]. (*Correspondance politique et anecdotique…*)[17]

Caprice de diva, découragement ou volonté de quitter un pays au climat rude, qui lui avait réservé bien des désillusions sur le plan personnel ? La jeune femme était encore souffrante le 28 octobre, ce qui fait substituer *La contadina di spirito* au *Re Teodoro*. La rumeur de son départ se voit confirmée par Zinzendorf qui soupire dans son journal, le 30 octobre, « *Chez le grand Chambellan, j'appris avec peine que la Storace nous quitte* ». Début novembre, le *Wienerblättchen* rapporte qu'elle a obtenu son congé et sera remplacée par Luisa Laschi, mais qu'Ann a reçu ordre d'attendre son arrivée pour partir[18]. Pourtant, le 3 novembre, le diariste rasséréné indique que « *L'Emp.[ereur] […] parla de la Sto[race] disant qu'il croit qu'elle restera* ». L'ajournement de son départ est-il dû à l'amélioration de sa santé, l'annonce de son augmentation de salaire ou à la promesse d'une seconde commande d'opéra pour son frère ? Quand Ann rechante *Gli Sposi Malcontenti* le 14 décembre, elle est accueillie avec enthousiasme : « *La Storace chanta comme un ange […], on voulut lui faire chanter un duo, le parterre insista, Benucci l'excusa par ses*

---

[15] Le frontispice a été gravé par Johann Georg Mansfeld (1764-1817). Visible sur <http://gallica.bnf.fr/ark:/12148/btv1b9067310j>.

[16] Ce mélange de danse et de chant est si populaire qu'une édition gravée, « *MENUETTO / per il Clavi=cembalo / La ra Lara Che Filosofo Buffon / DELL'OPERA LA GROTTA DI TROFONIO / DEL SIGR. A. SALIERI* » comporte un frontispice où l'on voit Ofelia dansant devant Trofonio, debout entre les deux entrées de sa grotte. (Reproduit dans Link 2002, planche 1.)

[17] Pourrait-il s'agir de Casanova ?

[18] Edge 2001, 1442.

gestes. Et l'Empereur fit taire Et l'applaudit lorsqu'elle chanta un air postérieurement à cette scene », relate Zinzendorf. Sa maladie a néanmoins laissé des séquelles. Le 18 novembre, il observait que « *son chant etoit tres different de jadis, elle n'atteint plus ces sons haut et couvres* ».

Le nouvel opéra qu'Ann va chanter, *Il Burbero di buon core* (Le Bourru bienfaisant), est de la plume de Da Ponte et d'un nouveau venu sur la scène viennoise, Vicente Martín y Soler, appelé le plus souvent « Martini » par ses contemporains, et dont le sobriquet « *lo Spagnuolo* » dit bien l'origine. Jusqu'à présent, sa carrière s'était principalement déroulée sur les différentes scènes italiennes avec des *opere serie*, *opere buffe* et ballets. Le manque d'information sur la période située entre son séjour vénitien de 1782 et son arrivée à Vienne en 1785 (peut-être dès septembre) nous dissimule les raisons qui l'y amènent au moment de l'apogée de la politique artistique de Joseph II[19]. S'il faut écarter l'entremise de l'épouse de l'ambassadeur espagnol à Vienne, comme on l'assure souvent – cette dernière n'arrivera à Vienne qu'après le compositeur –, celle de l'ambassadeur Giacomo Durazzo à Venise est envisageable. On peut également penser que certains membres de la famille impériale ou même Orsini-Rosenberg ont pu le recommander.

Da Ponte, meurtri par son échec mais encouragé par Joseph II, s'est adressé à Martín y Soler pour mettre en musique son nouveau livret. Cette collaboration fait l'objet de cabales, si l'on en croit le *Poeta* : malgré le soutien de l'empereur, tant Casti que le grand chambellan auraient tout fait pour nuire à cette collaboration[20]. Da Ponte choisit un texte de Goldoni comme point de départ, et s'en explique : « Je rendis visite immédiatement à Martini, et après moult réflexions, nous déterminâmes de choisir un sujet qui était déjà connu, pour éviter la critique qui pourrait être dirigée sur l'intrigue, la conduite et les personnages de la pièce[21] ». Malgré cette précaution, la réception

---

[19] Leonardo J. Waisman en allègue plusieurs que l'on reprend ici. (Waisman, 579-581.)
[20] Da Ponte 1988, 104-106 ; Da Ponte 1999, 46.
[21] Da Ponte 1999, 46. – Da Ponte rédigea une première version de ses mémoires dont le texte diffère fréquemment de la version définitive. Il y est parfois plus précis, et son récit semble plus fidèle à la réalité des faits. (*An Extract from the life of Lorenzo Da Ponte, with the History of Several Dramas written by him, and among others, il Figaro, il Don Giovanni and La Scuola degli amanti, set to music by Mozart*. New York, 1819.)

semble avoir été assez froide. La première a lieu le 4 janvier 1786[22]. Le *Realzeitung* rapporte qu'« Outre l'excellence de son chant, Madame Storace s'est distinguée par son portrait naïf d'Angelica[23] ». La *Gazzetta Universale* loue également sa prestation : « Le spectacle fut très applaudi, et la virtuosité de la Sig. Storace très admirée, non seulement dans son chant, mais également pour son jeu ».

Lors de la troisième représentation du *Burbero*, Joseph II pénètre dans la loge impériale, accompagné de sa sœur Marie-Christine et de son époux, Albert de Saxe Teschen. Ils sont chaleureusement acclamés par le public[24]. Joseph II a prévu pour ses invités un double divertissement dans l'orangerie de Schönbrunn, comme il l'avait fait auparavant le 7 février 1785 avec la pièce *Emilia Galotti* de G. E. Lessing et *La Finta amante* de Paisiello. Fin janvier, les répétitions vont déjà leur train[25]. Le 7 février 1786, deux estrades sont dressées aux extrémités opposées de l'orangerie[26]. Les invités écoutent un arrangement orchestral de la *Grotta di Trofonio*, dégustent une collation, puis assistent au *Schauspieldirektor* (KV. 486) de Mozart, interprété par la troupe allemande. Il s'agit davantage d'une pièce de théâtre agrémentée d'une ouverture et de pièces vocales que d'un véritable opéra, dont la forme hybride célèbre la restauration du *Singspiel* en 1785. Suit un *divertimento teatrale* en un acte de Salieri et Casti, comme le note Zinzendorf : « *Ensuite on passa a l'autre bout de la Sale, ou Benucci, Mandini, la Storace et la Coltellini jouerent une petite piece* Prima la musica e poi le parole, *dans laquelle la Storace imita parfaitement Marchesi en chantant des airs de Giulio Sabino* ».

---

[22] Seule une partie de la distribution est connue : Ann est Angelica, l'ingénue que son oncle veut marier avec son meilleur ami Dorval, et qui aime ailleurs ; Benucci, Ferramondo, oncle d'Angelica, et le bourru bienfaisant du titre ; et Maria Mandini, Marina, la gouvernante qui aide les amants contrariés. Mandini a pu chanter Dorval. (Link 1991, 318.)

[23] Cité par Link 1991, 34.

[24] Le 11 janvier 1786, selon la *Gazzetta Universale*.

[25] Zinzendorf trouve Coltellini et Storace en train de répéter chez Orsini-Rosenberg, le 26 janvier 1786. Casti précise dans une lettre du 24 janvier, que le livret est achevé et que la partition est sur le point de l'être. (Casti, 405.)

[26] Une gravure coloriée de Johann Hieronymus Löschenkohl, intitulée « *Das Fest in der Orangerie zu Schönbrun – 7. Februar 1786* », montre ce dispositif. On voit, à droite, l'estrade dressée pour l'opéra (en « *a)* »), à gauche, celle de la comédie » (en « *b)* »). Au centre, une table dressée pour le repas accueille les quarante-cinq invités élégamment vêtus. Les orangers sont disposés tout autour. L'exemplaire de l'Université de Vienne est visible sur <https://fedora.phaidra.univie.ac.at/fedora/get/o:361/bdef:Content/get>.

Casti, le librettiste dont Da Ponte affirme qu'il « était le protecteur et l'amant des deux femmes qui chantaient dans cette farce », relate dans sa correspondance, que malgré la partition de Salieri, « l'atout (*la forza*) principal en était la Storace, qui imita à merveille Marchesino ». Le *Wiener Zeitung* du 8 février 1786 rend compte de cette soirée de gala :

> Sa Majesté l'Empereur donna mardi une fête pour Son Altesse le Gouverneur Général des Pays-Bas et à plusieurs personnages de la noblesse autrichienne. A ces réjouissances furent conviés quarante cavaliers ainsi que le prince Poniatowski […] Après avoir choisis eux-mêmes leurs cavalières, ils se firent conduire en couple, en calèches ou en voitures fermées, avec Sa Majesté l'archiduchesse Marie Christine elle-même, sœur de l'Empereur, de la Hofburg à Schönbrunn, où ils descendirent à l'Orangerie. Celle-ci était décorée avec la plus magnifique élégance pour le repas de midi. Placée sous les orangers, la table du festin était garnie et décorée le plus agréablement qu'il soit de fleurs et de fruits d'ici et d'autres pays. Pendant que Sa Majesté et les illustres hôtes prenaient leur repas, l'Harmonie de la chambre royale et impériale interpréta sur le plateau de théâtre qui avait été érigé à une extrémité de l'Orangerie une Comédie avec des airs de musique spécialement composés pour cette fête et intitulée *Der Schauspiel-Direktor*. Ce spectacle fini, la compagnie du Hofoper présenta sur la scène italienne dressée à l'autre extrémité de l'Orangerie l'opera buffa lui-aussi tout exprès composé pour cette circonstance, sous le titre : *Prima la musica poi le parole*. Pendant ces représentations, l'Orangerie fut magnifiquement éclairée par de nombreuses illuminations de lustres et de flambeaux. Après neuf heures du soir toute la société, accompagnée de palefreniers tenant les lanternes, retourna en ville[27].

Ces deux ouvrages brocardent les mœurs théâtrales, les disputes des interprètes et la mise au théâtre, qui d'une tragédie, qui d'un opéra. *Prima la musica* fait ainsi allusion à la troupe italienne et à son fonctionnement, ce que les spectateurs connaisseurs de la vie lyrique viennoise ne pouvaient manquer de relever… Ann Storace interprète Eleonora, la *prima donna seria*, ce qui lui donne l'occasion d'imiter Marchesi. Sa rivale *buffa*, Tonina, est endossée par Celeste Coltellini. Le *Poeta* (Stefano Mandini) prend en fait Casti comme modèle (même si Da Ponte crut s'y voir méchamment moqué) et le *Maestro* (Francesco Benucci) est évidemment un autoportrait de Salieri lui-même. Cette pièce de circonstance a été écrite rapidement, et n'aurait jamais dû

---

[27] D'autres comptes rendus sont aussi publiés par Deutsch 1965.

avoir de postérité hors du contexte de sa création. Les airs *serie* parodiés sont donc des reprises des airs chantés par Marchesi lors de son passage viennois, sauf la partie d'Eponina qui permet de se gausser du statut inférieur des compositeurs et librettistes, ici agenouillés devant la *prima donna*. Les plaisanteries sur les interprètes viennois de ce *Giulio Sabino* étaient rehaussées par la présence même de Cavalieri et d'Adamberger qui interprétaient l'ouvrage de Mozart. Il faut remarquer que les deux cantatrices rivales, Celeste Coltellini et Ann Storace, ne chantèrent que deux fois ensemble : elles venaient d'être distribuées dans des rôles de jumelles dans *La Grotta di Trofonio* et elles s'opposent ici plus franchement... Le livret ne manquant pas de relever que le *Maestro* ne sera gratifié que de 100 *zecchini* (monnaie vénitienne), Joseph II octroya 100 ducats à Salieri, somme importante pour un travail qui incorporait des extraits d'autres compositeurs[28]... Le salaire de 50 ducats de Mozart, équivalent à la gratification individuelle des chanteurs et acteurs, s'explique par une collaboration de moindre importance. Cette pochade très appréciée, sera représentée par trois fois au Kärntertortheater, ainsi que *Der Schauspieldirektor*.

Si Mozart s'est moins impliqué dans ce projet destiné au cercle privilégié de l'empereur, c'est pour une excellente raison : il met alors la dernière main à sa version révisée d'*Idomeneo* pour une représentation privée, et depuis l'automne 1785, il était en pleine composition des *Nozze di Figaro*...

---

[28] Les versements ont été payés par Joseph II sur sa cassette personnelle.

IX

1786
Le Nozze di Figaro

Pour Ann Storace, les premiers mois de l'année 1786 sont bien remplis. Le 20 février, Da Ponte porte sur le théâtre un nouveau livret, *Il Finto Cieco* (Le faux aveugle), mis en musique par Gazzaniga. La distribution n'en est pas connue, mais il est vraisemblable qu'Ann ait été Camilla, comme le montre l'échange suivant :

> Camilla : Je suis en service depuis quatre ans, et presque toujours / Auprès de gens de théâtre. Dernièrement, / J'étais au service d'une certaine dame anglaise…
> Volpino : La Storace ?
> Lucindo : Oh !, moi aussi, je la connais.
> Volpino : Je l'ai entendue à Vienne, / Et elle ne m'a pas déplu. (II, sc. 12.)

L'ouvrage est un échec cuisant. Il ne sera redonné qu'une fois en début de saison suivante. Décidément, Da Ponte a bien besoin de redorer son blason…

En 1786, contrairement aux années précédentes, Joseph II assouplit les restrictions habituelles : « *le carême de cette année sera le premier où les spectacles publics, l'opéra, la comédie, seront permis chez nous* » (*Correspondance politique et anecdotique…*). Si le Burgtheater reste fermé, la représentation de quatre pièces de théâtre ou d'opéra a dorénavant lieu au Kärntnerthortheater[1].

Divers concerts se tiennent aussi dans les demeures aristocratiques : Ann participe à celui du 9 mars chez la princesse Galitzine, où elle « *chante parfaitement* » (Zinzendorf). Elle est également distribuée avec Benucci le 26 mars dans une *Serva Padrona* mise en musique par

---
[1] Morrow, 68.

Paisiello, chez le prince Johann Adam Auersperg, sans doute dans son théâtre privé. C'est d'ailleurs sur cette même scène que Mozart a fait redonner *Idomeneo, re di Creta,* créé en 1781, dans une version adaptée pour l'occasion. Les chanteurs sont tous de nobles amateurs, ce qui l'oblige à transposer le rôle d'Idamante pour ténor. Cette représentation du 13 mars 1786 suscite un commentaire dans un périodique salzbourgeois : « La comtesse Hatzfeld, qui chante excellemment, et qui vraiment [...] surpasse presque notre Madame Storaze, a fait un beau cadeau à Herr Mozart. Si Herr Mozart avait été plus riche que la comtesse, il aurait été de son devoir de distribuer des présents ; car pour les connaisseurs son opéra a bénéficié de l'art de la comtesse, et non la comtesse de son opéra[2] ». Maria Anna Hortensia, comtesse Hatzfeld, interprétait Elettra. Cette brillante amatrice avait auparavant chanté le rôle d'*Alceste* sous la direction de Gluck le 12 février 1786, et la comparaison avec la cantatrice professionnelle est d'autant plus éloquente que Zinzendorf, l'ayant entendue lors d'un concert le 14 octobre 1783, indiquait alors qu'elle « *chanta en imitant la Storace* ». Hommage ou parodie ?

Pour le dimanche de Pâques, Ann retrouve Benucci, ainsi que Mandini, Kelly, Calvesi, Bussani, etc, pour l'inauguration de la Minoritenkirche (église des Minimes), lors d'une messe célébrant la rénovation et la réouverture de l'édifice destiné aux fidèles italiens. L'église est consacrée à *Maria Schnee* ou *Madonna della Neve* (Sainte-Marie des Neiges). Les chanteurs, un chœur et un orchestre de quatre-vingt musiciens s'illustrent avec la musique sacrée de Naumann et de Hasse (Litanies et Hymne) sous la direction de Carl Friberth[3], au détriment du service religieux :

> Mais à cet endroit, on écouta encore de la musique, et lorsque Madame Storace commença à chanter, tout le monde tourna le dos à la Monstrance pour regarder l'artiste[4].

Par ailleurs, au mois d'avril ont lieu les dernières répétitions des *Nozze di Figaro*. Notre connaissance de la genèse de cet opéra qui deviendra le titre de gloire posthume d'Ann Selina Storace est quelque peu brouillée par les affirmations approximatives de Da Ponte, une trentaine d'années après. Tâchons d'y voir un peu plus clair.

---

[2] *Pfeiffer und Salz.* (Cité par Deutsch 1965, 270.)
[3] *Wiener Zeitung.* (Cité par Brace, 132.)
[4] *Wienerische Kirchenzeitung.* (Cité par Black, 152 ; Anne-Louise Luccarini, trad.)

Da Ponte, avant de publier ses *Mémoires* en 1823, avait diffusé en 1819 *An Extract from the life of Lorenzo Da Ponte…*, dont le texte, bien moins apologétique, laisse échapper quelques indices. Si on l'en croit, après l'échec de son *Finto Cieco* (donc, en février 1786), Mozart aurait suggéré au librettiste malchanceux d'adapter *Le Mariage de Figaro* de Beaumarchais. Cette conversation aurait eu lieu quelques jours après l'interdiction de la pièce de théâtre à Vienne. En deux mois, « durant l'absence d'un grand rival de Mozart [Salieri ?] » (selon *l'Extract*), ou en six semaines (selon les *Mémoires*), l'ouvrage est achevé. Da Ponte affirme qu'il obtient alors une audience avec Joseph II, et ce dernier aurait fait confiance au jugement de l'Italien sur la moralité de l'adaptation et la qualité de la musique, malgré l'inexpérience lyrique de Mozart, raconte Da Ponte. (Il est toutefois impossible que Joseph II n'ait pas eu connaissance de l'œuvre du Salzbourgeois dans ce domaine !) Il faudrait donc comprendre que l'opéra commence à être composé deux mois environ avant sa première représentation du 1er mai 1786. Or Da Ponte confond les évènements de 1785 et 1786 : l'interdiction de représentations de la pièce sans qu'elle soit modifiée, a eu lieu un an avant l'élaboration et la première d'*Il Finto cieco*…

La gestation de l'opéra est en réalité bien plus longue, comme en atteste Leopold Mozart : il mentionne une lettre de son fils datée du 2 novembre 1785, dans laquelle le compositeur justifie sa brièveté, car il doit achever sa partition[5]. Mozart devait y travailler depuis la mi-octobre, et sans doute auparavant, car il a mentionné « un nouvel opéra » à son père dans une lettre (perdue) datée du 14 septembre[6]. Comme le papier utilisé dans la partition autographe en témoigne, le compositeur s'est sans doute mis à la tâche dès l'été ou peut-être même la mi-avril 1785[7]. Cette commande est même mentionnée dans une lettre du compositeur Joseph Martin Kraus qui écrivait à sa sœur depuis Paris, le 26 décembre 1785[8]… La hâte que Mozart manifeste en novembre laisse supposer que la première des *Nozze* est d'abord programmée pour la fin de la saison 1785-1786, puis pour le début de la saison suivante qui débutera le 17 avril 1786, ce qui pourrait alors expliquer les cabales. Selon Michael Kelly, Mozart, Salieri et Righini

---

[5] Mozart, IV, 221.
[6] Lettre du 3 novembre 1785 de Leopold Mozart à sa fille. (Mozart, IV, 218.)
[7] Edge 2010, [5 *sq.*]
[8] Citée par Heartz 1990, 138.

voulaient tous trois avoir la primeur du nouvel opéra de la saison[9]. Les différentes sortes de papier utilisées par le compositeur montrent que Mozart a travaillé sur son opéra en deux temps, la seconde période se situant vers la fin du mois de mars 1786[10]. L'exécution d'une partie de la musique devant l'empereur durant le Carême 1786 et le *satisfecit* du souverain, expliquerait cette seconde période de création intense. Pour Kelly, Joseph II aurait « ordonné que les répétitions des *Nozze di Figaro* commencent séance tenante ».

Le librettiste italien veut faire faire croire qu'il imposa le sujet à Joseph II, malgré son interdiction formelle de représenter la pièce de Beaumarchais intégralement, en commençant de travailler sur une adaptation avec Mozart, sans commande ferme. Ce n'est guère crédible. Il s'agit bien d'une commande impériale, comme l'affirme bien avant Da Ponte une notice sur Mozart datant de 1801, compilée par John Ashley à partir de publications allemandes et d'« informations fournies par ceux qui le connaissaient », probablement Michael Kelly, Ann Storace ou encore l'élève de Mozart, le compositeur et organiste Thomas Attwood (baptisé en 1765-1838) : « [...] Le Mariage de Figaro [...] fut transformé en opéra, et composé par Mozart à la demande de l'empereur » (*The Monthly Visitor*, 1801). Kelly indique également que l'opéra de Mozart était « une commande spéciale de l'empereur », et selon Niemetschek, l'un des premiers biographes du Salzbourgeois, « l'empereur Joseph poussa Mozart à trouver la gloire à l'Opéra italien avec cette pièce, après qu'elle avait été dûment modifiée pour servir de livret[11] ». De plus, l'agenda surchargé de Mozart ne le prédisposait pas à travailler sans commande et paiement assuré... Les récits successifs de l'audience impériale varient d'ailleurs radicalement entre les versions de 1819 et 1823 rédigées par Da Ponte... (Dans la première version, Mozart qui attend à l'extérieur, est amené devant Joseph II

---

[9] Kelly fait également erreur sur la chronologie, car l'opéra de Righini, *Il Demogogorne* (sur un livret de Da Ponte), est créé en juillet 1786, et son précédent, *L'Incontro inaspetatto* datait d'avril 1785. On ne connaît pas exactement les dates du séjour parisien de Salieri. Dans une lettre du 28 avril 1786, Leopold Mozart le rend responsable de cabales contre Mozart. L'Italien aurait donc été encore à Vienne, et aurait pu assister à la première des *Nozze*. On sait uniquement qu'il était à Paris avant le 31 juillet 1786, à l'invitation de Beaumarchais avec lequel il devait collaborer pour *Tarare*. (Rice 1998, 385.)

[10] Edge 2010, [6].

[11] *Leben des k. k. Kapellmeister Mozart*, 25. (Cité par Heartz 1990, 108.)

pour jouer des extraits de son opéra.) Pour cette adaptation à l'opéra, l'empereur avait préconisé que l'on coupe certaines allusions politiques ou érotiques : en effet, l'attirance du Chérubin de Beaumarchais pour sa « *belle marraine* » (I, sc. 7) est doublement fautive. Leur attirance mutuelle, déjà fortement suggérée dans *Le Mariage de Figaro*, puis explicitée dans *La Mère coupable*, la pièce de Beaumarchais qui se déroule vingt ans après, est un objet de scandale. C'est perçu comme un adultère doublé d'un inceste, puisque Rosine est la « mère spirituelle » de Chérubin, selon le droit canon…

Quand il se met à l'ouvrage durant l'année 1785, Mozart avait-il prévu de distribuer la Signora Storace dans sa *commedia per musica* ? En 1785, Ann avait été sérieusement indisposée. En juin, on avait même craint qu'elle ne doive abandonner sa carrière, avant qu'on apprenne qu'elle souhaitait quitter Vienne en novembre… Celeste Coltellini, l'autre *prima buffa*, n'était pas disponible, car son contrat n'avait pas été renouvelé à la fin de la saison 1785-1786. Pour les premiers rôles, il restait Catarina Cavalieri ou encore Luisa Laschi, qui revenait à Vienne après un congé pour la saison 1786-1787. Les autres sopranos du théâtre n'endossaient pas les premiers rôles et Aloysia Lange chantait avec la troupe allemande.

Le compositeur s'attelle à l'écriture des rôles féminins sur la fin, car les interprètes de Cherubino et de la Contessa n'arrivèrent à Vienne que tardivement. D'autres modifications dans le manuscrit autographe trouvent sans doute leur origine dans la « vanité » d'Ann Storace, comme le relève le musicologue Dexter Edge, et dans son besoin d'affirmer sa position, avec le retour de Luisa Laschi[12]. La « logique » dramatique aurait pu inciter à confier le rôle de la Contessa Almaviva à Ann Storace qui avait incarné le même personnage, Rosina, dans le premier épisode de cet univers fictionnel mis en musique par Paisiello, mais la typologie des rôles et la prééminence de la *prima buffa* lui destinait celui de Susanna, pivot de l'action, et personnage quelque peu jumeau de la Dorina de Sarti. Probablement pour entériner musicalement cette position dominante dans la troupe, Mozart permute les lignes de chant entre l'aristocrate et sa servante quand elles chantent ensemble, ou réécrit en partie les ensembles. A Susanna, les notes les plus élevées et la ligne de chant la plus haute dans les

---

[12] Edge 2010, [7-9].

ensembles ! Ce dont témoignent les rectifications du manuscrit autographe[13].

La position hiérarchique de la *prima buffa* est confortée par une autre modification. Le « *Dove sono* » de la Contessa était originellement intitulé « *rondò* », mention grattée sur les partitions, vers la fin de la préparation de l'opéra. Devenu simple « *aria* », cet air n'inquiétait plus la *prima donna*. Les Viennois avaient en effet une prédilection pour le *rondò*, qui marquait le statut de la chanteuse, et constituait l'un des points culminants de l'œuvre[14]. En conséquence, Mozart commence à en écrire un pour Ann, précédé d'un récitatif accompagné, mais il l'abandonne, inachevé : le compositeur parvient à substituer l'air que nous connaissons à ce *rondò* (« *Giunse il momento alfine che godrò… Non tardar, amato bene…* ») qui rétablissait une « parité » entre les deux premiers rôles féminins. Eut-il du mal à la convaincre de la substitution ? Il n'en reste en tout cas aucune trace dans les souvenirs publiés par les protagonistes de la création.

Trois jours avant l'une des dernières répétitions, le feu prend brièvement aux décors durant une représentation de *Fra i due litiganti*[15]. Cette répétition générale du 29 avril a été rapportée en détail par Da Ponte, qui s'y met en scène[16]. L'empereur y assistant, comme il le faisait souvent[17], le poète peut lui exposer ses griefs : Bussani, le créateur du rôle de Bartolo, avait auparavant fait remarquer à Orsini-Rosenberg la présence d'un ballet à l'acte III. Arrachant les pages correspondantes du livret, le comte avait averti que l'empereur ne souhaitait pas de ballet dans son théâtre. (Il faut rappeler que le Burgtheater n'employait pas de corps de ballet.) Lors de la répétition, Joseph II ayant vu la scène se dérouler sans danse, aurait demandé à ce

---

[13] Susanna tient la partie la plus haute pour les deux derniers actes, mais Mozart doit réviser le trio et le finale du second acte composés antérieurement, pour la lui attribuer. (Edge 2001, 1544-1545 et 1560-1578.) En 1789, pour la reprise, Mozart revint sur cette décision et la partie de la Contessa (Cavalieri) redevient plus haute que celle de Susanna (Ferrarese del Bene).

[14] Edge 2001, 1578-1582.

[15] Zinzendorf, entrée du 26 avril 1786.

[16] Da Ponte 1988, 115-116.

[17] Cette habitude est notée par Kelly : « Le théâtre se trouvant dans le palais impérial, l'empereur honorait souvent les répétitions de sa présence et s'entretenait avec familiarité avec les interprètes. » (Kelly, I, 204.)

qu'on engage des danseurs, coût supplémentaire pour le théâtre. Grâce à l'intervention impériale, le fandango sera donc dansé en scène… Cette anecdote relatée par Da Ponte est confirmée par la mention comptable du paiement au danseur Jean Hubert (ou Johann Hubert) Decamp (ou De Camp) pour trois représentations, puisque le fandango, danse à connotation érotique, devait nécessairement être interprétée par des professionnels. Il le fut également par Figaro-Benucci, en contrepoint et en défi à Almaviva durant sa lecture du billet doux donné par Susanna : le *primo buffo*, qui avait été engagé à Madrid entre 1774 et 1777, en connaissait les pas, et il était difficile de lui interdire de se mettre en valeur en dansant, comme Ann Storace l'avait fait dans la *Grotta di Trofonio*[18]. La danse espagnole figura donc dans les trois premières représentations, puis la scène fut modifiée, avec une nouvelle transition musicale et la reprise de la marche introductive, sans le chœur.

La première des *Nozze di Figaro*, prévue le 28 avril 1786[19], a finalement lieu le 1er mai[20]. Mozart dirige l'orchestre les trois premières fois, comme c'est l'usage pour le compositeur du nouvel ouvrage mis au théâtre.

La réception n'est pas aussi médiocre qu'on le rapporte souvent. La réaction de Zinzendorf (« *Louise dans notre loge, l'opera m'ennuya* »), souvent citée pour illustrer l'indifférence supposée du public, s'applique à sa situation personnelle. Sa cousine Louise von Diede, dont il était épris, quittait Vienne le 11 mai et il n'avait vraisemblablement d'yeux que pour elle. Le poète hongrois et futur sympathisant jacobin Ferenc Kazinczy (1759-1831) est bien plus enthousiaste, même si ses propos publiés en 1828, puis 1879, se teintent de romantisme : « Storazzi, la belle chanteuse, enchanta l'œil, l'oreille et l'âme. – Mozart dirigeait l'orchestre du pianoforte ; mais la joie que cette musique apporta est si éloignée de la simple sensualité, qu'on ne peut en parler. Il y a-t-il des mots pour décrire une telle

---

[18] Link 2008.
[19] Leopold Mozart l'affirme dans une lettre à sa fille datée du même jour. (Mozart, V, 77.)
[20] La distribution de la création était : Benucci (Figaro), Storace (Susanna), Bartolo (Bussani), Maria Mandini (Marcellina), Dorothea Bussani (Cherubino), Mandini (Almaviva), Basilio et Curzio (Kelly), L. Laschi (Contessa Almaviva), Bussani (Antonio), (Maria) Anna Gottlieb (Barbarina).

joie[21] ? » Par ailleurs, le compte rendu du *Wiener Realzeitung* du 11 juillet rapporte que

> [...] lors de la première, le *public* [...] (et cela est souvent le cas avec le public) ne sut pas réellement quoi en penser. On entendit de nombreux bravo de la part de connaisseurs sans préjugés, mais les garnements turbulents du dernier étage utilisèrent leurs poumons stipendiés [c'est-à-dire, la claque] avec toute leur énergie, pour assourdir les chanteurs et le public avec leurs *St*! et *Pst*!; si bien que finalement les opinions étaient partagées à la fin de la pièce.
> Cela mis à part, il est vrai que la première représentation ne fit pas la meilleure impression, à cause de la difficulté de la composition. [...] Certains journalistes ont aimé dire que l'opéra de *Herr* Mozart n'a pas plu du tout. On peut deviner quelle sorte de correspondants ils doivent être pour publier sans vergogne de tels mensonges. Je pense qu'il est suffisamment connu que c'est justement la troisième représentation et la demande fréquente de bis qui a suscité le *Décret Impérial* qui a publiquement fait savoir quelques jours plus tard que *dans le futur il était interdit de répéter au théâtre les morceaux écrits pour plus d'une voix*[22].

Ces nombreux bis demandés par le public prouvent le succès de l'opéra. Leopold Mozart, qui a reçu des nouvelles de Wolfgang, fait savoir à sa fille que « Lors de la seconde représentation de l'opéra de ton frère, on a bissé 5 morceaux, et lors de la 3ᵉ 7 morceaux, dont un petit *duo* qui a dû être chanté trois fois[23] ». Cet allongement de la troisième soirée du 8 mai pousse l'empereur à intervenir, sans doute sur la demande d'Ann Storace lassée de devoir répéter ses morceaux deux, trois ou quatre fois de suite[24]. Le 9 mai, Joseph II écrit à Orsini-Rosenberg pour demander à ce qu'il n'y ait plus de bis autorisés que pour les airs solo afin de prévenir « la durée excessive des opéras », ce qui « n'empêchera pas les chanteurs de recueillir la gloire méritée par [ces] répétitions ». La même mesure vaut également pour le *Singspiel*.

---

[21] Deutsch 1965, 276 ; Edge 2010, [9].
[22] Deutsch 1965, 278-279.
[23] Lettre du 18 mai 1786. (Mozart, V, 85 ; G. Geffray, trad.) La lettre de Mozart, qui rendait certainement compte de la première de l'opéra, est perdue. On y trouve une allusion dans celle de Leopold à Nannerl, du 12 mai. (Mozart, V, 81.)
[24] *Mannheimer Zeitung*. (Edge 2014.)

Des mentions sont ainsi imprimées sur les affiches annonçant les pièces, dès le 12 mai 1786[25]. A ce propos, Kelly se souvient qu'

> Un matin que nous répétions dans le grand salon du palais, Sa Majesté, accompagnée du Prince Rosenberg, y entra, et s'adressant à Storace, Mandini et Benucci, leur dit, « Je suppose que vous êtes tous ravis de ma décision d'interdire les bis ; répéter si souvent vos airs doit vous fatiguer beaucoup, et cela doit être très ennuyeux pour vous. » Storace répondit, « En effet, Sire, très ennuyeux, effectivement. » ; les deux autres s'inclinèrent comme s'ils partageaient cette opinion. Je me tenais non loin de Sa Majesté, et lui dit avec audace, « Ne les croyez pas, Sire, ils aiment tous qu'on leur demande de bisser, en tout cas, je suis sûr que je suis toujours content de le faire. » Sa Majesté rit, et je suis d'avis qu'il pensa qu'il y avait plus de vérité dans mon assertion que dans la leur. Et j'en suis bien certain.

La partition de l'opéra est rapidement réduite. La difficulté de l'ouvrage (et sa longueur inusitée ?) font rapidement pratiquer coupures et divers remplacements, visibles dans les partitions utilisées et dans l'autographe mozartien. Il semblerait que les airs de Bartolo (« *La Vendetta* »), Marcellina, et peut-être celui de Basilio et la cavatine de Barbarina aient été rapidement omis. De même, très étrangement, la section « *Cognoscete signor Figaro* » dans le finale du second acte, a été supprimée dans toutes les parties d'orchestre. La partie de Susanna n'est pas non plus exempte de remaniements. Le duettino « *Aprite presto, aprite* » (Acte II) aurait été tout d'abord réduit, avant d'être remplacé par un récitatif. Celui entre Susanna et Marcellina (Acte I), aurait également supprimé dans les parties d'orchestre[26]…

Que pensa Ann de l'opéra qui allait, sans qu'elle puisse s'en douter, assurer son immortalité ? Nous l'ignorons. Si l'on peut croire Kelly qui, publié en 1826, souhaite évidemment se réserver la gloire d'avoir lui seul reconnu le génie de Mozart, quand les trois opéras concurrents se disputaient la première place, les revendications de Salieri « furent soutenues par trois des principaux chanteurs, qui formèrent une cabale difficile à combattre. Moi seul soutenais Mozart… » Bien que non nommée, La Storace avait-elle fait partie de cette cabale italienne qui soutenait Salieri, « un homme intelligent et astucieux » selon Kelly ?

---

[25] Deutsch 1965, 275.
[26] Ce développement reprend des informations contenues dans Edge 2010, [10] et Edge 2001, 1603-1618.

On peut le supposer. L'opposition manifeste de Mozart aux Italiens n'avait pas dû la prédisposer favorablement en sa faveur. Kelly l'Irlandais avait sans doute plus de facilité à glisser d'un clan à un autre. On pourrait imaginer que la relation amicale entre la jeune femme et le compositeur trouva ses racines lors des répétitions des *Nozze*. Hélas, les lettres de Mozart qui auraient pu nous éclairer sur cette période de sa vie ont disparu, et Kelly est bien trop occupé à se mettre en valeur dans ses *Reminiscences* pour vraiment consacrer de la place à ses collègues. Qu'il ait choisi de parler de Benucci dans son récit plutôt que de sa compatriote et amie n'est peut-être pas anodin.

L'opéra est joué quatre fois en mai, puis une fois par mois durant les mois de juillet, août, septembre, novembre et décembre. Il est également représenté le 3 juin à Laxenbourg[27], ce qui prouve bien qu'il n'avait pas déplu à l'impérial commanditaire. Zinzendorf continuera d'être interloqué devant cette partition novatrice – il pense que la « *musique de Mozart* [est] *singulière, des [mains ?] sans tête* » (4 juillet 1786)–, mais le soutien de Joseph II ne se démentit pas[28]. Cet opéra renforçait la leçon de *Fra i due litiganti* sur les abus de la mauvaise noblesse, que l'empereur s'efforçait alors de réprimer. Dans le même ordre d'idées, en 1787, alors que Joseph II se préparait à promouvoir un nouveau code criminel, *Don Giovanni* portera aussi l'esprit de sa réforme dans les salles de spectacles[29]. Mais ceci est une autre histoire…

---

[27] Link 1998, 85.
[28] Il prendra ses dispositions pour protéger la carrière de Mozart, mais sa mort prématurée et la volonté de son successeur Leopold II de revenir sur ses réformes et sa gestion du théâtre les rendirent caduques. (Link 2005.)
[29] Pesqué 2008.

X
1786
Una Cosa rara

Le 15 mai 1786, après la première du *Trionfo delle donne* d'Anfossi, Joseph II emmène ses invités à Laxenbourg. Les chanteurs italiens, qui alternent entre Vienne et la villégiature impériale, y représentent leurs succès habituels. Michael Kelly, dans ses mémoires, évoque longuement les prévenances faites à la troupe durant ce séjour estival, qui s'étale, selon lui, durant trois mois[1] de « luxe et de plaisirs » :

> Chaque artiste de l'Opéra italien avait des appartements séparés où on lui faisait porter son petit-déjeuner. Il y avait également un salon magnifique où nous nous retrouvions tous pour dîner. La table était abondante et approvisionnée avec luxe, de toutes les friandises de la saison, de tous les vins imaginables, aussi bien que toutes sortes de fruits, de glaces, etc ; et chaque soir, après le spectacle, un excellent souper. Le matin, je n'avais rien à faire (on ne répétait pas), hors me divertir. L'Empereur et sa Cour allaient chasser le héron, un loisir qu'il appréciait vivement. Le Prince Dichtrestein [Dietrichstein], le Grand Ecuyer[2], était très amical envers la Signora Storace, et lui fit la faveur de mettre à sa disposition un des barouches[3] de la Cour pour suivre la chasse. Je l'accompagnais toujours lors de ces promenades.
> Un jour, l'empereur, qui était à cheval, s'approcha de notre voiture et nous demanda si nous nous amusions et s'il pouvait faire quelque chose pour nous. Storace, avec le franc parler qui n'appartenait qu'à elle, lui dit, « Eh bien, Sire, je meurs de soif, Votre Majesté serait-elle assez bonne pour me faire porter un verre d'eau ? » – L'empereur, avec son affabilité coutumière sourit, et demanda à l'un de ses aides de satisfaire à sa demande, et on produisit un verre d'eau.

---

[1] Le ténor exagère l'importance de ce séjour qui ne dura que du 15 mai au 13 juin.
[2] (Karl) Johann Baptist Walther, prince Dietrichstein (1728-1808).
[3] Voiture comportant deux sièges pour deux personnes se faisant face, tirée par des chevaux. D'après l'allemand *Barutsche*.

> Je peux donner un autre exemple de la condescendance et de la politesse de l'Empereur. C'était un jour où il passait en revue vingt mille de ses hommes : c'était une vision éclatante, une que je n'oublierai jamais. La Signora Storace, sa mère, Bennuci (*sic*) et moi-même étions sur les lieux à six heures dans notre barouche. [...] Notre barouche étant en vue de l'empereur, il envoya un de ses *Aides-de-camp** pour nous faire approcher de lui.
>
> A la fin de la revue, il avança vers nous, et dit « N'est-ce pas une vue agréable ? Cet endroit est mon théâtre et j'y suis le premier acteur ».

Demander un verre d'eau n'est pas le seul impair commis par l'impulsive Ann, comme en témoigne un chroniqueur francophone :

> *[D]imanche dernier, au moment de l'office, l'étourdie Storace, actrice charmante qui désole nos dames, parcourant les galeries pour gagner l'orchestre, ouvrit une porte qui forme le dossier de la chaire ; c'étoit un spectacle plaisant qu'une actrice italienne dans ce gîte en présence de la Cour. Les assistants se prirent à rire ; beaucoup auroient voulu entendre prêcher ce nouvel apôtre, dont la morale n'auroit pas effarouché ; mais il se retira un peu déconcerté.* (*Correspondance politique et anecdotique...*)

Lors du *Concert spirituel* exécuté le dimanche 4 juin, les musiciens donnent un *Miserere* de Sarti à la demande de l'empereur. Les solistes (Storace, Laschi, Cavalieri, Molinelli, ainsi que Mandini, Benucci, Mombelli et Calvesi), s'ils manquent apparemment de spiritualité (selon Zinzendorf), sont néanmoins récompensés par « *25 Zecchini* » chacun, comme le rapporte la *Gazzetta Universale*.

Laxenbourg n'était pas le seul endroit où se divertir. Vienne faisant partie des destinations préférées des voyageurs britanniques, Kelly relate ses soirées en compagnie de ces expatriés qui mènent joyeuse vie. Le ténor, qui partage quelques-unes de leurs bombances, laisse échapper quelques noms, dont celui de Lord Belgrave (futur Lord Grosvenor) accompagné de son précepteur ou autres rejetons du « *Bon Ton* ». Cette jeunesse turbulente choque les Viennois par ses divertissements bruyants et ses plaisanteries éméchées qui troublent l'ordre public. Parmi ces visiteurs de passage, William Harry Vane, Lord Barnard[4], rend visite à Ann le 6 juillet[5]. Cette rencontre n'est sans

---

[4] William Harry Vane (1766-1842), vicomte Barnard, comte de Darlington (1792), marquis (1827) puis premier duc de Cleveland (1833), homme politique britannique.

doute pas la première des deux jeunes gens. D'après son journal, le jeune aristocrate était à Vienne depuis le 10 avril ; il a assisté à la première des *Nozze di Figaro* et semble s'être épris rapidement de la jeune femme. Ils se voient souvent avant qu'il ne poursuive sa route vers l'Allemagne et la Pologne. Il ne revient à Vienne que le 27 novembre[6], et tient compagnie aux Storace quasi-quotidiennement[7].

Ann se consacre durant l'été à deux nouvelles mises au théâtre. Le premier opéra est de Sarti. Il a été créé à Saint-Pétersbourg en 1785 et est modifié pour les représentations viennoises qui débutent le 1er août 1786[8] : *I Finti Eredi*, les faux héritiers du titre, sont les paysans Giannina et Pierotto, lesquels revendiquent tous deux de relever le titre du marquisat local longtemps vacant. Le véritable marquis s'éprend de la jeune femme, ainsi que tous les autres personnages masculins de l'opéra, et désire l'épouser, mais Giannina préfère retourner vers son Pierotto… C'est le seul autre opéra qui voit Ann en couple avec Benucci. Comme le souligne la musicologue Mary Hunter, le lien avec *Le Nozze di Figaro* est renforcé par cette distribution, mais également par le choix des airs d'insertions de Benucci qui ne conserve qu'un air originel de Sarti pour son personnage. L'un de ceux-ci rappelle « *Se vuol ballare* », ce qui continue le dialogue entre les œuvres représentées au Théâtre de la Cour[9]. Malgré les louanges de la *Gazzetta Toscana* qui ne perd jamais une occasion de célébrer une œuvre de Sarti, l'opéra ne reste pas à l'affiche. Il est vrai qu'au-delà des comptes rendus de complaisance, la pièce était condamnée si le public du Burgtheater partageait les humeurs de Zinzendorf : « *Ni Benucci, ni la Storace, ni Monbelli, la Laschi et Mandini rendent cet opera un peu tolerable* » (20 septembre 1786).

---

[5] Le jeune homme tenait un journal, conservé à Staindorp, Co, Durham. (Brace, 58 et 133.)
[6] Brace, 58.
[7] Price Milhous Hume 1995, 365. – Son journal abonde en annotations comme « *Je suis allé chez la Storace.* » ou « *J'ai soupé chez Madame Storace. Il fesoit très beau.* » (Kingdom Ward, 386.) Voir également Landon 1990, 187.
[8] Un des livrets imprimés conservés conserve une distribution annotée : Lolli (Marchese), Mombelli (Cavaliere), Mandini (Griffagno), Laschi (Isabella), Storace (Giannina), Benucci (Pierotto), Sigra Bussani (Antonietta). (Hunter 1989, 464.)
[9] Hunter 1989, 465-466.

Un mois plus tard, une nouvelle production, *Le Gare generose* (Les Disputes généreuses) de Paisiello, fait son apparition. Ann « *en esclave Gelinda a un grand rôle dont elle s'acquitte bien* » (Zinzendorf, 1ᵉʳ septembre). A son habitude, elle a fait modifier la partition originelle et y substitue des airs de Dittersdorf, Bianchi et G. B. Borghi, ce qui confère à son personnage plus de séduction et de grandeur magnanime[10].

Un autre compatriote est sans nul doute accueilli avec chaleur par la jeune femme. En septembre 1786, son frère quitte Londres et retrouve la capitale impériale pour y honorer la commande de son second opéra viennois, *Gli Equivoci*. Stephen apporte à Ann plus que l'air de Londres. Il est mandaté par Giovanni Andrea Gallini[11], le directeur du King's Theatre, l'Opéra italien de Londres, pour lui rapporter des partitions de succès continentaux[12]. Stephen est également chargé de transmettre à sa sœur des offres d'engagement pour le restant de la saison en cours (1786-1787)[13]. Des négociations ont déjà dû avoir eu lieu ou bien Gallini est bien sûr de l'acceptation de sa *prima buffa*, car le *Times* du 21 septembre annonce triomphalement que « la célèbre Signora Storace est également engagée comme première chanteuse comique [*prima buffa*] à la place de la Signora Ferrarese ». Ce départ semble désormais bien certain, car Joseph II écrit depuis Prague le 29 septembre 1786 à Orsini-Rosenberg :

> *Quant à la Storace, si on ne peut la conserver, ce que je desirerois, il faudra au moins l'engager bien surement pour l'année 1788. où elle reviendroit avec la Coltellini, mais jamais au detriment de Bennucci (sic), puisque cet homme vaut plus que deux Storaces. Si le depart da la Storace a lieu, il faudra au moins*

---

[10] Price Milhous Hume 1995, 379 et Polzonetti, 45.
[11] Giovanni Andrea Battista Gallini (1728-1805), danseur italien, chorégraphe et directeur de théâtre. Il acheta certaines des hypothèques qui pesaient sur le Theatre Royal, King's Theatre de Londres, et en fut le *manager* en 1783, puis de 1785 à 1789, en tant qu'administrateur pour William Taylor, qui essaya de l'évincer par tous les moyens. Il était également propriétaire des Hanover Square Rooms, salle de concert où J.-C. Bach et C. F. Abel donnèrent leurs célèbres concerts par souscription.
[12] Stephen sera payé dix guinées pour ce service. (Price Milhous Hume 1995, 362.)
[13] Lord Cowper, depuis Florence, a peut-être poussé Gallini à ce recrutement. Il s'entremit pour celui de Marchesi en mai 1787. (Price Milhous Hume 1995, 365.)

> *tacher d'avoir celle ci à meilleur marché, et faire passer la Cavalieri pour cette année tout à fait aux allemands puis qu'alors il y auroit trois premières femmes.*

Ainsi que le précise Kelly, la jeune femme pouvait alors finir son contrat sans rupture d'engagement, car il « s'achevait après le Carnaval suivant, et elle l'accepta ; je souhaitais fort l'accompagner, et aller voir ma famille à Dublin ». N'ayant réussi à être augmentée[14], la jeune femme est bien décidée à mettre fin à son contrat, puisque l'empereur remarque le 11 octobre, « *il est heureux si la Morichelli reussit à Vienne, puisque selon ce, que Rosenberg me mande, la Storace veut absolument s'en aller l'année prochaine* ».

Ce même jour, la nouvelle de la rupture entre Francesco Benucci et Ann Storace a, semble-t-il, fait le tour des loges du théâtre. Cela ne semble pas (pour l'instant) affecter leur accord professionnel, car Zinzendorf observe que « *Benucci et la Storace quoique brouillés a couteau tiré jouerent a merveille* ». Les assiduités de Lord Barnard ont fini par porter leurs fruits. Le diariste remarquera également le 16 février 1787 que « *La Storace lui est infidele et s'en va avec Lord Barnard* ». Mais Ann va bientôt ulcérer Benucci davantage.

Alors que Stephen entame sa collaboration avec Da Ponte sur leur adaptation shakespearienne, Ann se consacre à son nouveau rôle, celui de Lilla dans *Una Cosa rara* de Martín y Soler. Elle se trouve d'ailleurs avec le compositeur espagnol chez Orsini-Rosenberg le 26 septembre. Est-ce une visite professionnelle en liaison avec le nouvel opéra, ou une rencontre mondaine ? La chanteuse semble avoir été très sensible au charme du musicien et ce flirt soutenu contrecarre les préparations du *dramma giocoso*, si l'on en croit les souvenirs de Da Ponte :

> Les partitions distribuées, la tempête éclata. L'un avait trop de récitatifs, l'autre pas assez. Le diapason était trop haut pour celui-ci, trop bas pour celui-là. Un troisième ne paraissait que dans les morceaux d'ensembles, un quatrième chantait beaucoup trop. L'anarchie était à son comble. […] [E]nfin le volcan fit éruption. Presque tous les acteurs renvoyèrent leurs partitions au copiste en refusant de chanter une semblable musique ; le meneur de la conjuration était le *primo buffo*, qui détestait particulièrement le

---

[14] Link 1998, 288, note 154.

compositeur espagnol car il était l'objet des tendres regards de son infidèle dulcinée[15].

La « *dulcinea* » ne peut être qu'Ann Storace. Benucci, furieux, aurait alors tenté de saboter les répétitions… Il est vrai qu'elles ne manquent pas de remous ; Da Ponte, échaudé par la réception de ses précédents efforts de plume, dissimule sa paternité littéraire jusqu'après la première, quand le triomphe est enfin assuré. Da Ponte s'inspire, une fois de plus, d'un texte préexistant, *La Luna della Sierra* de Vélez de Guevara. L'objet du livret est la vertu et la fidélité de la paysanne Lilla (Ann Storace) qui résiste aux avances de l'Infant Don Giovanni (Vincenzo Calvesi), ainsi que ses amours contrariés avec Lubino (Stephano Mandini). Titta (Francesco Benucci), le frère de Lilla, veut la marier de force à Lisargo (Johann Hoffman). Grâce à la protection de la reine Isabella (Luisa Laschi), les amoureux seront unis, les manigances du prince libertin déjoué, et Titta et son amante Ghita (Dorotea Sardi Bussani), réconciliés et mariés[16]. Au cours de l'opéra, les deux paysannes dansent une séguedille, à la couleur locale très goûtée. Le sujet, espagnol, est également une façon habile de complaire à l'ambassadrice d'Espagne qui fournit d'authentiques costumes.

La première a lieu le 17 novembre 1786, et l'ouvrage fait l'effet d'un raz-de-marée qui emporte tous les autres opéras créés cette saison-là. Comme le relate Pezzl, « C'est l'opéra qui rendit la ville presque frénétique et dont on refusait l'entrée régulièrement à 300 ou 400 personnes par manque de place. Où que l'on aille, dans chaque demeure ou réunion élégante, on entend des duos, des trios ou un *finale* joués au clavier[17] ». Ce fut l'opéra de Martín y Soler le plus populaire, ce qui lui valut une place de choix dans la musique de table

---

[15] Da Ponte 1988, 120. La dernière phrase y avait été traduite de manière moins précise puisqu'on y lit « *le chef de la cabale était le premier* bouffe, *qui en voulait particulièrement à Martini pour une rivalité galante* ». Le texte rectifié s'appuie sur Da Ponte 1991, 120.

[16] La distribution comprenait également Michael Kelly, qui était Corrado, le serviteur de l'Infant, qui lui prête assistance pour tenter de séduire Lilla, et Hoffman en Lisargo. La distribution est notée sur une partition conservée à Vienne. (Link 2015, 124.)

[17] J. Pezzl, *Skizze von Wien*, 1787. (Michtner, 222.)

que se fait jouer le Don Giovanni mozartien, clin d'œil de Da Ponte sous forme d'autocongratulation[18]…

Le morceau le plus remarqué de la partition est le duo « *Pace caro, mio sposo* » (II, sc. 13) qui célèbre la réconciliation entre Lilla et Lubino, lequel la pensait infidèle. C'est sans doute la pièce de musique la plus louée et prisée de toute la carrière de Martín y Soler. Son effet érotique est immédiat sur Zinzendorf :

> *le joli Duo de Mandini avec la Storace fut repeté, il est bien voluptueux. J'etois troublé en partant.* (4 décembre 1786)
> *je trouvois que ce duo si tendre, si expressif de Mandini avec la Storace est bien dangereux pour de jeunes spectateurs et spectatrices, il faut avoir quelque experience pour le voir jouer avec sens froid.* (17 janvier 1787)

Le 27 novembre 1786, Lord Barnard est de retour à Vienne. Il découvre l'engouement que suscite l'ouvrage de l'Espagnol… et peut-être aussi la séduction que ce dernier exerce sur son interprète. Ann n'est probablement pas la seule à soupirer pour le compositeur qui est sans doute encore marié… Les deux auteurs de cette apothéose lyrique sont « regardés comme des phénix ». Da Ponte se souvient avec nostalgie que « Nous aurions pu nous en prévaloir pour avoir autant de bonnes fortunes que tous les chevaliers de la Table Ronde réunis. […] Le petit Espagnol, à qui toutes ces agaceries plaisaient, s'en donnait à cœur joie ».

Mais le compositeur à la mode n'est pas le seul rival de Barnard. Un potin, relayé par une gazette, clame que la cantatrice a également été l'objet d'une offre galante de la part du richissime Joseph Johann von Fries[19] : « *Le jeune Comte de Fries, avant de partir pour l'Italie, a écrit une lettre passionnée à l'actrice Storace de notre opéra, en y joignant un rouleau de ducats : la*

---

[18] Il s'agit d'une citation du second *finale*. Une autre allusion mozartienne est moins connue : dans *Così fan Tutte*, le « *Vorrei dir, e cor non ho* » de Don Alfonso qui n'arrive pas à apprendre à Fiordiligi et Dorabella le faux départ de leurs fiancés à la guerre, est une allusion directe à l'entrée haletante de Lilla, « *Ah pietà de mercede soccorso* » (I, sc. 4). (Platoff 1992, 107-108.)

[19] Le comte Joseph Johann von Fries (ou Francois Joseph Jean de Fries) (1765-1788), fils de banquier anobli. Il hérita d'une fortune immense en 1785. A sa mort, l'héritage passa à son frère Moritz (Maurice) (1777-1826), qui fut le protecteur de Schubert et Beethoven. Ce dernier lui dédia deux sonates pour violon (op. 23 (1801) et op. 24 « Printemps » (1802)), le quatuor à cordes op. 29 et la Septième Symphonie, op. 92 (1812).

belle est séparée de son mari ; elle a renvoyé le tout avec ces mots : Si vous voulez m'épouser, je suis à votre service ; sans cela, votre très humble servante ». (*Corresp. politique et anecdotique...*) Joseph von Fries sera un compagnon de voyage de l'abbé Casti qui prévoyait de quitter Vienne à la mi-mai[20].

Entre le retour de Stephen, les répétitions de son nouvel opéra, *Gli Equivoci*, et l'« émeute continuelle[21] » provoquée par la colonie anglaise séjournant à Vienne, Ann se trouve bien occupée. Ses derniers mois dans la capitale impériale se déroulent dans une agitation perpétuelle de soirées à l'opéra, bals, soupers et projets mirifiques ; elle n'a sans doute jamais été aussi fêtée, ni ne s'est jamais autant amusée.

---

[20] Joseph II avait fait comprendre à Casti que sa présence n'était plus souhaitée à Vienne. Le poète venait de diffuser une satire attaquant violemment Catherine II et son empire, *Il Poema Tartaro*, ce qui pouvait être embarrassant pour l'empereur qui se rapprochait politiquement de la Russie.
[21] « *[A]lmost in one continual scene of riot – amongst ourselves* », selon les termes de Stephen Storace dans une lettre à J. Serres, citée par Nathan Fink, 465.

XI
1786-1787
« *Ch'io mi scordi di te...* »

Leurs derniers mois passés à Vienne mettent les Storace à l'honneur, avec la création de *Gli Equivoci* (Les Méprises) dont la première a lieu le 27 décembre 1786. Les sources étant rares, il faut se résoudre à suivre l'insinuation de Da Ponte, peu impartial en ce qui concerne le frère et la sœur, et à attribuer la raison de cette commande à l'influence qu'aurait eue Ann sur Joseph II[1]. Kelly se contente de préciser que « Storace avait un opéra en répétition, sur le sujet de son choix, la *Comédie des Erreurs* de Shakespeare. Il fut transformé en livret d'opéra et adapté en italien par Da Ponte, avec beaucoup de talent. Il conserva tous les principaux incidents et personnages de notre barde immortel. Cela eut un succès fou, et avec raison, car la musique de Storace était belle au-delà de toute description ». Shakespeare est alors très populaire à Vienne, bien que cette pièce n'y ait pas été représentée... Da Ponte utilise une adaptation française de la pièce et non le texte original, puisqu'il ne comprend pas l'anglais[2]. Dans son

---

[1] Da Ponte s'attribue également le choix du sujet : « J'avais à peine fini le *Figaro*, que le frère de la Storace, qui connaissait mieux maintenant les talents de son premier poète, avait obtenu de l'Empereur qu'il me commande un livret ; moi, pour lui faire plaisir et le faire rapidement [m'en débarrasser], je le tirai d'une comédie de Shakespeare. [...] J'allais trouver Martini et lui fit promettre que personne au monde n'apprendrait que je devais lui écrire un texte ». (Da Ponte 1991, 118-119.) M. C. D. de La Chavanne traduit erronément par « [...] la Storace, revenue de ses préventions contre moi, m'avait fait demander par l'Impératrice un libretto pour son frère. » (Da Ponte 1988, 118-119.)

[2] La version utilisée a été identifiée comme étant *Les Méprises*, adaptation de M. Letourneur, publiée en 1782, dans son *Shakespeare traduit de l'anglois...*, publié entre 1776 et 1783. En janvier 1780, Stephen avait peut-être vu à Covent Garden une adaptation de la pièce datant de 1762, réalisée par Thomas Hull, *The Twins: or, the Comedy of Errors*. (Storace Platt, XXX.)

autobiographie, le librettiste est peu prolixe sur cette transposition : il se contente de la mentionner, quasi en passant, avant de s'appesantir sur le succès éclatant de sa collaboration avec Martín y Soler. Que le mémorialiste préfère mettre l'accent sur *Una Cosa rara,* livret qui lui valut une reconnaissance marquante dans sa carrière, n'est pas étonnant, mais il est toutefois possible qu'il règle certains comptes avec les Storace[3], sachant qu'il ne serait plus guère contredit… On ne dispose donc d'aucune précision sur l'élaboration de l'œuvre, si ce n'est une mention fugitive dans le journal de Zinzendorf, de passage chez Orsini-Rosenberg, quelque cinq semaines avant la première : « *La Laschi vint se plaindre du rôle qu'elle doit prendre dans l'opera de Storace* » (18 novembre 1786)[4]. Les répétitions devaient être imminentes. La distribution connue est très partielle. Eufemio de Syracuse est interprété par Vincenzo Calvesi, son jumeau Eufemio d'Éphèse par Michael Kelly, et la femme de ce dernier, Sofronia, par Ann Storace[5].

Le soir de la première, Zinzendorf apprécie « *la jolie musique, mais le sujet est une confusion continuelle, Shakespeare ayant voulu renchérir sur Plaute* ». L'opéra n'en est pas moins victime de l'immense succès d'*Una Cosa Rara*. Décidemment, Stephen Storace jouait de malchance[6]…

Quelques jours avant cette première si importante pour sa famille, Ann avait encore été sollicitée par la Tonkünstler-Societät. Elle apporte son concours à l'oratorio *Gioas* d'Anton Teyber (1756-1822), donné les 22 et 23 décembre, sous la direction du compositeur.

---

[3] Des querelles les opposèrent en 1793 à Londres. (Voir chapitres XVIII et XIX.)
[4] Elle a sans doute créé Sostrata, la sœur de Sofronia. (Storace Platt, XXX-XXXI ; Link 2011, 114.)
[5] Michael Kelly se souvient que « J'interprétais Antipholus d'Éphèse et un Signor Calvasi (*sic*), Antipholus de Syracuse ; nous étions de la même taille et essayâmes de nous rendre identiques autant que faire se pouvait. » Adriana et Luciana, chez Shakespeare, sont devenues Sofronia et Sostrata.
[6] *Gli Equivoci* ne fut jamais redonné intégralement à Londres. Sans doute Stephen Storace (qui était, de fait, compositeur principal au théâtre de Drury Lane) et Michael Kelly tentèrent de leur côté de le remonter, comme le ténor le suggère dans ses mémoires. Stephen Storace a réutilisé certains numéros de cette partition dans *La Cameriera astuta*, puis dans ses *pasticcios* anglais.

Benucci, Kelly, et Mlle Podleska[7] (qui « *miaule* », selon Zinzendorf) sont également de la partie…

Les dernières représentations que donne Ann sont peu exigeantes : elle se borne à reprendre les mêmes titres à succès et fait ses adieux au Burgtheater avec *Il Burbero di buon core* le 19 février 1787. Le lendemain, elle chante dans une ultime *Una Cosa rara* au Kärntnerthortheater. On connaît mieux sa vie sociale grâce au journal tenu par Lord Barnard. On sait que ce dernier passe la soirée chez Madame Storace le 20 janvier, qu'ils soupent de nouveau ensemble le lendemain, après quoi il l'emmène danser à la Redoutensaal (salle de bal qui faisait partie du palais) jusqu'à quatre heures du matin. Le 3 février, il a « *donné un bal chez [lui]* à *la Storace*[8] ». Le 10, Barnard note à nouveau « *J'ai soupé chez la Storace. Il fesoit un temps superb*[9] ». C'est le temps du Carnaval et des divertissements. Certains sont plus ou moins onéreux et Kelly en fait vite l'expérience :

> A la Redoute [*Redoutensaal*], certains étaient en train de jouer. Je n'avais jamais été, ma vie durant, en proie à cet amusement à la mode, mais lors de cette malheureuse soirée, la révolte s'est rencontrée sur mon chemin, et voilà comme je l'ai trouvée[10]. Je perdis quarante *zecchinos* en faveur d'un galant colonel anglais ; je n'en avais que vingt sur moi, dont je m'acquittais, et promis les vingt restant dans le cours de la semaine. Je rentrai me coucher, me repentant de ma folie.
> Au matin, Nancy Storace me rendit visite – « Alors, Monsieur, me dit-elle, j'entends dire que tu jouais la nuit dernière, et que non seulement tu as perdu tout l'argent que tu avais sur toi, mais que tu en dois encore. – de telles dettes ne doivent pas rester en souffrance un seul instant ; tu devras un jour ou l'autre te rendre en Angleterre, et si l'on sait que tu as joué plus d'argent que tu en avais, cela te donnera pour les Anglais une réputation fâcheuse que je sais imméritée – il faut régler cela de suite. » Elle sortit l'argent immédiatement, et m'obligea à aller satisfaire à mon obligation. Un tel acte d'amitié si désintéressée était bien noble et je ne l'ai jamais oublié.

---

[7] Tekla Podleská, épouse Batková (1764-1852), soprano. Elle fit partie de la troupe allemande entre le 1er novembre 1786 et le 31 août 1787.

[8] Kingdon Ward, 387 ; Landon 1990, 187.

[9] Kingdon Ward, 387.

[10] Citation d'une réplique de Falstaff dans le *Henri IV, Première Partie* de Shakespeare (V, sc. 1). (François Guizot, trad., Paris, 1863.)

Les jeunes Anglais en goguette sur le Continent ne se contentent pas de jouer gros. Ils organisent des courses de chevaux, passent des nuits à boire entre eux, mais leurs amusements débordent sur la voie publique. Michael Kelly se souvient qu'« une demi-douzaine d'entre eux (que l'on ne nommera pas) sacrifiaient occasionnellement au dieu de la vigne, et quand ils étaient bien échauffés, ils se répandaient dans les rues, et témoignaient d'une forte inclinaison à encourager le métier de *réparateur de lampe*, ce qu'ils firent avec tellement d'efficacité, qu'une nuit, ils ne laissèrent pas une seule lampe intacte sur le Graben ou la rue adjacente. […] On sut toutefois que cela avait fortement déplu à l'Empereur qui avait donné des ordres pour que la première personne qui transgressât l'ordre public soit mise en prison[11] ». C'est Stephen Storace qui fait les frais de cette rigueur. Bizarrement, l'incident qui aboutit à son incarcération est plus largement documenté que tout autre détail de sa biographie. La célébrité de sa sœur est telle qu'un entrefilet est même publié dans la *Gazzetta Universale*, lequel indique que sa conduite lui vaudra la peine de huit jours de prison et de douze coups de bâton[12]. On en sait plus par les mémoires de Kelly, ainsi que par une lettre détaillée de Stephen lui-même qui écrit à un ami de son futur beau-père en lui relatant les circonstances de son arrestation[13]. Les annotations de Lord Barnard dans son journal complètent le tableau. Kelly se souvient que Stephen, assez ivre, « se rendit dans la salle de bal, et vit sa sœur qui dansait avec un officier en uniforme, avec bottes et éperons. Tourbillonnant en valsant, ses éperons se prirent dans la robe de Storace, et ils tombèrent tous deux par terre, au grand amusement des témoins. Stephen, pensant qu'on avait insulté délibérément sa sœur, s'en prit personnellement à l'officier ». La version de Stephen n'a pas la même verve, mais est probablement plus proche de la réalité :

> […] vers trois heures ce matin, alors que ma sœur dansait un menuet avec L:d Barnard, un Homme qui se tenait non loin choisit de se placer d'une telle manière que Lord Barnard en tournant marcha

---

[11] Les exploits de ces « *Lichterputzen* » (moucheurs de réverbère) anglais ont été examinés par Lorenz 2008. (Merci à Anne-Louise Luccarini pour sa traduction de l'expression.)

[12] L'incarcération de Stephen Storace a laissé une trace dans les archives (Lorenz 2008, note 20.)

[13] Elle a été retranscrite dans Nathan et Fink, ainsi que dans l'article de Jane Girdham consacré à cet incident. (Girdham 1995.)

> sans le vouloir sur son pied – ce qui provoqua son impertinence – L:ᵈ B. ne la releva pas et continua de danser revenant au même endroit – le Gentleman choisit de s'avancer encore plus avant sur l'aire de danse & le fit presque chuter – sur quoi, comme j'en étais témoin – avec plus de vivacité que de prudence – je lui demandai « ce qu'il voulait à être si insolent à tenter de faire choir un Gentleman qui était en train de danser » – aussitôt il me répondit dans un langage que les hommes du monde n'utilisent pas – ce que je ne pus supporter (j'avais bu un peu trop de Champagne, mais j'étais bien loin de l'état d'ivresse) – bref un mot en appela un autre – toute la salle était dans un état de tumulte – on rapporta qu'un *Anglais se conduisait mal* – nous fûmes presque écrasés à mort – par la multitude qui se pressait autour de nous – il se trouva que mon adversaire était un officier – il fit appel immédiatement au capitaine de la garde – qui *sans:cerimonie** me plaça sous l'autorité d'un caporal – et je fus conduit en salle des gardes[14].

Pour un périodique allemand, au contraire,

> Un officier des uhlans (lanciers polonais) se tient là en tant que spectateur. [Ann Storace] lui marche sur un pied en lui faisant mal. Il le prend pour une impolitesse délibérée, et lui fait quelques reproches. Elle s'en exaspère : son frère intervient, et lève un bras menaçant contre l'officier. (*Münchner staats-, gelehrte, und vernischte Nachrichten*)[15]

Lord Barnard sollicite l'élargissement de Stephen auprès du prince Karl von Liechtenstein et de l'ambassadeur anglais, Sir Robert Keith[16]. Kelly, quant à lui, affirme qu'il aurait arrêté l'empereur dans un couloir pour lui demander cette grâce, laquelle lui aurait été accordée. Pour la *Gazzetta Universale*, Stephen échappe heureusement aux coups de bâtons et finit apparemment par présenter ses excuses à l'offensé... Il sort de sa « *durance vile* » la veille du concert d'adieu d'Ann au Kärntnertortheater.

Le 23 février 1787, Ann fait ses adieux au public viennois. Cet au-revoir, qui ne devait être que temporaire, s'avéra définitif : l'administration du théâtre et la cantatrice ne parvinrent jamais à se mettre d'accord sur les conditions de son retour. En donnant ce

---

[14] Lettre de Stephen Storace à J. Serres, 21 février 1787. (Nathan Fink, 466.)
[15] Anne-Louise Luccarini, trad.
[16] Girdham 1995, 66.

concert, elle bénéficie d'un privilège inscrit dans son contrat[17]. C'est l'unique soirée de concert donnée durant le carême 1787 par un membre de la troupe italienne. C'est surtout un évènement mondain, car Ann est très appréciée par un public aristocratique, comme le mentionne cet entrefilet : « Divers abonnés des loges ont offert de payer davantage leurs places, si l'on peut persuader la Storace de rester ici. Mais le monarque s'en tient à sa décision, et dit : Elle devra partir. […] » (*Münchner staats-, gelehrte, und vernischte Nachrichten*)[18]. Toutefois, la *Gazzetta Universale* souligne que « [Ann Storace] fait ses adieux sans le moindre déplaisir du public, à cause de son impertinence perpétuelle » ; une opinion partagée par l'étudiant en médecine Armand Wilhelm Smith (1754-1838) qui relate à un correspondant que « le public se lamente de son départ. *In fine*, elle aurait préféré rester ici, mais l'empereur ne souhaitait pas la retenir car elle est très capricieuse et est continuellement impliquée dans des disputes[19] ».

Lors de cette soirée, on assure que la bénéficiaire aurait gagné la somme colossale de plus de 4 000 florins[20], ou plus raisonnablement, de 1 500 florins[21]. Zinzendorf, son fidèle admirateur, est évidemment présent, au « *N°11. Du Theatre de la porte de Carinthie, premier etage a gauche. Bonne loge, mes [tapis ?] firent bon effet. Le P^{ce} Lobkowitz y vint aussi sans payer. Le Duo de la Cosa rara fut repeté trois fois, un air de bravoure qu'elle chanta un peu ennuyeux. Son compliment allemand tiré des Equivoci fesoit un joli air* ».

---

[17] Link 1998, 19.

[18] Anne-Louise Luccarini, trad. – Cela confirme qu'une des raisons du départ d'Ann Storace était une demande d'augmentation non satisfaite.

[19] Lettre d'Armand Wilhelm Smith à Emerich Horváth-Stansith, 23 février 1787. (Fuchs, 261.)

[20] A titre de comparaison, Mozart avait touché 450 florins pour *Le Nozze di Figaro*. Cette disproportion de revenus est vivement critiquée par Franz Krattner dans son *Philosophische und statistische Beobachtungen, vorzüglich die österreichischen Staaten betreffend*, publié à Francfort et Leipzig fin 1787 : « Mais, ô Talent, que peux-tu attendre de ta patrie, où les gens se pressent pour entendre quelques airs chantés lors d'un mauvais concert par cette étrangère arrogante, Storace*, dont le talent artistique égale l'impertinence, alors que ton Mozart, un artiste aussi excellent, n'est pas suffisamment payé pour couvrir les frais d'un concert. [* Les gains de Mme Storace pour ce concert ont excédé 4000 gulden.] » (Deutsch 1965, 309.)

[21] *Münchner staats-, gelehrte, und vernischte Nachrichten*. (Anne Louise Luccarini, trad.)

Le concert attire toute la haute aristocratie, à l'instar de l'empereur : « Un certain Prince P*** a pris deux loges, une pour lui-même et une pour la Princesse. Pour les deux il a payé 30 souverains d'or[22] ». De son côté, la *Gazzetta Universale* se fait l'écho du mécontentement de deux spectateurs empêchés d'entrer dans leur loge par Stephen Storace : « A cette occasion il interdit avec arrogance l'entrée des loges à deux cavaliers qui avaient demandé à en obtenir les clés pour pas moins de trois *zecchini*[23] ». La remarque de Zinzendorf sur la présence du prince Lobkowitz[24], illustre un problème récurrent de ces concerts à bénéfice qui se déroulent dans un théâtre dont les loges sont louées à l'année par la noblesse. Leurs occupants habituels pouvaient théoriquement assister aux concerts sans payer d'entrée supplémentaire, ce qui diminuait d'autant les profits des musiciens. Ils étaient également tenus de libérer leurs loges pour la soirée s'ils ne souhaitaient pas assister au concert[25].

Les airs choisis par Ann reflètent le cœur de son répertoire : ainsi, le duo toujours triomphal d'*Una Cosa rara*, l'un de ses grands succès, figure évidemment dans le programme. En hommage à son frère, elle choisit aussi de chanter un pastiche d'un air de Sofronia tiré de *Gli Equivoci*, « *Qual confusion d'idee m'intorbida la mente… Potessi di piangere…* » (II, sc. 10), lequel devient pour l'occasion « *Schwer drückts in meiner Seele… Wer je sich den Armen der Freundschaft entrieß…*[26] » (Pesamment, cela oppresse mon âme… Qui s'est arraché aux bras de l'amitié…). Un chroniqueur allemand relève qu'

> Elle chanta un air d'adieu allemand. Elle estropia les paroles allemandes de la chanson [*Lied*] si joliment, mais en en détournant tant le sens que le monarque en rit de bon cœur, et les gens d'esprit à

---

[22] *Ibid*.

[23] Mary Sue Morrow indique que les prix des billets restent relativement stables jusqu'en 1804. Les places coûtaient le même prix pour le concert et pour l'opéra. En 1776, une place de loge au Burgtheater était de 3 fl., tandis qu'en 1785 une place de loge au Kärntnertortheater était de 4 fl. 20x. (*Table 15.*)

[24] S'agirait-il de Joseph Franz Maximilian (1772-1816), qui sera un grand mécène musical ?

[25] Morrow, 131.

[26] La partition d'orchestre conservée à Vienne à la Österreichische Nationalbibliotek, cote KT 133, attribue le récitatif et l'air de Sofronia intitulé « *Aria Scozzese* » à « C. Bach ». (Sur cette attribution, voir Link 2002, XI.)

dire : un Allemand n'aurait pas fait ressortir le double sens avec plus de bonheur. (*Münchner staats-, gelehrte, und vernischte Nachrichten)*[27].

Mozart prête également son concours. Il joue son concerto pour clavier en ré mineur (n° 20, KV. 466) et est le soliste instrumental pour la *scena* (et *rondò*) avec pianoforte obligé, « *Ch'io mi scordi di te… Non temer, amato bene* » (« Que je t'oublie ?... Ne crains pas, mon bien-aimé ») (KV. 505)[28]. Thomas Attwood, élève de Mozart et ami des Storace, assiste à la soirée et se souvient : « La dernière fois que j'entendis [Mozart], il interpréta son concerto en Ré Mineur & 'Non temere' au Bénéfice de Storace pour laquelle il composa cette Cantate avec le Pianoforte solo[29] ».

Les liens entre le compositeur et la petite colonie de musiciens britanniques se sont d'ailleurs tant renforcés qu'il a envisagé sérieusement de les accompagner à Londres pour y tenter fortune. On apprend ce projet élaboré mi-novembre 1786 par les récriminations de Leopold Mozart dans une lettre à sa fille : « [Wolfgang] me fait la proposition de prendre *ses 2 enfants* en garde, ni plus ni moins, car il aimerait à la mi-carême faire un voyage en Angleterre en passant par l'Allemagne, etc[30] ». Leopold s'expliquera par la suite auprès de Nannerl des raisons de son refus :

> […] [Wolfgang] veut se rendre en Angleterre, mais son élève [Attwood] veut d'abord lui organiser à Londres quelque chose de sûr, à savoir le *contrat** d'un opéra ou un concert en souscription, etc, etc. A ce sujet, M*dme** Storace lui aura mis l'eau à la bouche et tout ce beau monde, ces gens et son élève, auront à l'origine émis l'idée de faire avec lui le voyage en Angleterre. Mais après que je lui eus écrit à ce sujet d'un ton paternel, lui disant qu'il n'avait rien à gagner à ce voyage en été, qu'il arriverait en Angleterre à la mauvaise époque, […] et que finalement, sans un *engagement** certain à Londres, il risquait à coup sûr, malgré son talent, de souffrir la misère, – il aura sans doute perdu courage puisque, naturellement, c'est le frère de la chanteuse qui commencera tout d'abord à écrire un opéra[31].

---

[27] Anne Louise Luccarini, trad.
[28] Mozart utilisa vraisemblablement à cette occasion son propre pianoforte avec pédalier. (Maunder Rowland, 288.)
[29] Eisen, 39 (n°64).
[30] Lettre du 17 novembre 1786. (Mozart, V, 131.) (Geneviève Geffray, trad.)
[31] Lettre du 1er mars 1787. (Mozart, V, 172.)

Ce projet de voyage coïncide avec le séjour de Stephen Storace à Vienne. La presse s'en empare bientôt[32], mais Mozart ne quittera pas sa ville d'adoption. Il n'en participe pas moins au concert d'adieu d'Ann avec cette pièce écrite pour l'occasion, achevée en décembre 1786. S'il avait effectivement accompagné ses amis à Londres, cette nouvelle composition aurait pu être pour lui aussi une sorte d'adieu à Vienne...

Cette *scena* a fait couler beaucoup d'encre, certains, à la suite d'Alfred Einstein, lui-même sans doute inspiré par Otto Jahn[33], y voyant la preuve d'un sentiment amoureux entre le compositeur et son interprète. Car il considère qu'« on dirait que Mozart a cherché à retenir, pour lui-même, le souvenir de cette voix, qui n'était pas un soprano brillant, fait pour la virtuosité, mais qui était pleine de chaleur et de tendresse ; et l'on dirait également qu'il a cherché à lui laisser, dans la partie de piano, un souvenir du goût et de la profondeur qu'il mettait lui-même dans son jeu, de la profondeur du sentiment qu'il lui vouait[34] ».

Disons-le tout net, aucune trace avérée d'une telle liaison n'est venue au jour jusqu'à présent. Si elle exista, les sentiments des deux intéressés sont restés leur secret partagé. Avouons que le compositeur a excité l'imagination, en indiquant sur son catalogue thématique d'œuvres en face des premières mesures de son seul air de concert pour voix et clavier, « *Für Mselle Storace und mich*[35] » et en notant en en-tête sur

---

[32] Comme un entrefilet paru dans le *Staats- und gelehrte Zeitung des hamburgischen unpartheyischen Correspondenten* (15 décembre 1786), qui mentionne les « propositions intéressantes » faites au compositeur. (Eisen, 47 (n°75).)

[33] Jahn, II, 330-331 : « Le contexte [dans *Idomeneo, Re di Creta*], où Idamante adresse ses regrets et son amour à Ilia, présente, a peut-être suggéré l'accompagnement *obbligato* approprié, et, en fait, la partie de piano représente l'amant de la manière la plus charmante et la plus expressive, semblant soit acquiescer, soit répondre aux déclarations de la cantatrice. A cet égard, autant dans son ton que dans les sentiments exprimés, cet air est bien plus avancé que le précédent avec le violon *obbligato* ; l'esprit de *Figaro* plane au-dessus ; et nous semblons reconnaître la profondeur de sentiment et la teinte sentimentale qui caractérise la comtesse. »

[34] Einstein 1954, 469-470. (Jacques Delalande, trad.)

[35] Mozart a noté : « *Scena con Rondò mit KlavierSolo. Für Mad:selle Storace und mich.* »

l'autographe, «*Composto per la Sig^(ra). Storace dal suo servo ed amico W. A. Mozart Vienna li 26 di dec^(bre) 1786* » !

Einstein a également émis l'hypothèse selon laquelle Mozart et la *Signora* se seraient écrits par la suite. Cette affirmation a eu un tel retentissement que nombreux sont ceux qui évoquent désormais une correspondance suivie entre Mozart et la cantatrice[36]. Ils disent même que cette dernière aurait détruit les lettres, juste avant de mourir, ou se serait faite enterrée avec ! L'évocation de cette correspondance, qui aurait fait les délices des Romantiques, ne semble d'ailleurs n'apparaître qu'avec l'ouvrage d'Einstein, *Mozart, sein Charakter, sein Werke* (1953), qui n'indique d'ailleurs pas ses sources... Cette supposition a eu une postérité tenace, bien que rien de concret ne soit venu l'étayer. Un chercheur anglais, Richard A. Lynex, a même longuement traqué les héritiers possibles de ces échanges épistolaires supposés, avant de conclure avec une quasi-certitude à l'inexistence de ces lettres en Angleterre[37]. Ne disposant d'aucun témoignage des liens noués entre le compositeur et la cantatrice, qu'il provienne des deux personnes concernées, de leurs contemporains ou des musicographes du XIXème siècle si friands de ce genre de détails, il convient donc d'être très prudent... Même Kelly, Zinzendorf, si avide de potins sur la vie des coulisses de l'opéra de Vienne, ou Lorenzo Da Ponte, jamais avare d'allusions à la vie privée de la jeune femme qu'il n'aimait guère, restent muets sur ce point.

Il s'agit là d'un concert d'adieu et les thématiques de la séparation, des regrets et de la gratitude de la voyageuse en forment logiquement la

---

[36] On trouve pourtant quelques voix dissonantes, comme celle de Stanley Sadie : « Mozart "était épris" de Nancy Storace, affirme [Hidelsheimer], acceptant l'hypothèse fragile de Einstein sans un iota de preuve (bien que, contrairement à Einstein, il trouve que le morceau écrit pour elle, *Ch'io mi scordi di te*, est froid et distant). » (Sadie, 616).

[37] « Mon enquête n'a produit aucune référence d'aucunes lettres de Mozart à Nancy Storace. En dépit de la difficulté à prouver une négation, la conclusion me semble être que plus aucune lettre de cet ordre n'existe. » dans *Final Report*, 7. (Conservé dans les *Nancy Storace Archives*, Cardiff University, Special Collection and Archives, Art and Social Studies Library.) Ce fonds comporte également des documents familiaux plus tardifs confiés par le compositeur Anthony Spurgin, également connu comme A. Picon (1910-1998), arrière arrière arrière-petit-fils d'Ann Storace. (Merci à Alison Harvey, pour son aide et sa disponibilité.)

trame émotionnelle. L'« adieu à la cité du Danube », adapté à l'air des *Equivoci*, reste ainsi tout à fait dans le ton[38]. Il en est de même pour la *scena* mozartienne, et la réutilisation du texte d'un air d'insertion pour *Idomeneo*, dans lequel Idamante exprime sa constance et sa fidélité, n'a donc rien qui surprenne. Toutefois l'entrelacement des « voix » de la soliste et du clavier peut inciter à y déceler l'expression de sentiments intimes. Ce n'est d'ailleurs pas la seule fois que Mozart compose un air d'adieu destiné à une cantatrice : Dorothea Wendling, Aloysia Lange et Josepha Duschek en seront les destinataires[39].

Mozart, outre l'amitié qu'il semble avoir eu pour les natifs d'Albion[40], réalise également une « opération de communication » à son profit, admirablement bien pensée : il participe au « concert de la saison », non seulement comme virtuose du clavier, mais aussi comme compositeur d'opéra, lui à qui l'on reprochait parfois la difficulté de ses partitions pour les chanteurs[41]. Il figure également en bonne place dans la programmation d'une soirée qui met à l'honneur les compositeurs les plus appréciés du moment. Cette *scena* remet aussi en lumière son *Idomeneo*, cette fois-ci sur une scène officielle : l'adaptation de mars 1786 jouée devant la haute aristocratie, tout comme ce concert public, pouvait encore lui faire miroiter un espoir de reprise…

Par ailleurs, loin de considérer cette *scena* comme un cadeau spécifique et unique, le compositeur rejoua probablement par la suite en public ce « duo » par clavier interposé. En concert à Leipzig, le 12 mai 1789, la soprano tchèque Josepha Duschek (Dušek) (1754-1824) interprète

---

[38] Le texte allemand a été publié et traduit par Dorothea Link. (Link 2002, XXIII.)

[39] Dorothea Wendling, en 1778, avec le KV. 486a/295a ; Aloysia Lange, en 1782, avec le KV. 383 et Josepha Duschek, en 1787, avec le KV. 528.

[40] On présente souvent Stephen Storace comme son élève, ce qui n'est pas attesté. Thomas Attwood, toutefois, était venu à Vienne pour suivre l'enseignement de Mozart. Si Kelly se vante de sa proximité avec Mozart, on ne connaît pas les relations de ce dernier avec Stephen.

[41] « *La musique de Mozart est bien trop difficile pour le chant.* » (Joseph II à Orsini-Rosenberg, 16 mai 1788.) (Payer von Thurn, 75). L'empereur aurait également dit au compositeur Ditters von Dittersdorf : « [Mozart] n'a qu'un défaut en ce qui concerne ses œuvres pour la scène, et ses chanteurs s'en sont souvent plaint – il les assourdit avec son accompagnement d'orchestre ». (Cité par Cole, 135.) C'est probablement la signification du fameux « Trop de notes, mon cher Mozart ! »

« *Ch'io mi scordi di te* », ainsi que la *scena* « *Bella mia fiamma, addio… Resta, o cara* » (KV. 528) composée à son intention, selon les souvenirs de Friedrich Rochlitz[42]. C'est peut-être un signe de la connotation purement amicale et non point amoureuse que Mozart attribuait à cet air de concert, qu'il eut plaisir à rejouer en public avec une autre fine musicienne de ses amies…

Après son ultime concert viennois, la Storace s'en va souper en compagnie de Lord Barnard, puis le petit groupe de voyageurs se met en route sans attendre, vers les deux heures du matin, en direction de Salzbourg. Comme l'avait annoncé Stephen à son correspondant, ils souhaitaient parcourir le plus vite possible les étapes prévues : Salzbourg, Munich, Augsbourg, Ulm, Strasbourg, « *Chalons* » et Paris.

---

[42] Corneilson, 18.

XII
1787
« L'Italienne » à Londres

Les voyageurs ne perdent donc pas de temps à se mettre en route. Ann, « sa mère, son frère, Attwood, et [Kelly], sans oublier le chien de manchon de la Signora Storace[1] » s'entassent soi-disant dans une seule voiture : Kelly affirme qu'ils n'ont retrouvé celle de Lord Barnard qu'à Munich, mais l'aristocrate, qualifié par Leopold Mozart de « *cicisbeo* [sigisbée] de la mère ou de la fille », a bien fait halte avec eux à Salzbourg. Ann a très probablement effectué le voyage dans son confortable *landau*… Les « 2 voitures, à 4 chevaux chacune » sont précédées par un « valet chevauch[ant] en avant comme courrier pour réserver les 8 chevaux[2] ». Les véhicules sont surmontés d'une quantité de bagages impressionnante, ce qui rend le voyage d'autant plus inconfortable par une météo peu clémente. Il neigeait lors de leur départ de Vienne.

A Salzbourg, la halte des lundi 26 et mardi 27 février 1787 est documentée par Leopold Mozart, guère séduit par ce groupe, « qui parle anglais plus qu'italien[3] ». Sa mauvaise humeur lui vient sans doute du départ avorté de son fils pour l'Angleterre. Sans doute aussi de l'étourderie d'Elizabeth Storace, qui « fut assez bête pour mettre [la lettre que Wolfgang a écrit à son père] quelque part dans un coffre, ou peut-être même la perdre ![4] ». Mozart avait joué de malchance, n'avait pu remettre la missive à son élève Attwood, alors sorti, et s'était résolu à la confier aux Storace. C'est une occasion manquée de faire passer une correspondance sans qu'elle soit soumise à la censure… Le

---

[1] Selon les souvenirs de Michael Kelly, qui a relaté ce voyage en détail.
[2] Lettre de Leopold Mozart à sa fille, 1er mars 1787. (Mozart, V, 171 ; G. Geffray, trad.)
[3] *Ibid.* (Mozart, V, 172.)
[4] *Ibid.*

compositeur en sera « très contrarié[5] ». Ann est descendue à la Buvette municipale, la meilleure auberge de la ville, située place de la Bascule. Elle ne perd pas un instant pour remettre à l'archevêque une lettre d'introduction signée par sa belle-sœur, la comtesse Gundacker Colloredo. Le mardi, Leopold Mozart leur fait visiter la ville ; il s'en plaint dans sa correspondance. Le soir, Ann, reçue par le prince-archevêque, interprète trois airs devant lui[6], à moins qu'elle ne se soit contentée d'assister à un concert[7]. A minuit, les voyageurs se remettent en route.

Munich les retient deux jours ; les touristes visitent le palais de l'Electeur de Bavière, et ne manquent pas de rendre visite au célèbre Anton Raaf (1714-1797), le ténor virtuose qui avait créé le rôle-titre d'*Idomeneo, re di Creta* (1781). A plus de soixante-dix ans, il leur interprète le « *Non so donde viene* » que Jean-Chrétien Bach lui avait « taillé » sur mesure. Le 1ᵉʳ mars, les Anglais assistent à un concert où ils entendent « une excellente chanteuse du nom de Dussek[8] » (M. Kelly). De Munich, Barnard parvient à Augsbourg[9], puis se rend à Ulm. Depuis cette halte, Ann et sa mère, accompagnées de l'aristocrate, se rendent à Strasbourg où ils attendent le reste du groupe, car Stephen, Kelly et Attwood souhaitaient passer par Stuttgart. Ils retrouvent finalement les deux femmes à Strasbourg, installées à l'Hôtel de l'Empereur. Ils dineront avec Pleyel[10] et assisteront à l'un de ses concerts, le 7 mars ; la soprano Louise-Rosalie Dugazon (1755-1821), créatrice de la Nina de Dalayrac (1786), s'y produit également.

---

[5] Lettre de Wolfgang Mozart à son père, 4 avril 1787. (Mozart, V, 181.) – Michael Kelly se vante, quant à lui, d'avoir reçu la commission de Mozart lui-même quand il était allé lui dire adieu, et d'avoir fidèlement remis la lettre à Leopold !
[6] Lettre de Leopold Mozart à sa fille, 1ᵉʳ mars 1787. (Mozart, V, 171.)
[7] Kelly, I, 275.
[8] Il s'agit sans doute de Josepha Duschek [Dušek]. La date, comme toutes celles relatives à ce voyage, est attestée par le journal de Lord Barnard, mentionné dans Price Milhous Hume 1995, 366.
[9] « *Nous sommes arrivés à Augsberg à dix heures, où nous sommes couchés... Nous avons voyagé toute la Journée.* » (Cité par Kingdon Ward, 387.)
[10] Ignace Pleyel (1757-1831), compositeur, pianiste, violoniste, éditeur de musique et facteur de piano autrichien naturalisé français. Elève de Haydn, il devint en 1784 directeur de la musique de la cathédrale de Strasbourg, dont le maître de chapelle était François-Xavier Richter. Il lui succéda en 1789.

Après une halte à Nancy, selon Kelly, ils arrivent enfin à Paris le 11 mars. Lord Barnard s'établit à l'Hôtel de Danemark[11]. Ann y a probablement été également hébergée. Kelly se souvient qu'ils prirent leurs quartiers « dans un hôtel du Faubourg St. Germain, à l'époque le quartier le plus élégant de la ville, et fréquenté en général par les Anglais ». Les voyageurs visitent Paris et Versailles, et se rendent au spectacle. Le journal de Barnard et les *Reminiscences* de Kelly en donnent un aperçu parfois contradictoire. A l'Académie royale de Musique, ils assistent à *Iphigénie en Aulide* (le 19 mars), *Iphigénie en Tauride* (les 11 ?[12] et 20 mars) puis *Alceste* de Gluck, interprétée par Antoinette Cécile de Saint-Huberty (1756-1812), probablement le 18 mars[13]. Il est également possible qu'ils aient vu l'*Œdipe à Colonne* de Sacchini, le 12 mars[14]. Ann s'y est-elle rendue en souvenir de son ancien professeur ? Kelly dit également être allé voir la *Phèdre* de Lemoyne (le 13 mars) avec Saint-Huberty et le baryton François Lays (1758-1831). Au Théâtre Italien, c'est *Richard Cœur-de-Lion* de Grétry qui les attire (le 15 mars[15] ?), mais aussi *Lucette et Lucas* de Florine Dezède, et *Nina, ou la Folle par amour* de Dalayrac, programmés le 14 mars, ainsi que *Les Trois fermiers* de Nicolas Dezède, présenté avec *Le Mensonge officieux*, le 17[16]. Kelly affirme s'être rendu au Théâtre Français, et y avoir admiré Louise Contat dans *Le Mariage de Figaro*. On se prend à rêver d'une soirée où les deux créatrices du même rôle, dans leurs versions parlée et chantée, auraient partagé la même salle, le temps d'une soirée… Toutefois le théâtre n'affiche pas cette pièce lors de leur séjour[17] !

---

[11] Brace, 62. – L'*Hôtel d'York*, situé au 33, rue Jacob, devint l'*Hôtel royal de Danemark* après le séjour du roi Christian VII en 1768.

[12] Kelly mentionne qu'il est allé voir successivement *Iphigénie en Tauride* et *Œdipe à Colonne* de Sacchini. Une telle alternance a bien eu lieu les 11 et 12 mars, si l'on en croit les annonces parues dans le *Journal de Paris*.

[13] Le journal de Barnard donne la date du 19 mars, corrigée en 21 par Price Milhous Hume 1995, 366.

[14] Annoncé dans le *Journal de Paris*. Pour cette date, le Journal de Barnard indique pourtant *Iphigénie en Tauride* !

[15] Barnard donne la date du 16 (Price Milhous Hume 1995, 366), mais l'opéra a été programmé la veille (*Journal de Paris*).

[16] Annonces du *Journal de Paris*.

[17] Kelly, qui doit confondre ses séjours parisiens, mentionne *L'Inconstant*, *Le Mariage de Figaro* et *Le Pupille*. Entre les 11 et 24 mars, on y représente des pièces de Dancourt, Racine, Corneille, Molière, Voltaire, Destouches,

Avant de quitter Vienne, Ann s'était munie de la meilleure introduction qui vaille : une lettre de recommandation à l'intention de la reine Marie-Antoinette, rédigée par l'empereur son frère. Ne souhaitant pas lui faire remettre directement sa missive, Joseph II a écrit le 20 février 1787 à son ambassadeur, Florimond Claude, comte de Mercy-Argenteau (1727-1794) : « *le courrier femelle qui vous remettra la présente, est la Storace qui a été pendant plusieurs années notre première chanteuse à l'Opéra bouffon italien. Elle désire être présentée à la Reine et m'a demandé à cet effet une lettre pour elle ; mais n'ayant pas jugé à propos de l'en charger, j'ai préféré de vous l'envoyer ci-incluse ; je vous prie de la remettre à la Reine. Si elle veut l'entendre chanter, je crois qu'elle sera contente de son art et de sa méthode, quoiqu'elle ne brille pas autant au clavecin que sur le théâtre où elle peut faire valoir son jeu*[18] ». Pourtant, la jeune femme ne chantera pas devant la souveraine. Le 7 avril, Mercy-Argenteau s'en explique :

> *La demoiselle Storace m'a remis, passé trois semaines, les ordres de V. M. à son sujet. La Reine s'étant proposé d'entendre cette virtuose dans un concert qui devait être arrangé à cet effet, mais ladite Storace a été si pressée de se rendre à ses engagements à Londres qu'elle n'a pu s'arrêter ici que peu de jours. Si elle y revient, elle sera entendue à Versailles, et je surveillerai aux convenances de cette actrice*[19].

Les voyageuses se sont trop attardées dans les délices de Paris. Stephen Storace et ses deux compagnons sont déjà arrivés à Londres quand Lord Barnard les escorte jusqu'à Calais, le 23 mars[20]. Elles s'y embarquent pour Douvres[21]. La patience de Gallini, qui attend sa nouvelle chanteuse, va être enfin récompensée…

La famille Storace se loge au 23 Howland Street, Rathbone Place, actuellement, numéro 45[22]. La maison a aujourd'hui disparu, remplacée par l'Hôpital du King's College. Le quartier a été détruit durant la Seconde Guerre mondiale ; la famille y résidera durant une dizaine d'années, au gré de divers déménagements.

Maisonneuve, Regnard, Rochon de Chabannes, Dalainval, Belloy, Bryés et Collé. (Liste établie grâce aux annonces du *Journal de Paris*.)
[18] Arneth Flammermont, II, 75.
[19] Arneth Flammermont, II, 90.
[20] Girdham 1997, 18, note 73.
[21] *The World* annonce leur arrivée à Douvres pour le 26. (Brace, 64.)
[22] Lynex, *Final Report*, 3.

Le *Theatre Royal*, King's Theatre, où Ann est engagée, est bien différent du Burgtheater. Contrairement à son appellation, c'est une entreprise privée, en proie à une gestion assez chaotique avec des querelles intestines qui le mettent en permanence en danger de fermeture. La délicate et compliquée organisation des théâtres londoniens nécessite une digression. A Londres, un théâtre ne peut ouvrir sans *patent* ou *licence* royale, cependant le King's Theatre n'en obtint jamais. La demande doit être renouvelée chaque année et est alors accordée par le Lord Chambellan, chargé de la censure théâtrale, mais les dettes de la compagnie peuvent cependant inciter ce dernier à soustraire son autorisation et à se mêler de plus près à son administration. En 1778, Thomas Harris[23], propriétaire et directeur du théâtre de Covent Garden, et Richard Brinsley Sheridan, propriétaire et directeur du théâtre de Drury Lane, ont acheté conjointement le King's Theatre pour une somme rondelette dont une partie était hypothéquée, envisageant probablement de se partager le monopole théâtral. (Covent Garden et Drury Lane proposent des spectacles en langue anglaise, pièces comiques ou tragiques, ainsi que des opéras.) Giovanni Gallini rachète l'hypothèque et tente par ce biais de s'approprier le King's Theatre dès 1780, puis Sheridan devient propriétaire de la part d'Harris et en vend les intérêts à William Taylor[24]. La guérilla entre Gallini et Taylor (soutenu par le Lord Chambellan, lequel détestait l'Italien) qui se disputaient le contrôle du théâtre dura des années. En 1785, Gallini avait pris le contrôle de l'*Opera*[25]. Il le conservera jusqu'en 1789.

Le répertoire d'opéra de la maison ne s'y réduisait pas à l'*opera buffa*, comme au Burgtheater. L'*opera seria* y tenait une place importante. La relative méconnaissance de la langue italienne nécessaire aux spectateurs anglais pour suivre les intrigues, n'aidait pas le genre *buffa*,

---

[23] Thomas Harris (?-1820), propriétaire et *manager* du théâtre de Covent Garden.
[24] William Taylor (v. 1753-1825). Il prêta de l'argent à Sheridan et s'introduisit par ce biais dans le monde du théâtre. En 1781, il acheta la part du King's Theatre appartenant à Sheridan, et en devint le propriétaire principal et *manager*. Croulant sous les dettes, il fut emprisonné à la prison de King's Bench en 1783, et perdit la gestion du théâtre jusqu'en 1789.
[25] « *The Opera* » sans autre précision, est le King's Theatre. – Le récit de cette longue dispute, très complexe, est relaté dans Price Milhous Hume 1995, 52-99.

traditionnellement relégué en position subalterne à Londres. On pouvait facilement lire les livrets bilingues, dans une salle toujours éclairée, mais les récitatifs étaient élagués. Quant aux partitions, elles étaient remaniées. Les chanteurs vedettes obtenaient le privilège du « *choice of the book* » (choix du texte), ce qui leur permettait de modifier leur rôle à leur convenance à l'aide de diverses insertions. Si le répertoire intègre libéralement des créations continentales, l'opéra italien ainsi transplanté est donc rarement fidèle à l'original[26]. Par ailleurs, il fallait raccourcir les opéras pour ne pas prolonger les soirées, car chaque représentation était entrecoupée de deux ballets, qui pour beaucoup de spectateurs, en constituaient l'attrait principal. Gallini, ancien danseur, y portait une grande attention et avait recruté le remarquable chorégraphe Noverre[27].

La saison théâtrale suivait approximativement la *Saison* mondaine du *Ton*[28] et s'étendait de la fin de l'automne, de novembre, parfois décembre à début juillet, quand aristocrates et mondains fréquentant l'Opéra quittaient la capitale. Le King's Theatre est aussi et surtout un lieu de sociabilité élégante. Ne pouvant survivre financièrement que grâce à la générosité de ses mécènes et abonnés des loges à l'année, le théâtre profite de l'engouement de ceux qui viennent autant entendre qu'être vus. La presse traduit d'ailleurs ce point de vue, consacrant souvent plus de lignes à l'énumération des *fashionables* présents ce soir-là qu'à un compte rendu théâtral. La liste des « *Subscribers to the Boxes*[29] » (abonnés des loges) accompagnée d'un plan de salle, se lit comme le bottin mondain de l'époque… Les billets hors abonnement étant très chers, la sélection du public s'opère par la fortune. Mais ce public, pour élégant qu'il soit, reste très indiscipliné pour nos standards actuels de comportement : un hourvari est vite arrivé, bien que moins

---

[26] On a estimé à environ 15% la partie du répertoire créée spécifiquement pour le King's Theatre entre 1760 et 1800. (Petty, 38.)

[27] Jean-Georges Noverre (1727-1810), danseur et chorégraphe français. Théoricien et propagateur du « ballet d'action ». En 1778, Mozart composa *Les Petits riens* (K Anh.10/KV. 299b) à son intention. Il était le père de Louise Victoire, épouse Jenamy (1749-1812), une pianiste réputée, la soi-disant « Mademoiselle Jeunehomme » (terme inventé par Théodore Wyzewa et Georges de Saint-Foix) dédicataire du concerto pour clavier en mi bémol majeur (n°9, KV. 271) de Mozart. (Lorenz 2004.)

[28] Expression dérivée du français, le « bon ton », c'est-à-dire la haute société et les personnalités à la mode.

[29] La liste de 1788 est reproduite dans Petty, 50-53.

fréquemment que dans les deux autres théâtres qui proposaient un répertoire anglophone à un public moins choisi.

Anna Benini[30], chanteuse très appréciée du public, pourrait être une dangereuse rivale pour Ann Storace. Cette soprano polyvalente qui chante également l'*opera seria* est pourtant congédiée peu de temps avant l'arrivée de la nouvelle recrue… Durant la saison précédente, Gallini n'avait eu aucun scrupule à nommer deux chanteuses comme *prima buffa*[31]. Ce gaspillage lui sera reproché : pourquoi donc a-t-il payé Benini £ 600 pour toute la saison, tout en accordant £ 350 à Ann pour une demi-saison[32] ? L'explication de Gallini, peu satisfaisante, laisse entendre que la première n'était engagée que jusqu'à l'arrivée de la seconde[33]…

Ann se trouve en terrain de connaissance. La plupart des opéras qu'elle va chanter à l'Opéra sont ses chevaux de bataille continentaux. Faut-il y voir son influence, ou celle de son frère, rémunéré par Gallini pour rapporter des partitions ? Il ne manque à cette liste que les *Nozze di Figaro* qui ne seront représentées intégralement à Londres qu'au XIXème siècle, pour des raisons bien étrangères à l'influence ou la volonté supposée des Storace.

A peine un mois après son arrivée dans la capitale, Ann fait ses débuts dans *Gli Schiavi per amore* (Les Esclaves par amour) de Paisiello[34]. Le 24

---

[30] Anna Benini, épouse du ténor Bernardo Mengozi (1758-1800). Soprano active en Italie, à Londres et à Paris, entre 1772 et 1798.

[31] L'une d'entre elles n'est autre qu'Adriana Ferrarese del Bene (1759-après 1803), qui remplacera Ann Storace à Vienne, y chantera Susanna dans la reprise des *Nozze di Figaro* en 1789 et créera Fiordiligi dans *Così fan Tutte*…

[32] Son salaire est annoncé erronément comme étant de £ 700 par le *The World Fashionable Advertiser* du 26 avril 1787. – Le système monétaire en cours avant 1971 est le suivant : La livre sterling (£) vaut douze shillings (abrégés en *s.*). Le *shilling* vaut douze *pennies* (le *penny* est abrégé en *d.*). Vingt-et-un *shillings* ou une livre et un shilling équivalent à une guinée. Pour avoir une équivalence approximative en terme de pouvoir d'achat actuel, voir <https://www.nationalarchives.gov.uk/currency/default2.asp> ou <https://www.measuringworth.com/ppoweruk/>.

[33] Price Milhous Hume 1995, 367.

[34] Le livret imprimé indique la distribution suivante : Storace (Gelinda), Morelli (Bastiano Ammazzagatte), Mengozzi (Don Berlicco), Morigi (Monsieur Perruque), Sestini (Mademoiselle Neri), Schinotti (Mademoiselle

avril 1787, elle foule les planches de ce théâtre pour la première fois depuis sa jeunesse avec cette adaptation de *Le Gare generose*. Les noms des personnages sont changés et le lieu de l'action est transporté de Boston aux Antilles françaises, car les anciennes colonies sont encore un sujet sensible[35]... Ann, ainsi que le *primo buffo*, la basse Giovanni Morelli, obtiennent des airs de substitution[36]. La structure de l'opéra est plus ou moins préservée et Stephen Storace compose une partie de la musique de remplacement, bien que son nom ne soit pas mentionné dans les extraits publiés. Durant cette fin de saison, Ann n'interprètera pas d'autre ouvrage...

La réception de la nouvelle *prima buffa* est aussi fervente qu'elle pouvait l'espérer. Dès les premiers paragraphes de complaisance publiés dans les journaux, l'engouement semble durable. Un petit florilège de la presse donne un aperçu de ces guirlandes de lauriers décernées par la critique et le public.

> [Elle] « chante, joue et danse bien ». [...] La *Storacci*, bien que n'étant pas belle, est intéressante. Elle a un *en-bon-point* charmante* de vingt-deux ans. Elle doit également être chérie, en tant qu'Anglaise. [...] Elle a tous les avantages des étrangers ; et parmi les meilleurs, l'école de la Allegranti. — Les notes basses de *Storacci* sont les meilleures. — A Vienne, elle était la favorite *universelle*. (*The World Fashionable Advertiser*)
>
> Le *magnétisme* de la *Storace* et *Morelli* – qui combattaient la *Lady Randolf* de Siddons – et la *Rosetta* de Billington [dans les deux autres théâtres] – ne perdit aucunement de son attraction – le parterre était rempli à craquer quand le rideau se leva – nous n'en sommes pas surpris – avec les mêmes – relevant d'une *telle* performance et de tels *interprètes* – cela aurait été vraiment surprenant s'il en avait été autrement.
> Le *Prince* [*de Galles*[37]] [...] se départit de sa « coutume de l'après-midi » – et gratifia l'ouverture de sa présence et de ses applaudissements. [...] Quand l'enchanteresse *Storace* battait la mesure avec les *ciseaux* de

---

Patè). Giuseppe Calvesi a chanté le rôle de Don Berlicco en février 1788, lors de la reprise.

[35] Price Milhous Hume 1995, 379.

[36] Le détail des remaniements de la partition est abordé dans Price Milhous Hume 1995, 379-381.

[37] George, prince de Galles (1762-1830), Régent (dès 1811) et futur George IV.

jardinier, nous ne pouvions nous empêcher de souhaiter qu'elle *cisaille* la foule d'élégantes exubérances[38]. (*The Times*)

La Storace et Morelli – la *Séduction* de ces deux interprètes favoris, indépendants de l'*élégance* de la soirée – produisirent tous les effets jamais souhaités par le directeur […] les bis furent aussi bruyants et fréquents qu'à la première.
Le duo favori fut enlevé avec davantage d'esprit que d'habitude – La Storace, bénéficiant de notre sommation, utilisa les *ciseaux* avec grand avantage – et les petits-maîtres *du côté*, qui ne peuvent supporter d'être *coupés*, battirent en retraite, confus[39]. (*The Times*.)

On peut décerner un peu plus de louanges à la *Storacci* pour son *trille*. Il est net et mélodieux ; bien qu'Anglaise, elle *parle Italien* très exactement. (*The World Fashionable Advertiser*)

La *Storacci* fut bissée dans sa petite canzonette, et elle la chanta avec un charme enchanteur – et en ce qui concerne l'expression, littéralement *con amore*. – De cette façon, elle fait beaucoup avec le *diminuendo* de sa voix ; mais encore plus, sans doute, par sa gestuelle et son port de tête – En outre, il faut noter qu'elle est une musicienne accomplie […]. (*The World Fashionable Advertiser*)

Il y a évidemment des voix discordantes. La première, celle de Morelli, peut être taxée de partialité puisqu'il partage la scène avec la *prima buffa* triomphante : « Je puis vous assurer que je n'ai jamais recueilli autant d'applaudissements pour aucun des rôles que j'ai chantés à Londres. Tous mes morceaux ont été bissés avec un grand enthousiasme. Storace a simplement bissé une cavatine, et le reste de ce qu'elle a chanté a été accueilli avec indifférence, mais cela n'a pas d'importance car elle est très capable, n'est-ce pas ? Mais le public attendait beaucoup mieux[40] ». Une autre n'est autre que celle du musicographe Charles Burney, une bonne connaissance de Stefano Storace[41] :

---

[38] Une allusion aux spectateurs installés sur les côtés de la scène et qui pouvaient interférer avec le spectacle et sa visibilité. (Fenner, 86-87.)
[39] En anglais, « *who cannot bear cutting up, retired in confusion* ». Il s'agit d'un jeu de mot sur « *to cut* », couper et « *to be cut* », se faire snober en public.
[40] Lettre du 29 avril 1787 de Giovanni Morelli à Earl Cowper, citée par Gibson, 246.
[41] Le 9 février 1779, depuis Caserte, Sir William Hamilton écrivait à son neveu Charles Greville : « Quant à la Commission que vous m'avez adressée de la part de Burney, je ne peux la réaliser, mais je vais employer Storace le Musicien qui est ici, et connait Burney, mais laissez Burney écrire ses

> Bien qu'elle soit une actrice vive et intelligente, et une excellente interprète pour les opéras comiques, sa voix, en dépit de tous ses soins, ne favorise pas ses ambitions d'apparaître comme une *chanteuse sérieuse* [*seria*]. Il y a une certaine fêlure et une rugosité, qui, bien que cela renforce l'humour et les effets d'un air comique, dans les scènes où le rire, les reproches, les pleurs ou la querelle sont nécessaires ; pourtant, dans les airs de tendresse, de tristesse ou de supplication, il y a toujours raison de déplorer la déficience d'une douceur naturelle, quand ni l'art ni les efforts ne font défaut[42].

Faisant fureur auprès des mondains, les faits et gestes de la « Storacci » en scène sont relatés avec minutie dans la presse : « Un faux pas malheureux gâta presque le duo de Storace, vers la conclusion du 2^{cd} acte, car elle sortit de scène en souffrant manifestement, mais elle se remit suffisamment pour terminer son rôle, bien qu'elle continuât à boiter beaucoup » (*The Times*). Stephen, resté en contact avec l'ambassadeur Sir Robert Keith, lui envoie des nouvelles de leurs succès, mais ne dissimule pas les difficultés que rencontrent les deux jeunes Anglais dans ce bastion italien.

> Le succès de ma sœur à Londres a été en général ce qu'on pouvait espérer – bien qu'elle ait eu une grande opposition de la part des Italiens – qui considèrent comme un empiètement sur leurs droits – que quiconque soit capable de chanter sans être né en Italie – à présent elle gagne du terrain très vite – nous avons fait les *Gare Generose* […] avec un très grand succès […] – elle a été réengagée pour la saison suivante avec un salaire plus élevé […] je dois également composer un opéra[43].

Le 27 avril 1787, Lord Barnard arrive à Londres, trop tard pour assister à la première triomphale de sa maîtresse. Il dîne avec elle dès le jour de son arrivée, mais leur relation s'est déjà distendue. Quelles qu'aient pu être les illusions de la jeune femme sur un éventuel mariage, elle ne peut lutter contre la pression familiale et sociale. Les entrevues entre les jeunes gens se raréfient. Si l'aristocrate se rend à l'Opéra, comme les usages et son statut social l'y poussent, il ne s'agit

---

instructions à Storace. » (*Collection of Autograph Letters and Historical Documents formed by Alfred Morrison….The Hamilton & Nelson papers.*)

[42] Cette opinion aura une longue postérité car elle sera reprise quasiment mot pour mot par Burgh.

[43] Lettre daté du 3 juillet 1787. (Citée par Price Milhous Hume 1995, 383.)

sans doute que d'être présent là où il faut se rendre, comme pour la soirée à bénéfice d'Ann le 24 mai[44]. Il dîne avec elle le 6 juin pour la dernière fois[45]. Son destin est déjà tracé. Fiancé à sa cousine Katherine Margaret, seconde fille et cohéritière d'Harry Powlet, duc de Bolton, il l'épouse le 17 septembre 1787. Dès l'année suivante, il entame sa carrière au Parlement. L'intermède galant est clos.

Cette saison italienne, qui se termine avec éclat le 5 juillet 1787, se poursuit de manière inattendue sur le Continent. Une partie de la troupe du King's Theatre se rend à Versailles et Saint-Cloud. Entre le 24 juillet et le 30 octobre 1787, les « *Bouffons* » donnent cinquante-quatre représentations. La venue de la troupe, invitée par l'entrepreneuse théâtrale Mademoiselle Montansier, est soutenue par Marie-Antoinette[46]. C'est un second rendez-vous manqué avec la reine, car Ann ne fait pas partie du voyage ; ses exigences financières sont apparemment trop élevées. Ironiquement, c'est Anna Benini qui la remplace dans le rôle de Gelinda… Si elle est appréciée en France, certains ne manquent pas de mentionner l'autre interprète, en une guerre du goût qui ne dit pas son nom : « *On préférait à Londres une Madame* Storace, *qui a joué quelquefois le même rôle dans cet opéra. Elle a refusé les offres que la direction de Versailles lui a faites ; ainsi nous ne pouvons comparer ces deux rivales*[47] ». En Angleterre, on renchérit : « Les *Bouffons** italiens à Versailles donnent actuellement les *Schiavi per Amore* – mais comme *Storace* leur fait défaut, on ne peut pas imaginer que cela aura le même attrait qu'à Londres » (*The World Fashionable Advertiser*).

Ce refus s'explique aussi par un agenda bien rempli : en cette fin de saison, la jeune femme est très sollicitée, car son statut lui ouvre également les portes des sociétés de concert. Dès le mois de mai, elle est pressentie pour se produire dans diverses soirées de musique sacrée, ce répertoire qui exige pourtant une toute autre personnalité vocale et un art déjà très normé. L'arrivée de la Signora Storace dans ces concerts va provoquer l'une des premières polémiques anglaises de sa carrière.

---

[44] Elle y a introduit pour l'occasion un « nouvel air italien » dans le premier acte et insère au second « *The Yellow Hair'd Laddie* » (peut-être l'adaptation qu'en avait déjà faite Stephen), tous deux bissés.
[45] Brace, 67.
[46] Sur cette saison estivale, voir Di Profio, 31-35.
[47] *Mémoires secrets pour server à l'histoire de la République des Lettres en France…*, paragraphe daté du 31 août 1787.

XIII
1787
Concerts & Négociations

Outre ses triomphes scéniques, Ann Storace va donc mener de front une carrière au concert. Le calendrier de cette fin de saison lui permet de se faire valoir successivement aux Concerts of Antient Music (Concerts de Musique Ancienne) et aux concerts haendéliens prestigieux donnés à l'abbaye de Westminster, célébrations sous l'égide de la même société musicale.

En 1776, les Concerts of Antient Music sont initiés par une société d'aristocrates amateurs de musique, d'« *antiquaires* », pour lesquels la défense de la musique ancienne s'inscrit dans une « préoccupation idéologique ». En effet, « [l]a recherche et la mise en valeur du répertoire du passé a une valeur de manifeste contre la musique moderne, et notamment la musique italienne, accusée d'être le véhicule d'une corruption du goût et, partant, d'une corruption morale ; elle [est] aussi le moyen d'affirmer un statut social[1] ». Les programmateurs pratiquent l'entre-soi et organisent une douzaine de concerts annuels par souscription, où sont jouées des partitions ayant au moins vingt ans d'âge. Ce mouvement s'inscrit également dans un débat plus vaste sur le goût, Haendel étant évidemment perçu comme un compositeur national. On goûte la variété et la répétition d'airs ou d'ensembles, qui prennent, de fait, une force iconique. Ainsi que l'énonce Simon McVeigh, « les fondateurs se percevaient sans nul doute comme les protecteurs du goût national[2] ». Ces soirées ne font l'objet d'aucune publicité dans les journaux, et se tiennent dans la salle de concert de

---

[1] Dubois 2009, 83.
[2] McVeigh 1993, 22.

Tottenham-Street³. Tant la sélection sociale que le coût de la souscription en font un évènement *select*, réservé à une élite.

Le 16 mai 1787, la Signora Storace s'y produit pour le dernier concert de la saison. Elle y interprète le récitatif accompagné « *The song began from Jove* » suivi du chœur « *The lift'ning cloud* » d'*Alexander's Feast* d'Haendel, un récitatif et air de Hasse, « *Di quel masso all'esempio... Viva fonte sia la fronte...* » (*I Pellegrini al Sepolcro*) et « *Tis done... Heart, the seat of soft delight...* » (*Acis and Galatea* de Haendel). Ann remplace vraisemblablement la célèbre Elizabeth Billington (1765-1818), soprano colorature encensée mais parfois critiquée pour une sur-ornementation perçue comme inappropriée au concert, surtout sacré, car on goûte particulièrement le « naturel », la « simplicité » et le pathos⁴. Cette participation sera la première d'une longue série. Ann y sera régulièrement engagée jusqu'en 1794.

La cantatrice est aussi sollicitée pour prendre part aux concerts de la commémoration haendélienne organisée par la Royal Society of Musicians, rituel annuel marquant dans la vie musicale et politique anglaise. Pour un chanteur de concert, y participer est une sorte de consécration. Fondée en 1738, cette société d'entraide pour les musiciens professionnels sert de fonds de soutien et de caisse d'assurance, car elle a vocation à secourir les musiciens malades, ainsi que leurs veuves et orphelins. Ayant bénéficié du concours de Haendel, il n'est guère étonnant qu'elle ait soutenu en 1784 Lord Fitzwilliam, Sir Watkin Williams Wynn et Joah Bates⁵, membres éminents de la société du Concert of Antient Music qui eurent l'idée d'un festival à l'abbaye de Westminster et au Pantheon pour célébrer – à tort, la date étant erronée – la naissance du compositeur et les vingt-cinq ans de son décès. Les profits sont reversés aux bonnes œuvres de

---

³ Les « New Rooms », financées et construites pour Francis Pascali, programmaient des concerts vocaux et instrumentaux. En 1783, l'Antient Concert (puis dès 1786, le Concert of Antient Music) loua la salle pour y donner ses concerts. Le patronage du roi le poussa à y effectuer des modifications. L'organisation y demeura jusqu'en 1794, pour s'installer alors au King's Theatre, plus spacieux.

⁴ Sur la connotation idéologique des attentes portant sur les voix féminines anglaises, voir les travaux de Pierre Dubois, particulièrement Dubois 2013.

⁵ Joah Bates (baptisé en 1741-1799), organiste anglais et organisateur de concerts. En 1780, il avait épousé la soprano Sarah Harrop qui avait chanté en concert avec Ann en 1777.

la société et à l'Hôpital de Westminster. Le triomphe fulgurant des trois, puis cinq concerts est alors immortalisé par un opuscule rédigé par Charles Burney. Le roi George III, amateur notoire de la musique du « *Caro Sassone* », y prend un très vif intérêt. Le patronage de toute la famille royale et le caractère exceptionnel de la manifestation créent l'évènement. Entre 1785 et 1787, le festival devient annuel et la programmation se fige peu à peu sur les sélections d'airs, ensembles et morceaux instrumentaux de la première édition. Cette reproduction à l'identique contribue à sa transformation en « rituel national » qui resserre symboliquement les liens entre la royauté et l'Eglise anglicane, et célèbre un consensus politique, tout comme il fait appel au patriotisme britannique[6]. Un large écho est fait tant aux répétitions ouvertes et payantes qu'aux concerts dont l'effet de masse devait produire une impression inouïe pour un public peu accoutumé à ces effets acoustiques… En 1787, on décomptait en effet environ 500 choristes, 306 instrumentistes et 25 solistes[7]. La manifestation devient une possibilité de communion musicale pour le public… et un moyen plus facile d'accès au « sublime » des concerts par souscription, réservés à une élite fortunée. Au départ inspirée par les festivals provinciaux, la manifestation devient à son tour un modèle pour eux, qui reprennent la programmation du format des concerts de Westminster.

La distribution vocale est évidemment abondamment commentée. Par ailleurs, Ann Storace n'est sans doute pas en très bons termes avec Madame Mara[8], qui remplace Mrs Billington. Cet antagonisme a sans doute été exacerbé par une maladresse de Michael Kelly. Durant le Carême 1787, alors qu'ils étaient tous deux engagés, Gertrud Mara et lui, pour les oratorios chantés à Drury Lane, il avait répondu au compositeur Samuel Arnold qui lui demandait quelle sorte de chanteuse était Madame Storace, qu'elle était « la meilleure chanteuse

---

[6] McVeigh 1993, 25 ; Weber, 223 *sq.* (« *The 1784 Handel Commemoration as Political Ritual* »).

[7] Décompte réalisé à partir du programme imprimé pour la soirée du 2 juin 1787.

[8] Gertrud Elisabeth Mara, née Schmeling (1749-1833), soprano allemande. Considérée par certains comme la plus grande soprano germanique, elle étudia tout d'abord le violon. Elle fut engagée à la cour de Frédéric II, puis se produisit (principalement) à Vienne, Munich et Paris, où elle fut opposée à Luiza Todi. Elle arriva à Londres en 1784 et y obtint un grand succès tant au concert qu'à l'Opéra.

d'Europe ». Le ténor poursuit, « Ce que je voulais dire, bien sûr, c'était "dans son style" ; mais, comme elle me le prouva par la suite, Madame Mara fut extrêmement offensée de la louange que j'avais accordée à mon amie, et dit à une dame, lorsque je quittais le foyer des artistes, que j'étais un impertinent freluquet ». Mara, chanteuse réputée, n'a pourtant rien à craindre de la Signora : les critiques sont unanimement louangeuses sur sa prestation. Elles sont plus partagées en ce qui concerne Ann. Si, comme chanteuse-actrice elle remporte tous les suffrages, son attitude et sa vocalité, à l'opposé du décorum et de la « chasteté » attendus, s'attirent des opinions tranchées.

> Le départ de l'*enchanteresse Billington*, suite à son *malentendu* avec les Directeurs, est mal comblé par *Storacci*, dont le style de chant n'est en aucune façon adapté à la sublimité de la musique sacrée (*The Plenipotenciary*)

> Le goût [de Storace], sa sensibilité, sa mélodie dans la science, et sa science dans la mélodie, ouvrirent la voie aux applaudissements, ensuite accordés aux autres, et toujours décernés à chaque interprète qui le mérite. — *Sedulus inflat*[9]. [...] (*The World Fashionable Advertiser*)

> Depuis son introduction à l'Antient Concert, [Storace] a acquis plus de chasteté dans ses manières qu'elle n'en apportait, et elle a chanté la plupart de ses airs proprement, et dans le bon tempo ; mais le registre inférieur de sa voix est rude et peu plaisant, et elle est déficiente en ce qui concerne l'expression ; tout critique impartial doit admettre qu'elle est un pauvre substitut à ce que nous avons perdu[10]. (*The British Mercury*)

> *Storace* chanta le premier air, « What tho' I trace each herb and flower » avec un goût infini, mais les cadences étaient trop longues et trop lentes pour ses moyens, sa voix n'avait pas la puissance suffisante pour un espace tel que l'Abbaye. – [...] En termes d'effet agréable, rien ne surpassa le duo dans la troisième Partie, entre *Storace* et *Kelly* ; – [...] il reçut tout particulièrement l'approbation Royale qui se manifesta par des applaudissements, et qui aurait pu être spectateur de ce plaisir sans y prendre part ? (*The Times*)

---

[9] La citation latine est tirée d'Horace (Epitres, Livre I, 1) « *Exanimat lentus spectator, sedulus inflat* » (L'auteur [...] se meurt si le spectateur est froid, et revient à la vie quand il le voit ému).
[10] Il s'agit sans doute de Mrs Billington.

Pour sa part, Richard Edgcumbe se rappelle que « La connaissance musicale de [Storace] était à toute épreuve, et elle pouvait bien chanter dans chaque style, comme elle le prouva lors des concerts à l'abbaye de Westminster, où elle chanta avec le meilleur effet : à mon avis, elle apparut rarement plus avantageusement, car dans cet espace la dureté de sa voix se perdait, tandis que sa puissance et sa clarté le remplissait tout entier ».

Ces concerts à l'abbaye ne sont pas les seuls auxquels participe Ann. Elle fait même une apparition surprise, près d'Hallifax, alors qu'elle se trouve en visite chez un ami, pour un repos estival bien mérité…

> Dans le Yorkshire, on a beaucoup apprécié la STORACCI. – Pour l'inauguration de la Chapelle de Lightcliffe, elle est venue se placer de manière inattendue dans l'espace réservé aux musiciens, et sans attendre d'être sollicitée, elle a chanté gratuitement dans un des Motets. Ce petit épisode lui a valu de nombreux nouveaux amis. (*The World Fashionable Advertiser*)

La présence d'Ann et Stephen Storace est mentionnée parmi les arrivées à Bath en septembre 1787, mais il ne s'agit sans doute que d'une halte avant Wells où Venanzio Rauzzini organise le festival[11]. De manière plus certaine, Ann se produit en septembre au Salisbury Annual Musical Festival lors d'un « *Miscellaneous Concert* » où elle interprète des airs des *Schiavi per Amore*[12]. Le *Salisbury Journal* se fait l'écho de son succès : « Le talent et le bon goût de la Signiora (*sic*) Storace prouvent que peu lui sont supérieurs dans le style sérieux ; quant au comique, il faut avouer qu'elle est sans rivale[13] ». Un mois plus tard, la jeune femme est de retour à Salisbury, où la presse admire ses talents comiques. C'est chez son ancien professeur et ami Joseph Corfe, futur organiste de la cathédrale, que se déroule un incident révélateur de son attachement fraternel et de sa mauvaise foi. L'anecdote est d'ailleurs relatée par un John Marsh victime de son sans-gêne, en ce 29 septembre 1787 :

---

[11] James, 981 et 983.
[12] L'annonce parue dans le *Bath Chronicle and Weekly Gazette* prend bien soin de préciser que « la Signora STORACE, dont l'art vocal dans le comique est particulièrement attrayant, chantera chaque soir un ou plusieurs Airs de Burletta, et spécialement ceux tirés du nouvel opéra, *Gli Schiavi*, &c »
[13] Matthews 1969, 735 ; *The Salisbury Journal* (Brace, 69-70.)

> [...] la Signora Storace éta[it] la proie d'humeurs si tumultueuses qu'elle était tout le temps bruyante & était si vulgaire dans ses saillies & ses manières que j'eus envie de m'enfuir au bout de 10 minutes. Etant pourtant resté pour écouter un *glee*[14], qui réussit mieux que le quartetto (dans lequel elle se produisait), on essaya mon *glee*, 'The Curfew tolls the knell', cependant elle déclara immédiatement que la mise en musique du texte par son frère était bien meilleure, [et la] chanta illico. Quelqu'un lui murmura que j'avais mis l'autre en musique. Elle déclara tout haut qu'elle ne se souciait pas de qui était la musique [et] que celle de son frère était meilleure. Mr Still & moi voyant désormais que rien ne pourrait plus aller, partîmes, il était autant dégoûté par son comportement grossier & vulgaire que moi qui ne manquait d'être surpris en voyant le raffiné Mr Earl rire de ses saillies & ne semblant pas le moins du monde déconcerté par sa conduite ; mais comme elle devait venir pour un prix modéré au bénéfice de son ami Corfe le mois suivant, on entretenait évidemment sa bonne humeur & on lui faisait croire qu'elle était la personne la plus délicieuse du monde[15].

Ces pérégrinations estivales surviennent sans doute à temps pour changer les idées de la jeune femme. Elle n'avait pu savourer ses triomphes londoniens d'un esprit totalement tranquille. Comme Stephen s'en était ouvert à Sir Robert Keith début juillet, « Nous n'avons pas eu le moindre désagrément venant du côté que ma sœur, avant notre arrivée dans ce royaume, redoutait le plus – et je pense qu'il n'y a que peu de chance que nous en ayons », Ann devait effectivement appréhender le retour en Angleterre de John Abraham Fisher. En mars 1787, la menace de sa réapparition s'était précisée. Pour *The World*, ce dernier « revient de Saint-Pétersbourg et désire disputer la propriété de son épouse en Grande-Bretagne sur la foi des lois anglaises – si un retour d'affection ne réussit pas[16] ». Toutefois, le même journal annoncera en décembre que le « Dr. Fisher a entièrement abandonné l'affaire et la bataille avec son épouse[17] ». Il aurait alors renoncé à ses droits sur la personne et sur les biens de cette dernière. Les appuis haut placés de la cantatrice, sa situation en vue et une certaine jurisprudence auraient ainsi joué en sa faveur. En

---

[14] *Glee* : chant populaire ou traditionnel anglais harmonisé pour ensemble vocal, et souvent chanté *a capella*. Genre très populaire entre 1750 et 1914.
[15] Marsh Robins, I, 414.
[16] Brace, 69.
[17] *Ibid.*, mais G. Brace donne la date de l'article de *The World* comme étant de décembre 1782 !

effet, si les tribunaux de droit coutumier refusent généralement de faire appliquer l'indépendance économique de l'épouse séparée, Lord Mansfield, Président de la Haute Cour de Justice entre 1756 et 1788, considérait que « lorsqu'une femme possède une fortune séparée, agit et est considérée comme une femme célibataire, elle sera responsable comme telle »[18]. Fisher se serait ainsi contenté de sa rente : Spencer Braham, le fils naturel d'Ann, affirmera plus tard qu'« on lui avait dit qu'elle avait alloué une somme d'argent à Mr. Fisher pour qu'il ne la moleste pas mais pour qu'il se retire et vive très loin d'elle[19] ». Cet accord privé, probablement élaboré à Vienne[20], n'aurait rien eu d'exceptionnel : en 1796, Gertrud Mara aurait versé £ 500 à son époux pour qu'il la laisse en paix. Peut-être renégocié en Angleterre, il évitait un procès pour séparation, théoriquement possible mais compliqué dans les faits à obtenir, et un déballage public, néfaste pour les deux époux.

Le détail et la périodicité de la somme versée par Ann sont inconnus, mais Fisher aurait par la suite tenté d'obtenir davantage que lors de cette transaction. Dans le montant dérisoire critiqué par les commentateurs, il faut voir une attaque supplémentaire contre la cantatrice. Joseph Haslewood, dans son *Secret history of the green rooms*, ne l'épargne pas :

> La conduite de [Storace] envers son mari est, néanmoins, la plus répréhensible. Après que le Docteur FISHER ait été, à sa demande, privé de son gagne-pain viennois, il partit pour Irlande, où il s'efforça de gagner sa vie en enseignant et en se produisant lors de Concerts. Finalement, surpris par une maladie alarmante, qui indiquait une consomption, ses maigres finances furent réduites tout autant que sa santé, et son apparence était si changée que ses amis les plus intimes ne le reconnaissaient plus. Une personne qui avait été présente à son mariage, le revit en un tel état, et lui conseilla de solliciter l'assistance de son épouse, qui, entre l'Opéra, les Oratorios, Drury-Lane et autres Concerts, recevait plus de cent livres sterling par semaine. Par conséquent, il lui demanda dix livres, ce qui lui aurait permis de payer les reliquats de soins, médicaments, etc. Mais, soit que son revenu ait été inférieur à ses souhaits, soit qu'elle ait

---

[18] Stone 1990, 154.
[19] Note de Spencer Braham, non datée, conservée au Somerset Archive and Record Service, DD/SH/49/56 JB6/10.
[20] Voir chapitre VII.

rechigné à encourager les Docteurs, *l'aimable* et *tendre* STORACE lui refusa même une guinée[21] !!!

Cette affaire ne fait que noircir l'image publique de la jeune femme et lui colle une étiquette de vénalité dont elle ne se débarrassera pas... On pardonne beaucoup aux actrices, mais à condition que les apparences soient sauves. Ainsi, dans son poème *The Grove*, qui passe en revue chanteurs et acteurs de la scène londonienne, le satiriste Thomas James Mathias (1753/4-1835) indique par une note accolée au nom de Storace, que « JUVENAL dit de ces femmes qu'elles préféreraient n'avoir qu'un œil plutôt qu'un mari. Cela semble être le cas avec la SIGNORA[22] ».

Dès juin 1787, la presse se fait l'écho du réengagement d'Ann à l'*Opera* avec une augmentation de salaire, selon son frère : elle touche désormais £ 800 par saison avec obligation contractuelle de chanter pour la salle des Hanover Square Rooms, gérée par Gallini[23]. Malgré ce contrat, la jeune femme continue de négocier avec Orsini-Rosenberg à Vienne. Essaye-t-elle de faire jouer une offre contre l'autre ou se réserve-t-elle une porte de sortie pour la saison suivante ? Il lui serait sans doute difficile de revenir à Vienne dans l'immédiat... Une remarque de Joseph II, datée du 25 juin 1787, atteste pourtant de ces pourparlers : « [...] *et ne l'engager formellement* [la cantatrice Georgi Banti] *que lorsqu'on sera sur que la Storace ne voudra plus renouer d'engagement, ayant après* [appris] *qu'il y aura peut être moïen de la ravoir, et notre theatre étant d'ailleurs pourvu de chanteuses pour deux ans* ». Début juin, Brigida Giorgi Banti[24] avait donné deux concerts accueillis avec fièvre par les amateurs viennois. Un étudiant en médecine, Wilhelm Smith, en témoigne dans sa correspondance : « Madame Morichelli, qui a remplacé Madame Storace, est éclipsée quand on a entendu la susdite [Giorgi Banti], elle surpasse même Storace de très loin dans l'opera seria » (5 juin 1787)[25]. L'impression causée sur le public est telle que le *Wienerblättchen* avance qu'« On espère que [Giorgi Banti] sera engagée

---

[21] Haslewood 1790. – L'"incident se serait produit en 1789 ou peu après.
[22] La même anecdote est reprise par Benjamin Crosby.
[23] Milhous Hume 1993, 51. – Selon le *Times*, elle touchait £ 700. (A titre de comparaison, Stephen en tant que compositeur, ne touche que £ 251).
[24] Brigida Giorgi, épouse Banti (1755-1806), soprano colorature italienne. Elle fut la principale soprano du King's Theatre entre 1794 et 1802, année de sa retraite.
[25] Cité par Fuschs, 262.

ici à l'Opéra italien, et nous pourrions alors nous passer de Madame Storace »[26].

Finalement la saison du King's Theatre ne commence que le 8 décembre 1787, après avoir été annoncée pour novembre[27]. Gallini s'est démené pour trouver de nouveaux chanteurs durant l'été, et il a engagé une recrue de choix, Luigi Marchesi, qui n'arrivera pourtant qu'en mars 1788. La première partie de la saison est donc consacrée à l'*opera buffa* et Ann s'y taille la part du lion.

Le premier opéra n'est autre que *Il Re Teodoro in Venezia* de Paisiello[28]. Bien que la partition ait été rapportée de Vienne par Stephen Storace, c'est Joseph Mazzinghi[29] qui se charge d'adapter l'œuvre aux pratiques londoniennes. Contrairement à l'usage, il touche relativement peu à l'œuvre originelle (ce qui est d'ailleurs remarqué), se bornant à raccourcir les récitatifs et à modifier certaines scènes au second acte. Les finales sont laissés en l'état. Néanmoins, on y trouve trois airs d'insertions, dont un à destination de Lisetta, le personnage créé et repris par Ann. Ce « *Care donne, che bramate* » (II, sc. 12), écrit par Stephen pour sa sœur, sera d'ailleurs l'objet d'un procès entre le compositeur et les éditeurs de musique Longman & Broderip entre 1788 et 1789[30]. L'affaire touche au droit d'auteur sur les partitions des maisons d'opéra et sur la possibilité qu'avait le compositeur de se procurer un revenu complémentaire en les faisant publier. Destiné à Ann, l'air aurait été écrit gratuitement par Stephen, sous réserve que l'exploitation ultérieure lui en soit réservée. Il est copié dans la

---

[26] Cité par Link 2010, 10.
[27] Ce retard dans la date d'ouverture de la saison est-il dû uniquement à des soucis financiers ? *The World Fashionable Advertiser* informe qu'on a presque cru perdu en mer le vaisseau amenant une partie des nouveaux chanteurs de l'*Opera*.
[28] Selon le livret, la distribution est : Giuseppe Calvesi, frère de Vincenzo, actif entre 1784 et 1791 (Teodoro), Balelli (Gafforio), Morigi (Achmet III), Morelli (Taddeo), Fineschi (Sandrino), Storace (Lisetta), Sestini (Belisa).
[29] Joseph Mazzinghi (1765-1844), compositeur britannique d'origine corse. Elève de J-C Bach, il fut copiste et assistant musical au King's Theatre (1779), avant de devenir le compositeur principal de ce théâtre (1786-1789). Il fut engagé par la suite au Pantheon (1790-1792). Dès 1791, il collabora fréquemment avec William Reeve, pour écrire des opéras pour Covent Garden.
[30] Price Milhous Hume 1995, 389-393.

partition d'orchestre de l'Opéra, chanté à chaque représentation et sa popularité en fait évidemment un objet de dispute. Le copiste de l'Opéra, Leopoldo De Michele, vend alors, comme c'était l'usage, les droits d'exploitation à l'éditeur Longman & Broderip. De son côté, Stephen Storace avait vendu le même air à Birchall and Andrews. Le compositeur attaque alors les éditeurs concurrents pour exploitation de son bien. On finit par lui donner raison, toutefois les dommages et intérêts accordés à Stephen sont minimes.

La critique est relativement tiède pour ce « *dramma eroicomico* », jugé trop sérieux par le public, et dont la partition manquait d'airs mettant en valeur les chanteurs. Son héros éponyme, Theodor von Neuhof, avait fini sa vie à Londres en 1736 et son fils y vivait encore. *The Times* émet d'ailleurs des réserves à la représentation sur une scène d'une personnalité historique dont le souvenir est encore prégnant. Par ailleurs, une production bâclée est-elle responsable de ce tiède accueil ? De nombreuses remarques de la presse laissent entendre que les décors étaient médiocres et que l'orchestre n'était pas très juste, mais « Madame Storace, pourtant, a stupéfié les musiciens en déjouant leurs efforts pour la faire chanter faux, que ce soit rapidement ou lentement. Alors qu'ils crissaient, elle modulait » (*The Public Advertiser*)[31]. Le vieux et goutteux Horace Walpole[32], pour sa part, se plaint de la longueur de l'opéra, cependant « les connaisseurs disent que la musique est bonne, mais il n'y a rien là-dedans pour mettre en valeur l'humour et le jeu de la Storace et de Morelli[33] ». Malgré ces écueils, c'est un triomphe personnel pour Ann. Même le *Mercure de France* relève que « *Mlle Storace a délicieusement chanté* ».

> Storace a rendu justice à la jalousie, l'ambition et le retour de flamme pour *Sandrino* de la fille de *Taddeo*. Son air dans le second acte, « Care donne che bramate », fut délicieusement exécuté, le bis fut encore meilleur, ayant plus de caprice joueur et de coquetterie. (*The Times*)
>
> L'air cantabile en mineur [de Storace] dans le premier acte, *Come obbliar potrei* [...] dans lequel elle compatit à la situation de son amant, fut chanté avec un véritable *pathos* et une expression délicate.

---

[31] Cité par Petty, 253.
[32] Horace Walpole, comte d'Orford (1717-1797), homme politique et homme de lettres britannique. Auteur du *Castle of Otranto* (*Le Château d'Otrante*) qui lança le genre du roman gothique.
[33] Walpole, II, 586.

> [...] mais son air *obligato*, dans le second acte, *Care donne che bramate*, fut exécuté dans un style brillant et avec un goût jusque-là incomparable. La rapidité et l'articulation avec lesquelles elle exécuta les difficiles et magistrales « divisions »[34] les imposèrent à l'imagination. [...] [Il] fut bissé *uno (sic) voce*. (*The Times*)

Malgré les réserves de Gallini, qui ne jurait de toute façon que par le *seria* et le ballet, particulièrement brillant durant cette période, la troupe *buffa* est bien l'une des forces majeures de son théâtre, et Ann Storace en est le plus précieux atout.

---

[34] *Division* : diminution ou variation d'un thème au moyen de passages de moindre valeur. (D'après Serge Jodra, <http://www.cosmovisions.com/musiDivision.htm>)

XIV
1788-1789
La Cameriera astuta

Le deuxième opéra de la saison du King's Theatre, *La Locandiera* (L'Aubergiste) dont la première a lieu le 15 janvier 1788, n'est autre qu'une adaptation de *L'Italiana in Londra* de Cimarosa qu'Ann Storace avait interprétée sur le Continent. Elle abandonne cependant le personnage de Livia pour interpréter le nouveau rôle-titre, Madama Brillante. L'intrigue se situe désormais à Amsterdam, d'où le changement d'appellation. (Le *Public Advertiser* avance que les critiques du livret d'origine contre les coutumes anglaises justifient ces changements[1].) L'œuvre a été largement remaniée par Badini[2], le poète du théâtre, et par Mazzinghi, ce qui mécontente les puristes comme Charles Burney. Les critiques sont assez mitigées, bien que le *Times* s'extasie : « Le sujet est vraiment opératique […] *Morelli* fit preuve de plus de talent comique qu'il n'en exhiba jamais ; et *Storace* était également excellente : leur duo du second acte, *Con quella tue manine*, était une grande tentative de génie dramatique ; et si admirable était leur union dans le jeu scénique, qu'ils semblaient être tous deux sous la férule d'un même cerveau ». La musique apparaît peu novatrice, et Madama Brillante s'exprime principalement dans des récitatifs. On déplore également le manque de virtuosité de la partition qui ne donne guère aux chanteurs l'occasion de se mettre en valeur[3]. Cette réception tiède explique sans doute également les quelques reprises de *Gli Schiavi per amore*, choisi par certains des interprètes pour leurs bénéfices annuels en février et pour une « commande royale », le 5 février.

---

[1] Price Milhous Hume 1995, 395-396.
[2] Carlo Francesco Badini, homme de letters italien actif entre 1770 et 1793. Les livrets de *Le Ali d'Amore*, pour Rauzzini, et de *L'anima del filosofo* (*Orfeo ed Euridice*), pour Haydn, sont de sa main. Il sera remplacé à ce poste par Lorenzo Da Ponte en 1793.
[3] Price Milhous Hume 1995, 395-397.

Ann s'illustre dans un registre plus virtuose grâce à la série des douze concerts organisés par le Concert of Antient Music entre le 4 février et le 7 mai 1787, ainsi qu'à une série d'oratorios organisée par la même société, donnée aux Tottenham Street Rooms. Elle n'a apparemment pas accepté de rémunération pour ces concerts, mais obtenu une soirée à son bénéfice le 14 mai 1788, opération sans doute bien plus lucrative, étant donné la qualité des souscripteurs[4]. Son arrivée dans cette sphère tout aussi hiérarchisée que la scène lyrique ne se passe d'ailleurs pas sans heurts. Un moment, la presse se fait l'écho de sa rivalité avec Mrs Billington engagée par la société concurrente, les Professional Concerts, querelle bientôt dénoncée comme étant un « *Conte faite a Plaisir** » (*The Times*).

Cet emploi du temps chargé a un prix : lors du troisième oratorio, Ann est si enrouée et malade que Madame Mara qui venait de finir de chanter le même soir à Drury Lane, vient la remplacer lors de la première partie[5]… Quelques jours après son malaise, la jeune femme, écrivant à Prince Hoare qui se trouve alors à Lisbonne, s'explique sur son surmenage :

> […] je n'ai pas le temps de te gronder [pour sembler oublier « qu'il y ait une Personne telle que la Sig^a Nancy au monde »], car je suis pressée à en mourir par des répétitions tous les matins et des représentations tous les soirs. Stephen est en train de composer un opéra qui sera créé la semaine prochaine, et mon bénéf[ice] est également Jeudi, ce qui fait qu'entre une chose et une autre, je n'ai pas le temps de Respirer, de plus je dois être aux Oratorios et à l'Ancient Concert, et avec tout cela je n'ai pas été en très bonne santé[6].

Pour Ann, le point culminant de sa saison est sans doute la création de *La Cameriera Astuta* (La Soubrette rusée), seul opéra italien de son frère

---

[4] Le programme imprimé de la série souligne que la « La Signora Storace s'[est] engagée à se produire au Concert of Antient Music sans aucune autre rémunération qu'un bénéfice gratuit […] ».
[5] *The Morning Chronicle* mentionne qu'Ann « tomba sur son siège, en proie à un malaise, durant le premier acte » et était « si accablée de fatigue » que Mara prend sa place. (Cité par Highfill Burnim Langhans, XIV, 297-298.)
[6] Lettre du 29 février 1788, conservée dans la James Marshall and Marie-Louise Osborn Collection, Beinecke Rare Book and Manuscript Library, Yale University, Mss. 5228.

jamais représenté à Londres, dans lequel elle interprète le rôle-titre. La première a lieu le 4 mars 1788. La critique est contrastée. Un curieux papier du *Public Advertiser*, traduit par le *Journal de Paris*, semble totalement ignorer que l'œuvre est une parodie qui illustre le débat sur les mérites respectifs de l'opéra italien et français. Violetta (Storace), soubrette de Leonora – toquée de « *l'air de Paris* » et qui tente d'échapper à un mariage avec le *marchese* Don Pancrazio Garofano (Morelli) –, enseigne à ce dernier comment faire sa cour selon les règles en chantant un air français. L'outrance de cette démonstration (« *Beaux yeux qui causez mon trépas / Revenez en ces lieux pour finir mon martire / Depuis votre départ, je languis, je soupire, / Je meurs pour vos divins appas, / Et je n'ose le dire.* » (I, sc. 10)) brocarde allégrement le grand style gluckiste et crée l'effet comique. Le père de la fiancée, Anselmo Buonvivente (Morigi) est par ailleurs l'auteur d'un opéra « *seriobuffa* », une *Didone cotta arrosto* composée dans le style de Sacchini et Piccinni, et dont la répétition occupe une partie du second acte… Le livret comporte également des allusions immédiatement comprises par les contemporains : quand Don Pancrazio fait son entrée, il est accompagné de valets de pied… ce qui était le premier métier de son interprète !

> M. Storace […] *a cherché à donner au Public de la nouveauté. Cette Pièce feroit croire qu'il n'a pas beaucoup étudié son art en Italie, car il s'est entièrement écarté de la manière ordinaire des Maîtres Italiens. Une partie du récitatif & divers passages dans les airs ressemblent plutôt à une composition françoise. L'ouverture annonce absolument un Auteur François. Les finales sont dans le style allemand, surchargées de trompettes & de timbales. M. Storace doit se trouver heureux d'avoir réussi, & remercier la bonne exécution de sa sœur & de* Morelli. *L'air dans lequel la première imite de manière forcénée* (distracted) *des chanteurs du grand Opéra François est parfaitement exécuté par cette virtuose, ainsi que l'imitation faite par* Morelli *du sérieux & du bouffon. Mais à l'égard du style mélodieux & doux de la musique italienne, on en trouve peu dans cet Opéra* […] *Toute la Pièce est remplie d'idées & de motifs de différences espèces, & peut-être* (sic) *comparée à un fricassé françois ; car les François font actuellement autant de mélanges dans leur musique que dans leurs ragoûts ; on n'y trouve point cette harmonieuse unité de style si désirable.* (Le Journal de Paris, *d'après* The Public Advertiser)

Par ailleurs, *The Times* loue le savoir-faire du compositeur :

> La musique en général, témoigne de la main d'un maître – les airs, diversifiés avec bonheur, ont un mérite infini dans leurs styles variés. Les Trios, Quatuors, et Finales, ont beaucoup d'ingéniosité et de

> complexité dans la composition – le Finale du premier acte est particulièrement magnifique et frappant. En général, « La Cameriera Astuta » fait beaucoup d'honneur au génie de Mr. Storace, et le place dans les premiers rangs des maîtres de cette science.
> Les rôles dévolus à Morigi, Morelli et Storace sont bien adaptés à leur génie comique.
> […] l'air français de [la] *Storace*, « Beaux yeux » fut bissé à la demande chaleureuse de toute la salle.
> […] Morelli ne peut être trop loué pour l'admirable manière dont il a portraituré le muscadin napolitain – et Storace, bien que manifestement inquiète pour le sort d'un frère aimé, fut extrêmement fringante et divertissante en Violetta. […]
> La salle était particulièrement brillante – le prince de Galles, les ducs d'York, de Gloucester et de Cumberland[7] se distinguèrent parmi les premiers à reconnaître et à saluer, avec des applaudissements interminables, le mérite de Mr. Storace.

Mais l'opéra est un semi-échec. Il est toutefois difficile de savoir quelle en est la raison : la partition a disparu et nous n'en connaissons plus que les extraits publiés en réduction voix-clavier. Cette déception explique sans doute le départ de Stephen pour l'une des maisons concurrentes, le *Theatre Royal*, Drury Lane dans le Haymarket, tandis que la presse se fait l'écho de la conduite honteuse de Gallini envers le jeune compositeur[8].

Deux jours après la première, Ann présente cette *burletta* de son frère pour sa soirée à bénéfice. Le véritable événement de la saison est indéniablement l'arrivée à Londres de Luigi Marchesi. Le castrat fait enfin son apparition sur les planches du King's Theatre le 5 avril 1788, dans *Giulio Sabino* de Sarti, entouré de chanteurs qui ne sont malheureusement pas de son niveau. Cela importe peu aux critiques qui se pâment devant le *primo uomo*.

Pour Ann, le dernier opéra de la saison est *La Frascatana* de Paisiello qui débute le 15 mai, pour la soirée à bénéfice de Morigi. Ann a-t-elle

---

[7] Frederick Augustus (Fredéric-Auguste), duc d'York et Albany (1763-1827), fils cadet de George III. William Henry, duc de Gloucester et Edimbourg (1743-1805) et Henry Frederick, duc de Cumberland et Strathearn (1745-1790), frères de George III.

[8] *The Times* mentionne que la « récente attitude [de Gallini], sournoise et mesquine, envers le jeune Storace, mérite d'être blâmée par tout homme honnête ».

chanté Violante ? Le *Morning Post and Daily Advertiser* se focalise sur la grande innovation dans cet opéra déjà représenté à Londres en 1776 : « un Grand Quintette, jamais exécuté dans ce pays [...] Le Signor Morelli et la Signora Storace l'ont donné, avec un grand succès, dans les Théâtres de plusieurs des Villes les plus importantes d'Europe » (*The Morning Post Daily Advertiser*).

Ann participe également à des concerts de charité. Le 25 avril 1788, dans la chapelle du Foundling Hospital, Arnold dirige *Redemption*, un *pasticcio* haendélien, au profit de cet hôpital et du Magdalen Hospital. Ces institutions accueillaient respectivement les enfants trouvés et les filles de joie repenties. Le 16 mai, c'est le concert annuel pour la Royal Society of Musicians, au Pantheon. Lors de ce concert consacré à Haendel, Ann chante deux airs d'opéra, « Caro vieni a me » (*Riccardo Primo*) et « O Caro parolette » (*Orlando*). Si la maladie du roi a empêché la tenue des festivités à l'abbaye de Westminster, la présence du couple royal est néanmoins mentionnée dans les annonces parues dans la presse.

Quelques jours après, la cantatrice revient au Panthéon pour plusieurs concerts. L'une des soirées, le 26 mai, organisée par les Chevaliers du Bain (*Knights of the Bath*) est sur invitation et mille cinq cents personnes sont attendues. Le compositeur François-André Danican Philidor (1726-1795), dont le *Carmen Saeculare* forme le morceau de choix du concert, décrit le dispositif à son épouse Angélique, dans deux lettres datées des 20 et 27 avril 1788 : « *L'on verra dans le fonds un soleil éblouissant, une statue d'Apollon formant un autel, une Cérès et une Diane. Les chanteurs seront habillés et les 27 jeunes filles et les 27 garçons seront en comparse dans l'orchestre, sur le devant formant spectacle [...] lesquels chanteront sur des rouleaux à la manière antique [...] C'est la Storacci qui me chantera, je lui fais donner 20 guinées. [...] Le Panthéon est le plus bel endroit pour donner une fête. [...] Cramer*[9] *mènera mon orchestre, Marchesi, Mara, Morelli et Richer seront mes chanteurs. [...] On propose déjà 30 guinées pour un billet.*[10] ».

Le lendemain du concert, le compositeur commente :

---

[9] Wilhelm (dit William) Cramer (1746-1799), violoniste allemand, considéré comme l'un des meilleurs instrumentistes de Londres et réputé pour son talent de premier violon. Il dirigea la série des concerts Bach-Abel, les Professional Concert (entre 1785 et 1793), les Concert of Ancient Music et de nombreux concerts et festivals.
[10] Dupont-Danican Philidor, 113.

> [...] *ton frère*[11] *était habillé en* Horatius *la Signora Storaci en Grande Prêtresse de Diane, mon Basso et le Tenor en Prêtres d'Apollon, les choristes étoient dans le costûme du peuple Romain, et moi je me suis fourré dans cette foule dans un petit coin avec le même habillement pour pouvoir veiller sur mes chanteurs.* [...] *quand le Rideau a été levé on découvroit le temple du Soleil, qui éclairoit notre espece de Théatre, sans avoir besoin de bougies. mes 4 chanteurs étoient assis dans le fond au milieu, et se levoient chacun a leur tour pour aller chanter sur le bord des Lampes* [...] *le Panthéon étoit décoré d'une maniere* [...] *superbe* [...] *il réprésentoit le temple de Mars, la salle souterraine où l'on a servi le souper représentoit le Palais de Sémiramis avec des Grottes et des Cascades* [...] *le* Carmen *a commencé à onze heures, et a fini à minuit et demie, le souper a eu lieu après ; L'on a du chanter des* Catch *ou* Canons, *ensuitte le bal aura du commencer vers les 3 heures, mais ton frère et moi avons refusé de souper avec Le Texier et les principaux chanteurs et 3 personnes de l'orchestre.* [...] *la Signora Storaci s'est signalé, mon Basso était diablement poussé de Boisson et j'avois beaucoup d'inquiétude, mais le bourreau n'a pas manqué une seule notte, a mon grand étonnement j'en ai été quitte pour la peur. il y avoit au moins deux mille personnes* [...] *il est question de renouveller cette fête au Panthéon Lundy prochain, en faisant payer a la porte et en profitant de la décoration dont les fraix sont faits ; cela sera décidé demain, et alors je ferai remplacer Richer par le 1er Tenore de L'opera*[12].

Cet emploi du temps bien rempli n'empêche pas les négociations d'Ann pour de possibles engagements à l'étranger. Antonio Ravelli, le « *deputy manager* » (régisseur) du King's Theatre, s'était déjà entremis pour la saison versaillaise des « bouffons » venus de Londres en 1787. Dès janvier 1788, il commence à traiter avec Des Entelles, commissaire ministériel du département des spectacles, pour programmer une nouvelle saison italienne à la Comédie-Italienne de Paris ; saison qui ferait alterner les représentations entre Paris et Versailles entre les 15 juillet et 15 octobre 1788[13]. Dans un mémoire non daté, il précise qu'il « *a commencé à traiter M. Morelli et Mad. Storacce et le premier veut 200 Louis pour deux mois et un bénéfice d'une soirée ne pouvant être sûr de rester le troisième mois* [...] *et Mad. Storacce pour les trois mois elle vaut 400 Louis, ou 300. et voyage – logement et nourritures et un Bénéfice.* [...]

---

[11] Louis Augustin Richer (1740-1819), chanteur français et maître de musique des Enfants de France depuis 1780.
[12] Lettre du 27 mai 1788. (Pincherle, 22-23.)
[13] Di Profio, 37-39 ; Fabiano, 112-114.

Pour les deux sujets nommés on ne pourra rabattre pas un sol parce que la Storacce gagne autant à rester en Angleterre […][14] ».

Cette offre demeurera sans suite. C'est une autre tentative concurrente, également soutenue par la cour de France, qui voit finalement le jour. Le « frère puîné du roi posséda[nt] […] la prérogative d'octroyer des privilèges aux théâtres[15] », Monsieur, comte de Provence et futur Louis XVIII, obtient en mai 1788 le droit de construire au Luxembourg un théâtre à ses frais, qui s'appellera Théâtre de Monsieur. L'investissement du prince se limite sans doute à cette appellation. Le sociétaire principal pour l'exploitation du privilège est Léonard-Alexis Autier (ou Autié), dit Léonard, le coiffeur de Marie-Antoinette. Sans expérience dans la gestion théâtrale, il s'associe à Mademoiselle Montansier[16], partie prenante de la tournée de la troupe du King's Theatre de 1787, à laquelle succèdera le violoniste Giovanni Battista Viotti. Début juin 1788, Ann Storace était bien pressentie pour faire partie de la troupe, comme le laisse entendre une brève parue dans *The Times* : « Leonard, le coiffeur de la Reine, a obtenu la licence pour le nouvel Opéra qui sera construit au Luxembourg. Cherubine (*sic*) et Viotti en seront les réels directeurs. Morelli et Storace sont engagés ». Le théâtre s'établira finalement aux Tuileries, et la mention de Cherubini est une erreur. Aucun engagement immédiat n'en découlera, mais presque dix ans plus tard, la cantatrice se produira à Paris sous l'égide de Mademoiselle Montansier.

Parallèlement, le bruit se répand d'un autre recrutement pour la jeune femme : en juin, le *Morning Post* annonce que « Morelli et Storace sont sur le point de partir pour Vienne, où ils sont engagés – ils attendent simplement la fin de la saison pour commencer leur voyage ». Il ne peut s'agir que d'une rumeur alimentée par l'intéressée pour faire monter les enchères à Londres, car Ann ne peut ignorer que ses exigences salariales sont jugées extravagantes par Joseph II, comme en témoigne la correspondance de l'empereur avec Orsini-Rosenberg : « *Je vous renvoye ici la lettre de la Storace, il ne faut pas lui donner un liard de*

---

[14] *Copie du Mémoire d'Antoine Ravelli, régisseur de l'opéra de Londres aux Directeurs du Théâtre des Italiens à Paris.* (Paris, Archives nationales, O¹ 849/26) (Di Profio, 243.)
[15] Di Profio, 39.
[16] Marguerite Brunet, dite Mademoiselle Montansier (1730-1820), comédienne, et directrice de théâtre.

plus que les 1100 Ducats qu'on lui a offerts, ni lui accorder quelque chose pour le voyage ni autre benefice que celui qui est d'usage en carême. » (3 mai 1788), ou encore, « *Quant à la Storace, si elle venoit même pour les 1000 Ducats, il ne faudroit plus la reprendre, de moins pour l'année prochaine* » (11 juin 1788). Zinzendorf, son fidèle admirateur qui a ses entrées chez Orsini-Rosenberg, a laissé une trace de l'échec de ces négociations : « *La Sto demande 1500 ducats, on ne veut lui donner qu'1100, ainsi probablement nous ne l'aurons pas.* » (16 mars 1788) et l'« *Empereur ne veut pas de la Sto et est même déterminé à renvoyer l'opéra italien* » (31 mars 1788). Le 29 juillet, l'impérial impresario écrit en effet : « *Je crois que c'est le moment de renoncer entierement à l'Opera pour l'année prochaine et de denoncer par consequent tout engagement ulterieur à ceux de la trouppe qui sont à Vienne et de ne point en faire venir du dehors* ». C'est que la guerre contre les Turcs grève son budget et que le temps est désormais aux économies.

Durant l'été, la famille Storace s'agrandit. Le 23 août 1788, Stephen épouse Mary, l'une des filles du graveur John Hall, le parrain d'Ann. Il semblerait que toute la famille ait résidé sous le même toit durant quelques années, jusqu'en 1791. Sur les annonces de ses bénéfices, Stephen est domicilié au 23 Howland Street, la même adresse qu'Ann[17]. Le fils de Stephen, Brinsley John Storace, né le 3, 13 ou 23 janvier 17[90 ?], sera baptisé le 4 mars 1790 à la Percy Chapel, St Pancras[18]. C'est sans doute la présence de l'enfant qui poussera la famille Storace à séparer leurs domiciles : quand le jeune couple déménage quelques rues plus loin, au 27 Percy Street, Ann et sa mère trouveront alors un toit au 36 Howland Street durant l'année 1792[19].

Ann n'est pas distribuée dans le premier opéra qui ouvre la tardive saison du King's Theatre, le 10 janvier 1789. Cette absence dut être cuisante pour la jeune femme, qui avait connu certains de ses plus grands triomphes à Vienne dans cette *Cosa rara* qu'elle avait créée, et dont la partition fut certainement rapportée à Londres pour Gallini par Stephen. Le *British Mercury* relève d'ailleurs que la « Signora Borselli

---

[17] Comme l'attestent les registres des *London Land Tax Records* entre 1787 et 1791. (London Metropolitan Archives, *Land Tax Assessment Books*.)

[18] Le microfilm du registre des baptêmes, difficilement lisible, indique pour la date de naissance : « Ja[n:]ʸ [? 3]ᵈ 17[??] ». (London Metropolitan Archives, Percy Chapel, Saint Pancras, *Register of baptisms*.)

[19] Comme en attestent le *The Fashionable Court Guide, or Town visiting directory, for the year 1792...*, et l'assurance souscrite par Ann le 29 mars 1792. (London Metropolitan Archives).

a quelque chose des manières de Storace ». Il est vrai que dès novembre, le *Times* prévenait que « L'opéra pour la saison à venir sera principalement *sérieux* – ni *Morelli* ni *Storace* ne sont engagés ». Cette ouverture de saison bien tardive s'explique par la première crise de démence (peut-être causée par la porphyrie) de George III en novembre 1788, qui rend le Lord Chambellan plus réticent à octroyer la *licence* nécessaire pour ouvrir le théâtre ; par son bras de fer avec Gallini qu'il souhaite absolument remplacer et auquel on reprochait de payer les chanteurs de l'Opéra engagés dans sa salle de concert de Hanover Square avec l'argent du King's Theatre[20] ; par les ennuis judiciaires de Gallini jugé pour contrebande de dentelles ; enfin, par les problèmes de recrutement de danseurs de bon niveau, exigence primordiale pour le public de ce théâtre. Cette saison est bien mal engagée. L'agacement du public monte et ne tarde pas à se manifester. Après les soirées de ballet du 7 février 1789 et d'opéra du 9, durant lesquelles se déroulent de violents mouvements de protestation, le 10, le malheureux directeur fait distribuer un tract dans lequel il se justifie de son administration en sept points. Dans le cinquième, il annonce qu'il a « engagé le Signor Bennucci (*sic*), universellement reconnu comme le premier chanteur comique (*primo buffo*) qui ait jamais foulé la scène italienne, et la Signora Storace » (*The British Mercury*)[21]. Car Ann est manifestement regrettée. A propos de l'accueil tiède réservé à *La Villana riconosciuta* de Cimarosa, le *Times* ne note-t-il pas, « Que peut-on attendre d'un *opera buffa* sans *Bennucci* (*sic*) ou *Storace* ; on ne peut pas avoir le premier, mais la seconde est engagée, et avide d'être employée – alors pourquoi l'empêche-t-on de se produire [?] »

Rare à l'opéra, la jeune femme n'en est pas moins très active au concert. Elle fait son grand retour à Covent Garden pour la saison des oratorios entre le 27 février et le 3 avril 1788, dans des sélections haendéliennes. Elle se produit au Professional Concert et est à nouveau engagée par le Concert of Antient Music. Ce sont d'ailleurs des chanteurs régulièrement affichés par cette société de concert qui forment le gros des interprètes des oratorios de Covent Garden. Le « *God Save the King* » ponctue toutes les soirées, repris par les solistes et le chœur, en sympathie avec le monarque malade.

---

[20] Certains chanteurs engagés au King's Theatre auraient été obligés de s'y produire… et de reverser en sous-main la moitié de leurs émoluments à Gallini.
[21] Ann touchera environ £400 et un bénéfice pour sa saison. (Milhous Hume 1993, 52.)

Ann fait partie des interprètes choisis pour célébrer la « guérison » du roi, ou plutôt, une de ses nombreuses rémissions, au château de Windsor, le 2 avril 1789. Seule soliste féminine, elle y interprète *Alexander's Feast* devant la famille royale et ses nombreux invités. Une estrade a été dressée dans la salle des gardes pour ce concert de gala agrémentée d'une collation. La cantatrice prête également son concours à d'autres soirées témoignant de la liesse générale à l'annonce du rétablissement du roi, comme le concert annuel de la New Musical Fund, société de secours destinée à soulager les musiciens et leurs familles en détresse, fondée en 1786. Concurrente de la Royal Society of Musicians et plutôt destinée aux musiciens de province, l'adhésion à l'une entraînait l'exclusion de l'autre. Lors de ce concert du 13 avril 1789, on chante un chœur de circonstance composé par Johann Peter Salomon[22], sur « l'heureux rétablissement de Sa Majesté ». Le 21 avril, c'est un gala offert par le Brook's Club, qui a lieu au King's Theatre. Sur une scène décorée de médaillons patriotiques et représentations allégoriques, la Signora Storace et Kelly interprètent un duo de circonstance accompagné de chœurs composé par Mazzinghi, à la rhétorique affectée, comme en témoigne l'extrait suivant : « *No more, by fears oppress'd, / The mother beats her breast, / Or, lost in anguish wild, / Hangs weeping o'er her child*[23] » (Jamais plus, oppressée par la peur / la mère ne frappe son sein, / Ou, folle d'angoisse, / Ne se penche, en pleurant, sur son enfant). Au programme de la soirée : musique, récitation patriotique par Mrs Siddons, malencontreusement cachée au public par une chute de décor, *Rule Britannia*, souper vers deux heures du matin, et finalement, annulation du bal prévu, à cause de la trop grande affluence[24]…

Le 16 avril 1789, Francesco Benucci est enfin arrivé de Vienne. On s'active pour la mise au théâtre de l'opéra dans lequel il va faire ses débuts en Angleterre. C'est *La Vendemmia* (Les vendanges), un *pasticcio* fondé sur l'opéra de Gazzaniga, dont la première est le 9 mai. On a

---

[22] Johann Peter Salomon (baptisé en 1745-1815), violoniste, impresario et compositeur allemand. Après s'être fait un nom comme virtuose du violon, il organisa des séries de concerts à souscription, les plus connues étant celles où figuraient Haydn en 1790-1791 et 1794-1795.
[23] Le texte est reproduit dans *An Asylum for Fugitive Pieces*.
[24] Les comptes rendus de la presse insistent davantage sur les décorations, la foule et la présence des pickpockets que sur la prestation musicale…

rajouté à la partition des airs de Tarchi[25], Pozzi[26] et Paisiello (sans doute un air pour Agatina[27]). Un duo de Mozart, « *Crudel, perchè finora* », tiré des *Nozze di Figaro*, est introduit dans le deuxième acte, et interprété par Benucci et Storace. On pourrait s'interroger sur la raison du choix d'un *dramma giocoso* datant de 1778, déjà un peu vieillot, si ce n'est la familiarité du *buffo* avec le rôle du Conte Zeffiro qu'il avait chanté en 1778 à Gênes et en 1779 à Monza. Ann n'avait jamais abordé le rôle d'Agatina.

Auquel des deux chanteurs revient l'idée de l'insertion du duo mozartien ? On serait tenté d'attribuer cette idée à la créatrice de Susanna, mais il est bien curieux que cela soit la première insertion mozartienne qu'elle ait jamais chantée en Angleterre. On peut donc supposer que son partenaire influença ce choix. Quoi qu'il en soit, il s'agit de la première exécution scénique d'un extrait d'opéra de Mozart à Londres. Ce duo est très apprécié, comme en témoigne la partition imprimée, qui serait la première publication complète pour un extrait des *Nozze di Figaro*[28]. L'accueil public est mitigé, car l'opéra est jugé ennuyeux.

> STORACE fut accueillie chaleureusement lors de son entrée, et son interprétation tout du long [de l'opéra] prouva à quel point elle méritait une distinction si flatteuse. (*The Times*)
>
> *Benucci* et *Storace* devraient réfléchir eux-mêmes à des reprises judicieuses – la camelote opératique actuelle est infiniment en-deçà de la sublimité de leurs talents. (*The Times*)
>
> [*La Vendemia* (*sic*)] a le mérite d'être légère et plaisante [...] ; mais il n'y a pas grand-chose dedans pour donner une haute idée du Compositeur. [...] Le délicieux duo de Mozart fut également bissé, et Benucci et Storace le chantèrent très bien. (*The Morning Post*)

---

[25] Angelo Tarchi fut directeur musical du King's Theatre pour la saison 1787-1788 et en 1789.
[26] Le compositeur italien Carlo Pozzi fut actif à Londres entre 1788 et 1794, et en Russie entre 1794 et 1797.
[27] Price Milhous Hume 1995, 414.
[28] *Crudel perche finora: a favorite duett, as it is sung in the comic opera of La vendemmia, at the King's Theatre in the Hay Market. By Sigre Benucci & Sigra. Storace / composed by W.A. Mozart. London, Printed & sold by Rt. Birchal.* [s. d.]

XV
1789
Au Theatre Royal, Drury Lane

La fin de cette saison 1788-1789 n'est guère différente des précédentes. C'est le temps des concerts et des soirées à bénéfice, avant le départ de la haute société dans ses terres et diverses villégiatures. Ann ne déroge pas à la règle. Elle prête son concours au profit du General Lying-In Hospital, ainsi qu'à un concert au bénéfice du hautboïste Charles J. Suck, qui vient de se casser le bras lors d'un concert privé ; son accident semble l'avoir définitivement éloigné de la scène londonienne. Le 22 mai 1789, Haendel est toujours à l'honneur pour le grand concert annuel de la Royal Society of Musicians, qui se déroule au Pantheon. Comme l'année précédente, la maladie du roi empêche la tenue du prestigieux festival à l'Abbaye de Westminster. La vocalité de la jeune femme divise toujours la critique. Le *London World* affirme qu'« Un Journal du Matin daté de Samedi nous apprend très sérieusement que [...] Storace ne chanta pas "*The Prince Unable*" de manière très distinguée, et que l'effet de "*Nasce il bosco*" par Benucci, fut entièrement détruit par son manque d'ambitus et ses transpositions. Rien ne peut être plus contraire à la vérité que ces assertions. [...] Storace n'a jamais aussi bien chanté que dans "*The Prince Unable...*" et bissa, comme d'habitude, sous un tonnerre d'applaudissements ». Le 27 mai, elle participe à un autre *Messiah*, à l'église St. Margaret, à Westminster. Lors de la soirée, on entend également un « Motet sur l'heureux rétablissement de Sa Majesté » de Thomas Sanders Dupuis (1733-1796), organiste de la Chapel Royal. Le 1er juin, elle se produit avec Benucci aux Hanover Square Rooms, pour le bénéfice de Marchesi : elle chante un duo avec son ancien amant. La cantatrice et le castrat ne cessent de se croiser. A la grande fureur de la presse, Ann le remplace dans un nouveau concert célébrant le rétablissement du roi, le 8 juin. Après la répétition, le *Times* commente amèrement : « La *Scena* italienne composée pour Marchesi tomba dans l'Escarcelle de Storace, car il refusa insolemment de chanter pour l'occasion, malgré la somme importante qu'on lui avait offerte – sûrement ce petit hommage rémunéré était dû à un souverain sous les auspices duquel cette plante stérile a si bien prospérée ».

Après tant de contributions, la chanteuse prend enfin son bénéfice le 11 juin au King's Theatre. Elle a choisi *Il Barbiere di Siviglia* de Paisiello, très légèrement modifié par rapport à l'original et réorganisé en deux actes. Pour l'occasion, Kelly, « prêté » par Drury Lane reprend son rôle d'Almaviva ; celui de Bartolo est, bien entendu, tenu par Benucci. Ce dernier insère dans l'acte II « *Non più andrai…* », normalement chanté par Figaro dans les *Nozze di Figaro* de Mozart. Quant à Ann, elle introduit un « *Sconsolata tortorella* » lors de la leçon de chant de Rosina (II, sc. 4). C'est Stephen Storace qui dirige. Selon le hautboïste et compositeur William Thomas Parke (1761-1847), « Storace […] chanta les airs etc., avec beaucoup de goût et d'animation ». L'opéra sera repris le 15 juin.

Hélas, dans la nuit du 17 juin 1789, le King's Theatre est entièrement dévoré par les flammes qui se communiquent également aux maisons mitoyennes. Cette catastrophe est-elle la raison de la maigre couverture critique des représentations, comme on l'a avancé[1] ? On sait relativement peu de choses sur l'accueil fait à ce *Barbiere*, la presse se focalisant sur les conséquences du sinistre qui remet en question l'organisation des théâtres autorisés de Londres. Outre ces répercussions sur la politique théâtrale londonienne, l'impact est immédiat sur les salariés du théâtre. Le *British Mercury* fait rapidement savoir que « Par contrat, Mr. GALLINI n'est pas tenu de payer le reste de leur salaire de la saison aux interprètes ». La troupe va trouver asile au théâtre de Covent Garden dont la saison vient de s'achever. Par ailleurs, le concert au bénéfice de Cramer prévu le 19 juin au King's Theatre, pour lequel étaient annoncés Marchesi, la Storace et Benucci, a finalement lieu au Pantheon, le 24. Mais dans l'intervalle nécessité par la hâtive réorganisation de l'Opéra italien, Ann Storace et Francesco Benucci ont été engagés à Oxford pour les trois concerts consécutifs annuels commémoratifs de l'université, entre les 24 et 26 juin, dans la salle de concert d'Holywell. Les chanteurs s'y taillent un grand succès devant des salles combles[2], particulièrement enthousiastes devant les « *I know that my Redeemer liveth* » et « *The Prince*

---

[1] Price Milhous Hume 1995, 415.
[2] Mee, 118-119.

unable… » qu'Ann doit bisser, et les duos comiques « qui impriment sur chaque visage la plus grande bonne humeur » (*The British Mercury*).

Le 27 juin 1789, les représentations de la troupe du King's Theatre reprennent à Covent Garden. Le 4 juillet, c'est au tour du *Barbiere di Siviglia* d'être remis au théâtre ; Michael Kelly est remplacé dans son rôle par le castrat Giuseppe Forlivesi, puis par le ténor Vincenzo Fineschi le 11, pour la dernière de la saison. *The Times* affirme que « Bennucci (*sic*) et Storace [y] ont largement de quoi déployer leurs talents comiques ».

Malgré cette approbation, le *buffo* ne prolongera pas son séjour londonien, poussé à quitter le pays à cause de l'incendie du théâtre et d'un accueil moins chaleureux que celui escompté. Comme le confiait Gallini le 18 août 1789, « Le goût d'ici se porte plus à présent vers les voix de basse profonde, que vers celles plus raffinées et claires. Par exemple, Benucci n'a pas trop plu, alors que Morelli et Taschi [Luigi Tasca] ont eu du succès[3] ». Le *Times* annonce déjà son départ, en affirmant dès la fin du mois de juin 1789 que « Les DUCS DE PROVENCE ET D'ORLEANS sont les seules branches de la Famille Royale à s'être hasardées à demeurer à Versailles. Les autres ont fui à Bruxelles. De même, *Benucci*, *Storace* et *Ravelli* (comme Directeur) s'en vont à Bruxelles, pour représenter l'opéra italien. C'est une façon de chasser les idées noires » (*The Times*). Par ailleurs, quelle que soit son envie de changement, le retour de la Signora Storace n'est plus à l'ordre du jour pour Vienne. Orsini-Rosenberg, qui écrit à son ami Casti le 13 août 1789 en lui donnant des nouvelles du Burgtheater, précise que « Benucci revient, mais la Storace, non, mais cela a moins d'importance étant donné que le public est assez content de la Terravesi [Ferraresi] et Velleneuve [Louise Villeneuve, future créatrice de Dorabella] qui remplace la Loschi [Laschi][4] ».

En cette période estivale, la jeune femme voyage. Sa présence est signalée à Bath au début d'août[5] : elle va se produire dans les concerts organisés par Rauzzini, à Wells. En plus des concerts sacrés, ce festival du Somerset propose des soirées musicales suivies de bals. Le *Bristol Journal* ne tarit pas d'éloges : « Storace eut rarement autant de succès

---

[3] Gibson, 250.
[4] Casti, 553.
[5] Le *Bath Chronicle and Weekly Gazette* mentionne son arrivée le lendemain de sa répétition générale à Wells, le 4.

qu'en cette occasion ; elle chanta *"The Prince unable to conceal his pain"* avec tant d'âme qu'on demanda un bis avec obstination, et lors de la dernière soirée, elle dû le répéter, tant l'approbation était chaleureuse ».

La rentrée théâtrale fait mentir les annonces journalistiques. Loin de se rendre sur le Continent, Ann demeure à Londres, mais change radicalement de répertoire et d'aire linguistique, pour un salaire de £ 10 par soirée[6]. Elle est engagée au *Theatre Royal*, Drury-Lane, où Stephen est déjà employé officieusement comme compositeur maison, puisqu'on lui confie les tâches que Thomas Linley senior n'était plus en mesure de remplir.

Deux des copropriétaires du théâtre, vieux amis de la famille Storace, sont alors Thomas Linley et Richard Brinsley Sheridan, homme de lettres et parlementaire Whig. La maison s'aligne sur l'obédience politique de Sheridan, alors que Covent Garden soutient le Gouvernement. (Toutefois, on ne peut néanmoins pas en déduire de façon certaine quelle est la sensibilité politique des Storace.) Sheridan a délégué la direction quotidienne de son théâtre à l'acteur John Philip Kemble (1757-1823), l'« *acting manager* ». Comme le King's Theatre, il s'agit d'une entreprise privée. Le vieux bâtiment de 1674 conçu par Sir Christopher Wren, situé non loin de celui de Covent Garden, affiche uniquement des divertissements dans la langue vernaculaire, tant pièces de théâtre qu'opéras : Shakespeare y côtoie les auteurs contemporains, tragiques et comiques. La troupe peut d'ailleurs se targuer de compter en son sein deux immenses acteurs tragiques, Sarah Siddons (1755-1831) et son frère John Philip Kemble, et une actrice comique de tout premier ordre, Dorothy Jordan (1761-1816). Les soirées se divisent en deux parties : une première pièce de théâtre parlée ou musicale (« *mainpiece* », pièce principale) suivie d'une œuvre plus courte (« *afterpiece* ») ; entre les deux, peuvent s'insérer des divertissements variés. Il est d'ailleurs possible d'acheter un billet bien moins cher ne donnant droit qu'au dernier acte de la *mainpiece* et au reste de la soirée... C'est un théâtre d'alternance, ouvert tous les jours sauf le dimanche, certains jours de fête et la Semaine Sainte, dans lequel les ouvrages peuvent se succéder rapidement selon le succès

---

[6] Mrs Crouch, la « jeune première » principale, touche £ 12 par soir. (London Stage 1776-1800, V, 2, 1183-1184.) *The Argus*, qui gonfle ses revenus, annonce qu'Ann a obtenu quinze guinées par soirée tant que les représentations suivent leur cours.

recueilli, et où les reprises sont très fréquentes. Des soirées d'oratorios sont données les jeudis et vendredi de Carême.

Les ouvrages musicaux sont principalement des *Ballad Operas* équivalents à l'opéra-comique français, aux dialogues parlés où s'intercalent airs et ensembles souvent de facture très simple. Contrairement à ce qui se fait en France, la partition du *Ballad Opera* n'est pas totalement originale. Il s'agit le plus souvent d'un *pasticcio* qui mélange allègrement de nouveaux airs et des adaptations de provenances diverses et revendiquées comme telles, car les compositeurs d'origine sont généralement mentionnés comme étant « sélectionnés » par le maître d'œuvre. Ainsi l'habilité du compilateur est tout autant examinée que sa science de compositeur, et l'adaptation à un contexte théâtral différent, tout comme la fluidité de l'ensemble, font l'objet d'appréciations plus ou moins indulgentes. En effet, la critique, qui juge souvent les livrets sur leur valeur littéraire intrinsèque, car le véritable auteur de la pièce est et reste ici le librettiste, se heurte à un fait irréductible : le texte est « comme un porte-manteau sur lequel on suspend la musique », comme le soulignent souvent les contemporains. Les situations dramatiques priment sur la virtuosité littéraire, et il faut un solide métier théâtral pour satisfaire un public nettement moins huppé que celui du King's Theatre, et qui revendique hautement son « anglicité ». A Drury Lane, aucune barrière de langue ne s'interpose à la compréhension immédiate, et le public souvent très turbulent – les interactions avec le plateau et les mouvements de foule sont monnaie courante – exige un véritable talent scénique chez tous les participants, tout autant qu'une réelle maîtrise vocale. Les interprètes sont d'ailleurs des acteurs aussi bien de véritables chanteurs d'opéra, auxquels sont confiés des airs plus exigeants. Stephen Storace, à la croisée de deux traditions musicales, l'anglaise et l'italienne, contribue à rendre plus complexes les ouvrages qu'il compose pour cette scène, agençant peu à peu de véritables finales à l'italienne dans des pièces où l'action se produisait préalablement lors des dialogues parlés. L'ouvrage où débute sa sœur instaure une collaboration fraternelle qui ne cessera qu'avec la mort de Stephen ; le compositeur arrangera presque tous ses opéras pour mettre en valeur son interprète préférée, puisant souvent dans le répertoire italien qu'Ann servait avec tant de succès.

La cantatrice aborde ici un genre qui lui est totalement étranger. Si elle s'est déjà produite dans sa langue maternelle, les difficultés d'une vraie pièce de théâtre sont toutes autres que celles d'un oratorio. Il s'agit donc d'un véritable défi et d'une nouvelle réorientation de carrière, que le théâtre annonce et prépare soigneusement, à l'aide d'annonces et de commentaires orientés, les « *puffs* ».

> La Signiora (*sic*) STORACE – comme on l'appelle habituellement – de manière inadaptée, en fait – car elle est Anglaise, « Messieurs, des pieds à la tête » – fait ses débuts, à la demande particulière de son frère – sur les planches du Vieux Drury, dans le nouvel opéra de COBB[7] – qui, si l'on peut ajouter foi aux rumeurs du Foyer des artistes, unira heureusement l'INTELLIGENCE, le SON et le SPECTACLE ! (*The Times*)

> L'engagement de la Signora STORACE à Drury Lane n'interférera pas le moins du monde avec Mrs CROUCH – car si la première se cantonnera aux airs comiques légers et simples qui sont son point fort sur la scène italienne – la seconde continuera de charmer ses admirateurs avec toutes les grâces sophistiquées de ses AIRS DE BRAVOURE. (*The Times*)

La ravissante Mrs Crouch, née Anna Maria Phillips (1763-1805), est une soprano et actrice anglaise formée par Thomas Linley senior. Elle est devenue la compagne de Michael Kelly vers 1787, bien que séparée officiellement de son mari en 1791 ; leur couple est durable tant à la ville qu'à la scène. Elle incarne généralement les héroïnes « sérieuses » des opéras représentés à Drury Lane, face aux jeunes premiers campés par Kelly, tandis qu'Ann Storace sera le plus souvent appariée à la scène avec John (« Jack ») Bannister (1760-1836), dit Junior (pour le distinguer de son père), acteur et chanteur comique de grand renom dans ses emplois de serviteurs ou de gens du peuple.

Le changement d'orientation de la *prima buffa* est tout d'abord amené avec une relative circonspection. Des « *puffs* » manifestes mettent tout d'abord en avant le côté exceptionnel de cette participation : « L'engagement de la *Signora Storace* à Drury Lane n'interférera pas avec ses autres engagements à l'Opéra, aux concerts et aux oratorios. Elle se produit seulement dans l'opéra de *Cobb*, à la demande particulière de son frère – pour suppléer à Mrs. *Jordan*, malheureusement absente – pour laquelle le rôle était initialement destiné » (*The Times*). On insiste ensuite sur son appréhension à changer de répertoire, dans une

---

[7] James Cobb (1756-1818), dramaturge et librettiste britannique.

plaidoirie indirecte qui souligne ses qualités pour un public facilement xénophobe : « On avance que la *Signora Storace* – bien qu'universelle favorite dans les théâtres étrangers – éprouve une peur inexplicable à se produire sur les planches *natales* – elle a pourtant peu à craindre, car un public anglais est toujours extrêmement généreux, même avec les débuts d'un étranger, et par conséquent, ne peut être autrement qu'indulgent devant les efforts d'une Anglaise » (*The Times*). Cependant tous ne voient pas d'un bon œil ce changement de répertoire : « Italianiser la scène anglaise en y introduisant *Storace* est une preuve évidente du délabrement du génie britannique et de la dépravation du goût du public. Les timbres mâles de Bannister et Sedgwick[8] et le doux chant de Mrs. Crouch sont plus adaptés à un auditoire anglais que les façons italiennes de Kelly et l'articulation inintelligible de Storace […] » (*The Argus*).

The Haunted Tower (La Tour hantée) de James Cobb, avec une partition composée et sélectionnée par Stephen Storace, est créée le 24 novembre 1789. La première, quoique troublée par un incident, est un triomphe auquel se presse un public élégant et enthousiaste. (Un spectateur est par erreur déclaré mort à la suite d'une rixe dans une loge de côté, ce qui crée un tohu-bohu dans la salle, jusqu'à ce que J. P. Kemble vienne déclarer en scène qu'il ne s'agissait en fait que d'un ivrogne…) *The Argus* mentionne que « le dialogue est une traduction partielle, et la musique [est] une compilation » ; cela accrédite la thèse de Frederick Burwick qui avance que la trame de la pièce est empruntée à la première version (perdue) de *La Tour enchantée* (1788) écrite par le Marquis de Sade[9]. Par ailleurs, selon Michael Kelly, l'action secondaire (qui concerne Adela et Edward, le couple d'amoureux « paysans ») serait inspirée d'un *intermezzo* italien. Le livret s'appuie sur la vogue du mouvement « Gothique » qui fait suite à la parution de *The Castle of Otranto* d'Horace Walpole en 1764. La vision bon-enfant de Cobb, si elle sape la réalité du fantôme de la tour – il s'agit en fait d'un stratagème des domestiques qui souhaitent vider en

---

[8] Thomas Sedgwick (?-1803), basse britannique. Employé à Drury-Lane dès 1787. Mauvais acteur, il n'en figura pas moins dans presque tous les opéras de Stephen Storace.

[9] Cette attribution fait l'objet d'un développement dans Burwick, 178 *sq*. – Notons qu'un contemporain affirme que « *le sujet est tiré d'un fragment gothique de madame Barbaud* » (Forster, 348, « *notes du traducteur* » [note 15]). Anna Maria Letitia Barbauld, née Aikin (1743-1825) est une poétesse, pédagogue et essayiste britannique.

paix la réserve de vin du Baron, et le « spectre » n'est autre qu'une supercherie de l'héritier légitime et spolié –, n'en est pas moins située au temps de Guillaume le Conquérant et joue avec tous les codes du genre gothique. En pleine Révolution Française, ce n'est sans doute pas un hasard si ce récit qui réconcilie Anglais et Français à travers une histoire d'amour contrariée, se penche sur une problématique d'usurpation et de césure entre les classes sociales, bien que les « paysans » soient montrés avec sympathie[10].

Le personnage qu'endosse Ann n'est pas très différent de certaines de ses incarnations italiennes – Adela est une fille du peuple travestie en grande dame –, et on a eu soin de lui ménager l'occasion de morceaux de bravoure. Ainsi, le *Walker's Hibernian Magazine* note que « Bannister Jun. et Storace jouèrent admirablement. [...] Le duo joyeux dansé entre Storace et Bannister fut exceptionnellement animé et réjouissant ». Son talent rare de danser tout en chantant ne manque pas de ravir une fois de plus les spectateurs. La qualité de la partition, des décors et costumes somptueux et remarqués font le reste, assurant le succès durable de l'ouvrage. Le frontispice gravé de la partition publiée conserve d'ailleurs une image des décors, montrant la fameuse tour et la campagne alentour.

Les débuts d'Ann Storace à Drury Lane sont observés avec beaucoup d'attention par la critique, ainsi que sa supposée rivalité avec Mrs Crouch. Précisons néanmoins que l'opinion des commentateurs, qui jugent souvent ce type d'opéra-comique comme étant « une forme de composition littéraire contraire à toutes les "lois de la nature"[11] », ne leur est en général pas favorable. De même, dans les propos de la presse, il est parfois difficile de faire la part entre l'impartialité du chroniqueur et son chauvinisme opposé à l'opéra italien, tant les allusions à la formation et la carrière antérieure de l'interprète abondent. Il est ainsi risible de lire, sous la plume du critique de *The Argus*, que « Storace fit deux tentatives pour ouvrir la bouche avant de pouvoir chanter une note, tant la différence est grande entre un air anglais ou un air italien. Elle se reprit alors et chanta avec plus d'avantage qu'elle n'en eut jamais au [King's Theatre in the] Haymarket »... alors que son premier air, « *Whither my love* » est un

---

[10] On trouvera un bref synopsis des ouvrages anglais créés par Ann Storace en annexe, dans *Opéras anglais créés par Ann Selina Storace*.
[11] Wienesanker 1949, 90.

pastiche de « *La rachelina molinara* » de Paisiello (*La Molinara*, 1788) ! Dans une chronique très détaillée, le critique de *The Prompter* reproche au personnage d'Adela d'être « une esquisse monstrueuse. Pourquoi l'auteur n'a-t-il pas profité de l'opportunité de nous donner la douce simplicité, la naïveté, l'ignorance ignorante (*sic*), la vanité étonnée d'une douce paysanne, élevée à un rang plus haut que sa tête ne le peut supporter ? ». Par ailleurs « Storace donne trop de façons de fille renfrognée et maladroite[12] à Adela. Une attitude un peu plus ouverte, et un peu moins de piétinement en arpentant le plateau, conviendrait mieux au personnage ». *The Herald* et *The Country Magazine* insistent sur ses défauts de prononciation[13], toutefois le compte rendu du *British Mercury* précise que « bien qu'elle ait passé la plupart de son temps sur le Continent, elle n'a aucun accent étranger et le mérite de son chant est considérablement augmenté par son admirable articulation » ! Pour sa part, le très sévère critique du *Bystander*[14] – sans doute l'acteur, compositeur et homme de lettres Charles Dibdin (baptisé en 1745-1814) lui-même – a une explication plus radicale : « En effet [Storace] prononça le dialogue avec tant d'aisance que cela doit être le comble de l'affectation d'avoir chanté ses airs avec un accent si prononcé que cela inciterait qui que ce soit à penser qu'elle ne peut pas parler un mot d'Anglais ; alors qu'en fait, elle est née en Irlande et ne s'est pas rendue en Italie avant un âge si avancé qu'aucune langue étrangère ne puisse créer des dommages à sa prononciation originelle. Quant à sa gêne, le *Herald* ne sait-il pas, comme je le sais moi-même, que c'est un air qu'elle se donnait machinalement ? Et le *Herald* ne sait-il pas aussi qu'elle s'en départit tout aussi machinalement quand elle se rendit compte qu'une conséquence embarrassante en résulterait si elle continuait davantage ? » Par ailleurs, il juge que la voix de la jeune femme est « serrée, dure et dissonante, et que la conduite maladroite de ses pieds discrédite terriblement la grâce consciente, quoique erronée, de sa tête et de ses mains », ce qui va à l'encontre de toute la critique, qui loue unanimement son charme et le triomphe qu'elle remporte. Il est vrai que Dibdin est farouchement anti-Italien et déteste Gallini et tout ce qui touchait à sa saison d'opéra.

---

[12] « *too much of the sullen, clumsy quean* ». « *Quean* » qualifie une femme de mauvaise réputation, souvent une prostituée.

[13] Comme le fera plus tard le peintre James Northcote qui affirme qu'on dut modifier les textes des airs de *No Song No Supper* pour Madame Storace, car elle ne pouvait pas prononcer la moitié des terminaisons anglaises. (Hazlitt, 207-208.)

[14] *The By-stander; or, Universal Weekly expositor* était publié par Charles Dibdin.

The Haunted Tower ne sera d'ailleurs donné pas moins de 56 fois durant cette saison, dont une soirée de « commande royale », le 16 décembre 1789. La famille royale exprime d'ailleurs sa « grande satisfaction » devant le duo Storace-Bannister. Stephen offrira une magnifique paire de boucles d'oreilles à sa sœur, pour la remercier de ce succès[15].

---

[15] D'après le livre de compte du théâtre, deux mois après la première, James Cobb a été payé £ 150 8*s*. 0*d*., et Stephen £ 100, ainsi que 5 guinées pour acheter des boucles d'oreilles à Ann. (Girdham 1997, 80.)

XVI

1790

« *Batti Batti, o bel Pipetto* »

The Haunted Tower est programmé sans discontinuer. Le triomphe personnel d'Ann se manifeste à travers la billetterie de sa soirée à bénéfice du 1ᵉʳ février 1790 : £ 328, 5*s*. 6*d*., moins les £ 112 0*s*. 10*d*. retenus par le théâtre pour frais divers, alors que la recette moyenne des soirées où se donne la pièce oscille entre £ 207 et £ 210… *The Argus*, qui ne lui est pourtant guère favorable, commente : « […] LA TOUR HANTEE, contrairement aux coutumes et aux préventions, était loin d'être déserte. Le Nouvel Air fit un effet excellent, et montra la main d'un maître – son exécution fut exquise » (*The Argus*).

Ann a de nouveau été sollicitée pour se produire aux Concerts of Antient Music et y est très applaudie lors du premier concert de la série le 27 janvier 1790, dans deux airs de Hasse et de Haendel[1]. Elle est également engagée aux Professional Concerts, qui proposent une série de douze concerts entre le 15 février et le 17 mai, et elle participe, bien sûr, aux soirées d'oratorio haendélien données à Drury Lane à partir du 19 février. Sa fortune est florissante : le 1ᵉʳ mars, *The Argus* note acrimonieusement qu'elle gagne environ £ 3 000 par an, soit à peu près le revenu d'un parlementaire comme Sheridan !

En ce début d'année, la jeune femme est très demandée : on commence à murmurer début février qu'elle va être réengagée à l'Opéra. L'ancienne troupe italienne du King's Theatre est désormais installée au Little Theatre in the Haymarket. Afin de renforcer sa légitimité, Gallini, incertain du devenir de sa *licence*, s'est empressé de lancer une saison d'opéra dans ce théâtre situé juste en face des ruines du King's Theatre ; tandis qu'un nouveau bâtiment conçu par l'architecte Novosielski se construit hâtivement sur l'ancien site.

---

[1] On trouvera des critiques de la soirée dans *The Times* et *The Argus*.

Gallini ne partage apparemment pas l'opinion d'un Français qui, listant de possibles recrues pour le Théâtre de Monsieur, notait lapidairement, « *La signora Storace* [...] *commence, dit-on, à perdre sa voix*[2] ». Selon *The Times*, Ann recevra deux cent guinées pour dix soirées, ainsi que la possibilité de choisir ses airs : c'est le fameux « *choice of the book* ». Mariana Laurenti, la « *prima buffa assoluta* », une élève de Felice Giardini, le compositeur en résidence de l'Opéra, ne satisfait pas ; cependant, Ann, réengagée pour tout le reste de la saison, n'est que « *prima buffa* », sans doute pour ménager les susceptibilités[3]...

Le 27 février 1790, Ann fait sa rentrée au Little Theatre in the Haymarket dans *La Villanella Rapita* (La Paysanne enlevée) de Bianchi. Comme il est d'usage, il s'agit d'un *pasticcio* au cours duquel sont introduits des insertions de Martín y Soler, Paisiello et Mozart. On entend en effet les morceaux d'insertion écrits par le Salzbourgeois pour les représentations viennoises de 1785 : « *Dite almeno in che maniera* » (KV. 479) et le trio « *Mandina amabile* » (KV. 480). Mandina, le rôle-titre interprété par Ann, s'attribue aussi une adaptation de « *Deh vieni non tardar* », devenu « *Ah vieni non tardar a fata bella* » (II, sc. 2), et un « *Batti Batti, o bel Pipetto* » (II, sc. 3), qui n'est autre qu'un arrangement de l'air de la Zerlina du *Don Giovanni* de 1787. Ce dernier air d'insertion intrigue : on pouvait attribuer l'ajout de l'air des *Nozze di Figaro* à la cantatrice – bien qu'on ignore si les Storace emportèrent effectivement la partition dans leurs bagages[4] –, mais d'où provient cet air tiré de *Don Giovanni* ? Il a été souvent été interprété comme la « preuve » d'une correspondance suivie entre Ann Storace et Mozart[5], lequel aurait envoyé à la jeune femme l'air en question. Si ses négociations avec Orsini-Rosenberg avaient abouties, le rôle de Zerlina entrait effectivement dans ses emplois...

Cette théorie est bien séduisante, mais elle est aisément réfutable[6]. Le lien entre les Storace et Mozart pourrait avoir été le fait de Stephen. Ce dernier publie en effet plusieurs opus du Salzbourgeois dans sa compilation commencée en 1787, *Storace's Collection of Harpsichord Music*.

---

[2] *Le Moniteur Universel*, janvier 1790. (Cité par Di Profio, 329.)
[3] Price Milhous Hume 1995, 424-425.
[4] Ce qu'affirme Roger Fiske (Fiske, 498 et 506).
[5] Alfred Einstein, « *Mozart in London: Footnote to the History of Two Famous Songs* » (*The Daily Telegraph*, 23 février 1935. Rééd. dans Einstein 1991, 195-196.)
[6] Cette possibilité a également été évoquée par Emerson, 44.

En juillet 1789, il y introduit le Trio en sol majeur (KV. 564) que Mozart date du 27 octobre 1788[7]… Mais la présence de ces partitions prouve-t-elle leurs relations épistolaires ou le truchement de Francesco Benucci ? L'interprète de ce *Don Giovanni* viennois (il a chanté Leporello en mai 1788) a tout aussi bien pu emporter certaines partitions, comme cela se pratiquait couramment. Aurait-il pu le faire à la demande de Mozart ou par initiative personnelle ? Quoi qu'il en soit, ce n'est pas le seul morceau mozartien inédit à faire son apparition sur les scènes londoniennes : le second opéra de la saison au Little Theatre est un *I due castellani burlati* de Vincenzo Fabrizi dans lequel a été introduit une variante de « *Voi che sapete* » et sans doute un trio fondé sur « *Batti, batti…* »[8]. En mars 1790, c'est à Covent Garden que Jack Bannister et Mrs Billington introduisent « *La ci darem la mano* » dans un opéra de William Shield (1748-1829)… Il est manifeste que des extraits de ce *dramma gioccoso* mozartien circulent alors à Londres. Toutefois *Don Giovanni* aurait également pu être diffusé sous une forme manuscrite, copiée dans son intégralité par Joseph Heidenreich, et disponible à Vienne dès mai 1788. Le rôle des Storace, frère et sœur, dans la propagation mozartienne à Londres a probablement été surestimé… Par ailleurs, est-ce totalement un hasard si Ann se met à interpréter des airs mozartiens au moment où Stephen oriente sa carrière vers des pièces vernaculaires… et n'a donc plus rien à craindre de la concurrence que représente Mozart ?[9]

Ces insertions sont particulièrement remarquées :

> La musique de *Bianchi* et de *Mozart*, avec le secours de la Signora *Storace*, ne pouvait que susciter deux bis ; son air du premier acte et le duo avec *Borselli* dans le second – ceux-ci, avec le finale du premier acte et le quintette du second, était les seuls SANGLIERS BLANCS de la soirée dignes d'intérêt. (*The Times*)[10]

> Toute la musique de l'opéra méritant la notoriété est entièrement de Mozart – et c'est tout au mérite de Storace qu'on en ait introduit autant. C'est également au mérite de cette chanteuse favorite que tout le succès rencontré par l'opéra peut être attribué. L'air de Mozart, '*Bella rosa porporina*'[11] et le trio du même maître dans lequel

---

[7] Woodfield 2000, 220-221 ; Emerson, 48.
[8] Price Milhous Hume 1995, 429.
[9] Cowgill, I, 153.
[10] Eisen, 151 (n°236) et Petty, 274.
[11] Cet air de Mozart est inconnu. S'agit-il d'une adaptation ?

> Storace et Mussani (*sic*)[12] ont établi leur prééminence, avec un autre air, en sont la preuve. Dans le second acte, la musique de Mozart provoqua également l'approbation, et en particulier le quintette, '*Dite almeno in che maniera*'. C'était une belle composition, et la supériorité de Storace y éclatait. Une autre interprétation notable était '*Ochietto forbetto*', mais ceci, nous l'avons entendu exécuter bien mieux, à l'époque d'Allegranti[13]. Le compositeur de ce duo populaire est Martini. […] Les finales sont jolis, mais inférieurs à Paisiello ; celui du dernier acte était le meilleur, mais tout comme l'opéra, c'est un *Pasticcio*, et il contient la musique de trois ou quatre maîtres, étrangement combinée (*The Morning Herald*)[14].

Au vu de ces critiques enthousiastes, il est étonnant que Gallini n'ait pas tenté de faire venir Mozart à Londres, ou tout au moins, fait représenter l'un de ses opéras en entier. Il est vrai qu'il y avait surabondance d'ouvrages entre lesquels choisir, et souvent bien plus populaires… Il avait déjà laissé passer une opportunité unique pour représenter des opéras de Mozart en 1789, avec la présence de deux de ses créateurs, Storace et Benuci, dans sa troupe. On peut néanmoins avancer quelques hypothèses à son indifférence[15]. Monter *Le Nozze di Figaro*, adaptation musicale d'une pièce de Beaumarchais, pouvait se montrer délicat pour un directeur de théâtre dont les finances, très souvent précaires, dépendaient de manière cruciale de souscripteurs aristocrates, souvent conservateurs. Les remous de la Révolution française rendaient les représentations de l'opéra d'autant plus délicates que la pièce de Beaumarchais – adaptée par l'écrivain radical Thomas Holcroft (1745-1809) qui sera accusé de haute trahison en 1794 pour ses idées réformistes – avait déjà été montée à Covent Garden en 1784. Hormis ces considérations politiques qui ont pu influer sur la décision de Gallini, les contraintes matérielles ont sans doute pesé plus lourd. En effet, le public s'attendait à ce que les premiers rôles masculins soient plutôt endossés par des ténors. Or, comme en témoigne l'avis d'un Richard Edgcumbe[16] apparemment très représentatif de ce public d'aristocrates, Almaviva est alors perçu

---

[12] Le ténor Niccolò Mussini fit partie de la troupe du King's Theatre entre février et juillet 1790.
[13] « *Occhietto furbetto* » est tiré de *L'Arbore di Diana* (I, n°15) de Martín y Soler. Le critique fait erreur : cet opéra a été créé en 1787 et Teresa Maddalena Allegranti avait quitté Londres en 1783.
[14] Eisen, 151 (n°236) et Petty, 274.
[15] Ces raisons sont évoquées par Cowgill, 157-164.
[16] Mount Edgcumbe, 122-123, et particulièrement sa note, page 123.

comme le rôle principal masculin ; cette vision toute sociologique de la typologie des rôles exige qu'il ne soit pas interprété par une basse. (Cette même logique verra par la suite le rôle de Don Giovanni transposé pour ténor durant toute une partie du XIXème siècle.) La typologie intermédiaire du rôle, en *mezzo carattere*, est également un obstacle : la séparation très nette entre le répertoire *serio* et *buffo* de la troupe ne se prêtait guère au passage des interprètes d'un genre à l'autre. Par ailleurs, on peut douter de la capacité de la troupe à se frotter à une musique aussi « complexe » que celle de Mozart : à part les quelques vedettes du chant qui faisaient gonfler la billetterie, les chanteurs engagés étaient souvent de deuxième ordre, problème qui ira en s'aggravant tout au long de la période. Les guerres napoléoniennes n'aideront évidemment pas le recrutement sur le Continent…

Est-ce la présence de la cantatrice sur des scènes aussi variées qui fait avancer que « STORACE chantera l'Opera Seria par deux fois avec [Luigi] MARCHESI avant l'arrivée de [Gertrud] MARA » (*The Times*) ? Cet espoir sera déçu. Ann ne parviendra jamais à être une « *assoluta* » sur les scènes britanniques, comme elle l'avait été brièvement en Italie au début de sa carrière, enchaînant rôles « sérieux » et « bouffons »…

La semaine sainte la voit retourner à Bath, pour deux concerts organisés par Rauzzini. Son bénéfice du 7 avril est la seule rémunération qu'elle accepte. Ann est vite de retour à Londres, apparaissant en alternance à Drury Lane, au Little Theatre in the Haymarket, et dans les salles de concert.

Suivait-elle de près les manœuvres de Johann Peter Salomon, associé de l'éditeur de musique John Bland (v. 1750-v. 1840) – déjà bien engagé dans la diffusion de la musique de Mozart –, auprès de Haydn ? Lors d'un voyage continental en octobre 1789, Bland avait passé commande à Haydn de nouvelles partitions, et il avait alors également servi d'émissaire à l'impresario Salomon, qui, voyant ses concerts péricliter, essayait à son tour d'attirer Haydn à Londres pour la saison 1790, tentative où le Professional Concert avait préalablement échoué. Dans un courrier adressé à Bland le 12 avril 1790, Haydn précise que « par la même occasion vous recevrez une cantate toute nouvelle et très belle à l'intention de Monsieur Salomon, transmettez-lui mes meilleurs compliments et remerciez-le beaucoup pour son message. […] Cette cantate est pour la voix de ma chère

Storace, embrassez-la mille fois pour moi[17] ». Salomon projetait sans doute déjà de faire interpréter l'œuvre par Ann Storace, dans l'un de ses concerts[18]. Il s'agit vraisemblablement de la cantate *Miseri noi, misera patria* (Hob. XXIVa:7), qu'Ann a sans doute créée sous la direction du compositeur en 1791.

Le 16 avril 1790, Michael Kelly prend son bénéfice à Drury Lane. Il a choisi en seconde partie de soirée de créer une *afterpiece* composée par Stephen Storace, laquelle aura une longévité remarquable : *No Song, No Supper* (Pas de chanson, pas de souper). C'était en effet la seule façon de faire accepter l'ouvrage par Kemble (le « *deputy manager* ») qui l'avait préalablement refusée[19]… Le librettiste n'en est autre que Prince Hoare, l'ancien soupirant d'Ann rencontré à Florence en 1779, qui dès 1788 s'est consacré à une activité de dramaturge et de librettiste.

Cette *afterpiece* est bientôt reprise par le théâtre avec un succès qui ne se démentira pas : elle sera reprise chaque saison des années durant et formera l'un des piliers du répertoire d'Ann[20]. Pourtant, la musique en est relativement simple, et la pièce ne demande pas une immense virtuosité. C'est sans doute cette adaptabilité à une distribution composée aussi bien d'acteurs que de chanteurs et ses mélodies facilement mémorisables, qui firent son durable attrait. L'histoire s'inspire d'un fabliau médiéval français, *Du pauvre clerc*[21], et reprend plaisamment ce récit d'amant caché (ici, un homme de loi ; un prêtre

---

[17] Vignal, 323.

[18] Woodfield 2003 rappelle que l'échec cuisant d'une cantate de Federici avait vidé la salle lors du bénéfice de Salomon en mai 1789, d'où l'importance pour lui de programmer ce qu'il y avait de mieux (227-229).

[19] Ecrivant pour une soirée à bénéfice, le librettiste n'était en effet pas payé par le théâtre…

[20] Un développement conséquent est consacré à cette *afterpiece* dans Girdham 1997, 177-189 et 243 (liste des emprunts musicaux). C'est une des rares partitions intégrales de Stephen Storace à avoir été conservée ; elle a été éditée par Roger Fiske : *No Song, No Supper*. 'Musica Britannica', Vol. XVI. The Royal Musical Association; Stainer & Bell, London, 1959.

[21] Comme le précise *The British Mercury*. – Legrand d'Aussy (1737-1800) compila divers récits dans un *Fabliaux, ou Contes, Fables et Romans en Vers du XIIe et XIIIe siècles*… qui connut plusieurs éditions (1779, puis 1781) et plusieurs traductions anglaises, dont *Tales of the Twelfth and Thirteenth Centuries* (1786) ; rééditée en 1789 dans *Norman Tales*. Prince Hoare ne se serait pas appuyé directement sur le fabliau, mais sur le *Soldat magicien* de Philidor et Anseaume (1763), qui s'en inspirait. (Baring Gould, IV, II.)

dans le texte d'origine…), d'avarice et de gourmandise, avec le fameux souper du titre, finalement dévoilé au mari trompé par la seconde ballade de Margaretta. Le premier air de ce personnage chanté par Ann, « *With lowly suit and plaintive ditty* », inspiré par une ballade de rue chantée par « un vieux mendiant aveugle », participe au succès et connait une vogue constante tout au long de la période. De nombreux foyers en achetèrent la partition réduite pour clavier, comme le fit l'écrivain Jane Austen, dont on a conservé les partitions[22].

En mai et juin 1790, les concerts de la Royal Society of Musicians se déroulent cette année-là avec un faste dont on avait perdu l'habitude. Le rétablissement de George III rend enfin possible le retour à l'abbaye de Westminster et le public se presse aux concerts patronnés par la famille royale. La présence du roi joue un rôle indéniable dans cette affluence : c'est parfois la seule possibilité qu'a le public d'apercevoir son souverain[23]… Le castrat Pacchierotti[24] et Gertrud Mara sont les deux étoiles sur lesquelles les critiques s'appesantissent, mais on remarque néanmoins que « Storace chanta avec beaucoup de goût et de jugement » (*The Times*), commentaire indirect sur son attitude parfois inadaptée à la solennité des circonstances. Un chroniqueur ironique ne notait-il pas en février que « Le chant de STORACE dans le *Messiah*, fut délivré avec son excellence habituelle – mais ses clins d'œil et ses sourires adressés à certains membres du public, ont l'air irrespectueux et méritent la réprobation » (*The Argus*)[25] ? Son talent de diseuse est cependant apprécié, comme le note *The British Mercury* : « Storace eut beaucoup de succès, particulièrement pour sa manière de délivrer les récitatifs… » (*The British Mercury*).

Au milieu de ces concerts, se glisse également une participation à un bénéfice aux Hanover Square Rooms, le 2 juin 1790, soirée au profit des jeunes violonistes Franz Joseph Clement (1780-1842) et George

---

[22] Lockwood, 119.
[23] Cette curiosité est partagée par les voyageurs. Ainsi, l'écrivain et historien russe Nikolaï Mikhaïlovitch Karamzine (1766-1826) consacre plus d'espace à détailler le comportement de ses voisins et à observer la famille royale et William Pitt, qu'il n'en prend à témoigner de son admiration pour la musique de Haendel.
[24] Gasparo (ou Gaspare) Pacchierotti (ou Pacchiarotti), (baptisé en 1740-1821), castrat soprano italien. Chanteur émouvant et excellent acteur, il se produisit à plusieurs reprises au King's Theatre, à partir de 1778.
[25] Au sujet d'un *Messiah* donné à Drury Lane le 19 février 1790.

Augustus Polgreen Bridgetower (1778/80-1860). En 1803, pour ce jeune « mulâtre » virtuose qui fut sans doute l'élève de Haydn, Beethoven composera ce qui deviendra sa *Sonate à Kreutzer* (op. 47). Il avait fait ses débuts londoniens le 19 février 1790 à Drury Lane, lors d'une des soirées d'oratorios où chantait Ann.

Deux représentations du *Barbiere di Siviglia* de Paisiello clôturent la saison italienne d'Ann, les 3 et 10 juin 1790. En troupe à Drury Lane, Michael Kelly a repris exceptionnellement le rôle d'Almaviva où il se taille un grand succès : il « fut à tous égards si admirable, que cela le rendit complètement digne de posséder une Rosine aussi charmante que *Storace* ! » (*The Times*). Les toutes dernières représentations de la saison auront ensuite lieu à Covent Garden entre le 12 juin et le 17 juillet.

Durant l'année 1790, la guerre entre Taylor (le principal propriétaire) et Gallini (le *manager* auquel Taylor avait hypothéqué une partie de son théâtre), pour le contrôle du King's Theatre, se poursuit dans un contexte de plus en plus tendu[26]. Se disputant la mainmise sur le théâtre et la compagnie depuis longtemps, ils sont de surcroit soumis à l'autorisation du Lord Chambellan : en effet, depuis le *Licensing Act* de 1737 seuls deux théâtres et un opéra sont permis à Londres… Or l'incendie du King's Theatre remettait tout en jeu : la *licence* était-elle attachée à la troupe ou au bâtiment ? En ce dernier cas, un nouvel opéra italien pouvait voir le jour…

En avril 1790, après différentes permutations d'alliances, deux projets concurrents restent en lice : celui de Gallini qui délocalise sa propre saison au Little Theatre in the Haymarket, tout en espérant que sa demande de *licence* pour 1790-1791 sera acceptée par le Lord Chambellan, et celui de Robert Bray O'Reilly – un juriste sans fortune, et sans aucune expérience dans les affaires théâtrales, un homme de paille idéal… – derrière lequel se dissimule un consortium d'aristocrates comprenant le prince de Galles, le duc de Bedford et le marquis de Salisbury, qui n'est autre que le Lord Chambellan ! Ces derniers décident de louer et de rénover le Pantheon dans Oxford Street, une salle de concert construite en 1772, puis de la convertir en théâtre

---

[26] Les péripéties de la reconstruction du King's Theatre et de l'attribution des autorisations administratives sont détaillées dans Price Milhous Hume 1995, 540-574. Voir également Price 1989.

d'opéra. Le 30 juin 1790, Salisbury, jouant double jeu, octroie l'autorisation tant désirée à O'Reilly, sonnant le glas des ambitions de Gallini. Parallèlement, Wilhelm Cramer, le premier violon de Gallini, a changé d'allégeance et se fait engager par O'Reilly au Pantheon. Gallini s'allie alors avec le violoniste et imprésario Johann Peter Salomon, qui part recruter des musiciens sur le continent à l'automne 1790, tandis que lui-même se rend en Italie pour recruter des chanteurs[27]. Le décès du prince Nikolaus Esterházy, le 28 septembre 1790, va ouvrir la voie à la venue de Haydn à Londres : il recevra conjointement la commande d'un opéra de la part de Gallini et l'offre d'une série de concerts à souscription de la part de Salomon…

Au milieu de ces coups de théâtre ébranlant l'avenir de l'opéra italien à Londres, l'été de la cantatrice semble avoir été consacré au repos. Ann Storace voyage bien jusqu'à Norwich pour participer au festival, mais ses véritables escapades professionnelles ne débutent qu'à la fin de l'été. Sa participation au festival de Liverpool (14-17 septembre) semble avoir été annulée au dernier moment[28]. Elle se rend à Colchester les 22 et 23 septembre. Deux jours plus tard, elle est distribuée, ainsi que Kelly et Mrs Crouch, dans un concert sacré en hommage à Haendel dans l'église de Stanmore Parva (ou Whitchurch) près de Canons, siège du duc de Chandos. Le compositeur y avait été organiste. Ce concert laissera un souvenir vivace dans la région, mais ne semble pas avoir été très fructueux. Sa recette était pourtant destinée à des écoles du dimanche.

Ann fait sa rentrée à Drury Lane le 11 septembre avec *The Haunted Tower*. Plus crucial pour son avenir professionnel, elle est en pleine négociations avec O'Reilly, le nouvel homme fort de l'Opéra italien à Londres, qui tente de l'engager pour sa nouvelle compagnie du Pantheon. O'Reilly a également un compositeur en vue pour sa nouvelle entreprise : un certain Wolfgang Amadeus Mozart…

---

[27] Woodfield 2003, 70-73.
[28] « La Signora Storace ne pouvant être présente à ce festival, à cause d'un engagement antérieur à Drury-Lane, le Comité a fait appel à nouveau à Mrs Billington, qui a poliment consenti à prêter son assistance pour l'occasion. » (Annonces parues dans *Gore's General Advertiser*, citées dans Brooke, 397-398.)

XVII
1790-1791
Mozart & Haydn

O'Reilly, le nouveau *manager* du Pantheon, ne s'y connait guère en musique et prend comme assistant le violoniste Luigi Borghi (1745 ?-v. 1806). Ce dernier est impliqué au premier chef dans les négociations engagées entre Ann Storace et O'Reilly, lors de la constitution de la troupe de chanteurs. Si Pacchierotti et Mara sont déjà pressentis pour l'*opera seria*, il est nécessaire de recruter une *prima buffa*… tandis que Taylor, qui a pris la haute main sur Gallini, s'évertue à recruter parallèlement pour le King's Theatre en voie d'achèvement. Le prince de Galles, qui a soutenu l'aventure du Pantheon de manière souterraine, intervient alors. Il semble avoir insisté fortement auprès d'O'Reilly pour faire engager Ann. Cet intérêt est peut-être personnel : *The Secret History of the Green Rooms* n'ironise-t-il pas sur les soi-disant vaines tentatives qu'aurait déployées Ann pour retenir l'attention amoureuse du prince ? Pourtant il ne ménage pas ses efforts pour la mettre en valeur, comme en témoigne une lettre datée du 10 octobre 1790 d'O'Reilly au juriste William Sheldon, l'homme de l'ombre de l'entreprise, qui préside l'administration fantoche mise en place par les nobles commanditaires.

> [Le Prince de Galles] me demanda instamment d'engager Storace & me dit que si je le faisais, il m'obligerait en retour – Je lui parlai de ses conditions & qu'elle ne souhaitait pas se lier pour 50 soirées, & mentionnais que j'avais également prospecté à l'étranger – Il me répondit qu'il la ferait contracter selon Mes conditions & ajouta que <u>c'était bien mieux pour moi d'avoir une Chanteuse dont les mérites m'étaient connus, que de me Fier à une nouvelle Chanteuse dont je ne pourrais pas connaître le succès ici – & particulièrement en ce moment…</u>
> Ce Matin, il me fit venir une fois encore [à Carlton House], et me demanda à nouveau, si j'avais pris ma Décision en ce qui concerne Storace – Je lui demandai un peu de temps pour consulter mes amis

> mais j'assurai S.A.R. que je ferais tout ce qui était en mon Pouvoir pour m'arranger avec elle – & il fit venir Storace & avec beaucoup de Bonne Humeur, il me dit qu'il me montrerait la meilleure façon de juger un bon chanteur : il la fit chanter – & actionna lui-même la soufflerie de l'orgue dont elle jouait. Il m'assura à nouveau qu'il ferait tout ce qui était en son pouvoir pour m'être agréable[1].

Cette audition faussement spontanée ne porte pas ses fruits. O'Reilly négociait de son côté avec Anna Casentini[2] et cette dernière, bien qu'encore à Livourne, sera engagée le 17 septembre... La suite des évènements fera mentir une fuite d'information dans la presse : « STORACE sera l'une des DEESSES du Pantheon – avec elle et Mrs. BILLINGTON, la BURLETTA [*opera buffa*] et l'opéra sérieux avanceront CON SPIRITO ! » (*The Times*). Mais les chanteurs n'étaient pas tout : il manquait encore un compositeur en résidence pour la nouvelle maison. Ainsi, le 26 octobre 1790, O'Reilly envoie une célèbre missive à Mozart :

> *Monsieur!*
> *Par une personne attachée à S.A.R. le Prince de Galles j'apprends votre dessein de faire un voyage en Angleterre[3], et comme je souhaite de connoître personellement des gens à talents, et que je suis actuellement en état de contribuer à leurs avantages, je vous offre Monsieur la place de Compositeurs ont eus (sic) en Angleterre. Si vous êtes donc en état de Vous trouver à Londres envers la fine du mois de Decembre prochain 1790 pour y rester jusqu'à la fin de Juin 1791 et dans cet espace de tems de composer au moins deux Operas ou sérieux ou comiques, selon le choix de la Direction, je vous offre trois cents livres Sterling avec l'avantage d'écrire pour le concert de la profession ou toute autre salle de concert à l'exclusion seulement des autres Théatres. Si cette proposition peut vous être agréable et vous êtes en état de l'accepter faites moi la grâce de me donner une réponse à vue, et cette lettre vous servira pour un Contract.*
> *Jai l'honneur d'être*
> *Monsieur*
> *Votre très humble Serviteur*
> *Rob. May (sic) O'Reilly*

---

[1] Cité par Price 1989, 67.
[2] Anna Casentini, soprano italienne active entre 1787 et 1796. Elle épousera Luigi Borghi un peu plus tard...
[3] Ian Woodfield analyse cette phrase comme une des indications que Gallini et Salomon avaient parallèlement envisagé d'engager Mozart comme compositeur pour le King's Theatre reconstruit, avant d'apprendre la disponibilité de Haydn. Une remarque du fils de Mozart aux Novello en 1829 confirmerait ce projet. (Woodfield 2000, 233-234.)

Ayez la bonté de diriger
Au Pantheon à Londres[4].

On ignore si Mozart répondit à cette lettre, car les archives du théâtre sont lacunaires. S'il avait accepté, il aurait été en rivalité directe avec Haydn, engagé par les concurrents. Cela pourrait être l'une des raisons de son probable refus. C'est finalement Joseph Mazzinghi, installé à Londres, qui obtiendra le poste avec des avantages financiers bien supérieurs… Les conditions d'exclusivité mentionnées dans le courrier n'avaient rien d'extraordinaire, puisque les artistes engagés devaient tous s'y soumettre. L'exception faite en faveur des Professional Concerts s'explique par l'engagement de leur organisateur, le violoniste Wilhelm Cramer, comme directeur musical de l'orchestre du Pantheon.

Pour le musicologue Curtis Price, la « *personne attachée à S.A.R. le Prince de Galles* » n'est autre qu'Ann Storace, comme la démarche du prince héritier peut le laisser supposer[5]. Les allusions d'O'Reilly concernant les exigences d'Ann s'expliqueraient par la volonté de la jeune femme de continuer à se produire à Drury Lane dans les opéras de son frère ; elle aurait également poussé à l'engagement de Mozart au Pantheon, ce qui expliquerait la mention de la correspondance envoyée – ou prête à être envoyée – à l'étranger par O'Reilly. Toutefois cette « *personne* » pourrait également être Thomas Attwood, élève de Mozart entre 1785 et 1787, redevable au prince de Galles pour son éducation musicale continentale. Il avait été page dans sa maison et était alors violoniste dans son orchestre privé[6]. En l'état actuel des sources, il est impossible de trancher…

Ayant échoué à se faire engager dans la nouvelle troupe à ses conditions, la jeune femme va se consacrer pleinement aux reprises de *The Haunted Tower* et de *No Song, No Supper*. Elle connaît quelques déboires à cette période. Le 3 octobre, revenant d'Harrow en compagnie de Kelly, Mrs Crouch et deux autres compagnons, elle a été victime d'un accident de voiture par la faute d'un cocher ivre[7] :

---

[4] Price 1989, 68-69. – L'original de cette lettre est perdu, mais elle est indéniablement authentique. Elle fut publiée par Gustav Nottebohm, *Mozartiana*. Leipzig, 1880.
[5] Price 1989, 70-71.
[6] Cowgill, 154-157.
[7] C'est ce qu'avancent *The Times* et *The Hampshire Chronicle*.

sous le choc, la voiture est « fracassée » et l'un des voyageurs est projeté du haut d'« une sorte de précipice dans une mare »… mais tous échappent à des blessures graves[8]. Quelques soirs auparavant[9], « une chose affreuse » lui est arrivée :

> Alors que je chantais mon dernier air dans *The Haunted Tower*, au début de l'Allegro j'ai oublié le texte, du coup je me suis arrêtée, pensant que j'allais m'en souvenir sur l'instant, mais pas une syllabe ne me vint à l'esprit, ni pouvais-je chanter une note de plus. J'étais terriblement confuse, mais le Public m'applaudit avec bienveillance[.] Heureusement que cela s'est passé de la sorte, personne ne pouvait me le souffler, et aurais-je dû sauver ma vie, je n'aurais rien pu faire pour mon salut, car j'en avais oublié jusqu'à la signification. Une heure après, je ne pouvais pas m'en rappeler un seul mot – un tel évènement ne m'est jamais arrivé auparavant, et j'espère que cela n'arrivera jamais plus, et pour cela, j'étudie mon rôle très attentivement pour ce Soir[10] – je suppose que je serai vilipendée dans les journaux, j'avais peur de me faire huer. […] PS : J'ai dit au Public que j'avais oublié mon texte[11].

Tout son temps est occupé par les représentations à Drury Lane et les répétitions pour le nouvel opéra de Stephen, *The Siege of Belgrade* (Le Siège de Belgrade). James Cobb, le librettiste, utilise habilement l'actualité du sujet : entre 1789 et 1791, s'y étaient déroulés une guerre, un siège et la domination temporaire des Autrichiens, mais il ne s'agit que d'un artifice littéraire dépourvu de réelle couleur locale. En effet, cette *mainpiece* est un décalque d'*Una Cosa Rara* de Martín y Soler. Parmi les morceaux intégrés dans l'œuvre, ceux de « Martini » prédominent, mais l'on y trouve également « *Che filosofo buffon* », tiré de *La Grotta di Trofonio* de Salieri et le rondo *alla Turca* de Mozart (KV. 331)… choix logique pour un opéra qui narre les amours tumultueuses et contrariées d'un couple de paysans et les épreuves de l'épouse du capitaine Cohenberg, Catherine, en butte aux assiduités du Sérasquier, gouverneur de Belgrade ; le tout sur fond de siège de la ville défendue

---

[8] Lettre du 4 octobre [1790] à Prince Hoare, conservée dans la James Marshall and Marie-Louise Osborn Collection, Beinecke Rare Book and Manuscript Library, Yale University, Mss. 5229. Selon l'inventaire, cette missive daterait de 1791, mais les entrefilets de presse relatant cet accident infirment cette datation.
[9] Sans doute le 11 septembre ou le 2 octobre 1790.
[10] Elle devait chanter *No Song, No Supper*.
[11] Lettre du 4 octobre [1790].

par les Turcs contre les Autrichiens. Comme le souligne *The London Chronicle*, « *Sans entrer dans les labyrinthes de l'intrigue, nous observerons seulement que l'on est bien dédommagé de ce qui manque à l'esprit, par la satisfaction qu'éprouve l'œil & l'oreille*[12] ». Ann y reprend son personnage de Lilla qu'elle n'avait pu interpréter au King's Theatre… Par leurs insertions fréquentes des airs tirés des opéras de l'Espagnol dans les ouvrages italiens et anglais chantés par Ann, les Storace contribuèrent à paver la route de Martín y Soler qui sera invité par le King's Theatre en 1794[13]…

La première du 1ᵉʳ janvier 1791 est un triomphe, soutenu ouvertement par le prince de Galles et son frère le duc de Clarence. La presse s'extasie sur la beauté des décors et des costumes, ainsi que sur celle des airs, même si l'on regrette une longueur excessive : l'opéra sera raccourci lors des représentations suivantes[14]. Ann s'y taille un grand succès personnel, grâce à sa capacité de danser tout en chantant.

> […] Comme *spectacle*, nous n'hésitons pas à dire que *The Siege of Belgrade* est le plus splendide, en terme de décors, costumes et décorations, que nos théâtres aient jamais produit ; – les Scènes, et elles sont au nombre de douze, forment une succession de vues belles et exactes de Belgrade et de la campagne environnante […] montrant ce qui peut être véritablement désigné comme étant une splendide exposition de peintures.
> La Musique, quoique trop sublime pour le goût des galeries [étages supérieurs du théâtre], est cependant extrêmement belle et fait grand honneur au goût reconnu de [Stephen] Storace. […]
> La puissance comique de Storace n'a peut-être jamais été déployée plus avantageusement – Sa *Lilla* fut durant toute la pièce le portrait le plus parfait du naturel – l'air où elle danse (*the dancing air*) [« *What can mean that thoughtful frown* » parodié de l'air de Salieri] fut à lui seul suffisant pour apporter le *succès* à n'importe quel opéra. Il fut bissé par *deux* fois, et on ne la dispensa pas du *troisième* bis sans quelque difficulté. (*The Times*)

Très logiquement, le choix d'Ann, pour son bénéfice le 5 février 1791, est le nouvel opéra, suivi de *No Song, No Supper*.

---

[12] Traduction d'un article du *London Chronicle* dans *L'Esprit des Journaux*.
[13] A ce sujet, voir Martin.
[14] Comme précisé dans *The European Magazine and London Review*.

Ce n'est pas l'unique nouveauté dans laquelle elle apparait. Si Stephen Storace avait adapté une *aria* de *La Grotta di Trofonio* dans sa dernière *mainpiece*, la trame de cet *opera buffa* est réutilisée dans un *pasticcio* qui, en dépit de son nom, ne comporte aucun extrait de la partition de Salieri[15]. Cette adaptation, *The Cave of Trophonius* (La Grotte de Trophonius), créée le 3 mai 1791 pour le bénéfice de Mrs Crouch, est un échec ; la soprano y incarne Phaedra, sœur jumelle de Daphne, le personnage endossé par Ann. Le livret de Prince Hoare se déroule apparemment dans un environnement plus féérique que l'original de Casti, si l'on en croit la liste des personnages. Michael Kelly, mentionne cet échec en précisant que l'opéra « ne rencontra pas l'accueil qu'il méritait, je pense ». Le *Thespian Magazine* note lapidairement que « la musique de Storace, le chant de Kelly, Mrs. Crouch et la Signora Storace sont les seules excellences dans cet opéra ». Cette indifférence du public se manifeste par l'absence de publication du livret complet et de la musique. Il n'en subsiste donc que le manuscrit envoyé à John Larpent (1741-1824), l'*Examiner of Plays*, au service de la censure dépendant du Lord Chambellan, ainsi que quelques passages du texte imprimés en 1791 à Londres dans *Songs, Duets, Trio, and Finales, in the Cave of Trophonius*.

Au milieu de cette alternance de productions à Drury Lane, l'occasion d'apparaître en concert ne manque pas à la cantatrice. Durant la semaine de Pâques, elle trouve même le temps d'aller soutenir un concert de charité à Birmingham, au profit d'un nouveau vitrail pour la chapelle St. Paul[16]. Peut-être comptait-elle déjà son vicaire, Rann Kennedy (1772-1851), dans son cercle amical. En 1802, Julia Hall, l'une des sœurs de Mary Storace (belle-sœur d'Ann), épousera ce dernier, devenu dès 1797 pasteur de St. Paul. Ce brillant érudit, pédagogue réputé, entretint des liens d'amitié avec les écrivains Samuel Coleridge et Washington Irving, et les acteurs Charles Kemble et Sarah Siddons.

A Londres, le 6 janvier 1791, Ann Storace se produit en compagnie de Michael Kelly au Freemasons' Hall, pour le second concert de l'Academy of Antient Music. Haydn, arrivé à Londres quatre jours

---

[15] On y trouve des insertions composées par Paisiello, Thomas Attwood, et deux « *songs* » écrites respectivement par Ann Storace et Richard Suett (baptisé en 1755-1805), qui interprétait Dromo, vraisemblablement orchestrés par Stephen Storace.

[16] Langford, I, 386.

auparavant, se trouve parmi le public, comme il l'écrit à Marianne von Getzinger :

> [Avant-hier] j'ai été invité à un grand concert d'amateurs, mais je suis arrivé en retard, et comme je montrais mon billet, on ne m'a pas laissé entrer mais on m'a conduit dans une petite pièce où j'ai dû rester jusqu'à la fin du morceau qu'on jouait dans la salle, sur quoi on m'a ouvert la porte, et on m'a conduit au bras de l'organisateur et sous les applaudissements de tous à travers toute la salle jusqu'aux premiers rangs devant l'orchestre, et là on m'a dévisagé comme une bête curieuse et adressé de nombreux compliments en anglais, on m'a assuré que personne n'avait reçu de tels honneurs depuis cinquante ans[17].

Lors de la soirée, Ann interprète un extrait d'*Alexander's Feast* (« *He chose a mournful muse... He sung Darius* »), un autre d'*Athalia* (« *Tyrants would* ») ainsi qu'un air de Leonardo Vinci (« *Vo solcando [un mar crudele]* » tiré d'*Artaserse*). Les retrouvailles des chanteurs avec le compositeur ne sont pas documentées... Sans doute Ann l'a-t-elle également revu lors d'un concert matinal à Carlton House, où les principaux interprètes de la série de concerts de Salomon se produisent dans des « sélections diverses, des quatuors, des *Catches* et des *Glees*[18] ».

Pour cette très riche saison, la cantatrice est à nouveau recrutée par le Concert of Antient Music (douze concerts entre février et mai 1791) ; elle accorde sa participation aux concerts annuels de la Royal Society of Musicians à l'abbaye de Westminster[19], et est également sollicitée par Salomon, qui lance une série de douze concerts au Hanover Square Rooms, dont Haydn est l'invité de marque : il dirige les concerts depuis le clavier. Elle prêtera également son concours à ses collègues pour leurs soirées à bénéfice.

Après avoir été repoussés à plusieurs reprises, les concerts organisés par Salomon commencent finalement le 11 mars 1791[20]. Les intitulés

---

[17] Lettre de Haydn du 8 janvier 1791, traduite par Vignal, 342.
[18] *The Morning Chronicle*. (Cité par Landon Haydn, III, 43.)
[19] Lors de celle du 19 mai, Ann chante les airs dévolus à Madame Mara qui a refusé de se produire. (*Jackson's Oxford Journal*)
[20] Giacomo David et Teresa Cappelletti n'étaient apparemment pas arrivés à Londres le 11 février (*The Times*). Engagés par Gallini pour sa saison d'opéra italien au King's Theatre reconstruit, ils se sont engagés par contrat à ne pas

des programmes sont souvent assez vagues, et les fascicules indiquant les textes ayant disparus, on ignore quels sont les deux airs dévolus à Ann, qu'elle chante « dans un très beau style[21] », lors de cette première soirée présentant cinq airs, une « nouvelle grande ouverture » de Haydn (sans doute la Symphonie n°92 dite « Oxford ») et diverses pièces instrumentales. Le 18 mars, pour le second concert, elle interprète également un air, ainsi qu'un duo de Paisiello avec le grand ténor Giacomo David(e) (1750-1830). La symphonie n°92 est redonnée ainsi qu'une ouverture de « Mazant » (Mozart ?). Lors de la troisième soirée, le 25, Ann interprète un air et une « nouvelle cantate » de Haydn ; il s'agit probablement, tout comme pour le concert du 18, soit de l'air « *Ah, come il core mi palpita* » (*La Fedeltà Premiata*) (Hob. XXIVa:Anh. 4), soit du *Miseri noi, misera patria* écrit à son intention[22]. La musique en fut trouvée « charmante » et l'exécution, « faite avec beaucoup d'élégance[23] ». C'est vraisemblablement la même cantate qu'Ann redonne le 13 mai pour le neuvième concert ; elle exécute également un trio avec les ténors David et Tajana. Lors du onzième concert (27 mai), une « cantate » est encore programmée. Il pourrait néanmoins s'agir d'un extrait tiré de l'opéra de Haydn que les Anglais n'entendront jamais du vivant du compositeur, la *scena* de la mort d'Euridice[24]. En effet, le 18 mai, une répétition de l'*Orfeo* au King's

---

se produire dans une salle de concert avant leurs débuts à l'opéra. Or Gallini (et pour cause !) n'a toujours pas obtenu l'autorisation nécessaire. Malgré tout, Salomon finit par lancer sa série de concerts. Faute d'autorisation à représenter l'opéra, Gallini, à son tour, propose une série de concerts par souscription et des ballets (26 mars-9 juillet) deux fois par semaine dans son théâtre reconstruit. Haydn y dirigera un concert le 30 avril. Rappelons que Gallini lui avait passé commande (et déjà payé) un opéra, *L'Anima del Filosofo* (*Orfeo ed Euridice*) qui ne pourra être représenté, car en mai, il se voit refuser définitivement sa *licence*.

[21] *The Morning Chronicle*, traduit par Vignal, 355.

[22] Le manuscrit de *Miseri noi…* atteste que Haydn le révisa en Angleterre et que ce manuscrit fut utilisé par un graveur en vue d'une édition, non retrouvée jusqu'à présent. « *Ah come il cor* », publié par Artaria à Vienne en 1783, est la grande scène de Celia dans la *Fedeltà Premiata*. Elle fut republiée à Londres en 1791 par Longman & Broderip et publicisée dans la presse par l'appellation de « *Haydn's Cantata* » ou « *Italian Cantata with accompaniements* ». H. C. Robbins Landon considère que Storace n'a pas pu chanter *Arianna a Naxos*. (Landon Haydn, III, 61.)

[23] *The Gazetteer*. (Landon Haydn, III, 62.)

[24] Selon Landon, Haydn emporte une copie anglaise complète de *L'Anima del Filosofo* avec lui à Vienne. La scène de la mort d'Euridice (Acte II) a été

Theatre a été interdite par les autorités. A la fin de ce même mois, Gallini apprend qu'il devra renoncer définitivement à sa saison d'opéra, faute de l'autorisation nécessaire. Le pouvoir a tranché : le seul Opéra italien de Londres sera le Pantheon…

Le 16 mai, Haydn donne sa soirée à bénéfice. Ann vient y chanter un air de Cimarosa (le rondo « *Infelice io sono* »[25]), avant de se précipiter à Drury Lane, où elle assure la seconde partie de soirée avec *No Song, No Supper* ! Le 27, elle fait le contraire, assurant la première partie de soirée à Drury Lane avec *The Siege of Belgrade* avant de chanter sa cantate en deuxième partie aux Hanover Square Rooms… Le 4 juin, lendemain du dernier concert de la série de Salomon, le *Theatre Royal* Drury Lane ferme ses portes. Cette soirée est l'ultime donnée dans le vieux bâtiment (officiellement) vétuste : il va être démoli pour laisser place à un édifice plus moderne et plus spacieux.

Début juillet, Haydn reçoit de l'Université d'Oxford le titre de Docteur en musique. La cérémonie se tient lors du « *Grand Musical Festival* » donné au Sheldonian Theatre. Il débute le 6 au soir, et fait s'enchaîner trois concerts en trois jours, la matinée du dernier jour étant consacré à la remise du diplôme à Haydn. Lors de la cérémonie, les amis chanteurs du musicien « lui [font] signe de l'orchestre[26] ». La Signora Storace, le Signor David, Mr Kelly et des chanteurs spécialisés dans le concert et l'oratorio s'y font entendre sous la direction de Cramer. Les partitions d'Haydn et de Haendel sont à l'honneur. Ann chante également Purcell (« *Mad Bess* » qu'elle interprète souvent en concert) et des airs de son frère. La critique concernant le concert du dernier soir est plus prolixe sur la prestation d'Ann : « Storace enchaîna avec une belle cantate de Haydn, mais sans beaucoup de succès », affirme *The Gentleman's Magazine*. *The Morning Herald* hasarde une raison : « On a entendu ensuite une belle cantate de Haydn, qu'il a dirigée lui-même en robe ; cet air charmant étant d'ordinaire fort bien chanté par Marchesi, Storace fut mal avisée de s'y essayer en une telle

---

copiée séparément, puis également cataloguée à part dans l'inventaire après décès de Haydn. Cette partition, autrefois conservée dans les archives Esterhàzy, se trouverait actuellement à la bibliothèque nationale de Budapest. Sur cette partition est inscrit « *Cavatina – May 27, in the Opera of Orfeo* ». La concomitance avec la date du 27 mai, jour où Haydn dirige Ann Storace dans une cantate non identifiée, lui semble probante. (Landon Haydn, III, 81.)

[25] Landon Haydn, III, 76.
[26] Griesinger, traduit par Vignal, 372.

occasion, et de fait, on l'a moins applaudie que la *robe doctorale* de Haydn[27] ». Cependant lors de la seconde partie du concert, Ann « chanta 'The Prince unable to conceal his pain', avec une passion et une luxuriance d'expression qui suscita une exclamation enthousiaste, 'Bis !', du moins, de la part de tous les *jeunes* docteurs revêtus de robes ». Dans la troisième partie, « Storace […] chanta 'With lowly suit' de 'No Song No Supper' d'une manière si pathétique et si simple, qu'elle obtint encore un bis » (*The Gentleman's Magazine*). C'est lors de ce concert que Haydn, « reconnaissant des applaudissements qu'il recevait, saisit et déploya sa robe [de docteur] qu'il portait comme marque de l'honneur qu'on lui avait conféré le matin même, l'emphase silencieuse avec laquelle il exprima ses sentiments suscita des applaudissements bruyants et unanimes » (*The Gentleman's Magazine*).

Pendant le mois d'août, Ann fait une apparition au festival de Cantorbéry, toujours sous la direction de Cramer. Elle séjourne en villégiature également à Brighton, ville balnéaire d'autant plus prisée par la haute société que le prince de Galles en a fait l'un de ses lieux de résidence favoris. Il y invite avec largesse une société brillante et souvent dissipée. Ann est conviée chez l'héritier du trône, comme en témoigne le compositeur Adalbert Girowetz[28] dans ses Mémoires : « Etait également présente Storace, la célèbre chanteuse, avec laquelle le Prince chantait à l'occasion[29] ».

---

[27] *The Morning Herald*, traduit par Marc Vignal, 373.
[28] Adalbert Girowetz (1763-1850), compositeur de Bohème, ami de Mozart et admirateur d'Haydn. Ses compositions avaient été jouées aux concerts du Pantheon en 1790. Il est alors engagé comme compositeur au Pantheon (en tant que salle d'opéra).
[29] Milhous Dideriksen Hume 2001, 83.

XVIII
1791-1793
« Storace est mourante ! »

La saison théâtrale de Drury Lane débute le 22 septembre 1791, mais les spectacles se tiennent désormais dans le bâtiment tout neuf du King's Theatre, car Taylor n'a toujours pas obtenu d'autorisation administrative pour y représenter l'opéra italien. Lors de la première soirée, on présente un divertissement, « *Poor Old Drury* », qui rapporte sur le mode drolatique les vissicitudes du déménagement de la troupe, puis *The Haunted Tower* suivi d'une *afterpiece*. L'alternance habituelle des *Haunted Tower, No Song, No Supper, The Siege of Belgrade* s'enchaîne jusqu'à la reprise, le 15 octobre, de *The Cave of Trophonius* dans une version révisée. Bien que « la musique soit extrêmement jolie – l'air de Burletta de *Storace* […] bruyamment demandé en bis » (*The Times*), c'est un nouvel échec… qui n'est probablement pas imputable au trou de mémoire de la diva !

> Comme Londres ne peut entendre gazouiller STORACE ni trop ni trop souvent – on déplorera quand un trou de mémoire dépare ses douces notes. Nous pouvons être sûrs qu'un manque d'inclinaison et de désir de plaire ne font pas partie de son comportement, ce qu'elle a prouvé amplement samedi soir. (*The Times*)

Ann assure son service à l'Opéra jusqu'au 24 octobre. Début novembre, commence à circuler le bruit qu'elle est souffrante, et qu'il ne s'agit pas d'une maladie diplomatique dont sont soi-disant coutumières les actrices : « La STORACE est à présent sérieusement indisposée, nous aimerions pouvoir dire, d'une Fièvre de Loge […] » (*The Times*). Un mois plus tard, les nouvelles sont bien plus alarmantes :

> STORACE a subi une opération très douloureuse qui l'a réduite à une telle extrémité qu'elle s'évanouit dès qu'on doit la déplacer. – Ses souffrances sont d'une nature très différente de ce qui a été décrit

dans certains journaux, et l'empêcheront probablement d'apparaître au Théâtre du Haymarket. – C'est un grand handicap pour les représentations d'opéra sur cette scène, à moins qu'on ne trouve une remplaçante pour remplir ses rôles ; et comme *The Siege of Belgrade* et *The Haunted Tower* sont des pièces favorites du public, on s'étonne qu'on n'ait pas fait appel à Mrs. FERGUSON[1] pour y chanter, car d'après ce qu'on a entendu dire, la direction a été informée qu'elle pourrait rapidement être une bonne doublure de Storace, ayant étudié ces rôles avec *Motellari* (*sic*)[2].

Le nouvel opéra de *Cobb* semble suspendu à la maladie de STORACE, et la *Caravane* reste dans le *désert*. (*The Times*)

Coïncidence des destins, Mozart va mourir le 5 décembre, mais la nouvelle de son décès ne parviendra à Londres que vers la fin du mois[3]. Ann Storace l'a-t-elle seulement su ? Mi-janvier 1792, son état continue d'être très inquiétant : « STORACE est encore si malade qu'elle ne peut supporter la moindre lueur de chandelle ou le bruit d'un pas dans sa chambre – en bref, tout espoir de son apparition en public cette saison s'est entièrement dissipé » (*The Times*). La cantatrice n'apprend sans doute pas non plus dans l'immédiat qu'un incendie détruit totalement le théâtre du Pantheon. O'Reilly, bouc émissaire bien commode, accusé d'avoir fait brûler le bâtiment pour de sombres raisons d'assurances, s'enfuit sur le Continent. Il est vrai que l'entreprise s'est révélé un gouffre ruineux. Ses nobles commanditaires s'en mordent les doigts… La fin de la saison d'opéra italien aura donc lieu au Little Theatre in the Haymarket, qui n'ouvre habituellement que l'été lorsque les autres salles ont fermé leurs portes.

De quoi Ann Storace souffre-t-elle ? On ne le sait pas exactement, mais elle a peut-être été trépanée. Le poète satirique John Williams (1754-1818), sous son pseudonyme d'Anthony Pasquin, écrit dans *The Children of Thespis* (1792) :

> Quand la maladie ensanglanta cette joyeuse fille de sa lance

---

[1] Sans doute Elizabeth, fille de l'actrice et chanteuse Isabella Vincent, née Burchell (1735-1802), née en 1757. Elle aurait débuté sa carrière d'actrice à Richmond en 1788.

[2] Le compositeur italien Michele Mortellari (v. 1750-1807) s'était installé à Londres en 1785 et y donna également des cours de chant. Elizabeth Billington aurait été l'une de ses élèves.

[3] Haydn apprend la nouvelle du décès de son ami au plus tard le 20 décembre. (Vignal, 384.)

Et fit taire sa *cadenza*, et entrava sa danse
Bien qu'elle nous charma si souvent en ce lieu méritoire
Ses grâces et presque son nom, on oublia[4].

Geoffrey Brace a noté que ce type d'opération avait une incidence sur la repousse des cheveux et que l'on a observé par la suite qu'Ann portait une perruque[5], bien que ce postiche soit également arboré en scène par les servantes. Quoiqu'il en soit, début mars 1792, une rumeur parcourt le monde musical : Storace est morte[6] ! Puis, à la fin du mois, on avance qu'elle s'est suffisamment rétablie pour revenir en fin de saison au théâtre. Cette annonce optimiste est démentie par sa rechute mi-mai. Elle sera pourtant en état de chanter son rôle fétiche de Margaretta, pour la première fois depuis sa maladie, le 21 mai 1792. Outre la deuxième série de concert organisée par Salomon pour Haydn où elle aurait pu sans doute figurer, elle était engagée au Concerts of Antient Music. Cette saison 1791-1792 sera l'une des plus courtes de sa carrière[7]…

> STORACE vit de la *compagnie* hier soir au Théâtre du Haymarket pour la première fois depuis sa dernière dangereuse indisposition. Les visiteurs furent brillants et nombreux, – et leurs vœux, d'après toutes apparences, aussi *sincères* qu'ils furent *chaleureux*. (The Times)

Le surlendemain, Ann a sans doute assisté à la première du seul « *opera seria* » anglais composé par Stephen, *Dido, Queen of Carthage*, sur un livret de Prince Hoare, inspiré de Métastase. L'opéra fait un four, malgré une distribution prestigieuse : Madame Mara était Dido, Mrs Crouch, Aeneas, et Kelly, Iarbas. Mais ce qui est admiré à l'opéra italien rebute le public anglais, qui n'apprécie pas les récitatifs… Le 30 mai, la soirée à bénéfice d'Ann propose *The Siege of Belgrade*, et son

---

[4] Il fait aussi peut-être allusion aux saignées. Il écrit également qu'un « REPTILE […] se fraya un chemin jusqu'à son cœur ». (Pasquin 1792.)

[5] Brace, 86.

[6] « Une rumeur, que nous espérons fausse, [courut] dans la salle, celle de la mort de la pauvre STORACE » (*The Morning Herald*, cité par Landon Haydn, III, 143.)

[7] Elle est pourtant indiquée dans le programme imprimé du douzième et dernier concert du 16 mai 1792 (dans « *Sing ye to the Lord* » d'*Israel en Egypt* de Haendel et le récitatif « *Berenice, ove sei ?* » et l'*aria* « *Ombra, che pallida* » tirés du *Lucio Vero* de Jommelli.) Les programmateurs ont sans doute été trop optimistes en entendant des rumeurs de son rétablissement. Les comptes rendus de presse consultés ne la mentionnent pas.

retour miraculeux fait exploser la recette : £ 486 8*s*, dont il faut déduire les frais du théâtre. Le lendemain, Ann assiste sans doute au concert annuel de la Royal Society of Musicians. Si l'on se fie au programme imprimé, elle n'y a vraisemblablement pas chanté[8]. Elle se serait par contre produite le 2 juin lors d'une soirée privée, chez Lord Barrymore[9].

Ce qui est plus certain, en revanche, c'est le dîner du 3 juin où Joseph Haydn retrouve « Mr. et Mad. Mara, Mr. Kelly et Mad. Storace chez son frère Storace. *Sapienti pauca*[10] », ainsi qu'il le note dans ses carnets londoniens. Cette expression latine a souvent été interprétée comme son désappointement devant la maigreur du repas… mais elle signifie en fait, l'exact contraire ! « *Sapienti pauca* » utilisé en lieu de « *verb(um) sap(ienti)* », c'est-à-dire, « peu de mots suffisent au sage » ou encore « le sage entend à demi-mot », dérive du « *dictum sapienti sat est* » que l'on trouve chez Plaute et Térence. La soirée semble avoir été mémorable[11] ! Hormis cette mention, on sait fort peu de choses sur les relations entre le compositeur et les chanteurs qu'il avait connus à Vienne. Haydn quittera l'Angleterre vers le 1er juillet.

La saison du King's Theatre s'achève le 12 juin. Parmi ses engagements estivaux, Ann se rend au festival de Salisbury, particulièrement brillant cette année-là, car la ville rouvre sa cathédrale en inaugurant un nouvel orgue donné par George III. La présence de Dupuis, organiste de la Chapel Royal, rehausse le prestige des

---

[8] « *Under the patronage and by Command of their Majesties. Messiah, A Sacred Oratorio, Performed in St. Margaret's Church, Westminster, On Thursday, May 31, 1792, For the Royal Society of Musicians, and their Distressed Families*, [London, 1792] ». – G. Brace fait erreur en relatant que Storace a chanté la veille à St. Margaret, lors de la soirée à bénéfice d'une veuve… De même, il affirme qu'elle participe au bénéfice de Gertrud Mara le 1er juin au King's Theatre, toutefois sa soirée à bénéfice du 11 juin programmait *Dido, Queen of Carthage* où Ann Storace n'était pas distribuée. Quant au « Grand Gala » donné aux Vauxhall Gardens le 4 juin pour célébrer l'anniversaire du roi, Brace affirme qu'Ann y participa, mais elle était programmée le soir même au King's Theatre dans *The Haunted Tower*, et une annonce publicitaire du gala, parue dans le *Times* du même jour ne la mentionne pas. S'y serait-elle rendue après sa représentation ? (Brace, 86.)
[9] Brace, 86.
[10] Traduction de Marc Vignal, 415.
[11] Borthwick, 505.

festivités. Le 23 août au matin, durant l'exécution du *Messiah*, se déroule un amusant incident. Les Quakers étaient alors particulièrement intransigeants, et les commémorations haendéliennes de 1784 avaient déjà suscité des protestations, puisqu'on affirma qu'on y célébrait le compositeur plutôt que le Très-Haut[12].

> *The Messiah* d'Haendel fut donné devant un Public de 935 personnes qui admirèrent les Talents de plusieurs Interprètes, tout particulièrement ceux de la Signora Storace, de Mrs. Second et de Miss Davis ; exceptée une Mrs. Moore, une vieille Lady Quakeresse, qui interrompit quelque peu la Signora Storace dans sa Cadence à la Fin de l'Air '*I know that my Reedemer liveth*', en s'exclamant qu'elle était inspirée par Dieu pour dire que c'était de l'*Idolâtrie* au dernier Degré. Son Assertion provoqua l'Hilarité générale, et on la fit sortir de l'Eglise ; après quoi le Concert reprit sans Interruption. (*Jackson's Oxford Journal*)

La rentrée de la troupe de Drury Lane, qui occupe toujours le King's Theatre, a lieu le 18 septembre 1792. L'alternance est toujours la règle, mais elle ménage des imprévus. Lors de la reprise du *Siege of Belgrade*, le 9 octobre, « Kelly s'abstint de chanter son air de bravoure du dernier acte – mais le public n'était pas disposé à s'en passer – la représentation fut donc interrompue jusqu'à ce que Kelly apaise les mécontents en les assurant que ses efforts durant cette soirée et la précédente l'avaient tellement enroué qu'il était incapable d'interpréter un air si difficile ; son excuse fut acceptée – et l'absence de l'air agréée » (*The Thespian Magazine*). Le ténor n'est pas le seul à être souffrant. Après Mrs Crouch, c'est à Ann de tomber malade, ralentissant les répétitions du prochain opéra de Stephen, *The Pirates*, dont la première du 21 novembre 1792 sera suivie d'une vingtaine de représentations.

Cette *mainpiece*, nettement plus ambitieuse que les précédentes, reçoit un accueil critique sensible à l'ampleur de ses ensembles, particulièrement les finales, calqués sur ceux des *opere buffe*[13]. Au milieu des jugements généraux sur l'ouvrage, le *Thespian Magazine* affirme que « Bannister Jun. et Storace contribuent largement à l'hilarité du public ». Stephen Storace a réutilisé, entre autres, des extraits de ses

---

[12] Drummond 2011, 20.
[13] La partition est analysée dans Girdham 1997, 153-170 ; pour les emprunts musicaux, voir 246.

deux opéras viennois, et y a ajouté un morceau de Mozart, un extrait de la *Flûte Enchantée*, via un précédent emprunt fait par Devienne dans *Les Visitandines*[14]. Le livret de James Cobb est jugé inutilement compliqué et le texte bien trivial comparé à la partition. Est-ce la raison d'une moindre popularité de l'ouvrage ? Preuve de cette relative désaffection, seuls les airs et ensembles sont publiés. Un air – en fait, le début du premier finale – acquiert pourtant une popularité durable, la berceuse (*Lullaby*) « *Peaceful slumb'ring on the ocean* ». Ann la reprendra souvent dans divers contextes. Cette notoriété sera confirmée par de nombreuses publications durant plus d'un siècle. Chateaubriand en cite d'ailleurs une variante dans ses *Mémoires d'Outre-Tombe*, sans indication d'auteur. Le connaissait-il seulement ?

> *Le vieux matelot ressemble au vieux laboureur. Leurs moissons sont différentes, il est vrai : le matelot a mené une vie errante, le laboureur n'a jamais quitté son champ ; mais ils connaissent également les étoiles et prédisent l'avenir en creusant leurs sillons. […] Ils se retirent le soir, celui-ci dans sa cabine, celui-là dans sa chaumière ; frêles demeures, où l'ouragan qui les ébranle n'agite point des consciences tranquilles.*
>
> If the wind tempestuous is blowing,
> Still no danger they descry;
> The guiltless hear its boon bestowing,
> Soothes them with its Lullaby, *etc, etc.*
>
> « *Si le vent souffle orageux, ils n'aperçoivent aucun danger ; le cœur innocent, versant son baume, les berce avec ses* dodo, l'enfant do, l'enfant do, *etc.* »[15]

Ann continue de se mal porter. Le 8 décembre, « Storace était trop malade pour chanter ses airs » (*The Thespian Magazine*). Elle ne quitte son lit que le 14 décembre, pour une « commande royale », puisque la famille régnante avait demandé qu'on représente en sa présence le nouvel ouvrage, associé à une *afterpiece* également composée par Stephen d'après un opéra de Dittersdorf, *The Doctor and The Apothecary* (Le Docteur et l'apothicaire), datant de 1788.

> Des excuses élégamment tournées furent faites par Mr. Kemble pour la Signora Storace, qui bien qu'elle soit très enrouée, avait quitté sa chambre de malade pour présenter ses respects à la royauté – elle déploya ses efforts avec beaucoup d'effet, quoique à son détriment. – Le théâtre était rempli par la beauté et la *fashion*, et la

---

[14] *Les Visitandines*, comédie mêlée d'ariettes de François Devienne (1759-1803), avait été créée en 1792.
[15] Chateaubriand, I, 200-201.

loyauté ne se témoigna jamais avec autant de bonheur et de sentiment – chaque spectateur se fit une fierté de manifester son zèle pour le souverain ; et le théâtre se joignit au *God save the King*, avec une joie extravagante. (*The Thespian Magazine*)

Ces manifestations patriotiques sont monnaie courante quand le souverain ou un membre de la famille royale apparaissent en public ; de plus, le durcissement de la Révolution française a soudé la population contre la menace venue d'outre-Manche. Ann ne réapparaitra sur les planches que le 10 janvier 1793[16]. Son état avait été jugé bien désespéré pour que la femme de lettres Hester Lynch Piozzi (1741-1821)[17] mentionne dans sa correspondance, le 27 décembre, que « *Storace* est mourante[18] » !

Le paysage théâtral londonien est alors en plein bouleversement. L'incendie du Pantheon et la déconfiture de ses rivaux laissent désormais les coudées franches à Taylor. A la mi-janvier paraissent ainsi dans les journaux des annonces à propos de la réouverture d'une saison d'opéra italien au King's Theatre. Parmi les chanteurs engagés, figure en bonne place la Signora Storace, *prima buffa*. Elle aura comme collègues Michael Kelly, qui a signé comme chanteur *serio* et *buffo*, Giovanni Morelli (*primo buffo*) et Gertrud Mara (*prima donna seria*), dans une troupe solide, bien qu'assemblée hâtivement. Le directeur musical est Wilhelm Cramer ; Stephen Storace est compositeur en résidence, tout comme Federici. L'histoire de la gestion du théâtre, encore mal connue, laisse toutefois supposer que l'astucieux Sheridan a sans doute profité d'un flou réglementaire et de son réseau d'influence pour s'assurer que le King's Theatre ne monterait pas de spectacles en anglais, ce qui aurait pu directement concurrencer son propre théâtre. Le propriétaire de Drury-Lane, qui n'a jamais pu résister à l'envie de

---

[16] « Storace revint pour la première fois depuis sa maladie et reçut un accueil enthousiaste » (*The Thespian Magazine*).
[17] Née Salusbury, et précédemment épouse Thrale, c'était une amie proche du Dr Johnson. En 1777, Miss Storace avait participé à un bénéfice de son futur second époux, Gabriel Piozzi.
[18] Lettre datée du 27 décembre 1792 d'Hester Lynch Piozzi à Penelope Sophia Pennington, dans *Electronic Enlightenment Correspondence*, éd. Robert McNamee et al. Version 2.5. University of Oxford. 2014. Consulté en septembre 2015, <https://rprenet.bnf.fr:443/http/dx.doi.org/10.13051/ee:doc/piozheUD0020089a1c>

s'impliquer dans les diverses affaires théâtrales londoniennes, va imprimer momentanément sa marque sur le King's Theatre, en y obtenant, sans doute auprès de Taylor, principal propriétaire, une concession pour monter une saison d'opéras italiens de quarante soirées[19]. Comme se le rappellera le ténor, Stephen Storace et Michael Kelly sont nommés « co-directeurs de l'Opéra Italien, avec une *carte blanche** » pour la saison 1792-1793. Les deux hommes sont en réalité placés sous la tutelle très stricte de Sheridan, et leur pouvoir réel est infime. Stephen contribuera peu à l'entreprise, si ce n'est à la direction musicale depuis son clavecin et à la restructuration des opéras, en sélectionnant des airs de substitution.

Habitué à la gestion régalienne des théâtres de Cour, Lorenzo Da Ponte va achopper sur ces subtilités qu'il comprend mal : jamais il n'admettra que les Storace et Kelly sont impuissants à l'aider à trouver un engagement à Londres. Chassé de Vienne où Leopold II, le nouvel empereur, a sanctionné ses diverses manœuvres douteuses, le poète-librettiste arrive à Londres vers la fin de l'année 1792, avide de trouver un poste équivalent à l'Opéra. Ses lettres envoyées à Casanova témoignent de sa rage impuissante et de ses vaines démarches auprès de ses « vieux amis » viennois. Dans tous ses écrits postérieurs, tant les états successifs de ses *Mémoires* que ses préfaces dramatiques, il exhalera d'ailleurs sa hargne et une rancune des plus tenaces. Ainsi, le 19 janvier, il écrit à son vieux complice :

> Après avoir fait des dépenses énormes en voyage, j'avais encore quelques guinées en poche à mon arrivée. J'ai appris aussitôt que Kelly et Storace étaient directeurs de l'opéra italien ; je m'offris sans délai à eux comme poète. Dieu venait précisément de rappeler à lui un certain Antonioli qui tant bien que mal remplissait cet emploi. Il semblait donc que rien ne s'opposait à ma nomination. J'avais comme concurrent un certain Badini, qui avait été, il est vrai, poète de l'opéra, mais qui est moins compétent que les souliers de Bertati[.] [...] Pendant deux mois on me donna de l'espoir. Mon rival profitait de ce délai pour ourdir mille intrigues auprès de ses protecteurs. [...] Il triompha enfin complètement, et Storace m'envoya au diable, au grand déplaisir de beaucoup de gens et surtout des acteurs[20].
>
> [...] En me voyant si amèrement déçu par les directeurs, j'ai pensé à me venger noblement. J'ai imaginé de publier périodiquement une

---

[19] Milhous Dideriksen Hume 2001, 178-179, 182-186.
[20] Da Ponte 1931, 292-293. (Raoul Vèze, trad.)

feuille ayant pour titre *La balancia teatrale*, où j'espère faire comprendre à ces messieurs qu'ils ont mal agi en procédant ainsi à mon égard. Cette feuille paraîtra au lendemain de chaque représentation d'opéra […][21].

Cette réaction spontanée est bien typique du personnage, mais la « feuille » ne paraîtra jamais. Le 1er mars 1793, il redonne de ses nouvelles : « En ce qui me concerne, rien de bon à vous dire. La Storace, pas plus que son frère, ne méritent que je parle d'eux. Je crois que l'air de Londres a des qualités analogues à celles de l'eau du Léthé[22] ».

Le 26 janvier 1793, une saison d'opéras italiens reprend au King's Theatre. La troupe de Drury Lane, toujours sans toit, doit alors déménager les jours où le théâtre est occupé par la troupe italienne (soit les mardi et samedi) au Little Theatre in the Haymarket. La saison italienne du King's Theatre débute avec *Il Barbiere di Siviglia* de Paisiello[23], donné quatre fois, devant un théâtre qui peine apparemment à se remplir, bien que « Le duo de *Storace* et *Kelly*, était une idée quelque peu nouvelle et fit un effet charmant – les yeux et les oreilles furent complètement comblés » (*The Times*). Un mois après, Ann incarne le rôle-titre de *Le Nozze di Dorina* (Les Noces de Dorine) d'après Sarti, dans une mouture légèrement différente de la dernière version proposée à Londres en 1784. Il s'agit en réalité du *Fra i due litiganti* qu'elle avait créé à Milan en 1782. Stephen écrit à sa sœur un air d'insertion, « *Io non era* » (II, sc. 8) ; on y entend également du Martín y Soler. Mi-mai, le troisième *opera buffa* chanté par Ann au cours de la saison est un autre ouvrage de Paisiello, *I Zingari in Fiera* (Les Bohémiens à la foire), dont la popularité ne se démentira pas. Lors de la représentation du 1er juin 1793, « presque tous les airs furent bissés, ce qui fit se terminer la soirée assez tard ; mais nous n'avons jamais vu un public d'une telle bonne humeur générale » (*The Thespian Magazine*). W. T. Parke se souvient que « Morelli et Storace soutinrent leurs rôles avec beaucoup d'entrain. Le rôle de Storace était plein d'esprit et de gambades, qu'elle saisit admirablement. La musique de cet opéra est caractérisée par son élégante simplicité ». Quant à l'écrivain et

---

[21] *Ibid.*, 294.

[22] *Ibid.*, 295.

[23] De nombreux morceaux sont insérés : la critique de *The Oracle* mentionne un air de Pozzi, un duo de Storace, une cavatine de Bianchi pour Ann. (Petty, 288.)

dramaturge Matthew Gregory Lewis (1775-1818), auteur du *Moine*, il recommande à sa mère : « Vous devriez absolument aller voir […] *I Zingari in Fiera*. La musique (que j'ai entendue en Allemagne) est des plus belles et Storace a un personnage qui doit lui aller comme un gant[24] ».

Côté concerts, Ann est sollicitée par l'Academy of Antient Music et le Professional Concert qui introduit une série de *glees* pour « satisfaire la soif de nouveauté du public » (W. T. Parke), mais Salomon s'est passé de ses services. Il est vrai que sa saison est déjà bien remplie… Elle trouvera néanmoins le temps de faire une escapade à Cambridge, le 15 mars, pour un concert[25], où elle interprète sans doute « *Captivity, a Ballad supposed to be Sung by the Unfortunate Marie Antoinette During her Imprisonment* » (Captivité, une Ballade supposément chantée par l'infortunée Marie-Antoinette durant son emprisonnement), composée par Stephen. Elle l'avait déjà chantée à Londres le 18 février. Cette ballade sera reprise par Anna Maria Crouch à Covent Garden le 20, durant une soirée d'oratorio, et suscitera une grande émotion. Le destin du couple royal français avait bouleversé l'opinion publique britannique et de nombreuses contributions illustrèrent le sort de la « reine martyre » et affirmèrent par la même occasion leur soutien à leur monarchie[26].

Malgré son engagement au King's Theatre, la *prima buffa* ne renonce pas à ses emplois dans la troupe de Drury Lane. Elle se partage entre ses succès anglais et l'opéra italien. Pour son bénéfice du 11 mars 1793[27], elle propose au public une nouvelle *afterpiece* de son frère, *The Prize, or 2. 5. 3. 8.* (Le Lot, ou 2. 5. 3. 8.). Cette farce qui tourne autour du gagnant du gros lot à la loterie, incarné par « Jack » Bannister, permet à « Madame Storace […] [de jouer] le rôle d'une Française, et

---

[24] Peck, 197.
[25] Le programme n'est pas daté, mais le 15 mars ne tombe un vendredi qu'en 1793 et 1799.
[26] Stephen Storace a peut-être eu des sympathies révolutionnaires dans un premier temps, comme en témoigne une ode composée pour célébrer l'anniversaire de la Révolution française, interprétée au *Crown and Anchor Tavern*, le 14 juillet 1791. Il sera toutefois le seul compositeur à illustrer musicalement par deux fois le sort de Marie-Antoinette. (Girdham 1997, 24.)
[27] Pour cette saison, les chanteurs engagés au King's Theatre ont renoncé exceptionnellement à prendre un bénéfice. On ignore s'ils obtinrent en échange des compensations.

elle eut la possibilité de montrer ses talents d'imitation et de parler français, ce qu'elle fit couramment » (*The Literary and Biographical Magazine*). Cette farce occupera une bonne partie de ses soirées jusqu'à la fin de la saison en juin 1793.

La popularité de la jeune femme, qui se produit sur tous les fronts musicaux, a également des inconvénients… Fin juin,

> L'offensive contre *Storace* par Mr. M—, après l'Opéra de Samedi soir, a été comparée à la Fable de *Mars* montant à l'assaut de la Forteresse de *Vénus* ; – mais l'allusion ne tient pas. – Notre *moderne Dieu de la Guerre* n'a jamais vu un champ de bataille et il n'y a jamais eu un seul Cupidon au service de cette Dame. Ce n'était qu'une espièglerie à la mode pour se faire un nom dans la galanterie, sans intention de pousser la pointe plus loin que de briser le panneau d'une porte en bois ! Le but ultime, toutefois, a été rempli. Ce perturbateur de la paix publique a été porté sur les registres de la garde, – son Club le sait, et il est satisfait. (*The Times*)

XIX
1793-1794
Les chimères de Da Ponte

Da Ponte, incurable bâtisseur de châteaux en Espagne, n'est pas à court d'idées pour relancer sa carrière. Il n'a pu être engagé au King's Theatre, malgré ses bonnes relations avec le duc de Bedford et le marquis de Salisbury[1] ? Soit. Il tourne désormais ses regards vers une entreprise très risquée que lui inspire la situation politique continentale : se rendre à Bruxelles pour y établir une troupe d'opéra italien. L'opéra français venant d'en être expulsé, la ville n'a plus de troupe lyrique[2]… Da Ponte se lance dans cette entreprise à corps perdu, et part à Bruxelles en juillet 1793 pour tâcher de réunir des fonds. Fait ahurissant, l'impresario n'a pas de capital assuré pour payer sa troupe. Dans un métier à haut risque où les garanties sont exigées à l'avance, cette légèreté va lui coûter très cher. Il ne fait que payer les uns et les autres d'assurances creuses, dépourvues des finances nécessaires pour engager des chanteurs et rassurer de possibles investisseurs. Fin juillet 1793, il assure à Casanova qu'il a réuni « 140 souscripteurs » alors qu'il lui en faudrait 300[3]… Da Ponte sollicite, pour faire partie de sa troupe, des chanteurs contre lesquels il manifestera par la suite la plus grande animosité. Le résultat de ses transactions finit par apparaître dans la presse : « Kelly est engagé à l'opéra à Bruxelles pour 200 guinées pour la saison. Rovedino[4] et Morelli aux mêmes conditions. Storace était engagée pour 400, mais après mûres réflexions, elle demande désormais le double pour s'aventurer sur "les périls et difficultés de la mer" » (*The Thespian*

---

[1] Lettre du 10 mai 1793 à Casanova. (Da Ponte 1931, 299 ; Raoul Vèze, trad.)
[2] Lanapoppi, 244-245.
[3] Lettre du 18 juillet 1793 à Casanova. (Da Ponte 1931, 302.)
[4] La basse italienne Carlo Rovedino (?-vers 1823) était apparu au King's Theatre dès la saison 1776-1777. Après un séjour sur le Continent, il revint en 1792-1793 et chanta en Angleterre jusqu'en 1814. Il avait participé au concert d'adieu d'Ann avant son départ en Italie, en 1778.

Magazine). Aucun des chanteurs pressentis ne donnera finalement suite. Ils ont sans doute demandé des garanties que Da Ponte était d'autant plus incapable d'assurer qu'il se trouvait lui-même empêtré dans d'immenses difficultés. En août, il se rend à Amsterdam, puis à La Haye, pour essayer de monter une saison de concerts célébrant la victoire contre les Français. Mais les triomphes des armées révolutionnaires et la menace d'invasion de la Hollande vont également renverser ses calculs. Le 29 août, depuis Rotterdam, il s'ouvre à Casanova de la chute de sa chimère :

> En ce qui concerne l'entreprise de Bruxelles, *multa tuti fecique* pour voir enfin tous mes efforts anéantis par la perfidie de la Storace. Cette misérable, après m'avoir supplié de venir, m'assurant qu'il y aurait à faire pour moi, m'a effrontément manqué de parole ; elle me lâche sous des prétextes dignes de son vilain caractère ; elle me demande 400 livres sterling pour douze représentations, une soirée à son bénéfice, et puis elle a mille empêchements diaboliques. Elle me vole, en fin de cause, trois cent louis, après m'en avoir coûté quarante pour l'organisation que je projetais et qui m'assourdissait moi-même, tellement je prévoyais une belle réussite. J'avais plus de 900 louis provenant des seuls souscripteurs ; et tout me promettait que j'en aurais au moins 1500 de plus, si cette coquine ne m'avait fait cette vile plaisanterie[5].

Le malheureux sera sauvé de la débâcle par une offre inespérée : celle d'un engagement comme librettiste au King's Theatre ! C'est finalement Taylor qui a repris la main sur son théâtre pour la saison 1793-1794, même si les *acting managers* sont toujours Storace et Kelly[6]. Malgré leur présence, la Signora Storace ne fait pas partie de la troupe : Anna Casentini Borghi, à qui succèdera Anna Morichelli en cours de saison, en sera la *prima buffa*. Le rôle de Stephen semble d'ailleurs n'avoir été que très anecdotique : Federici parait avoir dirigé la plupart des opéras de la saison.

Pour quelles raisons Ann qui, de l'avis de tous, savait mener ses affaires, avait-elle un temps considéré l'offre de Da Ponte ? Elle était pourtant assurée d'engagements sûrs à Londres, et une saison d'opéra sur un continent troublé par la guerre n'aurait guère dû l'intéresser…

---

[5] Lettre du 29 août 1793 à Casanova. (Da Ponte 1931, 303 ; Raoul Vèze, trad.)
[6] Milhous Dideriksen Hume 2001, 207.

La cantatrice a sans doute cherché à occuper sa première partie de saison, dès qu'elle apprend la fermeture temporaire de son principal employeur, Drury Lane. En effet, voyant son théâtre toujours en voie d'achèvement[7], Sheridan, qui a sans doute perdu gros dans sa saison d'opéra italien, a donné congé à ses chanteurs et acteurs, en attendant l'inauguration prochaine du bâtiment. Il a néanmoins loué sa *patent* au Little Theatre in the Haymarket afin que ce dernier puisse monter une saison hivernale ; George Colman[8], le *manager* de ce théâtre, profite alors de l'occasion pour engager certains acteurs et chanteurs inemployés entre le 19 septembre 1793 et le 8 avril 1794[9]. Ann Storace fait partie de ceux qui se produisent sur cette scène, dans un répertoire identique à celui qu'elle sert à Drury Lane. Elle n'oublie pas pour autant d'assurer ses arrières. Le 4 octobre, elle conclut un accord avec Sheridan pour un engagement de quatre-vingt soirées à Drury Lane[10]. Suite au retard accumulé pour la réouverture, la saison ne comportera pourtant que soixante-cinq levers de rideau !

Wives in Plenty; or, the more the merrier! (Epouses à gogo, ou, plus on en a, mieux c'est !), la première création de l'année, le 23 novembre 1793), n'est guère heureuse. Cette *mainpiece*, adaptation à plusieurs mains de *The Coquet* de Charles Molloy (1718), est accueillie fraîchement. Preuve que les temps ont changé, la pièce, malgré les altérations que la décence demande désormais, semble « vulgaire » (*The Universal Magazine*). Le texte imprimé des airs et ensembles[11], car aucun livret complet n'est publié, signale parmi les compositeurs : Stephen Storace, Samuel Arnold, « Mr Martini » (Martín y Soler ?) et la Signora Storace[12]... *The Thespian Magazine* remarque que « Deux ou trois airs furent chanté de manière charmante par Storace, mais quant à son jeu,

---

[7] La pose du toit sera célébrée en octobre 1793 ! Le théâtre est supposé ouvrir avant Noël, mais le retard pris est tel que Sheridan aurait parié de l'argent sur la non-réouverture en janvier... (*The Thespian Magazine*).
[8] George Colman (senior) (baptisé en 1732-1794), dramaturge, librettiste et manager du théâtre d'été Little Theatre in the Haymarket.
[9] London Stage 1660-1800, V, 3, 1570.
[10] « *Papers of Richard Brinsley Sheridan* » conservés dans les archives de la William Salt Library.
[11] *Songs, duets, choruses, &c. in Wives in plenty; or, the more the merrier! A comedy in three acts. Altered from The Coquet of Molloy. Performed at the Theatre Royal, Haymarket*. London, T. Cadell [1793].
[12] Certains des airs chantés par Fantast sont orchestrés par Stephen. Ann a intégralement composé son aria italienne, « *Aure amiche, ah non spirate* ».

moins on en parle, mieux ça vaut ; elle ne peut ressembler à une dame de qualité, quel que soit son déguisement » (*The Thespian Magazine*).

Quelques jours après cette première, la mauvaise plaisanterie d'un fêtard a une suite inattendue. La Royal Society of Musicians, la société d'entraide pour les musiciens à laquelle Stephen a adhéré en 1788 (les femmes n'y seront admises qu'en 1866), enregistre une décision prise lors de « la réunion des Gouverneurs du 1ᵉʳ décembre 1793 » : « Mr. Charles Manners, afin d'éviter une mise en examen et pour s'excuser d'avoir insulté Mr. et la Signora Storace, ayant remis entre leurs mains (frais compris), afin qu'ils la remettent à telle œuvre charitable qu'ils jugeront bon, la somme de cent livres sterling, somme qu'ils ont généreusement présentée à cette Société, il est ordonné que les remerciements actés lors de cette réunion soient transmis à Mr. et à la Signora Storace, et insérés dans six journaux[13] ». On peut effectivement lire dans *The Bath Chronicle and Weekly Gazette* que Charles Manners[14], s'est acquitté de la dite somme, « pour châtiment de son espièglerie avinée et de son intrusion chez Madame Storace l'hiver dernier » (*The Bath Chronicle and Weekly Gazette*).

Le 16 décembre 1793, c'est la soirée à bénéfice d'Ann au Little Theatre in the Haymarket. Outre *The Haunted Tower*, une *mainpiece* qui attire toujours autant le public, elle choisit de présenter une création de son frère, *My Grandmother* (Ma Grand-mère), adaptation par Prince Hoare du *Tableau parlant* de Louis Anseaume. Lors d'un bal masqué, le personnage de Florella a volontairement fait tomber son portrait en miniature devant Vapour. Ce dernier s'en éprend et s'aperçoit que la femme du portrait est le sosie de la grand-mère d'un ami, dont il a vu le tableau… ce qui n'est guère étonnant, car Florella, amusée par cette ressemblance s'est faite portraiturée dans la même pose que l'aïeule ! Ce rôle accompagnera Ann tout du long de sa carrière. Il est vrai qu'il « lui donne une occasion parfaite de déployer ce mélange de bouffonne légèreté, de vivacité et de gaieté qui lui donnent en scène

---

[13] The Royal Society of Musicians of Great Britain, minutes de la réunion du 08/12/1793, MGL-1793-1. (Toute ma gratitude au Dr. Colin Coleman pour la communication des registres.)

[14] Il ne semble pas qu'il s'agisse de Charles Manners-Sutton (1755-1828), petit-fils du duc de Rutland. Ce dernier prit le surnom de Manners-Sutton en 1762, fut évêque de Norwich en 1792 et termina sa carrière comme archevêque de Cantorbéry (1805).

tant d'attraits » (*The Public Advertiser*)[15]. Cette *afterpiece* « regorge d'humour et de situations comiques, et fut applaudie avec chaleur » (*The Free-Mason's Magazine*) et « Bannister, jun.[,] Wewitzer et Storace sont également dignes d'éloges pour leurs efforts » (*The Thespian Magazine*).

Début février 1794, alors que commence pour Ann une nouvelle série de soirées pour le Concert of Antient Music, le théâtre de Drury Lane n'est toujours pas prêt à rouvrir ses portes. Le public se presse toujours en masse au Haymarket, avec des conséquences dramatiques quand, attraction irrésistible, la famille royale est présente… Le 3, *My Grandmother*, *No Song, No Supper* et *The Prize* sont à l'affiche pour cette « commande royale ». Dans le couloir qui mène au parterre, une femme chute à terre, est piétinée et étouffée par la multitude, ainsi que d'autres malheureux. L'exiguïté du couloir et la pression de la foule rendent impossible l'évacuation. Il y a une quinzaine de morts. On parvient néanmoins à cacher l'accident à la famille royale jusqu'à la fin de la soirée…

Ann retourne bien au King's Theatre le 6 mars, mais d'une manière détournée. Elle se produit dans un concert au bénéfice de la New Musical Fund dont elle est souscriptrice honoraire. Elle y reprend un de ses chevaux de bataille en concert, le « *Non dubitar verro… Là tu vedrai chi sono* » de Sarti, qu'elle avait parodié à Vienne dans *Prima la musica, poi le parole*.

Enfin, le nouveau théâtre de Drury Lane flambant neuf ouvre le 12 mars 1794. Le bâtiment n'est pas réellement achevé à l'extérieur et ne le sera jamais… L'édifice d'Henry Holland est le plus grand théâtre construit à Londres avant le XXème siècle[16], car le souci de rentabilité est à l'ordre du jour. Malgré ce calcul mercantile, Sheridan continuera à courir après les ressources, sa gestion restant toujours aussi calamiteuse… La salle, à dominantes bleu, rouge et argent, peut accueillir 3 611 spectateurs. Le plateau fait environ 25 mètres de large sur 28 de profondeur. De larges espaces ont été réservés à la sociabilité : salons divers et salle réservée aux rafraichissements[17]. Pour la soirée inaugurale, on ne programme pas d'opéra, mais une sélection

---

[15] Highfill, Burnim, Langhans, XIV, 299.
[16] London Stage 1660-1800, V, 3, 1569.
[17] On trouve la même description du bâtiment dans plusieurs magazines, ce qui laisse supposer un communiqué de la direction.

haendélienne, présentée dans un décor figurant l'intérieur d'une cathédrale gothique. Passé l'émerveillement de la découverte, certains déploreront l'immensité de la salle et du plateau qui vont inciter à la programmation de divertissements plus spectaculaires et pousser les acteurs à un jeu plus outré :

> Ramenez-moi, ô vous, Dieux tous puissants du théâtre, dans les sièges […] du Vieux Drury, que je puisse critiquer confortablement et apprécier les délices de la fantaisie scénique. Tout ceci n'est plus ! Cette agréable distinction des visages des acteurs et de leurs sentiments, tout ceci est désormais perdu dans le vaste vide du nouveau théâtre de Drury Lane[18].

> […] pour le plaisir des spectateurs, ce théâtre élégant était bien trop grand ; toutefois, pour l'époque, cette faute était inévitable. Anticipant l'agrandissement de Drury Lane, Mr. Harris […] avait grandement élargi la taille du théâtre de Covent Garden ; et les deux maisons rivalisèrent l'une avec l'autre, plus sur leur aptitude à accueillir de nombreux spectateurs que pour leur capacité à les instruire, à les bonifier ou à leur plaire[19].

Cette soirée d'inauguration a tant de succès qu'elle est répétée les jours suivants, puis suivent des oratorios. En parallèle, Ann continuera à se produire dans son répertoire habituel au Haymarket jusqu'au 8 avril. Acteurs et chanteurs sont désormais requis pour commencer la véritable saison de Drury Lane ; celle-ci débute le 21 avril avec un *Macbeth* shakespearien où le *manager* du théâtre, John Philip Kemble, incarne le rôle-titre. Lors d'un épilogue versifié, l'actrice Elizabeth Farren (1759/62-1829) fait également la démonstration du rideau de fer et l'éloge des réservoirs d'eau supposés arrêter tout départ d'incendie. Ils seront hélas peu efficaces pour empêcher la destruction du théâtre en 1809…

Durant l'interruption de la Semaine Sainte, Ann se rend à Bristol et à Bath, où elle participe à des concerts de musique sacrée. Elle fait ses débuts d'actrice sur la nouvelle scène de Drury Lane le 26 avril dans *No Song, No Supper*. Une répétition a été organisée la veille, sans doute pour permettre aux chanteurs et acteurs de prendre leurs marques sur

---

[18] *The Torrington Diaries, Containing the Tours Through England and Wales of the Hon. John Byng (Later Fifth Viscount Torrington) Between the Years 1781 and 1794.* (Cité par Girdham 1997, 40.)
[19] Adolphus, I, 330-331.

le nouveau plateau... Petit à petit, *My Grandmother, The Prize, The Haunted Tower, The Siege of Belgrade, The Pirates...* font leur apparition sur la vaste scène. La routine théâtrale d'Ann est interrompue par le concert annuel pour la Royal Society of Musicians. Cette saison la sollicite bien peu pour des créations musicales. La grande nouveauté du théâtre est une *Lodoiska* compilée et composée par Stephen, mais Ann ne figure pas dans cette « *musical romance* » inspirée par le texte de Dejaure, *Lodoïska ou les Tartares*[20]. Son succès fait reprendre la pièce durant presque toutes les représentations de ce début d'été. La fin spectaculaire de cette pièce à sauvetage et un accident scénique ont sans doute contribués à cet engouement : lors du finale qui voit l'incendie du château où se trouve Lodoiska (Mrs Crouch), cette dernière chuta du haut des remparts droit dans les bras de Floreski (Kelly) qui s'avança ensuite vers le public en la portant dans ses bras, jeu de scène improvisé réitéré par la suite...

Ann participe néanmoins à une pièce de circonstance hâtivement montée en quelques jours, laquelle sera le plus gros triomphe financier de la saison, et même du siècle[21]. Il s'agit d'une « suite » de *No Song, No Supper*, *The Glorious First of June* (Le Glorieux premier juin), destinée à rendre hommage à l'amiral Richard Howe qui venait de remporter une victoire navale au large de l'île d'Ouessant contre les Français[22], et à collecter des fonds pour les veuves et orphelins de ses marins. La majeure partie de l'intrigue de cette *afterpiece* tourne autour de l'engagement et du retour victorieux de Robin et William, deux personnages introduits dans le précédent ouvrage, enrôlés dans la flotte de Lord Howe, et des complications issues de leur départ. Le personnage d'Ann, Margaretta, prend évidemment aussi part au récit, mais le texte de Cobb et autres participants n'a pas été imprimé, aussi ne connait-t-on l'intrigue que par les comptes rendus de la presse. Stephen Storace compile et compose rapidement la partition Malgré

---

[20] Le sujet avait déjà été mis en musique par Kreutzer et par Cherubini, sur un livret de Fillette-Loraux, en 1791 à Paris.

[21] La recette de la première sera un ahurissant £ 1526 11*s.*, la plus importante jamais encaissée par Drury Lane ou Covent Garden entre 1700 et 1800. (*London Stage 1660-1800*, V, 3, 1570.)

[22] En réalité, les deux adversaires revendiquèrent la victoire ; les Anglais, car ils ne perdirent pas un seul bâtiment lors de l'affrontement, les Français, car le convoi de céréales américaines qu'ils protégeaient arriva en France en grande partie à bon port. (<https://fr.wikipedia.org/wiki/Bataille_du_13_prairial_an_II>)

son soutien initial à la Révolution Française, Sheridan est l'un des principaux auteurs de cette pièce de circonstance[23], comme en témoigne d'ailleurs Kelly dans ses *Reminiscences*[24]. La munificence de la bataille navale, reconstituée sur scène, frappe l'imagination de la critique :

> Le plateau immense de Drury [Lane] a été transformé en mer, et l'on peut voir les deux flottes manœuvrer. Rien ne peut surpasser l'enchantement de cette perspective. Il ne s'agit pas de la bagatelle habituelle de vaisseaux en carton ; les navires sont grands, des modèles réduits parfaits des véritables navires qu'ils représentent, et fabriqués avec une telle beauté de détails qu'ils sont dignes d'entrer dans un cabinet de curiosité. Toutes les manœuvres de la bataille sont exécutées avec une adresse nautique ; les lignes sont formées, ils s'élancent les uns vers les autres par différentes bordées : on combat, la ligne de feu est extraordinaire ; les navires sont démâtés, abordés, pris, coulés, comme lors de la bataille réelle, et la vastitude de la mer permet une variété qui n'est pas facile à un esprit de concevoir comme possible lors d'une simple représentation scénique. (*The Sporting Magazine*)

Cette représentation du 2 juillet 1794 sera d'ailleurs la seule soirée à bénéfice de la saison, et Sheridan la prendra à sa charge. Il n'avait pas autorisé de bénéfice annuel pour les acteurs et chanteurs de sa troupe, contrairement à la coutume. Les finances du théâtre sont en bien trop mauvaise posture pour cette libéralité…

Pour l'été 1794, seul un voyage d'agrément d'Ann dans les environs de Norwich en compagnie d'amis est documenté. Mais, alors que Drury Lane rouvre ses portes en programmant *My Grandmother* le 16 septembre, la Florella de la soirée n'est autre que Miss Leak[25]. La créatrice du rôle se trouve alors à Liverpool pour un « *Music Meeting* », privilège souligné par la presse locale, puisqu'Ann aurait l'intention de prendre sa retraite à la fin de la saison ! De même, on fait savoir aux

---

[23] George Taylor remarque que, cette pièce vantant le courage et les vertus des marins, Sheridan affirmait sans doute par la même occasion son patriotisme, même s'il s'opposait, en tant que parlementaire Whig, à la politique belliqueuse du temps (160).

[24] Kelly relate avec beaucoup de drôlerie l'intervention de Sheridan au sujet de sa participation à cette *afterpiece* (II, 62-64).

[25] Elizabeth Leak (vers 1778-?), une élève d'Arnold, commença sa carrière en 1793 et chanta beaucoup au concert. Elle prit sa retraite en 1800.

habitants de Bath que la Signora Storace se produira dans les concerts à souscription de l'automne et qu'elle ne retournera pas sur les planches de Drury Lane, puisqu'elle sera également présente dans les concerts de l'hiver organisés par Rauzzini…

La cantatrice s'est engagée dans un bras de fer avec l'administration du théâtre. Elle sollicite une hausse salariale qu'on s'obstine à lui refuser : £ 20 par soirée[26], au lieu des £ 10 10*s* qu'elle touchait la saison passée, correspondant, tout de même, approximativement au salaire annuel d'un ouvrier agricole ! Sa demande, au vu des salaires accordés à ses collègues, n'est finalement pas si exorbitante quand on connaît la grille des rémunérations des étoiles de Drury Lane : Mrs Crouch gagne £ 14 par soirée et la grande comédienne Miss Farren, £ 17. En demandant cette rémunération, la cantatrice se met sur le même pied que l'immense tragédienne Mrs Siddons, qui touche effectivement cette somme en 1794-1795[27]… Ann abaisse sans doute ses exigences jusqu'à un plus raisonnable £ 50 par semaine, ce qui lui est également refusé. Ses efforts sont observés avec dérision par la presse : « Miss DE CAMP[28] a interprété le personnage de Storace dans THE PRIZE samedi soir [le 4 octobre 1794] ; et a reçu autant d'applaudissement que cette dernière. Si Storace continue de faire des demandes exorbitantes au *Manager*, on ne regrettera pas son retrait ; car il y a plusieurs jeunes actrices qui peuvent très bien prendre sa place », assure *The Times*. Elle se contentera finalement du même salaire que la saison passée…

Juste avant de faire enfin sa rentrée à Drury Lane le 20 octobre 1794 dans le rôle d'Adela, Ann fait un détour par le festival de Blandford. Sa présence est saluée par le *Salisbury Journal* qui insiste sur sa participation :

> Le *Dorset Music Meeting*, avec l'attrait de Storace, promet d'être particulièrement couru ; la Noblesse et la *Gentry* des environs invitent de nombreux amis, dans l'attente avide d'être gratifiés du déploiement de ses sidérants talents, à une époque où ce plaisir est même nié aux amateurs de la Métropole[29].

---

[26] *The Times*. (Cité par Ashton, 197.)
[27] *London Stage 1660-1800*, V, 3, 1572 (pour Mrs Crouch) et 1680.
[28] Maria Theresa De Camp (1775 ou 1777-1838), danseuse, actrice et chanteuse britannique. En 1806, elle épousa l'acteur Charles Kemble (1775-1854), frère cadet de John Philip Kemble et de Sarah Siddons.
[29] Cité par Brace, 88.

En définitive, Ann ne chantera pas à Bath comme annoncé... Ironie du sort, c'est là qu'elle aurait croisé un homme qui tiendra un rôle crucial dans sa vie... En effet, un jeune ténor juif, de quelques neuf ans son cadet, John Braham (1774 ?-17 février 1856)[30], s'est produit lors de ces concerts. Depuis 1794, Venanzio Rauzzini instruisait le jeune homme qui avait sans doute été admis en apprentissage chez le vieux castrat, sa formation étant prise en charge par les Goldsmid, une riche famille de financiers[31]. Doté d'une voix d'or, superbe technicien, intelligent et ambitieux, il sera l'un des interprètes les plus importants du XIXème siècle britannique et une grande figure de la scène lyrique internationale.

---

[30] Sur l'année de naissance de Braham (1774-1775 ou 1777), voir Conway, 41.
[31] Conway, 41.

XX
1794-1796
Le décès de Stephen Storace

Ann Storace fait sa rentrée tardive à Drury Lane dans les ouvrages qui font son succès. Dès le 20 novembre 1794, les répétitions de la nouvelle *mainpiece* de Stephen débutent : *The Cherokee* (Le Cherokee) est créé le 20 décembre. Premier opéra « western », empli de péripéties secondaires qui noient la trame principale – l'enlèvement de l'épouse et du fils du Colonel Blandford par l'indien Malooko – d'après une critique assez sévère de l'intrigue, il s'attire toutefois des louanges pour l'exotisme de son cadre : « Les décors, costumes et les décorations sont très beaux et caractéristiques, particulièrement pour la scène d'ouverture, les habillements des indiens et la vue de leur camp » (*The European Magazine and London Review*). L'opéra met en valeur le jeune « *Master* [Thomas] Welsh » (1780/81-1848), mais sa voix mue à la fin de cette série de représentations. Cette *mainpiece*, qui se taille un raisonnable succès, ne sera quasiment jamais reprise au-delà de la saison ; la difficulté de trouver un jeune interprète de qualité en est-elle la cause ? Pourtant le souvenir de l'arrivée de chefs indiens de cette nation, en 1790, faisait espérer la venue d'un public curieux[1]…

Cette saison londonienne semble être une saison de basses-eaux pour Ann au concert. Tandis qu'à Bath, John Braham continue sa formation tout en donnant des leçons de musique à Fanny Nelson, l'épouse du futur amiral, et que Da Ponte et Martín y Soler collaborent au King's Theatre sur *La Scuola dei'Maritati* (L'école des maris), la cantatrice voit son emploi du temps se réduire aux représentations de Drury Lane. Cette saison, Ann n'est pas engagée aux Concerts of Antient Music ; la brillante Brigida Banti l'y a sans doute supplantée, comme dans les oratorios de Drury Lane. Ses concerts londoniens paraissent se réduire à des participations à quelques bénéfices. On

---

[1] Le 29 octobre 1790, à Portsmouth. (*The Gentleman's Magazine.*)

l'entend en faveur de la New Musical Fund le 20 avril 1795 : Haydn est au pianoforte, tout de même ! A la soirée de la soprano Harriet Abrams[2] quatre jours après, Ann interprète une grande scène de Bianchi, « *Addio… Ma tu sospiri ?... Tergi o cara il dolce pianto* ». Elle participe aussi à un concert en faveur de la Royal Society of Musicians. Ce même soir, elle est présente à un concert privé chez le comte Bathurst… Ann se rend également à Cambridge et y interprète des airs de Purcell, Haendel et Paisiello.

Plusieurs prises de rôle vont toutefois casser sa routine. Tout d'abord, celle de *Jack of Newbury* (Jack de Newbury), effort conjugué des Hook père et fils[3], qui n'obtient guère les faveurs du public : créé le 6 mai 1795, l'ouvrage est retiré du répertoire au bout de cinq représentations. Malgré une intrigue inspirée d'un « incident en marge de la bataille de Flodden, à l'époque d'Henri VIII[4] » et des aventures amoureuses et historiques en abondance, le *Free-Mason's Magazine* remarque sèchement que « l'opéra en question ne peut se targuer ni d'une intrigue crédible, ni de la nouveauté des personnages, ni de la variété des péripéties ».

Pour son bénéfice du 18 mai 1795[5], Ann choisit pour sa première partie de soirée *The Duenna* (La Duègne), un texte de Sheridan datant de 1775 mis en musique par les Linley père et fils, qui n'a paradoxalement jamais été représenté à Drury Lane ! C'est donc une première dans le théâtre de l'auteur, autorisée par les propriétaires de Covent Garden, car la pièce figure à leur répertoire. L'*afterpiece* sélectionnée est *The Prize*, et durant l'intervalle, le virtuose Giovanni Giornovichi (1747-1804) joue un concerto pour violon intégrant les thèmes de « *With lowly suit…* » et « *Rule Britannia* » !

---

[2] Harriet Abrams (v. 1758-1821), dite « Miss Abrams », chanteuse et compositrice anglaise d'origine juive, très appréciée en concert. L'une de ses sœurs, Theodosia (v. 1769-1849), contralto, se produisait souvent avec elle.
[3] James Hook (1746-1827), organiste and compositeur britannique ; Theodore Edward Hook (1788-1841), homme de lettres qui sera le « nègre » littéraire des mémoires de Michael Kelly.
[4] Comme le souligne *The Universal Magazine*. Selon la tradition, John Winchcomb, tisserand aisé de Newbury aurait équipé à ses frais des hommes d'armes qui auraient combattu à la bataille de « Flodden Field » contre l'invasion écossaise menée par Jacques IV.
[5] La soirée avait d'abord été annoncée pour le 11 mai.

Est-ce durant la pause estivale ou un peu plus tard à l'automne[6] que Stephen Storace, accompagné de sa sœur, comme en témoigne une lettre de cette dernière à Prince Hoare[7], se rend à Bath et y entend John Braham[8] ? Impressionné par la virtuosité du jeune ténor, il aurait alors décidé de lui composer un rôle sur mesure dans l'un de ses prochains opéras, *Mahmoud*, et, à cette fin, de le faire engager par le théâtre. Cette décision professionnelle allait changer la vie de son interprète préférée...

Cette dernière reprend ses rôles à Drury Lane en tout début de saison, les 17, 19 et 22 septembre 1795, ce qui est souligné par *The Times* comme un signe de bon augure venant de la nouvelle direction (*management*). Puis Ann retrouve les planches début octobre, dans un florilège d'œuvres qui précèdent sa première prise de rôle de la saison, *The Spanish Barber* (d'après la pièce de Beaumarchais) où elle est à nouveau Rosina. S'agit-il de la version adaptée par Colman senior sur une musique de Samuel Arnold[9] ? Ou d'une version intégrant la musique de Paisiello[10] ?

La deuxième création de la saison pour la jeune femme n'est guère couronnée de succès. *The Shepherdess of Cheapside* (La Bergère de Cheapside), présentée le 20 février 1796, ne sera représenté que deux fois, en dépit du fait que les airs « furent servis avec infiniment de justice par la Signora Storace et Mr. Bannister junior, dans les rôles de Laetitia et Diaper » (*The Sporting Magazine*). Un autre critique remarque que « l'introduction d'un Français offensa » (*The Monthly Magazine*), même si le personnage est celui de « Monsieur L'Urbane, un émigré

---

[6] Selon Fiske, 533.
[7] Lettre non datée. (Vraisemblablement, automne-hiver 1795). Mss. 5230, conservé à la James Marshall and Marie-Louise Osborn Collection, Beinecke Rare Book and Manuscript Library, Yale University.
[8] Braham est engagé pour neuf concerts par souscription organisés par Rauzzini, en compagnie de Gertrud Mara, à partir de novembre. (*The Bath Chronicle*, 29 novembre 1795 ; Rice 2015, 307-309.)
[9] London Stage 1776-1800, V, 3, 1806.
[10] Link 2002, [XV]. Friedrich Melchior Grimm indique dans sa *Correspondance littéraire* en mai 1790 : « *On donnait ce jour-là une traduction du Barbier de Séville (the Spanish Barber), avec des airs parodiés de Paésiello […] la musique […] me fit un singulier effet : il me fut bien difficile de reconnaître à travers ce nouveau ramage la délicieuse mélodie du chant de Paésiello ; tous ces airs me semblaient rentrer toujours dans le ton d'une contredanse anglaise, variée plus ou moins heureusement.* […] »

français courageux et honorable, avec ce brin de vanité qui caractérise sa nation » (*The Free-Mason's Magazine*).

En fin d'année 1795, la presse laisse filtrer la retraite annoncée pour la fin de la saison de la cantatrice[11], ainsi que le projet d'adaptation à la scène de *Things as They Are; or The Adventures of Caleb Williams* (*Les Choses telles qu'elles sont, ou Les Aventures de Caleb Williams*) (1794), un roman politique scandaleux de William Godwin (1756-1836), romancier et penseur radical qui fut l'époux de la féministe Mary Wollstonecraft et le père de Mary Shelley, l'auteur de *Frankenstein*. Dans *The Tomahawk*, l'un des détracteurs de cette adaptation fait d'ailleurs allusion avec dégoût aux « sentiments démocratiques » du héros. Aspirant dramaturge malheureux, l'écrivain correspondait avec Sheridan, lequel demanda à George Colman junior (1762-1836) de transposer le roman pour la scène. Cette adaptation, faite sans le plein assentiment de Godwin, l'aurait exaspéré[12]. Dans le roman, Caleb Williams a découvert que Falkland a tué un homme, crime pour lequel deux innocents ont péri. La preuve de ce meurtre est conservée dans un coffre qui donnera finalement son titre à la pièce, *The Iron Chest* (Le Coffre de fer), et tout le récit n'est qu'une course poursuite entre Falkland et son accusateur qu'il veut faire taire, entrecoupée de considérations sur la justice et le pouvoir des classes supérieures. Le résultat scénique n'est pas à proprement parler un opéra, mais une pièce de théâtre avec musique de scène ; étrangement, Stephen Storace ne met en musique que les intrigues secondaires, la majeure partie de la pièce reposant sur la confrontation tendue entre John Philip Kemble (Sir Edward Mortimer, le Falkland du roman) et Bannister junior (Caleb Williams devenu Wilford), ainsi que sur les tourments pleins de remords de Mortimer.

La distribution des rôles chantés est l'occasion d'une polémique, car Maria Theresa Bland, née Romanzini (1768/69-1838), clame que la

---

[11] « La Signora Storace […] selon ses propres déclarations […] a l'intention de se retirer de la scène à la fin de la saison. » (*The Tomahawk*). Le même organe de presse réfutera cette assertion en janvier, arguant de l'avarice de la jeune femme comme raison suffisante pour sa présence ininterrompue sur les planches.

[12] Comme le signale *The Tomahawk*. Godwin le fut d'autant plus, quand la pièce fut reprise (avec succès, cette fois-ci) au Little Theatre in the Haymarket, le théâtre de Colman senior, père du librettiste. Ce dernier ne lui envoya pas même un billet d'entrée ! (Jenkins, 394.)

Signora Storace lui a, de manière barbare (« *barbarously* »), fait retirer son rôle… Le prénom du personnage en litige, Barbara, l'amante de Wilford, se prêtait effectivement aux jeux de mots de la presse qui en fit ses choux gras. Dans la même veine, on fit savoir que « Mrs. Bland se plaint que Madame Storace lui a dérobé son personnage (*character*). Il est plaisant d'apprendre par ce biais qu'elle en a un[13] », jeu de mot facile sur la double signification du terme : « rôle » et « (bonnes) références professionnelles »… Cette dispute est même l'occasion de la diffusion d'une caricature où l'on voit Ann « dessinée en train d'entraîner Mrs. Bland de côté avec une énergie plus que féminine, jetant un regard intense à l'intérieur d'un coffre en fer, en une attente angoissée exprimant pleinement la curiosité et l'avarice[14] ». Mais la polémique finit par s'éteindre quand *The True Briton* apprend au public que le rôle avait été attribué à Ann sur les instances de Sheridan. En définitive, la cantatrice n'interprétera le rôle de Barbara qu'une seule fois…

La première du 12 mars 1796 est calamiteuse : Kemble, enrhumé selon la version officielle (l'acteur aurait dû avaler des pilules d'opium avant d'aller sur scène) ou totalement soûl (selon George Colman junior, le librettiste si furieux qu'il fit imprimer une version de son livret comportant une préface virulente contre Kemble et l'administration du théâtre, tirage que Kemble aurait tenté de racheter pour en détruire les exemplaires), titube et balbutie toute la soirée.

Les Storace ne devaient guère se soucier de ce four. Des évènements privés dramatiques requièrent alors toute leur énergie. Stephen Storace, malade depuis quelques semaines, avait usé ses dernières forces pour se rendre aux répétitions. Il meurt le 15 mars 1796.

Si l'on en croit les récriminations de Colman à propos de l'absence de plusieurs des interprètes à chacune des séances de répétitions et sur l'humidité de la salle[15], la mise en œuvre de la pièce avait été chaotique. Michael Kelly se rappelle que « [l]ors de la première répétition, bien qu'affecté par une attaque sévère de goutte et de fièvre, après avoir été tenu au lit durant plusieurs jours, [Stephen] insista pour qu'on

---

[13] Pearce, 90.
[14] Selon *The Morning Chronicle*. (Cité par Pearce, 90.)
[15] George Colman, *The Iron Chest: a play; in three acts. Written by George Colman, the younger. With a Preface…* London, Printed by W. Woodfall, for Messrs. Cadell and Davies, 1796, IV-V.

l'enveloppe de couvertures, et il fut porté dans une chaise longue sur le froid plateau du théâtre. Les supplications et les prières de sa famille n'eurent aucun effet — il voulait s'y rendre ; il s'y rendit, et resta jusqu'à la fin de la répétition. [...] Il rentra chez lui et s'alita, pour ne plus jamais se relever ». Le compositeur mourut peut-être d'une rupture d'anévrisme, si l'on en croit certaines rumeurs de l'époque.

Le 21 mars 1796, Stephen Storace est enterré à Marylebone. J. P. Kemble, dans son journal, relate à quel point il fut bouleversé par le bruit « de la Terre et des cailloux résonnant sur son Cercueil[16] ». Les parentes de Stephen (sa mère, sa sœur et son épouse) n'assistaient peut-être pas à la cérémonie, car au cours du XVIIIème siècle, la coutume se répandit d'y interdire la présence des femmes, plus promptes à extérioriser une émotion qui niait l'espérance en la Vie éternelle. Ann et Elizabeth Storace font toutefois ériger une plaque à la mémoire de Stephen, sur laquelle figurent une main tenant une lyre et une guirlande surmontant un poème écrit par Prince Hoare[17]. L'épitaphe s'achève par une curieuse mention, « Ce marbre a été érigé par une tendre mère et une sœur affectionnée », ce qui laisse planer un doute sur l'entente conjugale entre Stephen et Mary Storace... ou sur la fortune de cette dernière ! Elle semble avoir résidé la plupart du temps à Hayes où Stephen possédait une propriété, et n'est pas mentionnée par l'entourage professionnel de son mari. Les époux s'étaient-il éloignés tant émotionnellement que physiquement ? On ne sait. Il est vrai que les informations d'ordre privé sur le compositeur sont quasiment inexistantes... Ann a bien qualifié sa belle-sœur d'« épouse bizarre » (*queer wife*) en novembre 1795, en rappelant à Prince Hoare que cette dernière ne laissera pas Stephen le rejoindre à Brighton pour discuter de leur opéra en cours d'élaboration[18], néanmoins il serait hasardeux de juger une attitude dont on ignore la raison, peut-être due à la santé déjà défaillante du compositeur...

Stephen Storace laissait inachevé l'autre ouvrage sur lequel il travaillait, *Mahmoud; or the Prince of Persia* (Mahmoud, ou le Prince de Perse). Le rôle-titre, parlé, est destiné à J. P. Kemble ; à John Braham revient celui de Noureddin. Le jeune ténor n'est pas un total inconnu pour le

---

[16] Girdham 1997, 27.
[17] Le texte est reproduit dans Girdham 1997, 227. Photographie en annexe.
[18] Lettre à Prince Hoare, datée du 3 novembre 1795. (Mss. 5231, conservé à la James Marshall and Marie-Louise Osborn Collection, Beinecke Rare Book and Manuscript Library, Yale University.)

public londonien : outre ses apparitions dans la capitale avant sa formation par Rauzzini, il venait de se tailler un joli succès dans un concert organisé par Salomon, au côté de Gertrud Mara, le 18 février 1796.

« *The Show must go on!* » Sur les planches la veille du décès de son frère, Ann y remonte dès le 30 mars. Elle ne se produit cependant que six fois avant la première de *Mahmoud*, le 30 avril 1796. La partition inachevée est probablement complétée par la jeune femme avec l'aide de Michael Kelly[19]. Ann, qui ne se privait guère de faire des suggestions sur les œuvres qu'elle interprétait, était tout à fait capable de procéder à ce rafistolage. L'année précédente, elle avait demandé à Hoare d'écrire un duo pour Braham et pour elle, en lui proposant de réutiliser « *This fond Sorrow* » (*Dido, Queen of Carthage*) et de le placer au deuxième ou troisième acte[20]. La partition de *Mahmoud* mélange la musique de Stephen (qui comprend des extraits de *Gli Sposi Malcontenti*) et des sélections d'Haydn (*Orlando Paladino*, par le biais d'une insertion faite dans *Il Burbero di bon cuore* donné au King's Theatre en 1794) et de Paisiello (*I Zingari in fiera*).

Malgré une hâte manifeste pour l'élaboration de l'ouvrage, cette première est mémorable. On critique le Prologue écrit par Prince Hoare en hommage au défunt compositeur, et récité par le comédien Robert Benson (1765-1796), mais John Braham est le grand triomphateur de la soirée. Une nouvelle étoile de l'opéra vient de faire son apparition sur la scène britannique. Braham ne la quittera guère avant… 1852, année de sa dernière apparition publique ! Attaqué pour ses emprunts aux récits arabisants des *Contes Persans* et pour une intrigue absurde, le livret ne plait guère. La partition « bien qu'excellente en de nombreux endroits, était à l'évidence imparfaite » (*The Edimburg Magazine*), mais l'ouvrage est bien reçu, étant donné les circonstances. La majeure partie des chroniqueurs se concentrent sur Braham, mais l'on sait par le *Sporting Magazine*, que « Kelly et Storace chantèrent de leur toute meilleure façon ». Bien qu'elle s'abstienne de blâmer la propension du jeune ténor à faire des ornements débridés dans un style italien considéré avec circonspection, la critique du *Times* résume assez bien les louanges déversées sur le nouveau venu :

---

[19] Selon une notice biographique sur Braham publiée dans *The Monthly Mirror* en 1803.
[20] Mss. 5230, conservé à la James Marshall and Marie-Louise Osborn Collection, Beinecke Rare Book and Manuscript Library, Yale University.

> Toute l'histoire du Théâtre ne saurait produire un début tel que celui de Mr. BRAHAM, vocalement parlant ; il est le premier ténor du monde, en ce qui concerne la science, le goût et l'exécution ; ce qu'il peut donner dans le dialogue, c'est impossible de juger, car il était trop bas pour qu'on l'entende, et sa portion était si petite qu'on ne peut se forger une opinion. Son point fort est le style plaintif ; il n'est en aucune façon plein de feu et d'énergie – très différent du feu avec lequel KELLY électrifie le théâtre ; mais de cette sorte d'expression qui s'insinue insensiblement dans le cœur. Il fond avec un succès incommensurable le falsetto avec la voix naturelle, et ses accents, bien que n'étant en rien stridents, sont audibles de toutes les parties les plus éloignées de la salle. (*The Times*)

Braham ne sera jamais un bon acteur, mais ses qualités vocales en font déjà un rival dangereux pour son aîné plus expérimenté. Il succédera par la suite à Michael Kelly dans les rôles qu'il avait créés. Malgré tout, ce dernier n'aura que louanges pour son cadet dans ses *Reminiscences* et le qualifiera même de « plus grand chanteur de son temps[21] ».

Le 25 mai 1796, une solennelle soirée à bénéfice organisée en faveur de Mary et Brinsley Storace, la veuve et le fils de Stephen, a lieu devant un théâtre rempli à craquer. On représente *Mahmoud*, puis un « *Dramatic Cento*[22] » comportant des extraits d'ouvrages du compositeur. En seconde partie de soirée, on donne *The Sultan; or, A Peep into the Seraglio.* (Le Sultan, ou un coup d'œil dans le Sérail) d'Isaac Bickerstaffe (1733-après 1808), et Charles Dibdin, ouvrage de 1775 fondé sur une pièce de Marmontel. Ann y est Ismene pour la seule fois de sa carrière[23]. Le finale de *The Iron Chest*, dernière partition composée par le défunt, clôt la soirée, après des ballets interprétés par les danseurs du King's Theatre. Presque tous les interprètes habituels de Stephen sont réunis. Même si Prince Hoare abandonne tous les profits de son livret à la veuve et à l'orphelin[24], cette soirée ne sera pas

---

[21] Il a peut-être accentué le trait, ne voulant pas sembler prendre parti pour Ann Storace, après sa séparation d'avec Braham. (Voir chap. XXIX et XXX.)
[22] *Cento* : en français, centon. Composition formée de morceaux de différents auteurs.
[23] Le 25 avril, le rôle avait été interprété par Mrs Jordan. Il est ainsi curieux de lire, sous la plume du journaliste du *Bell's Weekly Messenger* que l'actrice aurait refusé de jouer Roxalana ce soir-là sans toucher son cachet de £ 10.
[24] *The Monthly Mirror* ; voir aussi Girdham 1997, 29. Les émoluments de Prince Hoare, qui avait écrit le livret par amitié pour les Storace, font l'objet

immédiatement lucrative pour la jeune femme ; elle mettra des années à percevoir les £ 412 18*s*. 3*d*. qui lui reviennent. Sheridan, toujours à court d'argent, se serait attribué la recette en allant directement la prélever à la caisse… Du moins, c'est ce qu'affirme un ami de Prince Hoare, apparemment bien renseigné[25] ! Peu scrupuleux, Sheridan aurait d'ailleurs réitéré la manœuvre lors de la soirée du 9 juin 1796, donnée en faveur de la famille de l'infortuné Robert Benson qui s'était défenestré le 20 mai… Contrairement à l'actrice Susanna Satchell (1758-1814), la veuve de Benson, Mary Storace ne manque pas d'appuis. Elle fait appel à son beau-frère juriste, Joseph Burchell[26], le *solicitor* de la famille Storace, époux de sa sœur Sarah Jemima. Sheridan finira par s'exécuter et versera petit à petit la somme due, dont l'échelonnement se poursuivra jusque dans les années 1800[27].

Le 9 mai, le bénéfice d'Ann a eu lieu avec *Mahmoud* et *My Grandmother*. A cette occasion, Braham y chante aussi Woodly dans *My Grandmother* et crée un air de Stephen apparemment inédit.

L'association entre les deux artistes commence à faire jaser, car on comprend vite qu'il ne s'agit pas que d'un compagnonnage professionnel. Un entrefilet plein de sous-entendus salaces en témoigne : « STORACE prend sa retraite avec £ 20 000 en actions ; une somme suffisante pour éclairer son bâton de cire, si BRAHAM ne l'éclipse pas » (*Bell's Weekly Messenger*). Le « bâton de cire » (*waxen taper*) est très vraisemblablement Bryant Barrett (1743-1809), l'amant en titre d'Ann. Fournisseur de la Cour, il est propriétaire d'une fabrique de chandelles et de cire[28]. Cette activité, bien que méprisée par l'aristocratie, a enrichi sa famille : son père Isaac qui louait le manoir de Stockwell, à Lambeth, avait transmis ce bail à son fils, qui exercera également les fonctions de *High Sheriff* du Surrey en 1801. Gendre de Jonathan Tyers le jeune, le propriétaire des jardins d'agrément de Vauxhall, il succède à son beau-père au décès de ce dernier en 1792.

---

de discussions dans certaines lettres de la cantatrice au librettiste. (Mss. 5230 et 5231, The James Marshall and Marie-Louise Osborn Collection.)

[25] Témoignage du peintre Benjamin Robert Haydon. (Girdham 1997, 31.)

[26] Joseph Burchell (v. 1751-1838), *solicitor* (c'est-à-dire, conseil juridique dont les compétences recouvrent celles d'un notaire et d'un avocat français.) (Lynex, *Final Report*, 5.)

[27] Girdham 1997, 31-32.

[28] Une annonce, parue dans *The World Fashionable Advertiser* en 1787, précise qu'il est « *Wax-Chandler to their Majesties, the Prince of Wales, and Royal Family* ».

Est-ce par ce biais qu'Ann et Bryant Barrett entrèrent en contact ? Cette année-là, des allusions à leur liaison apparaissent dans une biographie d'Ann[29], et son nom figurera en toutes lettres dans la liste des amants et « protecteurs » d'Ann Storace, établie par John Britton (1771-1857), un « antiquaire » qui critique âprement son mode de vie[30]. Ann aurait été auparavant la maîtresse de Thomas Attwood[31]. Si tel fut le cas, cette liaison ne semble pas avoir suscité l'attention de la presse comme le fait sa relation avec Braham…

Quels que soit alors la nature de leurs liens, Ann va associer la carrière du jeune ténor à la sienne. Ce dernier ne renouvelle pas son contrat à Drury Lane et se fait embaucher au King's Theatre. Il n'est pas le seul à quitter le navire : J. P. Kemble claque lui aussi la porte, tout comme la jeune femme. Est-ce le décès de son frère qui lui rend désormais un engagement à Drury Lane insupportable ? La difficulté manifeste à se faire payer par Sheridan[32] ? La mesquinerie de ce dernier ? L'envie de suivre Braham vers de nouveaux horizons professionnels ? La conséquence de son échec à obtenir une augmentation[33] ? Quelques en soient les raisons, la ville bruisse bientôt de rumeurs sur les pourparlers infructueux de la cantatrice avec la maison rivale, Covent Garden. En septembre, on assure avec indignation qu'elle a même osé demander £ 25 par soirée, une exigence « modeste », persifle-t-on, tout de même comparée à une « extravagance romaine » par un chroniqueur du *Bell's Weekly Messenger* outré ! Pour les observateurs extérieurs, aucun doute n'est possible : c'est la rapacité d'Ann qui lui fait abandonner le théâtre où elle avait si efficacement secondé son frère. Mais la nouvelle saison théâtrale s'ouvre et elle n'a toujours pas d'engagement londonien ferme…

---

[29] « Bien qu'elle puisse, en la personne d'un *cher ami**, s'attacher à la lumière, il est impossible de la rendre plus *brillante* qu'elle ne l'est naturellement […] » (*The Attic Miscellany* de juillet 1792).

[30] Il a peut-être repris l'information parue dans les mémoires d'Abraham Raimbach, qui avait croisé les Storace grâce au graveur John Hall, parrain d'Ann et beau-père de Stephen.

[31] Raimpach, 11 et Britton Jones, 159.

[32] Publiée dans *The Tomahawk*, une lettre ouverte (satirique) adressée à Sheridan par « un de Drury Lane » le supplie de lui verser ce qu'il lui doit…

[33] *The Monthly Mirror* de novembre précise que si ses exigences financières étaient satisfaites, Storace prendrait encore plus d'argent qu'elle n'en rapporterait au théâtre.

XXI
1796-1797
A la scène comme à la ville

Début septembre 1796, Ann Storace et John Braham sont à Bath. La cantatrice a été engagée pour les premiers concerts de la série par souscription organisée par Rauzzini[1]. Pour le concert inaugural du 23 novembre, une spectatrice, Katherine Plymley, note dans son journal : « J'étais au premier concert dans les Upper rooms, & en fut enchantée. [...] [Mr. Panton] nous déclara "maintenant, vous entendez la musique de Haydn jouée comme elle le devrait". Les chanteurs étaient la Sigra: Storacci & Mr. Braham. Il a beaucoup de musicalité & de puissance vocale[2]... » La demande du public est telle, que le concert du 30 novembre doit se tenir dans la salle de bal ! Cela n'empêche pas le public d'être si nombreux que les auditeurs sont encore plus serrés[3].

Un témoignage amusant des premières apparitions du couple semble toutefois un peu exagéré, car Braham est déjà fêté comme un interprète de valeur.

> Ses bis étaient faibles et il reprenait rarement un air sans susciter une désapprobation considérable, mais la Signora Storace, qui était généralement à ses côtés sur scène, avait une façon de regarder la partie réprobatrice du public, quand elle le faisait s'avancer pour obéir aux demandes peu enthousiastes de bis, qui imposait usuellement silence à toute tentative d'opposition ; et nous pensons que c'est l'encouragement que cette cantatrice si populaire lui prodigua qui fut la fondation de sa triomphale carrière[4].

---

[1] Ainsi que le rapporte le *Bell's Weekly Messenger*.
[2] Entrée du 26 novembre 1796. (Wilson, 106-107.)
[3] Journal de Katherine Plymley : entrée du 3 décembre 1796. (Wilson, 107.)
[4] Merlin, II, 246.

Si le ténor fait des allées et venues entre le King's Theatre et le Somerset, Ann, de son côté, est occupée par une série de représentations au Theatre Royal de Bath et au Theatre Royal de Bristol, « jumelé » avec celui de Bath[5]. Elle y interprète ses rôles fétiches[6]. Lors de son bénéfice, le 12 janvier 1797, l'enthousiasme est tel que l'on peut parler de « *Storace Fever* »[7]. Le *Monthly Mirror* souligne que « Storace a fait l'expérience à Bath de l'attention que ses talents doivent toujours susciter : de la façon la plus charmante, la duchesse d'York lui a accordé son patronage, a souligné qu'elle était présente à toutes ses apparitions, et le soir de son bénéfice, lui a offert £ 50 ».

Durant cette période, à Bath puis à Londres, Ann aide sa belle-sœur Mary à vendre les derniers opéras de Stephen[8] : les partitions de *The Iron Chest* et de *Mahmoud*, réduites pour clavier par Mazzinghi, ont été gravées par John Hall et sont vendues au profit de la jeune veuve. Sur la page de titre figure le seul portrait connu du compositeur, exécuté d'après une miniature du genevois Louis-Ami Arlaud, dit Arlaud-Jurine (1751-1829). Stephen n'aurait pas posé pour cette miniature, ce qui expliquerait le peu de ressemblance avec ses traits, mentionnée par le graveur Abraham Raimbach, auteur du médaillon figurant sur la partition[9]. Hall devait être déjà trop souffrant pour réaliser ce dernier hommage : apparemment très affecté par le décès de celui qu'il aimait comme un fils et malade depuis quelque temps d'une « hydropisie du cœur », il meurt le 7 avril 1797. Les annonces de la vente des partitions nous apprennent qu'Ann a déménagé au numéro 29 d'Howland Street, après avoir longtemps habité au 36[10]. Sa nouvelle demeure semble luxueuse : un hall d'entrée de bonne taille ; au rez-de-chaussée, une spacieuse salle à manger donnant sur un petit salon ; au premier, un salon avec porte-fenêtre et balcon, s'ouvrant par une double porte sur une antichambre, deux belles chambres avec rangements, et quatre chambres au grenier pour les domestiques. Quant au confort domestique, il est extrême : amples rangements, placards et salle de toilette au sous-sol, avec une grande cuisine comprenant fours et autres facilités, arrière-cuisine avec évier moderne, buanderie,

---

[5] Hare, VIII *sq*.
[6] *Ibid.*, 166.
[7] James, 986.
[8] On apprend par *The Bath Chronicle* qu'Ann réside alors à Bath au 7 Barton-buildings, Queen-square.
[9] Raimbach, 8.
[10] Elle résidait encore au n°23 en 1790, et est domiciliée au 36 dès 1792.

excellentes caves à vin et bière, flanquées de caves voûtées à charbon, une citerne en plomb, poubelles, réservoirs, office et rangement à bouteilles. Telle est du moins la description qu'une annonce immobilière publiée dans *The Times* fera de cette demeure en 1809 en mettant en avant la qualité de son ancienne occupante.

En ce début d'année, la rentrée londonienne d'Ann se fait à l'occasion d'un « Grand Concert » donné au bénéfice de l'école de charité pour filles de St Georges' Fields, le 9 février 1797. C'est Samuel Arnold, auteur de l'hymne chanté par les enfants, qui dirige. Ann chante « *Mad Bess* » avec « science et sentiment », si l'on en croit le critique du *Free-Mason's Magazine,* certainement peu objectif puisque l'institution était patronnée par les Francs-maçons. Le 2 mars, elle aurait dû retrouver le même « chef d'orchestre » pour un concert au bénéfice de la New Musical Fund, mais, souffrante, elle est remplacée. Le lendemain, Ann aura sans doute manqué l'une des dernières apparitions de la mezzo-soprano Caterina Galli (v. 1723-1804), qui, à près de soixante-quinze ans, prend part à ce *Messiah* qu'elle a créé, lors d'une soirée à son bénéfice où chantait également Braham. Mais Ann aura peut-être entendu le « *Verdi Prati* » interprété par son aînée le 17 mars, dans une sélection haendélienne à Covent Garden…

Si la rumeur court un temps que la Signora Storace et Mr Braham ont été engagés à Drury Lane pour créer le prochain opéra de Mazzinghi, rien n'en ressortira. Le couple foule les planches du King's Theatre, pour un des « *Opera Concerts* » dirigés par le violoniste Giovanni Battista Viotti (1755-1824) et où sont programmés les chanteurs de l'Opéra, ce qui permet à *The True Briton* d'avancer sans grand risque d'erreur qu'elle a accepté un engagement dans cette maison[11]. Ann a signé en effet pour la reprise de *Gli Schiavi per Amore* de Paisiello, dont la première n'aura lieu que le 14 mars (au lieu du 28 février) à cause de sa maladie. Ces représentations se déroulent dans une routine de luxe saluée par un critique un peu blasé qui préfère s'appesantir sur les ballets et la présence de certains membres de la famille royale, bien que « Storace, Viganoni et Morelli ajoutent des charmes à la musique de PAISIELLO à chaque représentation » (*The True Briton*). Une indisposition de Brigida Banti, diva indiscutée de l'Opéra, permet à Ann de la remplacer le 1er mai, pour le bénéfice de Salomon : outre

---

[11] Mieux informé, le *Bath Chronicle* affirme mi-décembre que son contrat est de vingt soirées.

une apparition en solo, dont « elle s'acquitta très bien » (*The True Briton*), on l'y entend en trio avec Braham et Viganoni.

Les représentations de l'opéra de Paisiello touchent à leur fin quand on met en chantier les répétitions de *L'Albero di Diana*, nouvelle appellation de *l'Arbore di Diana* (L'Arbre de Diane) de Martín y Soler, sur un livret de Da Ponte, créé à Vienne le 1er octobre 1787. Cette pastorale érotico-politique et ironique avait été l'opéra préféré des Viennois entre 1783 et 1792. C'est la première fois depuis son départ de Vienne qu'Ann retravaille avec Da Ponte. Martín y Soler est reparti depuis août 1795 pour Saint-Pétersbourg : les deux anciens amants n'auront donc pas eu l'occasion de collaborer lors du séjour londonien du compositeur, et ce, d'autant moins que l'Espagnol aurait été très proche d'Anna Morichelli… si l'on en croit les attaques fielleuses de Da Ponte contre son ancien ami dans ses *Mémoires*[12]. La création anglaise de l'opéra de Martín y Soler est très appréciée, mais Ann, qui incarne Amore, rôle en travesti, s'attire des commentaires pour le moins contrastés. Pour *The True Briton*, « STORACE est rarement apparue autant à son avantage que dans ce nouvel opéra. Elle joue le personnage de l'*Amour* comme si elle le connaissait intimement »… allusion à son couple avec Braham, lequel chante Silvio ? En ce qui concerne *The Monthly Mirror*, il note que « Storace a un personnage adapté à ses talents éminents ; cependant, comme la silhouette de cette dame n'est pas de la forme la plus ravissante, nous soumettons à son bon sens la bienséance de ne plus revenir sur scène en *culottes* ».

Le répertoire d'*opera buffa* n'est pas le seul qu'Ann sert durant cette saison. A l'occasion de soirées à bénéfice, elle fait deux apparitions remarquées. La première est à Covent Garden, le 26 avril 1797, en Margaretta dans *No Song, No Supper* ; elle y « introduit, avec la douceur et la délicatesse qui lui sont propres, l'air plaintif de *Lullaby* » (*The Monthly Visitor*). Un autre critique remarque avec un certain humour que « Storace, en sautant dans les bras de Fawcett[13], qui incarnait Robin, eut si complètement le dessus sur son centre de gravité qu'il en résulta une sorte d'*embrassade roulée-boulée* sur scène. Le théâtre s'est tant tordu de rire, et Storace elle-même s'y joignit avec tant d'énergie, qu'une interruption de la représentation en résulta durant plusieurs

---

[12] Le compositeur espagnol aurait engrossé une servante de Da Ponte chez lequel il logeait et en aurait accusé ce dernier.
[13] John Fawcett (1768-1837), comédien et dramaturge britannique.

minutes. » (*The Sporting Magazine*). A Drury Lane, le 22 mai 1797, c'est Adela – dans *The Haunted Tower* – qu'elle incarne pour son retour sur le lieu de sa prise de rôle. Pour la critique, la relation de cause à effet est manifeste : « Storace et les danseurs de l'Opéra se produisirent, et apportèrent à Kelly l'une des salles les plus bondées dont ce théâtre peut se targuer, quelle qu'en soit l'occasion » (*The Monthly Mirror*).

C'est désormais la période des concerts de fin de saison. Le 8 juin 1797, pour le bénéfice de la Royal Society of Musicians, elle interprète deux airs d'Haendel, « *What though I trace* » (*Salomon*) et « *Holy Lord God Almighty* » (*Redemption*). Le 14 juin, elle rechante Margaretta à Covent Garden, au profit des veuves et orphelins des marins tombés lors de la bataille du cap Saint-Vincent[14]. Fait rarissime, pour aider au succès de la soirée, les deux théâtres de Drury Lane et du Haymarket ont accepté de fermer leurs portes ! En cette occasion tant charitable que patriotique, on repère dans l'assistance « le prince de Galles, les ducs d'York, de Clarence, de Bedford, et de Leeds, les comtes de Spencer et de Chesterfield, Lord Kinnaird, Mr. Grey et d'autres gentilshommes » (*The Sporting Magazine*). Le 21 juin, Ann conclut sa saison par une dernière apparition en Donna Clara, dans *The Duenna* à Covent Garden. Une dernière soirée de charité est, cette fois-ci, au profit du General Lying-in Hospital ou Bayswater Maternity Hospital. Le public londonien ne le sait pas encore, mais c'est la dernière occasion qu'il a de l'entendre avant plusieurs années…

En juillet 1797, Ann se produit à Birmingham. Elle semble y avoir récolté les faveurs du public, si l'on en juge par la recette de son bénéfice (£ 135). Toutefois l'accueil privé est moins aimable, car, comme le relate *The Observer*, « à peine Braham avait-il pénétré dans la pension dans laquelle résidait Storace, que son hôtesse lui demanda de chercher un autre toit ! » *The Sporting Magazine* rétorque ironiquement, que « lorsqu'on reprocha à Storace une *certaine affaire* [de cœur] à Birmingham, elle demanda à ces religieuses personnes si elle ne se justifiait pas en se reposant dans le sein d'*Un-Braham* [*A-Braham*][15] ». Cet incident est sans doute la dernière goutte d'eau qui fait déborder le vase et qui conforte le couple dans son envie d'ailleurs. En outre, la

---

[14] Cette bataille eut lieu le 14 février 1797 entre les flottes britanniques (commandées par l'Amiral John Jervis, fait premier comte de Saint-Vincent) et espagnoles, au large du Cap Saint Vincent (Portugal).
[15] Le « sein d'Abraham » est une tournure biblique faisant allusion aux limbes où se trouvent les Justes.

presse n'a pas été tendre avec eux. Quand Braham n'est pas qualifié de « Galant Guirgashite[16] », leur liaison donne lieu à des commentaires du même ordre dans les rubriques théâtrales ou mondaines : « On avance qu'à présent une *lutte délicate* se déroule entre STORACE et son *allié mosaïque*[17], à savoir lequel changera de *religion* en honneur de l'autre. Cette *dispute harmonieuse* ne porte que sur le terrain de la *religion* – car la *morale* est hors de question » (*The True Briton*).

C'est désormais décidé, ils vont partir en voyage sur le continent, avançant le besoin qu'éprouve Braham d'approfondir son art. Ce n'est pas totalement faux : le jeune ténor sait qu'un chanteur qui a triomphé en Italie a bien plus de valeur. Ann l'accompagne, pour « répéter des duos », comme persifle *The True Briton*, d'autant plus aisément que sa liaison avec Bryant Barrett est déjà chose ancienne. Ce changement fait cancaner :

> Avant que Storace et son ancien ami n'éteignissent toute relation, ils devinrent si brûlants [*waxed so warm*] que l'on craignit qu'ils ne se consument dans leurs propres feux[18]. (*The True Briton*)
>
> La Signora Storace ayant commis quelque *faux pas** aux yeux de son précédent admirateur, Mr. B***, elle est sur le point de quitter l'Angleterre avec Braham, dont on dit qu'il l'a supplanté dans son amour. (*The Times*)

Avant de s'embarquer, Ann remise ses meubles à Brompton chez un certain Harrington et sa vaisselle d'argent à son chiffre à la banque Hammersley[19]. Prudente, elle rédige également son testament[20]. Ce texte du 10 août 1797 assure le devenir de sa famille, sans pour autant oublier ses collègues.

---

[16] Guirgashites : issus de Canaan, eux-mêmes descendants de Cham, fils de Noé. (*Genèse*, 10:16.)

[17] Mosaïque (adj.) : issu de Moïse.

[18] Le chroniqueur, qui décidemment s'intéresse de très près à la vie privée d'Ann, fait un mauvais jeu de mot entre « to wax » (croitre) et « wax » (cire), en une allusion évidente. Le 11 juillet, il relayait déjà les récriminations de l'amant éconduit, qui se plaint qu'« elle n'aurait pas pu en user plus mal avec lui si elle avait été son épouse ». (Brace, 96.)

[19] Lettre d'Ann Storace à John Soane du 6 juin 1816. (Sir John Soane's Museum (SJSM), *Private Correspondence*, IV.S.6.1.15.)

[20] The National Archives (Kew), Prerogative Court of Canterbury and Related Probate Jurisdictions: *Will Registers*, PROB 11/1597.

Les intérêts annuels de ses actions de l'East India Company (Compagnie britannique des Indes orientales) d'une valeur de cinq mille livres sterling, sont légués à sa mère Elizabeth ; après la mort de cette dernière, ils doivent être gérés par un *trust* (dont fait partie Prince Hoare, auquel Ann lègue £ 50) et utilisés pour l'éducation de son neveu Brinsley John Storace, le jeune homme ne devenant pleinement propriétaire du capital qu'après ses 25 ans. S'il décédait préalablement, les mêmes dispositions seraient alors reportées équitablement entre les enfants d'« Emely » (*sic*) Toosey, une cousine d'Ann. La cantatrice transmet également jusqu'à son terme le bail de sa demeure d'Howland Street à sa mère Elizabeth, ainsi que l'usage des objets mobiliers : meubles, vaisselle et linge divers. Par la suite, Brinsley en héritera, ou les cousins Toosey, selon les mêmes dispositions que précédemment. Ses tantes maternelles ne sont pas oubliées : Sarah Trusler reçoit £ 200, tandis que £ 500 reviennent à Catharine Trusler (« Tante Kitty » qui, semble-t-il, vient parfois chez sa nièce à Londres[21]). Pour sa part, Mary Storace reçoit £ 500 ainsi que les vêtements d'Ann, sa harpe et toute sa musique, ce qui sous-entend que cette veuve de compositeur n'est sans doute pas dépourvue de tout talent musical… Outre les legs faits à ses enfants, Emily Toosey touche également £ 50. Une certaine Mary Ann Parson, résidant à Doctors Commons, peut-être une servante de la famille, reçoit £ 10 pour se faire confectionner des habits de deuil. L'apothicaire George Lomax, habitant Lower Grosvenor Street, se voit attribuer £ 20[22].

Ann se souvient également de certains musiciens qu'elle a côtoyés : Venanzio Rauzzini reçoit £ 500 ; Arthur [Thomas] Corfe[23] de Salisbury, fils de Joseph qui fut l'un de ses premiers professeurs, £ 100. Thomas Attwood se voit attribuer £ 30, mais John Braham, résidant alors à Air Street, Picadilly… £ 2 000 ! Soit l'équivalent des sommes destinées au secours des musiciens dans le besoin. En effet, la « *old Musical Fund* » (c'est-à-dire la Royal Society of Musicians) reçoit £ 1 000 pour assister ses adhérents, un montant également alloué au

---

[21] Ann transmettait ainsi en 1790 et en 1795 les amitiés de sa tante à Prince Hoare.
[22] Les archives de la compagnie d'assurance Sun Fire Office pour 1792 révèlent l'existence d'un « Charles Lomax, 39 Lower Grosvenor Street, apothicaire ». (London Metropolitan Archives, *Records of Sun Fire Office*.)
[23] Arthur Thomas Corfe (1773-1863), organiste anglais. Il succéda à son père comme titulaire des orgues de la cathédrale de Salisbury en 1804.

New Musical Fund. On note toutefois un absent de marque, le vieil ami de toujours, Michael Kelly, totalement oublié. Il lui en a peut-être voulu, et cela pourrait expliquer son attitude ultérieure, lors d'un procès de 1826 où il sera appelé à témoigner sur la vie privée d'Ann.

Le reliquat, hors paiement des dettes, des funérailles et des taxes dues pour l'exécution testamentaire, sera partagé afin de servir à l'entretien et à l'éducation des enfants d'Emily Toosey et de la demoiselle Emma White, originaire des Antilles, ancienne pensionnaire de l'école d'une des tantes d'Ann, Miss Trusler, à Lancastre[24].

Deux des exécuteurs testamentaires sont Joseph Burchell qui reçoit £ 50 (et son épouse £ 10 pour des habits de deuil) et John Buxton, le *solicitor* qui a aidé Ann à rédiger son testament. Il aurait dû toucher £ 20. Son nom sera biffé ultérieurement par la testatrice, sans doute à son décès. La dernière exécutrice testamentaire, Mary Storace, la veuve de Stephen, se remariera avec le révérend John Kennedy, pasteur de Kimcotte (Leicestershire), le 17 novembre 1801 à Birmingham. La famille Kennedy lui sera d'autant plus proche que sa sœur Julia épousera Rann Kennedy, un cousin du révérend, en 1802. Mary Kennedy décèdera en juillet 1814.

La principale bénéficiaire du testament, Emily Bertha Toosey est la fille du révérend John Trusler et de son épouse Elizabeth. Baptisée le 4 juin 1774 à Cobham (Surrey) où son père était alors pasteur, elle avait épousé William Toosey à St. Clement Dane (Westminster) le 14 avril 1793. Cet « entrepreneur en bâtiment » (*builder*), qui vivait à Duke Street en août 1797[25], aurait tenu parallèlement un emploi à Drury Lane entre 1783 et 1804[26]. Par la suite, il deviendra fonctionnaire (« *civil servant* ») à Bencoleen (Calcutta) pour l'East India Company,

---

[24] Le 21 septembre 1818, Emma White épousera Nathaniel Legge, fils d'un premier lit de Joseph Legg(e), époux de Catharine Trusler, tante d'Ann. (Ancestry.com, *England, Select Marriages, 1538-1973*.)

[25] William Toosey déclare en mars 1802 au Sun Fire Office, des propriété ou résidences au 1 Duke Street, Bloomsbury, et les numéros 24, 25 et 26 dans le coin nord-est de Bloomsbury Square. (London Metropolitan Archives, *Records of Sun Fire Office*). Duke Street est également son adresse en juillet 1813, lors de sa banqueroute. (*The Salopian Journal*, 1813.)

[26] Selon Highfill Burnim Langhans, XV, 27, un certain William Toosey était caissier pour les places situées au parterre et touchait £ 2 2*s* hebdomadaires en 1801... S'agit-il d'un homonyme ?

changement d'emploi amené par sa banqueroute de 1813... Le couple aura plusieurs enfants. Une des filles sera baptisée Selina Charlotte, en 1802[27] ; Ann était-elle sa marraine ?

Son testament rédigé, Ann est-elle partie seule avec John Braham en Europe ou sa mère était-elle du voyage ? Son sort n'est pas précisément connu durant ces années. Toutefois, la correspondance de Jane Nash Linley laisse à penser qu'Elizabeth Storace serait restée en Angleterre[28].

Fin août 1797, ayant arrangé leurs affaires à leur satisfaction, Ann Storace et John Braham se mettent en route pour la France. Le 26, ils débarquent à Calais et sont immédiatement retenus sur place par des tracasseries administratives...

---

[27] Elle est baptisée le 14 juin 1802 à St George, Bloomsbury. (London Metropolitan Archives.)

[28] Cette sœur d'Elizabeth Sheridan aurait souvent mentionné Mrs Elizabeth Storace, ainsi que sa belle-fille Mary, dans ses échanges épistolaires avec son fiancé Charles William Ward entre les mois de mai 1798 et août 1800. Clementina Black fait brièvement allusion à cette correspondance dans *The Linleys of Bath* (p. 128, 225 et 252), mais elle identifie erronément ces dames Storace comme la « veuve » et la « fille » de Stephen ! Les lettres se trouvaient alors en possession de Mrs Ward d'Iver, une descendante des correspondants. – Par ailleurs, à la mi-août 1801, une « Mrs Storace » est mentionnée parmi les notables arrivés à Bath par *The Morning Post* : « *ARRIVALS. At Bath...* ». S'agit-il de Mary ou d'Elizabeth ?

XXII

1797-1801
Le *Grand Tour* de Braham

Le séjour mouvementé des deux voyageurs à Calais ne passe pas inaperçu en Angleterre : le 29 août 1797, *The True Briton* finit par démentir la nouvelle de l'incarcération du couple à son débarquement… Prince Hoare, qui vient de recevoir une missive enjouée d'Ann Storace, a sans doute fait circuler l'information. Ann lui relate qu'elle attend depuis le lundi précédent de recevoir ses passeports des autorités du Directoire pour poursuivre sa route jusqu'à Paris. L'attente a été assez ennuyeuse, mais le couple a été l'objet « de grandes attentions de la part des principaux notables ». La jeune femme offre à Hoare ses services pour lui envoyer pièces et partitions d'intérêt, car « La nuit dernière, nous avons vu *Eugine* [*Eugénie*], la pièce de Beaumarchais, que j'imagine que tu connais, aimerais-tu l'avoir ? Elle est très intéressante et je suis étonnée qu'elle n'ait pas encore été traduite en anglais car elle n'a besoin que d'une intrigue secondaire pour devenir quelque chose de beau, si tu le désires, je peux te l'envoyer depuis Paris, ou tout autre chose que je pense propre à la scène anglaise[1] ». La presse insulaire, hostile au régime français, ne manque pas d'ironiser sur les mésaventures présumées des chanteurs qui s'attardent en province, car ils craindraient que « leurs airs soient accompagnés du Tocsin » (*The True Briton*), au vu des troubles de la capitale… *The Monthly Mirror* assure également que c'est « l'intervention du Marquis del Campo » qui a fait élargir Ann de sa prison supposée. L'ambassadeur est peut-être effectivement intervenu pour faire accélérer les formalités : jusqu'en 1798, il sera chargé des

---

[1] Lettre du 26 août 1797. (Mss. 5232, The James Marshall and Marie-Louise Osborn Collection.)

intérêts espagnols à Paris et devait connaître Ann, de son précédent séjour londonien².

Quittant Calais le 27 août 1797, Ann et Braham arrivent à Paris à l'époque du coup d'état du 18 Fructidor an V (4 septembre)³. Tentent-ils leur chance dans une capitale où les entreprises de spectacle prospéraient à nouveau ou viennent-ils à Paris à la suite d'accords préalablement conclus, car « on dit que Braham et Storace sont allés en France sur une spéculation musicale » (*The Monthly Mirror* de septembre 1797) ? Il semblerait qu'ils se soient mis en relation avec Mademoiselle Montansier, par l'entremise du danseur Sébastien Gallet⁴, alors maître de ballet au King's Theatre. L'active entrepreneuse théâtrale, rappelons-le, avait été mêlée aux précédentes tentatives d'emplois parisiens d'Ann en 1787 et 1788, et elle avait ouvert son Théâtre Montansier, ancienne salle des Beaujolais, au Palais-Royal, avec *Les Epoux mécontents*, « parodie » de *Gli Sposi Malcontenti* de Stephen, adaptée par Dubuisson⁵. C'est en tout cas, sous l'égide de Mademoiselle Montansier qu'ils donnent le 7 Vendémiaire an VI⁶ (28 septembre 1797), un concert au Théâtre de la République⁷.

---

² Bernardo del Campo y Pérez de La Serna (1728-1800), marquis del Campo. Mentionné dans les carnets londoniens de Haydn parmi les trois dignitaires qu'il rencontra à son arrivée en 1791, ce diplomate fut en poste à Londres entre 1783 et octobre 1795. Il fut en poste à Paris entre mars 1796 et mai 1798. (Ozanan, 205-206.)

³ *The Monthly Mirror*, août 1803 ; « *Mr. Braham* » dans Stephens 1803-1804, 377.

⁴ Sébastien Gallet (v. 1750/53-1807), danseur et chorégraphe français. Elève de J. G. Noverre, il se produisit à l'Académie Royale de Musique (1782-1783), puis en Italie. Il fut chorégraphe à l'Académie royale de musique, ainsi qu'à Bordeaux, au King's Theatre et à Vienne.

⁵ L'ouverture du théâtre se fit le 12 avril 1790. Les *Epoux mécontents* fut donné 28 fois entre 1790 et 1792, et 5 fois entre 1792 et 1794. (Tissier, I, 208 et II, 122.)

⁶ Une brève de *La Clef du cabinet des souverains* du 1ᵉʳ octobre 1797 précise que « *Madame Storace* […] *a chanté, avant-hier, au théâtre de la République* […] ».

⁷ Le Théâtre de la République, rue de la Loi (ancienne rue de Richelieu), est le siège de la troupe des anciens comédiens-français favorables à la Révolution française (emplacement de l'actuelle Comédie Française). L'ancienne Académie royale de Musique est devenue le 2 février 1797 (14 Pluviôse an V) le Théâtre de la République et des Arts. Le bâtiment s'élevait rue de la Loi (actuel square Louvois) et avait été originellement construit par Mlle Montansier pour son propre usage.

Il est peut-être suivi par d'autres, comme le sous-entend la presse anglaise. Cette apparition bénéficie d'un compte rendu détaillé qui éclaire le contraste des comportements de mise dans l'Angleterre royaliste et dans la France révolutionnaire.

> *[…] En Italie, les cantatrices sont dans l'habitude de saluer le public toutes les fois qu'il leur applaudit ; et il n'est pas rare de voir la reine de Carthage ou la belle Euridice, faire une magnifique révérence au milieu d'un coup de théâtre. Chaque nation a ses costumes. Nos aimables, qui ne s'en doutent guères, gens fameux qui ont vu le monde, qui ont voyagé jusqu'à Ménil-Montant, et visité les deux mers qui séparent la place Dauphine, sont toujours prêts à trouver ridicule ce qu'ils ne connaissent pas ; et, peu polis dans leur science, sifflent les malheureux pour n'être pas de Paris. Le 7, malgré le juste succès que méritait et a obtenu madame Storace, cantatrice de l'opéra de Londres, peu s'en est fallu que nos illustres ne l'aient égayée (c'est le terme technique) parce qu'elle avait eu l'inconvenance d'être trop fréquemment révérencieuse. Il est en effet épouvantable qu'une femme, qui voit Paris pour la première fois, ne connaisse pas le bel usage de Paris, et ne sache pas qu'il faut, en pareil cas, se conduire comme nos virtuoses, qui daignent recevoir avec le plus auguste dédain les applaudissements que le parterre est trop honoré de leur prodiguer. Ce concert dont l'orchestre, quoique peu nombreux, s'est distingué par un à-plomp admirable, n'a pas été suivi autant qu'il devait l'être. La chambrée n'était pas complète. […] Plusieurs morceaux de musique ont précédé l'entrée de madame Storace. Elle a paru. Tandis que les instruments se disposent, la critique de l'œil s'exerce. Les femmes lui ont trouvé le dos un peu trop large et elles ont ri ; les hommes ont trouvé le devant du buste un peu trop prononcé, et ils ont ri. Au reste, entre nous soit dit, la signora fait à merveille de se bien porter ; car si elle eût été maigre, on aurait ri de même. Elle s'est avisée de faire des révérences comme une Italienne. Jugez si une Italienne qui s'avise de faire des révérences quand elle est grasse, si ce n'est pas une chose à faire pâmer un aéropage de Français. Mais, par une fatalité désespérante, madame Storace, s'est avisée avoir un grand talent, un sublime talent, et par cette influence malheureuse qu'exercent les grands talents partout où ils se montrent, force a été aux gentillesses de se taire. Un timbre aussi sonore que flatteur ; une pureté et une justesse inconcevables soit dans le grave, soit dans l'aigu ; une méthode de chant aussi savante que soignée et approfondie ; un art extrême à cacher sous les grâces de l'expression, la difficulté des tournures ; un coloris admirable de sensibilité sur l'ensemble : telles sont les richesses que madame Storace a développées avec une profusion extraordinaire. Elle n'a rien laissé à désirer de son premier morceau ; mais dans le second elle a été inimitable. Il paraît qu'en général le cantabile est son genre favori ; et depuis madame Todi[8], Paris n'avait rien entendu de*

---

[8] Luísa (ou Luíza) (Rosa) Todi, née de Aguiar, (1753-1833), mezzo-soprano portugaise qui avait fait sensation au Concert Spirituel.

comparable. Il a bien fallu oublier les révérences pour rendre justice à la sublimité ; et les applaudissemens les plus nombreux et les plus réitérés ont prouvé à cette grande cantatrice l'impression qu'elle avait faite. Son compagnon, Monsieur Braham, est également un chanteur d'un mérite distingué. [...] J'ignore si ces deux virtuoses se feront entendre encore ; je le souhaite pour Paris, mais beaucoup moins pour le célèbre Garat?. [...] Ce concert, sous beaucoup de rapports, a été précieux. On prétend qu'on le doit aux soins de la citoyenne Montansier, et qu'elle avait emprunté, ou, ce qui est plus vraisemblable, loué le Théâtre de la République. Si cela est, les arts lui doivent de la reconnaissance. Il serait à souhaiter qu'elle appelât à Paris les Buffes Italiens. *C'est peut-être un essai qu'elle a voulu faire pour tâter l'opinion. On prétend encore que c'est à Gallet [...] que nous devons la présence de ces deux chanteurs italiens. Si cela est, il est beau à lui d'amuser Paris par le talent d'étrangers, quand Paris n'a pas le courage d'exiger que l'Opéra s'enrichisse des siens, et le laisse languir, par respect, pour une cabale injuste, dans une terre ennemie.* (Semaines Critiques ou Gestes de l'An Six. [Signé :] *Nantivel* [soit, Joseph Lavallée[10]])

Le critique de *La Clef du cabinet des souverains* renchérit : « [...] *l'on assure que depuis madame Marichelli (sic), on n'avait pas possédé à Paris d'aussi grands talens.* » Toutefois, ce n'est pas la seule occasion qu'ont les deux chanteurs de se faire entendre des Parisiens. Un compte rendu d'un de leurs concerts, au Théâtre de la rue Feydeau, en 1797[11], est même épinglé par le *Monthly Mirror* d'octobre, qui s'offusque que le critique français n'ait pas attribué la bonne nationalité, anglaise, aux deux chanteurs ! Il est vrai que la presse britannique est bien bougonne sur ce séjour parisien, ne perdant pas une occasion de raillerie, qui sur les usages français, qui sur l'absence de patriotisme des exilés :

BRAHAM et STORACE sont d'avis, que lorsqu'on est à Rome, il faut faire comme les Romains. A Londres, ils chantaient au Théâtre Royal, – à Paris, ils chantent au Théâtre de la République. (*The True Briton*)

[...] Ils pourraient également s'accommoder des lois de la République pour quelques nuits, en se mariant. Un divorce suivrait quelques nuits plus tard, et ils retourneraient en Angleterre aussi

---

[9] (Dominique) Pierre (Jean) Garat (1762-1823), ténor, puis baryton français. Il se produisait alors aux Concerts Feydeau et en privé.
[10] Joseph de Lavallée, ci-devant marquis de Boisrobert (1747-1816), homme de lettres et sympathisant révolutionnaire.
[11] Mentionné par les Goncourt, 368. (Il nous a été impossible de retrouver ce numéro de *La Petite Poste,* car les séries conservées à la Bibliothèque nationale de France sont lacunaires.)

libres de « fâcheuses entraves conjugales » qu'en l'ayant quittée. (*The Times*)

On permettra sans doute à STORACE et à BRAHAM de chanter sur la Scène Gauloise jusqu'à ce que le Peuple se fatigue de les entendre, ou jusqu'à ce que le Gouvernement Français pense qu'ils ont amassé assez d'argent pour mériter l'attention Législative. On les arrêtera alors comme Espions et la Confiscation sera à l'Ordre du Jour. (*The True Briton*)

Se sont-ils également produits lors des concerts organisés par la Montansier dans son propre théâtre, « *Maison Egalité* » ? Comme l'a deviné Lavallée, l'ingénieuse directrice se sert sans doute de la notoriété des deux chanteurs pour faire connaître sa nouvelle ambition : accueillir une troupe d'*opera buffa* dans son théâtre. Depuis le départ des Bouffons du Théâtre de Monsieur en 1792, la place était devenue libre… En décembre, on fait savoir qu'« *Il arrive d'Italie à Paris une troupe de chanteurs bouffons, parmi lesquels se trouvent le célèbre Rafanelly et madame Storace. Ils s'établiront au théâtre de la citoyenne Montansier.* » (*La Clef du cabinet des souverains*). En réalité, le *primo buffo* Luigi Raffanelli (1752-1821), figure de proue du Théâtre de Monsieur, ne reviendra à Paris qu'en 1801 avec la troupe de la Montansier, dans l'ancienne Salle Olympique[12]. Il semblerait que cette réclame n'ait été qu'un coup d'épée dans l'eau… Bientôt, on corrige cette annonce trop hâtive : « *Il paraît qu'on désire recréer le théâtre de la République par une épuration salutaire, suivie d'une réunion des Artistes qui le composent, avec quelques-autres du théâtre Feydeau, qui, par ce moyen sera tout-à-fait rendu à sa vraie destination, c'est à-dire à la comédie lyrique. On dit même que la comédie française y sera remplacée par des bouffons qui arrivent d'Italie et qu'on avait assuré, d'abord, devoir s'établir au théâtre de la citoyenne Montansier.* » (*La Clef du cabinet des souverains*). Le Théâtre Feydeau, ancien Théâtre de Monsieur, donnait alors en alternance pièce de théâtre par les anciens comédiens-français et l'opéra-comique. Il aurait ainsi retrouvé le répertoire d'origine de sa première troupe. Mais Mademoiselle Montansier perd finalement la partie et le Théâtre Feydeau tombera dans l'escarcelle de Sageret qui exercera un temps une sorte d'hégémonie sur les principaux théâtres parisiens. En définitive, ni Ann Storace, ni John Braham ne peuvent trouver leur place dans l'actuelle réorganisation théâtrale. Est-ce la raison de leur départ si tardif ? Ils ont peut-être attendu à Paris que leurs opportunités se précisent. Les biographies de Braham, tardives et

---

[12] Fabiano, 151-153.

souvent complaisantes, répètent à l'envi les mêmes informations, sans s'appesantir sur d'éventuels espoirs déçus :

> On écouta leurs apparitions […] avec le plaisir le plus avide ; bien qu'ils aient originellement décidé de quitter Paris au bout de trois semaines, les attentions courtoises dont ils furent universellement l'objet, eurent tant de poids sur leurs sentiments qu'ils décidèrent de prolonger leur visite, et ils y restèrent huit mois. Durant cette période, ils reçurent des témoignages croissants de l'estime publique et privée, et les concerts qu'ils donnèrent furent bondés au prix d'un *louis* le billet d'entrée, bien que le prix d'admission aux concerts fût seulement de six francs. Si les retombées financières immédiates avaient été le seul objet de leur visite dans cette capitale, ils auraient pu obtenir la surintendance d'un opéra nouvellement établi, pour le salaire annuel de mille quatre cent *louis*[13].

Le couple s'est sans doute produit lors de concerts privés et publics[14], notamment à l'Elysée, comme l'attestent des annonces qui publicisent les soirées des 23 mars et 13 avril 1798 (3 et 13 Germinal an VI) dans *Le Bien Informé* :

> *Elysée – La signora Storace et le signor Braham ont l'honneur de prévenir les personnes qui les ont honorées de leur suffrages, que leur premier exercice musical aura lieu le 3 germinal prochain, à sept heures, dans le local de l'Elysée, faubourg Honoré. Ce superbe emplacement leur ayant été offert par les administrateurs de l'Elysée, une réunion de plusieurs artistes distingués de cette capitale doit concourir aux dits exercices.*
> *Les amateurs qui désireront augmenter le nombre de ceux qui sont déjà inscrits, pourront se présenter tous les jours, depuis midi jusqu'à deux heures, chez lesdits Storace et Braham, rue de Cléry, au numéro 74, maison de Normandie*[15].

L'ancien hôtel des Bourbons était devenu un lieu de divertissement. En 1797, Bathilde d'Orléans, duchesse de Bourbon (1750-1822) qui devra quitter le pays dans l'année, la dernière propriétaire de l'hôtel de l'Elysée-Bourbon ou Elysée, comme on l'appelait désormais, en loue une partie à Augustin-Benoît Hovyn. Ce dernier obtient l'autorisation d'organiser dans les salons et jardins des fêtes champêtres et des bals

---

[13] « *Mr. Braham* » dans Stephens 1803-1804, 377-380.
[14] *Neueste Weltkunde*, mars 1798.
[15] Une annonce similaire paraît également pour leur dernier concert.

fréquentés par Joséphine Bonaparte[16]. Le 19 mars 1798, l'hôtel est vendu comme bien national, et Hovyn et trois associés, en conservent l'usage jusqu'en juin 1798.

Selon une notice biographique sur Braham parue en 1854, le premier de ses concerts français aurait eu lieu à l'Elysée et aurait été placé sous le patronage de Joséphine Bonaparte. Le général n'aurait pu être présent en cette occasion, devant partir pour l'Egypte ce même 4 mai 1798. Voilà qui sent la fable ! L'anecdote suivante sonne un peu plus vrai et attesterait que le ténor fréquentait la famille Bonaparte :

> Braham était intimement lié à Jérôme Bonaparte, frère de Napoléon, un simple *citoyen** avec lequel il avait l'habitude de jouer au whist. Un jour, faisant allusion aux différends entre la France et l'Angleterre, Jérôme Bonaparte, avec un calme parfait et en toute simplicité, s'adressa à [Braham] : « *Citoyen** Braham, mon frère le Général est déterminé à envahir et à conquérir l'Angleterre. Nul pouvoir au monde ne pourra l'arrêter. L'Angleterre doit tomber et Londres sera réduite en ruine. Mais, *mon cher ami**, ne soyez pas effrayé. Je vous prie, donnez-moi votre adresse – le lieu et le numéro de votre maison à Londres – et je vous promets que je l'occuperai moi-même et en prendrait soin pour vous. » [...] Cette scène se déroula dans la maison de Madame Montansier[17].

La menace semble alors bien réelle, comme le martèle la propagande révolutionnaire et les répétitions au Théâtre de la République et des Arts d'un opéra, *Les Français en Angleterre*, dont l'exécution est finalement suspendue suite à l'intervention de Bonaparte... De fait, le long séjour français du couple s'attire les foudres de la presse anglaise la plus virulente qui considère que « la manière cavalière dont ils se sont *expatriés* mérite l'attention du Gouvernement s'ils osent revenir » (*The True Briton*) !

---

[16] On y donne également quelques concerts auxquels participent des « *artistes du Théâtre Feydeau* » et dont la publicité est parfois faite par le *Courrier des Spectacles, Journal des Théâtres*. Malheureusement, ce périodique s'interrompt entre le 5 septembre et le 21 octobre 1797, et il ne parait plus aucune annonce de concert pour l'Elysée, après le 13 novembre 1797.
[17] « *Sketches of English Artists, n°III, John Braham* » dans *The Musical World*, juillet 1854.

Vers mai 1798, le couple se dirige enfin vers l'Italie, muni de lettres de recommandation pour les ambassadeurs français de la péninsule[18]. La présence de John Braham est attestée à Florence en septembre, mais un récit ultérieur fait état de pérégrinations bien romanesques :

> Mr. Braham ne fut pas toujours un tourtereau fidèle à sa compagne ; quand il résidait à Naples, il commit un *faux pas** buissonnier. Son chant subtil attira l'attention d'une comtesse connue pour être la maîtresse du maréchal MacDonald, qui commandait l'armée française d'occupation à Naples. Elle était belle, riche et voluptueuse. Mr. Braham avait l'habitude de se produire à ses concerts, et là, ils se concertèrent de faire les choses de manière si rusée que le rossignol et la tourterelle s'enfuirent à Salerne, en Calabre, laissant la Signora Storace se morfondre toute seule, comme une chouette.
> Combien de temps Braham et la belle comtesse roucoulèrent-ils, nous avouons ne pas le savoir, mais il advint un incident qui occasionna leur séparation d'une manière assez déplaisante : la comtesse avait un frère, un officier commandant une frégate de la flotte napolitaine, aux oreilles duquel la relation entre la Musique et l'Amour se fit connaître ; il détermina de la rompre, non de la façon honorable dont ces choses se font en Angleterre, mais au moyen d'un *bravo* et de sa dague, qui sont toujours à louer pour presque rien en Italie. Mr. Braham eut connaissance de ce dessein par le dernier endroit dont il aurait pu espérer une telle faveur – même de la part de celle qu'il avait abandonnée – la Signora Storace. Elle le lui fit savoir par l'entremise d'une servante, et il eut tout juste le temps de s'enfuir en bateau pour l'île de Capri, emmenant avec lui la fille qui avait été la messagère de son ange querelleur. Il ne suivit pas un élan de gratitude en revenant, amant contrit, dans les bras de celle qui lui avait sauvé la vie ; au contraire, il voyagea jusqu'à Rome avec la fille qui avait été l'agent passif de sa maîtresse – mais jusqu'où ne descendent pas les femmes amoureuses ? La Signora le poursuivit jusqu'à Florence, puis à Livourne, où elle parvint à faire revenir le vagabond dans ses bras[19].

Pas de fumée sans feu ? Des rumeurs de séparation parviennent bien jusqu'en Angleterre en août 1798, puis en avril 1799…

---

[18] Stephens 1803-1804, 380.
[19] « *Secret History of the British Stage. Mr. Braham* » dans *Rambler's Magazine*, août 1823. – Etienne MacDonald ne devint maréchal de France qu'en 1809…

> On dit que STORACE s'est séparée de son *Guirgashite* chanteur. L'étonnant est plutôt qu'une Lady avec ce caractère soit resté si longtemps avec lui. (*The True Briton*, août 1798)

> STORACE, semble-t-il, s'est séparée de son *Allié Israélite*, pour raison *financière*. Il a toujours été entendu que ses *affections* sont construites sur ce *fondement*. (*The True Briton*, avril 1799)

Le 9 septembre 1798, dans Florence tenue par les forces Alliées (Angleterre inclue), Braham crée le rôle-titre de *Il Ritorno d'Ulisse* (Le retour d'Ulysse) d'Andrea Basili au Teatro alla Pergola, dont le public éclate de rire en voyant cet Ulysse de « 5, 3 pieds » embrasser un Télémaque de « six pieds »[20]. Le 15 octobre a lieu la première d'*Oreste, ossia la Morte di Clitemnestra* (Oreste, ou la Mort de Clytemnestre) de Giuseppe Moneta. Le ténor endosse évidemment le rôle-titre[21]. Lors de ce séjour florentin, Braham rencontre le célèbre Giacomo David (avec lequel Ann avait chanté à Londres) et lui fait la démonstration d'un air virtuose composé par Rauzzini à son intention. Son aîné aurait alors déclaré que dans sa jeunesse, il pouvait faire de même. Questionné sur l'identité du meilleur ténor d'Italie, il aurait répondu : « Après moi, l'Anglais ». Cette supériorité aurait été admise par les Florentins, lesquels, « dans une lettre adressé [à Braham] reconnurent le droit supérieur de l'Angleterre à la palme de l'excellence vocale en les personnes de Mrs. Billington, de la Signora Storace et de lui-même[22] ».

Pour le Carnaval de 1799, Braham est à la Scala aux côtés de Mrs Billington, avec laquelle il se brouille momentanément, pour *Il Trionfo di Clelia* (Le Triomphe de Clélie) de Sebastiano Nasolini et *Gli Sciti* (Les Scythes) de Giuseppe Nicolini. Les représentations se déroulent dans une telle impréparation que l'impresario est arrêté ! La ville est alors occupée par les Français. Le ténor prêtera son concours à un *Inno* (Hymne) célébrant la mort de Louis XVI, le 21 janvier. Son engagement suivant l'amène à Gênes. Pour la saison de Printemps de 1799, il y rejoint Luigi Marchesi, qui chante Lovinski face à son Boleslao, dans la *Lodoiska* de Johann Simon Mayr (1763-1845). Les troubles militaires de la région prolongent apparemment la série des

---

[20] « *Sketches of the English Artists, n°III, John Braham* » dans *The Musical World*, juillet 1854.
[21] Weaver, 784 et 787-788.
[22] « *Mr. Braham* » dans Stephens 1803-1804, 381.

représentations, de « huit ou dix soirées » supplémentaires[23], au plaisir sarcastique d'un chroniqueur de la *Gazzetta Nazionale della Liguria* qui en tire la morale suivante : « Somme toute, calamité publique et allégresse privée : Oh ! Pangloss ! [...] tu l'as bien dit : *A QUELQUE CHOSE MALHEUR EST BON** ». Durant son séjour, Braham aurait reçu des offres venant de Naples, qu'il aurait déclinées à cause des troubles de la péninsule[24]. Il faisait bien ; la nationalité des voyageurs, et leurs liens ténus avec l'amiral Nelson n'auraient pu les préserver totalement des violents soubresauts politiques.

C'est dans un Milan aux mains des Autrichiens que l'on retrouve les deux artistes. Ann Storace fait son grand retour à la Scala le 20 août 1799, en Giannina dans *Il Trionfo del bel sesso, ossia La forza delle donne* (Le Triomphe du beau sexe, ou la puissance des femmes) de Giuseppe Niccolini (1762-1842). C'est un succès, dans une programmation subitement modifiée en cours de saison[25], ainsi que le souligne le musicographe Carlo Gervasoni (1762-1819) en 1812 : l'opéra « fit fureur et mes compatriotes s'en souviennent encore. La Sig. Storace et le ténor Braham y récoltèrent des applaudissements nourris ». Ce n'est guère l'opinion d'un voyageur allemand qui note : « le 31 août, nous atteignîmes Milan. [...] Madame Storazzi la chanteuse principale, était, malheureusement pour moi, enrhumée et perdit beaucoup de la faveur du public[26] ». Le second opéra scaligère est *Il Ritratto* (Le Portrait) de Niccolò Zingarelli (1752-1837). Ann y est Olivetta, une « *giovanne accorta* ». Quant à Braham, il continue d'incarner les amoureux nobles en « *Conte Don Alberto* ».

La situation italienne ne devait pas paraître si troublée ou bien la ville devait présenter des attraits bien puissants, car Braham décide de retourner à Gênes. Il y aurait pris des leçons de composition avec le

---

[23] Les représentations semblent se donner encore à la fin mai. (*Gazzetta Nazionale della Liguria*). Le chroniqueur des *Public Characters of 1803-1804* fait état d'une trentaine de soirées.
[24] Stephens 1803-1804, 381-382. – Le Royaume des Deux-Siciles avait été vaincu par les Français en décembre 1798. La République parthénopéenne résistera jusqu'en juin 1799. Le nom de Braham, « *marito della Storace* », apparaîtra néanmoins parmi les chanteurs envisagés en 1801 au San Carlo, pour sa réouverture. (Deldonna, 236.)
[25] Mais les Français prendront à nouveau possession de Milan en juin 1800.
[26] Brace, 137.

compositeur Gaetano Isola (1754-1813)[27], et interprété deux opéras lors de ce séjour : *Adelaide di Guesclino* de Mayr[28] et *Indatiro* de Nicolini. Le livret de ce dernier opéra indique « *Carnevale 1800* » pour cette mise au théâtre, ce qui semble incompatible avec la vision dramatique présentée par un biographe de Braham : « Il ne faut pas oublier que le siège de Gênes s'étant déroulé alors que Braham et Storace s'y trouvaient, leurs talents professionnels étaient si estimés qu'ils leur assurèrent le respect et la sécurité les plus parfaites, parmi toutes les horreurs et les outrages d'une guerre furieuse et politique[29] ». Le siège (du 6 avril au 4 juin 1800) de la ville défendue par Masséna est particulièrement terrible….

Vers la mi-juin[30], sorti de cet enfer, le couple se trouve alors à Livourne. Y sont aussi arrivés, escortés par l'amiral Horatio Nelson, les époux Hamilton et la reine Marie-Caroline de Naples et sa famille, en route vers Vienne où elle va rendre visite à l'impératrice sa fille. Les augustes visiteurs sont arrivés à Livourne le 15 juin 1800, après avoir affronté une terrible tempête. La reine, qui loge chez le gouverneur, quittera Livourne le 9 juillet. Selon la tradition, les chanteurs sont tous deux conviés à bord du *Foudroyant*, le vaisseau-amiral de Nelson, car Marie-Caroline a désiré les entendre chanter[31]. Ann reconnait peut-être en Lady Emma Hamilton une jeune servante croisée autrefois chez les Linley : Emy Lyon, âgée de treize ans, a peut-être été employée par cette famille amie des Storace et aurait assisté les derniers instants de Samuel Linley, fils cadet du compositeur, emporté par la fièvre en décembre 1778[32]. La nouvelle des décès successifs de Thomas junior, noyé en août 1778, à l'époque où Emy aurait été embauchée, puis de Samuel, ainsi que le récit du dévouement de la jeune servante et son départ subit, atteignit probablement la famille Storace dans ses déplacements. Plus tard, les deux femmes se fréquenteront

---

[27] Ann Storace avait inséré l'un de ses airs dans *Gli Schiavi per amore*.
[28] Sartori, notice 300 (sans distribution indiquée, bien que la notice consacrée à Braham renvoie vers celle de l'ouvrage, avec l'indication de son rôle, *Carlo, duca di Vandomo* !)
[29] « *Memoirs of John Braham* » dans *Oxberry's Dramatic Biography*, 1825.
[30] Braham aurait demandé l'autorisation à Masséna de quitter la ville, mais les Anglais et les Autrichiens auraient reçu la reddition de ce dernier le jour où le ténor attendait la réponse. (« *Sketches of the English Artists, n°III, John Braham* », dans *The Musical World*, juillet 1854.)
[31] Stephens 1803-1804, 382.
[32] Fraser, 4-6.

régulièrement à Londres, sans que l'on sache si ces histoires anciennes ont joué un rôle dans leur amitié.

En décembre 1800, *The Albion and Evening Advertiser* annonce à Londres que la Storace a renoncé à son contrat de Livourne à cause de l'occupation française, mais rien n'est plus faux. Ann est bien présente au Teatro degli Avvalorati, pour la saison d'automne, en Cleofide de l'*Alessandro nell'Indie* (Alexandre en Inde) de Francesco Gnecco (v. 1769-1810/11), dans lequel Braham chante le rôle-titre, et dans un *Arminio* de Bianchi et autres compositeurs[33]. Cet entrefilet est suivi quatre jours plus tard par l'annonce de pourparlers de « Braham, Storace et Mrs. Billington » « avec les Opéras de Londres » (*The Albion and Evening Advertiser*). Le retour vers le nord de l'Europe n'en est pas moins compliqué par les aléas des combats.

Alors que les chanteurs sont attendus à Venise pour l'ouverture de la saison de La Fenice, on est obligé de surseoir au programme annoncé, car « à cause des vicissitudes de la guerre, Storace, Braham [et d'autres chanteurs] ne sont pas arrivés à temps » (*Il Teatro moderno applaudito*). On décide alors de représenter *Gli Sciti* de Mayr avec une troupe temporaire, pour la première de la saison, le 4 janvier 1801, alors que l'opéra inaugural aurait dû être *Artemisia*[34]. Ce *dramma tragico per musica* de Cimarosa restera inachevé. En effet, le compositeur est arrivé bien malade à Venise, après de terribles tribulations. Compromis auprès de la République parthénopéenne, ses efforts pour rentrer en grâce auprès de Ferdinand IV réinstallé sur son trône ont été vains. Miraculeusement épargné par la répression qui s'abat sur les Républicains, Cimarosa accepte une commande de La Fenice et parvient à Venise atteint psychologiquement et déjà bien diminué physiquement. Il doit s'aliter en début d'année et décède le 11 janvier 1801. Sa messe d'enterrement est un évènement musical : Braham, la basse Naldi[35] que l'on retrouvera à Londres, et le castrat Giuseppe Aprile (1732-1813) y interprètent du Bertoni. La première d'*Artemisia* a quand même lieu le 17 janvier 1801, mais le rideau se baisse après les deux premiers actes, les seuls composés par le défunt. Selon les

---

[33] Venturi, 195-196.
[34] Sur un livret de « *Cratisto Jamejo P.[oeta] A.[ulico]* » (pseudonyme du comte Giovanni Battista Colloredo), en trois actes. A ne pas confondre avec son *Artemisia, Regina di Caria* (1797) créé au S. Carlo de Naples.
[35] Giuseppe Naldi (1770-1820), basse italienne. En douze saisons londoniennes, il chanta environ trente-cinq opéras.

souvenirs de Braham[36], Mayr aurait décliné d'écrire la fin de l'opéra. Sur le livret imprimé, des guillemets entourent les passages non mis en musique.

En février, le couple apparait également dans dix représentations de *I giuochi d'Agrigento* (Les jeux d'Agrigente) de Paisiello, qui avait marqué l'inauguration de La Fenice en mai 1792. L'opéra est fortement remanié, passant de trois actes à deux, les rôles d'Eraclide et d'Aspasia étant adaptés à leurs nouveaux interprètes. « Anna Storace Braham » semble avoir été appréciée des Vénitiens, « particulièrement pour sa capacité à émouvoir » (*Il Teatro moderno applaudito*).

La halte suivante est Trieste. Braham s'y serait produit dans *Una Cosa rara* de Martín y Soler, si l'on en croit la notice de *The Harmonicon*, parue en 1832. Cette assertion est assez surprenante, car le nouvel opéra de la ville, le Teatro Nuovo, est inauguré le 24 avril 1801 avec la *Ginevra di Scozia* de Mayr, puis *Annibale in Capua* de Salieri, représenté dès le 19 mai… Le Cesareo Regio Teatro di San Pietro ne propose en 1801 qu'un seul opéra, *Le Due Nozze e un sol marito* de Pietro Carlo Guglielmi (1772-1817), ainsi que des ballets, puis, le 20 mars, une dernière académie instrumentale[37]. Depuis Venise, le 24 mars 1801, un voyageur anglais, l'archéologue Sir William Gell (1777-1836), se fait l'écho des triomphes de Braham, mais il ne semble relater que des on-dit : « A Trieste, il y a un nouvel opéra où actuellement Braham chante délicieusement. Storace est là aussi & toujours aussi laide. Marchesi, premier chanteur d'Europe & Mrs. Billington chantent pour l'inauguration du théâtre. Je pense que nous nous y rendrons pour l'occasion[38] ».

Depuis Trieste, cité sous domination impériale, les voyageurs se rendent à Vienne. On ne sait rien du séjour des deux chanteurs, sauf qu'Ann assiste le 28 mai 1801 à la répétition générale des *Saisons* de Haydn, à la Redoutensaal[39]. Elle a sans doute rendu visite à son vieil

---

[36] Dans une lettre datant de 1844, reproduite dans *The Musical World* en juillet 1854.

[37] Schiavone, 346. Braham et Storace s'y sont-ils également produit ? Ou dans d'autres concerts ?

[38] Derbyshire Record Office, Sir William Gell (1777-1836), *Family Letters 1801-1834*, D/258/50/8.

[39] Joseph Carl Rosenbaum mentionne sa présence dans son *Journal*. (Vignal, 617.)

ami : a-t-elle vu accroché dans la demeure du compositeur ce portrait d'elle que Cherubini y remarqua par la suite[40] ? Ann Storace et Joseph Haydn sont certainement restés en contact puisqu'une anecdote relative à la basse Ignaz Saal (1761-1836), interprète de *La Création*, circulera à Londres par l'intermédiaire de la cantatrice : à l'époque de la genèse de cet oratorio, il n'y aurait eu aucun ténor satisfaisant aux exigences de Haydn, à Vienne, d'où la tessiture du rôle de Raphael[41]. Encore en Italie, Braham aurait reçu des offres d'engagement pour Vienne, ce qui expliquerait cette halte ; il décide finalement de ne pas donner suite, et le couple se dirige vers Hambourg, afin de s'embarquer pour l'Angleterre. Ils ont accepté une offre suffisamment alléchante de la part de Thomas Harris, le directeur de Covent Garden, pour décider de quitter enfin un continent à la situation politique de plus en plus instable.

> A Hambourg, [ils] furent hautement honorés du patronage des Parish et des Thornton, et donnèrent un concert triomphal aux jardins publics de Reinville, à Ottensen, sur les rives de l'Elbe. [Jan Ladislas] Dussek[42] et Giornovichi y jouèrent chacun un concerto. (*The Monthly Mirror*)

Le compte rendu du *Leipziger Allgemeine Musikzeitung* de septembre 1800 mentionne « un brillant concert, tant par les artistes distingués engagés que par l'importance du public, malgré le prix d'entrée qui était d'un ducat ». Le prince Charles de Hesse est présent. Mais Ann déçoit : « Mad. Storace, une chanteuse bien connue depuis vingt ans, n'a rien d'extraordinaire[43] ». Simple fatigue après d'épuisantes journées de voyage ou conséquence de sa grossesse ?

---

[40] « *J'ai été avant-hier lundi d'un grand dîner que m'a donné Braham, le meilleur chanteur de Londres, mari de Mme Storace, dont vous avez vu le portrait chez le bon Haydn.* » Lettre du 22 mars 1815 citée par Arthur Pougin, « Cherubini, Sa vie, ses œuvres, son rôle artistique. (2eme partie, XIV) » dans *Le Ménestrel, Musique et Théâtres*, 11 juin 1882 (n°28), 218.

[41] *The Quarterly Musical Magazine and Review* et *The Literary Gazette*, 1818.

[42] Jan Ladislav Dussek (1760-1812), compositeur et pianiste originaire de Bohème.

[43] Article traduit en anglais dans *Dwight's Journal of Music*, en 1861.

XXIII
1801-1802
Au Theatre Royal, Covent Garden

Le 5 septembre 1801, le couple Storace-Braham est arrivé à Londres. Au cours de ce mois, la presse anglaise distille des annonces alléchantes sur la saison théâtrale qui s'ouvre : Covent Garden a obtenu l'exclusivité des services de la Signora Storace et de Braham, de retour après quatre ans de voyage sur le Continent : ils sont engagés pour £ 2000 pour deux[1]. Un nouvel opéra (*The Cabinet*) est en préparation pour mettre en valeur les deux vedettes et Joseph Mazzinghi, associé à William Reeve (1757-1815)[2], le composerait. De quoi susciter la curiosité d'un public avide d'entendre ceux qui se sont absentés si longtemps... Toutefois le couple a une rivale de poids : Elizabeth Billington a réussi le tour de force de se faire engager dans les deux « théâtres d'hiver », Drury Lane et Covent Garden. Elle y chantera donc en alternance, ce qui nécessite des trésors de diplomatie entre les deux directions et des contrats négociés âprement, à la grande joie des caricaturistes... Une épigramme salue à sa façon le retour des virtuoses :

>Ainsi l'Italie nous renvoie
>Trois chevroteurs ensemble ;
>Storace, Braham, Billington –
>Oiseaux de même plumage !
>Hélas ! Pauvre sens commun, tu pleureras peut-être,
>Ce son est si enveloppant
>Que Shakespeare s'endormira

---

[1] *The Morning Post and Daily Advertiser* avance un salaire annuel de £ 1500 pour Ann, et pour Braham, de £ 1000.
[2] Le *New Grove Dictionary* souligne que « lorsqu'un de ses opéras avait du succès, ce n'était pas grâce à la musique ! » (Roger Fiske et Irena Cholij).

Et qu'on surprendra Congreve[3] à faire la sieste. (*The Spirit of the Public Journals for 1802*)

Thomas Harris, directeur et copropriétaire de Covent Garden, peut se féliciter d'avoir attiré des étoiles de première grandeur. Le montant de leur salaire est débattu acrimonieusement, et l'on suppute que ni Storace, ni Billington ne renonceraient à leur faculté de faire venir à elles les « manuscrits d'Abraham Newland[4] » (les billets de banque) pour entraîner à leur suite les arbres ou les rochers comme le faisait Orphée, puisqu'on peut désormais disputer l'adage qui assure que « la magie des doux sons (*sounds*) / peut tout attirer au monde sauf les livres sterling (*pounds*) » (*The Morning Chronicle*) ! L'annonce du recrutement d'Ann Storace à Covent Garden pousse Drury Lane à réengager la contralto Maria Bolla, dont on avait déjà souligné la ressemblance avec l'absente : n'oublions pas que ce dernier théâtre conservait l'exclusivité des opéras de Stephen et qu'Ann y avait créé un modèle d'interprétation... La rivalité féroce entre les deux théâtres est renforcée par la fausse annonce que les deux maisons débuteront toutes deux leur saison avec *Richard III* ! Malgré ces tensions, Ann et Braham n'en iront pas moins applaudir John Philip Kemble en Hamlet à Drury-Lane[5].

Le couple n'est pas resté longtemps à Londres. Les chanteurs séjournent à Margate, puis à Brighton où réside alors Prince Hoare[6] ; enfin à Bath, fin septembre[7], afin de retrouver Rauzzini. Leur ancien professeur fait savoir qu'ils participeront à l'un de ses concerts par souscription[8]. La notoriété des solistes, parmi lesquels figurent Gertrud Mara et le *buffo* Carlo Rovedino, fera d'ailleurs grimper le prix des places. Ce n'est pourtant pas le quart des tarifs londoniens, mais

---

[3] William Congreve (1670-1729), auteur dramatique, poète et critique littéraire.
[4] Abraham Newland (1730-1807), caissier principal de la Banque d'Angleterre entre 1782 et 1807, dont la signature était nécessaire pour authentifier les billets de banque.
[5] Leur presence est mentionnée par *The Morning Post*.
[6] Brace, 104.
[7] Ainsi que le précise *The Times*.
[8] Annoncés pour le concert du 10 janvier 1802, ils feront défaut à Rauzzini car ils doivent inopinément se produire la veille à Covent Garden, du fait de l'indisposition d'Elizabeth Billington (*The Morning Post*). Ils seront de retour à Bath pour deux concerts, les 13 et 16 janvier 1802.

cela suscite une polémique qui trouve écho jusqu'à Londres ! Jusqu'à la fin de sa carrière, Ann honorera fidèlement ses apparitions annuelles à Bath, en période de Noël ou de Nouvel An.

Au milieu de ces visites, Ann est sans doute également passée par Brompton pour récupérer ses meubles, afin d'organiser leur nouveau logement commun au 7 Leicester Square[9], où ils reçoivent bientôt l'ancien soupirant d'Ann, l'architecte John Soane, un de leurs amis intimes.

Le retour du couple de chanteurs se déroule de manière plus agitée que prévue. Le librettiste Thomas Dibdin[10] narre dans ses mémoires qu'il a été convoqué par Thomas Harris qui lui annonce qu'il a « *sub rosa*, engagé [Storace et Braham] » afin de « contrebalancer l'effet sur ses recettes de l'attraction de [Mrs Billington] les soirs où elle serait engagée [à Drury Lane] ». Ces derniers « souhaitant faire leur apparition dans un nouvel opéra, il le supplia d'abandonner sa pièce en cours, et si possible, d'écrire un opéra qui soit prêt dans un mois ». Le librettiste calcule que cela lui laisse une semaine pour écrire chaque acte ! Mais Harris est moins content que prévu de ses avancées littéraires sur *The Cabinet* (Le Coffre), car « enfin, il transpira que Mr. Braham et Madame Storace, alors qu'ils étaient sur le Continent, avaient promis à Mr. Prince Hoare que leur rentrée se ferait dans l'un de ses opéras, ce que Mr. Harris ignorait, d'autant que Braham et Storace ne savaient pas que je m'étais changé en 'menuisier'. » Son texte est alors mis de côté pour laisser la primeur à celui de Prince Hoare ; Thomas Dibdin en éprouve un ressentiment bien légitime qui transparaît dans ses souvenirs.

Mais *Chains of the Heart; or, The Slave by Choice* (Les Chaînes du cœur, ou l'esclavage par choix[11]) chute rapidement, quelle qu'en soit la raison : précipitation de la production (selon le *Monthly Mirror*, Hoare ne disposa que de six semaines pour remettre son texte), problèmes de santé d'Ann le jour de la première (relevés par un critique qui note

---

[9] Adresse complète indiquée pour la soirée à bénéfice de Storace, le 15 mars 1802. Le couple y résidera jusqu'en 1805 : leur adresse devient alors le 96 Great Russel-Street, Bloomsbury.
[10] Thomas John Dibdin (1771-1841), acteur et dramaturge britannique. Fils naturel du compositeur, dramaturge, chanteur et acteur Charles Dibdin (1745-1814).
[11] Titre français de 1802.

dans *The Sporting Magazine* que « Madame Storace semblait trop malade pour qu'on se forme une opinion juste des progrès de sa voix et de sa science ») ou choix d'airs peu conforme à ce qu'on attend d'elle. Créé le 9 décembre 1801, l'opéra est présenté dans une version remaniée dès la seconde représentation. La partition est un effort collectif : c'est souvent l'usage. Mais, une fois encore, le livret s'attire les critiques virulentes des puristes[12]. L'appréciation de George III lui-même ne suffit pas pour sauver une pièce qui peine à attirer le public, lequel s'est dirigé en masse à Drury Lane pour entendre Mrs Billington. Le style virtuose et italianisant de Braham ne lui vaut pas que des compliments ; ces reproches, souvent idéologiques, seront récurrents dans sa carrière[13]. En revanche, la plupart des commentateurs s'accordent pour trouver qu'Ann est restée fidèle à elle-même.

> Le Duo avec *Storace* fut reçu comme il le méritait avec des applaudissements réitérés […] *Storace*, bien qu'occasionnellement gênée par un enrouement, chanta et joua avec esprit. (*The Times*)

> Storace se comporta avec son talent habituel et sa malice, mais son personnage comporte à peine assez d'humour grossier pour s'adapter à ce qu'elle fait de mieux. Si elle avait été la cuisinière favorite du vieil Azum, on aurait pu amener des scènes très drôles entre elle et Johnstone[14], car de la querelle entre deux personnes également détentrices d'*animus semper in patinis* [esprit toujours dans la casserole] manque rarement de produire grande fantaisie et plaisanteries. Dans le duo avec Cotillon, Storace nous donna un exemple de son excellence et de l'heureux talent qu'elle a de mêler danse comique et chant. Nous n'avons aucun interprète dans les

---

[12] L'historien du théâtre John Genest indique que « La pièce est quelconque – la partie sérieuse est improbable, et la tentative d'humour avec les personnages de Cotillon et O'Phelin n'est vraiment pas une réussite ».

[13] W. T. Parke note dans ses *Musical Memoirs* : « Braham exhiba un talent étonnamment bonifié. Mais le nouveau style qu'il avait adopté durant son absence d'Angleterre fut en général peu prisé ici, étant donné la profusion d'ornements qu'il jetait même dans ses airs les plus simples. Néanmoins les plus tatillons l'écoutèrent avec plaisir, peu de temps après. […] Le jeu scénique et le chant de Storace étaient aussi brillants que naguère ». Un critique de *The Theatrical Repertory, or Weekly Rosciad* remarque qu'on a costumé le ténor comme un castrat italien, et que cela n'apaisera pas les préventions du poulailler… Le même journal avait qualifié son art de « Macaroni italien et de faux brillant d'exécution étrangère ».

[14] John (« Jack ») Henry Johnstone (1749-1828), dit « *Irish* » Johnstone, comédien et ténor irlandais.

> théâtres qui ait jamais tenté cette union de la danse et du chant avec un total succès, si ce n'est Miss De Camp ; et c'est une digne rivale de Storace – effectivement, pour ce qui qui est de la silhouette, elle emporte manifestement l'avantage, car son aspect ne suscite jamais l'image du menuet des vaches. (*The Theatrical Repertory*)

Enfin, la mise au théâtre de *The Cabinet* est programmée. Thomas Dibdin tient sa revanche : son texte sera l'un des grands triomphes de Braham et de Storace, et cet opéra sera fréquemment repris, avec la même approbation publique. Dès le 19 décembre 1801, des fuites organisées annoncent l'ouvrage en préparation. Il aurait dû être composé par John Moorehead (ou Moorhead) (v. 1760-1804), qui avait reçu une avance du théâtre. Mais il sombre dans la folie et doit être suppléé pour les deux-tiers environ de la partition. Pressenti, William Shield n'accepte finalement pas la commande, et la tâche est répartie entre Domenico Corri[15], William Reeve et John Davy (1763-1824). Braham, comme cela lui sera habituel dans tous les ouvrages créés par le couple, met lui-même en musique son rôle et celui d'Ann. Les répétitions sont orageuses, car les chanteurs sont exigeants. La rivalité des deux ténors, Braham et Incledon[16], n'arrange rien. Le librettiste se souvient qu'

> Il fallait veiller à un équilibre parfait entre Incledon et Braham. Si l'un avait une Ballade, l'autre devait également en avoir une ; pour chacun, il fallait un air martial ou un air de chasse ; à chacun un air de bravoure ; ils devaient avoir un duo, dans lequel chacun devait prendre le dessus alternativement. Je parvins à ne pas toucher à la construction générale de l'opéra, quoique je dusse écrire presque vingt sujets différents pour la musique avant de satisfaire tout le monde. De nombreux le furent pour satisfaire le goût difficile de Madame Storace, qui un matin, était si difficile à contenter (plus que d'habitude) que, prenant mon manuscrit des mains du souffleur, je le mis dans mon manteau, le boutonnais et m'apprêtais à quitter la scène, très en colère, quand je tombais quasiment sur Mr. Harris ; il

---

[15] Domenico Corri (1746-1825), compositeur, éditeur de musique et professeur de chant italien. Elève de Porpora et ami de Rauzzini, il se fixa à Edimbourg (en 1771), puis à Londres (vers 1790).

[16] Elève de Rauzzini, Charles Incledon (baptisé « Benjamin ») (1763-1826) chanta à Covent Garden entre 1790 et 1815. Il fut rapidement considéré comme l'un des meilleurs ténors d'Angleterre et fut particulièrement apprécié dans les balades sentimentales et maritimes… ce qui sera par la suite l'un des points forts du répertoire de Braham.

s'interposa rapidement entre la dignité de la chanteuse et la dignité de l'auteur, et l'harmonie fut complètement restaurée.

Le 9 février 1802, c'est la première. Le succès est immédiat, même si les critiques restent mitigées sur les qualités dramatiques d'un ouvrage soi-disant inspiré d'une vieille ballade[17]. Malgré ces réserves, il est donné régulièrement jusqu'en fin de saison. Ann y est vivement appréciée. Son rôle, décisif dans l'intrigue, lui permet de mettre en avant ses dons comiques, vocaux et scéniques :

> Storace déploya son humour avec un effet considérable. Ses manières sont si grossières, mais en même temps si drôles, que cela sied infiniment mieux à la *Soubrette** qu'à la maîtresse. (The Theatrical Repertory)
>
> Dans l'exécution de leurs airs, dont peu ne furent pas bissés, Mr. Incledon, Mr. Braham et la Signora Storace, se taillèrent la part du lion. […] Storace entra dans le véritable esprit de son rôle, et accompagna les plaisanteries de Fawcett d'une très heureuse façon. (Lady's Monthly Museum)
>
> Les chefs-d'œuvre de la soirée furent la première ballade de *Braham*, composée et chantée par lui-même [« *My beautiful Maid* »], le second air de *Storace* [« *The bird in yonder cage confined* »], composé par Corri, qui se distingue par une mélodie sans affectation, le duo entre *Braham* et *Storace* au début du second acte[18] […] Comme cadeau musical, cet opéra possède indéniablement des attractions irrésistibles, et sera, sans nul doute, très populaire. Les talents des interprètes sont mis en avant dans des situations très valorisantes pour eux […] *Storace* excite plus d'intérêt […] (The Times)

S'ajoutant à ces airs remarqués par la critique, le duo entre Ann et Fawcett, aura lui aussi, les honneurs de l'impression[19], ainsi que la polonaise interprétée et composée par Braham, « *No More by Sorrow* ». Cette réussite se couronne d'une soirée de commande royale, le 25 février 1802. On présente une version remaniée de l'opéra :

---

[17] L'opéra est tiré en partie de *Gulnare, ou l'esclave persane* de Marsollier et Dalayrac (Burling LS). Genest y voit également un décalque de *The Bird in a Cage* de Shirley.

[18] Ce « *favorite bird duet* » débute par « *Ah! could I hope my fair to see!* ».

[19] *Never think of meeting sorrow: a favorite duet* […], *the words by T. Dibdin, the music by W. Reeve*. London, published & sold by J. Dale, [1802].

> L'opéra est à présent bien amélioré par plusieurs additions significatives, particulièrement celle de la machinerie. Le défilé naval vers l'île, dorénavant exhibé, produit un grand effet, et l'intérêt de la pièce est amplifié par l'apport devant le public de ce qui n'était qu'une idée. (*The Times*)

La saison des oratorios laisse Ann sans engagement, malgré certains sous-entendus parus dans la presse. C'est avec Mrs Billington que Braham chante à Covent Garden dans les sélections dirigées par les Ashley. Ann a pourtant un lot de consolation. Elle prête son concours au grand concert annuel de la New Musical Fund, le 4 mars 1802. Dans ce pot-pourri, elle interprète « *Mad Bess* » (Purcell) et un trio, bissé, tiré des *Nozze di Dorina* avec Braham et Morelli. A cette occasion, plus de trois cent instrumentistes et choristes trouvent place sur la scène de l'Opéra.

Arrive la période des soirées à bénéfice. Ann obtient l'autorisation de reprendre exceptionnellement ses vieux rôles, dont celui qui lui avait permis de « s'introduire en dansant dans les faveurs du public » (*The Times*). Le 15 mars, elle interprète *The Siege of Belgrade* et *No Song, No Supper*, et récolte une belle somme car « le Théâtre débordait de toute part. Les représentations furent montées très honorablement pour un bénéfice, d'autant plus que les deux pièces appartiennent à Drury Lane. Storace, par ses efforts heureux, récompensa amplement ses amis de leur présence » (*The Theatrical Repertory*)[20]. Le palmarès des différentes recettes des bénéfices de Covent Garden paru dans *The Monthly Mirror* montre pourtant qu'Ann ne se trouve qu'en onzième position…

Sa grossesse n'échappe plus aux observateurs qui plaisantent : « *Storace*, si l'on se fie aux apparences, n'a pas peu profité de ses duos avec *Braham* » (*The Times*). Mais son état ne l'empêche pas de participer à ce qui est sans doute la première exécution à Londres en concert d'extraits conséquents des *Nozze di Figaro*. On entendra donc dans la « *Great Room* » du King's Theatre :

---

[20] Ces deux pièces faisant partie du répertoire de Drury Lane, il fallait l'accord de ce théâtre pour monter des ouvrages lui appartenant.

Première Partie. Grande Symphonie – Mozart. Duo, Messrs. Viganoni et Cimador[21] – P. Martini. Chœur, *Placido è il mar* Soprano Solo, Madame Dussek – Mozart. Air, Mr. Viganoni – Ferrari. Chœur de l'Opéra *Le Nozze di Figaro* – Mozart. Air, Madame Dussek – Mozart. Concerto Piano Forte, Mr. Cramer – Cramer. Deuxième Partie. Grande Symphonie – Haydn. Air, Madame Storace – Mozart. Harpe Solo, M. S. Madame Dussek – Dussek. Air, Mr. Braham. Grand Finale de l'Opéra *Le Nozze di Figaro* – Mozart. (*The Morning Chronicle*)

On en est réduit aux suppositions quant au programme précis des airs chantés lors de cette soirée du 1ᵉʳ avril 1802[22], donnée au bénéfice de la soprano Sophia Dussek (1775-1847)[23]. Seul l'extrait d'*Idomeneo*, le chœur avec solo d'Elettra de l'acte II, est identifiable. Ann Storace a-t-elle interprété « *Deh vieni non tardar* » et Madame Dussek, la version ornée du « *Voi che sapete* », écrite à son intention par son père Domenico Corri[24] ?

Pendant cette même période, le couple Storace-Braham se concentre sur la remise au théâtre d'un vieil opéra de Samuel Arnold créé à Covent Garden en 1781 sous le titre de *The Banditti; or, Love' Labyrinth* (Les Brigands, ou le Labyrinthe de l'Amour), puis révisé en 1782 sous le titre de *The Castle of Andalusia* (Le Château d'Andalousie). Diverses insertions musicales sont pratiquées : Braham se taille logiquement la part du lion pour sa soirée à bénéfice du 26 avril 1802. La Lorenza

---

[21] Giambattista Cimador ou Cimadoro (1761-1805), chanteur, compositeur, violoniste et éditeur de musique italien. Il s'installa à Londres en 1791, et y enseigna le chant. Vers 1800, il s'associa à Tebaldo Monzani comme éditeur de musique ; il publia de la musique vocale italienne et anglaise, ainsi que des opéras de Mozart dans *The Opera Music Warehouse*.

[22] Ce concert ne figure pas dans la recension pourtant très complète de Rachel Elizabeth Cowgill. Il ne semble pas avoir suscité de compte rendu dans la presse, laquelle se consacre davantage aux réceptions mondaines et aux suites de la Paix d'Amiens, tout juste signée le 25 mars.

[23] Egalement harpiste, pianiste et compositrice, Sophia Corri avait épousé en 1792 le pianiste et compositeur Jan Ladislav Dussek.

[24] MacLaurin Mackerras, 23. – Est-ce Ann Storace qui a suggéré ce programme, ou bien Sophia Dussek et Cimador ? Ces deux chanteurs interpréteront également de nombreuses pièces de Mozart pour le bénéfice de Cimador, le 4 mai 1802 (Annonce publiée dans *The Times*). Le 18 mai 1801, le violoniste Fraenzl avait redonné à son propre bénéfice la « sélection mozartienne de Cimador » avec ces deux chanteurs (*The Morning Chronicle*).

d'Ann donne la réplique à son Alphonso dans le duo de *Mahmoud* et elle y reprend sa très appréciée *Lullaby*.

Quelques jours après, le 3 mai 1802, Ann donne naissance à un fils. William Spencer Harris Braham. Il est baptisé à St. Anne (Soho), le 19 juin[25]. Son troisième prénom laisse supposer que le parrain est Thomas Harris, propriétaire de Covent Garden. Communément appelé Spencer par sa famille, il sera le seul enfant survivant du couple[26]. Cet évènement d'ordre privé n'est pas ignoré du grand public qui est averti par voie de presse que « Madame STORACE est actuellement "dans la *paille*"[27] et a rendu Mr. BRAHAM heureux en lui produisant un beau garçon » (*Bell's Weekly Messenger*). Ann a-t-elle essayé de remonter bien vite sur les planches, une hâte relativement choquante à une époque où les relevailles sont encore ritualisées ? Le 8 mai, elle est bien annoncée dans *The Cabinet*, mais elle est en définitive remplacée, à la grande déception du public qui s'aperçoit que « les premières impressions peuvent rarement être effacées » (*The Theatrical Repertory*). Ann ne rechantera effectivement à Covent Garden que le 15 juin.

Il était prévu qu'elle participe à un concert donné en l'honneur d'Arne, organisé par Samuel Arnold, dont la recette devait être consacrée à l'érection d'une plaque funéraire dédiée à la mémoire du compositeur, en la cathédrale Saint-Paul. Tout d'abord annoncé pour le 8 mai, le concert est repoussé au 19, puis annulé : une des chanteuses prévues, Elizabeth Billington, est souffrante. Il aura finalement lieu le 10 juin, dans la Rotonde des jardins du Ranelagh… mais sans les Storace-Braham, car le ténor a refusé de se produire en ce lieu[28] et Ann, qui n'a pas encore reparu en public, décide d'imiter son compagnon. Cela lui aurait pourtant donné l'occasion d'interpréter en public l'air

---

[25] London Metropolitan Archives, *Church of England Parish Registers*.
[26] Les décès de ses autres enfants engendrés par Braham sont mentionnés, sans plus de précision, dans le procès de 1826 de « [Spencer] *Braham vs. Burchell* ».
[27] « *In the straw* » : expression familière faisant allusion à une parturiente, se référant soit à la coutume de déverser de la paille sur le seuil de la maison pour étouffer le bruit des pas des visiteurs, soit au contenu des matelas des pauvres. (<http://www.thefreedictionary.com/ill+health>, consulté en août 2010.)
[28] On trouvera la correspondance entre Samuel Arnold et les chanteurs pressentis dans Barlow et Gilman, 373-386.

d'Euphrosyne[29], quelques années après avoir été portraiturée dans diverses gravures dans ce rôle qu'elle n'a jamais chanté... L'initiative généreuse de Samuel Arnold sera finalement un fiasco financier ; déjà bien malade et sans doute usé par tous ces contretemps, il mourra le 22 octobre 1802.

Autre occasion manquée, en dépit des annonces, Ann ne joindra pas sa voix à l'aréopage lyrique qui célèbre le départ de Gertrud Mara d'Angleterre, par un concert à son bénéfice. Il y a pourtant longtemps que les deux anciennes adversaires ont enterré la hache de guerre... Le clou du concert est le duo interprété par les deux « reines rivales », Madame Mara et Mrs Billington. Madame Mara aurait touché £ 1 000 grâce à cette soirée.

Le 16 juin, Ann retourne exceptionnellement à Drury Lane pour un bénéfice et se glisse à nouveau dans son vieil emploi de Lilla (*The Siege of Belgrade*)[30]. Elle est accueillie avec ferveur. Un concert dans les salons publics de l'Angel Inn, à Edmonton[31] organisé par George T. Smart[32], une dernière soirée de charité à Covent Garden, et le couple peut prendre un repos bien mérité, sans doute dans une retraite estivale ou dans une station balnéaire comme Brighton. C'est là, qu'entre le 7 et le 18 septembre, Ann et Braham interprètent certains de leurs succès londoniens devant le prince de Galles qui s'y trouve en villégiature en élégante compagnie. Les deux chanteurs attirent une foule énorme au théâtre.

La saison de Covent Garden a beau débuter le 14 septembre 1802, Ann se dirige maintenant vers Bristol et Bath. Entre le 24 septembre et le 7 octobre, elle s'y produit dans divers opéras, et trouve même le temps d'un concert à St. Michael (Bristol)[33]. A Bath, son bénéfice lui donne une fois de plus l'occasion de rechanter les ouvrages de

---

[29] Elle aurait dû chanter « *The Wanton God* » (*Comus*) et un duo avec Braham, « *O Thou on whom the weak depend* » (*Judith*). (*The Morning Chronicle*.)
[30] Elle insère le « *Masquerade Song* » de *My Grandmother*.
[31] Annonce de ce concert à souscription dans *The Morning Chronicle*. Sur le concert, voir Carnelley, 52-53.
[32] George Thomas Smart (1776-1867), violoniste, organiste, professeur et chef d'orchestre britannique. Il fut l'un des fondateurs de la Philharmonic Society en 1813 et l'un des « chefs d'orchestre » les plus réputés de la période.
[33] Brace, 108.

Stephen, opportunité difficile à Covent Garden. Après un dernier détour par le festival de Norwich où Braham est engagé, Ann est sans doute présente dans le foyer du théâtre, pour la première lecture du nouvel opéra en préparation, *Family Quarrels* (Querelles de famille), le 12 octobre. Le même jour, elle fait sa rentrée dans *The Cabinet*, qui figure à son ordinaire jusqu'à la première de la nouvelle création[34].

Les répétitions qui commencent vers la mi-octobre sont troublées par une curieuse affaire. Début décembre, un ancien valet de Braham est arrêté pour avoir fait commerce de faux billets d'admission à Covent Garden : il a imité l'écriture et la signature de son maître ainsi que celles d'Ann, et vit de ce trafic[35]. Le trésorier du théâtre, surpris de la quantité émise de laissez-passer, a mené une enquête et interrogé certains bénéficiaires de ces entrées… On remonte ainsi toute la filière et le coupable passe en jugement en janvier 1803. Mais grâce à la recommandation de ses anciens maîtres, William Huff ne sera condamné qu'à quatorze jours de prison pour ce « *double crime* » (escroquerie et contrefaçon), sentence bien légère pour l'époque[36].

Ce désagrément domestique préfigure d'autres remous : *Family Quarrels* va susciter une polémique virulente de la part des spectateurs de confession juive…

---

[34] Le 15 octobre 1802, Woodham, un jeune trompettiste de l'orchestre, qui n'avait foulé les planches que deux ou trois fois comme chanteur, prend la place de Braham au pied levé, du fait de l'indisposition de ce dernier !

[35] La direction et les principaux acteurs pouvaient attribuer des billets de faveur, sous forme de billets manuscrits (« *orders* ») pour un soir spécifique ou d'un billet en ivoire (« *bones* ») réutilisable, gravé au nom de l'acteur. Ce privilège était très recherché, car les bénéficiaires de ces faveurs étaient tacitement tenus de manifester leur gratitude en retour lors de la soirée à bénéfice du donateur. Si l'on en croit le rédacteur des *Letters from an Irish Student in England…*, à Drury Lane, Storace et Braham auraient accordé l'équivalent de £ 2 000 d'entrées en un an !

[36] Toute l'affaire est relatée en détail par la presse.

XXIV
1802-1804
Tumultes & Périls

Family Quarrels (Querelles de famille), créé le 18 décembre 1802, doit désormais sa notoriété à un scandale souvent attribué au livret de Thomas Dibdin[1]. Ce dernier s'en explique longuement dans ses mémoires, s'exonérant de toute mauvaise intention[2]. Toutefois, il se portera fort bien d'une polémique qui lui valut un succès supérieur à ce qu'il pouvait attendre d'un texte médiocre ne se distinguant guère de la production courante[3]. A sa décharge, il convient de préciser que les airs moquant différents particularismes régionaux et nationaux sont légion dans le genre du *Ballad Opera*, tout comme les caricatures des différents corps sociaux. Nul ne songeait alors à s'en offusquer : ce « folklore » théâtral d'un goût plus que douteux ne choquait alors pas

---

[1] Sur la polémique entourant l'œuvre, voir Conway, 45-51, et Chancellor 2002. Deux caricatures s'inspirant de cet opéra, l'une étant de la main de Thomas Rowlandson, faisaient partie de l'exposition « *The Jew as other, A century of English Caricature, 1730-1830* » (Library of The Jewish Theological Seminary, 06 avril–31 juillet 1995) et sont toujours visibles sur <http://www.jtsa.edu/prebuilt/exhib/jewoth/index.shtml>.

[2] A partir du 20 décembre 1802, le théâtre fait figurer sur le « *playbill* » un encart apologétique de Dibdin démentant avoir voulu porter offense à quiconque « avec l'introduction d'un Personnage qui n'était pas Juif, mais seulement un Travestissement ; et qui, […] n'avait pas plus l'intention de montrer un manque de respect que les Rôles d'*Ephraim* dans *The School for Prejudice*, ou *Abednego* dans *The Jew & Doctor*, qui ont été jusqu'à présent honorés par la plus flatteuse & générale Approbation. » (Merci à Anne-Louise Luccarini pour la communication de ce *playbill*.)

[3] Les gains de Thomas Dibdin en *royalties* et vente de partitions pour cet air avoisineraient les £ 630 !

grand monde[4]. Certains acteurs et chanteurs se spécialisaient même dans des personnages parodiques de leur région d'origine.

Selon les critères du temps, l'air à couplets du mendiant Proteus déguisé en juif, demandé et interprété par Fawcett, n'avait rien de très exceptionnel. Les couplets relatent sa cour mouvementée de Miss Levi, puis de Miss Rachel et Miss Moses. Ces péripéties, chantées dans un anglais accentué qui brocarde l'accent israélite, fourmillent d'allusions aux célébrités juives du moment, comme le boxeur Daniel Mendoza. Néanmoins le jour de la première, une partie du public d'origine juive assise au « poulailler » manifeste son mécontentement par des interjections et des sifflements. Après la quatrième représentation, ces mouvements de foule se calmeront, mais ils ont été suffisants pour déclencher une polémique amplifiée par les organes de presse et le librettiste. En fait, ces spectateurs ont sans doute réagi, non aux paroles de l'air, mais à la musique qui l'illustrait. Ainsi que le met en avant le musicologue David Conway, « la chute du vers [...] représente le rythme et les cadences utilisées habituellement pour la prière de synagogue, le Kaddish. [...] De manière plus précise, la séquence des notes à la fin de la section « ad lib. », sur les mots « *knock me down* » reproduit exactement la cadence du Kaddish qu'on entend encore actuellement dans certaines synagogues, et qui se situe juste avant la cadence finale d'un Amen. Cette parodie musicale fut très certainement introduite par Braham lui-même, lequel était très à même de savoir comment reproduire au mieux la musique idiomatique de la synagogue, et qui ne peut être accusé de sentiments antisémites. Cela explique peut-être pourquoi les juifs de la *Gallery* [« poulailler »], qui assistaient peut-être plus régulièrement aux offices de la synagogue que ceux qui étaient en cours de « *gentry*-fication » dans les loges, furent les plus furieux[5]. » Braham avait été *messhorer* (choriste de synagogue) avant sa carrière lyrique. Conway y voit ainsi la preuve de l'intégration de la communauté juive à Londres, puisque la plaisanterie pouvait être comprise du grand public. C'est apparemment la première insertion d'une telle tournure musicale dans un contexte profane. La partition de Reeve, Braham, Incledon, Moorehead et Davy, n'a rien d'autrement marquant, mais elle remplit les caisses du théâtre. Au milieu de ces

---

[4] Depuis la seconde moitié du XVIIIème siècle, le théâtre anglais présentait sur scène des personnages outrés figurant des minorités ethniques et religieuses, en provenance des provinces ou des colonies, aux forts relents racistes et xénophobes. (A ce sujet, voir Ragussis.)

[5] Conway, 48.

représentations qui s'enchaînent, seule la désormais traditionnelle escapade à Bath procure une respiration salutaire au couple. A leur retour le 4 janvier 1803, ils inaugurent un nouveau duo.

Les oratorios de 1803 à Covent Garden n'ont pas sollicité Ann Storace, mais les indispositions de Mrs Billington, puis de Miss Parke[6], lui donnent néanmoins l'occasion de se produire à quelques concerts. Elle s'y « dépense avec un effet extraordinaire » (*The Monthly Mirror*), malgré certaines remarques sur son inadéquation à ce répertoire. Le 10 mars, pour le concert annuel de la New Musical Fund, elle chante un duo avec Braham, puis un « *Sing Ye to the Lord* » avec « beaucoup de goût » (*The British Press*). Pour son bénéfice du 21 mars, la cantatrice propose à nouveau deux ouvrages de son frère : *The Haunted Tower* et *The Prize*. Braham endosse les rôles de Lord William et d'Hartwell. Le public se lasse-t-il de ces reprises ? La bénéficiaire ne récolte « que » £ 486 6d^{7}, ce qui indique toutefois que sa popularité se maintient par rapport à l'année précédente.

La fin de la saison approchant, les négociations pour la prochaine saison théâtrale battent leur plein, et vont apporter de grands changements. Durant l'été 1802, le grand tragédien John Philip Kemble – qui avait définitivement quitté avec fracas Drury Lane où il était aussi « *Acting Manager* », à la suite d'une dispute plus sérieuse que d'ordinaire avec Sheridan – était parti pour le Continent. Sa sœur, Sarah Siddons, s'était à son tour dirigée vers l'Irlande. En mars 1803, l'un des propriétaires de Covent Garden, Mr. Lewis, annonce sa retraite pour la fin de la saison et l'abandon de l'« *acting management* ». Une souscription est aussitôt organisée par les interprètes pour lui rendre hommage… Cette nouvelle est bientôt suivie de celle du retour de Kemble, qui s'est porté acquéreur de parts du théâtre pour £ 24 000 (il a fait un emprunt). Il remplacera Lewis dès le mois de septembre 1803[8]. A lui la responsabilité des distributions et du répertoire ! Il recrute évidemment sa sœur, mais ce poste permet

---

[6] Soliste très appréciée au concert, la soprano Maria Frances Parke (1772-1822) était la fille du hautboïste John Parke (1745-1829) et la nièce de William Thomas.

[7] Ces données comptables sont tirées de Burling LS.

[8] Thomas Harris possède la moitié du théâtre qui était estimé en 1802 à £ 138 000. Le reste est divisé entre quatre propriétaires, parmi lesquels William Thomas Lewis, acteur et directeur artistique, possédait 1/6e, soit 4/24e des parts de Covent Garden. (Wyndham, I, 293-296.)

également au tragédien de se mettre en valeur : pour la réouverture de Covent Garden, en septembre 1803, Kemble annonce qu'il s'attribue Hamlet...

Braham n'est pas en reste sur ce « mercato » théâtral. Sans doute frustré par les limitations de son emploi à Covent Garden où il peine à mettre en valeur son chant orné, il négocie un engagement au King's Theatre « pour douze mardi », selon le *Bell's Weekly Messenger*, et y entraîne sa compagne :

> BRAHAM est engagé pour l'*opera seria* la saison prochaine : on murmure que son salaire serait de 600 guinées. STORACE est engagée pour le *Buffa* – mais on a donné à entendre qu'ils joueront tous deux occasionnellement à Covent Garden. (*The British Press*)

En attendant, il empoche les quelques £ 565 de son bénéfice du 18 avril. A l'affiche, une prise de rôle dans *Abroad and at home* (A l'étranger et au pays), suivi de *The Follies of a Day* (La Folle journée)[9]. Dans le premier ouvrage, Braham est Harcourt, et Ann, Kitty, rôle agrémenté de divers morceaux d'insertion[10]. Elle ne le chantera que cette unique fois.

Le 17 mai 1803, la soirée à bénéfice de la soprano Margaret Martyr (?-1807) donne l'occasion de lire un avis détaillé sur la prestation d'Ann dans *The Haunted Tower*, sous la plume de John Waldie (1781-1865), l'héritier d'une manufacture de verre, un notable passionné de théâtre. Ce ténor amateur a laissé de précieux carnets qui s'étendent longuement sur la vie théâtrale et musicale de son temps.

> Mrs. Martyr fit ce qu'elle put de Cicely, mais la Signora Storace fut réellement drôle en Adela – son costume, ses airs & ses manières sont vraiment cocasses & elle semble si heureuse de jouer & tellement à son aise. Elle est tout à fait charmante, et dans l'air du « *Carpet weaver* » & « *Whither my love* », elle était délicieuse ; bien que ce

---

[9] *Abroad and at home*, « *comic opera* » de William Shield et Joseph George Holman (1796). La « *comedy* » *The Follies of a Day* est un remaniement de la pièce de Thomas Holcroft avec musique de William Shield (1784, remaniée en 1789) ; elle s'inspirait de *La Folle journée, ou Le Mariage de Figaro* de Beaumarchais.

[10] *The Morning Chronicle* indique qu'on entendra un nouvel air comique composé par Braham, tandis que *The Times* précise qu'ils interpréteront en duo « *Ally Croker* » et « *Goofy, Goofy Gander* ».

fut dans « *Be mine tender passion* » que je l'appréciais le plus – elle était émouvante dans la première partie & dans la partie rapide, parcourut les passages d'une façon charmante & pleine d'esprit ; son registre supérieur est clair & beau, mais il y a une âpreté grinçante dans son bas registre qui est déplaisante[11].

Au milieu de ces diverses soirées au théâtre se glissent des concerts. Notons celui du 2 mai au Hyde's Room, Tottenham-street, au bénéfice du trompettiste John Hyde ; Wilhelm Cramer y dirige une « *New Grand Synfonia* » de Beethoven[12]. Deux autres concerts les emmènent à Oxford, où ils se produisent avec le violoniste Gallot[13]. Le 17 juin, pour le bénéfice de Domenico Corri, aux Hanover Square Rooms, Ann interprète peut-être une cantate de ce dernier, *The Death of Margaret and William*. Est-ce à ce concert qu'assiste Johanna Schopenhauer (1766-1838), la mère du futur philosophe, qui voyage en famille à travers l'Europe ? Elle note dans son journal de voyage y avoir entendu Ann, Mrs Billington, Braham, Mrs Dussek (jouant de la harpe) et le jeune Haydn Corri (1785-1860), un des fils du directeur des concerts, et s'étonne de la fréquence des bis, car « ainsi que nous l'avons déjà remarqué, les Anglais bien nés ou non, aiment à en avoir pour leur argent et l'exigent, sans aucun respect humain. L'artiste doit obéir, même si c'est mauvais pour lui et, finalement, être *'encored'* comme on le dit ici, est considéré comme un honneur[14] ».

Le mois de juin s'achève sur une note plus sombre : Mrs Billington renonce à ses engagements milanais à cause du contexte politique continental troublé, les rumeurs de guerre se faisant d'ailleurs plus précises dès le mois suivant. Les Anglais sont sur le qui-vive, car la presse bruisse du débarquement imminent des Français. Les habitants

---

[11] Burwick, Waldie, *Journal 7*.
[12] Annoncé dans *The Pic Nic*. – John Hyde était devenu le locataire officiel des New Rooms de Tottenham Street (désormais rebaptisées Hyde's Rooms ou Tottenham Street Rooms), et y programmait des concerts où s'étaient produits Braham et Storace. Entre 1801 et 1803, il sous-loua la salle à une société privée de riches et aristocratiques amateurs, la Pic-Nic Society, qui recrutait des interprètes professionnels ou dont les membres se produisaient eux-mêmes. Hyde redonna ensuite quelques soirées, dont celle du 2 mai, à laquelle assistèrent certains membres de la Pic-Nic Society. (Lorenzen, 13-23.)
[13] *Jackson's Oxford Journal*. – Ils ont sans doute poussé jusqu'à Cambridge en mars 1803, comme l'indique *The British Press*.
[14] Johanna Schopenhauer, 189-190.

des côtes vivent dans la crainte perpétuelle d'apercevoir au loin les voiles ennemies. Cette psychose nationale crée plusieurs fausses alertes… Ann contribue alors au *Patriotic Fund* lancé par la Lloyd's en juillet 1803 pour venir au secours des familles nécessiteuses des militaires décédés. Cette levée de fonds sera d'ailleurs très fructueuse. On y relève son nom fin juillet pour un montant de £ 21 dans *The Morning Chronicle*. C'est bien peu par rapport aux £ 5 000 de la East India Company, mais reste tout à fait honorable comparé aux £ 3 3*s* du librettiste Thomas Dibdin !

La fin de l'été fait mentir ces rumeurs de guerre imminente et ramène Kemble dans la capitale. Ann et Braham ne sont certainement pas à Londres pour l'accueillir, car ils ont émaillé leur repos estival d'engagements divers : Manchester, Brighton, puis Margate où ils se produisent dans des opéras de leur répertoire. Circonstances obligent, les deux chanteurs se taillent un grand succès dans les airs patriotiques de Dibdin qu'ils ont ajoutés au *Siege of Belgrade*[15]. L'orchestre, formé d'instrumentistes venus de Londres, est excellent, même si le but premier des musiciens est de profiter « des bains de mer », comme l'affirme malicieusement W. T. Parke… Les deux chanteurs retrouvent à Margate l'épouse de John Soane, en villégiature dans cette ville très appréciée de l'aristocratie… bien que moins courue que d'ordinaire : on craint toujours l'invasion française ! Eliza Soane y donne en l'honneur de ses deux amis un souper quelque peu compliqué à organiser car, étant sans cuisinier, elle doit envoyer la venaison à cuire au Kinsman Hotel pour sa vingtaine d'invités[16]. Ce repas, après lequel le couple Storace-Braham se produira, leur permettra d'être présentés au capitaine Byng et à son épouse, qui les convieront à bord du vaisseau *The Texel*[17]. Le couple se dirige ensuite vers Liverpool, où ils sont déçus par l'accueil public :

---

[15] Ann interprète une mélodie, « *The British Heroine* », très applaudie pour « son impressionnante douceur » (*The Morning Post*).
[16] Lettre du 4 septembre 1803 à son mari. La venaison avait été envoyée par John Soane. (Darley, 156-157 et note 18, 337.) – En 1804, les Soane, très liés avec les Storace-Braham, inaugureront leur nouvelle résidence de Pitzhanger Manor (devenue un musée) par une grande réception à laquelle ces derniers seront conviés, ainsi que le peintre J. M. W. Turner. (Stroud 1961, 82)
[17] Palmer 2015, 94. – Le *Texel* était un bâtiment de guerre, armé de 64 canons. En avril 1803, George Byng avait pris le commandement des vaisseaux défendant l'accès à la Tamise depuis Chatham.

> La direction de ce théâtre a tenté l'expérience d'une troupe d'hiver, et, considérant que l'époque n'est pas favorable aux amusements théâtraux, le résultat a eu autant de succès qu'on pouvait raisonnablement l'espérer. Braham et Storace n'ont pourtant pas attiré autant de public qu'on pouvait l'imaginer, étant donné leur talent très supérieur et leur immense popularité londonienne. (*The Monthly Mirror*)

Il faut bien se résoudre à retourner à Londres. Ann fait sa rentrée théâtrale le 22 octobre 1803 et reprend sans rechigner toute une série de *Family Quarrels* et *The Cabinet*, tout en répétant la nouvelle création. Le 1er novembre, le jeune Arthur Schopenhauer (1788-1860) est assis dans le public : il note dans son journal de voyage qu'« on donna un très joli opéra, *The Cabinet*, que chantaient Braham et Signora Storace, et qu'on écoute avec étonnement et admiration[18] ».

The English Fleet in 1342 (La flotte anglaise de 1342) est mise à flot le 13 décembre 1803. Cet opéra patriotique écrit par l'omniprésent Thomas Dibdin fait partie des œuvres de circonstance dont le but avoué est de remonter le moral de la population. Cet énorme succès se situe à l'acmé d'une panique collective qui requiert une catharsis non moins publique. Sous son habillage historique, ce récit n'est autre qu'un étalage de fierté nationaliste sous-tendu par le besoin impérieux de resserrer le lien social. Les titres des pièces populaires de la période parlent d'eux-mêmes, comme *The Surrender of Calais* (La Reddition de Calais)… *The Post* souligne d'ailleurs que les airs sont « ouvertement adaptés à une succession de sentiments patriotiques[19] », mais cette propagande appuyée n'est pas du goût de tous :

> Le but principal a été de lier le récit avec l'état actuel des affaires publiques. Les allusions sont très nombreuses, mais on ne peut dire qu'elles soient très délicates. Il y a quelque chose d'assez dégoûtant de se voir sans cesse rappeler que nous sommes le peuple le plus sage, le plus brave et le plus bienveillant que la terre ait portée, et qu'il n'y a qu'en Angleterre qu'existe un tant soit peu de liberté, de justice ou de bonheur. L'intention était certainement bonne, et si cela excite une part d'ardeur et de patriotisme, on y trouvera une compensation pour la violation du bon goût. (*The Morning Chronicle*)

---

[18] Arthur Schopenhauer, 75. (Didier Raymond, trad.)
[19] Cité par Fenner, 443.

L'action située durant la Guerre de Succession de Bretagne, épisode de la Guerre de Cent ans, s'inspire des tribulations de Jeanne de Flandre qui assiste son mari le comte Jean de Montfort, homme-lige d'Edouard III, prisonnier des Français, en soutenant le siège d'Hennebont fait par Charles de Blois. A l'instant de sa capitulation, la flotte anglaise venue à son secours fait lever le siège. L'exécution scénique de l'arrivée des navires produit tant d'effet sur le public qu'il exige immédiatement qu'on entonne « *Rule Britannia* », repris en scène par les chanteurs. Ann est Katharine, l'épouse anglaise du Français Valentine, emploi qui n'a rien de surprenant, car, ainsi que le fait remarquer un critique bougon, « On ne trouve aucune originalité dans les personnages. BRAHAM est l'amant d'*opéra* traditionnel, INCLEDON est le capitaine de navire, MUNDEN le marin, et STORACE la soubrette pleine d'entrain. Leur excellence dans leur art est telle, que les présenter sur scène suffit presque à un auteur moderne » (*Bell's Weekly Messenger*). La musique est « composée » par Braham dont c'est le premier essai intégral. Il flirte avec le plagiat[20] en s'appropriant pour son ouverture des variations sur « *Rule Britannia* » dont l'auteur est le hautboïste W. T. Parke[21]. La partition est diversement appréciée, mais on distingue parmi les morceaux marquants de la soirée « l'espèce de catéchisme français du dernier acte (*sic*), dans lequel Storace déplo[ie] avec tant de charme sa naïveté particulière d'actrice comique » (*The Monthly Mirror*), le reste apparaissant « froid et *médiocre** » (*Bell's Weekly Messenger*). Ce duo dans lequel Ann donne la réplique à Braham mélange le français et l'anglais, comme son air dans la *Cameriera Astuta*, et l'on peut s'interroger sur une possible exigence manifestée par l'interprète pour mettre en valeur son plurilinguisme. Malgré le conflit entre les deux pays, le français reste la langue des élites…

Les représentations de *The English Fleet* forment l'ordinaire de la cantatrice, à peine entrecoupées par une escapade à Bath, un concert de charité au bénéfice des instrumentistes de l'orchestre de l'Amphithéâtre d'Astley qui avaient perdu leurs instruments dans

---

[20] *The European Magazine and London Review* souligne que « La [musique] est de Mr Braham, et elle est annoncée sur les affiches comme entièrement nouvelle ; nous n'y croyons pas peut-être autant que le souhaiterait Mr Braham, car il nous a semblé reconnaître quelques-uns de nos vieux amis modulés de nouvelle manière ».
[21] Dans ses mémoires, W. T. Parke fait même le compte des sommes empochées par Braham grâce à son « emprunt » !

l'incendie de la salle de spectacle[22], et un détour à Oxford pour un concert devant un « public brillant et splendide » (*Jackson's Oxford Journal*).

La seconde création de la saison est une *afterpiece* écrite par Prince Hoare, *The Paragraph* (L'Entrefilet), qui voit le jour le 8 mars 1804. Braham en compose toute la musique. Elle plaît : tous les airs et duos sont bissés lors de la première, sauf un. *The Monthly Mirror* souligne que la partition a offert à « Madame Storace (qui a rarement paru si avantageusement) d'amples occasions d'exercer son admirable talent ».

Arrive la période des bénéfices. Pour le sien, le 19 mars 1804, Ann porte son dévolu sur *The English Fleet in 1342* et *The Paragraph*. Entre les deux, elle interprète un duo de *Gli Schiavi per Amore* avec Giovanni Morelli et un trio de Sarti avec ce dernier et Braham ; c'est la première apparition de la basse sur cette scène[23]. Le couple étrenne également d'autres rôles pour le bénéfice de Fawcett le 3 mai, dans *Inkle and Yarico* de Samuel Arnold (1787) : Braham est Inkle, avec quatre nouveaux airs ; Ann est Wowski. Reeve lui a taillé sur mesure un nouvel air. Mais, si les recettes d'Ann baissent graduellement d'une année sur l'autre, celles de Braham ne font, au contraire, que croître : sa soirée à bénéfice du 16 avril, avec *The Haunted Tower* et *No Song, No Supper*, récolte £687 8*s*[24]. Cela provoque l'étonnement des contemporains qui remarquent que « cette combinaison de succès [pour les soirées à bénéfice de Braham et de l'actrice Mrs Jordan] est sans précédent dans l'histoire financière des théâtres » (*The Courier*)…

La notoriété de Braham a un effet immédiat sur la demande aristocratique. Ann est souvent conviée pour des concerts privés dans les demeures du *Bon Ton*, mais sa présence paraît l'être par raccroc : si le ténor peut se produire sans sa compagne, l'inverse ne semble pas se vérifier. Les problèmes vocaux d'Ann qui commencent à transparaître

---

[22] Lors de cet incendie du 2 septembre 1803, la mère du propriétaire Philip Astley est également décédée en repartant chercher la caisse… Cet amphithéâtre, le premier « cirque » de Londres, proposait des spectacles équestres.

[23] « […] le Signor Morelli (uniquement pour cette soirée) chantera avec la Signora Storace le célèbre duo italien tiré des "Schiavi per Amour" (*sic*) Tranchetti [*recte* « Trunchette, truchette »] […] » (*The Times*). La recette totale est de £452 12*s* (Burling LS).

[24] Burling LS.

dans certaines critiques, ainsi que son image publique, associée aux divertissements les plus populaires, peuvent expliquer cette relative mise à l'écart. Certaines de ces soirées ont laissé des traces dans les annales mondaines. Il s'agit d'ailleurs principalement pour le chroniqueur d'en souligner l'élégance et la présence d'invités prestigieux, signalés avec force énumération. Ainsi un des *Ladies Concerts*, série de concerts à souscription hebdomadaires organisés dans des demeures de femmes du monde, rassemble le 1ᵉʳ mai 1804 « plus de trois cent auditeurs distingués » chez Mrs Montague, selon *The Courier*. Exceptionnellement, on en conserve le programme détaillé, communiqué par *The British Press* :

> Acte I : Divertimento (Ferrari)
> Duo, Signora Storace et Mr Braham « *Parto, ti lascio addio* » (Mayr)
> Air, Mr. Braham, « *Comfort ye my People* » (Haendel)
> *Glee* (Purcell)
> Trio, Harpe et cors, Mesrs. Leanders et Meyer (Meyer)[25]
> Trio, Signora Storace, Mr. Braham et Signor Rovedino (Cimarosa)
> Quintette, *Mahmoud* (Paisiello) *(sic)*
> Acte II : Nouveau quatuor, Harpe, pianoforte et cors par Messrs. Wrottesley, Mr. Meyer, et Messrs. Leander (Ferrari)
> « *Bird Duetto* », Signora Storace et Mr. Braham, tiré du *Cabinet* (Braham)
> *Glee* « *In April, when Primrose* » (Corfe)
> Air, Signora Storace (Sarti)
> Solo de harpe, Mr. C. Meyer[26]
> Trio, Signora Storace, Mr. Braham et Signor Rovedino (Guglielmi).

Une autre apparition, bien plus brève, puisque les deux chanteurs sont engagés le même soir dans *The Cabinet*, a lieu lors de la réception chez Mrs Lambert dans son cottage de Golder's-green (Golders Green) près d'Hendon (Middlesex)[27] : « Braham and Storace divertirent la compagnie entre deux heures et trois heures, avec leurs mélodies, en s'accompagnant mutuellement sur le grand pianoforte » (*The Courier*). Un enrouement soudain empêchera Ann de se produire au King's Theatre à l'occasion du bénéfice de Maria Bolla, le 28 mai 1804. Y était programmée la fleur du chant italien, où se distingue la contralto

---

[25] Le harpiste Philippe Jacques Meyer et les cornistes Lewis Henry et Vincent Thomas Leander.
[26] Sans doute le harpiste Frédéric Charles Meyer.
[27] A une dizaine de kilomètres dans le nord-est du Londres de 1804.

Giuseppina Grassini (1773-1850)... Le 11 juin, on retrouve le couple aux Hanover-square Rooms :

> Le concert des Amateurs (*Amateur-Assembly*) [...] fut tout à fait splendide. Après un concert, dans lequel chantèrent Braham et Storace, et où Mr. Linley se produisit, plus de 200 personnes prirent part au souper durant lequel on chanta des *glees*. Peu de temps après, la compagnie regagna la grande salle et la soirée s'acheva par un bal. (*The Courier*)

Les entrefilets mondains de l'été témoignent du passage du couple à Southampton en septembre et de leur arrivée à Margate, le 10 septembre 1804. Le 16, le couple dîne avec John Soane, qui y séjourne pour de brèves vacances. Le 21, la cantatrice « régale la compagnie [durant la] soirée avec un *petite souper** et un bal au Royal Hotel » (*The Morning Chronicle*). Début octobre, mêlé à de distingués amateurs, le couple réjouit avec des *glees* et divers airs les convives d'un « *déjeuner* » organisé à Ramsgate par des aristocrates.

La presse s'attarde également sur les faits et gestes d'un jeune prodige théâtral découvert en Irlande, marchant déjà, malgré ses treize ans, sur les traces du grand David Garrick. Il rivalise avec les plus grands tragédiens du temps, Kemble inclus. Le jeune William-Henry West Betty (1791-1874), surnommé le « Jeune Roscius », en référence au grand acteur romain et au sobriquet donné jadis à Garrick, suscite l'hystérie collective dès qu'il se produit. Les directions de Drury Lane et Covent Garden parviennent toutes deux à l'engager. Cette « *Betty-mania* » va avoir un impact non négligeable sur la saison suivante...

XXV
1804-1805
Démission & Déclin

Ann Storace fait sa rentrée à Covent Garden le 23 octobre 1804 avec *The English Fleet in 1342*. Dès le 29, une fuite organisée dans la presse laisse entendre que le verdict professionnel est favorable au nouveau texte de Dibdin qui vient d'être lu au foyer de Covent Garden. *Puff* probablement diffusé par le librettiste ou la direction…

Le 11 novembre, les répétitions du nouvel opéra sont déjà bien avancées, mais l'intérêt du public se focalise sur le « Jeune Roscius ». Le 1er décembre, ses débuts à Covent Garden donnent lieu à une quasi-émeute : les places n'étant pas numérotées, le public, qui ne peut qu'acheter sur place un billet donnant droit à un siège dans une partie spécifique de la salle, s'est déplacé très tôt pour voir son Achmet dans *Barbarossa*, une tragédie de John Brown (1754). Les audacieux qui s'étaient rendus à la représentation de la veille, en espérant se faire enfermer dans le théâtre, en ont été pour leurs frais… La pression de la foule est si forte que les soldats appelés en renfort pour maintenir l'ordre sont vite débordés. La vague humaine submerge le théâtre et s'entasse comme elle peut dans une salle bondée. Dans la confusion générale, beaucoup sont blessés… Le lendemain, la presse s'étendra davantage sur cette première que sur Napoléon dont le couronnement a eu lieu le même jour[1] ! Les chanteurs et comédiens qui ne jouent pas sont tout aussi avides de voir le phénomène. Ann Storace et Braham parviennent à se glisser dans le théâtre, accompagnés par Thomas Dibdin et son épouse, actrice à Covent Garden. Le librettiste a noté ses souvenirs de cette soirée mouvementée :

> […] notre petit groupe dîna dans la loge de Mrs. Dibdin, puis nous partîmes et payâmes à la porte de l'orchestre. Mrs. Mattocks, Mr.

---
[1] Kahan, 56.

> Emery, Mr. Farley, Mr. Braham, Madame Storace [etc] étaient du nombre. On se souviendra longtemps de cette foule immense, et comment certains – surtout des hommes – s'évanouirent et furent extirpés du parterre et placés dans les loges ; et comment l'officier Townsend lui-même fut obligé de s'évanouir au milieu d'une *brouillerie** dans les loges pour se tirer sain et sauf de la *mêlée**. Finalement, on s'en prit à notre groupe ; les braves gens du parterre s'exclamèrent « des acteurs ! » et affirmèrent que nous n'avions pas payé. J'étais ravi du compliment qui m'attribuait la distinction d'être un « acteur » comme les autres, mais je le fus moins quand ce public généreux et éclairé commença, avec des accents peu cléments, à s'inciter réciproquement à nous éjecter des places que nous avions payées. En d'autres mots, il vociféra « Virez-les ! ». Nous nous levâmes tous virilement, femmes inclues. Plusieurs membres du véritablement généreux public, qui nous avait vu payer, se manifesta pour défendre nos droits, et l'affaire s'acheva par trois salves d'applaudissement pour nous.

Le dernier effort théâtral de Dibdin[2], *Thirty Thousand, or Who's the Richest?* (Trente mille, ou qui est le plus riche ?), une *afterpiece*, suscite un moindre intérêt, mais Covent Garden est bien rempli pour la première du 10 décembre 1804. Pourtant,

> La musique n'a pas ce caractère impérieux que l'on trouve dans *The Cabinet* ou *The English Fleet*. L'ouverture est une misérable composition […] ; et hormis les airs de BRAHAM, nous voulons dire, ceux qu'il chante lui-même, il n'y en a pas un seul qui mérite d'être applaudi comme à l'ordinaire. […] Dans la cabale qui a régné, et particulièrement vers la conclusion, il y a eu peu de possibilité d'entendre ou de rendre justice aux autres interprètes. […] Madame STORACE […] joua avec son talent habituel sous les applaudissements coutumiers. Il n'y eut que peu d'airs ou de duos qui n'aient été bissés avec bruit, et, pourtant, vers la fin, la clameur était si grande que les acteurs étaient inaudibles. Quand Mr. MUNDEN se présenta pour annoncer que la pièce aurait une seconde représentation, la violence de la désapprobation l'empêcha d'accomplir sa mission […]. (*The Times*)

Cette cabale semble avoir été dirigée spécifiquement contre Braham, mais ce brouhaha se calme dès la seconde représentation où l'opéra a été raccourci. Un observateur plus indulgent rejette la responsabilité de

---

[2] Pour Genest, l'intrigue était inspirée de *The Will* de Maria Edgeworth (*Popular Tales*, I).

la construction de la pièce sur les conséquences des caprices des « *dramatis personae* » dans la « fabrication » d'une production, désidératas qui retombent sur l'auteur officiel[3]…

Les représentations de *Thirty Thousand* sont bientôt suspendues. Les deux interprètes principaux sont partis à Bath où ils prennent part aux concerts organisés par Rauzzini. Ce rendez-vous musical est un évènement mondain attendu ; on y attend les « élégantes » et près de 1 500 personnes. La pression de la foule est importante, mais on ne déplore pas d'autres accidents « que la destruction de quelques belles robes » (*The British Press*) quand la foule pénètre dans la salle de concert. *The Messiah* et deux concerts d'airs variés attirent un « public nombreux et brillant » (*Bell's Weekly Messenger*). Les deux chanteurs participent également au concert du Catch-Club, ce qui leur vaudra la parution de remerciements dans la presse locale.

Dès le 5 janvier 1805, c'est le retour à Londres et la ronde des représentations. Mais, pour les soirées des 8 et 9 janvier, Ann est malade et doit être remplacée. Son retour sur scène le 10 est acclamé par le public. Ses apparitions se font alors rares ; sont-ce les répétitions qui occupent tout son temps, les engagements parallèles de Braham qui empêchent que soient donnés plus souvent les ouvrages qu'ils chantent en commun, ou des problèmes de santé plus sérieux ?

Le Carême venu, la cantatrice est absente du concert de la New Musical Fund. Trois jours après, Ann est à l'honneur d'une nouvelle afterpiece de Frederick Reynolds (1764-1841), présentée sur la scène de Covent Garden, *Out of place, or The Lake of Lausanne* (Mal placé, ou le Lac de Lausanne[4]), qui commence le 28 février 1805. Cette réalisation à grand spectacle (on peut y admirer un « décor de paysages suisses et la machinerie de la scène du siège et de l'incendie le château » qui rivalisait avec celui de *Lodoiska*, selon *The Times*) est apparemment accueillie avec plaisir par un public qui s'esclaffe devant certains traits d'humour de la pièce ; une plaisanterie concernant un chat et la Chancellerie fait beaucoup rire. La musique est de Reeve, hormis les airs de Braham que ce dernier a composé pour lui-même. Les opinions divergent :

---

[3] « [L'auteur] écrit des airs pour [les chanteurs], et le dialogue pour aller avec *ces* airs » (*Bell's Weekly Messenger*).
[4] Merci à Anne-Louise Luccarini pour sa suggestion de traduction qui conserve l'ambiguïté de l'original.

> L'ouverture annonçait avec bonheur ce qui allait suivre : car presque tous les airs furent bissés sans discrimination, bien qu'ils ne méritassent pas également cette distinction. Le premier air de BRAHAM, en éloge à Guillaume Tell et à la liberté, fut chanté dans son meilleur style, et accueilli en conséquence par les applaudissements les plus frénétiques. […] STORACE [fut] également écoutée favorablement, et honorée de bis. […] Si l'oreille était enchantée par la musique, l'œil fut également gratifié par la beauté des décors et l'élégance des costumes. (*The Courier*)
>
> La musique était assez monotone, et bien qu'un compositeur ait le droit de se voler lui-même, trop de compilation est la preuve d'un génie qui a du mal à s'y mettre, ce qu'on ne voudrait pas insinuer au sujet de BRAHAM dont les compositions exquises et l'exécution sans rivale font la gloire de l'Opéra anglais. […] Il y avait […] un duo entre STORACE et FAWCETT, qui avait le mérite de ressembler à celui, très populaire, du *Cabinet*. […] [La pièce] a toutes les chances de devenir une grande favorite du public. (*Bell's Weekly Messenger*)

Ces deux *afterpieces* sont des exceptions dans l'agenda des deux chanteurs. Par la suite, Braham mettra en avant la spécificité de leurs contrats leur garantissant la possibilité de se produire ailleurs en seconde partie de soirée :

> La nature de mon engagement avec Mr. Harris – et celui de la Signora Storace – est qu'aucun de nous ne devait jouer d'*afterpieces*. En fait, c'était le souhait particulier du gentleman susnommé qu'une condition de cette sorte nous exempte de ce type de service, mais quand Mr. Reynolds apporta son *afterpiece* The Lake of Lausanne au théâtre, Mr. Harris se rendit auprès de la Signora Storace et de moi-même et sollicita notre aide pour cet opéra. A cette époque, je m'étais déjà engagé pour chanter à plusieurs Noblemen's Concerts où j'aurais touché quinze guinées par soirée ; j'abandonnais ces engagements, qui auraient été grandement dans mon intérêt, et je composais une partie de la musique (pour laquelle je ne touchais pas un shilling) pour The Lake of Lausanne, à la demande de Mr. Harris […]. (*The Courier*)

Pour les oratorios de 1805, Ann n'a, semble-t-il, pas été engagée, tout comme l'année précédente. Braham, au contraire, est omniprésent dans ces sélections, ce qui n'est guère du goût des tenants d'un style plus « chaste », particulièrement pour les cadences ; ils manifestent leur opposition. En 1804, est d'ailleurs paru un pamphlet, *Two new dialogues of the dead…. by J.B.* (Deux nouveaux dialogues des morts… par J. B.), qui oppose un Haendel furieux à un Braham arrogant. Ce texte exhale des relents déplaisants d'antisémitisme, mais n'en témoigne pas moins d'une résistance profonde à une exécution musicale considérée comme étrangère, efféminée et trop éloignée du goût du public.

En dehors de la scène, le couple est par ailleurs bien occupé. Il déménage au 96 Great Russell Street, Bloomsbury, durant l'hiver[5]. Comme le montrent les registres d'imposition, l'indication nominative du chef de foyer oscille entre l'un et l'autre des deux principaux occupants[6], mais c'est bien Ann qui débourse les sommes nécessaires pour meubler et décorer leur demeure. Cette inégalité dans les dépenses leur réservera de mauvaises surprises par la suite.

Au sein de cette routine bien rodée où alternent soirées de musique sacrée et représentations, un coup de théâtre retentit soudain. Le 28 mars 1805, alors que doit débuter la représentation de *The English Fleet in 1342*, on informe le public ahuri de la démission subite de Braham. Sa brouille avec J. P. Kemble, qui a entraîné le départ du ténor de Covent Garden, trouve son origine dans le choix des airs d'insertion pour le prochain bénéfice d'Ann Storace. Braham souhaitait y inclure ses propres airs tirés du *Cabinet*, ce qui lui a été refusé par la direction. Le public mis au courant de la défection de son favori refuse de se calmer, et Kemble doit se présenter à son tour devant lui et réitérer l'annonce : Braham faisant défaut, il est nécessaire, soit de changer la programmation de la soirée, soit de trouver un remplaçant. Le ténor James Hill (?-1817) endosse ainsi le rôle laissé vacant et la représentation peut avoir lieu. Le billet rédigé par Braham est lu publiquement : « Mr. Braham présente ses compliments à Mr. Brandon[7] et souhaite l'informer qu'il s'est congédié lui-même du Théâtre Royal, Covent Garden. Il souhaite que Mr. Brandon le fasse savoir – 28 mars 1805 » (*Bell's Weekly Messenger*). A la suite de ce coup d'éclat, le ténor est vivement critiqué pour son ingratitude vis-à-vis d'un public qui lui a permis de gagner au moins £ 2 000 par an dans ce théâtre. Ce hourvari n'empêche pas Braham de rejoindre ses collègues

---

[5] Adresse donné pour le bénéfice d'Ann en avril 1805.
[6] Les registres de « taxe d'habitation » indiquent « John Braham » en 1806 et « A S Storace » en 1808. (London Metropolitan Archives, *London Land Tax Records.*)
[7] John Brandon (v. 1754-1825), comptable et trésorier (« *box-keeper* », « *treasurer* ») du théâtre. Il y travailla de 1768 à 1823. (Wyndham, I, 346, 348.)

dès le lendemain à Covent Garden, pour la première exécution londonienne du *Messiah* d'Haendel révisé par Mozart en 1789 (KV. 572). Mais il s'agit d'un oratorio dirigé par Ashley et non d'une production maison… L'oratorio est d'ailleurs moyennement bien reçu, l'idolâtrie dont fait l'objet Haendel en Angleterre s'accommodant mal d'une réécriture perçue comme radicale[8]. Ann était-elle dans le public ? Elle chantera le récitatif « *There were shepherds* » et l'air « *I know that my Reedemer liveth* » de cette version mozartienne dès l'année suivante.

Sa soirée à bénéfice du 1er avril 1805 ne peut évidemment se dérouler calmement. Malgré sa démission, Braham prête son concours comme prévu. Il est attendu par ses détracteurs qui provoquent un chahut épouvantable, largement relayé par les journaux. Le compte rendu détaillé de Waldie semble plus objectif sur le déroulement des évènements :

> Je me rendis […] au bénéfice de Storace ; nous fûmes placés à l'orchestre malgré une affluence horrible. Le rideau se leva & le premier chœur alla bien – mais après cela, tout ne fut que bruit & confusion dès l'arrivée de Braham & la clameur continua pendant deux heures – il fut hué & applaudi – toute cette confusion provient de sa lettre au *Manager* pour partir du théâtre, & la raison en est qu'il pensait avoir droit à tout air d'insertion lors des bénéfices qu'il choisissait – ce qui a toujours été l'usage : & auquel on n'a jamais objecté auparavant. Mr Kemble & Braham présentèrent chacun longuement leurs points de vue, & celui de Braham apparut parfaitement raisonnable & celui de Mr K. tout à fait le contraire – étant donné que Braham avait certainement le droit d'introduire tous les airs qu'il voulait (plus particulièrement ceux dont il était le créateur et le compositeur) […] A cause du brouhaha toute la musique du 1er acte a été perdue – mais après nous fûmes récompensés par les accents extatiques de Braham, Storace & Mrs Second – une cantatrice délicieuse. *Out of Place* était la farce, une nouvelle pièce dans laquelle Braham, Storace & Fawcett sont grandement mis en valeur. *The Siege of Belgrade* fut bien gâché au début par le tumulte, mais je n'oublierai jamais Braham dans « *Love in Honor* » et Storace dans « *Blithe were the hours* »[9].

---

[8] Cowgill, I, 119.
[9] Burwick, Waldie *Journal 11*.

Seule conséquence positive, la recette de la bénéficiaire est en nette progression, £ 560 9s[10] ! Les jours suivants, la polémique se poursuit par voie de presse : soumis à diverses attaques, Braham réplique par une lettre ouverte[11]. Ce plaidoyer *pro domo* éclaire les pratiques et la marge de manœuvre des interprètes dans le choix de leurs airs. Braham affirme que quatorze jours après que le choix des airs d'insertion avait été rendu public par Ann, Kemble avait répliqué oralement qu'il prohibait ce choix. Piqué au vif, et prenant cette interdiction pour une brimade personnelle, puisqu'il était le compositeur et l'interprète de ces airs pour lesquels il n'avait touché aucun émolument, Braham avait fait savoir que si les affiches n'étaient pas imprimées conformément à sa sélection initiale, il se considérait comme démissionnaire. Il affirme avoir écrit à Harris le 26 mars, pour lui faire part de sa décision et lui annoncer qu'il lui abandonnerait donc les £ 400 qui lui étaient encore dues, ainsi que son droit à bénéfice. N'ayant reçu aucun encouragement, Braham décida alors de démissionner, et de réitérer cette annonce au théâtre le matin même du 28. Le ténor considère donc que la direction a tout fait pour le mettre visiblement dans son tort, alors qu'il ne faisait que réclamer un droit consacré par l'usage. A ce raisonnement, la direction rétorque qu'une trop grande répétition des airs préférés du public ne peut qu'affadir ce répertoire et donc compromettre leur attractivité pour les soirées dont les profits vont au théâtre… Peut-on voir dans cet affrontement un conflit personnel avec un Kemble déjà bien humilié comme acteur par les triomphes du « Jeune Roscius » et qui a besoin de réaffirmer son autorité ?

A la suite de son compagnon, Ann quitte également Covent Garden. Ils ne restent pas longtemps inoccupés. Passée la semaine de Pâques, on trouve trace de leur présence dans divers concerts, apparitions privées et œuvres de charité. Depuis le 2 mai, Braham chante au King's Theatre avec Grassini.

Contrairement aux rumeurs alarmistes du début de la saison, le King's Theatre n'a pas abandonné le répertoire *buffa*. A son tour, Ann foule les planches de l'Opéra qu'elle avait déserté depuis huit ans, avec la Lilla de Martín y Soler. La première du 13 juin 1805 est également la

---

[10] Burling LS.
[11] Relayée par la presse. La polémique est également détaillée dans un pamphlet de Thomas Gilliland, *Jack in Office*... Il y défend les droits des chanteurs contre la « loi arbitraire » de Kemble.

soirée à bénéfice de Braham[12]. Cette *Cosa rara* est présentée comme étant « fidèle à la création viennoise originelle[13] », mais les insertions annoncées pour la soirée font mentir cette affirmation : elles comportent une *aria* avec harpe d'Andreozzi et une *cavatina* de Nasolini (avec Weichsell au violon) pour Elisabeth Billington (la Regina), également gratifiée d'un nouveau duo avec Braham (Il Principe) et d'un Quartetto, tout aussi neuf, de Nicolini. Morelli, dans le rôle de « Sata », n'est pas oublié. Ann s'octroie « *Chi mi mostra* » de Paisiello, un nouveau duo avec Braham, et un trio inédit avec le ténor et Billington. On reste dubitatif sur le respect accordé à la partition ! Waldie rapporte qu'il se trouvait à « [s]a place habituelle – [...] les ducs de Cumberland & de Cambridge juste devant moi. Comme j'avais le livret, ils me parlèrent à de nombreuses reprises, me posant diverses questions sur l'opéra – [...] le duc de Cambridge semblait apprécier beaucoup & connaître la musique, l'ayant entendue à l'étranger. Il me demanda souvent si tel & tel air était marqué d'une étoile (comme l'étaient ceux qui était introduits durant la soirée) & il devina juste à chaque fois[14] ». Pour sa part, « Mad. Storace reçut cet accueil du public qui doit l'avoir convaincu d'une faveur non diminuée auprès de lui » (*The Morning Chronicle*). Après un petit tour par le Festival d'Oxford pour quelques concerts[15], c'est le retour à Londres pour les dernières représentations de la saison : ces soirées font l'objet d'une souscription complémentaire, preuve du succès de la programmation.

Entre deux représentations d'opéra, le 14 juillet 1805, Ann Storace, John Braham et le chanteur Giovanni Morelli, ont été invités chez les Soane à Ealing, où ils ont « dîné & dormi » en compagnie du grand peintre J. M. W. Turner, un familier de l'architecte[16].

---

[12] Pour cette soirée, Grassini interprète en sus une *scena* de Zingarelli, « Andromaque pleurant sur le tombeau d'Hector ». L'opéra est redonné régulièrement jusqu'à la dernière de la saison.

[13] Le *Morning Chronicle* insiste sur la présence de Kelly et Storace lors de la création.

[14] Burwick, Waldie *Journal 11*. – Adolphus, duc de Cambridge (1774-1850), septième fils de George III, avait fait ses études en Allemagne.

[15] John Marsh a noté ses impressions du *Messiah* dans son Journal (Marsh Robins, II, 66 *sq.*)

[16] *Mrs Soane Notebook*, cité dans « *Notes for the Storace evening at Sir John Soane Museum on Monday 18 Nov. 1991* », Sir John Soane's Museum.

Est-ce la conséquence du déménagement à Great Russell Street ? Dans la rubrique mondaine, on trouve un compte rendu détaillé d'une soirée privée chez les Braham-Storace :

> La réception de Mr. BRAHAM, jeudi soir dernier, compta parmi les plus élégantes de la saison et procura l'un des plus grands plaisirs musicaux auxquels il participa jamais. […] Les autres délices de la soirée furent le Duo favori de *The English Fleet* par la Signora STORACE et Mr. BRAHAM ; un autre, exécuté avec un effet peu commun par Madame GRASSINI et le chevalier LA CAINEA[17], un Duo pour pianoforte et harpe par Messrs. G. T. SMART et C. MEYER, joué avec leur vivacité habituelle, et un Cappricio par Mr. WOELF, dans lequel il déploya un talent d'exécution et une puissance extraordinaires. [Suit une énumération des invités comptant parmi eux le duc de Sussex[18], Lord et Lady Montford, Lady Perth, la comtesse d'Aldborough, Lady Hamilton, Mr et Mrs Lind, Mr et Mrs Lambert, Mrs Soane, etc.] (*The British Press*)

La saison s'achève sur l'annonce de l'engagement de Braham à Drury Lane où il chantera quatre fois par semaine, pour un salaire saisonnier de £ 1 000 – recette que la rumeur attribue à son bénéfice du King's Theatre –, et un droit à bénéfice exempté des frais à reverser au théâtre. Pour le *Bell's Weekly Messenger*, le ténor se produira également à l'Opéra et y recevra la même rémunération. La presse fait silence sur les engagements d'Ann hormis sa présence pour l'*opera buffa* au King's Theatre, bien qu'elle suive son compagnon à Drury Lane. Les trajectoires professionnelles des deux amants se sont désormais inversées : le déclin d'Ann est manifeste tandis que le ténor accumule les triomphes.

---

[17] (Francis) Ferdinand (Raibari) de La Cainea, aristocrate napolitain, époux de Lady Sophia Mill, apprécié pour ses talents de chanteur amateur.
[18] Augustus Frederick (1773-1843), duc de Sussex depuis 1801, fils de George III. Il fut un ami proche du couple de chanteurs.

XXVI
1805-1807
Retour à Drury Lane

Durant l'été 1805, le couple d'artistes lyriques est à Margate, parmi les « *fashionables* ». S'ils acceptent de se produire dans certaines soirées, ils n'apparaissent pas en public pour autant. On le déplore.

> Il y a de cela quelques soirs, Mrs. LYNDE a donné un grand dîner, concert et souper en sa demeure de Church-field Place. Le concert fut l'un des plaisirs les plus délectables dont on se souvienne ici. Lady HAMILTON, Mr. BRAHAM et la Signora STORACE ont chanté plusieurs duos et trios avec le plus haut degré de perfection. Je n'ai pas besoin de préciser que toute la compagnie de la plus haute importance actuellement à Margate était présente. (*The Courier*)

Ils s'attardent dans les environs de Broadstairs où ils chantent en privé. A Brighton, ils participent à six soirées d'opéra[1]. Lors d'une représentation, un petit incident défraie la chronique locale, dont le hautboïste Parke se fait l'écho :

> Durant les répétitions [de leur] premier opéra, *The Haunted Tower*, quand vint l'air principal de Braham, « *Spirit of my sainted sire* », on découvrit que les timbales, qui y tiennent une place importante, faisaient défaut. Le directeur promit pourtant que les timbales seraient à leur place pour la soirée. Peu avant que la représentation n'atteigne l'air susmentionné, les timbales étaient bien là, mais, après enquête, il s'avéra que personne n'était là pour en jouer ! Que faire ? L'air arrivait immédiatement et il ne semblait pas y avoir d'autre alternative que de l'omettre, quand Storace, qui se trouvait là, s'en chargea, et battit [les timbales] avec une aussi grande précision et le même effet qu'aurait pu produire le plus grand timbalier. La circonstance étant connue en ville comme une anecdote curieuse et brillante, on en parla le lendemain lors d'une soirée où je me trouvais

---

[1] Brace, 108.

à dîner ; un vieux capitaine Irlandais, qui semblait frappé par ces circonstances, s'exclama : « Bon sang ! C'est une brave fille, et je n'aurais qu'une seule objection à une telle épouse, c'est que, si elle est si prompte à frapper, elle pourrait un jour avoir l'inclinaison, comme le dit Mr. Mullroony, de battre l'habit avec l'homme dedans ».

A Drury Lane, leur retour s'accompagne de quelques changements : si Michael Kelly et Jack Bannister font toujours partie de la troupe, Anna Maria Crouch a pris sa retraite. Depuis longtemps souffrante, elle décède à Brighton le 2 octobre 1805. L'ancien quatuor d'interprètes peut d'autant moins se reconstituer que Braham reprend désormais une partie des rôles de Kelly. Mais Ann ne réendosse pas tous ceux qu'elle avait créés sous l'égide de Stephen ; elle en abandonne désormais certains à Maria Theresa De Camp[2] ou à Rosemond Mountain (v. 1768-1841), une élève de Rauzzini, laquelle se glissera tout à fait dans ses emplois après les adieux de la Signora Storace. Ann se consacrera désormais en priorité aux créations faites avec Braham.

Elle fait sa rentrée le 2 novembre 1805 dans *The Siege of Belgrade*, opéra légèrement modifié. L'accueil est favorable.

> La nuit dernière, Braham et Storace ont fait leur première apparition depuis leur engagement dans ce théâtre [...] – Braham le Sérasquier – Storace, dans son rôle apprécié de Lilla. – Il n'est pas nécessaire de préciser comment le plus grand chanteur qui soit jamais apparu dans aucun royaume fut reçu. – Il était parfaitement en voix. – Storace qui a de l'humour autant que de la voix, suscita beaucoup de plaisir. Le Théâtre était rempli par la *fashion* et la splendeur dans les loges, et plein de toutes parts. (*Bell's Weekly Messenger*)

La nouvelle de la victoire de Trafalgar et de la mort de Nelson parvient à Londres le 6 novembre 1805. C'est un traumatisme national, doublé d'un deuil personnel pour le couple. Ils étaient régulièrement conviés, comme d'autres chanteurs et acteurs dont la fréquentation choquait tant certains familiers de Nelson, à Merton, la villégiature que l'amiral avait achetée pour abriter ses amours avec Emma Hamilton. On l'a vu, Ann est liée avec Lady Hamilton qu'elle croise régulièrement en société. Les deux couples illégitimes ont

---

[2] Cette dernière quittera Drury Lane pour Covent Garden en avril 1806, ses emplois étant endossés par la Signora Storace et Miss Duncan. (*The British Press*)

également des amis communs, comme les Goldsmid, les premiers protecteurs de Braham, qui demeurent non loin de Merton. Sans être très intimes, leurs relations sont suffisamment familières pour qu'Emma Hamilton remettre à Braham un « bel anneau de deuil comportant une mèche de cheveux de Nelson[3] ».

Les théâtres londoniens rendent immédiatement hommage au héros. Covent Garden ouvre le feu avec un *Nelson's Glory* dès le 7 novembre. Monté hâtivement, cet « impromptu musical » est critiqué. Dès le 6, Drury Lane ajoute à ses programmations des « *God Save the King* » et « *Rule Britannia* » comportant des couplets additionnels en hommage au défunt. Malgré sa peine, dans *The Siege of Belgrade*, « STORACE, en *Lilla*, fut victorieusement enjouée comme actrice et grandement efficace comme chanteuse » (*The Courier*). A partir du 9 novembre, à la fin de la *mainpiece*, est représenté un « '*Rule Britannia*' avec chœurs, par les interprètes principaux, avec des vers additionnels et une 'Scène en commémoration de la Mort et de la Victoire de Lord Nelson' ».

Par ailleurs, les directions de Covent Garden et de Drury Lane parviennent à un arrangement : dès le 12 novembre, « *The Cabinet* [est] joué pour la première fois [à Drury Lane] […] afin de donner l'occasion à BRAHAM et Madame STORACE d'apparaître dans leurs rôles si appréciés du *Comte Orlando* et *Floretta*, qu'ils interprétèrent avec leur effet habituel. *The Bird in yonder Cage* fut chanté avec beaucoup d'esprit par Madame STORACE et bruyamment demandé en bis » (*The Courier*). A Covent Garden, le semi-échec de la reprise sans ses créateurs principaux a apparemment adouci la position de Kemble et Harris… A Drury Lane, *The Cabinet* alterne donc avec d'anciens succès d'Ann, comme *The Haunted Tower* qui fait également l'objet de remaniements.

Début décembre, un nouvel opéra est mis en répétition. Il s'agit de *The Travellers; or, Music's Fascination* (Les Voyageurs, ou la Fascination de la musique) de Domenico Corri, sur un livret d'Andrew Cherry (1762-1812). Un article promotionnel du *British Press* fait miroiter décors mirifiques et processions sur scène.

Le couple ne chôme pas. Le King's Theatre débute sa saison le 7 décembre 1805 avec *Il Ratto di Proserpina* de Winter, dans lequel

---

[3] Levien, 13.

Braham est distribué aux côtés de Mrs Billington et de Madame Grassini. Ann n'est pas en reste : *Una Cosa rara* est remis au théâtre dans une distribution légèrement modifiée[4], à la suite d'une indisposition de Grassini qui fait suspendre momentanément l'*opera seria*. On note que « STORACE fut tout feu tout flamme en *Lilla*, et très en voix. Nulle part ailleurs n'apparaît-elle aussi avantageusement que sur la scène italienne » (*The Courier*).

Cette activité incessante n'empêche pas les bruits extérieurs de pénétrer dans la sphère professionnelle des chanteurs. Vienne est désormais occupée par les Français, et Haydn a littéralement senti passer le vent d'un boulet lors du siège… Les funérailles grandioses de Nelson ont lieu le 9 janvier 1806 à la cathédrale Saint Paul à Londres. Lady Hamilton n'y est évidemment pas conviée, tout comme sont ignorées toutes les amitiés scandaleuses du couple adultère, car il s'agit d'une cérémonie politique et hautement symbolique. Des jours durant, la presse s'étend sur le protocole des funérailles, les détails morbides de la mise en bière et de la chapelle ardente. Les Londoniens se battent pour obtenir un point d'observation de choix sur le passage du cortège. A Drury Lane, c'est l'occasion de rendre un hommage solennel au héros défunt. On présente donc le soir même « Un *Centon* tiré de la musique sacrée d'Haendel, en hommage solennel à la mémoire de l'immortel Nelson ». A cette occasion, Ann interprète « *Pious Orgies* » (*Judas Macchabeus*), puis « *In sweetest harmony* » (*Saul*).

En janvier 1806, lors de leur déplacement habituel à Bath, les deux chanteurs reçoivent du York-house Bath Catch Club deux coupes d'argent gravées de compliments latins en remerciement de leurs apparitions gracieuses dans leurs concerts.

Le 22 janvier 1806, c'est la première de *The Travellers*. Une partition variée et descriptive des parties du monde évoquées sur scène (l'ouverture débute par un coup de gong chinois et se termine avec « *Britons Strike Home* » !) et des décors et costumes impressionnants portent l'œuvre vers un durable succès, malgré les réserves des critiques dramatiques qui déplorent l'absurdité et le rabâchage des situations :

---

[4] Rovedino remplaçait Morelli en Titta, et Righi, Viganoni (qui a pris sa retraite en Italie) en Lubino.

> Nous laissons ainsi les *Voyageurs* (qui, doit-on l'avouer, « voient des choses étranges » et *disent* également des choses étranges) réconcilier leurs aventures avec le bon sens, comme ils le peuvent. (*The Monthly Mirror*)

> Le rôle de STORACE et ceux de Mrs BLAND et Mrs POWELL sont trop insignifiants pour qu'on les critique. (*Bell's Weekly Messenger*)

> Mrs. BLAND, STORACE et les trois garçons […] obtinrent des honneurs similaires [des bis]. (*The Times*)

C'est sans doute l'ouvrage où il est le plus tentant de voir des allusions biographiques à la situation du couple. Bien qu'on l'ait parfois qualifiée de « Signora Storace, alias Mrs. Braham » (*The Norfolk Chronicle*), Ann n'a jamais épousé son amant après la mort de John Abraham Fisher en juin 1808[5]. Or, dans *The Travellers*, la Marquise Merida (Storace) répond à Koyan (Braham) durant un dialogue qui associe amour et musique, « Des charmes ! Pff ! Je ne m'en glorifie d'aucun ; un peu folle, oui – et comme vous, une enthousiaste pour la musique », puis elle refuse son offre de mariage : « Non, non, non : c'est un nœud que je ne renouerai plus jamais ». Suit un duo : « Par des liens de soie, nous nouerons le nœud gordien / Non, non, non, non, cher monsieur, je ne le souhaite pas » (III, sc. 1). Il est bien difficile de ne pas penser à l'incontestable volonté d'indépendance de la cantatrice, qu'elle affirmera elle-même par la suite… Ce dialogue eut probablement un écho dans le public[6], d'autant plus que ce terme d'« enthousiaste », bien qu'il soit assez fréquemment employé dans le contexte musical d'alors, accolé au personnage de Braham renvoyait à une anecdote bien connue. Lors de la répétition générale de *The Cabinet*, Braham n'était pas arrivé à prononcer le mot « *enthusiasm* » et butait systématiquement sur la phrase « Leur victoire était honorable, car ils combattaient pour la paix – ils me suivirent sur le champ de bataille avec enthousiasme ». Devant abandonner la brochure qu'il tenait en main et ne retrouvant pas le terme, « vexé par sa manifeste lenteur d'esprit, il vociféra *'towsy mowsy*[7] ». Ce néologisme, qui amusait beaucoup Lord Byron et son cercle amical, fut cité par l'écrivain à diverses reprises[8].

---

[5] En septembre 1809, le *Bath Chronicle and Weekly Gazette* relaie même la rumeur de leur mariage à l'annonce du décès de J. A. Fisher.
[6] Brace, 107.
[7] I. Nathan, « *Anecdotes of Braham* », 150-151.
[8] Ainsi que l'avance Leigh Hunt. (Conway, 59.)

Alors que les *Travellers* poursuivent leurs représentations triomphales, Braham n'en chante pas moins en parallèle au King's Theatre en février et mars. Cet agenda encombré explique sans doute qu'Ann abandonne le rôle de Caroline (*The Prize*) à Miss De Camp. La saison des oratorios n'apporte pas de grandes nouveautés dans les sélections de pièces de Haendel et de Haydn habituelles, si ce n'est un *Dirge for Lord Nelson* (Chant funèbre pour Lord Nelson) composé par Rauzzini, déjà exécuté à Bath, et une *scena*, « Britannia at the tomb of Nelson » (Britannia sur la tombe de Nelson), adaptée à une partition de Jommelli : « C'était assez ennuyeux et la musique n'était pas vraiment à la hauteur du sujet » affirme *La Belle Assemblee*, mais pour *The British Press*, « La Signora STORACE en *Britannia* sur la tombe de Nelson, avait extrêmement bonne mine, chanta de manière charmante, et fut très applaudie ». John Marsh, qui assiste à la soirée du 14 mars, note que « bien que les chanteurs principaux fussent bien soutenus, les Chœurs étaient quelconques & semblaient être entièrement dirigés & dépendre de l'orgue[9] ». Au milieu des oratorios, le 13 mars, « Mr. BRAHAM et la Signora STORACE, après la fatigue de leur présence dans *The Travellers* […] prêt[ent] leur puissant concours au bénéfice de la New Musical Fund, auquel une foule nombreuse assist[e] » (*The British Press*).

Jalon d'importance pour la fortune musicale mozartienne britannique, la première londonienne de la *Clemenza di Tito* a lieu le 27 mars. Elizabeth Billington a choisi cet opéra pour son bénéfice au King's Theatre, sous l'égide du prince de Galles qui en possède la partition[10]. Braham y est Sesto. L'opéra, recentré autour des conspirateurs, a été remanié dans ses récitatifs et les tessitures ont été transposées. Malgré des critiques favorables, c'est uniquement un succès d'estime[11].

Pour son bénéfice du 14 avril 1806, Ann sélectionne *The Cabinet* et *My Grandmother*. *The English Fleet in 1342* avait été préalablement annoncé par la presse. Ce changement n'est pas forcément très heureux : elle ne récolte que £ 268 6s 6d, soit moitié moins que l'année précédente[12]. Un

---

[9] Marsh Robins, II, 77.
[10] Ce choix est très probablement politique, car la monarchie britannique était alors menacée par une instabilité politique interne due à la propagation des idées révolutionnaires et par la situation internationale, la Paix de Presbourg venant d'être signée. (Senici, 4.)
[11] Rice 1991, 113-115 ; Cowgill, I, 197-201.
[12] Burling LS.

accident de voiture de Braham, quelques jours auparavant, laissait supposer sa possible défection : cette nouvelle a-t-elle eu un effet négatif sur la billetterie ? Cependant, on note une très nette baisse de revenus du couple lors de ces soirées : la conjoncture économique de plus en plus difficile en est-elle responsable ?

Le lendemain, Ann participe à la mise au théâtre de *Le Due Nozze e un sol marito* (Deux noces et un seul mari) de Guglielmi au King's Theatre. L'opéra lance la basse Giuseppe Naldi à Londres ; repéré par Ann et Braham en Italie, il aurait été engagé sur leur recommandation[13]. Il obtient immédiatement un immense succès. Pour *The Courier*, Ann aurait été mal servie par la partition, mais John Waldie affirme que « Storace a remarquablement bonne mine & chanta délicieusement – cela lui va bien, bien que son bas registre sonne comme un mauvais violon[14] ». Le 10 juin, s'ajoute au programme une nouvelle œuvre, *La Serva Astuta*.

La saison londonienne s'est achevée. En août, le banquier Abraham Goldsmid organise une *garden-party*, frappant les esprits par son faste. Il y convie des membres de la famille royale, régalés par des artistes en vogue. La presse s'appesantit sur l'opulence déployée :

> Vendredi, Son Altesse Royale le Prince de Galles, ses frères, le Lord Chancelier d'Angleterre et un assemblage sélect de personnes de la première distinction ont honoré Mr Goldsmid de leurs présences dans sa nouvelle villa à Morden. Cette compagnie illustre l'honora pour dîner, dans la soirée, de nombreux amis se réunirent pour un concert. C'était la première soirée donnée depuis la fin des travaux de la maison […] Le Prince arriva vers sept heures, accompagné du Comte Moira, du Major Bloomfield, de Mr Sheridan etc. Les ducs de Kent et de Cambridge arrivèrent dans leurs barouches immédiatement après. On les introduisit dans le salon, et vers huit heures, ils s'assirent devant un somptueux dîner dans la salle à manger. Quand on débarrassa, la compagnie se retira au salon. On y trouva dressés un superbe dessert et diverses viandes. Quand Mr. A. Goldsmid porta un toast à la santé du Prince, ce dernier se leva, et il acheva un discours très animé d'un quart d'heure en buvant à la santé par trois fois, des trois Messieurs Goldsmid, ce à quoi Mr. B. Goldsmid répondit par un bref discours bien troussé qui rendait compte de l'honneur qui leur était fait. Après le dessert, on donna un

---

[13] Selon une anecdote rapportée par *The Morning Post*.
[14] Burwick, Waldie *Journal 12*.

concert, auquel Braham, la Signora Storace, Mr. W. Porter etc. contribuèrent. L'orchestre était dirigé par Attwood, assisté par Salomon. Le comédien Mathews[15] fit ses imitations de différents acteurs etc... Les jardins étaient illuminés par 3 000 ou 4 000 lampes qui créaient un effet élégant sur l'eau. Un bateau de plaisance était tout illuminé et arborait les plumets du Prince etc... et rendait un effet magnifique et singulier. Les jardins étaient entièrement éclairés par divers procédés. Les illuminations avaient été conçues par Messieurs Parker & Perry. Parmi les invités, outre ceux déjà mentionnés se trouvaient Lord Berkeley, [etc] & environ 300 *fashionables*[16].

La saison 1806-1807, qui reprend le 13 septembre dans le théâtre de Drury Lane en partie rafraîchi, égrène avec régularité de vieux titres, ce qui provoque un constat lapidaire : « ce Théâtre a besoin de nouveauté » (*Bell's Weekly Messenger*). En pleine renégociation de contrat, Ann est peu distribuée en début de saison. Elle fait finalement sa rentrée le 8 novembre 1806 avec *The Haunted Tower*.

Sa première création, *False Alarms; or, My Cousin* (Fausses Alarmes, ou Mon Cousin), sur un livret de James Kenney (1780-1849), n'est lancée que le 12 janvier 1807. Si le rôle dévolu à Ann est bien court et n'est souvent même pas mentionné par la critique, il n'en est pas moins intéressant par sa similitude avec une scène des *Nozze di Figaro*. Le personnage de Storace, Susan, la camériste de Lady Gayland, a un mari jaloux et alcoolique, Grinvelt, dont l'accent est probablement une allusion à la vie privée de l'interprète. Au cours d'une mystification qui fait passer une amie d'enfance de Lady Gayland pour un jeune officier, on comprend que Susan va habiller et déshabiller l'« officier » dans les appartements de sa maîtresse, en lui tenant lieu de « *valet de chambre** ». Susan provoque également la jalousie de son mari qui a revêtu les armes et insignes militaires que Grimvelt a pris à l'« officier » (I, sc. 3). Si personnages et situations archétypales ne sont pas bien novateurs, on peut pourtant s'interroger sur la similitude des prénoms des deux caméristes, Susan et Susanna, et sur l'insertion de cette péripétie secondaire, les interventions du personnage se bornant par la suite à des déclarations stéréotypées sur les calamités de l'amour.

---

[15] Probablement l'acteur comique Charles Mat[t]hews (1776-1835).
[16] Cité par Fretwell.

Les critiques sont mitigées : certains voient dans la musique de Braham et Matthew Peter King (1773-1823) une « plaisante simplicité » (*The European Magazine and London Review*). D'autres qualifient l'« exhibition » de Braham, qui chante en s'accompagnant au pianoforte, de transformation malvenue de l'opéra en salle de concert (*Bell's Weekly Messenger*). Certains y voient une partition « trop sombre » pour le théâtre anglais, malgré l'air de Braham « *Said a Smile to A Tear* » et son duo avec Ann (*The Cabinet*). Toutefois, cette amusante « *comedy of manners* » continue vaillamment ses représentations, portée par les airs de Braham.

Le 27 février 1807, le neveu d'Ann, John Brinsley Storace décède[17]. Etudiant en architecture auprès de John Soane, il avait causé de nombreux soucis à sa mère Mary. On ignore tout des relations entre le jeune homme et sa tante paternelle.

La carrière de cette dernière commence à marquer le pas. Ann est qualifiée de « double très tolérable », quand elle accepte « avec son bon naturel et toute sa gentillesse » (*The British Press*) de faire un remplacement au pied levé à Covent Garden dans un *Messiah*, le 11 mars : Maria Dickons[18], soprano qui se produit principalement en concert, vient de perdre sa mère et « sa requête [d'assistance] fut remplie avec une alacrité qui augmentait grandement la reconnaissance ». Quand Ann « [fait] comprendre combien elle serait honorée si Mrs Dickons jouait le rôle de Yarico pour son bénéfice, la gratitude incita un acquiescement immédiat » (*The Cabinet*). Cette dernière fait donc ses débuts scéniques à Drury Lane pour la soirée du 13 avril 1807 dans *Inkle and Yarico* (Ann y est Wowski) et *The Prize*. Parmi les insertions de la soirée, Ann s'est réservé un nouveau duo avec Mrs Dickons, et « un nouvel air, composé par une Lady ». La foule s'y écrase. Cette affluence explique la recette de £ 400 1*s* 6*d*[19].

Bien plus original, le bénéfice de Braham permet à Ann de rechanter un rôle travesti... malgré les critiques sur son apparence : elle a en effet

---

[17] Annonce parue dans *The Salisbury and Winchester Journal* du 9 mars 1807 : « Vendredi dernier, au jeune âge de 19 ans… ». Brinsley John Storace habitait alors Edgware (Middlesex). Il avait fait son testament le 20 février 1807. (National Archives (Kew), Public Record Office, PROB 11/1458.)
[18] Née Maria Poole (1776-1833). Elle créera la comtesse Almaviva des *Nozze di Figaro*, en 1812 au King's Theatre.
[19] Burling LS.

bien épaissi. Est-elle déjà atteinte d'hydropisie ? Ann incarne le rôle-titre de l'*Artaxerxes* de Arne, le 11 mai. Le succès est tel, avec une recette ahurissante de £ 1 358 15*s* 6*d*, que Michael Kelly choisit de redonner l'œuvre le 20, pour son propre bénéfice… Comme il se doit, l'ouvrage fait l'objet d'ajouts divers dont un nouveau quatuor et un duo, « *Sweet Friendship, view two bleeding hearts* », pour Ann et Braham, composés par le ténor. Les critiques ne s'étendent guère sur la prise de rôle de la cantatrice et ceux qui le font sont mi-figue mi-raisin :

> STORACE n'était guère à l'aise en habit masculin ; son abattement lors de son entrée était si puissant qu'il la priva de la capacité d'émettre un son durant quelques minutes. Son exécution de l'air populaire, « *In infancy* », était trop sophistiquée pour le goût vulgaire de John Bull [le surnom de l'Anglais moyen]. (*The Morning Post*)

La fin de la saison sacrifie à l'usage, avec des participations à diverses soirées, bien qu'une indisposition empêche Ann d'être présente au concert de la soprano Angelica Catalani (1780-1849)[20], la nouvelle étoile de l'opéra, aux Argyle Street Rooms, le 12 juin… Etendons-nous plus longuement sur certains des *Ladies Concerts*, concerts par souscriptions très sélects, donnés chez des hôtesses du *Ton* et organisés par le contrebassiste Domenico Dragonetti (1763-1846). Chez la marquise de Salisbury, Ann interprète « *Care Zitelle* » avec Naldi, et chez la marquise de Statford, le quatuor « *Chi brama la mia mano* » (avec Sibone [Siboni], Naldi et Morelli). Parmi les quelques trois cent spectateurs, on trouve les ducs de Cumberland, Cambridge, Sussex et Gloucester, le prince Esterhazy, le duc de Castries, et deux futurs monarques : Louis-Philippe, duc d'Orléans, futur roi des Français, qui était installé depuis janvier 1800 en Angleterre, et Charles-Ferdinand, duc de Berry, futur Charles X.

A son tour, Ann reçoit son cercle mondain et ses amis, avant de partir en villégiature estivale. Les mentions détaillées sur sa vie privée sont suffisamment rares pour qu'on ne cite pas ce paragraphe du *British Press* :

> La Signora STORACE, avant de se retirer pour l'été dans son cottage d'Ham Common, a proposé lundi dernier le Concert le plus

---

[20] A l'époque, une rumeur circula sur la découverte du talent de la jeune fille par Braham et Storace lors de leur séjour romain, témoin l'anecdote rapportée par *Letters from an Irish Student*… (« Anecdote of Catalani »).

splendide de la saison à tous les Amateurs de Musique et quantité de personnes du Ton. « L'Harmonie, la douce Harmonie », était à l'ordre de la soirée. Madame CATALANI, Lady HAMILTON, Mrs BILLINGTON, Mr BRAHAM, Mr KELLY et plusieurs Amateurs du premier rang [social] prêtèrent leur assistance. Rarement, une telle combinaison de « doux sons » et de « mélodie extatique » a charmé les sens. Tous les arrangements étaient faits avec le meilleur goût [...][21]

Le *Times* revient par ailleurs sur les illustres invités, qui mélangent aristocratie, artistes, écrivains et gens du monde, car « en donnant davantage de publicité à ces noms, nous rendons hommage aux deux, aux hôtes vertueux et à leurs honorables visiteurs : il est important que le public sache qui, dans la haute société, encourage, par son exemple et sa faveur, l'ordre, la décence et d'excellents principes » (*The Times*). C'est une vraie reconnaissance sociale pour ce couple illégitime…

---

[21] Le bas de la page était manquant dans l'exemplaire consulté.

XXVII
1807-1808
Les adieux à la scène

L'été 1807 n'est pas vraiment reposant pour le couple, engagé à la fin août au festival triennal de Salisbury. Ann y « démontr[e] qu'elle possède encore ces talents dont elle nous a si souvent gratifiés » (*The British Press*). Cette remarque n'est pas que de pure rhétorique. Son déclin vocal doit être suffisamment flagrant pour que *The Monthly Mirror* ironise : « Mr. Braham a refusé de s'engager dans quelque accord que ce soit avec le théâtre de Drury Lane, qui n'inclurait pas la Signora Storace. Comme un boucher prudent, il insiste pour qu'ils acceptent ensemble le gras et le maigre ; mais pour le moment ils ne parviennent pas à l'avaler. » Les négociations semblent avoir été laborieuses… En septembre, le même périodique conclut triomphalement que « Mr. Braham et la Signora Storace sont finalement engagés à Drury-Lane, "pour le meilleur et pour le pire" », pour le mois de novembre. En attendant, ils excursionnent, ce qui n'est pas sans risque :

> Nous sommes désolés d'apprendre par un journal du soir paru hier, que samedi soir, alors que BRAHAM et STORACE quittaient Broadstairs pour Margate, la chute de leur cheval causa leur éjection de leur cabriolet. BRAHAM n'est pas blessé, mais malheureusement STORACE s'est cassé le bras. Elle a supporté avec beaucoup de courage l'opération de remise en place de son bras qui eut lieu sur le champ. (*The British Press* du 13 octobre 1807)

Les bulletins de santé se succèdent jusqu'à ce qu'on apprenne fin octobre que « Madame Storace se rétablit rapidement » (*The British Press*). Elle fait enfin sa rentrée le 27 novembre, mais son accident a laissé des séquelles, relevées avec un certain fiel :

> La Signora Storace, remise de son accident, fit sa première apparition de la saison en *Adela*. Reconnaissant pour l'amusement

qu'elle lui a procuré en sa plus active jeunesse, son public lui a fait un accueil amical. Si elle ne tente pas de chanter dans le grand style, on peut trouver à l'employer. L'époque où elle *dansait* est révolue, et nous espérons qu'elle s'abstiendra de ce type de pratique. On éprouve du plaisir à voir une jeune chatte folâtrer et gambader ; mais un chat mûr et bien gras se doit d'éviter ces tours-ci, et si ce n'est une cabriole sur le dos devant le feu, ne doit jamais perdre de vue la dignité de son âge et de sa corpulence. (*The Monthly Mirror*)

Les titres habituels font patienter le public avant la première nouveauté qui la met à l'affiche. Le 12 décembre 1807, Ann aborde le rôle de Diana dans *Lionel and Clarissa* mis en musique par Thomas Augustine Arne et Charles Dibdin[1]. L'ouvrage, qui n'avait pas été donné depuis vingt ans, est évidemment agrémenté d'insertions diverses dues à Reeve, Corri et John Addison (v. 1766-1844). Pour sa part, Ann interprète un air parodié de Martín y Soler, un nouvel air comique (bissé), un duo inédit, un *rondò* composé par Reeve d'après l'air écossais « *An Nid Nodding* » et un air de Mazzinghi composé sur un nouveau texte. L'opéra a tout juste trouvé son rythme qu'il faut partir pour Bath, où le couple participe une fois encore à un *Messiah* pour le bénéfice de Rauzzini et à un concert où l'on refuse encore du monde. *Lionel and Clarissa* est rapidement retiré de l'affiche, car l'œuvre ne fut jamais la plus populaire du dramaturge Isaac John Bickerstaffe, ainsi que le remarque la presse.

Le théâtre reprogramme donc les mêmes vieilleries avant la première, le 11 février 1808, de *Kais, or Love in the deserts* (Kaïs, ou l'Amour au désert), composé par Reeve et Braham. Cette adaptation par Isaac Brandon du roman *Mejnoun and Leila* d'Isaac D'Israeli[2] est un succès public, même si elle ne trouve pas grâce devant la critique. Décors et costumes sont exotiques à souhait, mais l'intrigue apparaît boursouflée et incompréhensible. Ann incarne Rozella, une « beauté circassienne », description peu réaliste qui déchaîne la verve des critiques les moins

---

[1] Pour le *Morning Post*, son personnage « était la *Diana* authentique de l'Auteur ; – elle fut superbe dans un air comique composé par REEVE, dans lequel elle fut *bissée* à l'unanimité ».
[2] Isaac D'Israeli (1766-1848), homme de lettres, père du futur premier ministre Benjamin Disraeli (1804-1881).

indulgents. Dans *The Examiner*, Leigh Hunt[3] remarque ainsi : « je ne pensais pas que les directeurs avaient un tel penchant à l'ironie[4] ». Le déferlement de dénigrement, dans lequel on peut deviner un antisémitisme larvé, et qui poussera l'auteur à faire figurer une préface apologétique dans l'édition de son livret[5], n'empêche pas la pièce d'être programmée jusqu'à la mi-mars 1808.

> Quant aux interprètes – mais que peut-on attendre de chanteurs, sinon de chanter ? Autrement, on pourrait dire « qu'ils imitèrent abominablement l'humanité » (*The Literary Panorama*)[6].

> L'attrait principal en est la musique, et l'on doit admettre que l'interprétation vocale de Braham, Mrs. Mountain et Miss Lyon[7] est admirable. – Storace se montre également à son avantage. (*The European Magazine and London Review*)

> Un opéra écrit par un *juif*, composé par un *juif*, tiré d'une romance traduite par un *juif*, et représenté pour la première devant un public principalement composé de *juifs*, est pour le moins une nouveauté dramatique. […] Storace et Mrs Mountain s'en tirèrent avec leur excellence habituelle dans les différents airs qu'on leur avait attribués. (*The Cabinet*)

> Attribuer un air tel que celui du début du quatrième acte à la Signora Storace était absurde au dernier degré. La grossièreté de son aspect et de ses manières et l'imperfection de sa voix rendent cette tentative ridicule. Son petit air lors du filage du rouet était très bien, mais quand elle imite le style de Braham, nous avons droit à « toutes les contorsions de la Sybille, sans l'inspiration ». La *Signora*, telle la description de sa mère par Foote, « petite, grosse et flasque », représentait une beauté de Circassie – Cruel Braham ! Monopoliser, en un tel moment, toute la douceur et la féminité ! (*The Monthly Mirror*)

---

[3] (James Henry) Leigh Hunt (1784-1859), journaliste, critique littéraire et poète anglais, éditeur de *The Examiner* dès janvier 1808. Il fut un ami de Percy Bysshe Shelley, John Hamilton Reynolds et John Keats.
[4] Fenner, 547.
[5] Préface à son tour moquée par *The Literary Panorama*…
[6] La citation « ils imitèrent abominablement l'humanité » est tirée d'*Hamlet* de Shakespeare (III, sc. 2).
[7] La soprano Elizabeth Sarah Lyon (1787-1831) qui faisait ses débuts dans cet opéra. (Fenner, 666.)

> *Le théâtre de Drury-Lane qui se distingue tous les ans par un opéra, dont la musique et les décorations font ordinairement tout le mérite, en a donné un cette année, [...] qui, malgré une pompe de spectacle qui surpassait tout ce qu'on avait vu jusques-là en ce genre, et les talents réunis de MM. Reeve et Braham, auteurs de la musique, a eu peu de succès et n'a pu se soutenir jusqu'à la fin de la saison.* (L'*Ambigu*)

Est-ce la conséquence de ces jugements acrimonieux ? On annonce en avril qu'Ann prendra sa retraite en fin de saison. Devant cette décision, le critique du *Monthly Mirror* (sans doute Edward DuBois[8]), est convaincu de son influence : « La Signora Storace comprend à demi-mot. Elle a décidé de se retirer de la scène après cette saison ». Son opinion ne fait pas l'unanimité, mais l'on peut également y voir une certaine courtoisie publicitaire des journalistes : « Madame STORACE est l'une des rares en laquelle sont réunis les charmes du sens et du son, et qui n'a jamais manqué de plaire, que ce soit comme actrice ou comme chanteuse » (*The British Press*). L'outrecuidance du critique du *Monthly Mirror*, persuadé d'avoir influencé la décision d'Ann, n'est pas forcément de mise. On peut aussi penser qu'elle s'est décidée en toute lucidité sur son déclin vocal et en constatant la raréfaction de ses contrats.

Sa seconde création de la saison, le 3 mai 1808, n'est pas plus heureuse que la première. *The Jew of Mogadore* (Le Juif de Mogador) a du mal à convaincre. La partition, jugée banale, est de Michael Kelly. Le livret est pourtant de Richard Cumberland (1732–1811) qui s'était rendu célèbre avec un drame, *The Jew* (Le Juif), dont la qualité première avait été de peindre un portrait sympathique et sensible de son rôle-titre, Sheva. L'auteur cherche manifestement à en réitérer l'attractivité avec Nadab, pâle copie du précédent personnage. Malgré les louables intentions de l'auteur pour réhabiliter « une race honteusement persécutée par le monde chrétien » (*The European Magazine*), la presse déplore cette redite littéraire, délocalisée cette fois-ci en Arabie. Cependant la partition est appréciée, bien que l'on ait l'impression, à la lecture des comptes rendus de presse, que seul Braham porte véritablement l'opéra. Ann ne fait l'objet d'aucun commentaire détaillé, si ce n'est de la part de ses détracteurs, ce qui peut s'expliquer par le peu d'importance dramatique de son rôle :

---

[8] Edward DuBois (or Bois) (1774-1850), homme de lettres, éditeur du *Monthly Mirror*. (Fenner, 29.)

> Nous n'avons jamais entendu [Braham] autant à son avantage que dans *Giovanni* […] le duo du second acte, « O Fortune », aurait été un délice, si la voix cassée de la Signora Storace n'avait pas si fréquemment détruit la douceur de l'harmonie. […] La Signora Storace fut tout à fait outrée dans ses airs – rien ne peut être plus ridicule que de lui faire chanter les « Tyranniques Amours » avec de tels accents. (*The Monthly Mirror*)

La fin de la saison approchant à grands pas, Ann parvient encore à assurer une prise de rôle : celui de Genevieve dans *The Hunter of the Alps* (Le Chasseur des Alpes), autre opéra de Michael Kelly créé en 1804. Elle ne l'endosse que pour le bénéfice de Braham, et prend également part à un « *Harmonic Meeting* » chanté entre les deux parties de cette soirée. La période des bénéfices lui permet aussi de reprendre certains ouvrages de son cœur de répertoire. Soutenue une fois encore par Braham, elle est aussi programmée le 13 mai 1808 pour le premier des six concerts qu'il organise avec Elizabeth Billington et Giuseppe Naldi aux Willis' Rooms[9] : Ann interprète un duo de Cimarosa avec la basse, et un trio de Fioravanti où Mrs Billington se joint à eux.

Pour annoncer sa soirée à bénéfice du 30 mai 1808 qui sera sa dernière apparition sur scène, Ann fait publier le programme suivant dans la presse :

> DERNIERE SOIREE ET DERNIERE APPARITION DE LA SIGNORA STORACE
> THEATRE-ROYAL, DRURY-LANE
> CE LUNDI, 30 mai 1808, le Signor NALDI fera sa première et unique apparition en public cette saison, quand les serviteurs de Leurs Majestés, joueront, pour la dernière fois, l'opéra comique
> THE CABINET
> Prince Orlando, Mr. Braham ; Whimsiculo, Mr. Bannister ; Costantia (avec un nouvel air), Miss Lyon ; et Floretta, la Signora Storace, pour sa dernière apparition.
> A la fin du second acte, Mrs. Ashe a obligeamment proposé de chanter l'air favori de « *Sweet Echo* » tiré du masque de *Comus*, accompagnée à la flûte par Mr. Ashe – Après l'opéra, une scène de *Lionel and Clarissa*, avec l'air de « *The Hat* » par la Signora Storace. – On présentera également une Cantate italienne que le Signor Naldi, la Signora Storace, et Mr. Braham interpréteront.

---

[9] Sur ces concerts, voir Taylor 2012, 72 *sq*.

Durant la soirée, on chantera ces morceaux favoris – « *Slow broke the Light,* » (tiré de l'opéra *Kais*) Mr Braham ; « *Sad is my Breast,* » (tiré de l'opéra *Kais*) Miss Lyon ; « *Giles Scroggin's Ghost,* » Mr. Smith ; air de bravoure, Mrs. Mountain ; et les célèbres récitatif et *Ballade du Rocher*, (tirés de l'opéra *Kais*, uniquement pour cette soirée) par Mr. Braham[10] – Avec un ballet, par Mrs. Sharp, Mrs Gayton, et les élèves de Mr. D'Egville[11]. – Pour finir avec un Discours d'Adieu en Musique (écrit spécialement pour l'occasion par G. Colman) par la Signora Storace.
Avec (avec la permission des Propriétaires du Théâtre du Haymarket) la Farce
LOVE LAUGHS AT LOCKSMITHS[12]
Captain Beldare, Mr. Elliston ; Risk, Mr. Mathews ; Solomon Glob ; Mr. De Camp ; et Lydia, Mrs. Mathews. (*The British Press*, 30 mai 1808)[13]

Un *puff* additionnel aiguise encore l'intérêt du public : « Madame STORACE fait ses adieux publics ce soir. On dit que toute la *Fashion* de Londres se rendra au théâtre faire ses délices pour la dernière fois de l'interprétation sans égale de cette actrice favorite qui, à la fleur de son âge, renonce à la célébrité et à la richesse au profit d'une élégante retraite et de la société de ses proches » (*The British Press*). L'abondance est pourtant assurée à la future retraitée : un poème de Filipo Pananti déplorant les diverses misères des librettistes d'opéra s'en fera même l'écho, l'associant à la même réussite matérielle que celle de Billington, Catalani, Manzuoli et Grassini…

Le texte de Colman avec lequel Ann fait ses adieux nous est parvenu[14]. L'artiste y exprime ses regrets en quittant son public (« Oh ! Non, la

---

[10] Avec également, selon l'annonce publiée par *The Times*, « "*Whither my love*" par la Signora Storace ».
[11] Selon *The Times*, « Avant la Farce, on dansera un ballet entièrement nouveau° ».
[12] Ce « *comic opera* », composé par Michael Kelly sur un texte de George Colman, avait été créé au Little Theatre in the Haymarket en 1803. Cette adaptation d'*Une folie* de Jean-Nicolas Bouilly ne comporte qu'un rôle féminin que Storace n'interpréta pas. G. Brace fait erreur en lui attribuant un rôle dans cet ouvrage (112). Kelly se trompe également en se souvenant qu'Ann acheva sa carrière en chantant Margaretta dans *No Song, No Supper* (II, 239.)
[13] Le périodique *The Cabinet* précise que Vigil est joué par Mr. Chapman (de Covent Garden) et Totterton par Mr. Penley.
[14] *The European Magazine and London Review*, LIII, June 1808, 458.

détresse de ces instants, / Est plus que la Musique ne saurait exprimer »), ainsi que sa gratitude pour « le doux repos de [s]a retraite », tout en énumérant ses rôles emblématiques : « Du *Siège de Belgrade*, je sonne ma retraite, / D'autres *Lilla* poursuivront le combat ; / *Adela* cède à une autre puissance / *Les Tours Hantées* nuitamment au Vieux Drury ; / *Floretta* – dont le zèle fut extrême / Ne viendra plus jamais en ce *Cabinet* ; / Désormais, plus de *Chansons*, en apportant le *Souper*, / De votre première *Margaretta* vous n'aurez ». Ce texte versifié s'achève avec « Protecteurs aimés, en cette nuit, nous nous séparons, / Adieu ! – soyez bénis à jamais ! ».

La dernière sortie de scène d'Ann ne manque pas de pathos : sous le coup de l'émotion, elle défaille et doit être portée en coulisse. Les opinions sont partagées sur cette sortie flamboyante comparée à un « chant du cygne » (*The Cabinet*). Si certains lui accordent poliment le bénéfice du doute, d'autres ironisent sur un jeu de scène qu'ils attribuent à une « frilosité[15] » histrionique.

> De nombreux spectateurs, pensant qu'elle continuait de jouer, accordèrent plus de crédit à son talent dramatique qu'à ses véritables sentiments. (*The Portfolio*)

> La Signora Storace délivra cet *adieu** musical […] avec énormément d'émotion. En chantant le premier vers, elle paraissait tellement envahie par ses sentiments qu'elle semblait réellement pleurer ; mais l'illusion de ces larmes fut détruite, quand, dans le vers suivant, elle eut l'occasion de dire
> *Je n'ai pas étudié l'art de ces larmes,*
> Si elle n'avait rien dit, nous aurions pu être trompés, mais l'assertion se trahit elle-même […] Cependant, c'est faire compliment au jeu d'actrice de la Signora que d'avoir d'abord cru que ses larmes étaient vraies. La principale infortune qu'elle récolta de la maladroite invention que nous blâmons, c'est, qu'à la fin de son discours, quand elle fut portée évanouie hors de scène par Mr Bannister et Mr Braham, le soupçon se faufila dans l'esprit d'une partie du public que cet évanouissement était aussi soigneusement étudié que les larmes l'avaient été. Par conséquent, on débattit grandement pour savoir si cet étourdissement était un évanouissement (*faint*) ou une feinte (*feint*) : et beaucoup furent incapables de décider si la Signora avait

---

[15] Terme péjoratif utilisé pour un acteur qui veut « tirer la couverture » à lui comme s'il avait froid, en attirant l'attention sur lui plutôt que sur ses partenaires.

été *fort affectée* ou simplement *très affectée*. Si ces *sentiments* n'étaient pas le résultat de ses *sentiments* mais simplement de son jeu, alors la Signora Storace a indubitablement tenu absolument son personnage d'actrice jusqu'au dernier instant, et mérite d'être saluée pour adhérer si totalement à l'excellente règle *Qualis ab incepto* [Tel qu'au début] – mais nous avons tendance à penser que les sentiments qui l'agitaient lors de ses adieux à la scène, ajoutés à la chaleur d'une salle bondée et les fatigues déployées lors de la soirée, l'ont tellement submergée qu'elle a été incapable de se soutenir. Elle s'est retirée sous les applaudissements unanimes d'un public nombreux. (*The Sunday National Register*)

Cette soirée à Drury Lane ne sera pourtant pas sa dernière apparition. Après deux concerts à Bath en juin, Ann y fera ses ultimes adieux professionnels durant la période de Noël, avec trois derniers concerts[16] ; une façon délicate de remercier Venanzio Rauzzini, qui avait guidé ses premiers pas en scène en 1776…

---

[16] L'annonce du *Messiah* apparaît dans *The Bath Chronicle and Weekly Gazette* et un compte rendu du concert au York-house Catch-Club dans *Jackson's Oxford Journal*. Pour le concert du 28 décembre, voir Rice 2015, 348-349.

XXVIII

1808-1816
Une retraite dorée

Dans son « élégante retraite », la vie privée d'Ann se transforme inévitablement. N'ayant plus à être présente trois à quatre fois par semaine sur les planches, elle prend possession en 1809 d'une nouvelle propriété à Herne Hill. Elle louait depuis quelques années un « *cottage* » dans le sud-ouest de Londres, à Norwood, non loin de Dulwich, dans le bas de Knight's Hill, bénéficiant d'un beau panorama grâce à la proximité de terrains communaux (*commons*) inconstructibles. Sa résidence ne devait pas être très loin de la villa appartenant à Lord Thurlow, le Lord Chancelier[1]... Ce village était devenu un lieu prisé par les londoniens huppés qui appréciaient son calme bucolique, la vue dégagée vers la capitale et la verdure environnante. La présence d'Ann y est attestée entre 1806 et 1808 par les registres d'imposition foncière[2]. Cette retraite champêtre est abandonnée durant l'été 1808, comme le prouve l'annonce passée en juillet dans la presse :

> *Cottage* tranquille à la campagne, Norwood […] CHAUMIERE rustique prisée, avec des annexes domestiques lui prêtant un agrément et un confort égaux à un bâtiment plus coûteux, situé sur la déclivité d'une éminence dans le magnifique village de Norwood. Bien qu'à l'écart, elle allie toutes les facilités de sa proximité avec la capitale, et associe les rudes environs du paysage avec l'alternance variée d'objets changeants. Résidence et propriété de Madame Storace. Jouissance d'un droit important sur les terrains communaux, et dont l'échéance et le bail sont compatibles avec le souhait le plus soucieux d'une longue possession […]. (*The Times*)

---

[1] Coulter, 20-27.
[2] Information généreusement communiquée par Dr. John Brunton, archiviste de la Herne Hill Society. – Voir également Coulter, 33 et 56. (Un plan de Knight's Hill datant de 1806 est reproduit en 26.)

Ann avait acquis le bail de la demeure ainsi que ses meubles ; ils sont déménagés dans sa nouvelle résidence qui se trouve à environ deux kilomètres au nord de Norwood, sur la colline de Herne Hill, près de Camberwell (Surrey). Durant l'année 1808, elle fait aménager cette villa par John Soane. En l'absence de documents ou de dessins portant sur ce chantier dans les archives de l'architecte, aucune information ne subsiste sur ces embellissements[3]. Il faut donc se contenter d'une petite annonce ultérieure, pour avoir une idée de la propriété dans laquelle Ann va passer une bonne partie des années qui lui restent à vivre :

> Parc élégant, serre chaude et serre, potager, et prairie clôturée, le tout comprenant 6 acres [2, 42 hectares], magnifiquement situés sur une colline douce et agréablement en retrait de la route, avec un chemin privé ; le domaine est loué à bail pour une échéance non échue de 66 ans, soumise à une taxe d'habitation modérée. (*The Times*, mai 1818)

Malgré son appellation, « Herne Hill Cottage » n'a rien d'une « chaumière » et la propriété n'est pas si modeste ! La demeure proprement dite semble vaste, et son balcon (ou terrasse) suffisamment spacieux pour qu'un petit orchestre de chambre y trouve place. Un inventaire de 1816 énumère les pièces suivantes : grenier, pièce mitoyenne, chambre des serviteurs, grenier arrière, chambre d'ami, cabinet adjacent, chambre de Madame Storace, deux cabinets adjacents, chambre de devant, petit salon, bibliothèque, salle à manger, salle de petit déjeuner, hall, salon, buanderie, office, laiterie[4]. Les cuisines se trouvent souvent dans un bâtiment séparé, de peur des incendies… Le bâtiment, qui s'élevait au 32 Herne Hill, a été probablement démoli dans les années 1930[5].

---

[3] Ptolemy, 179.
[4] SJSM, *Private Correspondence*, IV. 6. 2.19. (27 février 1816)
[5] La demeure se situait à l'emplacement actuel du 5 Dorchester Drive. L'entrée de la propriété se faisait par un chemin entre l'actuel n°32 Herne Hill et n°34 « *The Quadrangle* ». La propriété s'appela successivement « *Herne Hill Cottage* », puis « *Herne Hill Lodge* » (visible sur un plan de 1864), puis « *The Lodge* ». Sa localisation est attestée par le relevé des *Lambeth Poor Rate* de 1815, impôt prélevé pour les pauvres sur les propriétaires fonciers. (Ces renseignements ont été très aimablement communiqués par le Dr. John Brunton, archiviste de la *Herne Hill Society*.) Le 18 Herne Hill, dont des photographies subsistent, n'est donc pas l'ancienne demeure d'Ann Storace, comme l'affirme G. Brace (138-139).

Herne Hill, c'est alors encore la campagne. Le poète et critique d'art John Ruskin (1819-1900), dont les parents s'établissent justement sur l'ancienne propriété d'Ann dans les années 1820[6], décrit avec enthousiasme les bois et les prés de son enfance dans ses *Praeterita*[7]. Cette paix rurale si près de la capitale est prisée, comme en témoigne un poème repris dans diverses anthologies, lequel mentionne le « manoir de Madame Storace »[8]. Un voyageur français, faisant son tour d'Angleterre, note que « *les rives* [de la Tamise] *sont belles de leur verdure rase et veloutée, et de leurs ombrages.* [...] *Il y a sur la rive du nord un joli petit réduit, qui appartient à la femme du grand chanteur Braham (la signora Storace)*[9] ».

Le couple réside alternativement à Londres[10] et à Herne Hill Cottage. Geoffrey Brace, qui a consulté les carnets de John Braham pour les années 1810, 1812 et 1813, affirme que le ténor n'est présent à Herne Hill que deux ou trois jours par mois. Sa carrière florissante l'oblige à rester dans la capitale, mais il est également très demandé en province[11]. Ses nombreux déplacements ont probablement contribué à l'éloignement progressif du couple, malgré l'assertion de Lord Byron qui témoignait que leur liaison était la « seule de ce type connue pour durer[12] ».

Eloignée de la scène, les activités d'Ann deviennent plus difficiles à suivre, car la presse ne relate plus qu'épisodiquement ses allées-et-venues. Elle n'y est souvent mentionnée qu'en tant que compagne d'un Braham dont l'activité professionnelle est plus importante que jamais. Ces quelques traces journalistiques, ainsi que les mentions de

---

[6] « Dans les années 1820, John Ruskin père construisit une maison sur les larges terrains du cottage. Elle fut démolie par la suite pour laisser place aux 26 et 28 Herne Hill. » (*Herne Hill Personalities*, published by the Herne Hill Society, 2006.) (Renseignements très aimablement communiqués par Dr. John Brunton, archiviste de la Herne Hill Society.)
[7] Brace, 113.
[8] James Smith, *Milk and Honey, or The Land of Promise... Letter I*, « Sir Balaam Barrow to Mr. Jeremiah Dawson.* » dans Smith 1840, I, 115.
[9] Simond, II, 362-363.
[10] En avril 1810, l'adresse londonienne de Braham est le 16 Caroline Street, Bedford Square ; en novembre 1812, le 22 Great Marlborough Street (Highfill Burnim Langhans, II, 296) et en 1814, le 3 Tavistock Square.
[11] Brace, 139.
[12] « *Memoir of John Braham* », *Oxberry's Dramatic Biography...*

ses contemporains et de rares lettres de l'intéressée ne nous renseignent qu'en pointillé sur ses occupations.

La dernière apparition d'Ann à Bath en tant que professionnelle s'accompagne d'un fait divers qui illustre le mode de vie nomade du couple. Le valet d'un gentleman victime d'un voleur de grand chemin croit reconnaître dans le malfaiteur un cocher qui avait autrefois partagé son propre domicile ; il apprend que ce cocher est alors employé par Braham. On fait part de ce soupçon au ténor, tout juste revenu de Bath en ce début janvier 1809. Il en est légitimement alarmé, car il vient de confier son « *chariot* » tout neuf et rempli de bagages à ce même cocher, pour lui faire regagner Londres. Parti le samedi, son serviteur aurait dû arriver dans la capitale le lundi après-midi. Son retard fait donc craindre qu'il ait utilisé l'un des chevaux de Braham pour commettre son attaque à main armée. On arrête finalement un homme, mais ce n'est pas l'individu suspecté… Cela ne rassure en rien Braham sur le sort de ses biens. Son domestique finira par arriver à bon port le mercredi, expliquant qu'il n'avait pas pu cheminer plus vite, étant donné l'état des routes !

Le 21 septembre 1808, un incendie ravage le Theatre Royal, Covent Garden. Puis Drury Lane, à son tour, est victime d'un sinistre : le 24 février 1809, le bâtiment brûle de fond en comble. C'est une catastrophe financière pour Sheridan, écarté de la direction de Drury Lane reconstruit, et qui décède le 7 juillet 1816, ruiné, dans une demeure vidée par les huissiers. C'est également une source d'angoisse pour le personnel, mais surtout un crève-cœur pour Ann : outre les souvenirs attachés à la salle, les parties d'orchestre des opéras de son frère s'y trouvaient conservées. Des copies, actuellement perdues, devaient être en circulation, puisque certains opéras de Stephen Storace se donneront encore jusque dans les années 1830, notamment aux Etats-Unis d'Amérique[13].

Comme si tous les liens avec le passé devaient s'effilocher, Ann a la douleur de perdre son vieux mentor : Venanzio Rauzzini meurt le 8 avril 1810 à Bath. Braham assiste à ses obsèques. Ann se joint à lui pour faire ériger une plaque commémorative pour celui qui a contribué à les unir. Cette plaque de marbre est toujours visible dans un coin de l'abbaye de Bath, et on peut y lire qu'elle a été « érigée /

---

[13] Girdham 1997, 71.

Par ses élèves affectionnés / Anna Selina Storace et John Braham / Poussés par leur amitié / et leur respectueuse gratitude pour son mérite professionnel / et ses Sentiments généreux ». En 1824, le souvenir des soirées musicales du castrat sera encore vivace :

> [...] en fin de journée, [Braham] se joignait aux concerts durant les réceptions de Rauzzini, où étaient assemblés la célèbre Madame Mara, la Signora Storace, &c. Les soirs d'été, avec les fenêtres ouvertes de la maison de Rauzzini, au-delà de Beechin Cliff [Beechen Cliff], on pouvait les entendre tous chanter, pour le délice des passants. (*The Morning Post*, décembre 1824)

Malgré sa retraite, les liens d'Ann avec le monde musical ne se sont pas distendus. Elle y reste très étroitement associée, comme ses relations avec George Thomas Smart, Douglas Kinnaird ou John Pritt Harley permettent de l'affirmer.

G. T. Smart, pianiste et chef d'orchestre (selon notre conception actuelle), participait aux séries de concert lancés par Braham, Naldi et Mrs Billington. Il n'a pas qu'un rôle purement musical dans cette société de concert cofondée par Braham, et dont une série à souscription se tient les 10, 17, 21 et 28 mai, 1er et 6 juin 1810 aux Willis's Rooms. Dans une lettre datée du 9 avril, Ann lui fait part qu'« étant désignée d'une manière générale Secrétaire principale, l'on me charge de vous dire que nous pensons tous deux que la double Souscription devrait être de 9 guinées, et qu'on doit annoncer ainsi que – deux Souscriptions pour une famille, 9 g. [...] et une seule souscription, évidemment, 5 g. – l'orchestre peut-il être aussi réduit que possible[14] ». Mais, en 1813, Ann va porter l'implication plus loin. Cette année-là, G. T. Smart participe à la fondation de la Philharmonic Society. Cette société de concert, soutenue par le prince de Galles, programme principalement des pièces instrumentales, mais ne dédaigne pas d'insérer divers ensembles vocaux et airs lors de ses soirées. Le 14 juin 1813, le septième concert de la société réserve une surprise de choix. Ann s'y produit dans un trio de Cimarosa, « *O dolce, o caro istante* » (*Gli Orazi ed i Curiazi*), avec Braham et Mrs Ashe, une ancienne élève de Rauzzini, au grand plaisir du public :

---

[14] Catalogue Otto Haas, 2006, Lot 109. <http://www.musik-druener.de/OH41_PartI,SectionB.html> (Consulté le 10 août 2014).

> L'apparition de Madame Storace dans cet orchestre fut accueillie avec les applaudissements les plus chaleureux, et bien qu'elle ait entièrement abandonné la vie publique et qu'elle se produise dorénavant en tant qu'amateur, sa voix n'est en aucune manière détériorée, et son goût admirable n'a pas souffert de la moindre diminution. (*The Morning Chronicle*)

Une autre missive, également adressée à Smart, laisse également entendre que Braham délègue à sa compagne certaines négociations professionnelles. Comme le veut l'usage, Braham, en tant que professeur de la mezzo-soprano Frances Corri (1795/1801-v. 1835), nièce de Domenico Corri, va toucher son pourcentage sur le salaire de son élève. Ann stipule donc que « Braham souhaite que je vous dise que si vous donnez 5 guinées par soirée à Miss Corri, il la laissera chanter pour l'Oratorio ». Elle recommande également une basse à Smart, « une excellemment bonne, avec une voix puissante », pour le chœur. Ce billet est envoyé depuis le 22 Great Marlborough Street, leur adresse londonienne depuis novembre 1812[15].

Par ailleurs, Ann n'hésite pas à faire part de son expérience théâtrale avec une grande générosité, recommandant par exemple l'acteur Junius Brutus Booth (1796-1852) au comité de Drury Lane en 1812[16]. Hélas, le temps qu'ils délibèrent à ce sujet, le jeune homme est engagé par Covent Garden ! Il est vrai qu'Ann possède quelques parts de Drury Lane, ce qui peut donner un poids accru à ses avis. Il semblerait que le bénéficiaire de ses bons offices ait été ingrat, si l'on en croit certaines allusions cryptiques écrites par Ann à son jeune ami, le chanteur et acteur John Pritt Harley[17], en août 1816. Comme Harley, Booth était alors engagé au théâtre de Worthing. Il jouait le rôle-titre du *Bertran* de Charles Robin Maturin.

> J'espère que le <u>jeune Bertran</u> ne sera pas parti avant que j'atteigne Worthing – car je souhaite beaucoup le voir – Le rejeton d'un <u>tel</u> Parent doit toujours intéresser <u>ceux</u> qui admirent ce Parent – Et bien

---

[15] Lettre non datée. (Sotheby's London, 21 mai 1998, *Fine Music and Continental Manuscripts*, Lot 369.)

[16] Archer, 290, note 18. La lettre de Douglas Kinnaird à Booth est reproduite dans Booth Clarke, 37-38.

[17] John Pritt Harley (1786-1858), comédien et contre-ténor anglais. Il fit ses débuts à Drury Lane en septembre 1815. A la retraite de John Bannister, il y reprit ses rôles et devint un ami intime de ce dernier. Il fut très apprécié pour ses talents comiques.

qu'il ait cessé de se souvenir, je ne cesserai pas d'admirer… Bertran […] Vous voyez – Je tâche de rendre le Bien pour le Mal[18]

Dans la même lettre, Ann Storace mentionne à son correspondant qu'elle l'a recommandé à Douglas Kinnaird[19] (qui fait partie du nouveau comité directeur de Drury Lane), pour un rôle autrefois endossé par Jack Bannister dans *The Doctor and the Apothecary* de Stephen Storace. Kinnaird était également un ami d'Ann – mais pas assez intime pour être impliqué dans ses embarras d'ordre privé[20].

Ann continue de se rendre régulièrement au théâtre. On sait qu'elle est présente aux débuts de Miss Feron[21] en Floretta à Covent Garden en octobre 1811[22], ainsi qu'à une représentation de *Remorse* du poète Samuel Taylor Coleridge, dont la musique est composée par Michael Kelly ; cela ne lui plait guère puisqu'elle quitte la salle[23] ! Peut-être fait-elle partie du public qui assiste aux premières représentations intégrales des *Nozze di Figaro*, en juin 1812. Angelica Catalani, qui chante Susanna, n'est pas à son meilleur dans un rôle qui requiert des dons d'actrice qui lui font notoirement défaut et où elle ne peut se livrer aux ornementations qui assurent sa réputation[24]. Aucune trace ne demeure de ce que son aînée put éventuellement penser de cette prise de rôle. Ann s'est peut-être également déplacée aux représentations de *Così fan Tutte*, en mai 1811 et de *La Clemenza di Tito*, en mars 1812. La vogue mozartienne est désormais bien installée à Londres ; ce ne sont plus les occasions qui lui manquent d'entendre certaines pièces, tant instrumentales que vocales, composées par son ami viennois.

---

[18] Lettre à J. P. Harley, 18 août 1816. (Paris, Bibliothèque nationale de France, Richelieu-Musique, Rés. LA-STORACE ANNA CELINA-1)

[19] Douglas James William Kinnaird (1788-1830), écrivain et homme politique. Lié au monde théâtral (il fut l'amant de l'actrice Maria Keppel) aussi bien que littéraire et journalistique (il fut un proche de Byron), il devint l'un des membres du comité directeur du théâtre de Drury Lane en mai 1815. Sa plus grande action d'éclat fut de convaincre Booth (alors à Covent Garden) de jouer Iago face à l'Otello de son rival Kean en février 1817.

[20] Comme Ann le précise elle-même dans une lettre à John Soane, le 6 février 1816. (SJSM, *Private Correspondence*, XIV. H. 17.)

[21] Miss Feron, également connue comme Madame Fearon ou Mrs Glossop (Fenner, 674.)

[22] *The Kentish Gazette* mentionne sa présence dans la salle.

[23] Brace, 115. – *Remorse* a été créé en janvier 1813 à Drury Lane.

[24] La création londonienne se tint le 18 juin 1812, au King's Theatre, à l'occasion d'une représentation à bénéfice pour le Scots Hospital.

Au-delà de leur cercle professionnel, les portes continuent de s'ouvrir aisément devant le couple Braham-Storace dont la liaison officielle est auréolée d'une respectabilité manifeste. Certes, leurs fréquentations n'appartiennent pas forcément au « premier cercle », car leur statut de « saltimbanques » leur interdit une certaine sociabilité : si, dans certaines occasions, un gentleman du *Ton* peut frayer avec des acteurs, jamais une femme du monde ne les admettra dans son intimité. S'ils sont conviés dans les sphères mondaines, c'est souvent en tant qu'interprètes rémunérés, dans une relation d'infériorité marquée par une limite infranchissable. Hormis le duc de Sussex, un prince du sang qui fait partie de leur entourage amical, leur entourage comprend plutôt des personnalités en rupture de ban comme la Margravine d'Anspach[25], Lady Hamilton, M. G. Lewis, l'auteur du *Moine*, ou Lord Byron, de grands mécènes comme les Goldsmid et de grands bourgeois appartenant aux professions libérales, comme le sont John Soane ou Prince Hoare – qui est depuis 1799 le correspondant pour l'étranger de la Royal Academy of Arts. John Waldie a décrit en détail l'une de ces soirées, qui se tient le 2 juin 1809 chez Mr. et Mrs. R. Wilson :

> Un grand Raout – 3 pièces ouvertes et pleines de monde. Une moitié resta à souper lequel se tint à 6 ou 7 tables rondes dans la salle à manger du bas. C'était réellement délicieux – je restai jusqu'à la fin. Une telle compagnie – un tel art du chant – de telles improvisations – de telles imitations ! Je ne l'oublierai jamais. J'arrivai avant que la musique ne débute… […] Storace & Lanza chantèrent un duo […] Mrs Billington & Lady Hamilton un duo […] Je peux à peine me rappeler tous les charmes de ce concert impromptu – à la fin duquel la moitié était partis – mais presque toutes les personnalités publiques – & tous les gens de rang & de talent – restèrent souper […][26].

Une anecdote significative montre bien quel est le statut social de la cantatrice. La présence d'Ann et de Lady Hamilton est signalée lors du

---

[25] Elizabeth, Lady Craven, née Berkeley, puis Margravine d'Anspach (1750-1828). Encore mariée à Lord Craven, sa vie dissolue la força à quitter l'Angleterre. Devenue la maitresse de Christian Frédéric, margrave de Brandenburg-Ansbach-Bayreuth, elle l'épousa en 1791. Revenue vivre en Angleterre, elle ne fut jamais admise à la Cour mais n'en mena pas moins une vie mondaine active.

[26] Burwick, Waldie, *Journal 19*.

banquet donné pour l'intronisation du Lord Maire de Londres, à Guildhall le 9 novembre 1811, ce qui choque profondément Mrs Dollond, l'épouse d'un célèbre opticien, qui relate son indignation dans son journal :

> Il y avait plus de femmes du monde que d'habitude ; en général, ce fut magnifique et bien conduit. Il y eut uniquement un menuet et pas de *country dances*. Nous partîmes à onze heures. Je fus désolée de voir que Lady Hamilton et Signor (*sic*) Storace étaient là. Des femmes de cette réputation-là ne devraient pas y être introduites pour éblouir les épouses et les filles des bons citoyens[27].

Ann figure parmi les hôtes de diverses occasions festives, mondaines ou plus intimes. Ainsi, durant l'été 1809, à Margate, elle retrouve Eliza Soane lors de quatre « *Music Meetings* »[28]. Elle est également présente pour l'installation de Lord Grenville comme chancelier de l'Université d'Oxford le 3 juillet 1810. A la fin du même mois, le 23, elle est signalée, ainsi que Braham, Thomas Dibdin et son épouse, au *New Ship Tavern* de Brighton ; le lendemain, les Dibdin continuent leur périple le long des rivages anglais, tandis que Braham et Ann vont rendre visite à G. Goldsmid, dont la famille sera bientôt touchée, le 28 septembre 1810, par le suicide d'Abraham, le banquier qui venait d'apprendre son imminente faillite. En juillet 1812, Ann et Braham interprètent des quatuors vocaux avec le duc de Sussex et Elizabeth Billington, lors d'une fête « vénitienne » offerte par la comtesse de Buckinghamshire aux ducs de Berry et de Bourbon[29]. Ils rechanteront ensemble à l'occasion de la « *Fete champetre** » de Mrs John Lambert dans sa villa de Frognol en juillet 1815. En 1813, conviée à l'anniversaire de sa « pupille » Horatia (en fait, la fille adultérine qu'elle a eue de Nelson), Ann rend visite à Lady Hamilton[30]. La belle Emma se trouve alors en prison pour dettes. Elle déplorait d'ailleurs, dans une lettre du 30 octobre 1813, que « Storace nous a rendu visite aujourd'hui pour la première fois[31] »... En juillet 1814, criblée de dettes, elle quittera

---

[27] Cité dans Hardwick, 257.
[28] Darley, 192.
[29] Durant la fête, la Margravine d'Anspach prit la tête d'une parade de 25 personnes, habillées en costumes chinois, dont certains étaient « effectivement portés à la cour de Pékin » (*The Kentish Gazette*).
[30] Peakman, 156.
[31] Fraser, 344-345.

définitivement l'Angleterre pour fuir ses créanciers, et mourra en janvier 1815 à Calais, dans un grand dénuement.

Parmi les festivités qui font l'objet de la plus grande couverture de presse, tant pour la qualité de la réception que pour celle des invités, figurent les « *déjeuners* » lancés par le couple Storace-Braham dans son domaine de Herne Hill. Certains entrefilets donnent une idée de ces réceptions somptueuses : bal, festin et concerts sont à l'ordre du jour. Ces fêtes si appréciées seront pourtant critiquées avec sévérité dans l'une des nécrologies bien pensantes d'Ann, blâmant cette mixité sociale : « Certains grands noms et beaucoup de libertins rendaient visite à [Storace] ; elle donnait une *fête** annuelle, où l'amour du plaisir attirait certains, et la folie de la mode les autres » (*The Literary Gazette*).

> Le *dejeuné** […] était un divertissement magnifique et délicieux. Son Altesse Royale le duc de SUSSEX et une centaine de personnes distinguées, ainsi que des interprètes de la première célébrité y assistaient. La compagnie commença à s'assembler peu après deux heures, quand on commença à danser sur la pelouse. L'orchestre de Vauxhall des Pandean Minstrels[32], qui se tenait sur le balcon de la maison, joua une série d'airs enlevés. A cinq heures, la compagnie s'assit devant un repas froid somptueux, dans plusieurs pièces, et sous une *marquée** [tente] installée sur la pelouse. Après les toasts, les habituels *huzzas* [acclamations] furent donnés dans un style nouveau, c'est-à-dire, mis en musique par Mr BRAHAM qui fut très amusant et qui fut hautement applaudi, particulièrement par le duc de SUSSEX. […] Le *Glee* célèbre de SMART, « *The Butterfly's Ball* » fut chanté d'une manière délicieuse par Mrs BILLINGTON, Mrs ASHE et Madame STORACE. (*The British Press,* juin 1810)

> Mr et Mrs STORACE BRAHAM donnèrent un très somptueux et élégant *Dejeune** dans leur belle retraite de Herne Hill Cottage mercredi dernier. La journée était de bon augure pour cette *fête** rurale et ce fut un délicieux divertissement. – Environ deux cent ladies et gentlemen, parmi lesquels se trouvaient des personnes du premier rang, prirent place devant une collation froide vers les cinq heures de l'après midi, qui se conclut par des *glees*, dans lesquels Mrs BILLINGTON, Madame STORACE, Mrs ASHE, Miss HUGHES, Mr. BRAHAM, Mr. ROVEDINO jun. et d'autres éminents artistes déployèrent leurs beaux talents. Des *country dances* se déroulèrent sur la pelouse, et quand le soir tomba, on donna un véritable et savant

---

[32] A l'origine, il s'agissait d'un ensemble de cinq jeunes Italiens qui jouaient de la flûte de Pan, accompagnées de sistres, tambourins et timbales.

> concert au cours duquel, en addition aux talents cités ci-dessus, Miss GOLDSMITH, Mr. SALOMON, Mr. RICE, &c. déployèrent leurs talents peu communs d'instrumentistes. Tout le divertissement fusa avec un effet grisant, et il fut renforcé par la brillance du feu d'artifice qui illumina le ciel dans toutes les directions, et qui fut observé avec beaucoup d'avantage depuis cette délicieuse élévation. (*The Morning Chronicle*, juillet 1813)[33]

L'ancienne cantatrice accompagne parfois Braham dans ses divers engagements : ainsi, en septembre 1810, Ann fait partie des invités du duc de Norfolk dans son domaine de Hom Lacy, avec le ténor qui vient de chanter au festival de Herreford. De même, Waldie la rencontre en septembre 1814 à Chester, en compagnie d'Angelica Catalani, de son époux Paul de Valabrègue et de Braham[34]. D'autres déplacements, notés dans les carnets que tient Braham, attestent que sa vie officiellement oisive ne tarit pas son envie de changement et de voyages. Par exemple, en octobre et novembre 1815, Ann fait un périple Londres, Halifax, Hendel (*sic*), Whitehaven et Edimbourg[35]. Sans compter ses déplacements estivaux dans les stations balnéaires.

Ann pouvait espérer couler des jours tranquilles et récolter les fruits de ses précédents labeurs, trouvant à s'employer en marge du milieu professionnel qui avait été toute sa vie, sans négliger sa place dans la société élégante, partageant certains de ses rituels et fréquentant les mêmes lieux. L'hydropisie qui semble l'avoir fait souffrir durant ses dernières années[36] ne paraissait pas lui causer d'alarmes particulières. Elle pouvait également assurer à sa vieille mère une fin de vie paisible et voir grandir son fils Spencer pour lequel elle semblait projeter une carrière ecclésiastique ; l'adolescent poursuivait ses études au prestigieux Winchester College[37]. On ignore tout de son enfance.

---

[33] Cette occasion fait l'objet d'une entrée détaillée dans le journal de John Waldie (Burwick, Waldie, *Journal 28*).

[34] Burwick, Waldie, *Journal 31*.

[35] Comptabilité de dépenses établies par Ann Storace. (SJSM, *Private Correspondence*, pièce XIV.H.16, jointe dans une lettre d'Ann Storace à John Soane du 3 février 1816.)

[36] Cette maladie est mentionnée dans la nécrologie (très négative) de *The Literary Gazette*.

[37] Spencer fut admis à Winchester College entre 1815 et 1817. (Lynex, *Final Report*, 4)

Ces espoirs raisonnables s'évanouirent fin décembre 1815, lorsque Braham s'enfuit subitement avec une femme mariée.

XXIX
1815-1816
Querelles de Famille

Le 1ᵉʳ janvier 1809, alors qu'Ann se préparait à emménager à Herne Hill Cottage, une certaine Sophia, veuve Specht, épouse le « *purser*[1] » Henry Wright, à St. George the Martyr, dans la paroisse de Queen-square[2]. Cet heureux évènement aura des suites désastreuses pour Ann Storace. On ignore presque tout de la mariée, ses origines, son patronyme, son âge exact (elle a environ trente ans lors de ce second mariage), mais l'on sait que la nouvelle épousée avait apporté les trois enfants de son premier lit dans la corbeille de noces[3]. Si l'on en croit certains témoins, le couple semble heureux, et la jeune femme ne manque de rien durant les fréquentes absences en mer de son mari. Cette union apparemment idyllique sera souillée par le scandale d'un procès pour adultère en 1816, avec John Braham dans le rôle de l'amant…

On ne conserve pas trace de l'origine du premier contact entre les Wright et les Storace-Braham, même si de nombreux détails de leur relation sont connus. Une dénommée Maria Walthew, intime des Wright depuis 1809, témoignera que Braham (et donc Ann ?) a fait la connaissance de Mrs Wright (et de son mari ?) en 1812. Cette femme

---

[1] Wright était « *purser of an Indianman* », c'est-à-dire, commissaire chargé des comptes et de l'approvisionnement sur un des navires de l'*East India Company* (Compagnie [britannique] des Indes orientales).
[2] London Metropolitan Archives, *Saint George The Martyr, Queen Square, Register of marriages*. – L'épousée est parfois appelée Sophie et son patronyme est souvent orthographié « Speck » par la presse.
[3] Tous les éléments sur la vie des Wright proviennent des témoignages notés dans les brochures publiées à la suite du procès en *crim. con.* et dans les comptes rendus qui en sont fait par la presse.

d'environ 35 ans en 1816 a-t-elle été le lien entre les deux couples[4] ? Par la suite, Maria Walthew semble s'être trouvée sur un pied de grande intimité avec Ann, comme amie ou dame de compagnie... Les Wright, qui demeurent au 33 Lamb's Conduit Street entre juin 1814 et le début de l'année 1815, et par la suite, à New Street, près du Foundling Hospital, reçoivent souvent le couple de chanteurs.

Ces rencontres amicales se multiplient et la relation prend un tour plus familier : Ann et Braham passent souvent la nuit chez les Wright, où « ils partag[ent] le même lit, comme mari et femme » durant l'été 1814, alors que leur maison de Tavistock Square fait sans doute l'objet de travaux, suite à des projets d'agrandissements[5]. Sophia fait de longues visites à Herne Hill, ce qui prête à commérage : Mary Clarke, une de ses domestiques, se rappellera fort bien qu'un samedi soir, « alors que Mr. Wright était chez lui, vers onze heures, [Mrs Wright] partit avec Braham dans sa voiture pour Herne-Hill [...] elle ne revint pas cette nuit-là ; elle ne revint pas avant le lundi [...] Elle partit accompagnée uniquement de Mr. Braham[6] »... La relation entre Braham et les Wright se fait plus intime... Le ténor prend l'habitude de coucher chez ses amis : une chambre lui est même réservée, située au même étage que celle de son hôtesse. Sa chambre et celle où dort Braham sont séparées par une porte de communication qui demeure fermée, comme l'assure vertueusement Mary Clarke. Mais la présence de l'invité paraît moins scandaleuse qu'on veut bien le sous-entendre : Ann n'y dort-elle pas de temps à autre ? Et Wright n'a-t-il pas l'habitude d'aller se coucher vers dix heures, laissant sa femme et son ami discourir durant des heures ? Cette amitié ne s'arrête pas là : Braham prête de l'argent à Wright pour payer son loyer, quand il doit repartir en mer en avril 1815. Le ténor pousse même l'amabilité jusqu'à apporter l'argent lui-même au propriétaire... Ils sont assez

---

[4] On peut également s'interroger sur la présence sur les registres des *London Tax Records* pour 1806 et 1808 d'un certain « *Jno* » [John] Wright. Ce voisin des Storace serait-il un parent d'Henry Wright ? En 1787, « *Jno. Wright* », voisin d'un « *Henry Wright* », habitait Howland Street, non loin des Storace, puis disparaît des registres jusqu'en 1791 et en 1794. En 1806 et 1808, un « *Jno Wright* » (est-ce le même ?) est également recensé parmi les habitants de Great Russell Street où les deux chanteurs résident désormais.

[5] La correspondance entre John Soane, chargé des aménagements, Ann Storace et John Braham est conservée dans les archives de l'architect. (SJSM, *Private Correspondence*, IV.6.2.)

[6] *The Trial for Crim. Con. Wright versus Braham...*, 10-11.

intimes pour que l'un des jumeaux Wright, nés le 16 février 1815, soit prénommé Harry Braham[7]... Malgré toutes ces preuves d'amitié, à son retour en mai ou juin 1816, Wright découvre que son épouse est enceinte et réside sous le toit de Braham.

L'aveuglement ou la complaisance du mari bafoué ne datent pas d'hier. Il semblerait que Braham ait fait plusieurs voyages avec Sophia : un à Oxford, d'où Wright retournera seul, laissant son épouse en compagnie du ténor ; un autre à Cheltenham en 1813... A aucun moment, les témoins interrogés ne signalent la présence d'Ann. Il est vrai que cette dernière semble s'effacer de l'existence de son compagnon durant la dernière année de leur vie commune[8]... Dès le départ en mer du mari, la situation se clarifie : en novembre 1815, Braham se rend quotidiennement chez sa maîtresse chez laquelle il couche, bien que la résidence officielle de Braham à Londres soit le 3 Tavistock Square... Sophia Wright donnera naissance en août 1816[9] à une fille, Mary, dont le père officiel est bien Henry Wright, mais dont la filiation est plus que douteuse. L'enfant sera baptisée le 6 septembre 1816 à St. Pancras[10]...

---

[7] Les deux jumeaux, Amelia Sophia Harriet et Harry Braham Wright sont baptisés le même jour à Saint-Pancras, Camden (London Metropolitan Archives, *St Pancras, Register of Baptism*). Le registre n'indiquant pas le nom des parrains et marraines, on ne peut qu'hasarder des hypothèses : Braham s'était-il déjà converti et était-il parrain de l'enfant ou ce second prénom (Braham) n'est-il qu'un simple hommage ? En février 1816, dans une lettre au *New Times*, Braham affirmait qu'il était depuis longtemps « membre de l'Eglise Protestante » (Conway, 53). Harry Wright sera plus tard capitaine du *Red Rover*, actif dans le commerce de l'opium, dans la firme Jardine, Matheson & Co dont son père sera l'un des associés. Quand il renoncera à la vie maritime, il deviendra vicaire dans le Gloucestershire. Son portrait témoigne d'une ressemblance fugace avec le ténor. (Reproduction dans Keswick Weatherall, 150.)

[8] Se fondant sur les carnets du ténor, G. Brace signale qu'Ann ne le voit quasiment pas en 1815 (116).

[9] G. Brace donne l'année de naissance comme 1815 (116), mais il s'agit vraisemblablement d'une coquille, car lors du procès en *crim. con.*, la sage-femme Isabella Delp[h]ini dépose que Sophia Wright doit accoucher en septembre.

[10] *FamilySearch*, Index « *England, Births and Christenings, 1538-1975* ». Il semble étonnant que l'enfant ait pu être baptisée un an après la date de naissance avancée par Brace, bien que le baptême ne suive pas forcément immédiatement la naissance de l'enfant.

Lors de la semaine de Noël 1815, les évènements s'accélèrent, rendant impossible toute dissimulation de cette liaison adultère. Comme le déposera la servante Mary Green, « [Mrs Wright] quitta la maison […] ; elle emporta de nombreuses choses avec elle. Mr. Braham dîna en sa compagnie le jour de son départ, et la quitta vers sept heures du soir : j'ai porté une lettre qui lui était destinée à Hart Street, Bloomsbury, vers quatre heures. […] Ma maîtresse partit en voiture. […] Quelqu'un l'accompagnait, mais je n'ai pas vu son visage, et je ne peux absolument l'identifier[11] ». Après un séjour à Tunbridge Wells, les deux amants semblent avoir eu l'intention de s'enfuir en France[12] ; c'est sans doute lors de ce séjour provincial que Sophia Wright serait passée pour « Mrs Braham » ! Ce commérage juteux est bientôt relayé dans la presse, en termes voilés : « Un enlèvement, estimé devoir exciter beaucoup de discorde dans le monde musical, a eu lieu la semaine dernière. Le meilleur gazouilleur anglais des planches a déserté sa *Cara Sposa* pour l'épouse d'un *purser* avec laquelle il a fui pour le Continent. Le mari, dit-on, est attendu avec la prochaine flotte[13] ».

L'infortune d'Ann suscite ironie et hilarité. Le compositeur Samuel Wesley[14], dans une lettre du 22 février 1816 à Vincent Novello[15], rapporte un bon mot de DuBois, le journaliste qui avait déjà accablé Ann de ses quolibets lors de sa dernière saison d'activité : « La dernière blague de Braham avec l'épouse de Wright, au lieu d'être une Preuve d'Immoralité, est une preuve directe du contraire, puisqu'il préfère

---

[11] *The Trial for Crim. Con. Wright versus Braham…*, 8.
[12] Un quotidien régional annonce qu'« On a dernièrement entendu parler de Mr Braham et de sa belle fugitive à Tunbridge Wells. On pense qu'ils vont s'embarquer sur la côte pour le continent. »
[13] *The London Chronicle.* (Cité par Brace, 116.)
[14] Samuel Wesley (1766-1837), organiste et compositeur britannique, surnommé le « Mozart anglais ». Il avait déjà ironisé sur les adieux d'Ann Storace en écrivant en 1809 à propos de sa réception lors d'un concert que « même une simili Lady (*Jack-Gentlewoman*) comme la Mère Storace aurait été tentée de tomber complètement dans les pommes devant cet accueil ». (Olleson, 121.)
[15] Vincent Novello (1781-1861), éditeur de musique anglais. En 1829, il fera un « pèlerinage » sur les traces de Mozart avec son épouse Mary, et rencontrera Constanze von Nissen et Maria Anna « Nannerl » von Berchtold zu Sonnenburg à Salzbourg.

manifestement une Alliance matrimoniale à l'état de Fornication[16] ». Pour sa part, l'écrivain Mary Russell Mitford (1787-1855) remarque que « Du mariage au scandale, c'est la transition la plus naturelle qu'on puisse imaginer. Pensez seulement que Braham s'est enfin enfui loin de Storace et de sa perruque. J'en suis vraiment désolée, car cela va nous priver des douces notes de Braham[17] ». Dès le mois suivant, une caricature du célèbre George Cruikshank (1792-1878) représentant les « *Odds & ends for February 1816* » (Petits riens de février 1816) fait figurer en bonne place la fuite des amants. Le dessin intitulé « *Mrs Wright doing Wrong–!!!!!!* » (Mrs Wright se conduisant mal !!!!) montre un chœur de trois enfants, chantant derrière Ann étendue sur la rive anglaise telle une Didon abandonnée et qui se lamente en ces termes : « Loin, loin de moi, mon amant s'enfuit / Infidèle amant, il est / En vain sont mes larmes, en vain, mes soupirs / M'étant désormais infidèle / Il en recherche une autre ». Portant Sophia et deux enfants sur son dos, Braham est représenté faisant un bond sur le rivage français, et entouré de deux « bulles » à la façon d'une bande dessinée, dont l'une contient : « J'ai bien peur d'avoir fait une mauvaise affaire ». Sophia, quant à elle, entonne un air du *Solomon* d'Edward Moore mis en musique par William Boyce, « *Togather let us range the Feilds* » (*sic*). D'autres rieurs joueront eux aussi avec « Wright/*right* » (juste) et « *wrong* » (mal).

La presse se divise sur les torts des deux parties : le *London Magazine* blâme la conduite du déserteur en rappelant que « Braham, après avoir soutenu la fiction qu'elle était une épouse qu'il avait imposée instamment au monde durant plus de vingt ans, a eu la cruauté d'abandonner une femme dont la conduite à son égard a été extrêmement exemplaire[18] ». Un autre journaliste abonde dans son sens en exprimant sa surprise qu'un « homme si petit que Braham ait jamais eu l'audace de vivre avec la Signora Storace[19] ». Néanmoins une bonne partie des commentaires est peu élogieuse pour la délaissée, qualifiée d'« exécrable Signora » ou de « charmante chanteuse mais femme ignoble[20] ». Ce point de vue se perpétuera au XIXème siècle, alors que le ténor continue de dominer le milieu musical anglais. Ainsi, une notice biographique sur Braham, parue en 1837, souligne la

---

[16] Olleson, 265.
[17] Lettre du 13 janvier 1816. (L'Estrange, I, 327.)
[18] Brace, 117.
[19] *Ibid.*
[20] *Ibid.*

dégradation morale du jeune homme qui acceptait cette cohabitation maritale pour des raisons professionnelles, et qui en souffrait horriblement. Il devint enfin « un homme » en brisant « ce servage ». Ann y est décrite comme une « sirène, à cette époque assez vieille pour être sa mère […] une chanteuse superbe, mais une femme très débauchée ». En effet, « La Signora Storace en question, (si les récits la dépeignent véritablement), devait avoir été dégoûtante comme femme, bien que charmante comme cantatrice – comblée de talents naturels pouvant lui apporter toute les commodités et l'élégance de l'existence – elle – mais ses actions parleront mieux pour elle […] comme elle traita son mari, ainsi Braham la traita – avec cette différence qu'elle s'était assurée une large fortune[21] ». Plus tardivement, *The Autobiography of John Britton* lui réserve également des lignes peu flatteuses : « Plus âgée que son ami, [Storace] devint négligée dans ses habitudes, ordinaire dans sa personne, et vulgaire dans ses manières, si bien que "le galant, gai Lothario"[22] fut tenté de la négliger, et d'aller voir une Mrs Wright[23] ».

Même si Ann se doutait que son compagnon n'était pas irréprochable, elle n'en paraît pas moins traumatisée par la publicité faite à son humiliation. Elle semble s'être cantonnée à son cercle intime, si cette lettre, envoyée à son ami George T. Smart le 4 mars 1816, est un exemple fidèle de son état d'esprit :

> Je vous remercie pour les deux entrées [de concert] dont vous m'avez favorisée vendredi dernier […] – Je me sens redevable pour la carte d'admission, bien que je ne l'utiliserai pas – car malheureusement je n'ai pas réuni assez de force d'âme (encore) pour apparaître en Public – j'avais l'espoir que vous me rendriez visite hier après l'Eglise – Venez tôt jeudi soir afin de faire une bonne partie de whist[24].

---

[21] *The Metropolitan Magazine*, février 1837.
[22] L'expression « *haughty, gallant, gay Lothario* » est tirée de la pièce de théâtre de *The Fair Penitent* (1703) de Nicholas Rowe ; elle était devenue proverbiale pour qualifier un libertin sans cœur.
[23] Britton Jones, 159.
[24] *Shubertiade Music*, Catalogue Hiver 2011, lot 122. <https://www.schubertiademusic.com/lots/search/multiple_catalogs:yes> (Consulté le 10 août 2014).

Ann abandonne définitivement la résidence londonienne du couple le 25 mars 1816, fête de l'Annonciation marquant la fin des baux, pour Herne Hill Cottage, comme elle l'annonce à Smart dans cette même lettre, ce qui est confirmé par un entrefilet du *Morning Chronicle*, friand de ses faits et gestes. Braham, quant à lui, semble s'être rendu à Tunbridge Wells, puis à son domicile du 3 Tavistock Square avec Sophia Wright[25]. Le nouveau valet de Braham engagé en mars 1816, John Patterson, n'entendra jamais parler de la Signora Storace, ce qui n'est guère étonnant puisqu'un échange de lettres durant les premiers jours de janvier 1816 indique que la réconciliation du couple Storace-Braham est impossible. Dès le 31 décembre, ils se sont entendus pour choisir John Soane comme médiateur dans leur séparation. Les premiers mois de l'année 1816 sont consacrés à régler ces affaires privées[26]. Le 2 mars, Braham fait son retour au King's Theatre dans *La Clemenza di Tito* ; le 6, il se fait huer à Drury Lane où il chante *Israel in Egypt*, et y répond par un discours sentencieux où il demande le droit d'obtenir un « procès » équitable. Malgré toute cette publicité négative, il semblerait bien que le couple adultère ait poursuivi sa cohabitation. Quel autre recours restait-il à Sophia Wright, jetée publiquement dans l'opprobre, que de bénéficier de la protection d'un homme riche et célèbre, en attendant d'être fixée sur son avenir ?

Henry Wright accoste enfin en Angleterre. La preuve flagrante de l'infidélité de son épouse, aggravée par un enlèvement notoire, le pousse à demander réparation en une suite judiciaire logique pour l'époque, puisque la loi anglaise permet au mari trompé de demander à l'amant un dédommagement financier. Cette procédure est appelée *Criminal Conversation*, dont l'abréviation en *Crim. Con.* semble « *assez comique* » au voyageur Louis Simond qui la décrit en ces termes :

> *Cette* conversation criminelle *n'est point poursuivie* criminellement *; elle produit simplement une réclamation civile évaluée en argent. Le jury forme son calcul, d'une part sur le degré d'union et de bonheur conjugal qui paraissent avoir existé avant cette* conversation *fatale qui les détruit, et sur le rang et la fortune des parties. La plus petite apparence de négligence ou de connivence de la part du mari, détruit son recours contre le séducteur, qui ne lui doit rien, s'il ne lui a pris que ce qu'il ne se souciait point de garder. […] Le mari reçoit l'argent sans honte, parce que, dans ce pays, il a les rieurs de son côté, et que dans le monde on*

---

[25] Compte rendu du procès du *Morning Chronicle*. Sont-ils réellement partis ensemble en France ? Aucun témoignage ne le précise.
[26] Leur séparation sera l'objet du chapitre suivant.

> *n'est bien réellement honteux que du ridicule. Le mariage est presque toujours dissous par un acte spécial du parlement après le procès civil, et généralement la dame et le galant s'épousent.*
>
> *Il y a quelque chose de scandaleux dans cette publicité, et dans tous les détails de preuves qu'elle entraîne, et surtout dans le témoignage des domestiques, d'une jeune femme de chambre, par exemple, qui vient raconter en pleine cour, à la face du public, tout ce qu'elle a vu, entendu, deviné : c'est une seconde prostitution, plus indécente que la première. Les mœurs sont loin d'en être épurées, mais la violation matérielle en est prévenue. Cette sorte de chasteté ressemble à la probité de certains hommes, qui sont précisément assez honnêtes gens pour n'être pas pendus*[27].

Le plaignant et l'accusé sont défendus par leurs avocats et n'apparaissent pas lors de l'audience. La femme impliquée dans la plainte n'a pas voix au chapitre, car selon la loi, sa personnalité est entièrement dissoute dans celle de son mari : elle ne peut donc rien produire en sa propre faveur. Les témoins interrogés font également l'objet d'un contre-interrogatoire. Le juge se borne à faire le résumé de l'affaire et d'indiquer les points de droit pertinents avant le verdict énoncé par un jury composé de vingt-quatre notables fortunés, lequel se décide souvent très rapidement. Cette promptitude n'a rien de surprenant à une époque où même les procès criminels sont rondement examinés. L'audience se tient généralement au King's Bench, à Westminster Hall[28]. La hausse du nombre de ces procès pour adultère et la publicité qui en est faite titillent une opinion publique friande de brochures révélant les turpitudes des gens en vue, et publiées d'autant plus rapidement qu'on a inventé une forme de prise de notes sténographique… L'affaire « *Wright v. Braham* » suscite au moins la publication de deux brochures. La très large reprise par la presse des dépositions des témoins atteste également de l'émergence du journalisme à sensation.

Le procès s'ouvre le 23 juillet 1816. Sans doute sous l'influence du *solicitor* de Braham, Mr Annesley, Sophia Wright est partie pour l'étranger quelques six ou sept semaines auparavant. La publicité de la fuite du couple illégitime ne peut s'expliquer que par l'impossibilité de dissimuler sa grossesse. Elle a sans doute l'espoir qu'une *crim. con.* conduise à la dissolution de son mariage, ce qui lui permettrait d'épouser Braham. Si la malheureuse escompte une fin morale à son

---

[27] Simond, I, 48-50.
[28] Stone 1990, 231 *sq.*

aventure, elle sera cruellement déçue… Dans une société où l'infidélité féminine a des conséquences directes sur la pureté de la filiation et où le corps de l'épouse, tout comme ses enfants, sont la propriété du mari, elle ne peut figurer que parmi les victimes de l'affaire. Tout comme la maîtresse en titre du ténor.

Ann Storace est traînée dans la boue, elle aussi. Son mode de vie de femme libre, bien qu'admise dans la bonne société où elle passe pour mariée à son compagnon[29], ainsi que son ancienne profession se retournent contre elle, et, pire encore, sont utilisés par la défense de Braham. La plaidoirie du *Solicitor General* avance l'argument qu'au milieu d'une foule fréquentant réceptions et concerts, la compétence professionnelle seule suffit comme introduction, car ces couples illégitimes ne peuvent y produire d'effet « de contagion », ni leur présence impliquer d'intimité avec les personnes présentes. Il n'en est pas de même lors des assemblées privées : « Il est persuadé qu'aucun mari sensible à son honneur et à la réputation de son épouse, [et] qui souhaita […] qu'elle soit au-dessus de tout soupçon, ne pourrait un instant souffrir qu'elle soit intime, ou permette les visites de ceux qui, bien qu'admissibles dans un rassemblement public, ne sont pas ailleurs des compagnons acceptables. En acceptant ce type de visites, l'époux a permis à sa femme de se familiariser, par association, avec l'exemple d'un homme et de sa maîtresse, et il n'a pas grand droit de se plaindre qu'elle soit, à son tour, devenu également une maîtresse[30] ». En effet, « il était manifeste que le plaignant et son épouse étaient sur un pied d'intimité et d'amitié avec Madame Storace, *maîtresse entretenue* par l'accusé. Que pouvait-on attendre de cette association, sinon que cette *épouse modèle* n'imite les manières et la conduite de personnes avec lesquelles on lui permettait de s'associer ? » (*The Morning Chronicle*). La position du juge est également sans équivoque. Avec une éloquence largement relayée par les preneurs de notes, il martèle que l'infortune d'Henry Wright provient en partie de son imprudence. Puisque, « voici un exemple frappant du danger qui est certain de suivre toute déviation de la droite ligne de la respectabilité et du décorum », danger partagé par ceux qui fréquentent les déviants. Car « il est prouvé que

---

[29] « […] Braham […] vivait avec Madame Storace, comme si elle était son épouse, un titre, cependant, qu'elle ne prit jamais, sans doute pour des raisons professionnelles ; mais ils étaient reçus en tant que tels dans la famille [de Wright] et dans de nombreuses autres familles respectables. » (*The Ipswich Journal*)

[30] *The Trial for Crim. Con.: Wright versus Braham…*, 9.

l'on a permis à l'épouse du plaignant d'entretenir une grande intimité avec le prévenu et Madame Storace, qui vivaient dans un état de rapports criminels. Le mari a donc été accusé, si ce n'est de complaisance, du moins de négligence flagrante en permettant à son épouse de conserver des relations avec ces deux débauchés » (*The Times*). Pour autant, il ne faut pas considérer que Wright consentait, avec cette fréquentation, que son épouse fasse de même, mais son imprudence diminue ses droits à réparation financière. Après quelques minutes de délibération, le jury condamne Braham à verser £ 1 000 au mari. Ce dernier en avait demandé cinq fois plus. Une rumeur ultérieure crédita le ténor d'environ £ 14 000 de revenu annuel, mais la somme n'en était pas moins énorme. Outre son concubinage notoire et sa profession, Braham pâtit certainement des préjugés antisémites. La respectabilité manifeste de Wright plaidait aussi en sa faveur[31].

Le cœur lourd, trois jours après le procès, Ann s'épanche auprès de John Soane, veuf depuis novembre 1815 :

> Sachant que vous êtes le meilleur de mes amis, je suis sûre que vous avez été blessé en feuilletant les Journaux à propos d'une récente Affaire – De plus cruelles et scandaleuses autant que fausses assertions n'auraient jamais pu apparaître dans ces Imprimés si Mr An[nesley] et Mr B[raham] ne les avaient sanctionnées – On dirait qu'ils ont fait tout ce qui était en leur pouvoir pour me ruiner dans l'opinion publique – Le « <u>Post</u> » est le seul qui a montré quelque sentiment en cette occasion – et je crois que le pire est – (<u>merci à Mr [James] Perry</u>) dans le « Chronicle » – pourquoi il désire me persécuter ainsi – je ne peux le dire ! – je vous ai souvent fait Remarquer que j'étais certaine qu'il était mon ennemi – et maintenant il l'a prouvé – Au commencement de cette malheureuse affaire, vous savez avec quel soin Mr P. supprimait les insinuations

---

[31] Peu de temps après ce procès, Henry Wright fait banqueroute. Avant le procès, il devait de l'argent à Braham, £ 640 dont il affirma qu'elles avaient été dépensées par Sophia quand elle vivait avec le ténor. Les avocats des deux parties s'étaient entendus pour réduire la dette de Wright et la soustraire des dommages et intérêts versés par Braham après la *crim. con.*. Mais, après la faillite de Wright, ses créanciers considérèrent que l'argent versé par Braham leur était dû et que Wright avait manigancé pour ne pas s'acquitter de ses dettes. En janvier et février 1819, ils poursuivirent donc Braham en justice, afin que ce dernier leur verse directement la somme. Braham dût vraisemblablement s'acquitter deux fois du montant. La fin de l'affaire n'est pas connue.

> les plus insignifiantes contre l'autre partie alors pourquoi en cette occasion – ils [font ?] tout pour me cisailler jusqu'à l'âme […] – je n'ai pas besoin de vous dire combien je suis malheureuse et mortifiée ; car je connais votre Cœur qui pour <u>moi</u> a toujours été si bon et sensible[32].

Etre qualifiée de « femme entretenue » par la presse alors qu'elle s'est toujours targuée de son indépendance est une meurtrissure profonde pour Ann. Soane lui sera d'un secours important durant les mois suivants, alors qu'il l'a déjà aidée à organiser la séparation et le partage des biens des deux chanteurs. L'architecte restera un confident précieux, comme le montrent les nombreuses lettres échangées entre Braham, Ann et lui-même, encore conservées dans ses archives.

Pendant cette période difficile, Ann s'est éloignée autant que possible de cet étalage peu ragoûtant de sa vie privée. Le soir de l'ouverture du procès, elle se serait trouvée chez Mrs Billington, à Fulham[33]. Elle se rend ensuite à Brighton et ne revient à Herne Hill que le 1er août 1816.

L'approche du procès avait provoqué des échanges de courriers acides entre Braham et son ancienne compagne. Le 30 juin 1816, le ténor ouvre les hostilités en accusant Ann de « cruelle persécution et d'efforts inhumains pour [lui] porter préjudice, en encourageant [ses] serviteurs à retenir ou à mutiler leurs témoignages en [sa] faveur ». Ce reproche est suivi d'une énumération théâtrale d'autres griefs où il se drape dans le costume de l'homme persécuté[34]. Ann réfute alors ces accusations, ajoutant qu'elle est la « <u>dernière</u> personne au monde à vouloir lui faire aucune avanie, bien que <u>vous</u> ayez tenté d'entasser toutes les hontes additionnées d'Insulte sur <u>moi</u>[35] ». La rumeur d'une « conspiration » manigancée par Braham contre Ann, le pousse à s'exonérer en lui communiquant la réponse de son conseil : J. Shepherd, le *Solicitor General*, nie avoir reçu des instructions et rappelle que la qualité de non-épouse d'Ann est si notoire que ses déclarations en découlaient. De retour de Brighton, Ann découvre la missive de Braham et tombe des nues. Elle lui réaffirme n'avoir jamais comploté contre lui, et ajoute :

---

[32] JSMA, *Private Correspondence*, IV.S.6.1.24.
[33] Brace, 120.
[34] Copie d'une lettre du 30 juin 1816. (JSMA, *Private Correspondence*, IV.S.6.1.21.)
[35] Copie d'une lettre du 1er juillet 1816 (*Ibid.*)

> Je n'ai jamais dit que vous aviez donné des instructions à votre conseil pour me <u>traîner</u> dans la boue, bien que vous deviez <u>savoir</u> que vous <u>pouviez</u> et <u>auriez dû</u> l'empêcher – […] J'aurai pu penser que par Estime pour votre Enfant (si vous aviez quelque sentiment pour <u>sa</u> future réflexion), vous auriez pu mettre en garde votre *solicitor* et conseil d'éviter tout commentaire sur la Mère de ce Garçon qui aurait pu être dommageable pour sa Réputation ; mais comme cela a été <u>votre</u> Plan tout du long de me persécuter de toute les façons possibles au maximum de vos possibilités, je ne dois pas même être surprise du fait que vous n'ayez pas supprimé la cruelle assertion qui est apparue dans les Journaux[36].

La réponse de Braham est un exemple typique de leurs relations présentes, mêlant mauvaise foi, autocongratulation et posture de martyr :

> Personne ne m'a informé que vous faisiez partie d'une conspiration – vos propres actions m'en ont suffisamment convaincu […] – J'aurais pu penser que par respect de votre Enfant – (si vous aviez quelque sentiment pour sa future réflexion) vous auriez évité de voir et de conseiller Mr. Wright et Miss Walthew ou tout autre de ses <u>suppôts</u> – La Mère de cet enfant aurait dû lui donner un exemple de patience et n'aurait pas dû prétendre pleurer avec les Amis de son père, alors qu'en réalité elle rit avec ses Ennemis[37].

Cette hypocrisie suscite une réplique très vive d'Ann, dès le lendemain :

> Comment un homme qui a agi comme <u>vous</u> l'avez fait envers <u>moi</u>, peut <u>prétendre</u> signer <u>votre dévoué</u> – est pour moi un Paradoxe ! Vous devez certainement le faire intentionnellement comme une Moquerie ! Ou bien vous voudriez me faire passer pour plus faible que ce que je ne suis – <u>vous</u> – qui avez tâché tout du long de me peindre des couleurs les plus noires […] Je crois que je vous ai donné des preuves de <u>ma</u> patience, car personne ne peut m'accuser d'avoir jamais prononcé un mot contre vous jusqu'à une récente transaction, où j'ai dit et répète maintenant – que votre conduite à mon égard a été cruelle, peu généreuse, et lâche – Personne sous <u>mon</u> Toit n'est votre Ennemi – […] vous étiez l'admiration de toute

---

[36] Copie d'une lettre du 1er août 1816. (JSMA, *Private Correspondence*, IV.S.6.1.25.)
[37] Copie d'une lettre du 5 août 1816. (*Ibid*, IV.S.6.1.26.)

la Nation, insouciant en Société, entouré d'amis et <u>respecté</u> par <u>tous</u> – désormais – vous avez perdu vos amis, êtes devenu un paria de la société, et êtes Blâmé par Tous – vous avez renoncé à votre amie la meilleure et la plus désintéressée – et une amie telle que vous ne la remplacerez jamais – Tâchez de me mortifier comme il vous plaira, vous n'ébranlerez jamais mon Indépendance d'Esprit qu'– avec la conscience tranquille, j'espère emporter dans ma tombe[38].

Ann allait avoir besoin de toute sa détermination pour défendre ce qui lui appartenait et assurer l'avenir de son fils Spencer Braham. John Braham, quant à lui, tourne rapidement la page en abandonnant Sophia à son triste sort. La vie ultérieure de Mrs Wright n'est pas vraiment connue : en avril 1817, en sus de l'aide financière de son ancien amant, elle semble avoir suscité la compassion de généreux donateurs qui lui permettent de partir refaire sa vie à l'étranger[39]. Le 22 décembre 1829, une correspondante anonyme écrit à Braham sur un ton mélodramatique. Cette femme supplie le ténor qu'elle n'a pas vu depuis quatorze années, passées sur « une terre lointaine », de faire comme s'il ne la connaissait pas s'il était amené à la revoir : ayant gagné l'amitié de personnes éminentes par sa conduite irréprochable, l'épistolière s'est attiré la jalousie d'un entourage qui cherche à lui nuire par tous les moyens, et elle ne veut pas réveiller de vieux scandales[40]... John Braham est alors marié, ayant épousé le 11 novembre 1816 Frances (Fanny) Elizabeth Bolton (1799-1846), âgée de seize ans, la nièce d'un maître de danse rencontrée lors d'une tournée cette même année à Manchester... Il poursuivra sa très brillante carrière et sera, jusqu'à la fin de ses jours, l'un des plus grands artistes lyriques britanniques, participant à la création londonienne du *Freischütz* en 1824. Impressionné par son talent, Carl Maria von Weber taillera sur mesure pour lui le rôle de Sir Huon dans son *Oberon* en 1826.

Henry Wright, après avoir été employé par l'East India Company, exercera une activité de marchand indépendant à Canton. En mars 1835, il deviendra l'un des associés de la fameuse firme Jardine,

---

[38] Copie d'une lettre du 6 août 1816. (*Ibid.*)
[39] Selon une lettre du 30 avril 1817 de la gouvernante de Braham, S. A. Cottenli. (Somerset Archive and Record Service, *Strachie collection, Mr. & Mrs. John Braham Correspondence*, DD\SH/48/51, JB13/1.)
[40] Lettre d'une anonyme. (*Ibid.*, DD\SH/48/52, JB13/2.)

Matheson & Co, d'où il prit sa retraite en 1842[41]. Ses talents de comptable y seront très appréciés. Il sera particulièrement impliqué dans le commerce d'opium en Chine, où Jardine, Matheson & Co s'implantera dès 1841 dans ce qui deviendra Hong Kong. En 1839, la compagnie tiendra un rôle non négligeable dans le déclenchement de la première guerre de l'opium. Les dommages et intérêts versés par Braham aidèrent-ils Wright à lancer sa nouvelle carrière ? Ce ne serait pas la moindre des ironies de ce fait divers !

---

[41] Henry Wright avait connu William Jardine (1784-1843) à bord du *Glatton*, où ce dernier était médecin de bord. Jardine fit entrer Henri Wright chez Magniac & Co. comme comptable, en 1826. Cette société devint Jardine, Matheson & Co. (Le Pichon, 60 ; Keswick Weatherall, 23.) Un portrait d'« *Old Wright* » est reproduit dans Keswick Weatherall, 23.

XXX
1816-1883
Séparation & Succession

Le 25 mars 1816, en quittant définitivement leur ancienne résidence commune londonienne, Ann n'abandonne pas entièrement le terrain à Braham. Ce dernier s'en aperçoit rapidement : le lendemain, il adresse une lettre furieuse à John Soane qui sert de truchement entre eux. En revenant, il a trouvé son domicile quasiment vide, écrit-il, car « même les cordons de sonnette de la chambre ont été emportés ». « Des innombrables Couteaux et fourchettes – elle m'en a laissé 3 – l'un d'Eux étant un Couteau à découper l'autre un petit à dessert ». Il ne reste que « 3 têtes de Lit des domestiques et le Berceau de Spencer »… Décidément, Ann aurait montré sa véritable nature, car « Elle en a assez pour meubler Quatre Maisons – Je suppose qu'elle doit, ou les avoir vendu à un Brocanteur – ou les avoir cachés avant que l'expert ne vienne ». Le ténor termine son énumération par un cri de rage : « Les Milliers de Livres sterling que j'ai perdues à cause d'elle serviront à gratifier son goût pour l'Avarice Grand bien lui fasse – Jusqu'alors (pauvre homme que je suis) je ressentais quelque sentiment de respect et d'estime pour elle – Elle recevra jusqu'à mon dernier Souffle mon Aversion et mon Mépris[1] ».

Aux récriminations de Braham, Ann réplique qu'elle s'est bornée à emporter ce qui lui appartenait… hormis quelques petits meubles auxquels elle tenait et qu'elle offre de payer[2]. Le mobilier installé Tavistock Square, qu'elle avait acheté, avait auparavant transité, au gré de ses déménagements, par Howland Street, Great Russell Street,

---

[1] SJSM, *Private Correspondence*, IV.S.6.1.4.
[2] La lecture de l'inventaire détaillé daté du 27 février 1816 du contenu mobilier du 3 Tavistock Square prouve l'exagération mélodramatique de John Braham. Le propriétaire des objets est clairement indiqué. (*Ibid.*, IV.6.2.19.)

Norwood Cottage et Herne Hill Cottage. Ce qui manquait dans la résidence londonienne avait été acquis conjointement par les deux amants. Seuls deux rideaux, ainsi qu'un tapis installé à Herne Hill, avaient été fournis par Braham. Il avait également fait cadeau à Ann d'un service à thé chinois. Tout le reste de la vaisselle marquée à son chiffre, Ann le possédait avant même de connaître le ténor ! Ce dernier s'est contenté de payer son vivre et son couvert à Great Russell Street et à Norwood. Par contre, il a contribué pour « la moitié de tout » à Herne Hill[3]. Quant au perroquet dont Braham déplore l'absence, Ann fait valoir à John Soane que l'animal s'est habitué à elle, qu'elle y tient beaucoup et qu'elle avait obtenu de le conserver[4]. En bonne ménagère, elle a fait parvenir à son ancien compagnon les diverses clés nécessaires, dont celles des malles de costumes de scène, et lui fait savoir que ses livres de comptes peuvent justifier toutes ses dépenses. En somme, Braham ne ferait que subir le résultat de sa négligence passée (ou de sa pingrerie), mais un interrogatoire serré d'Ann n'en est pas moins mené début avril pour retracer l'historique de chaque bien en litige avant que le ténor ne se résigne à ne conserver que peu de meubles.

La séparation du couple aurait pu se dérouler plus sereinement. Braham avait signé le 9 février 1816 un « engagement d'arbitrage » pour faire estimer la valeur des deux baux pris en commun et s'était engagé à verser £ 12 000 à Ann[5]. Il devait aussi rembourser sa part des frais communs non encore versée à son ancienne compagne.

Le 21 février, la valeur des biens immobiliers avait été établie par un expert : la maison sise Tavistock Square a été estimée à £ 2 280, mais le domaine d'Herne Hill n'en vaut que £ 1 200[6]. Braham a porté son dévolu sur la résidence londonienne, nécessaire à ses activités professionnelles, et dont il souhaiterait, à tort, comme on l'a vu, conserver le contenu. Ann a décidé d'habiter dans sa villégiature campagnarde. Et quand elle s'y installe définitivement, elle emporte fort logiquement avec elle ses possessions londoniennes...

---

[3] SJSM, *Private Correspondence*, IV.S.6.1.13. (Relevé de l'interrogatoire d'Ann, le 3 avril 1816.)
[4] *Ibid.*, IV.S.6.1.3 (24 mars 1816) et IV.S.6.1.5 (26 mars 1816).
[5] *Ibid.*, XIV.H.42. (« *Bond of arbitration* »)
[6] *Ibid.*, XIV.H.32. 33 et 34. – Tavistock Square a un loyer annuel de £ 42 et un bail courant encore sur 81 ans, Herne Hill, un loyer de £ 40 et un bail pour encore 68 ans.

L'inventaire révèle d'ailleurs que le « *grand pianoforte* » de Tavistock Square appartient à Braham tandis que l'instrument d'Herne Hill est à Ann, ce qui reflète leurs domiciliations habituelles.

Ces disputes de chiffonniers ont sans doute raison de la résistance d'Ann : la répartition des bouteilles de vin dans la cave a même fait l'objet de discussions acharnées ! Elle est épuisée par ces tracasseries incessantes et les accusations de Braham qui fait savoir partout qu'elle l'a « pillé » et lui a « dérobé » ses biens. En avril 1816, sérieusement malade, elle expédie aussi diligemment que possible des papiers appartenant au ténor, laissés autrefois à sa garde : un contrat d'apprentissage et la reconnaissance de dette signée par Henry Wright… Durant le mois de novembre, via l'intermédiaire de Soane, elle aidera Braham à remettre la main sur une malle de costumes rangée au grenier de Tavistock Square, dont elle craint que le contenu n'ait été gâté par les mites[7]. Le jeune Spencer, pris entre deux feux, ne paraît plus n'avoir que des relations très distantes avec son père, lequel s'acquitte néanmoins régulièrement des factures de Winchester College. L'adolescent passe apparemment ses vacances avec sa mère et ne voit plus qu'irrégulièrement un père qu'il redoute.

Peu à peu, la vie amicale reprend ses droits malgré une santé défaillante. Elizabeth Billington, Tommaso Rovedino[8], Michael Kelly et Thomas Dibdin n'abandonnent pas la délaissée. Ann reçoit fréquemment des amis fidèles comme le duc de Sussex, John Soane et John Pritt Harley, envers lequel elle semble éprouver une très grande confiance : en février 1817, elle envoie au comédien une lettre très insistante, le priant de lui accorder urgemment un rendez-vous malgré ses répétitions, car elle a « quelque chose de <u>très spécial</u> » à lui dire, et « elle ne souhaite pas que Miss W sache qu'elle le voit à cette occasion[9] ». Ancienne relation des Wright, Maria Walthew, « Miss W. », conserve, elle aussi, des liens très forts avec Ann, comme en témoigne sa présence lors d'un séjour des Storace à Worthing à la mi-août 1816. Elizabeth Storace doit bien vite repartir avec Spencer dont les vacances s'achèvent, mais Maria Walthew restera plus longtemps

---

[7] SJSM, *Private Correspondence*, IV.S.6.1.33. (Lettre de John Soane à Braham, 15 novembre 1816.)
[8] Tommaso Rovedino (1789-1860), l'un des fils de la basse Carlo Rovedino (?-v. 1823) avec lequel Ann avait chanté au King's Theatre.
[9] Lettre datée du 11 février 1817. (Catalogue de vente Sotheby's. *Fine Music and Continental Manuscripts. London, 15 and 16 May 1997*, Lot 291, 158-159.)

en compagnie d'Ann. Ecrivant le 10 août 1816 à J. P. Harley, qui est engagé au Théâtre de Worthing tout comme l'acteur Junius Brutus Booth, Ann lui fait part de ses soucis d'hôtellerie, de sa dernière réception, durant laquelle elle a débattu de la tonalité d'une traduction avec le duc de Sussex, et de potins théâtraux :

> [...] – Nous irons à l'Hôtel que vous avez recommandé [...] J'en oublie le nom, mais je vais vous solliciter pour l'information – J'[en conclus ?] qu'un logement pour <u>autant</u> de personnes va être très onéreux – Si vous voyez quelque chose de <u>gai</u> que <u>vous</u> pensez pouvoir nous convenir – vous pouvez vous enquérir du prix – au pire – nous resterons une nuit à l'Hôtel – et chercherons ensuite un appartement – mais je ne l'apprécierai pas à moins qu'il ne soit confortable [...][10].

Ann reste une nomade. Elle se rend à Brighton en octobre, y visite Thomas Harris, et n'hésite à faire un détour chez le librettiste Thomas Dibdin sur le chemin du retour que parce qu'elle sait que son épouse est sur le point d'accoucher. Elle l'assure qu'il est le bienvenu à Herne Hill en novembre, puisque « les lits étant toujours bien aérés, il ne saurait arriver *mal-à-propos**[11] ».

La nouvelle célibataire n'est pas totalement isolée : à défaut de son fils pensionnaire la majeure partie de l'année, sa mère Elizabeth lui tient compagnie, et peut-être aussi sa vieille nourrice Mary Church. Interne à Winchester, Spencer est la plupart du temps absent et ne rejoint sa famille qu'épisodiquement. L'adolescent prend le parti de sa mère et affirmera par la suite, à plusieurs reprises, que la séparation d'avec son père a contribué à accélérer le décès d'Ann qu'il idolâtre avec emportement, bien qu'il soit « un garçon timide en [sa] présence[12] ». Ann se fait d'ailleurs beaucoup de souci pour l'avenir d'un fils qu'elle destine à une carrière ecclésiastique anglicane.

---

[10] Lettre à J. P. Harley, 18 août 1816. (Bibliothèque nationale de France, Richelieu-Musique, Rés. LA-STORACE ANNA CELINA-1.)
[11] Lettre à Thomas John Dibdin, 30 octobre 1816. (City of Westminster Archives Centre, *Selected Letters from A.M. Broadley's Annals of the Haymarket*.) Cette lettre a également été retranscrite partiellement par le destinataire dans Dibdin, II, 129-130.
[12] Mentionné dans une lettre du 25 septembre 1817 à Elizabeth Storace où Spencer s'exprime avec fougue sur son amour filial. (SJSM, *Private Correspondence*, IV.S.6.1.52.)

Dès février 1817, sa santé est de plus en plus chancelante. A la mi-juillet, Ann a une attaque : on parlera de « maladie paralytique » (*The Hull Packet*). Son état est suffisamment sérieux pour la confiner au lit. Elle serait tombée malade chez Michael Kelly, écrit-il, « un jeudi qu'elle dînait avec moi à Russell-street. Signor Anbrogetti[13] (*sic*), le *buffo*, et mon ami [le médecin] Mr. Savory, de Bond-street [étaient présents] ; durant la soirée, elle fut prise tout d'un coup de frisson et parut très souffrante. Quand sa voiture vint pour la ramener chez elle, Mr. Savory demanda qu'on la saigne et qu'on fasse venir le docteur Hooper. Le lendemain, le Dr. Hooper se rendit [...] à Herne Hill, et lui conseilla de se faire saigner à tout prix, mais elle ne voulut pas y consentir parce qu'on était un vendredi ; ainsi, elle se sacrifia par superstition. On affirma avec assurance que si elle avait été saignée, sa vie aurait pu être sauvée. » Assez faible, Ann a beaucoup de fièvre et une douleur lancinante à la tête qui nécessitent un traitement de choc : saignées, sangsues et « médicaments en abondance », comme le mentionne Elizabeth Storace à John Soane le 1er août[14]. Le Dr. Hooper et l'apothicaire de Camberwell, lequel vient deux fois par jour, prennent soin d'elle. Le 5 août, *The Morning Chronicle* annonce que l'ancienne cantatrice est convalescente, mais rien n'est moins vrai.

Spencer, en vacances, assiste sans doute aux derniers jours de sa mère. Présent début août à Herne Hill Cottage, il réside ensuite un temps chez les Burchell, à Leatherhead. Très perturbé par les évènements, il écrit alors à Maria Walthew qui soigne sa mère avec dévouement, et lui dit avoir reçu une lettre injurieuse de Braham au sujet d'Ann[15]. Cette dernière aurait appris cet incident et en aurait été grandement affectée. L'adolescent revient apparemment auprès d'Ann lors des derniers jours d'une maladie qui empire rapidement. Vers la mi-août, le Dr. Hooper est suffisamment alarmé pour demander à sa patiente si elle a mis ses affaires en ordre, sujet qui angoisse profondément Elizabeth. En présence de Maria Walthew, Ann, qui semble avoir toute sa tête, aurait opiné et répondu que « son testament la satisfaisait ». Elle se serait également confiée au chanteur Tommaso Rovedino le 5 juillet, lui précisant qu'elle avait légué l'essentiel de ses biens à son fils par un nouvel acte dont les exécuteurs testamentaires sont Douglas Kinnaird

---

[13] Giuseppe Ambrogetti (1780-ap. 1833), basse italienne.
[14] SJSM, *Private Correspondence*, XIII.S.35.3.
[15] Lettre de Spencer à Maria Walthew, 5 août 1817. (*Ibid.*, IV. S.6.1.35.)

et John Soane[16]. Il est vrai que la malade se serait également ouverte de ses craintes à son *solicitor* Joseph Burchell, le beau-frère de Mary Kennedy, la veuve de Stephen Storace : Ann lui aurait demandé si la loi ne pouvait pas obliger Braham à subvenir aux besoins de Spencer, « observant qu'il "devrait faire plus, d'autant plus qu'il avait une large fortune" et ajoutant que "si elle […] laissait une fortune à son fils, cela fournirait un prétexte [à son père] pour ne rien faire pour lui, et économiser son argent pour les enfants de la femme pour laquelle elle avait été abandonnée"[17] »…

Le 23 août 1817, Elizabeth Storace, accablée, envoie une lettre poignante à John Soane :

> Je suis misérable au plus Haut point, tout espoir a fui Elle est vivante & rien de plus ; je pense que lorsque vous recevrez ceci elle sera perdue pour nous pour Toujours – Oh ! qu'adviendra-t-il de moi & de son cher garçon ; J'ai confiance & espère qu'elle a rédigé un Testament à la satisfaction générale de tous, c'est-à-dire pour son cher garçon – Le Dr Hooper l'a vue hier, il m'a dit qu'elle allait mieux, lui ayant demandé si elle était hors de danger, il a dit non ! un mot cruel – mais nous devons nous soumettre à la Volonté de Dieu – […] la médecine ne peut plus rien faire ; que Dieu m'envoie de la force & le courage de supporter tout cela, pour l'amour de son cher fils, la pauvre Miss W & tous ses serviteurs sont dans un état, ils lui sont si attachés, c'est un tableau lugubre pour moi, tout autant qu'affligeant […][18]

Ann décède le lendemain à une heure et demie de l'après-midi. Elle aurait soi-disant prévu de dîner ce jour-là avec Thomas Dibdin et d'autres amis, puis de se rendre ensuite aux jardins de Vauxhall[19], ce qui semble bien improbable au vu de son état de santé…

Au milieu des préparatifs de l'enterrement, Elizabeth commence à s'affoler. Elle n'a pu mettre la main sur le testament récent fait par Ann, celui qui instaurerait Spencer comme légataire universel. Le 27 août, elle confie ses craintes à Soane : le testament se trouve peut-être chez Mr Annesley, le *solicitor* de Braham… Le lendemain, fouillant

---

[16] Témoignage sous serment de Tommaso Rovedino, résumé dans les attendus du procès Braham v. Burchell, 1826.
[17] Témoignages sous serment de Joseph et John Burchell. (*Ibid.*)
[18] SJSM, *Private Correspondence*, XIII. S. 35. 4.
[19] Si l'on en croit les souvenirs de Thomas Dibdin.

dans le « *bureau** ou *escritoire** » qu'Ann maintenait fermé, Elizabeth découvre parmi des récépissés, impôts et autres papiers, le testament de 1797 qu'elle remet à Joseph Burchell[20]. Elle en profite pour brûler diverses paperasses, dont une enveloppe vide de testament, ce qui fera soupçonner plus tard qu'elle a détruit sciemment le nouvel acte. Pensant à tort que son fils hérite d'une immense fortune, John Braham continue de payer pour la scolarité de Spencer avec une mauvaise humeur manifeste : « […] je n'ai reçu aucun message du Garçon dont je suis amené à payer l'éducation. Comme il est désormais en possession d'une fortune supérieure à la mienne, je lui souhaite beaucoup de bonheur et une longue vie pour en profiter[21] ».

Ann Selina Storace est enterrée le 2 septembre 1817 à St. Mary at Lambeth, paroisse dont dépend Herne Hill[22]. En 1818, Elizabeth fera ériger une plaque commémorative dans l'église en souvenir de sa fille. John Soane concevra un mémorial sculpté par Thomas Grundy, où figure un texte de Prince Hoare. Il n'en subsiste que la partie centrale, un rectangle de marbre blanc à la bordure noire, sur lequel a été gravé le poème. Une aquarelle de 1825 conserve le souvenir du fronton orné qui surplombait l'épitaphe, ainsi que du soubassement original[23]. Souhaitant se faire inhumer auprès de sa fille, Elizabeth avait demandé à Soane de laisser un espace vierge de texte en bas pour son propre usage. Son vœu sera exaucé. Son nom est encore lisible, malgré l'accrochage bien trop élevé dont elle s'était plainte à l'époque.

Alors que la presse diffuse des annonces demandant à toute personne pouvant localiser le testament perdu de se faire connaître, Elizabeth rédige ses propres dispositions testamentaires. Elle a sans doute été atterrée par la découverte de cet acte de 1797 et par la disparition du plus récent instituant Spencer légataire universel : pour la loi anglaise, si Ann était morte intestat, Elizabeth, en tant que seule parente directe,

---

[20] Déclaration faite sous serment (*affidavit*) d'Elizabeth Storace, le 3 octobre 1817, annexée au testament de sa fille. (The National Archives (Kew), *Prerogative Court of Canterbury and Related Probate Jurisdictions, Will Registers*, PROB 11/1597.)
[21] Lettre du 30 août 1817 à John Soane. (SJSM, *Private Correspondence*, IV. S.6.1.39.)
[22] London Metropolitan Archives, *Saint Mary At Lambeth, Register of burials*.
[23] Elle est visible sur <http://landmark.lambeth.gov.uk/display_page.asp?section=landmark&id=6909> (Consulté en août 2014.)

était son héritière, car Spencer, enfant naturel, n'existe pas aux yeux du législateur ; Elizabeth aurait pu ensuite transmettre les biens d'Ann à son petit-fils qui se retrouve totalement déshérité... Dans un document daté du 12 septembre 1817[24], elle partage ses vêtements et bijoux entre ses sœurs Sarah et Catharine[25], et lègue tous ses autres biens à son descendant. Spencer en héritera à ses vingt-trois ans, à condition d'avoir adopté le nom de Storace, en plus ou à la place de son patronyme, si John Soane, Joseph et John Burchell, nommés *trustees* (curateurs) du fonds placé pour Spencer, le jugent approprié. Soane et les Burchell devront également prendre en charge les frais de ce changement de nom auprès du Parlement. En cas d'un refus de Spencer que les *trustees* n'auraient pas justifié, la fortune d'Elizabeth reviendra aux grands-tantes du jeune homme. Par cet acte, Elizabeth s'efforce de préserver le patronyme des Storace et tente d'assurer l'avenir de son seul descendant direct survivant.

La vieille dame fait bien de prendre des précautions. Les petites annonces ultérieures, bien que proposant une récompense de £ 500 à l'informateur, ne donneront aucun résultat. C'est donc le testament datant de 1797 qui sera exécuté. A la mi-septembre, John Soane négocie avec John Braham l'abandon du legs de £ 2 000 qu'il devait toucher au titre des dispositions d'Ann, en faveur de son fils naturel. La presse fait un large écho à la générosité de Braham : en plus du legs d'Ann constitué en *trust*, Spencer touchera £ 5 000 au décès de son père. Braham lui constitue également une annuité de £ 150, administrée par les curateurs.

L'adolescent a pourtant beaucoup à se faire pardonner... Le 21 septembre 1817, il confesse enfin sa tromperie à Soane : en août, il avait menti en écrivant à Maria Walthew avoir reçu de Braham une lettre injurieuse au sujet de sa mère... S'il a commis « un acte si inique », c'est qu'il « était si terrifié par le nom de [s]on père, & l'idée

---

[24] The National Archives, Prerogative Court of Canterbury and Related Probate Jurisdictions, *Will Registers*, PROB 11/1686.

[25] Célibataire, Sarah Trusler vit chez sa sœur Catharine Legg(e) qui réside à Maddington (Wiltshire) où son époux est pasteur. Dans son testament de 1823, « Tante Kitty », qui mourra en 1826, lèguera £ 50 à Spencer. (The National Archives, Prerogative Court of Canterbury and Related Probate Jurisdictions, *Will Registers*, PROB 11/1711.)

de le voir, qu'[il aurait] aussi bien juré que le noir était blanc[26] ». Elizabeth Storace est horrifiée, craignant, à juste titre, la réaction de Braham ; il n'absoudra jamais son fils, l'accusant même, des années après, d'avoir « accéléré la mort de celle que tu appelais ta regrettée mère par une <u>manigance</u>[27] ». De peur que Spencer n'ait été influencé par Maria Walthew, « une femme diabolique dans tout son comportement », mue par « le dépit & la vengeance[28] » (espérait-elle donc être couchée sur le testament introuvable d'Ann ?), l'aïeule admoneste immédiatement par écrit son petit-fils : « ta chère mère était célèbre pour toujours dire la <u>vérité</u> et elle t'a toujours élevé tout particulièrement dans ce principe[29] ». Elle lui rappelle également sa dette de gratitude envers son père. Elle parviendra à lui faire cesser toute relation avec Miss Walthew.

La mort dans l'âme, choisissant le moindre des maux, Elizabeth se résigne à faire exécuter le seul testament existant. Le 11 octobre 1817, le document est considéré comme valable auprès de la Prerogative Court de Cantorbéry qui ouvre la succession. En décembre, la vieille dame, qui a déménagé au 18 Michael's-place, à Brompton, fait une dernière tentative pour retrouver l'acte qui assurerait l'avenir de Spencer. En vain.

La succession d'Ann suit lentement son cours : en décembre 1817, John Braham refuse de prendre le fameux perroquet chez lui, craignant que ses serviteurs ne sachent s'en occuper[30]. Le 2 juin 1818, on propose à la vente les bijoux, « comprenant un collier de diamants brillants, 36 *collets* (ras de cou), une paire de pendants d'oreilles en diamant, *idem* en forme d'anneau de diamant, des broches en diamant et en rubis, des épingles à cheveux, des bagues, des broches, des médaillons, un collier de perles à deux rangs avec un fermoir en diamant, des bracelets, des ornements de cheveux, etc. » (*The Times*), et

---

[26] Lettre de Spencer Braham à John Soane, 21 septembre 1817. (SJSM, *Private Correspondence*, IV.S.6.1.50.)
[27] Brouillon d'une lettre de John Braham à Spencer, 15 avril 1824. (Somerset Archive and Record Service, Strachie collection, *Mr. & Mrs. John Braham Correspondence*, DD\SH/49/56 (JB6/4).
[28] Lettre d'Elizabeth Storace à John Soane, 11 décembre 1817. (SJSM, *Private Correspondence*, XV.A.12.2.)
[29] Lettre d'Elizabeth Storace à Spencer Braham, 24 septembre 1817. (*Ibid.*, IV.S.6.1.51.)
[30] Lettre de John Braham à John Soane, décembre 1817. (*Ibid.*, IV.S.6.1.80.)

la vaisselle de la défunte, où figure sans doute la coupe gravée offerte autrefois par le Catch-Club de Bath. Le 17 juin, c'est au tour de Herne Hill Cottage de passer sous le marteau du commissaire-priseur. Le 22, une maison londonienne au 5 Charlotte Street, Bedford-Square, occupée par une locataire, est également vendue sur ordre de Burchell. Le 25, ce sont sept parts de Drury Lane, pour un montant global de £700 et donnant droit à une entrée gratuite dans le théâtre et aux dividendes afférents, qui sont dispersées.

En mars 1820, la presse annonce triomphalement qu'« après avoir payé tous les legs, &c du testament de feu la Signora Storace, on raconte que Miss Trusler[31], [...] sa cousine, hérite d'un bien d'un montant légèrement inférieur à £40 000 » (*The Ipswich Journal*), mais la minorité d'une partie des légataires ralentit le règlement de la succession qui ne sera effectivement achevé qu'en août 1822.

Le 13 mai 1821, Elizabeth, devenue très infirme, meurt à Brompton. Elle est saluée comme « une femme qui connaissait bien la vie, et une de ces personnes dotées d'une franche et honnête sincérité, et qui ne mâchait pas ses mots » (*The British Press*), particularités qu'elle avait transmises à ses enfants. Elle avait aidé les Burchell au mieux de ses capacités pour assurer les avant-dernières volontés d'Ann, et s'était occupée de Spencer comme elle avait pu, tout en économisant sur ses propres dépenses pour lui assurer un héritage plus conséquent.

Ce dernier, qui entretiendra toujours des relations conflictuelles avec son père, est parvenu à quitter Winchester College où il était profondément malheureux. En mars 1818, il continue ses études à la « Free School » de Birmingham où son parent par alliance Rann Kennedy est enseignant (« *second master* »). Après des études d'architecture avortées, Spencer est reçu en juin 1822 au Lincoln College de l'Université d'Oxford. Il y obtient son « *Bachelor of Arts* » en 1826 et son « *Master of Arts* » en 1829. Le 13 octobre 1829, alors qu'il s'est engagé dans la carrière ecclésiastique souhaitée pour lui par sa mère – il est chanoine mineur de la cathédrale de Cantorbéry et

---

[31] Emily Toosey, née Trusler, la cousine germaine d'Ann, qui semble être décédée avant elle. (Les dispositions testamentaires de 1797 ont été passées en revue dans le chapitre XXII.)

pasteur de Willesborough –, il se marie avec Martha Burchell Martin[32]. Ils auront six enfants. Pour épouser cette héritière, si on en croit la presse, il se serait rendu coupable d'une rupture de promesse de mariage, susceptible de poursuites juridiques[33]… L'année de son mariage, Spencer est nommé chapelain du duc de Sussex, ami de ses parents. Il sera également chapelain du comte Waldegrave qui lui a concédé un bénéfice ecclésiastique. Le comte est l'un des époux de sa demi-sœur Frances Braham (1821-1879), devenue l'une des hôtesses politiques les plus en vue du XIXème siècle. Le 10 juillet 1851, à la suite d'un scandale familial – son autre demi-sœur Josephine Braham-Wilson (1829-1866), a quitté son mari pour un homme marié[34]–, William Spencer Harris Braham adopte, par autorisation royale, le patronyme de Meadows, le nom de jeune fille de sa belle-mère, malgré les vitupérations de John Braham. Spencer ne portera finalement que peu (ou pas) le patronyme de Storace dont la connotation catholique et romaine était probablement un handicap dans la carrière qu'il s'est décidé à suivre[35]…

En 1825, selon la volonté d'Elizabeth Storace, il entre en possession de son héritage. En juin 1826, contre l'avis de son père, il décide de contester l'exécution du testament d'Ann devant les Cours ecclésiastiques (*Prerogative Court*). Spencer soutient que le testament de sa mère est nul et non avenu, puisqu'Ann était encore mariée à John Abraham Fisher lors de sa rédaction : une femme mariée ne peut en général tester sans l'autorisation de son époux. De plus, Elizabeth Storace, mal renseignée sur ses droits, aurait été manipulée par les Burchell. Représentant de sa grand-mère, Spencer affirme qu'elle et lui-même, son héritier, ont été lésés… Il affirme aussi qu'Ann aurait bien modifié ses dernières volontés en 1817 dans un acte détruit par erreur.

L'attendu du jugement rendu le 21 juin 1826 renverse cet échafaudage peu solide : pour les juges, présente à Vienne et bien informée,

---

[32] Née le 28 mars 1804 et décédée le 12 novembre 1888, elle était la fille d'Edward Martin, mort en 1853, maire d'Huntingdon en 1851, et d'Elizabeth Meadows (1781-1805), seule héritière de son père John.
[33] L'article du *Sheffield Independent* est allusif et on n'en sait guère plus.
[34] Hewett, 75. – La présence sur les planches de nombreux Braham a pu également l'y pousser (Sands 1959, 208). Ce choix de patronyme est sans doute relié à l'héritage de son épouse.
[35] Girdham 1988, 18.

Elizabeth Storace a déclaré sous serment en 1817 que sa fille était morte « célibataire » et non pas veuve. Elle a collaboré activement avec les Burchell pour régler la succession d'Ann, ce qui prouve son acceptation du testament de 1797. Quant au mariage viennois dont Spencer s'efforce de prouver la réalité, ce n'était qu'un arrangement temporaire pour éviter le scandale d'une cohabitation momentanée, comme cela se produit souvent entre acteurs à l'étranger… Pour le tribunal qui n'envisage même pas la possibilité d'un accord de séparation privé[36], ce mariage est un simulacre, ce que prouve l'attitude ultérieure d'Ann Storace et de John Abraham Fisher qui ne se sont jamais comportés comme des époux ! Par ailleurs, Spencer a bénéficié du testament de 1797 : depuis des années, il touche les dividendes du legs que Braham lui avait abandonné. Il a aussi hérité des biens de sa grand-mère, elle aussi bénéficiaire du testament qu'il conteste. Administrateur testamentaire et héritier d'Elizabeth Storace, Spencer ne peut légalement agir que suivant la logique qui dictait la conduite de sa grand-mère (l'acceptation de ce testament), et il est de ce fait débouté, avec frais de procédure à ses dépens…

Cette décision dut lui être d'autant plus cuisante s'il connaissait le sort de la partie de la fortune de sa mère allouée à l'un de ses cousins issus de germain, un des fils d'Emily Toosey… William Francis Toosey[37] est l'enfant terrible d'une famille respectable, dans une fratrie qui compte un administrateur et une épouse de capitaine de l'East India Company. En 1818, William Francis se trouvait en Hindoustan quand il apprend sa bonne fortune. Il se rend alors à Sumatra pour rendre visite à son père William qui résidait à Bencoleen, mais ce dernier était déjà reparti pour l'Angleterre. William Francis y reste quinze mois et dépense des sommes importantes, prêtées par un certain Baskett. Il rédige donc des traites au nom de ses frères, qui les refuseront par la suite, d'où les procès en 1822 et 1823 dudit Baskett à son endroit pour récupérer son argent… En décembre 1825, sa situation a empiré : William Francis a été arrêté en compagnie d'une bande de voleurs dans une maison vide de Lambeth. Il se défend en expliquant qu'il est issu d'une bonne famille, mais qu'il s'était réfugié là pour dormir, étant sans ressources et sans domicile, car il a dilapidé chez Garraway's (un café situé près du Royal Exchange, la bourse de commerce de Londres) tout

---

[36] Voir chapitres VII et XIII.
[37] Il est baptisé le 28 février 1798. (London Metropolitan Archives, Saint George, Bloomsbury, *Register of baptisms*.)

l'héritage venant de sa cousine... Un ami de la famille confirme ses dires et il est libéré après une mercuriale du juge, malgré l'envoi d'une lettre anonyme récapitulant ses diverses malversations. Cette mésaventure ne lui servira pas de leçon : le 9 décembre 1830, il est condamné à la « *transportation* » en Australie pour sept ans, à la suite du vol de « 60 *yards* de tissus ». Après être passé par la prison de Newgate, le 13 avril 1831, il meurt à bord du *Cumberland*, ponton (bateau-prison) mouillant au large de Chatham, avant même de purger sa peine[38]...

Décrit par son arrière-petite-fille comme ayant « une jolie voix, un don d'imitation parfait, le sens de l'humour et du charme[39] », William Spencer Harris Meadows, le pasteur de campagne de Chigwell (Essex), meurt le 2 septembre 1883[40]. Ses descendants possèdent toujours un daguerréotype où il présente une ressemblance saisissante avec son père.

---

[38] The National Archives, Home Office, *Convict Prison Hulks: Registers and Letter Books*.
[39] Sands 1959, 208.
[40] Preuve de son déclassement, il laisse derrière lui une fortune estimée à £ 643 3*s*, somme inférieure à la valeur des meubles partagés entre ses parents.

XXXI
« La célèbre Signora Storace »

Après le décès d'Ann Selina Storace, un journal de province, *The Hull Packet*, revient sur la vie et la personnalité de la cantatrice, avec un portrait à charge qui condense assez bien l'envers de sa célébrité :

> Cela fait quelques années que Storace a pris sa retraite. Elle avait pratiquement disparu du regard du public en tant que chanteuse. Elle conservait pourtant encore une portion de célébrité. […] possédant un revenu indépendant, vivant dans le luxe, non dépourvue d'intelligence, et considérablement accomplie ; s'étant tout d'abord distinguée par la notoriété malheureuse d'un lien coupable, et enfin, attirant l'attention qui peut découler de la cruauté venant de l'homme pour lequel elle avait été le moyen de la gloire et de la fortune – peu de femmes ont été autant qualifiées pour être l'objet de la calamiteuse attention des oisifs de ce monde.

En dépit de jugements négatifs qui révèlent les préjugés de leurs auteurs, ses nécrologies louent la cantatrice pour avoir été « une fille et une mère […] affectionnée » et avoir eu « un grand nombre d'amis qui se rappelleront d'elle avec affection et regret » (*The Salisbury and Winchester Journal*). En effet, « en privé, [elle] unissait les dons les plus brillants avec des manières fascinantes et une bonté d'âme qui faisaient de sa compagnie un bien de valeur » (*The Theatrical inquisitor, or, Monthly Mirror*). Sa générosité est également mentionnée par *The Morning Post* :

> Pour la bonté de son cœur et la générosité de sa nature, elle a toujours été éminemment et justement distinguée ; son amitié était chaleureuse et sincère, et ses nombreux amis et relations, qui ont maintenant à déplorer profondément sa perte, reconnaissaient universellement son mérite personnel.

En Angleterre, une presse pléthorique publie quotidiennement des annonces publicitaires, des comptes rendus de spectacles et des chroniques mondaines relatant les faits et gestes des gens en vue, contribuant à l'émergence de ce phénomène qui nous est familier aujourd'hui, mais relativement nouveau pour les contemporains d'Ann Storace ; et bien distinct de la réputation et de la gloire[1]. La célébrité des interprètes des planches suscite autant des éloges dithyrambiques de la part de leurs admirateurs que des critiques acérées, car on scrute intensément leurs actions, tant dans leur vie professionnelle que privée, d'ailleurs indissociables pour l'opinion publique. Les observateurs glosent, sans aucune unanimité d'ailleurs, sur leurs qualités et défauts supposés. Les scandales – d'autant plus discutés quand ils concernent la vie sexuelle ou les finances – ne font qu'alimenter l'envie du public d'en savoir davantage sur ces personnalités rendues proches par leur exposition médiatique. Ces polémiques ont également une autre fonction, celle de « réaffirmer les normes et les valeurs partagées », car elle permet au public de « prend[re] conscience de lui-même, […] comme un ensemble de spectateurs […] intéressés à en apprendre davantage sur l'un de leurs contemporains »[2].

Ann Storace s'inscrit pleinement dans cette dynamique où sa personnalité réelle, l'idée que l'on s'en fait, et la figure de fiction créée autour de ses prestations scéniques s'entremêlent et s'influencent mutuellement. Comme la plupart de ses collègues féminines, elle a pâti de ces regards extérieurs qui imposent leurs vues et leurs préjugés, tour à tour curieux, réprobateurs et empathiques. Mais Ann a aussi probablement tenté de profiter des opportunités offertes par ces nouveaux moyens de communication pour se forger une image publique à son avantage.

Elle est tout d'abord connue pour ses qualités artistiques. Sa réputation professionnelle, acquise sur le continent européen[3], l'avait précédée en Angleterre : en juin 1787, une notice biographique précisait que « ses talents superlatifs sont actuellement le sujet de conversation de tous les salons » (*The British Register*). En 1806, un guide touristique affirmera encore que « Madame Storace est inégalée

---

[1] Lilti, 10-16.
[2] *Ibid.*, 54-55.
[3] Cette célébrité a été cruciale pour son engagement au King's Theatre, comme le note Mount Edgcumbe 1834 : « [elle] n'avait jamais été entendue dans ce pays, jusqu'à ce que sa réputation comme première *buffa* de son temps n'ait été totalement établie. »

comme chanteuse comique⁴ ». Durant toute sa carrière, les contemporains publieront régulièrement portraits biographiques et commentaires divers sur son parcours, aussi bien dans la presse généraliste que celle spécialisée dans la vie théâtrale. Elle apparaîtra également dans des recueils de poésie⁵ et des œuvres de fiction⁶.

Les périodiques alimentent le renom d'Ann par les annonces de ses soirées à bénéfice, des articles élogieux de complaisance (*puffs*) ou des entrefilets mondains portant sur ses faits et gestes. La cantatrice a aussi tiré parti des salons de peinture pour diffuser son image⁷ : l'exposer aux regards ne peut qu'entretenir l'envie de voir l'original sur les planches et augmenter sa valeur d'interprète, que la presse commence à jauger à travers les recettes de soirées à bénéfice. Les comptes rendus de spectacles ou d'expositions sont également relayés dans des organes de presse régionaux, et accessibles à un lectorat habitant dans des lieux où Ann ne se produira jamais. La cantatrice est bien une personne publique, dont parlent même ceux qui ne l'ont jamais entendue ou vue⁸.

Dans la perception du public, Ann Storace est indissociable des personnages comiques souvent populaires, soubrettes et paysannes, qui constituent la majorité de ses emplois. En passant en revue ses rôles, on s'aperçoit qu'elle a assez peu incarné de personnages nobles ou socialement élevés, car sa personnalité scénique la cantonne à cette classe sociale qu'elle endosse si bien⁹. En 1796, ce charisme reconnu est illustré par des vers ambivalents : « *Storace's playful humour gives delight / But then she is Storace every night*¹⁰ » (L'humour joueur de Storace donne du plaisir / Mais cependant elle est Storace tous les soirs). Quand elle

---

⁴ Feltham, 252.
⁵ Comme dans la fable « Le Renard et le Faisan » (*Fable XIV, The Fox and Pheasant*, dans *Eighty-Nine fugitive fables, in verse….* [1792]).
⁶ Ce point sera abordé dans le chapitre XXXIII.
⁷ Son iconographie sera l'objet du chapitre XXXII.
⁸ Ainsi l'affirme *The Daily Universal Register*, en avril 1787 : « A propos de la Signora Storace, la trompette de la renommée sonne fort […] ».
⁹ John Adolphus, biographe de son collègue John Bannister, se souvient qu'« En Adela, Storace était Bannister en jupons. La même *naïveté**, le même franc-parler, la même apparence d'honnêteté et de chaleur affectueuse, les distinguaient tous deux. »
¹⁰ Roach, 73.

se hasarde à s'éloigner de cette typologie de rôles que le public lui associe, la critique se fait sévère :

> [...] la Signora Storace, qui n'est en aucun cas, propre au rôle d'une femme de haut rang, fascinante et spirituelle [...] (*The Monthly Literary Recreations*, septembre 1806)

> En tant que femme distinguée, comme la Marquise Merida, dans *The Travellers*, elle est tout à fait en dehors de son élément, et nous lui conseillerions d'abandonner ces rôles à celles qui sont plus à même d'y briller qu'elle. (*The Monthly Literary Recreations*, avril 1807)

Ces propos témoignent-ils d'un préjugé tenace en partie dû à son physique « plutôt en dessous de la taille moyenne et ayant quelque peu tendance à l'*embonpoint** » (selon Raimbach) et au teint mat, ce qui ne la prédispose pas à jouer les héroïnes sérieuses ? Le poète espagnol Leandro Fernández de Moratín (1760-1828) l'a pourtant appréciée pour la « délicatesse et la sensibilité avec laquelle elle exprime les affects les plus tendres », ce qui aurait pu l'empêcher d'être réduite à ces emplois.

L'image d'Ann se nourrit également de la confusion entre sa personne et ses rôles, mais la cantonner dans cet emploi de fille du peuple est évidemment trompeur. La famille Trusler n'est pas d'origine si humble que cela, et par ailleurs, Ann s'est solidement enrichie dans l'exercice de son métier. La cantatrice vit comme une femme de la bonne société, à défaut d'y être admise sur un pied d'égalité. Elle fait d'ailleurs preuve, dans sa correspondance, d'un allant plein de verve, d'un bon sens généreux, et d'intérêts littéraires bien éloignés de son image de soubrette.

Son franc-parler a pu être jugé négativement. Il n'en subsiste que quelques anecdotes, dont celle présentée dans une compilation de traits d'esprit, *The London Budget of Wit...* datant de 1817 :

> Lors d'un festival musical en province, un chanteur dont les culottes étaient miteuses, alors qu'on le complimentait sur la puissance de sa voix, rejeta sa tête en arrière d'un mouvement vaniteux, et répliqua, « Oh, mon Dieu, je peux en faire tout ce que je veux. – Le pouvez-vous, vraiment ?, demanda la Signora Storace, eh bien, alors, je vous conseillerais de vous faire une paire de pantalons avec. »

Bien que caustique, la remarque reste d'un prosaïsme assumé, puisqu'elle ironise sur un vêtement qu'une femme élégante doit se garder de mentionner. Des femmes du peuple qu'elle joue en scène, Ann Storace posséderait donc la « grossièreté » et la « vulgarité », termes qui reviennent souvent sous la plume des observateurs. On peut sans doute attribuer ce jugement à la personnalité sans-gêne de l'interprète et à un jeu scénique inspiré par son répertoire d'*opera buffa*, qui choque les tenants d'un style théâtral moins appuyé[11]. C'est du moins ainsi que Raimbach l'analyse :

> Il y avait dans son jeu, selon mes notions, une grossièreté et une vulgarité de manières, qui, sans être naturelle, était dans mon esprit, éloignée de toute idée de grâce, de délicatesse ou de sophistication. Qu'elle ait, ou non, trempé son style dans l'école italienne du buffa, je ne peux prétendre à le déterminer ; mais il était certainement très différent de tout ce que j'ai pu voir sur la scène anglaise, et effectivement, des autres scènes. [Son jeu] avait peut-être le mérite d'être original et non imité, mais non, comme ses admirateurs le disaient, inimitable.

Beaucoup ont souligné ses talents d'actrice exceptionnels à l'époque pour son dynamisme et son aisance scénique. Le biographe de John Philip Kemble, James Boaden, précise qu'avec Kelly, rompu comme elle à l'*opera buffa*,

> Les habitudes étrangères de ces chanteurs accomplis leur permettaient de chanter sans à-coup alors qu'ils se déplaçaient en scène (une difficulté qui n'est pas petite) et d'insuffler une vie et un mouvement dans notre répertoire, qui auparavant n'avait pu avoir suffisamment de confiance en lui pour se prévaloir d'une telle animation[12].

Les controverses récurrentes portant sur les revenus de la cantatrice adulée et sur l'immoralité de ses demandes financières s'inscrivent dans la « longue série de débats sur l'économie de la célébrité, sur les revenus extrêmes qu'elle autorise, sur l'écart parfois impressionnant des gains qu'elle favorise[13]. » Les journaux du XVIIIème siècle

---

[11] Ainsi que le note *The Monthly Literary Recreations*, en avril 1807.
[12] Avant 1796, les représentations au King's Theatre semblent s'être déroulées sur le devant de la scène, en dessous de l'arche du proscenium. (Burden 2011, 100).
[13] Lilti, 45.

« commencèrent à comparer les recettes des différentes performances et à mesurer le prestige des acteurs à leur capacité à remplir les caisses des théâtres, non sans critiquer les rétributions qui leur paraissaient excessives[14] ». Le sociologue Antoine Lilti note que « la réplique fut le développement de soirées de bienfaisances » dans lesquelles les vedettes pouvaient « soigner leur popularité auprès du public, apparaître comme le[s] protecteur[s] de la scène anglaise et faire parade de [leur] désintéressement[15] ». Tout du long de sa carrière, Ann Storace n'a pas manqué de participer à de nombreuses soirées de cet ordre, *Benefit nights* qui annoncent son concours par voie de presse. Elle a aussi légué des sommes importantes aux deux sociétés de secours des musiciens dans le besoin, ce qui permet de supposer que son geste était réellement désintéressé et non l'« obligation morale » que cette générosité était devenue dans l'esprit du public[16]. A moins qu'elle n'ait voulu *post mortem* soigner sa réputation… Pourtant, de son vivant, cette générosité affichée, qu'elle soit ou non stratégique, n'a pas eu la conséquence espérée, et sa réputation d'âpreté au gain et de pingrerie a été commentée de façon insistante, durant de nombreuses années.

Sa ténacité pour toucher son salaire, ce qui n'était pas toujours une mince affaire, et son pragmatisme ont probablement été à l'origine de méchantes rumeurs. Si certains nécrologues, plus courtois, mentionnent que « dans le privé, elle était prudente dans l'acquisition et généreuse dans la dépense[17] », la majeure partie des organes de presse distille des informations sur son prétendu amour immodéré de l'argent… En Angleterre, cette réputation professionnelle se nourrit de deux anecdotes abondamment relayées. La première est une demande de rémunération d'Ann Storace pour une soirée de bienfaisance en faveur des acteurs dans le besoin, comme le précise *The Times* : « Pourquoi STORACE devrait-elle dissimuler la CHANDELLE de sa bienfaisance sous le boisseau ; sa générosité à retourner le billet de banque qu'elle a reçu pour avoir chanté pour le Theatrical Fund l'avant-dernière saison – devrait être enregistré avec justice par l'Ange qui pèse les âmes [lors du Jugement dernier], et mis à son crédit, comme il se doit ». Son attitude est vilipendée dans toutes les éditions

---

[14] *Ibid.*

[15] *Ibid.*

[16] *Ibid.*, 46.

[17] Nécrologie parue dans *The Hull Packet*, et dans d'autres titres de presse provinciaux.

de *The Secret History of the Green Rooms* entre 1790 et 1795[18]. Ce même reproche fut également adressé à la tragédienne Sarah Siddons, qui « se fit une solide réputation d'avarice qui la poursuivit longtemps et faillit mettre sa carrière en danger[19] ».

L'autre accusation de cupidité est bien plus sérieuse. Le poète Peter Pindar – pseudonyme de John Wolcot (baptisé en 1738-1819) –, dans une note explicative portant sur le vers « Et cette perverse STORACE n'a pas voulu chanter* », dans *More money! Or, odes of instruction to Mr. Pitt…* (1792), révèle un égoïsme qui n'est pas loin d'être considéré comme un crime de lèse-majesté, en ces temps de crise européenne :

> * quand Monsieur NICOLAI, le *premier* favori, *premier* violon et *premier* bavasseur de SA MAJESTE, se rendit auprès de MADAM ST***** avec les *Commandements* de SA MAJESTE, pour participer à une *sorte* de concert à Buckingham, la Chanteuse, souriant avec un mépris ineffable, lui demanda, « Eh bien, NICOLAI, je dois chanter pour le *vieux prix*, je suppose ? » ce qui veut dire pour rien – « mes compliments à vos Maître et Maitresse, et dites-leur que j'ai un meilleur engagement. »

La sécheresse de cœur supposée d'Ann Storace se révèlerait aussi dans sa vie privée. Sa faute originelle est sans nul doute son refus d'assister financièrement son mari, le violoniste John Abraham Fisher, alors dans le besoin. Paradoxalement, c'est l'épouse autrefois maltraitée qui est blâmée, car, ainsi que l'énonce J. Roach[20], « elle est énormément critiquée pour sa cruauté envers le Dr. Fisher[21] ». La plupart des

---

[18] « A la soirée à Bénéfice annuelle en faveur du Fond Théâtral institué pour le secours aux interprètes en difficulté, elle officia, comme d'habitude, dans *The Haunted Tower*, et comme d'habitude, insista pour recevoir ses dix livres [sterling], qu'elle reçut par conséquent. Le singulier manque de charité de cette démarche, excita une indignation générale. Et, craignant le blâme du Public, à travers les Journaux, avec la réticence la plus profonde, elle retourna l'argent à Mr WRIGHTEN, le Souffleur, mais pas avant que la circonstance n'ait été condamnée dans un Journal. » (Haslewood 1790)

[19] Lilti 2014, 46.

[20] James Roach (1753/4 ?-1832 ?), libraire. Connu sous le nom de John, suite à une erreur du *Dictionary of National Biography* (1896), il diffusa de nombreux guides, de la poésie et des œuvres érotiques.

[21] Roach poursuit d'ailleurs avec une certaine hypocrisie : « […] mais comme le public n'a pas grand-chose à voir avec la conduite *privée* des interprètes,

musicographes rappellent le bannissement par Joseph II du mari violent, mais seul un biographe de *The Georgian Era*, en 1834, note « qu'il semble avoir été une brute ». La « cruauté » de la cantatrice se verra châtiée, ce que ne manque pas de relever Haslewood :

> Sa conduite envers son mari, cependant, a dernièrement été punie. Bien qu'elle n'ait pas voulu payer *ses* Docteurs, elle a été obligée de payer pour *les siens*. Elle a été forcée de se retirer de la Scène durant la plus grande partie de l'hiver dernier à cause d'une maladie, qui non seulement a été coûteuse en elle-même, mais qui l'a aussi privée de ramasser plusieurs centaines de livres grâces à ses talents scéniques. (1792)

Manifestant un manque de solidarité familiale qui fait horreur au même chroniqueur, Ann n'aurait pas été plus généreuse avec son frère Stephen :

> […] la parcimonie semble avoir éradiqué toute autre passion de son sein. Son frère, qui avait composé et compilé la musique de *The Haunted Tower*, accepta conjointement avec Mr. COBB de lui donner une certaine somme par soirée, prise sur leurs profits. – Le succès de l'opéra rendit cet accord extrêmement préjudiciable pour ces Gentlemen ; et bien que STORACE touchât dix livres [sterling] par soirée du Trésorier, pourtant elle extorqua son quota à son frère, avec la sévérité d'un juif, sans aucune considération de consanguinité, ou des finances d'un jeune homme, tout juste sorti de l'obscurité et de l'indigence. (1790)

De même, la réticence apparente de la cantatrice à débourser le prix d'une voiture pour se rendre à son domicile se fait à son détriment. Il est amusant de noter que cette économie sera aussi complimentée *a contrario* comme un signe de simplicité digne d'éloges !

> Si STORACE avait donné à un cocher de voiture de louage le vingtième de ce qu'elle paye quotidiennement au Médecin, elle ne serait pas malade maintenant. C'est vouloir épargner un penny et dépenser une livre. (*The Times*, novembre 1792)

> On dit qu'elle est si pingre qu'après une représentation fatigante, pour épargner un shilling, elle retourne à pied chez elle, avec ses

---

nous conclurons en déclarant que comme actrice, dans des personnages malicieux et fringants, elle mérite hautement sa faveur. »

socques, en risquant sa santé, dont la perte lui coûterait plusieurs livres. (*The Tomahawk*, 1795)

Malgré des dons conséquents à diverses charités – en 1811, Ann fera même un don aux « malheureux Portugais[22] », et le 22 juin 1813, elle contribuera au bénéfice en faveur des acteurs nécessiteux de Drury Lane[23] –, la presse persifle : « STORACE – a été blâmée pour avoir seulement donné SIX-PENCE à une charité publique – le prodige est – qu'elle ait pu DONNER QUELQUE CHOSE[24] ». Pourtant, le hautboïste W. T. Parke, qui l'a bien connue, affirme :

> Durant sa carrière professionnelle, la Signora Storace a connu tant d'exemple d'ingratitude de la part de ceux dont elle avait promu les intérêts, que cela l'aurait justifiée de dire, avec le poète, – l'Ingratitude, c'est comme si cette bouche mordait cette main qui veut la nourrir[25]. Pourtant, cela ne diminua pas sa générosité ; et parmi les autres legs généreux qu'elle fit, il y en avait un de mille livres à la Royal Society of Musicians.

Ces accusations d'avarice diminueront dès qu'Ann partagera la vie de John Braham. Figure dominante du couple, gagnant rapidement bien plus que sa compagne, le ténor attire désormais l'attention. Leur longue relation de dix-neuf ans explique sans doute que ces reproches aient disparu avec le temps, car devenue compagne fidèle et mère de famille, Ann Storace a changé de statut.

Pourtant, les historiennes du théâtre Cheryl Wanko et Danielle Spratt ont mis en évidence qu'« il existe une relation étrange et réciproque entre la générosité et la promiscuité pour les actrices au XVIIIème siècle[26] ». On considère que leur générosité sexuelle va de pair avec leur philanthropie, en une connexion qui souligne l'une des raisons d'être de leur métier : elles sont payées pour exhiber leur corps sur une scène. Pourtant, Ann ne bénéficiera pas de cette indulgence ambigüe,

---

[22] *L'Ambigu ou Variétés littéraires et politiques*, avril 1811. Il s'agit de venir en aide aux Portugais victimes de la guerre franco-anglaise qui opposa Wellington et Masséna.
[23] Les contributeurs au « *Fund for the relief of indigents persons, belonging to… Drury-Lane* » sont énumérés dans Wewitzer, 75-76.
[24] *The Times*, en octobre 1790.
[25] Citation tirée du *Roi Lear* (III, sc. 4) de Shakespeare, d'après la traduction de Jules Lacroix.
[26] Spratt, 69-70.

fréquemment accordée à ses collègues : ses relations amoureuses sont pour la plupart, présentées comme étant purement vénales. A son détriment, ses emplois de soubrette ont sans doute été rapprochés de la réalité infâmante de ce métier subalterne qu'elle incarnait en scène : on considérait souvent que la fidélité des domestiques n'était qu'un corollaire de leur appât du gain. Cela a probablement jeté une certaine suspicion sur la générosité réelle de la cantatrice.

La composante érotique des rôles d'Ann Storace n'a pas échappé aux observateurs. Avec elle, « le théâtre n'a jamais vu de représentation plus parfaite de coquetterie malicieuse et paysanne ou de raillerie animée », comme l'avance la nécrologie du *Hull Packet*… Elle est d'ailleurs souvent portraiturée, chevilles découvertes et décolleté avenant, projetant une sensualité bon-enfant, aux invites directes, comme en témoignent ses œillades déplacées adressées à des membres du public durant un concert sacré[27]. Ann est célèbre pour son talent à chanter tout en dansant, et cette aptitude est une autre manifestation sexuée d'un corps exposé aux regards. En dehors du théâtre, cette dimension érotique poursuit la cantatrice, même si elle est parfois codée. En 1790, un entrefilet assez révélateur le laisse entendre :

> Les larges Manchons [en fourrure] arborés par [les actrices] Mrs HATTON et Miss AMBROSE, ne sont pas une nouvelle mode. Cela fait un certain temps qu'elles les ont. La Signora STORACE est également dans le Ton[28].

Comme le précise Laura Engel, « les manchons présents dans les portraits d'actrices attirent l'attention sur la limite complexe entre la célébrité et la notoriété pour les femmes du XVIIIème siècle : dans certaines images, les manchons fonctionnent comme des signes d'aristocratie et de glamour, dans d'autres, comme signes d'accumulation et de sexualité non déguisée[29] ». Le manchon sert alors

---

[27] « On aurait plus d'estime pour la Signora STORACE si elle ne se préoccupait que de ses notes. Sa *conversation bruyante* fut remarquée et ses *œillades* voyantes offensèrent beaucoup durant la solennité d'un Oratorio. » (*The Argus*, février 1790)

[28] *The World*, en janvier 1790. (Cité dans Joanne Major, *All Thing Georgian*, « Henrietta and Caroline Ambrose » (20/03/2014), <https://georgianera.wordpress.com/2014/03/20/henrietta-and-caroline-ambrose>)

[29] Engel, 281.

de métaphore du sexe féminin. Ajouté à celui des deux actrices, le nom d'Ann est ainsi associé à l'éloge ambigu de leur élégance et de leurs turpitudes.

Cette allusion n'est pas surprenante, car Ann Storace n'a pas manqué de liaisons avérées. Pourtant, contrairement aux préjugés, sa notoriété professionnelle n'a pas forcément impliqué un accès privilégié à sa chambre à coucher, comme s'en sont rendu compte Charles Manners qui tenta de défoncer sa porte, ou encore l'entremetteuse qui lui aurait présenté un billet de £100 de la part d'un galant, avant de se faire chasser, avec une indignation dont le chroniqueur sous-entend qu'elle était feinte[30]. Malgré une silhouette qui s'est encore épaissie durant la dernière partie de sa vie (en 1808, elle a été comparée à l'acteur « Mr. Maddocks en jupons[31] » par *The Monthly Mirror*, et certains parleront même de « difformité[32] »), Ann n'en a pas moins séduit divers personnages en vue. Raimbach les énumère :

> Pour se venger, ou pour parler plus charitablement, pour s'indemniser elle-même peut-être [du mauvais traitement de son mari], elle s'attacha, tout d'abord à Mr Attwood, le compositeur et organiste, puis à Mr Brian Barrett, le fabricant de chandelles, qui se suicida par la suite ; et finalement, pour ne pas parler des passades (*passages of love*), à Braham.

Parmi les amants qu'on lui a prêtés, le graveur a omis de parler de Joseph II, dont la bienveillance s'expliquerait par son intérêt sexuel, selon certains chroniqueurs anglais, et du Prince de Galles qu'Ann aurait tenté en vain de séduire, si l'on en croit Haslewood[33]. Pour se cantonner à cette catégorie d'amants, persiffle-t-il,

---

[30] Pasquin 1796, 40 (note).
[31] Walter Maddocks (?-1823), acteur et ténor britannique, employé à Drury Lane dans des rôles secondaires de paysan, mendiant, démon, sentinelle, soldat, etc, auxquels il conférait apparemment un certain relief. (Highfill Burnim Langhans, X, 45-46.)
[32] Sa nécrologie dans *The Literary Gazette* indique : « Elle n'avait jamais été belle, mais elle avait une silhouette tolérable. […] Par la suite, sa silhouette grossit jusqu'à la difformité, et pendant une longue période, la maladie dont elle mourut, l'hydropisie, sembla gagner sur ce qui avait été autrefois grâce et symétrie ».
[33] Haslewood, 1790.

> Elle se vante fréquemment de l'honneur qu'on lui a fait, entre Lord MOUNT EDGCUMBE et Lord VALLETORT ! Vraiment, elle a une grande prédilection pour les Nobles Personnages ! (1790)[34]

Ni Haslewood, ni Raimbach ne mentionnent l'attachement qu'a peut-être ressenti Michael Kelly, dont une notice biographique précise qu'il « resta quatre ans à Vienne, trouvant du réconfort dans les charmes de son amie Storace[35] ». Par ailleurs, on a attribué à Ann une dernière escapade sexuelle assez sordide, après sa séparation avec Braham. Dans son *Drury Lane Journal*, James Winston, employé par ce théâtre entre 1819 et 1827, laisse entendre que la cantatrice aurait accordé des faveurs au grand acteur Edmund Kean (1787-1833), connu pour son habitude des rencontres sexuelles avant les représentations et durant les entractes :

> 7 janvier [1820] {{Kean}} a demandé que la répétition n'ait pas lieu avant midi car il voulait se soûler cette nuit-là – il a dit qu'il avait eu fréquemment 3 femmes à {{caresser}} durant la représentation et que deux l'attendaient pendant que l'autre était consommée. Penley a dit qu'il avait [précédemment] vu {{Storace}} attendre son tour[36].

Le nom d'Ann Storace apparaît dans la liste de la cinquantaine de donateurs, tous acteurs de Drury Lane, pour un cadeau fait à Kean : une coupe en argent, qui lui fut remise en grande pompe le 25 juin 1816, en témoignage d'admiration pour son interprétation de Sir Giles Overreach dans *A New Way to Pay Old Debts* de Philip Massinger (1625). C'est donc qu'elle le connaissait ou l'admirait suffisamment pour se joindre à cette démarche... On n'en sait guère plus. Cette participation s'ajoute à d'autres contributions de la cantatrice, qui souscrivit à la publication de romans ou de pièces de théâtre[37] : aider ses collègues faisait partie de son devoir professionnel et amical.

---

[34] Il s'agit du père et du fils, puisque Richard Edgcumbe (1764-1839), vicomte Valletort entre 1789 et 1795, devint comte de Mount Edgcumbe à la mort de son père, George Edgcumbe (1720-1795). Rappelons qu'il avait été présent au mariage d'Ann Storace à Vienne et qu'il publia ses mémoires de mélomane, *Musical Reminiscences*....

[35] *The New, General and Complete Weekly Magazine*, 1796.

[36] Kahan 2006, 83.

[37] On relève son nom parmi les souscripteurs de *Poems on several occasions* (2ème éd., 1788) de William Ulton ; de *The Mystery of the Black Tower* (1796), un roman de John Palmer junior, fils d'un de ses collègues acteurs ; de *Pathetic tales, poems, etc.* de Jebe B. Fisher, en 1808, ou encore d'*Oberon's Oath or, The*

En dehors des rumeurs de ses « caprices » viennois, Ann Storace semble avoir été une collègue appréciée, si l'on excepte quelques brouilles occasionnelles et les rivalités habituelles avec certaines collègues, comme Mrs Crouch[38], Mrs Billington et Madame Mara. A en croire James Boaden,

> Elle considérait le travail comme un plaisir, et semblait toujours heureuse quand elle était distribuée. Dans l'exercice de ses devoirs publics, elle était hautement exemplaire, se riait des rhumes et des maladies nerveuses, et utilisait ses chaussures quand il faisait beau, et ses socques quand il pleuvait, pour ses allers et retours vers le théâtre ; et elle n'avait pas un brin d'affectation en elle.

Une personnalité aussi forte qu'Ann Storace ne pouvait manquer d'être caricaturée : on a gardé la trace de deux dessins la portraiturant ironiquement[39]. Ses caractéristiques scéniques ont aussi été brocardées par des amateurs ou des professionnels. Ainsi, à Bath, durant l'été 1789, on représente une pièce de théâtre de Frederick Reynolds, *The Dramatist, or Catch him who can*. Mary Stephens Wells, future Mrs Sumbel, (1762-1829), connue pour ses talent d'imitation, y joue Marian, une jeune Lady fanatique de théâtre, qui « montre un spécimen de ses capacités en imitant différents rôles. Parmi ceux-ci, étaient des imitations de Mrs. Martyr, Madam Mara, la Signora Storace, Mrs. Crouch, et Mr. Kelly[40] », interprètes idolâtrés par le public local. Ce ne sera pas la seule fois où sa manière de jouer sera imitée avec talent, paraît-il.

Paladin and The Princess, de Benjamin Thompson, publié au bénéfice de la veuve et des enfants de l'auteur, en 1816.
[38] En décembre 1789, *The Morning Post Daily Advertiser* affirme que la jalousie d'Anna Maria Crouch envers Ann Storace n'est qu'un ragot de théâtre.
[39] A l'occasion de la polémique sur *The Iron Chest* (voir chapitre XX) et lors de la désertion de Braham (voir chapitre XXIX).
[40] *The Town and Country Magazine*, juin 1789.

XXXII

Madame Storace : reflets et images

Comme la plupart des célébrités de son temps, Ann n'a cessé d'être portraiturée et son image a été largement diffusée[1], entretenant la connivence avec son public. Pourtant, au début du XIXème siècle, Prince Hoare écrivait au bibliophile Thomas Hill (1760-1840), un des propriétaires du *Monthly Mirror* : « Je n'ai pas oublié de répercuter votre demande à la Sig^ra Storace, mais elle m'assure qu'elle n'a pas de portrait d'elle en Angleterre – *Le plus proche de Londres* est en possession de Mrs Stephen Storace [à] Birmingham[2] ». Voilà qui est bien curieux ! Ann ne possédait-elle donc aucune image la représentant ? L'inventaire d'Herne Hill Cottage de 1816 mentionne « deux portraits » et « une gravure » dans la « petite bibliothèque », mais leur détail n'est pas connu.

La diffusion de portraits « sur le vif » faisait partie de la stratégie publicitaire élaborée par les acteurs depuis le milieu du XVIIIème siècle. Portraits peints, gravures et planches hors texte publiés dans les périodiques et les collections de pièces de théâtre diffusent leur image et nourrissent leur réputation. Une citation de la pièce ou de l'opéra, en situation, accompagnait souvent le portrait, dont l'attitude théâtrale était codifiée.

Ann a été représentée dans certains de ses rôles de prédilection, comme l'attestent les deux figures d'Ofelia publiées à Vienne sur les frontispices de partitions commercialisées de *La Grotta di Trofonio*[3].

---

[1] On trouvera des listes incomplètes de son iconographie dans Highfill Burnim Langhans, XIV, 304-305, et Knight.
[2] Lettre de Prince Hoare à Thomas Hill, 18 septembre 1805 ou 1806 ? (Citée par Girdham 1997, 32.)
[3] Voir chapitre VIII, notes 15 et 16.

Etrangement, certains rôles qu'Ann a le plus interprétés n'ont pas été pérennisés par l'image : ainsi, il ne semble pas que sa Margaretta (*No Song, No Supper*) ait été dessinée. Vers 1795, elle aurait été portraiturée en Florella (*My Grandmother*) par Thomas Kearsley, connu pour ses portraits d'acteurs[4], mais ce tableau semble perdu. Les collections du Garrick Club conservent pourtant une trace de son Adela (*The Haunted Tower*), une caricature contresignée par la cantatrice[5]. L'image a peut-être été croquée sur le vif, contrairement aux vignettes imprimées qui la dépeignent en Clara[6], Lilla[7], ou Lorenza[8]. Un dessin anonyme, plus évocateur de sa présence scénique que ces illustrations, est conservé dans les collections du Victoria & Albert Museum : ce « *Signora Storace as Katharine in "the English Fleet"* » la dépeint en plein mouvement, les mains sur les hanches, toque inclinée avec coquetterie sur la tête, drapée dans son châle[9]. On retrouve cette même robe Empire dans son portrait par Michael William Sharp, exposé en 1804[10]. Après avoir

---

[4] Thomas Kearsley, actif à Londres, exposa à la Royal Academy of Arts entre 1792 et 1802. Ce portrait fut présenté en 1795 sous le n°212, « Portrait d'une actrice » (Whitley, II, 385). Graves l'avait précédemment identifié comme étant un portrait de Miss Leake (IV, 303).

[5] Dessin de John Nixon (1760-1818), amateur connu pour ses dessins humoristiques. *Collection of the Garrick Club*, n° G0779. <http://garrick.ssl.co.uk/object-g0779>. – Un portrait d'Ann Storace en Adela aurait été inclus dans une des éditions pirates de *The Haunted Tower*, publiée à Dublin (sans date).

[6] « *Signora Storace as Clara* » dans *The Duenna*, gravé par Thomas Ryder, d'après un portrait de Miss Craven, pour S. Watts (1790), visible sur <http://collections.vam.ac.uk/item/O1266517/signora-storace-as-clara-print-ryder/>.

[7] « "*Mr Bannister Junr and Signora Storace as Leopold and Lilla.*" "*The Siege of Belgrade*" », gravé par Barlow d'après Cruikshank, et publié dans *The Whim of the Day for 1791* (London, J. Roach, 1793). L'illustration a été réalisée en 1790, avant les représentations.

[8] Pour *The Castle of Andalusia*, si Pedrillo a les traits de Fawcett, la Lorenza qui lui fait face possède un visage si générique qu'on ne peut être certain qu'il s'agit bien d'Ann Storace. (Gravé par C. Hearth d'après Singleton, et publié par Longman & Co en mars 1816). Visible sur <http://imagesearch.library.illinois.edu/u?/actors,1648>

[9] Visible sur <http://collections.vam.ac.uk/item/O1154790/drawing-unknown/>

[10] Michael William Sharp (1776/7-1840), peintre britannique, fils du principal hautboïste de Drury Lane, et petit-fils de William Hopkins, le souffleur du

fait partie de la collection de Thomas Harris, le tableau est actuellement conservé au Garrick Club[11]. Ainsi que pour *The Haunted Tower*, l'action de l'opéra avait beau se dérouler au Moyen-Âge, les costumes n'en étaient pas moins contemporains.

On peut regretter la perte du tableau de Charles Allingham (1788-1850), frère du dramaturge John Till Allingham, alors connu pour ses portraits d'acteurs, qui la montrait sans doute dans l'un de ses rôles. La gravure aurait dû être publiée dans *The Monthly Mirror* en 1803[12]. Autre toile actuellement disparue, un « Portrait de la Signora Storace » par Mrs Francis Wheatley[13] fut exposé à la Royal Academy of Arts, deux ans plus tard[14].

Un paradoxe veut que l'une des images les plus diffusées de la Signora Storace la montre dans un rôle étranger à son répertoire. L'éditeur John Bell[15] était l'un des plus gros diffuseurs de portraits théâtraux de la période. Sa série *Bell's British Theatre* a popularisé Ann sous les traits d'Euphrosyne, une « bacchante » de la suite de Comus, tirée du *masque* du même nom de Thomas Arne et John Dalton, d'après John Milton (1738) : dans un contexte pastoral, le divin fils de Bacchus incite les principaux protagonistes, des voyageurs égarés dans un bois, à goûter son vin qui les transformera en animaux, en une fable opposant vice et vertu. Euphrosyne, personnage tiré de l'*Allegro* de Milton, intervient dans ce divertissement dionysiaque, en chantant et en dansant. Ann

---

même théâtre. En 1804, ce portrait fut exposé à la Royal Academy of Arts, sous le n°302. (Graves, VII, 87.)

[11] *Collection of the Garrick Club*, n°G0780. <http://garrick.ssl.co.uk/object-g0780>.

[12] L'annonce, parue dans *The Montly Mirror* de mars 1803, ne semble pas avoir été suivie par sa publication.

[13] Clara Maria Wheatley, née Leigh (v.1767-d. 1838), peintre britannique. Appréciée pour ses sujets floraux, elle était alors veuve du peintre Francis Wheatley (1747-1801). Elle se remariera en 1807 avec Alexander Pope (1763-1835), acteur et miniaturiste. Son ami John Soane l'aida à trouver des commandes après la mort de son premier mari. (Mary Webster, « *Pope, Clara Maria (bap. 1767, d. 1838)* », *Oxford Dictionary of National Biography*, Oxford University Press, 2004.)

[14] Exposition de 1805, n°814. (Graves, VIII, 245.)

[15] John Bell (1745-1831), éditeur (littérature et presse) anglais. En 1772, il s'était associé avec une dizaine de notables londoniens, dont John Trusler, l'oncle d'Ann, pour publier *The Morning Post; and Daily Advertising Pamphlet*. (Burnim Highfill, 4.)

n'a jamais interprété le rôle sur scène, ce qui légitime l'interrogation d'un chroniqueur du *Times* : « Pourquoi on s'est arrêté sur STORACE pour le personnage d'*Euphrosyne* paraît assez inexplicable puisque Mrs CROUCH a eu jusqu'à présent le privilège exclusif au Vieux Drury de "baigner la plaie avec du *vin* rosé" »[16]. Toutefois un tiers des acteurs figurant dans cette série de gravures n'incarnèrent jamais ces rôles fixés pour la postérité[17]. Les publicités de Bell mentionnent que ce fascicule comporte un « portrait plein d'entrain (*lively Likeness*) de la Signora Storace » ; cette expression, combinée à l'image publique de la cantatrice, explique son choix. En 1791, paraissent donc deux gravures inspirées d'un portrait perdu de Samuel De Wilde (baptisé en 1751-1832) : les figures, assez similaires et réalistes, sont gravées par James Thornthwaite (v. 1740-?) et Jean Condé (1765-1794)[18]. La même année, une autre interprétation plus idéalisée est dessinée par George Corbould et gravée par Thornthwaite pour l'éditeur C. Cooke[19]. Toutes donnent à la Signora Storace les agréments de la déesse de la gaieté, la danse et le chant. La singularité de la cantatrice est renforcée avec la réédition de cette dernière image en 1809. Cette fois-ci, la figure d'Ann est encadrée par un ovale drapé de voiles, surmonté d'une tête de bouc. Une tête similaire surplombe d'ailleurs la loge d'opéra, décor de la gravure de Jean Michel Moreau le jeune (1741-1814), intitulée *La Petite loge*. Une même métaphore érotique unis ces deux gravures : représentée en bacchante dansante, une coupe de vin à la main, Ann affiche autant ses appâts que cette fille de théâtre française aguicheuse, présentée par une entremetteuse à deux petits

---

[16] En revanche, la véritable titulaire du rôle, Anna Maria Crouch, est portraiturée dans la série de Bell en Polly (*The Beggar's Opera*) et Emily (*The Double Disguise*), rôles qu'elle avait joués. (Burnim Highfill, 120-121.)

[17] Burnim Highfill, 22-23.

[18] On peut voir ces illustrations sur <http://imagesearch.library.illinois.edu/u?/actors,3469> (Thornthwaite, publié le 31 janvier 1791) et <http://collections.vam.ac.uk/item/O1140625/h-beard-print-collection-print-de-wilde-samuel/> (Condé, publié le 16 juin 1791), ainsi que dans Burnim Highfill, 236. On en trouve également d'autres variations, dont celle de T. Wilkins (1793). Cette Euphrosyne fera l'objet d'une copie au crayon lors du périple italien, simplement intitulée « *Anna Storace. Prima Buffa* », conservé au Museo internazionale e biblioteca della musica di Bologna. (<http://www.bibliotecamusica.it/cmbm/scripts/quadri/scheda.asp?id=2330>)

[19] Visible sur <http://imagesearch.library.illinois.edu/u?/actors,3470>.

maîtres libertins, assis dans une loge d'opéra. Dans les portraits d'après Corbould, Ann tient une coupe de vin ainsi qu'une baguette (magique). Ces attributs iconographiques contribuent également à la métamorphoser en incarnation de la muse comique, en lui faisant prendre la succession symbolique de la célèbre soprano Kitty Clive (1711-1785) qui fut une Euphrosyne réputée, tout aussi connue pour son image transgressive. A l'époque, la coupe et la baguette de Comus, « symboles Miltoniens du pouvoir du dieu à effectuer des transformations (et ainsi à déguiser le mal par l'apparence de l'innocence) », étaient devenus, dans l'Epilogue du *masque* ajouté pour Mrs Clive, « des objets se référant à [sa] célébrité comme une autre Thalie », c'est-à-dire, des allusions à son talent à créer des personnages caricaturaux sur une scène de théâtre[20]. Dotée du même talent d'imitation, en les brandissant à son tour, Ann Storace empoigne ainsi les symboles de son renom opératique. Par la même occasion, l'image brocarde sa réputation galante.

Une autre représentation tout aussi dynamique d'Ann a été publiée en 1792 dans *The Attic Miscellany*[21] : dans cette caricature[22], elle y tient d'une main un bouquet de fleurs et de l'autre un drapé, dans une illusion de mouvement si expressif qu'il a parfois été perçu comme une nouvelle variation sur la figure de la nymphe.

A Vienne, Johann Hieronymus Löschenkohl (1753-1807) avait intégré sa silhouette tracée à l'encre noire, au profil couronné de verdure (des lauriers ?), à la série des chanteurs, acteurs et compositeurs des théâtres viennois qu'il réalise entre 1783 et 1787[23]. Ce sont d'autres végétaux, des fleurs épanouies, qui ornent le chapeau de paille de la jeune femme dans le portrait de type « la belle jardinière » (gravure coloriée ou non) de Pietro Bettelini (1763-1829), publié à Londres et à

---

[20] Joncus, 23-24.
[21] *The Attic Miscellany*, July 1792, [entre 264-265 dans Reprint ECCO]. Une autre version attribuée au graveur J. Godefroy est visible sur <http://collections.vam.ac.uk/item/O1266525/signora-storace-print-godefroy/>.
[22] Chancellor 1990, 121.
[23] Dessin à l'encre noire conservé à Vienne, à l'Österreichische Nationalbibliothek, Bildarchiv und Grafiksammlung. (<http://www.bildarchivaustria.at/Preview/9276430.jpg>).

Paris en 1788[24] ; il en émane une impression de jeunesse et de fraîcheur qui sied idéalement à la créatrice de Susanna, nièce du jardinier Antonio. L'associant plus étroitement à la communauté théâtrale, l'eau-forte de J. Godefroy (1797)[25] surmonte un poème en italien qui souligne les qualités de la « *Celebrated Signora Storace* », « admirée par Albion sur la double scène », italienne et anglaise. Ann porte une robe blanche à l'antique et est coiffée d'un turban entrelacé de perles.

Le portrait que conservait Haydn était-il l'une de ces gravures ? L'inventaire de sa bibliothèque n'est guère prolixe en détails[26]. Pourrait-il s'agir d'une estampe faisant partie des « 6 Portraits de divers musiciens » ou des « 50 divers portraits » listés dans le « catalogue des possessions artistiques de feu Joseph Haydn » devant être vendues aux enchères après son décès ? Sans doute le portrait était-il accroché au mur, pour que Cherubini l'ait vu chez son aîné…

Les expositions de la Royal Academy of Arts donnèrent l'occasion de dévoiler plusieurs miniatures de la Signora Storace, désormais perdues[27]. Tour à tour, Philip Jean (1755-1802) en 1788[28], Ozias Humphry, une relation de la famille Linley, en 1795[29], Louis-Ami

---

[24] « *S^ra. Storacce* » « *Bettelini del et sculp / Pubd April 12. 1788, by Moltano Colnaghi & Co. No. 132 Pall Mall / A Paris chez Tessari Zanna et Co. Quay des Augustins No. 42* ». Visible sur <http://www.bildarchivaustria.at/Preview/9276423.jpg>.

[25] « *I. Godefroy Sculpt / London, Published as the Act directs May 23d 1797, by P. Molinari, No. 72 New Compton Street, Soho.* ». Visible sur <http://collections.vam.ac.uk/item/O185767/h-beard-print-collection-print-molinari-p/>.

[26] Landon Haydn, V, 392-393.

[27] La miniature non signée, reproduite dans Stroud, 55, est peut-être l'une d'elles.

[28] « n°315 : Cadre avec sept miniatures (Mr. Sandby, Mr. Serres, Mrs. Maylin, Mdlle. Storace) » (Graves, IV, 239) – Entre 1787 et 1802, il exposa 118 miniatures à la Royal Academy.

[29] Ozias Humphry (1742-1810), portraitiste et miniaturiste britannique. Alors élève de Samuel Collins à Bath, il résida chez Thomas Linley senior, et rencontra grâce à lui Thomas Gainsborough et William Hoare, le père de Prince Hoare. (V. Remington, « *Humphry, Ozias (1742–1810)* », Oxford Dictionary of National Biography, Oxford University Press, 2004; online edn, Oct 2007) – Portrait exposé sous le n°289. (Graves, IV, 194 ; Jeffares <http://www.pastellists.com/Articles/Humphry.pdf>,)

Arlaud, dit Arlaud-Jurine, auteur du portrait posthume de Stephen, en 1796[30], Joseph Hutchinson en 1797[31], et E. Acres en 1809[32], fixèrent ses traits. Plus original, en 1794, *Maternal Happiness* (Bonheur maternel) de Philip Jean, un portrait de groupe, montrait une miniature d'Ann Storace parmi d'autres : on pouvait y voir « Au centre la Signora Storace dans le personnage de *My Grandmother*, un juif turc et six autres[33] ».

Le ravissant portrait de la main du marquis William Grimaldi (1795), qui la dévoile de trois quart, simplement vêtue d'une robe et d'un fichu blancs, n'a été exposé qu'en 1871[34]. Au contraire, l'aquarelle réalisée par le célèbre miniaturiste Richard Cosway (1742-1821) en 1793 ou 1794[35] a été largement diffusée et a connu une importante fortune artistique. Sur un fonds de ciel bleu, la jeune femme pose en buste, de trois-quarts, comme dans le portrait de Grimaldi. Ses cheveux simplement poudrés sont retenus par un ruban, tandis que son fichu met en valeur un décolleté plus profond. Cette miniature inspire un dessin puis une gravure de Jean Condé, publiée par T. Wilkins, le 1er juin 1793. Une publication du *Thespian Magazine* (II, 1793), une gravure

---

[30] Miniature exposée sous le n°605 (Pasquin 1796b, 9). – Cette miniature est également attribuée à « Bernard Arland », miniaturiste habitant au 31 Howland Street, non loin de chez Ann, en 1792, par Graves (I, 59).

[31] Joseph Hutchinson (actif entre 1770 et 1819), miniaturiste irlandais. (<http://www.libraryireland.com/irishartists/joseph-hutchinson.php> – Miniature exposée sous le n°440. (*A guide to the exhibition of the Royal Academy, for 1797*, I, 25.) Il est intéressant de noter que Graves ne donne pas le nom de la cantatrice mais indique « Portrait. Interprète célèbre » (IV, 208).

[32] E. Acres, miniaturiste actif à Londres en 1800 : il exposa une trentaine de miniatures à la Royal Academy. « *Sig. Storace* » a été exposé sous le n°596. (Graves, I, 4).

[33] Exposée à la Royal Academy of Arts sous le n°529 (Pasquin 1794, 35 ; Graves, IV, 240). « Un contemporain écrit que cette toile est une représentation du bonheur régnant dans la famille de l'artiste, et qu'elle inclut des portraits de Mrs Gore, Mr Drury le banquier, du capitaine Morrison et de la Signora Storace. » (Whitley, II, 385.)

[34] La miniature se trouvait en 1963 dans la collection de Daphne Foskett. (Photographie en noir et blanc dans Foskett, pl. 117 [face à 133]).

[35] Elle a été vendue par Jacobs & Hunt en 1996. (« *Lot 274. Aquarelle dans un cadre d'ébène, au verso : Madam Storace, R Cosway 1794* », <www.artfact.com>, consulté le 19 novembre 2012.) Sa description découle des portraits dérivés.

d'Anthony Molteno en 1794[36], une miniature anonyme[37], une gravure en trompe-l'œil de la miniature originale en couleurs (non datée), ainsi qu'une copie sur ivoire circulaire signée Stepford, présentée dans un cadre en bronze[38], en sont également dérivés.

Une autre miniature semblant dater des années 1800-1810 fait partie des fonds du Sir John Soane's Museum[39].

Ajoutons à ce panorama le dessin à la craie noire et lavis du peintre gallois John Downman (1750-1824), lequel a choisi de présenter Ann en buste, la tête tournée de profil, un demi-sourire décidé flottant sur ses lèvres[40].

Une dernière effigie mêle images privée et publique. Tout d'abord attribuée à Thomas Beach (1738-1806), un élève de Reynolds installé à Bath, dont l'œuvre témoigne de son intérêt pour la scène, puis à Benjamin Vandergucht (1753-1794)[41], elle est actuellement conservée à la National Portrait Gallery de Londres[42]. Ann y est peinte de trois-

---

[36] La légende inscrite sous le médaillon indique : « *Mrs. Storace, From the Original Picture by R. Cosway R.A.. London: Published March 25, 1794, by Ant[hon]y Molteno, No. 76, St. James Street.* »

[37] Vendue par Locksdales : *The Fine sale Auction 125. 10-11 June 2015*, 103 (Lot 1039). Entourée d'un cadre sculpté et doré, il n'est pas mentionné qu'il s'agit de l'original de Cosway.

[38] Vendue par Harlowe Powell (Charlottesville, Virginia), le 31 mars 2007. (Lot 769). Des photographies sont visibles sur <http://www.worthpoint.com/worthopedia/stepford-miniature-portrait-probably-ivory>.

[39] Dans ce portrait très effacé, Ann porte un costume de théâtre, une robe blanche style Empire et un manteau sans manche brodé à la grecque. (Sir John Soane's Museum Collection Online : <http://collections.soane.org/object-sdr21-29>)

[40] Ce dessin, qui faisait partie de la collection de H. P. Heseltine en 1920, n'est plus localisé. Une photocopie noir et blanc de la page du catalogue *Anderson's New-York, 2-4 March 1926*, Lot 158, est conservée à la Witt Library, Courtauld Institute of Arts. (Toute ma gratitude à Louisa pour la communication d'une reproduction de cette photocopie.)

[41] Vandergucht aurait pourtant abandonné la peinture en 1787 pour devenir marchand de tableaux. Il avait préalablement peint des portraits d'acteurs et des scènes théâtrales.

[42] Catalogue de vente Sotheby's, *British Paintings 1500-1850, London, Wednesday 18th November 1987...*, Lot 53, 70-71. Le portrait (NPG 6148) est visible sur le

quarts en buste ainsi qu'il convient aux portraits d'apparat, dans une pose qui rappelle celle de la duchesse de Devonshire, Georgiana Cavendish, par Thomas Gainsborough (vers 1785-1787). La pose et les vêtements sont similaires, mais au lieu d'une rose, la cantatrice tient une partition, attribut typique de sa profession. On peut y lire « S^{ra} *Storace* » et « *The Jubilee* » : cet anniversaire doit être celui de ses vingt-cinq ans. Cette attitude aristocratique ennoblit la cantatrice, ici bien loin des emplois de soubrettes qui l'identifieront aux yeux de son public. Notons qu'un portrait de son époux John Abraham Fisher, également attribué à Thomas Beach, faisait également partie des collections de la famille Hoskens à Ellenglaze Manor (Cornouailles), dans les années 1980[43]… Les deux figures étaient peut-être conçues comme des pendants, puisque Fisher « porte une veste bleue, avec des lunettes et tenant un luth », couleur qui fait écho à celle de la ceinture et des rubans de la robe de la Signora Storace.

---

site de la National Portrait Gallery, <http://www.npg.org.uk>. La toile est datée des années 1790.

[43] Ce portrait était également mis en vente par Sotheby's, *Ibid.*, Lot 54, 71.

XXXIII
« Nancy Storace », personnage de fiction

Autre preuve importante de sa célébrité, *Madame* Storace devient un personnage littéraire de son vivant. En 1790, dans *Belmont Castle; or, Suffering Sensibility*, un roman épistolaire de Theobald Wolfe Tone (1763-1798), un écrivain et nationaliste irlandais, Montague Belville fait référence à la femme aimée en précisant à un ami : « vous ne pouvez oublier l'impression qu'elle a fait sur mon cœur l'hiver dernier, à l'Opéra, le soir du bénéfice de Storace ; comme elle a distrait mon attention de Mozon et comme mon habituelle demande de bis pour 'Chi mi mostra' et le charmant duo de 'Piche cornacchie' m'a déserté[1] ». Le bénéfice de la Storace est bien un évènement mondain... En 1905, on retrouvera d'ailleurs le même procédé littéraire dans lequel la loge d'opéra devient le théâtre des passions des héros sur fond de représentation, dans *The Scarlett Pimperenel* (*Le Mouron rouge*) de la baronne Emma Orczy (1865-1947). Lady Marguerite Blakeney et l'ambassadeur français Chauvelin tiennent une conversation cruciale pour l'intrigue, alors que « Selina Storace » interprète Orfeo à Covent Garden ! Dans la réalité, si en février 1792, on donna bien sur cette scène un *Orpheus and Euridice* de Gluck, sur un livret révisé par Francis Gentleman, Ann ne faisait pas partie de la troupe. Le 24 mars 1790, la cantatrice avait pourtant interprété « *Che faro* », lors d'une soirée d'oratorio, au Little Theatre in the Haymarket.

En 1793, John Trusler junior insère une brève allusion à la célébrité de sa nièce, dans *Life; or, the adventures of William Ramble, Esq.*[2]. Au chapitre IX, une jeune héritière férue de musique, Dolly Whip, profite de sa pratique musicale privée pour voir son prétendant. La mère de Dolly lui souligne le danger que cette activité lui fait courir, d'autant plus que

---

[1] (Marion Deane, éd.) Dublin, The Lilliput Press, 1998, 61. (Letter VIII).
[2] [London,] Printed for Dr. Trusler, and sold at the Literary Press, 1793.

la jeune fille souhaiterait devenir actrice. La réponse de Dolly aux craintes maternelles atteste de l'emballement médiatique entourant les chanteurs, et d'un enthousiasme contraire à la morale : « Les journaux ne nous informent pas que Miss Une telle qui possède £ 10 000 de fortune, et Miss Une telle, qui en possède £ 20 000, est arrivée en ville, ou en est repartie ; mais ils parlent en permanence de musiciens. – Storace est engagée à l'Opéra ; Marchesi est parti en Italie ; Rubinelli va prendre sa place. Eh bien, Maman, ces chanteurs d'opéra doivent être bien recherchés, puisqu'on les appelle de si loin pour nous divertir ». Dolly s'enfuira avec son prétendant coureur de dot, puis elle l'épousera à Calais. Comme le souligne ironiquement l'auteur, « Mrs [Dolly] Simple écrivit à son père, le *faux pas** fut pardonné, et Charles devint maître de sa fortune. Toutes les aventures ne se terminent pas si bien. ». Dans son roman, Trusler juge donc sévèrement la médiatisation à outrance des gens de théâtre et l'ambiguïté qui en découle. Ces préjugés se perpétueront dans les propos d'un autre personnage fictionnel bien connu, ecclésiastique comme l'était Trusler : Edmund Bertram, le héros du *Mansfield Park* de Jane Austen (publié en 1814), condamne les répétitions théâtrales privées de *Lovers' Vows*, une pièce de Mrs Inchbald, qui ont lieu chez lui et l'engouement qui s'empare de sa maisonnée : ce divertissement aura d'ailleurs des conséquences libertines pour les acteurs amateurs, puisque la réalité imitera la fiction. Quand Jane Austen explique pourquoi d'autres représentations privées ont dû être annulées, elle fait d'ailleurs un jeu de mot sur *My Grandmother* de Storace[3] !

En décembre 1806, Ann Storace est mentionnée dans la version française d'une pièce d'August von Kotzebue (1761-1819), *Les deux Klingsberg* (*Die beiden Klingsberg*, Leipzig 1801), représentée à Paris au Théâtre des Variétés-Etrangères. Dans la première scène, le valet Baltazar indique à son maître que « *Là est un billet de la petite Storacci* », ce à quoi le comte répond « *avec indifférence : "Ah ! de Storacci ?... Il ne contient sans doute rien de neuf ; hier j'ai passé la soirée chez elle. (Il le parcourt) Tendresse, fidélité !... (il le rejette.) Oui, je sais... Quel temps avons-nous ?"*[4] ». L'original allemand mentionnait pourtant une « petite italienne » nommée Comachini. Cette substitution confirme que la Signora Storace avait

---

[3] Ce passage se déroule dans le chapitre XIII.
[4] *Théâtre des Variétés-Etrangères, ou choix des meilleures pièces des Théâtres Allemand, Italien et Anglois, Représentées avec succès, à Paris, sur le Théâtre des Variétés-Etrangères, dans le courant de l'année 1807*. Paris, Antoine-Augustin Renouard, 1807, II, 4.

laissé un souvenir prégnant à Paris, comme en témoignait déjà l'*Allgemeine musikalische Zeitung* en 1800[5]. Est-ce un hasard si l'intrigue de la pièce a été située à Vienne dans cette adaptation ? Si William Makepeace Thackeray (1811-1863), en 1843, et Henry Milton, en 1845, utilisent Ann Storace comme référence, c'est pour se gausser de leurs héroïnes, deux chanteuses dont les ambitions dépassent les moyens. La première bénéficie des conseils d'un professeur de chant « suffisamment vieux pour se souvenir de personnes qui avaient assisté aux débuts de Mr. Braham » et dont « les jours de triomphes avaient été ceux de Billington et Incledon, Catalani et Madame Storace », tandis que la vocalité de la seconde est décrite par : « Son style était fondé sur une combinaison de Braham, Madame Storace et Catalani, avec un zeste de cor et de grosse caisse dans ses vocalises les plus saisissantes[6] ».

En 1851, Hannah Mary Rathbone (1798-1878) publie un récit tout à fait curieux, *Ines and Vincent*[7]. Puisant sans vergogne dans les mémoires de Michael Kelly et W. T. Parke, sa nouvelle est en réalité une biographie romancée d'Ann, Stephen Storace et Mary Hall, car Rathbone a réécrit à sa façon les destins opposés d'Inez (Ann) et d'Amy (Mary), l'épouse de Vincent (Stephen). Son texte à clés, destiné à l'édification des foules, démontre que le bonheur féminin s'accomplit grâce aux vertus d'épouse modèle et de bonne mère de famille, loin de la scène et de ses dévoiements. Ainsi, la narratrice conclut qu'Inez « avait une âme pleine d'une affection ardente qui n'avait jamais connu la gratification d'avoir été aimée par un mari au noble cœur ou chérie par des enfants affectionnés, et depuis des années privée de son père et de son frère qui constituaient le bonheur de son enfance ». Les évènements relatés sont suffisamment proches de la réalité pour que le lecteur puisse comprendre les allusions, mais ni Mozart ni Braham ne sont inclus dans cette fable moralisatrice qui stigmatise le « caractère excitable et enclin aux foucades » de la cantatrice, son mariage imprudent avec Fisher et son intérieur « désolé, sans enfants et désordonné », comparé à la maisonnée heureuse d'Amy et Vincent. Inez finira par se racheter par son dévouement pour les

---

[5] *AMZ*, II, Iulius 1800, 713.
[6] *Men's Wives by Fitz-Boodle*, publié en feuilleton dans *Fraser's Magazine for Town and Country*, XXVIII, Sept. 1843, 321 *sq.*, puis en 1852 ; Henry Milton, *Lady Cecilia Farrencourt*. London, H. Colburn, 1845, II, 31.
[7] « *Ines and Vincent by Miss H. M. Rathbone* » dans *The Working Man's Friend and Family Instructor*, VI, avril et mai 1851 (n°66 et 73), 182-185, 205-207.

enfants de son frère défunt en quittant la scène pour se consacrer à l'éducation de l'aîné, sacrifice récompensé puisqu'il deviendra avocat. Elle étudiera même le latin et le grec pour les lui apprendre, et n'acceptera de remonter sur les planches que pour rassembler la dot de sa nièce Selina ! Malgré une comparaison négative avec la retenue féminine idéale d'Amy – si respectueuse des convenances qu'elle refuse de correspondre avec Vincent, alors en Italie, tant qu'ils ne sont pas officiellement fiancés –, Inez mourra de façon édifiante. Ses dernières paroles ne sont-elles pas « cela m'a été bénéfique d'avoir été frappée [par le sort] » ? Cette démonstration exemplaire des dangers auxquels s'expose une femme qui quitte la sphère féminine « naturelle » avait de quoi faire réfléchir le lecteur sur les dangers inhérents à un tel mode de vie…

En 1953, la parution de l'ouvrage d'Alfred Einstein contribue à renverser l'association romantique entre Aloysia Weber et Mozart, présente jusqu'alors dans la fiction. C'est désormais Nancy Storace qui va devenir l'idéal amoureux ou la maîtresse du compositeur. En 1981, la pièce de théâtre de Lawrence Clark Powell, *Susanna's Secret, or The Lost Mozart Letters* (Le Secret de Susanna ou les Lettres perdues de Mozart) fait d'ailleurs spécifiquement allusion dans sa préface aux travaux d'Einstein[8]. Dans le dernier tableau, une Nancy très malade détruit les fameuses lettres sous les yeux de Kelly. Une scène hautement improbable nous la montre même à Salzbourg en 1787, discutant du compositeur en compagnie de Leopold Mozart, lequel lui confesse qu'il l'aurait préférée comme belle-fille ! La fiction ne pouvait que s'engouffrer dans cette voie et quelques romans en témoignent, se focalisant sur le soi-disant amour impossible entre la cantatrice et le compositeur marié, accumulant des péripéties de *soap opera*. Les américaines K. Lynette Erwin et Vivien Shotwell, ainsi que la tchèque Adéla Vedralová, ont, tour à tour, évoqué une liaison avec Mozart, laissant planer cette ombre sur la vie entière d'une femme inconsolable de leur séparation[9]. Précisons toutefois que la première auteure s'est elle-même présentée comme la réincarnation de Nancy Storace, dans

---

[8] Tucson, Press of the Mesquite Harpsichord, 1981, 7.
[9] K. Lynette Erwin, *So Faithful A Heart, Special Edition (Book One and Two) The Love Story of Nancy Storace & Wolfgang Mozart, When Love Won't Die*. Alla Breve Books, 2011 ; Vivien Shotwell, *Vienna Nocturne: A Novel*. Ballantine, 2014 ; Adéla Vedralová, *Nancy Storace*. Beletris, 2012.

un documentaire sur des admirateurs de Mozart[10]. Pour sa part, le catalan Nèstor Luján utilise habilement le foisonnement des affects dans sa « folle journée », titre de son roman, pour évoquer avec brio la fascination amoureuse de Mozart pour une Susanna idéalisée, moitié femme fictionnelle, moitié cantatrice séductrice. Il évoque aussi les intrigues théâtrales où Da Ponte, Thomas Attwood, Kelly, Benucci, Haydn, Constanze Mozart, Barnard, etc… jouent leurs rôles, ainsi qu'une Adriana Ferrarese bien peu à sa place en rivale de Nancy pour le rôle de Susanna[11] !

La plupart des romans où « Nancy Storace » figure, portent sur la période viennoise de sa vie ; autant de fictions consacrées à des personnes l'ayant réellement croisée. Si Mozart traverse presque tous ces textes, Da Ponte se taille évidemment la part du lion. Dans l'ouvrage de Claude Mossé, Nancy Storace est une volage pragmatique qui épingle à son tableau de chasse, malgré sa laideur « *qui lui vaut d'être plus admirée que courtisée* », Casti, Da Ponte, Mozart et « *un comte tyrolien* »[12]. Selon cette logique, « *comment la prima donna Nancy Storace, qui avait été successivement la maîtresse des deux auteurs, n'aurait-elle pas obtenu le rôle de Suzanne*[13] » ? A l'inverse, pour Jacqueline Monsigny, la véritable « *prima donna assoluta* » des *Nozze di Figaro* est Luisa Laschi-Mombelli, face à laquelle Nancy apparaît brièvement[14]. Dans un roman consacré à la Malibran, à New York, Da Ponte fait remarquer à la jeune Maria Garcia, future Malibran, qu'« il faut une semaine entière à une prima donna pour s'accoutumer à un triomphe dans une nouvelle ville. Je l'ai vu avec Storace à Vienne et avec Bondini à Prague[15] ». Storace est étrangement associée à Da Ponte dans les mémoires fictives de Luigi Marchesi. En une inversion des données historiques, le castrat est désormais victime des menées d'une cantatrice établie et vipérine qui veut l'empêcher de lâcher sa *bomba* à Florence. Maîtresse du librettiste de Joseph II, Storace a un statut qui lui donne un pouvoir certain et

---

[10] *Mozartballs. Five Tales of Love and Obsession*, documentaire de Larry Weinstein (DVD Decca, 2006). Il a été diffusé sur Arte, dans l'émission *Musica*, le 28 janvier 2006.
[11] Barcelona, Columna, 1996.
[12] *Lorenzo*. Paris, Plon, 1999.
[13] Mossé, 245.
[14] *Lorenzo le magnifique*. Paris, Flammarion (J'ai Lu), 1996, 272.
[15] Henry Myers, *The Signorina*. New York, Crown Publishers, [1956], 132.

qui menace sa carrière[16] ! Casti a, lui aussi, droit à une biographie romanesque qui met en exergue la rivalité farouche du librettiste avec Da Ponte pour le titre de *poeta cesareo* : Pierluigi Panza choisit d'interpréter la maladie d'Ann Storace lors de la création du *Ricco d'un giorno* comme une feinte indisposition et une faveur faite à Casti pour saborder la première de l'opéra, escarmouche dans leur affrontement sans merci[17]…

Puisque l'on considère désormais que Mozart s'était épris de la jeune femme, il peut s'en souvenir avec nostalgie dans la fiction. C'est chose faite en 1989, dans le roman de Guy Scarpetta qui suit les méandres des vies de Sade, Goya et Mozart durant la journée du 14 juillet 1789[18]. Ce regret du voyage avorté en Angleterre tourmente également le Mozart de Max Genève, dont l'ouvrage enlevé brocarde davantage l'obsession d'un musicologue fasciné par Mozart qu'il ne s'attache à la stricte exactitude historique[19]. Constanze Mozart, l'épouse du compositeur, se confie également sur les relations entre Mozart et la cantatrice, dans deux romans où elle prend la plume. Dans celui d'Isabelle Duquesnoy, « *Wolfgang paraît sensible à ses grâces* » durant les répétitions des *Nozze di Figaro* où la méfiante Constanze s'est rendue afin de témoigner de « *son attachement conjugal* »[20], mais elle n'en apprécie pas moins que cette « *inclinaison d'une chanteuse pour son époux* » lui permette de contrer les manœuvres de Salieri. Juliet Waldron souligne davantage l'antagonisme jaloux d'Aloysia Lange vis-à-vis de l'Italienne et le bon réseau que s'est tissée cette dernière grâce à des flirts qui ne prêtent pas à conséquence, son attirance pour Mozart passant au second plan[21].

Par un retournement assez unique dans ce corpus, *The Irish Boy* (Le garçon irlandais) de Naomi Jacob[22], qui relate la vie très romancée d'un Michael Kelly épris de sa jeune collègue, omet complètement la liaison avec Mozart. La romancière met d'ailleurs assez peu l'accent sur Lord

---

[16] Achille Maccapani, *Confessioni di un evirato cantore*. Genova, Fratelli Frilli, 2009, 80-87.

[17] *Italiani all'opera. Casti, Salieri, Da Ponte, Mozart… Un intrigo alla corte di Vienna*. Ginevra / Milano, Skira, 2005, 46-47.

[18] *Le Quatorze juillet : Sade, Goya, Mozart*. Paris, Grasset, 1989, 120-121.

[19] *Mozart, c'est moi*. Cadeilhan, Zulma, 2006.

[20] *Les Confessions de Constanze Mozart*. Tome I. Paris, Plon, 2003, 254.

[21] *Mozart's Wife*. Amherst, Hard Shell Word Factory, 2004.

[22] London, Hutchinson, 1955.

Barnard et Braham, mais insiste sur le mariage calamiteux de Nancy, qui transforme l'amour passionné de Kelly en amitié sincère. L'originalité de cette approche trouve un faible écho dans une remarque rapide de Jean Boissieu dont l'héroïne, une cantatrice française présente à Vienne, y rencontre le ténor irlandais et « *son épouse, la belle Nancy Storace, dont il craignait, non sans motif, que Mozart ne devînt l'amant...*[23] ». C'est également autour de l'amitié de Michael Kelly et Nancy Storace que s'articule une courte *fanfiction* russe, probablement inspirée par le film *Amadeus*. Nancy s'y interroge sur son retour en scène après son « divorce » et la mort de sa fille, au moment de la composition de *Per la ricuperata salute di Ofelia*[24].

La carrière anglaise d'Ann Storace a été une source d'inspiration plus mineure, si ce n'est pour marquer la différence avec « l'âge d'or » de la carrière viennoise. Toutefois un scénario de Nancy Crane, finaliste de l'Athena Screenwriting Lab en 2009, *One*, propose un sujet où Nancy Storace, invitée à se produire lors d'un mariage aristocratique, fait équipe avec un ancien esclave africain, l'écrivain Gustavus Vassa (v. 1745-1797) et une actrice anglaise, pour révéler la vilénie du marié, sur fond de travestissements et d'enthousiasme encyclopédique[25]. Autre intrigue policière, l'original et ingénieux polar de Jonathan Burke se déroule dans les années 1960 à Londres[26]. Il s'articule autour d'une des maisons de Nancy Storace (« prima donna et pop star en une seule femme ») située sur les rives de la Tamise. Jenny Clark, une chroniqueuse mondaine, invente pour se désennuyer le personnage de Simon Sherborne qu'elle introduit dans sa chronique de presse. Un jour, à sa grande stupéfaction, l'homme imaginaire s'incarne, et courtise la fille d'un milliardaire passionné de musicologie, Bernard Wagner. Alors que « Simon » est mêlé à un meurtre, Jenny tente de découvrir sa véritable identité. En réalité, il souhaitait retourner dans l'ancienne maison de Nancy Storace achetée par Wagner, car il y avait vécu enfant et y avait déniché quelques pages d'une ouverture d'opéra inédite attribuée ensuite à Mozart... partition que Wagner affirme pourtant détenir en totalité ! Il s'avèrera que le musicologue employé par le milliardaire est aussi un faussaire qui a comblé les lacunes de

---

[23] Jean Boissieu, *Delphine ou les récompenses du plaisir*. Paris, Grasset, 1985, 249.
[24] JohnAmadeus Moran, *Возвращение* (Retour). (Publié sur <http://ficbook.net/readfic/982300>, le 7 juillet 2013.)
[25] On peut lire ce synopsis sur <http://www.initialize-films.co.uk/uploads/athena_2009%28FINAL%29.pdf>.
[26] *The Gossip Truth*. Garden City, Doubleday & Co, 1968.

l'autographe possédé par Wagner. L'opéra en question se révèle être de la main de Stephen Storace, qui s'est amusé à contrefaire le style mozartien. Comme l'imaginait l'un des protagonistes un peu avant la résolution de l'énigme, « il se pourrait que certains des opéras fabriqués par Stephen Storace aient été réalisés avec des morceaux empruntés à son maître, Mozart. Et peut-être avec d'autres morceaux qu'il lui avait donné, afin qu'il parte du bon pied à Drury Lane et prépare la voie de Mozart lui-même quand il viendrait à Londres. Il a très bien pu envoyer un nouvel opéra à ses vieux amis pour qu'il puisse vivre sur ces profits à son arrivée. Il n'est jamais venu, mais en échange pour ce qui aurait pu être, il leur a laissé l'opéra en cadeau[27] ». On aurait donc entendu un opéra inédit de Mozart dissimulé parmi le répertoire anglais…

Ann Selina Storace a été bien moins servie au cinéma. Elle ne figure que quelques instants dans *Amadeus*[28], le film de Milos Forman (1984) inspiré par la pièce de théâtre de Peter Shaffer, mais la thématique du film se prêtait assez mal à l'illustration des amours extra-conjugales de Mozart. Nancy Storace n'apparaît que brièvement lors de la répétition de la première scène des *Nozze di Figaro*, et lors du finale, pour la représentation, sans que le personnage soit identifié. En revanche, la cantatrice trouve une place cruciale dans le cinquième épisode du feuilleton télévisé *Mozart*[29] de Marcel Bluwal (1982), *La folle journée*. La liaison entre Nancy et Wolfgang est l'un des ressorts émotionnels de ce volet, avec un Mozart qui affirme à sa maîtresse qu'il n'a jamais autant aimé quelqu'un de sa vie, même s'il ne quittera jamais

---

[27] *Ibid.*, 158.

[28] *Amadeus : Version intégrale*. Film de Milos Forman, scénario de Peter Schaffer, avec F. Murray Abraham (Salieri), Tom Hulce (Mozart), Elizabeth Berridge (Constanze), Zuzana Kadlecova (Susanna/Nancy Storace) avec une doublure vocale d'Isabel Buchanan, etc… Academy of St Martin in the Fields, dirigée par Sir Neville Marriner. (DVD Warner Bros, 2001.)

[29] Ce feuilleton en six épisodes réalisé par Marcel Bluwal est une coproduction TF1, Telecip, Galaxy Film Production, WDR Cologne, RAI, Magyar TV, RTBF, SSR, Radio-Canada et TVE. Scénario et adaptation de Béatrice Rubinstein et Marcel Bluwal ; dialogues de Félicien Marceau (de l'Académie Française) et de Marcel Bluwal ; continuité historique de Jean Mistler (de l'Académie Française). Avec Christoph Bantzer (Mozart), Martine Chevallier (Constanze), Michel Bouquet (Leopold Mozart), Stefano Satta Flores (Da Ponte), Arielle Dombasle (Nancy Storace)… (DVD Koba Film, 2014.)

Constanze, alors enceinte. (Ces déclarations ne sont pas payées de retour par Nancy.) Le compositeur demande à son épouse, présentée comme une virago hystérique, de les laisser « tranquilles », l'Anglaise et lui, jusqu'à la première des *Nozze di Figaro*, en échange de quoi, il s'engage à ne pas l'abandonner. Ces échanges boulevardiers laissent pourtant généreusement place à la musique puisqu'on assiste à une répétition au clavier (l'air dit « des marronniers » est interprété par Nancy qui arbore un chapeau copié sur celui du portrait de Bettelini) et à des extraits de la première de l'opéra, avec un « *Deh, vieni non tardar* » pour lequel Susanna reste curieusement en robe de mariée. Le réalisateur a choisi de bouleverser la chronologie puisque Leopold Mozart, qui assiste à une soirée musicale chez son fils, y a fait la connaissance de Nancy, Stephen Storace, et Michael Kelly. De même, Wolfgang apprend à Nancy que *Le Nozze di Figaro* a reçu un triomphe à Prague (Josepha Duschek le lui a écrit) et qu'il y a accepté une invitation qu'il ne peut refuser, aussi ne l'accompagnera-t-il pas à Londres…

Avatars fictionnels et variations diverses témoignent de la fascination durable exercée par une personnalité qui a transcendé son époque et son art. Ann Selina Storace, au travers des images et de la fiction, demeure un fantasme mozartien autant qu'une icône du Siècle des Lumières. Sa réputation d'insolence et de gaieté, de libertinage et de bonhomie, de vivacité et de séduction, en fait aujourd'hui encore l'incarnation d'une femme libre et forte, dont la présence habite toujours la musique qu'elle a inspirée. En l'écoutant, chacun devinera à sa manière, la personnalité et le charisme d'une artiste qui a su charmer les foules et fasciner les génies.

Signora Storace
Gravure en couleurs, d'après la miniature de Richard Cosway (1794 ?)
Début du XIXème siècle ?
© Collection particulière.

Signora Storace en Euphrosyne dans *Comus*
Gravure de James Thornthwaite,
d'après un portrait « pris sur le vif » de Samuel De Wilde.
Publié par *Bell's British Theatre*, le 31 janvier 1791.
© Collection particulière.

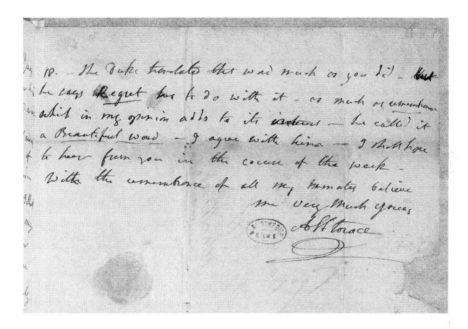

**Détail de la troisième et dernière page de la lettre
d'Ann Selina Storace à John Pritt Harley, datée du 18 août 1816.**
« […] Nous avons eu une réception plaisante Samedi dernier – nous étions / 18 – le Duc [de Sussex] a traduit ce mot à peu près comme vous l'avez fait – mais il dit que [la notion de] Regret a un rapport avec [ce mot] – autant que le souvenir[,] / ce qui[,] à mon avis[,] ajoute à son intérêt – il l'a qualifié / de Beau mot – je suis d'accord avec lui – j'espère / avoir de vos nouvelles dans le courant de la semaine - / avec le [bon] souvenir de tous mes pensionnaires, recevez l'assurance que je reste votre / ASStorace »

© Bibliothèque nationale de France.

(*page précédente*) **Eglise de St. Mary at Lambeth :**
vue extérieure et intérieur du transept nord.

Vestige du monument commémoratif :
« En Mémoire d'/ ANN SELINA STORACE, /… sa Mère affectionnée, /
ELIZABETH STORACE / a fait ériger cette Plaque. »
Elle est apposée à droite de la fenêtre surplombant la *tea room* du
Museum of Garden History.
© Emmanuelle Pesqué, novembre 2000.

**Plaque commémorative de Stephen Storace
érigée dans l'ancienne église de Marylebone, le 4 novembre 1799.**
D'après une photographie de Philafrenzy, prise le 29 septembre 2016.
(Wikimedia Commons, photographie utilisée sous Licence CC BY-SA 4.0)
https://commons.wikimedia.org/wiki/File:Stephen_Storace_%26_James_Gibbs_plaque_St._Marylebone_Parish_Church.jpg

**John Braham, dans le rôle du Prince Orlando
(*The Cabinet*, 1802)**
Gravure de John Rogers, d'après John Kennerley.
Planche hors texte, *Oxberry's Dramatic Biography…*(1825)
© Collection particulière.

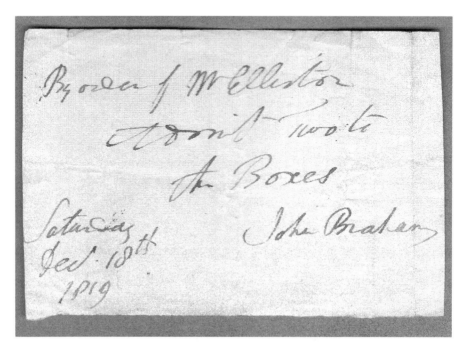

Billet autographe de John Braham
Carte d'admission permettant l'accès aux loges à deux invités,
datée du 18 décembre 1819 :
« *By order of Mr. Elliston, Admit Two to the Boxes* »
© Collection particulière.

Prince Hoare
Gravure de J. Condé, d'après un portrait de James Northcote.
Publiée dans *The European Magazine*, en février 1798.
© Collection particulière.

John Bannister en Lenitive, dans *The Prize; or 2. 3. 5. 8* (1802)
Gravure de William Greatbatch, d'après un dessin de George Perfect
Harding, inspiré du pastel de John Russell conservé au Garrick Club.
Publiée dans *Memoirs of John Bannister* de Boaden en 1839.
© Collection particulière.

**Michael Kelly
dans le rôle d'Henry, dans *The Deserter*.**
Gravure non signée. [Dublin], septembre 1787.
© Collection particulière.

Anna Maria Crouch
Gravure de William Ridley, d'après un portrait d'Alexander Pope.
Publiée dans *The European Magazine*, en novembre 1805.
(Cet exemplaire a été partiellement découpé et collé dans un album.)
© Collection particulière.

Le Burghtheater, sur la Michaelerplatz (vers 1888).
Carte postale.
© Collection particulière.

Le Théâtre de Drury Lane (1809)
Gravure d'Ellis, d'après un dessin de Schnebbelie,
pour la série *Description of London* de Hughson.
© Collection particulière.

At the Theatre Royal, Drury Lane,
This prefent THURSDAY, November 4, 1790,
Will be prefented a Comedy called The
INCONSTANT;
Or, The Way to Win Him.
Old Mirabel by Mr. AICKIN,
Young Mirabel by Mr. WROUGHTON,
Captain Duretete by Mr. DODD,
Dugard by Mr. HAYMES,
Petit by Mr. R. PALMER,
BRAVOES
Meffrs. Maddocks, Phillimore, Alfred Webb,
Oriana by Mrs. GOODALL,
Bifarre by Mifs. FARREN,
Lamorce by Mifs TIDSWELL.
To which will be added the laft New COMICK OPERA, called
NO SONG NO SUPPER.
[Being the only Time it can be performed this Week.]
The Mufick chiefly compofed by Mr. Storace, the reft felected from
Pleyel, Giordani, &c. &c.
Crop by Mr. DIGNUM,
Frederick by Mr. KELLY,
Endlefs by Mr. SUETT,
Robin by Mr. BANNISTER. Jun.
William Mr. SEDGWICK, Servant Mr. ALFRED,
Dorothy by Mrs. BLAND,
Louifa by Mifs HAGLEY,
Margaretta by Signora STORACE.
Nelly, Mrs. SHAW, Grandmother. Mrs. BOOTH,
NO MONEY TO BE RETURNED.
*** The Publick is moft refpectfully informed, that this Evening the Doors of the Theatre will be opened at a Quarter after Five o'Clock. and the Performance begin at a Quarter after Six.

To-morrow the Comedy of The
CLANDESTINE MARRIAGE.
With The SPOIL'D CHILD.

Le 4 novembre 1790, *No Song, No Supper* est l'*afterpiece* annoncée dans ce *playbill* du Theatre Royal, Drury Lane.
© Collection particulière.

> For the Benefit of Mr. PALMER.
> At the Theatre Royal, Drury Lane,
> This present THURSDAY, March 24 1791,
> ## The HAUNTED TOWER.
> Lord William by Mr. Kelly,
> The Baron, Mr. Baddeley, Edward, Mr. Bannister, Jun.
> Lewis by Mr. Suett, Robert by Mr. Dignum,
> Charles by Mr. Sedgwick, Hugo by Mr. Moody,
> De Courcy by Mr. Whitfield, Martin by Mr. Williames,
> Lady Elinor by Mrs. Crouch, Adela by Signora Storace,
> Cicely by Mrs. Bland, Maud by Mrs. Booth.
> End of the Opera, Mr. PALMER, by Particular Desire, will deliver a
> ## LECTURE on ORATORY,
> The Pulpit, the Senate, the Bar, and the Stage,
> With a SPECIMEN of
> ## SCOTCH ELOCUTION,
> Written by the late Samuel Foote, Esq.
> With a Grand Pantomimic Entertainment, called The
> ## DESERTER of NAPLES;
> [For this Night only]
> The Deserter by Mr. PALMER,
> Ruffet by Mr. WILLIAMES,
> Simkin by Mr. SUETT,
> Skirmish by Mr. BANNISTER, Jun.
> Flint by Mr. BURTON,
> Louisa [1st. Time] by Mrs. CROUCH,
> Jenny by Miss DE CAMP,
> Margaret by Mrs. BOOTH.
> End of Act I, a Grand Representation of
> ## MOUNT VESUVIUS,
> At the Time of an ERUPTION.
> No Money to be returned.
>
> On Saturday (38th. Night) The SIEGE of BELGRADE,
> With, by particular Desire, The DEVIL to PAY.
> And on Monday, the Tragedy of OTHELLO,
> With [24th. Time] The FAIRY FAVOUR.

Programme de la soirée à bénéfice du comédien John Palmer le 24 mars 1791, au théâtre de Drury Lane.
Ce *playbill* précise également la programmation à venir.
© Collection particulière.

> For the BENEFIT of the
> ## Widow & Three Orphan Children
> OF THE LATE
> Mr. BENSON.
>
> ---
>
> Theatre Royal, Drury-Lane.
> This present THURSDAY, JUNE 9, 1796.
> Their Majesties Servants will act a Comedy called The
> ## BELLE's STRATAGEM.
> Doricourt, (For that Night Only) Mr. LEWIS,
> *(Of the Theatre Royal, Covent-Garden.)*
> Hardy, Mr. HOLLINGSWORTH,
> Sir George Touchwood, Mr. WROUGHTON,
> Flutter (2nd Time) Mr. RUSSELL, Saville, Mr. C. KEMBLE,
> Courtall, Mr. R. PALMER, Villers, Mr. CAULFIELD.
> Letitia Hardy, Mrs. JORDAN.
> *(Being positively the Last time of Her performing this Season.)*
> Mrs. Rackett, Miss POPE,
> Lady Touchwood, (2nd Time) Miss MILLER,
> In Act IV.
> ## A MASQUERADE SCENE.
> In which, (by particular Desire) the DUETT of
> "ALLY CROKER," by Master WELSH, and Miss LEAK.
> End of Act I.
> "*Whither my Love, Ah! Whither art thou Fled?*"——(HAUNTED TOWER.
> By Signora STORACE.
> After which "*From Shades of Night,*" by Mr. BRAHAM.
> And the celebrated DUETT, from the last new Opera of MAHMOUD
> "*This fond Sorrow, &c.*"
> By Mr. BRAHAM, and Signora STORACE.
> End of Act II.
> Madame MARA,
> (Having also kindly offered her services) will sing
> Her celebrated HARP SONG, from the Opera of IDALIDE.
> End of the Play
> A New Occasional Address to be spoken by Mrs. JORDAN.
> To which will be added a Musical Entertainment, called
> ## The SULTAN.
> Solyman, Mr. BARRYMORE,
> Osmyn, Mr. DIGNUM,
> Elmira, Mrs. CUYLER
> Ismene, Miss LEAK,
> Roxalana, Mrs. JORDAN.
>
> ---
>
> To-morrow, (13th, time) The Romance of MAHMOUD.
> The 14th. and 15th. nights of MAHMOUD, will be on Saturday and Wednesday, next.

Playbill pour la soirée donnée au bénéfice de Susanna Satchell, veuve de Robert Benson qui s'était défenestré le 20 mai 1796.
Il avait récité le Prologue en hommage à Stephen Storace lors de la première de son opéra posthume *Mahmoud*, le 30 avril 1796.
© Collection particulière.

opinion she rarely appeared to greater advantage, for in that space the harshness of her voice was lost, while its power and clearness filled the whole of it. In her own particular line on the stage she was unrivalled, being an excellent actress, as well as a masterly singer. She settled entirely in England, and after quitting the opera (to which she was frequently recalled in times of distress, when the performers engaged proved bad, as was too often the case,) she engaged at Drury Lane, where the English opera was raised to an excellence not known before, by her singing, with that of Mrs. Crouch, Mrs. Bland, Kelly, and Bannister, and under the direction of her brother Stephen Storace, who composed, or rather compiled, several very pretty operas, of which the Haunted Tower, and the Siege of Belgrade still remain favorites, and are frequently performed. Her voice being of a nature soon to crack and grow husky, on finding her powers decline she left the stage some time before her death, which took place a few years ago. It was very little known that she had been married at Vienna, to one Fisher, a doctor of

Extrait de *Musical Reminiscences of an Old Amateur...* (1827), de Richard Edgcumbe, second comte de Mount Edgcumbe.
Passage sur Ann Selina Storace.
© Collection particulière.

Air d'insertion pour *Gli Schiavi per Amore* de Paisiello (1787).
« *La mia barbara sorte… Per pietà, non m'opprimete…* » de Gaetano Isola,
publié par Longman and Broderip, vers 1787.
© Collection particulière.

« *Care Zittelle* », duo d'insertion de Giuseppe Curccio
pour *Il Due Nozze e un sol Marito* de Pietro Carlo Guglielmi,
publié par Birchall, vers 1806.
© Collection particulière.

THE
ENGLISH FLEET,

IN

1342;

AN HISTORICAL COMIC OPERA,

IN THREE ACTS:

AS PERFORMED

AT THE

THEATRE-ROYAL, COVENT-GARDEN.

WRITTEN BY

THOMAS DIBDIN,

AUTHOR OF GUILTY OR NOT GUILTY—THE CABINET—JEW AND DOCTOR—FAMILY QUARRELS—BIRTH DAY—THIRTY THOUSAND—SCHOOL FOR PREJUDICE—IL BONDOCANI—ST. DAVID'S DAY—NAVAL PILLAR—FIVE THOUSAND A YEAR—VALENTINE AND ORSON—THE WILL FOR THE DEED—MOUTH OF THE NILE—HORSE AND THE WIDOW, &c. &c. &c.

LONDON:

PRINTED FOR LONGMAN, HURST, REES, AND ORME,
PATERNOSTER-ROW.

1805.

44 THE ENGLISH FLEET.

DUET.

Val.	For whom do you sigh?
Kath.	Mon cher ami.
Val.	Where does he lie?
Kath.	Dans votre lit.
Val.	Say, is he nigh?
Kath.	En verité, oui.
	Any thing more would you ask of me?
Val.	Say to your true love,—"How do you do?"
Kath.	Eh bien, Comment vous portez vous?
Both.	Eh bien, &c.
Val.	How here do you come?
Kath.	Travers la mer.
Val.	Where is your home?
Kath.	Dans l'Angleterre.
Val.	From whom did you roam?
Kath.	Mon très jolli père.
	Alas! for my absence, drooping with care!
Val.	England I love for you.
Kath.	Ma foi!
Val.	You love it too?
Kath.	Ah? Oui, je crois.
Val.	To her King I'll be true.
Kath.	Vive, vive le Roi!
	He'll ever be dear to me.
Val.	Et moi.
	Fidelity too I expect from you.
Kath.	Eh bien! Comment vous portez vous?
Both.	Eh bien! &c.

[*Exeunt.*

END OF THE SECOND ACT.

Livret de *The English Fleet in 1342* **(1803)**
L'« espèce de catéchisme français » du second acte.
© Collection particulière.

FAMILY QUARRELS.

Charles. I scarcely know any thing, this letter has so transported me. (*Kisses the letter.*)

Susan. Well, there are folks in the world, who would as soon have paid attention to the messenger, as to the letter.

Charles. True.—I beg ten thousand pardons, and will instantly make amends for—(*going to kiss her*)—having overlooked my obligations to you.

Susan. O no! keep your kisses for my lady.—And, as for your overlooking me, why, we all know that love has no eyes, tho' I can't say I was ever sure of it, till this instant.

DUET,—CHARLES *and* SUSAN.

Susan.   That love is blind, the poets say,
    Believe it, now, I ever shall,
    Or else, whene'er you look'd this way
    You'd sure, have known the gipsey girl.

Charles.   They say that pretty maids deceive,
    Believe it, now, I ever shall,
    For, who that look'd, would ere believe,
    That Susan was the gipsey girl.

Both.   Well, never mind,
Charles.   That girls deceive,
Susan.   That love is blind,
Both.   We both believe—
    And ever did, and always do,
Susan.   Or for a gipsey, surely you,
    Had never taken simple Sue,
    Alas! poor you!   ⎫
                                       ⎬ *Together.*
Charles.   Or, for a gipsey girl, like you,
    Whoe'er had taken simple Sue?
    Alas! poor Sue!   ⎭

[*Exeunt.*
SCENE

Livret de *Family Quarrels, A Comic Opera, in three acts…* (1805)
Duo entre Charles Supplejack (J. Braham) et Susan (A. Storace),
Acte II, sc. 3.
© Collection particulière.

FALSE ALARMS. 33.

Sir D. Why, who the devil is this?

Car. Oh! it's your servant Sir Damon; he has been assisting mine in bringing my luggage. Thank ye, my brave fellow.—Bring them away, Susan.

Sir D. (*aside*) Why, the puppy's corrupting my whole establishment.

Susan (*stripping off his helmet, &c.*) Ah! you brute!—you've been getting drunk with your filthy brandy again.

Grin. I bless my star, I can get dronk vid any ting. Now I mos go and help the gentleman's toilet.

Susan. You!—Pretty valet de chambre!—No, I'll take care of him.—Come, Sir.

Grin. You take care!

Car. Adieu, Madam. Au revoir, Sir Damon.

[*Exit Caroline, followed by Susan, who shuts the door in Grinvelt's face.*

Sir D. Au revoir! I wish I may never set eyes on you again.

Grin. Te devil!—My vife go and dress de yonk officer.—Ven he come out, I mos ask for satisfaction.

Lady G. Well, Sir Damon, what do you think of him?

Sir D. Why I don't know—rather unsteady, I think.

Grin. Yaw—and tat is a devil of a ting, ven a man is rather unsteady. [*Exit, staggering.*

Sir D. Zounds! I must talk to her—its impossible to overlook it!—If you please, Madam, I'll beg the favour of a few minutes conversation with you in your own apartment.

Livret de *False Alarms; or, My Cousin* (1807).
La camériste Susan (A. Storace) fait entrer Caroline (travestie en officier) dans ses appartements, afin de l'aider à se changer, à la grande fureur de son mari Grinvelt, qui veut provoquer « son rival » en duel.
© Collection particulière.

**Annonce publicitaire du concert à bénéfice de Sophia Dussek,
publiée en Une du *Morning Chronicle* du 31 mars 1802.**
Cette page était réservée aux annonces et publicités.
© The British Library
(*Reproduced with permission of the British Library.*)

Chronologie de carrière

Abréviations utilisées :
Les indications sont reportées comme suit : Ville, théâtre, lieu ou évènement (festival, série de concerts). Date de la première-date de la dernière, saison théâtrale ou date, œuvre (compositeur) (rôle d'Ann Storace) [nombre de représentations qu'elle a chanté]
Pour les concerts, on a indiqué les compositeurs ou certains airs précis chantés par Ann Storace, ainsi que certaines {distributions // premier violon et/ou direction musicale}
Les indications successives entre parenthèses pour une même date signifient que Storace a chanté dans plusieurs concerts durant cette journée, souvent le matin ou le midi et le soir : (Œuvre, compositeur) (Œuvre, compositeur)
Les éléments incertains sont précédés d'un point d'interrogation et entre chevrons : <?>.
Les programmes inconnus chantés par Storace sont mentionnés avec un point d'interrogation simple.
On n'a donné que le compositeur principal pour les opéras ou en cas de révision de l'original.

* indique une création.
rép. : répétition (en Grande-Bretagne, parfois ouverte au public et payante)
ch. : chez
dt : dont
ap. : après
pr : pour
coll. : œuvre collective (plus de deux compositeurs pour un opéra anglais)
pf : pianoforte
clv : clavecin
htbois : hautbois
viol : violon
sélection : sélection de divers airs, ensembles et chœurs d'un compositeur. Pour les oratorios londoniens, il s'agit la plupart du temps d'extraits d'œuvres de Haendel.
Hdl : Haendel

T. : theater/ teatro / théâtre
KT : King's Theatre in the Haymarket
DL : Theatre Royal, Drury Lane
CG : Theatre Royal, Covent Garden
Hay : Little Theatre in the Haymarket.
Abb. Westm. : abbaye de Westminster
St Margaret : église St. Margaret, Westminster.
H Sq R : Hanover Square Rooms (salle de concert)

T St R : Tottenham-Street Rooms (salle de concert)
RSM : Royal Society of Musicians
NMF : New Musical Fund
Bath, N. Rooms : Bath, Upper (New) Rooms.

[Bf] : représentation à bénéfice, suivi du nom du bénéficiaire
[Bf ASS] : représentation à bénéfice pour Ann Storace

Angleterre[1]

1773
- Southampton, Martin's Rooms. Concerts. 18/08 {Mrs Sheridan}, 17/09 (« *songs* ») [Bf ASS], 22/09 (duo avec Stephen Storace) [Bf ASS] ; 25/08, 03/09, « *Public Breakfast* ». {Ximenez (viol.),...}
- Salisbury Annual Musical Festival. 08/10, concert (airs italiens) {Sig. Grassi, Corfe... // J-C Bach (clv), Ximenez (viol.)}

1774
- Londres, Hay. 15/04 ou 16/04, concert [Bf Evans] {Signora Frasi, Evans (harpe), Cervetto (violoncelle), Fischer (htbois) // Vachon (viol.)}

1775
- Southampton. 18/08, concert {Corfe // Day, Stefano Storace, Bassett, Corfe}

1776
- Londres, KT. 29/02-14/03, *Le Ali d'Amore** (Rauzzini) (Cupido*) [Bf Rauzzini, Bf Sga Gabrielli, Bf Trebbi] [3]
- Winchester Festival. 03/09 (rép.) ; 04/09 (*Judas Macchabeus*, Hdl) ; 05/09 (*The Messiah*, Hdl) (concert, duos) ; 06/09 (*Joshua*, Hdl) {Rauzzini, Corfe, Gaudry // Corfe}

1777
- Londres, CG. Oratorios. 14/02, 14/03 (*Judas Macchabeus*, Hdl) ; 19/02 (*The Messiah*, Hdl) ; 21/02 (*Samson*, Hdl), 26/02 (*Omnipotence*, d'ap. Hdl) ; 28/02, 05/03, 12/03 (*The Prodigal Son*, Arnold) ; 07/03 (*Jephta*, Hdl) ; 21/03 (concert ap. *Acis and Galatea* : air) {Tenducci, Saville, Reinhold, Miss Harrop // Arnold}
- Londres, KT. 13/03 [Bf Rauzzini], 20/03 [Bf Signora Davies], 05/07 [Bf Rauzzini + *La Partenza*], *Le Ali d'Amore* (Rauzzini) (Cupido) [3]
- Londres, T St R. 18/04, concert {// Lamotte (viol.)} [Bf Piozzi]

---

[1] Se fonde sur London Stage 1747-1776 et 1776-1800 pour les représentations d'opéra à Londres et sur McVeigh, *Calendar*, pour certaines dates de concerts londoniens. Les détails des concerts et festivals provinciaux sont tirés de la presse britannique. (Voir bibliographie.)

- Londres, ch. James Harris, 09/05. *Miserere* (Sacchini) {Rauzzini, L. Harris, Trebbi, Webb // Sacchini}
- Brighton, T. 30/08, 03/09, concerts {Rauzzini}
- Herreford, Three Choirs Festival. 08/09 (rép.) ; 10/09 (concert sacré, dt Hdl) (*Piramo e Tisbe*, Rauzzini) ; 11/09 (concert sacré, Hdl) (*Alexander's Feast*, Hdl ; airs) ; 12/09 (*The Messiah*, Hdl) (concert, cantate) {Rauzzini, Miss Salmon, Norris, Mathews... // La Motte}

1778
- Londres, T St R. 27/04, concert (airs et ensembles, dt Sacchini) {Rauzzini, Rovedino // Sacchini} [Bf ASS]

Italie

1778
- Naples, T. San Carlo. Carême, concerts, <? oratorios>

1779
- Florence, T. della Pergola. *Autumno*. 10/09-<? 10/11>, *Castore e Polluce** (Bianchi) (Fede/Ebe*)
- Florence, T. della Pergola. *Autumno*. 25/10-08/11, <? 27/11>, *Achille in Sciro* (Sarti) (Ellenio)
- Lucques. ?/12/1779, « *Prima buffa* » ; ?/01/1780, concert

1780
- Lucques, T. S. Salvatore de' Dilettanti. *Carnevale, Le Due contesse* (Paisiello) (Contessina del Bel Colore)
- Lucques, T. S. Salvatore de' Dilettanti. *Carnevale, Il Geloso in cimento* (Anfossi) (Donna Flavia)
- Florence, T. Porta Rossa. (pr les « *Sigg. Academici Armonici* ») 23/02, concert {Neri, Peroni, Fiorentini}
- <? Florence, T. Cocomero. 04/07, *L'Amore artigiano* (Gassman ?) [présence probable d'ASS]>
- Florence, T. Cocomero. 04/09, *Il Geloso in cimento* (Anfossi) (Donna Flavia ?) [Bf ASS]
- <? Florence, T. Cocomero. 05/09-06/09, *La Frascatana* (Paisiello) (rôle ?) [présence probable d'ASS]>
- Trévise, T. Onigo. *Autumno, Adriano in Siria* (Anfossi) (Emirena)

1781
- Lucques, T. Castiglioncelli. *Carnevale*, « *prima buffa* »
- Lucques, T. Castiglioncelli. 04/03, concert {A. Palmini, Perone}
- Livourne, T. da Sebastiano. *Primavera, Le Nozze in contrasto* (Valentini) (Donna Robinetta)
- Livourne, T. da Sebastiano. *Primavera, L'Italiana in Londra* (Cimarosa) (rôle ?)

- Florence, T. della Palla a Corda. *Autumno*, 29/08, *L'Italiana in Londra* (Cimarosa) (Livia)

1782
- Parme, T. di Corte. *Carnevale, I Viaggiatori felici* (Anfossi) (Bettina)
- Parme, T. di Corte. *Carnevale, Il Pittore parigino* (Cimarosa) (Mlle Eurilla)[2]
- Turin, T. Carignano. *Primavera*, 03 ou 08/04 : *Il Pittore parigino* (Cimarosa) (Mlle Eurilla)
- Turin, T. Carignano. *Primavera, La Locanda* (Gazzaniga) (Guerina)
- Turin, T. Carignano. *Primavera, Il Marito geloso* (Caruso) (Giovannina)
- Milan, T. alla Scala. *Autumno*, 14/09, *Fra i due litiganti** (Sarti) (Dorina*)
- Milan, T. alla Scala. *Autumno, Il Pittore parigino* (Cimarosa) (Mlle Eurilla)
- Monza, T. Arciducale. *Autumno*, début 11-27/11 : *Le Sorelle rivali* (Valentini) (Gabrielina)

1783
- Venise, T. di San Samuele. *Carnevale, La Pescatrice fedele, ossia la vera costanza* (Anfossi) (Rosina)
- Venise, T. di San Samuele. *Carnevale, I Puntigli gelosi** (Alessandri) (Gilsomina*)
- Venise, T. di San Samuele. *Carnevale, La Scuola de'gelosi* (Salieri) (Contessa)

Vienne (et Laxenburg)

Au Burgtheater, sauf mention contraire.
Cette partie de la chronologie se fonde sur l'alternance du Burgtheater établie par Link 1998, et sur le journal de Zinzendorf.
Les distributions n'étant pas connues dans leur intégralité et les sources étant parfois divergentes (certaines annonces parues dans la presse viennoise peuvent différer entre elles et être distinctes de l'affiche conservée), on a indiqué ici le nombre probable des représentations données par Ann Storace au cours d'une saison.

Saison 1783-1784
- 22/04/1783-12/11/1783, *La Scuola de'gelosi* (Salieri) (Contessa) [18]
- 05/05/1783-07/09/1783, *L'Italiana in Londra* (Cimarosa) (Livia) [9]
- 28/05/1783-20/02/1784, *Fra i due litiganti* (Sarti) (Dorina) [28]
- 13/08/1783-03/11/1783, *Il Barbiere di Siviglia* (Paisiello) (Rosina) [12]
- 17/09/1783-06/02/1784, *Le Gelosie Villane* (Sarti) (Giannina) [12 à 13[3]]
- 08/12/1783-<? 02/02/1784>, *La Frascatana* (Paisiello) (Violante) [5 à 6][4]

---

[2] Cette saison s'achève le 12 février 1782. (Nello Vetro, 338.)

[3] De son côté, le *Theaterzettel* annonce *La Finta Principessa* pour le 26 novembre 1783.

[4] Ann Storace, malade, fut remplacée le 16 janvier 1784. Sa remplaçante a-t-elle également chanté dans la représentation suivante, celle du 2 février ? Si

- 29/12/1783-18/02/1784, *I Viaggiatori felici* (Anfossi) (rôle ?) [7]

Concerts :
- Ch. Sir Robert Murray Keith. 01/07/1783, concert (Sarti, Cimarosa) {Benucci}
- 18/03/1784, concert (J-A Fisher, Holzbauer, Sarti) {Kelly, J-A Fisher} [Bf ASS]
- 28, 30/04/1784, *Il Ritorno di Tobia* (Haydn) (Anna) [Bf Tonkünstler-Societät] {Cavalieri, Teyber, Mandini, Adamberger/Friberth // Haydn}

Saison 1784-1785
- 17/04/1784-14/07/1784, *I Viaggiatori felici* (Anfossi) (rôle ?) [3]
- 23/04/1784-17/01/1785, *Le Gelosie Villane* (Sarti) (Giannina) [11]
- <? 26/04/1784-13/09/1784, *I Contrattempi* (Sarti) (Carlotta ?) [8]>[5]
- 07/05/1784-22/10/1784, *Il Vecchio geloso* (Alessandri) (Madama) [9]
- Laxenburg. 19/06/1784, *Il Vecchio geloso* (Alessandri) (Madama) [1]
- 14/05/1784-20/12/1784, *Il Barbiere di Siviglia* (Paisiello) (Rosina) [8][6]
- Laxenburg. 18/06/1784, 28/06/1784, *Il Barbiere di Siviglia* (Paisiello) (Rosina) [2]
- 26/05/1784-19/11/1784, *Fra i due litiganti* (Sarti) (Dorina) [8]
- Laxenburg. 25/06/1784, *Fra i due litiganti* (Sarti) (Dorina) [1]
- 16/06/1784-01/11/1784, *Le Vicende d'Amore* (Guglielmi) (Baronessa Doralice) [8]
- Laxenburg. 17/06/1784, *Le Vicende d'Amore* (Guglielmi) (Baronessa Doralice) [1]
- Laxenburg. 26/06/1784, *La Scuola de'Gelosi* (Salieri) (Contessa) [1]
- 30/06/1784-29/12/1784, *La Scuola de'Gelosi* (Salieri) (Contessa) [6]
- <? 04/08/1784-10/12/1784, *La Frascatana* (Paisiello) (Violante) [6]>[7]
- 23/08/1784-10/01/1785, *Il Re Teodoro** (Paisiello) (Lisetta*) [16]
- <? 08/12/1784-24/01/1785, *Il Ricco d'un giorno** (Salieri) (Lauretta* ?) [7 représentations]>[8]

---

ce fut le cas, la dernière soirée avec Ann Storace était celle du 26 décembre 1783. (Link 2014, 3.)

[5] Ann Storace et Carlotta Manservisi sont indiquées dans ce rôle. (Link 2002, [XIV].)

[6] Le 21 janvier 1785, Luisa Laschi chante Rosina. Elle a également repris le rôle pour les trois dernières représentations. (Link 2014, 3.)

[7] Storace a-t-elle repris ce rôle, suite à son indisposition de janvier 1784 ? Une soprano non identifiée a chanté le rôle le 4 février 1785. (Link 2014, 3.)

[8] Ann Storace a-t-elle chanté en public le rôle qui lui était destiné ? Elle était au moins absente pour la première du 6 décembre 1784.

Concerts :
- 30/05/1784, *La Passione di Nostro Signore Gesu Cristo* (Paisiello) [Bf Paisiello]
- 20/03/1785, concert (Paisiello, ?) [Bf ASS] {<? Mozart> ; Schenker, viol.}

Saison 1785-1786[9]
- 20/04/1785-15/02/1786, *Il Re Teodoro in Venezia* (Paisiello) (Lisetta) [9]
- <? 02/01/1786, 18/01/1786, *Le Vicende d'Amore* (Guglielmi) (Baronessa Doralice) [2]>[10]
- 01/06/1785-27/01/1786, *Gli Sposi malcontenti** (Storace) (Eginia*) [3 ?][11]
- 26/09/1785-01/02/1786, *Il Barbiere di Siviglia* (Paisiello) (Rosina) [2 à 5 ?][12]
- <? 21/09/1785-24/02/1786, *Fra i due litiganti* (Sarti) (Dorina) [4 ?]>[13]
- 12/10/1785- 27/02/1786, *La Grotta di Trofonio** (Salieri*) (Ofelia*) [11]
- 04/01/1786- 08/02/1786, *Il Burbero di buon core** (Martin y Soler) (Angelica*) [4]
- 07/02/1786, Orangerie de Schönbrunn, *Prima la musica, poi le parole** (Salieri) (Eleonora*) [1]
- Kärntnertortheater, 11/02/1786-25/02/1786, *Prima la musica, poi le parole* (Salieri) (Eleonora) [3]
- <? 20/02/1786-22/02/1786, *Il Finto Cieco** (Gazzaniga) (Camilla* ?) [2]>[14]

---

[9] Link 2014 détaille la maladie de Storace et son incidence sur le déroulement de sa carrière en 1785.

[10] Teresa Calvesi fait ses débuts viennois dans le rôle le 18 avril 1785 (Link 1998, 243), et y chante sans doute également le 22. Il semble improbable qu'Ann ait repris son rôle pour les sept représentations programmées entre mai et octobre 1785, mais elle a peut-être assuré celles de janvier, bien qu'elles soient proches de la première de *Il Burbero di buon core*. Par ailleurs, elle n'a sans doute pas repris *I viaggiatori felici* d'Anfossi.

[11] Ann Storace n'a probablement chanté que trois des dix représentations. Après la première, on sait qu'elle reprendra son rôle le 14 décembre 1785. Malgré ses problèmes de santé, Zinzendorf ne mentionne pas de remplaçante.

[12] Elisabeth Distler, engagée chez les Italiens entre le 1er septembre 1786 et le 28 février 1786 (Link 1998, 245), remplace Storace le 11 mai 1785, et sans doute jusqu'en août. Ann Storace ne reprend son rôle que le 26 septembre 1785, mais elle connaît alors d'autres problèmes vocaux en octobre et novembre. Sa seule autre représentation attestée est celle du 1er février 1786.

[13] Elisabeth Distler la remplace le 22 juillet 1785, ainsi que probablement le 25. Il n'est pas impossible qu'Ann Storace ait rechanté le rôle à partir du 21 septembre 1785, puisqu'elle revient sur les planches à cette période. A moins qu'elle n'ait ménagé sa voix, alors qu'elle s'apprêtait à créer *La Grotta di Trofonio* ?

[14] On ne connaît pas la distribution, mais Ann Storace a peut-être chanté Camilla.

- Th. privé p^ce Auersperg, 26/03/1786, *La Serva padrona* (Paisiello) (Serpina) [1]

Concerts :
- Ch. p^sse Galitzine. 09/03/1786, concert.
- Minoritenkirche. 16/04/1786, Naumann, Hasse (Litanies, *Te Deum*) {Benucci, Mandini, Kelly, Calvesi, Bussani…// Friberth}

Saison 1786-1787
- <? 18/04/1786, *Il Finto Cieco* (Gazzaniga) (Camilla) [1]>
- 20/04/1786-05/02/1787, *Il Re Teodoro in Venezia* (Paisiello) (Lisetta) [10]
- Laxenbourg, 26/05/1786, *Il Re Teodoro in Venezia* (Paisiello) (Lisetta) [1]
- 24/04/1786-19/02/1787; *Il Burbero di buon core* (Martín y Soler) (Angelica) [8 à 9]
- Laxenbourg, 21/05/1786, *Il Burbero di buon core* (Martín y Soler) (Angelica) [1]
- 26/04/1786-22/01/1787, *Fra i due litiganti* (Sarti) (Dorina) [4]
- Laxenbourg, 27/05/1786, *Fra i due litiganti* (Sarti) (Dorina) [1]
- <? 28/04/1786, 31/05/1786, *Le Vicende d'Amore* (Guglielmi) (Baronessa Doralice) [2]>15
- 01/05/1786-18/12/1786, *Le Nozze di Figaro** (Mozart) (Susanna*) [9]
- 12/05/1786-05/01/1787, *L'Italiana in Londra* (Cimarosa) (Livia) [11]
- Laxenbourg, 19/05/1786, 09/06/1786, *L'Italiana in Londra* (Cimarosa) (Livia) [2]
- Laxenbourg, 02/06/1786, 12/06/1786, *La Grotta di Trofonio* (Salieri) (Ofelia) [2]
- Laxenbourg, 03/06/1786, *Le Nozze di Figaro* (Mozart) (Susanna) [1]
- Laxenbourg, 05/06/1786, *Gli sposi malcontenti* (Storace) (Eginia) [1]
- Laxenbourg, 11/06/1786, *La scuola de' gelosi* (Salieri) (Contessa) [1]
- 16/06/1786-01/12/1786, *Gli sposi malcontenti* (Storace) (Eginia) [6]
- 26/06/1786-16/02/1787, *La Grotta di Trofonio* (Salieri) (Ofelia) [11]
- <? 23/06/1786-20/12/1786, *Il Barbiere di Siviglia* (Paisiello) (Rosina) [8]>16
- 28/06/1786-13/12/1786, *La Scuola de'gelosi* (Salieri) (Contessa) [4]
- 01/08/1786-08/12/1786, *I Finti eredi** (Sarti) (Giannina*) [8]
- 01/09/1786-07/02/1787, *Le Gare generose* (Paisiello) (Gelinda) [9]
- 17/11/1786-14/02/1787, *Una Cosa rara** (Martín y Soler) (Lilla*) [9]
- 27/12/1786-08/01/1787 <? ou 12/02/1787>, *Gli Equivoci** (Storace) (Sofronia*) [4 à 5]

---

15 Ann Storace avait-elle récupéré le rôle ou bien Madame Calvesi continuait-elle à le chanter ?
16 Zinzendorf mentionne que c'est Luisa Laschi qui interprète Rosina à Laxenburg le 10 juin 1786. Storace a-t-elle ensuite repris le rôle à Vienne ? Zinzendorf ne la mentionne pas.

- Kärntnertortheater, 20/02/1787, *Una Cosa rara* (Martín y Soler) (Lilla) [1]

Concerts :
- Laxenbourg. 04/06/1786, Concert spirituel (*Miserere*, Sarti) {Laschi, Cavalieri, Molinelli, Mandini, Benucci, Calvesi // ?}
- Vienne, Burgtheater. 22 et 23/12/1786, *Gioas* (Teyber) {Thekla Podleska, Benucci, Kelly // Teyber} [Bf Tonkünstler-Societät]
- Vienne, Kärntnertortheater. 23/02/1787, Concert d'adieu (Storace, Mozart, Martín y Soler, …) {<? Mandini>, Mozart (pf)} [Bf ASS]

Angleterre[17]

Saison 1786-1787
- Londres, KT. 24/04/1787-05/07/1787, *Gli Schiavi per amore* (Paisiello) (Gelinda) [dt Bf ASS, 24/05/1787] [19]

Concerts :
- Londres, T St R. Concert of Antient Music. 16/05/1787, concert (n°12) (Hdl, Hasse) {Harrison, Mrs Warton, Mrs Ambrose, Miss Harwood}
- Londres, Abb. Westm. Festival Haendel. 25/05, 26/05, 29/05 (rép.) ; 28/05, 02/06 (sélection) ; 31/05, 05/06 (*The Messiah*, sélection) {Mme Mara, Miss H. et T. Abrams, Rubinelli, Harrison, Bartleman, Kelly... // Cramer (viol.), Bates}
- Londres, H Sq R. 06/06/1787, concert [Bf Morigi] {Mme Mara, Rubinelli...}
- Lightcliffe Chapel (près d'Halifax). 24/08/1787, *The Messiah* (« *I know that my Redeemer liveth* »)
- <? Wells, Somerset Music Festival. 09/1787 (avec ASS ?)>
- Salisbury, Annual Musical Festival. 26/09/1787 (concert) ; 27/09 (*Saul*, Hdl ; Richart) (concert) ; 28/09 (*The Messiah*, Hdl) (concert : « *Chi mi mostra* », Paisiello) {Miss Mahon, Corfe, Parry, Goss …// Cramer (viol.), Corfe}
- Salisbury. <? /10/1787>, concert [Bf J. Corfe]

Saison 1787-1788
- Londres, KT. 08/12/1787-06/05/1788, *Il Re Teodoro* (Paisiello) (Lisetta) [13]
- Londres, KT. 15/01/1788-19/02/1788, *La Locandiera* (Cimarosa) (Madama Brillante) [7]

---

[17] Fondé principalement sur London Stage 1776-1800 pour les représentations d'opéra à Londres. McVeigh, *Calendar* a permis de compléter la recension des concerts londoniens. Les détails des concerts et festivals provinciaux proviennent de dépouillements de la presse britannique. (Voir bibliographie.)

- Londres, KT. 05/02/1788-26/06/1788, *Gli Schiavi per Amore* (Paisiello) (Gelinda) (18/06, 2e acte) [12,5]
- Londres, KT. 04/03/1788-26/04/1788, *La Cameriera astuta** (Storace) (Violetta*) [dt 06/03, Bf ASS] [7]
- Londres, KT. 15/05/1788-18/06/1788, *La Frascatana* (Paisiello) (rôle ?) (18/06, 1er acte) [6, 5]

Concerts
- Londres, T. St R., Concert of Antient Music. 04/02/1788 (Hdl, Traetta), 13/02 (Hdl), 20/02 (Hdl, Hasse), 27/02 (Hdl), 05/03 (Hdl, Hasse), 12/03 (Hdl), 02/04 (Jommelli, Hdl), 09/04 (Hdl), 16/04 (Hdl, Purcell), 23/04 (Hdl), 30/04 (Hdl, Hasse), 07/05 (Hdl), 14/05 (Jommelli, Sarti, Salieri) [Bf ASS] {Mme Mara, Miss H. Abrams, T. Abrams, Marchesi, Harrison...}
- Londres, T. St R., Oratorios (Hdl). 08/02/1788 (*Solomon*), 15/02 (*Alexander's Feast, The Choice of Hercules*), 22/02 (*Israel in Egypt*), 29/02 (*Acis and Galatea*), 07/03 (*Esther;* anthems), 14/03 (*The Messiah*) {Miss H. et T. Abrams, Harrison, Parry... // Cramer, Knyvett}
- London, Foundling Hospital Chapel. 25/04/1788, *Redemption* (d'ap. Hdl) [Bf Foundling Hosp.] {Kelly, Mrs Crouch, Parry... // Shaw (viol.), Arnold}
- Londres, T. St R. 28/04/1788, concert (Bianchi, Storace) {Mrs Barthelemon, Mrs Ambrose, Barthelemon (viol.), Leander...} [Bf pr ?]
- Londres, St Margaret. 02/05/1788, *The Messiah* {Miss T. Abrams, Harrison... // Cramer}
- Londres, Pantheon. 15/05/1788 (rép.) ; 16/05, concert (Hdl) {Mme Mara, Marchesi, Harrison, Parry, Sale... // Cramer (viol.), Bates} [Bf RSM]
- Londres, Pantheon. 26/05/1788 [pr les Chevaliers de l'Ordre du Bain], 30/05, concert (*Carmen Saeculare*, Philidor) {Richer... // Cramer}
- Londres, H Sq R. 02/06/1788, concert [Bf A-M Krumpholtz, harpiste] {Miss H. et T. Abrams // Cramer...}

Saison 1788-1789
- Londres, KT. 09/05/1789-23/05/1789, *La Vendemmia* (Gazzaniga) (Agatina) [5]
- Londres, KT puis CG. 11/06/1789-11/07/1789, *Il Barbiere di Siviglia* (Paisiello) (Rosina) [dt Bf ASS, 11/06/1789] [4]

Concerts :
- Londres, H Sq R. Professional Concerts. 23/02/1789 (Cimarosa, Salieri), 09/03 (?, Sarti), 23/03 (?) {Marchesi, Cramer, Dussek (pf), WT Parke (hbois), Shield....}
- Londres, CG. Oratorios (Hdl). 27/02/1789, 13/03 (sélection, *The Messiah*) ; 06/03, 20/03, 27/03, 03/04 (sélection) {Miss Cantelo, Harrison, Pearson, Griffiths, Champness... // J. Ashley, Richards} [6]
- Londres, T St R. Concert of Antient Music. 04/03/1789, concert (Hdl) {Miss H. Abrams, Miss Cantelo, Harrison...}

- Londres, H Sq R. 19/03/1789, concert (Sarti) {Miss H. et T. Abrams // Salomon} [Bf H. Abrams]
- Windsor, Château. 02/04/1789, *Alexander's Feast* (Hdl) {Rev. Clarke, Gore (King's Chapel), Sale}
- Londres, KT. NMF. 13/04/1789, concert (Sarti, Sacchini ou Salieri) {// Hayes, Miller} [Bf NMF]
- Londres, KT. Gala Brook's Club. 21/04/1789 (duo, Mazzinghi) {Kelly, Mrs Siddons...}
- Londres, H Sq R. 24/04/1789, concert (air : ?) {Marchesi, Clementi (pf)} [Bf Cramer]
- Londres, Pantheon. 01/05/1789, concert (air : ?) {Cramer, Viotti (viol), Clementi (pf)} [Bf Mme Gautherot, viol.]
- Londres, H Sq R. 08/05/1789, concert (Sarti) {Harrison, Miss Cantelo, Miss Abrams... // Cramer} [Bf Harrison]
- Londres, H Sq R. 11/05/1789, concert (air : ?) {Marchesi, Miss H et T Abrams, Miss Cantelo...} [Bf L. Borghi]
- Londres, H Sq R. 13/05/1789, concert (air : ?) {Kelly, Fineschi} [Bf Mme Guedon]
- Londres, Freemasons' Hall. 15/05/1789, *The Messiah* (Hdl) {Miss Cantelo, Miss Mahon, Harrison, Sale... // Cramer} [Bf General Lying-In ou Bayswater Hospital]
- Londres, Pantheon. 18/05/1789, concert (airs : ?) {Harrison, T. Attwood (pf) // Cramer} [Bf C. J. Suck]
- Londres, Pantheon. RSM. 21/05/1789 (rép.), 22/05 (concert Hdl) {Miss Cantelo, Reinhold, Benucci, Miss H. et T. Abrams... // Cramer} [Bf RSM]
- Londres, St Margaret. 27/05/1789, *The Messiah* {Miss H. et T. Abrams, Harrison, Gore, Sale... // Cramer, Cooke} [Bf Westminster Hospital]
- Londres, H Sq R. 01/06/1789, concert (air, duo avec Benucci) {Marchesi, Benucci} [Bf Marchesi]
- Londres, H Sq R. « *Restoration Concert* ». 05/06/1789 (rép.), 08/06/1789 (concert, *scena* composée pour Marchesi ; *An ode to His Majesty's Recovery*, Philidor) {Kelly, Sale // Cramer}
- Londres, H Sq R. 10/06/1789, concert (air : ?) {Miss H. et T. Abrams, Clementi (pf) // Cramer} [Bf Lee]
- Londres, H Sq R. 15/06/1789, concert (air) {Clementi, pf} [Bf Mrs Stewart]
- Oxford, Festival (Music Room). 24/06/1789 (concert), 25/06 (concert : Sarti, < ?Paisiello>, Hdl ; duos avec Benucci), 26/06 (concert) {Miss Mahon, Walton, Benucci // Machair, P Hayes, etc} [3]
- <?> Cannons, ch. O'Kelly. <? 06 ou 07/1789[18]>, concert Hdl. {Kelly, Mme Mara, Mrs Crouch // Arnold} [Bf pauvres]

---

[18] Date incertaine, *Reminiscences* de Kelly.

- Wells, Somerset Music Meeting. 04/08/1789 (rép.) , 05/08 (sélection, Hdl) (concert), 06/08 (*The Messiah,* Hdl) (concert : *glee,* Hdl), 07/08 <?(concert : Hdl)> {Miss Cantelo, Harrison, Saville, Mahon… // Rauzzini}

Saison 1789-1790
- Londres, DL. 24/11/1789-13/05/1790, *The Haunted Tower** (Storace) (Adela*) [dt Bf ASS le 01/02/1790] [56]
- Londres, Hay. 27/02/1790-27/03/1790, *La Villanella rapita* (Bianchi) (Mandina) [dt la dernière partie pr Bf Mad. Hillisberg, danseuse, le 25/03] [9]
- Londres, DL. 16/04/1790-24/05/1790, *No Song, No Supper** (Storace) (Margaretta*) [5]
- Londres, Hay. 03/06/1790-10/06/1790, *Il Barbiere di Siviglia* (Paisiello) (Rosina) [2]

Concerts :
- Londres, T St R. Concert of Antient Music. 27/01/1790 (Hasse, Hdl), 03/02 (Hdl, <? Hasse, Jommelli>), 10/02 (Hdl, Pergolèse), 24/02 (Hdl, Pergolèse), 03/03 (Hdl), 10/03 (Hdl), 17/03 (Hasse, Hdl, Vinci), 24/03 (Hdl, Jommelli), 14/04 (Hdl), 21/04 (Hdl), 28/04 (Hdl), 05/05 (Hdl) {Mme Mara, Miss Poole, Kelly…}
- Londres, ch. <? Mrs Boone>. « *Sunday Concert* ». 14/02/1790, concert privé. {H. Kneisel // Pleyel (pf), Mazzinghi, Kozeluch}
- Londres, H Sq R. Professional Concerts. 15/02/1790 (airs), 22/02 (airs), 01/03 (air), 08/03 (airs) {Marchesi, Mme Mara, Miss Cantelo… // Cramer}
- Londres, Hay. Oratorios DL (Hdl) 19/02/1790 (*The Messiah*) ; 24/02, 03/03, 10/03, 12/03, (sélections) ; 26/02, 26/03 (*Redemption*) ; 05/03 (*Acis and Galatea* ; sélection) ; 17/03, 24/03 (sélection Hdl ; « *Mad Bess* », Purcell) ; 19/03 (*Alexander's Feast* ; *Acis and Galatea*) {Reinhold, Kelly, Dignum, Mrs Crouch… // Arnold}
- <? Londres, H Sq R. 19/03/1790, concert. [Bf Giornovichi, viol.]>[19]
- Bath. Concerts par souscription. 30/03/1790, concert n°1 (?) ; 03/04, concert n°2 (extr. *Judas Maccabeus, Messiah*) ; 07/04, concert [Bf ASS] {Incledon}
- Londres, Pantheon. NMF. 09/04/1790 (air) {Sale, Miss Cantelo… // Hayes, Miller, Cramer} [Bf NMF]
- Londres, H Sq R. 18/05/1790, concert (2 airs : ?) [Bf Charles Clagett, facteur d'instruments à vent] {// Arnold}
- Londres, Abb. Westm. Concerts RSM (Hdl). 22/05/1790, 24/05, 27/05 (rép.) ; 26/05, 29/05, 01/06, 03/06 (sélections) {Mme Mara, Miss Cantelo, Miss Poole, Miss H. et T. Abrams, Pachierotti, Morris, Kelly, Saville, Sale... // Cramer} [Bf RSM]

---

[19] Présence d'Ann Storace incertaine pour McVeigh, *Calendar*.

- Londres, H Sq R. 02/06/1790, concert (2 airs : ?) {// Cramer} [Bf Clement et Bridgetower (viol.)]

Saison 1790-1791
- Londres, DL. 11/09/1790-02/06/1791, *The Haunted Tower* (Storace) (Adela) [31]
- Londres, DL. 04/10/1790-04/06/1791, *No Song, No Supper* (Storace) (Margaretta) [dt Bf ASS, 05/02/1791] [28]
- Londres, DL. 01/01/1791-03/06/1791, *The Siege of Belgrade** (Storace) (Lilla*) [dt Bf ASS, 05/02/1791] [47]
- Londres, DL. 03/05/1791, *The Cave of Trophonius** (Storace) (Daphne*) [1]

Concerts :
- Norwich, Grand Musical Festival (Hdl). 08/09/1790 (sélection) (concert), 09/09 (*Judas Maccabaeus*) (concert : Hdl, Purcell), 10/09 (sélections) (concert) {Miss Poole, Harrison, Meredith... // Cramer}
- Colchester, Music Festival (Hdl). 22/09/1790 (sélection ; *The Messiah*) (*Acis and Galatea* ; airs : Sacchini, Cimarosa, Hdl), 23/09 (*The Messiah*) {Bartleman, Miss Broadhurst,... // J. Fisin}
- Stanmore Parva (Whitchurch). 25/09/1790, concert Hdl. {Kelly, Mrs Crouch, Miss Leary, Bartleman... // Dupuis, orgue} [Bf « *Sunday Schools* » de Stanmore et Watford]
- Londres, Freemasons' Hall. Academy of Antient Music. 09/12/1790 (rép.), <? 16/12 (présence ASS possible)>, 06/01/1791 (Hdl, Vinci), <? 19/04> (+ autres dates ?) {Miss H. et T. Abrams, Kelly, Bartleman...// Arnold}
- <? Londres, Carlton House. 19/01/1791, concert {David... //Haydn, Solomon}>
- Londres, T. St R. Concert of Antient Music. 02/02/1791 (Hdl, Jommelli), 09/02 (Purcell, Hdl), 16/02 (Hdl, Jommelli), 23/02 (Hasse, Hdl), 02/03 (Hasse ?, Rameau ?), <??/??> (Hdl), 13/04 (Jommelli, Hdl), 04/05 (Boyce, Hdl), 11/05 (Traetta, Hdl) {Mme Mara, Pachierotti, Kelly, Nield, Sale} [12 ?][20]
- Londres, Pantheon. NMF. 24/02/1791, concert (Atwood) {Pachierotti, Bartleman, Danby, Nield... // Hayes, Miller, Cramer} [Bf NMF]
- Birmingham, chapelle St Paul. 30/03/1791, 31/03, concert mus. sacrée {Mrs Second, Saville}
- Birmingham, T. 30/03/1791, 31/03, concert {Mrs Second, Saville}
- Londres, H Sq R. Série org. Salomon/Haydn. 11/03/1791 (Haydn : ?), 18/03 (?, Paisiello), 25/03 (Haydn : ?), 13/05 (Haydn : ?), 16/05 (Cimarosa) [Bf Haydn], 27/05 (Haydn : ?) {Tajana, Davide, Miss H. Abrams... // Salomon, Haydn}

---

[20] L'exemplaire consulté du programme annuel est incomplet. (*Google Books*)

- Londres, H Sq R. 24/03/1791, concert (Atwood) {Pachierotti, Miss H. et T. Abrams...} [Bf H. Abrams]
- Londres, Willis' Rooms. 10/05/1791, concert (*glee*, Storace, Atwood) [Bf Mrs Park (ex-Miss Reynolds)]
- Londres, Abb. West. Festival Haendel (RSM). 19/05/1791, 21/05, 24/05 (rép.), 23/05, 28/05 (sélection ; *Israel in Egypt*), 26/05 (sélection), 01/06 (*Messiah*) {Mme Mara, Mrs Crouch, Pachierotti, Davide, Kelly... // Cramer} [Bf RSM]
- Londres, Willis' Rooms. 08/06/1791, concert. {Davide // Giornovichi} [Bf W. Napier]
- Londres, H Sq R. 13/06/1791, concert. {Sga Negri, Davide // Salomon, Haydn} [Bf F. Clement, Hummel]
- Londres, H Sq R. 15/06/1791, concert. {Marchesi // Salomon, Haydn} [Bf S. Corri]
- Oxford, Grand Musical Festival. 06/07/1791 (sélection, Hdl, *glee*), 07/07 (Hdl, Storace, Purcell), 08/07 (Haydn, Hdl, Storace) {David, Kelly, Bellamy... // Cramer, Hayes}
- Cantorbéry, Grand Festival (Hdl). 16/08/1791 (*Redemption*), 17/08 (sélection) (*Acis and Galatea* ; airs), 18/08 (*Messiah*) (sélection) {Miss Poole, Bellamy,... // Cramer}

Saison 1791-1792
Durant toute la saison, la troupe de DL est délocalisée au King's Theatre (DL/KT). ASS est absente des scènes entre le 25 octobre 1791 et le 20 mai 1792.
- Londres, DL/KT. 22/09/1791-12/06/1792, *The Haunted Tower* (Storace) (Adela) [7]
- Londres, DL/KT. 27/09/1791-05/06/1792, *No Song, No Supper* (Storace) (Margaretta) [6][21]
- Londres, DL/KT. 29/09/1791-09/06/1792, *The Siege of Belgrade* (Storace) (Lilla) [dt Bf ASS, 30/05/1792] [7]
- Londres, DL/KT. 15/10/1791-22/10/1791, *The Cave of Trophonius** (Storace) (Daphne*) [2] (version révisée)

Concerts:
- <? Londres, T St R. Concert of Antient Music. 16/05/1792, concert n°12 (Hdl, Jommelli) {Kelly, Sale, Bellamy, Nield, Poole...} >[22]
- Londres, ch. Lord Barrymore. 02/06/1792, concert privé[23].
- Salisbury, Annual Musical Festival. 22/08/1792 (rép.) (concert spirituel : Hdl) (concert <? présence ASS ?>), 23/08 (*The Messiah*) (<? ASS> « *Tea and*

---

[21] Cette *afterpiece* n'est jouée qu'une autre fois dans la saison, pour la soirée à bénéfice de Mrs Crouch qui incarne alors Margaretta.
[22] Storace figure dans le programme de salle, mais elle ne s'est vraisemblablement pas produite.
[23] Brace, 86.

Card Assembly » : *glees*), 24/08 (concert spirituel : Hdl) (concert : *glees*) {Miss Davies, Miss Colbourne, Bartleman, Bellamy... // Corfe, dir ; Dupuis, orgue}
- Hereford, Three Choirs Festival. 12/09/1792 <? présence ASS (concert : Purcell, Boyce, Hdl)> (*Alexander's Feast*, Hdl), 13/09 (sélection, Hdl) (concert : Hdl, *glees*), 14/09 (*The Messiah*) (concert : Purcell, Storace) {Harrison, Bartleman, Miss Parke}

Saison 1792-1793
Durant toute la saison, la troupe de DL est délocalisée au King's Theatre et au Little Theatre in the Haymarket (DL/KT et Hay).
- Londres, DL/KT et Hay. 18/09/1792-31/05/1793, *The Haunted Tower* (Storace) (Adela) [8]
- Londres, DL/KT et Hay. 20/09/1792-09/05/1793, *No Song, No Supper* (Storace) (Margaretta) [dont Bf ASS, 11/03/1793] [13]
- Londres, DL/KT et Hay. 09/10/1792-06/06/1793, *The Siege of Belgrade* (Storace) (Lilla) [8]
- Londres, DL/KT. 11/10/1792-16/10/1793, *The Cave of Trophonius* (Storace) (Daphne) [2]
- Londres, DL/KT et Hay. 21/11/1792-03/06/1793, *The Pirates** (Storace) (Fabulina*) [23]
- Londres, KT. 26/01/1793-23/02/1793, *Il Barbiere di Siviglia* (Paisiello) (Rosina) [4]
- Londres, KT. 26/02/1793-07/05/1793, *Le Nozze di Dorina* (Paisiello) (Dorina) [10 + 2 : sélection de scènes les 25/06 et 29/06/1793]
- Londres, DL/KT et Hay. 11/03/1793-11/05/1793, *The Prize, or 2. 5. 3. 8.** (Storace) (Caroline*) [dont Bf ASS, 11/03/1793] [19]
- Londres, Hay[24]. 30/08/1793, *The Prize, or 2. 5. 3. 8.* (Storace) (Caroline) [Bf Bannister] [1]
- Londres, KT. 14/05/1793-22/06/1793, *I Zingari in Fiera* (Paisiello) (Lucrezia) [9 + 2, sélection de scènes, les 25/06 et 29/06/1793]

Concerts :
- Londres, Freemasons' Hall. Academy of Antient Music[25]. 17/01/1793 (concert), <? présence ASS ? pr concerts des 31/01, 14/03 et 31/03> {// Arnold, Cramer (viol.)}
- Londres, H Sq R. Professional Concerts. 18/02/1793 (Sarti ; *glee*, Stevens ; « *Captivity* », Storace), 04/03 (?), 18/03 (?), 15/04 (?), 22/04 (?), 13/05 (?) {Nield... // Cramer...}

---

[24] Durant la véritable saison estivale du Little Theatre in the Haymarket, qui se déroule pendant la fermeture des autres théâtres.
[25] La série par souscription comportait 8 concerts. (Programme sur <http://www.aam.co.uk/features/aampro.htm>, consulté en 2005.)

- Cambridge, Town-Hall. 15/03/1793[26], « *Annual Concert of Vocal and Instrumental Music* ». (« *Captivity* », Storace ; « *The Soldier tir'd* », Arne…) {// C. Hague}
- Londres, H Sq R, NMF. 12/04/1793, concert (air) {// Hayes, Miller; Cramer, Clementi (pf)} [Bf NMF]
- Cantorbéry, Music Meeting. ?/09/1793, concert(s)[27] {Miss Poole…// Arnold, Cramer}
- <? Bristol. ??/1793, <concert ?>[28]

Saison 1793-1794
Durant la reconstruction de Drury Lane, une partie de la troupe est engagée au Little Theatre in the Haymarket. DL ouvre avec une série d'oratorios, puis des représentations d'opéra et de théâtre.
- Londres, Hay. 30/09/1793-05/04/1794, *The Prize, or 2. 5. 3. 8.* (Storace) (Caroline) [31]
- Londres, Hay. 22/10/1793-20/02/1794, *No Song, No Supper* (Storace) (Margaretta) [14]
- Londres, Hay. 23/11/1793-29/11/1793, *Wives in plenty, or, the more the merrier** (Arnold, Storace…) (Fantast*) [4]
- Londres, Hay. 16/12/1793-01/04/1794, *The Haunted Tower* (Storace) (Adela) [dt Bf ASS, 16/12/1793] [9]
- Londres, Hay. 16/12/1793-08/04/1794, *My Grandmother** (Storace) (Florella*) [dt Bf ASS, 16/12/1793] [24]
- Londres, DL. 26/04/1794-30/06/1794, *No Song, No Supper* (Storace) (Margaretta) [9]
- Londres, DL. 03/05/1794-27/05/794, *The Siege of Belgrade* (Storace) (Lilla) [4]
- Londres, DL. 12/05/1794-28/06/1794, *My Grandmother* (Storace) (Florella) [7]
- Londres, DL. 13/05/1794-04/06/1794, *The Prize, or 2. 5. 3. 8.* (Storace) (Caroline) [4]
- Londres, DL. 16/05/1794-30/05/1794, *The Pirates* (Storace) (Fabulina) [3]
- Londres, DL. 02/07/1794-07/07/1794, *The Glorious First of June** (Storace) (Margaretta*) [5]

Concerts :
- Londres, T St R. Concert of Antient Music. 05/02/1794 (Jommelli, Hdl), 12/02 (Hdl), 19/02 (Kent, Hdl), 26/02 (Hdl), 12/03 (Pergolèse, Hdl), 19/03 (Hdl), 26/03 (Hasse, Hdl), 02/04 (Hdl), 09/04 (Hdl), 30/04 (Locke, Hdl,

---

[26] Programme sans mention d'année, conservé à la British Library.
[27] Parke, I, 178.
[28] *New Grove Dictionary (Oxford Music Online)*, entrée « *Storace, Nancy [Ann Selina; Anna]* » : « Parmi d'autres apparitions dans les oratorios et concerts […] Bristol (1793) » (Patricia Lewy Gidwitz, Betty Matthews).

Hasse), 07/05 (Hdl, Leo, Jommelli), 14/05 (Hdl) {Rovedino, Nield, Sale, Bellamy, Mme Ducrest}
- Londres, KT. NMF (sélection, Hdl). 06/03/1793, concert (Sarti) {Rovedino... // Hayes, Miller ; Cramer} [BF NMF]
- Londres, DL. Oratorios (Hdl). 12/03/1794, 14/03, 21/03, 26/03, 02/04, 04/04, 09/04, 11/04 (sélections) ; 19/03, 28/03, 12/04 (*The Messiah*) ; 10/04 (*Redemption*) {Harrison, Master Welsh, Kelly, Mrs Crouch,... // Shaw}
- Bristol, St. Michael. 14/04/1794, concert mus. sacrée (sélection, extr. *Messiah*, Hdl)
- Bath, N. Rooms, etc. 15/04/1794 (rép.) (concert : Hdl, Storace, Purcell), 16/04 (rép.) (sélection, Hdl), 17/04 (rép.) (extr. *Messiah*, Hdl), 19/04 (rép.) (extr. *Judas Macchabeus*, Hdl) {Nield, Meredith, Incledon...// Viotti (viol.)}
- Londres, St Margaret. RSM. 03/06/1794 (rép.), 05/06 (*Messiah*) {Rovedino, Kelly, Harrison, Miss Leake, Miss Parke...//Cramer} [Bf RSM]
- Liverpool, Festival. 16/09/1794 (*Judas Maccabeus*, Hdl) (concert), 17/09 (sélection, Hdl) (concert), 18/09 (concert), 19/09 (*Dettingen Te Deum*, extr. *Messiah*, Hdl) (concert)
- Manchester, New Circus. 22/09/1794, concert (Hdl, Purcell) [Bf Hugues] ; 23/09, concert (?, Hdl) {Meredith, Hugues, Mrs Shepley... // Haigh}
- Blandford, Dorset Music Meeting. <? 15>/10/1794, 16/10, concert.

Saison 1794-1795
- Londres, DL. 20/10/1794, *The Haunted Tower* (Storace) (Adela) [1]
- Londres, DL. 21/10/1794-06/06/1795, *No Song, No Supper* (Storace) (Margaretta) [13]
- Londres, DL. 27/10/1794-25/11/1794, *The Pirates* (Storace) (Fabulina) [3]
- Londres, DL. 28/10/1794-01/06/1795, *The Prize, or 2. 5. 3. 8.* (Storace) (Caroline) [dt Bf ASS, 18/05/1795] [11]
- Londres, DL. 29/10/1794-08/06/1795, *My Grandmother* (Storace) (Florella) [13]
- Londres, DL. 03/11/1794-15/12/1794, *The Siege of Belgrade* (Storace) (Lilla) [3]
- Londres, DL. 20/12/1794-19/02/1795, *The Cherokee** (Storace) (Eleanor*) [16]
- Londres, DL. 06/05/1795-15/05/1795, *Jack of Newbury** (Hook) (Emma*) [5]
- Londres, DL. 18/05/1795, *The Duenna* (Linley) (Clara) [Bf ASS] [1]

Concerts :
- Londres, KT. NMF. 20/04/1795, concert (air : ?) {// Hayes, Muller, Cramer; Haydn (pf)} [Bf NMF]
- Londres, KT. 24/04/1795, concert (Bianchi, Purcell) {... // Haydn (pf)} [Bf H. Abrams]

- Londres, St Margaret. RSM. 23/05/1795 (rép.), 26/05 (*Dettingen Te Deum*, sélection, Hdl) {Kelly… // Cramer} [Bf RSM]
- Londres, ch. comte Barthurst. 26/05/1795, concert privé. {Mrs Harrison, WT Parke (hbois) // Cramer}
- Cambridge, Town Hall. 27/<08>/<1795>, concert (Purcell, Hdl, Paisiello) {// Hague}[29]

Saison 1795-1796
- Londres, DL. 17/09/1795-03/06/1796, *No Song, No Supper* (Storace) (Margaretta) [15][30]
- Londres, DL. 19/09/1795-13/06/1796, *The Prize* (Storace) (Caroline) [12]
- Londres, DL. 22/09/1795-14/06/1796, *My Grandmother* (Storace) (Florella) [dt Bf ASS, 09/05/1796] [13]
- Londres, DL. 06/10/1795-06/01/1796, *The Siege of Belgrade* (Storace) (Lilla) [4]
- Londres, DL. 30/10/1795, *The Cherokee* (Storace) (Eleanor) [1]
- Londres, DL. 11/11/1795-08/01/1796, *The Pirates* (Storace) (Fabulina) [2]
- Londres, DL. 16/11/1795-29/12/1795, *The Spanish Barber; or, The Fruitless Precaution.* (Arnold?) (Rosina) [8]
- Londres, DL. 20/02/1796-25/02/1796, *The Shepherdess of Cheapside** (?) (Letitia*) [2]
- Londres, DL. 12/03/1796, *The Iron Chest** (Storace) (Barbara*) [1]
- Londres, DL. 30/04/1796-15/06/1796, *Mahmoud, Prince of Persia** (Storace) (Zelica*) [dt Bf ASS, 09/05/1796] [15]
- Londres, DL. 25/05/796, « *A Dramatic Cento* » (Storace) [1]
- Londres, DL. 25/05/796, *The Sultan; or, A Peep into the Seraglio.* (Dibdin) (Ismene) [1]

Concerts :
- Londres, Freemasons' Hall. 05/02/1796, concert (Hdl) {…// Arnold, Dupuis, Cramer} [Bf Charité Franc-maçonne pr petites filles]
- Londres, KT. NMF. 11/02/1796, concert (Arne, Hdl) {Miss Dufour, Sga Banti… // Hayes, Miller, Cramer} [Bf NMF]
- Londres, Queen Str. Chapel. 05/05/1796, *The Messiah* {// Cramer} [Bf Chœur de la Queen-Street Chapel]
- Londres, Whitehall Chapel. RSM. 14/05/1796 (rép.), 26/05, (sélections, Hdl.) {Miss Parke, Miss Leake, Harrison, Braham, Kelly, Nield… // Cramer, Arnold, Dupuis} [Bf RSM]
- Londres, DL. 09/06/1796, Air (Storace) [Bf Mrs Benson]

---

[29] Selon le programme, « […] *Mr. Hague's benefit. At the Town-Hall, on Thursday the 27th instant, will be performed a grand concert of vocal & instrumental music* ». En 1795, seul le 27 août tombe un jeudi.

[30] Miss Leake chante Margaretta lors de son bénéfice, le 13 mai 1796.

- Salisbury. ??/1796, concert. [Bf Corfe][31]

Saison 1796-1797
- Bath, T. 03/01/1797-02/02/1797. 03/01, <?10/01>, 31/01, *No Song, No Supper* (Storace) (Margaretta) ; 05/01, 12/01 [Bf ASS], 17/01, *The Haunted Tower* (Storace) (Adela) ; 10/01, *The Mountaineers* (Arnold) (Agnes) ; 17/01, *The Prize* (Storace) (Caroline) ; 24/01, *The Surrender of Calais* (Arnold) (Madelon) ; 12/01 [Bf ASS], 24/01, *My Grandmother* (Storace) (Florella) ; 26/01, *The Duenna* (Linley) (Clara) ; 31/01, *The Maid of the Mill* (Arnold) (?Fanny ou ?Theodosia) ; 02/02, *The Duenna* (Linley) (Clara) et *Lock and Key* (Shield) (Fanny) [9 soirées]
- Bristol, T. 09/01/1797-03/02/1797. 09/01, *The Haunted Tower* (Storace) (Adela) ; 16/01, *The Surrender of Calais* (Arnold) (Madelon) et *The Prize* (Storace) (Caroline) ; 23/01, *The Mountaineers* (Arnold) (Agnes) et *My Grandmother* (Storace) (Florella) ; 27/01, *The Duenna* (Linley) (Clara) et *No Song, No Supper* (Storace) (Margaretta) ; 03/02, *The Maid of the Mill* (Arnold) (?Patty) [Bf ASS] [5 soirées]
- Londres, KT. 14/03/1797-02/06/1797, *Gli Schiavi per amore* (Paisiello) (Gelinda) [8]
- Londres, KT. 18/04/1797-06/06/1797, *L'Albero di Diana* (Martín y Soler) (Amore) [7]
- Londres, CG. 26/04/1797-14/06/1797, *No Song, No Supper* (Storace) (Margaretta) [Bf Miss Wallis] [Bf veuves et orphelins de la bataille du Cap St Vincent] [2]
- Londres, DL. 22/05/1797, *The Haunted Tower* (Storace) (Adela) [Bf Kelly] [1]
- Londres, CG. 21/06/1797, *The Duenna* (Linley) (Clara) [Bf Lying-in/Bayswater Hospital] [1]
- Birmingham, T. 6 soirées, dt 21/07/1797 [Bf ASS]

Concerts :
- Bath. Concerts par souscription. 23/11/1796 (Salieri ?, Storace, Purcell), 30/11 (Sarti, Paisiello, Storace), 07/12 (Sarti, Storace, Rauzzini), 14/12 (Storace, Arne, Hdl ?), 21/12 (Hdl, Rauzzini, Storace) {Braham, Nield....} [5][32]
- Londres, Freemasons' Hall. 09/02/1797, concert (Purcell) {Braham... // Cramer, Arnold} [Bf « *Charity for Female Children* »]

---

[31] *New Grove Dictionary (Oxford Music Online)* : « Parmi d'autres apparitions dans les oratorios et concerts [...] Salisbury (en 1792 and 1796, cette dernière date étant un autre concert à bénéfice pour Corfe) ». (Patricia Lewy Gidwitz, Betty Matthews).

[32] James, 985 indique le mois de septembre pour ces concerts.

- Londres, KT. Opera concert. 13/02/1797, concert n°2 (Storace, Purcell) {Morelli, Rovedino, Braham, Mme Banti}
- Londres, KT. 01/05/1797, concert (air) {Rovedino, Braham, Viganoni // Salomon, Viotti} [Bf Salomon]
- Londres, Whitehall Chapel. RSM. 06/06/1797 (rép.), 08/06 (Hdl) {Braham, Kelly, Miss Poole… // Arnold, Cramer}
- Londres, KT (New Rooms) 07/06/1797, concert (Bertoni, duo « *Ally Croaker* » *a capella*) {Viganoni, Braham // Salomon} [Bf Braham]
- Oxford, Music Room. 26/06/1797, concert.

N. B. : G. Brace mentionne également des concerts dans les Willis' Rooms, H Sq R et T St R[33].

Le périple continental (1797-1801)

France
- Paris, T. de la République. 28/09/1797, concert {Braham, Naderman (harpe), Grassi (pf)}
- Paris, T. de la rue Feydeau. ??/09 ou ??/10/1797, concert (duo) {Braham}
- Paris, Elysée-Bourbon. 23/03/1798, 13/04/1798 [Bf ASS et Braham ?] {Braham, autres artistes}
- Paris, Elysée-Bourbon. <? 04/05/1798>, concert {Braham}

Italie
- Milan, Scala. 20/08/1799[34], 31/08/1799-?, *Il Trionfo del bel sesso, ossia La forza delle donne** (Niccolini) (Giannina*)
- Milan, Scala. *Autumno.* 12/10/1799[35]-?, *Il Ritratto** (Zingarelli) (Olivetta*)
- Livourne, à bord du *Foudroyant*. Entre 15/06/1800 et 07/07, concert privé devant Marie-Caroline de Naples et Horatio Nelson {Braham}[36]
- Livourne, T. Avvalorati. Automne 1800, *Alessandro nell'Indie* (Gnecco) (Cleofide)
- Livourne, T. Avvalorati. Automne 1800, *Arminio* (Bianchi et divers, dt Braham ?) (Ersilda)
- Venise, T. La Fenice. 17/01/1801-04/02/1801, *Artemisia** (Cimarosa) (Artemisia*) [8]
- Venise, T. La Fenice. 07/02/1801-17/02/1801, *I Giuochi d'Agrigento* (Paisiello) (Aspasia) [10]
- <? Trieste. ?/1801, opéra ?>

---

[33] Brace, 95.
[34] Link 2002, XVI.
[35] *Ibid.*
[36] L'*Alexander* devient le vaisseau amiral de Nelson dès le 8 juillet. Marie-Caroline de Naples quitte Livourne le 9 juillet. (Fraser, 249-250.)

Allemagne
- Ottensen. Salle de concert de « *Herrn Rainville* ». 01/08/1801, concert. {Braham, Giarnowichi (viol.), Dussek (pf)}

Angleterre[37]

Saison 1801-1802
- Londres, CG. 09/12/1801-28/01/1802, *Chains of the Heart; or, The Slave by Choice**. (Coll.) (Zulema*) [15]
- Londres, CG. 09/02/1802-26/06/1802, *The Cabinet** (Coll.) (Floretta*) [dt Bf Bayswater ou General Lying-in Hospital, 26/06/1802] [24]
- Londres, CG. 15/03/1802, *The Siege of Belgrade* (Storace) (Lilla) [Bf ASS] [1]
- Londres, CG. 15/03/1802, *No Song, No Supper* (Storace) (Margaretta) [Bf ASS] [1]
- Londres, CG. 26/04/1802, *The Castle of Andalusia* (Arnold) (Lorenza) [Bf Braham] [1]
- Londres, DL. 16/06/1802, *The Siege of Belgrade* (Storace) (Lilla) [Bf Mrs Sontley] [1]

Concerts :
- Bath, concerts par souscription. 13/01/1802, (?, Purcell), 16/01, (?) {Braham, Rovedino, Bianchi}
- Londres, ch. comtesse d'Alborough. 14/02/1802, concert privé {Braham... // Cramer}
- Londres, KT. NMF. 04/03/1802, concert (Hdl; trio *Nozze di Dorina*, ?Sarti ; Purcell) {Braham, Morelli, Billington... // Cramer} [Bf NMF]
- Londres, KT (Great Room). 01/04/1802, concert (air et Finale *Nozze di Figaro*, Mozart) {Braham, Rovedino, Cimador, Viganoni...} [Bf S. Dussek]
- Londres, CG. 10/04/1802, Air « *The Prince unable to conceal his pain* » (*Alexander's Feast*, Hdl), entre *mainpiece* et *afterpiece*. {Braham} [Bf Lewis]
- Edmonton, Angel Inn. 11/06/1802, concert (« *Mad Bess* », Purcell) {Mrs Mountain, Sale, Harrison // Cramer, Smart (pf)}
- <? Brighton, T. Fin 07/1802>, opéras[38] (?). {Braham}

---

[37] Les représentations londoniennes d'opéra, entre 1801 et 1808, s'appuient sur la liste établie par Burling LS, qui ne donne que le titre de l'œuvre et la recette. Les détails des concerts, oratorios, et festivals proviennent de dépouillements de la presse britannique et des publications des contemporains ou des musicographes. (Voir bibliographie.)

[38] *The Morning Post*, 29 juillet 1802 : « Les POPE, BRAHAM et STORACE honorent les planches du Théâtre de leur présence. »

Saison 1802-1803
- Brighton, T. 07/09/1802-18/09/1802. 07/09, *The Siege of Belgrade* (Lilla) ; 08/09, *The Duenna* (Clara ?) et *No Song, No Supper* (Margaretta) ; 10/09, <*The Siege of Belgrade* (Lilla)[39] et *The Prize* (Caroline)> ; 11/09, *The Cabinet* (Floretta) [Bf ASS], 15/09, *The Cabinet* (Floretta) ; 14/09, *The Prize* (Caroline) et *My Grandmother* (Florella) ; 17/09, *The Castle of Andalusia* (Lorenza) ; 18/09, <opéra>. [8 soirées]
- Bristol, T. 24/09/1802, *The Haunted Tower* (Adela) ; 27/09, *The Mountaineers* (Arnold) (Agnes), <? *No Song, No Supper* (Margaretta)> ; 29/09, *The Maid of the Mill* (Arnold) (?Fanny ou ?Theodosia), *My Grandmother* (Florella) ; 01/10, *The Cabinet* (Floretta) ; 04/10, *The Surrender of Calais* (Arnold) (Madelon), <? *My Grandmother* (Florella)> ; 06/10, *The Duenna* (Clara ?) et *The Prize* (Caroline) [6 soirées]
- Bath, T. 25/09/1802, *The Haunted Tower* (Adela) ; 02/10, *The Cabinet* (Floretta) ; 07/10, *No Song, No Supper* (Margaretta), *My Grandmother* (Florella) et *The Prize* (Caroline) [Bf ASS] [3 soirées]
- Londres, CG. 12/10/1802-21/06/1803, 25/06/1803 [Bf Bayswater Hosp.] *The Cabinet* (Coll.) (Floretta) [31]
- Londres, CG. 18/12/1802-11/06/1803, *Family Quarrels** (Coll.) (Susan*) [18]
- Londres, CG. 19/03/1803-21/03/1803, *The Prize, or 2. 5. 3. 8.* (Storace) (Caroline) [dt Bf ASS, 21/03/1803] [2]
- Londres, CG. 21/03/1803-17/05/1803 [Bf Mrs Martyr], *The Haunted Tower* (Storace) (Adela) [dt Bf ASS, 21/03/1803] [2]
- Londres, CG. 02/04/1803, *The Divertisement and a Masquerade* (Coll.) [Bf Lewis] [1][40]
- Londres, CG. 18/04/1803, *Abroad and at home* (Shield) (Kitty) [Bf Braham] [1]
- Londres, CG. 18/05/1803, *My Grandmother* (Storace) (Florella) [Bf Hill] [1]
- Brighton, T. <Fin 07/1803-début 08/1803>, opéras.
- Margate, T. vers le 15/08/1803, <??/08/1803>-02/09/1803, operas (dt *The Siege of Belgrade* ; 02/09, *The Cabinet*, *The Prize*)[41]

---

[39] C'est *The Castle of Andalusia* qui avait été annoncé dans *The Sussex Advertiser* du 6 septembre 1802. La critique du *Morning Post* du 15 septembre 1802 mentionne également la présence du prince de Galles.

[40] Le « *playbill* » précise que « l'ouverture, nouvelle, est de Mr. W. Ware ». Dans le cours du divertissement, Braham, Munden, Hill, Emery, Dubois, Incledon, Mrs Martyr, Miss Wheatly et la Signora Storace interprètent chacun un « Air Populaire » : *The Masquerade* revient à Storace. Le tout est suivi de « Danses », comportant un « pas [de] deux écossais ». (Merci à Anne-Louise Luccarini pour la communication du *playbill*).

[41] Selon *The Morning Chronicle* du 6 septembre 1803 : « Braham and Storace sont réengagés au Théâtre de Margate [...] bien qu'ils aient joué ici il y a moins de quinze jours ».

- Liverpool, T. <? ap. 20>/09/1803, opéras.>

Concerts :
- Bristol, St Michael. ?/09/1802, concert sacré.
- Bath, New Assembly Rooms. 24/12/1802, *The Messiah* (Hdl) {Braham} [Bf Rauzzini] ; 29/12, concert (Sarti, Braham, (?Hdl) {Braham, Denman, Miss Sharp}
- Londres, CG, Oratorios. 04/03/1803, 11/03, 25/03, 01/04 (sélections, Hdl ; dt Purcell) , 18/03 (extr. *Les Saisons*, Haydn ; sélection, Hdl) {Braham, Incledon, Miss Munday, Mrs Billington,… // Ashley, Weichsell}
- Londres, KT, NMF. 10/03/1803, concert (?, Hdl) {Braham, Mrs Ashe, Miss Cohourn… // Cramer} [Bf NMF]
- <? Cambridge. 03/1803, concert(s)?>
- Londres, Hyde's Rooms. 02/05/1803, concert. {Braham… // Cramer} [Bf Hyde]
- Oxford, Music Room. 09/05/1803, 10/05, concert {Braham // Gallot (viol.)}
- Londres, H Sq R. 10/06/1803, concert {Braham, Mrs Ashe, Viganoni… // Cramer} [Bf Ashe, flûte]
- Londres, H Sq R. 17/06/1803, concert (*The Death of Margaret and William*, Corri) {Braham, Cimador, Rovedino, Mme Dussek… // Mountain} [Bf D. Corri]
- Manchester, « *The Gentlemen's Concerts* ». 07/07/1803, 09/07, concert (Hdl, Braham, <? Purcell>…)
- Margate, bibliothèque. 27/08/1803, concert (?) [Bf ASS]
- Margate, à bord du *Texel* (Capitaine Byng), 03/09/1803, concert privé. {Braham}

Saison 1803-1804
- Londres, CG. 22/10/1803-18/05/1804, *Family Quarrels* (Coll.) (Susan) [4]
- Londres, CG. 26/10/1803-25/06/1804, *The Cabinet* (Coll.) (Floretta) [16]
- Londres, CG. 13/12/1803-12/06/1804, *The English Fleet in 1342** (Braham) (Katharine*) [dt Bf ASS, 19/03/1804] [34]
- Londres, CG. 08/03/1804-19/06/1804, *The Paragraph** (Braham) (Eliza*) [dt Bf ASS, 19/03/1804] [14]
- Londres, CG. 16/04/1804, *The Haunted Tower* (Storace) (Adela) [Bf Braham] [1]
- Londres, CG. 16/04/1804-05/06/1804, *No Song, No Supper* (Storace) (Margaretta) [Bf Braham, Bf Emery] [2][42]
- Londres, CG. 03/05/1804-09/05/1804, *Inkle and Yarico* (Arnold) (Wowski) [2]

---

[42] Merci à Anne-Louise Luccarini pour la communication du *playbill* pour la soirée à bénéfice de Mr. Emery.

- Londres, CG. 15/05/1804, *The Prize, or 2. 5. 3. 8.* (Storace) (Caroline) [Bf Knight] [1]
- Londres, CG. 23/05/1804, *The Siege of Belgrade* (Storace) (Lilla) [Bf Mrs Martyr] [1]
- Londres, CG. 26/06/1804, *The Duenna* (Linley) (Clara) [Bf Bayswater ou General Lying-in Hospital] [1]

Concerts :
- Bath. <? 24/12/1803, *Messiah* ou concert [Bf Rauzzini]> ; 28/12 (?), concert par souscription (n°6)[43] {Braham, Miss Sharp}
- Oxford, Music Room. 21/02/1804, concert {Braham, Miss Clarke…}
- Londres, Hay. 05/03/1804, concert (Storace) {Braham, Mrs Bland, Miss Pope, Dignum // F… (illisible)} [Bf musiciens de l'orch. de l'Amphithéâtre d'Astley]
- Londres, ch. Mrs Montague, Portman-Sq. « *Ladies Concert* ». 01/05/1804, concert n°2 (Mayr, Cimarosa, Paisiello, Braham, Sarti, Guglielmi) {Braham, Rovedino // Leander}
- Hendon, ch. Mrs Lambert. 12/05/1804, concert {Braham}
- Londres, H Sq R. « *Amateur Concert/Assembly* ». 11/06/1804, concert {Braham…}
- Ramsgate, King's Head (auberge). Entre le 9 et le 11/10/1804, concert et dîner pour la Pic Nic Society. {Braham, Maddocks, Greville, Freemantle}

Saison 1804-1805
- Londres, CG. 23/10/1804-28/03/1805, *The English Fleet in 1342.* (Braham) (Katherine) [6]
- Londres, CG. 27/10/1804-23/01/1805, *The Paragraph.* (Braham) (Eliza) [3]
- Londres, CG. 31/10/1804-21/03/1805, *The Cabinet.* (Coll.) (Floretta) [6]
- Londres, CG. 24/11/1804, *Family Quarrels.* (Coll.) (Susan) [1]
- Londres, CG. 10/12/1804-10/01/1805, *Thirty Thousand, or Who's the Richest?** (Coll.) (Rosanna*) [11]
- Londres, CG. 28/02/1805-01/04/1805 [Bf ASS], *Out of place, or The Lake of Lausanne** (Coll.) (Lauretta*) [14][44]
- Londres, CG. 01/04/1805, *The Siege of Belgrade* (Storace) (Lilla) [1] [Bf ASS]
- Londres, KT.13/06/1805-20/07/1805, *Una Cosa rara* (Martín y Soler) (Lilla) [dt 13/06, Bf Braham] [7]

---

[43] Compte rendu dans *Bath Chronicle and Weekly Gazette* du 5 janvier 1804. Rice 2015 ne donne aucun répertoire ni distribution pour ce concert.

[44] Après la soirée à son propre bénéfice, Storace n'a pas participé aux trois bénéfices de Mr Fawcett, Mr Hill et Mrs Mattocks, qui proposaient cette *afterpiece*. (Merci à Anne-Louise Luccarini pour la communication de deux de ces *playbills*.)

Concerts :
- <? Tottenham Street. « *New Amateur Concert* ». ??/12/1804, concert {Braham}>[45]
- Bath, Upper-Rooms / New Assembly Rooms. 24/12/1804, *The Messiah* (Hdl, Harrington[46]) ; 27/12, concert par souscription n°6 (Braham, Cimarosa, ?) {Braham, Morelli, Miss George...}[47] ; 02/01/1805, concert par souscription n°7 {Braham, Morelli, Incledon, Miss Sharp, Miss Parke}
- Bath, Catch-Club. 29/12/1804, concert {Incledon, Braham}
- Londres, Russell Assembly Rooms. « *Russell Concerts* ». 14/03/1805, concert n°5 (Braham, ?) {Braham}
- Londres, KT. « *Volunteers Military Concert* ». 15/04/1805, concert (Hdl, Braham) {Braham, Mrs Arnold, Miss Munday... // G. Ashley} [Bf]
- Oxford, Music Room. 06 et 07/05/1805, concerts par souscription n°9 et 10. {Braham}
- Londres, Russel Assembly Rooms. 09/05/1805, concert (Braham) {Braham, Viganoni, Morelli, Miss Tenant,... // Weichsell} [Bf Mrs Second]
- Londres, <? ch. A. Corri>. 22/05/1805, concert {Braham, élèves de Corri}
- Harrow, Kenton Lodge, ch. Mrs Lambert. 23/05/1805, concert privé. {Braham}
- Londres, Willis' Rooms. « *Amateur Concerts* ». 24/05/1805, (rép.) (concert n°2, suivi d'un souper et d'un bal) {Braham, Kelly, Morelli, Rovedino, Mrs Weichsell, Miss Jacob, Miss Tyrer, Lady Hamilton, comte de Westmeath,... // Weichsell}
- Londres, ch. ASS et Braham. 20/06/1805, concert privé {Braham, Grassini...}
- Oxford, Festival (Haendel). 25/06/1805 (concert sacré, « *The Way of Zion do Mourn* », Hdl ; Gibbons) (*The Messiah*, Hdl), 26/06 (concert varié), 27/06 (concert varié) {Braham, Knyvett, Welsh, Mme Bianchi, Mrs Ashe // Cramer, Croft}

Saison 1805-1806
- < ? Brighton, T. ??/09/1805, opéras, dt *The Haunted Tower* [6 soirées]>[48]

---

[45] Compte rendu général dans *The Monthly Mirror*, XIX, Jan. 1805, 62.

[46] *The Messiah* était « réduit en deux parties ». « Après l'air *"He was despised"*, on introduira le *"Eloi, Eloi"*, ou *"Mort du Christ"* avec les dernières Paroles de Sa Passion sur la Croix, tels que l'on écrit les Saints Evangélistes, composé par le Dr. Harrington », interprété par Braham. (*The Bath Chronicle and Weekly Gazette* du 20 décembre 1804). C'est cette version qui est donnée à Bath à cette période.

[47] *The Bath Chronicle and Weekly Gazette* du 27 décembre 1804.

[48] Parke mentionne qu'il s'agit de l'été qui suit la création de *Out of Place* (I, 342 *sq.*). Il est possible qu'il fasse erreur sur l'année, car Kingdon Ward déplace l'anecdote un an plus tard (386).

- Londres, DL. 02/11/1805-04/06/1806, *The Siege of Belgrade* (Storace) (Lilla) [6]
- Londres, DL. 12/11/1805-21/05/1806, *The Cabinet* (Coll.) (Floretta) [dt Bf ASS, 14/04/1806] [8]
- Londres, DL. 21/11/1805-12/05/1806, *The Haunted Tower* (Storace) (Adela) [4 à 6][49]
- Londres, KT. 14/12/1805-21/12/1805, *Una Cosa rara* (Martin y Soler) (Lilla) [3]
- Londres, DL. 09/01/1806-10/01/1806, « *Cento from the Sacred music of Handel, as a... tribute... to... Nelson* » [2]
- Londres, DL. 17/01/1806, *The Duenna* (Linley) (Clara) [1]
- Londres, DL. 22/01/1806-02/05/1806, *The Travellers, or Music's Fascination** (Marchioness Merida*) [26]
- Londres, DL. 12/02/1806, *Dirge* « *Thalia's Tears* » (P. King), chanté entre les pièces {Braham, Kelly, Miller, Mrs Bland} [Bf veuve de Th. King, acteur] [1]
- Londres, DL. 14/04/1806-<? 07/05/1806>, *My Grandmother* (Storace) (Florella) [dt Bf ASS, 14/04/1806] [2 à 3][50]
- Londres, KT. 15/04/1806-08/07/1806, *Le Due Nozze e un sol marito* (Guglielmi) (Giocondina) [12 + 1 sélection, 24/06/1806]
- Londres, DL. 12/05/1806 [Bf Braham]-26/05/1806, *The Prize, or 2. 5. 3. 8.* (Storace) (Caroline) [2]
- Londres, KT. 10/06/1806-24/06/1806, *La Serva astuta* (?) (?) [2][51]
- Richmond, T. 07/07/1806, *The Cabinet* (Coll.) (Floretta) [Bf T. Dibdin] [1]
- <? Bristol, T. ??/1806, *The Cabinet* (?)>

Concerts :
- Broadstairs, Pyrmont-House, ch. Mr et Mrs Forsyth. 26/09/1805, 27/09, concerts privés. {Braham...}
- Margate, ch. Mrs Lynde. Avt 15/10/1805, concert privé {Braham, Lady Hamilton}
- Bath, New Assembly Rooms. 24/12/1805, *Messiah* (Hdl) {Braham, Cooke, Mrs Ashe...} ; 01/01/1806, concert par souscription n°6 (extr. *The English Fleet*, duo *buffo*) {Braham, Morelli, Miss Sharp}
- Londres, CG. Oratorios (Hdl). 21/02/1806, 14/03 (*Dettingen Te Deum* ; « *Britannia at the tomb of Nelson* », d'ap. Jommelli ; Haydn, Hdl), 28/02, 21/03 (extr. *La Création*, Haydn; *Acis and Galatea*, Hdl) ; 05/03, 19/03, 28/03 (*The Messiah*), 07/03 (*L'Allegro e il Penseroso*, Hdl ; Purcell), 12/03 (*La Création*,

---

[49] Les *playbills* et la presse indiquent que *The Haunted Tower* fut donné les 27 novembre et 4 décembre 1805, alors que la comptabilité du théâtre indique *The Heir at Law* en première partie de soirée (Burling LS).
[50] On sait que Storace a chanté pour le bénéfice de Bannister, le 28 avril, mais nous ne disposons pas de la distribution pour celui de Miss Duncan, le 7 mai 1806.
[51] Smith 1955, 81.

Haydn ; Rauzzini, Hdl), 26/03 (sélection) {Braham, Doyle, Gibbons, Mrs Dickons,... // Ashley}
- Londres, KT. NMF. 13/03/1806, concert (duo, air) {Miss Kollman, Mme Grassini, Braham... // Cramer, Greatorex}
- Londres, ch. Miss Bainbridge, Upper Brooke-street. 01/04/1806, concert privé. {chanteurs amateurs}
- Londres, CG. 24/05/1806, *The Messiah* (Hdl/Mozart) {Mme Dussek, Mrs Bland, Miss Tyrer, Mrs Dickons, Braham, Vaughan, Goss, Doyle // Ashley} [Bf Ashley]
- Londres, H Sq R. 26/05/1806, concert (air ; *La Tempête*, Haydn) {Braham, Knyvett, Welsh, Corri // Mountain} [Bf Mme Dussek et A. Corri]
- Surrey, Morden-Hall, ch. A. Goldsmid. 22/08/1806, « *garden-party* » et concert privé {Braham, Naldi...}
- Ramsgate, ?. 04/09/1806, concert {Braham} [Bf Ashe]
- <Margate, bibliothèque ? Ap. 08/09/1806, concert. {Braham, Mme Bianchi...} [Bf hôpital][52]>

Saison 1806-1807
- Londres, DL. 08/11/1806-04/06/1807, *The Haunted Tower* (Storace) (Adela) [7][53]
- Londres, DL. 13/11/1806-29/05/1807, *The Siege of Belgrade* (Storace) (Lilla) [3]
- Londres, DL. 15/11/1806-27/05/1807, *The Cabinet* (Coll.) (Floretta) [7]
- Londres, DL. 17/11/1806-11/06/1807, *The Travellers* (Corri) (Marchioness Merida) [12]
- Londres, DL. 11/05/1807-06/06/1807, *No Song, No Supper* (Storace) (Margaretta) [3][54]
- Londres, DL. 26/11/1806-15/05/1807, *The Duenna* (Linley) (Clara) [2]

---

[52] Concert annoncé dans un entrefilet du *Morning Chronicle* du 8 septembre 1806, au profit du « *general sea-bathing Infirmary, established at Margate* » : la date n'était pas alors fixée.

[53] Pour les 11 novembre 1806 et le 24 avril 1807, la comptabilité du théâtre indique *The Heir at Law* (Burling LS), et les *playbills*, *The Haunted Tower*. *The British Press* du 25 avril 1807 publie une critique de *The Haunted Tower*. – Le 2 juin 1807, *The Morning Chronicle* fait savoir que que « [...] Madame Catalani étant souffrante, l'opera seria ne peut être joué, mais [...] l'opéra favori de LE DUE NOSSE (*sic*) ET UN SOL MARITO pour JEUDI PROCHAIN, dans lequel la Signora Storace a accepté de jouer, avec la plus grande amabilité, pour cette unique soirée », mais le 4 juin, Storace a été programmée dans *The Haunted Tower* à Drury Lane.

[54] Mrs Mountain a chanté Margaretta les 13 septembre, 28 octobre, 21 novembre 1806 et 9 avril 1807.

- Londres, DL. 12/01/1807-21/04/1807, *False Alarms; or, My Cousin** (Coll.) (Susan*) [20]
- Londres, DL. 13/04/1807-17/04/1807, *Inkle and Yarico* (Arnold) (Wowski) [dt Bf ASS, 13/04/1807] [2]
- Londres, DL. 13/04/1807-01/06/1807, *The Prize, or 2. 5. 3. 8* (Storace) (Caroline) [dt Bf ASS, 13/04/1807] [3]
- Londres, DL. 04/05/1807 [Bf Elliston]-18/05/1807 [Bf Johnstone[55]], *My Grandmother* (Storace) (Florella) [2][56]
- Londres, DL. 11/05/1807 [Bf Braham]-20/05/1807 [Bf Kelly], *Artaxerxes* (Arne) (Artaxerxes) [2]

Concerts :
- Bath, New Assembly Rooms. 24/12/1806, *The Messiah* (Hdl + Harrington, *Eloi*) {Braham, Miss Sharp,...} ; 31/12/1806, concert par souscription n°6 (airs et ensembles) {Morelli, Braham,...} [Bf Rauzzini]
- Bath, Catch Club. Avt le 31/12/1806, concert {Braham}
- Londres, KT (Great Concert Room). NMF. 19/02/1807, concert {Braham, Mme Bianchi, Mme Catalani, Mrs Ashe // Cramer, Greatorex} [Bf NMF]
- Londres, CG. Oratorios. 11/03/1807, *The Messiah* (Hdl) {Braham, Bellamy, Mme Dussek...}
- Londres, ch. Marquise de Salisbury. « *Ladies' Concerts* ». 01/05/1807, concert n°3 (Guglielmi) {Miss Griglietti, Naldi, Morelli, Siboni // Dragonetti}
- Londres, ch. Marquise de Statford. « *Ladies' Concerts* ». 08/05/1807, concert n°4 (L. Caruso, quatuor d'insertion *Due Nozze e un sol marito*) {Mme Catalani, Naldi, Morelli, Siboni,... // Dragonetti}
- Londres, ch. Mr Lind. 13/05/1807, concert privé.
- Londres, ch. ASS-Braham. 15/06/1807, concert privé. {Mme Catalani, Lady Hamilton, Mrs Billington, Braham, Kelly...}
- Londres, ch. Mrs Arnold. 17/06/1807, concert privé. {Braham, Mrs Billington, Mme Catalani, Naldi, Siboni...}
- Londres, ch. Marquise d'Hertford. 26/06/1807, concert privé {Braham, Mme Catalani, Morelli, Naldi...}
- <Lieu?>, ch. Abraham Goldsmid. <? 22 ou 29>/07/1807, concert privé {Mme Catalani, Braham...}
- Londres, Freemason's Hall. 27/07/1807, concert {Mme Catalani, Braham, Siboni, Naldi // Salomon, GT Smart} [Bf Bayswater Hospital]
- Salisbury, « *Triennal Festival of Music* ». 26/08/1807 (concert et bal), 27/08 (sél. musique sacrée : Hdl) (concert : *glees*, airs divers ; *King Arthur*, Purcell),

---

[55] S'ajoute à la soirée « *A Musical Epilogue* », dans lequel Storace chante en duo avec Braham.
[56] Miss Duncan a chanté Florella dans les représentations des 12 et 22 novembre 1806 et 26 février 1807. (Merci à Anne-Louise Luccarini pour la communication des *playbills*.)

28/08 (*The Messiah*, Hdl/Mozart) (concert, Hdl) {Mrs Vaughan, Braham, Vaughan, Goss, Page, Lacy, Batleman…// Cramer, Corfe}

Saison 1807-1808
- Londres, DL. 27/11/1807-28/05/1808, *The Haunted Tower* (Storace) (Adela) [4]
- Londres, DL. 30/11/1807-23/01/1808, *The Siege of Belgrade* (Storace) (Lilla) [2]
- Londres, DL. 03/12/1807-23/05/1808, *False Alarms; or My Cousin* (Coll.) (Susan) [4]
- Londres, DL. 05/12/1807-30/05/1808, *The Cabinet* (Coll.) (Floretta) [dt 30/05/1808, Bf ASS] [7]
- Londres, DL. 08/12/1807-18/05/1808, *The Travellers* (Corri) (Marchioness Merida) [3]
- Londres, DL. 12/12/1807-05/01/1808, *Lionel and Clarissa* (Dibdin, Arne) (Diana) [3]
- <? Londres, DL. 14/01/1808, *The Duenna* (Clara ?) [1?]>[57]
- Londres, DL. 11/02/1808-21/05/1808, *Kais, or, Love in the deserts** (Coll.) (Rozella*) [20]
- Londres, DL. 19/03/1808, *The Prize, or 2. 5. 3. 8.* (Storace) (Caroline) [1]
- Londres, DL. 02/05/1808, *Sylvester Daggerwood* (insertion d'une scène, «*A Morning Rehearsal*» avec duo de Winter avec Braham) [Bf Bannister] [1]
- Londres, DL. 03/05/1808-14/05/1808, *The Jew of Mogadore** (Kelly) (Mammora*) [6]
- Londres, DL. 09/05/1808, *The Hunter of the Alps* (Kelly) (Genevieve), suivi de «*An Harmonic Meeting*» [Bf Braham] [1]
- Londres, DL. 16/05/1808, duo avec Braham [Bf Elliston]
- Londres, DL. 30/05/1808, «*An Italian Cantata*» et «*Farewell address in music*» [Bf ASS]

Concerts :
- Bath. 24/12/1807, *The Messiah* (Hdl + Harrington, *Eloi*) {Braham, Magrath, Bennet, Doyle, Miss Sharp…} [Bf Rauzzini] ; 30/12/1807, concert par souscription n°5 (Winter, Purcell, ?) {Braham, Miss Sharp}
- Londres, Hay. 20/04/1808, concert {Mme Catalani, Braham, Incledon, Naldi // Salomon (viol), Smart (pf)} [Bf Bayswater Lying-in Hospital]
- Londres, Willis's Rooms. Série de concerts Billington-Naldi-Braham. 13/05/1808, concert n°1 (Cimarosa, Fioravanti) {Rovedino, Naldi, Siboni, Braham, Mrs Billington… // Weichsel, Smart (pf)}
- Bath, abbaye.13/06/1808, *The Messiah* (Hdl + Harrington, *Eloi*) {Braham, Bellamy, Mrs Windsor…// Rauzzini}

---

[57] L'annonce publiée dans la presse n'indique pas la distribution complète.

- Bath. 14/06/1808, concert (Haydn, Hdl ; *Funeral Anthem*, Hdl) {Braham, Bellamy… // Richards, Windsor (pf), Rauzzini}
- Bath. 24/12/1808, *The Messiah* (Hdl + Harrington, *Eloi*) {Braham, Magrath, Doyle, Garret, Miss Sharp // Rauzzini} ; 28/12, concert par souscription (Storace, ?) {Braham}
- Bath, York-house Catch-Club. <? 30>/12/1808, concert {Braham, Mrs Ashe, Miss Sharp, Rauzzini,…}

Quelques apparitions entre 1809 et 1815
- Londres, ch. Mr et Mrs Wilson. 02/06/1809, concert privé {Braham, Lanza, Mrs Billington, Lady Hamilton…}
- Margate, <? ch. Mrs Soane>. Eté 1809, concert privé ? (quatre « *Music Meetings* ») {Braham}[58]
- Herne Hill Cottage. 20/06/1809, Déjeuner et concert privé {Braham, Mrs Billington, Naldi…}
- <? Cambridge, Université. 03/07/1810, Installation de Lord Grenville comme chancelier de l'université. Concert (*Installation Ode*, Crotch) {Braham, Bartleman, Mme Bianchi, Mr Bartleman // Cramer (viol) ?, Crotch?}>[59]
- Hobart House, ch. comtesse de Buckinghamshire. 09/07/1812, « Fête vénitienne » et concert privé (quatuors vocaux) {Braham, Mrs Billington, duc de Sussex}
- Charlotteville, ch. Colonel Macleod. 09/10/1812, concert privé {Braham, Pucitta…}
- Londres, Argyll Rooms. Philharmonic Society. 14/06/1813, concert n°7 (Cimarosa) {Braham, Mrs Ashe // Smart}
- Fullam, Craven Cottage, ch. Margravine d'Anspach. 02/07/1813, concert privé {Braham, Mrs Billington, Rovedino, T. Rovedino}
- Herne Hill Cottage. 07/07/1813, Déjeuner et concert privé {Braham, Mrs Billington, T. Rovedino, duc de Sussex, Miss Hughes… // GT Smart (pf)}
- Herne Hill Cottage. 29/06/1815, Déjeuner et concert privé.
- Hampstead, Frognoll, ch. Mrs John Lambert. 08/07/1815, « Fête champêtre » et concert privé {Mrs Billington, duc de Sussex, Braham}

---

[58] Darley, 192.

[59] *The Examiner* du 8 juillet 1810 assure que Storace participa au concert. Elle n'est pourtant mentionnée, ni dans les autres comptes rendus consultés, ni par John Marsh. (Marsh Robins, II, 161-162.)

Opéras anglais créés par Ann Selina Storace

La distribution indiquée est celle de la création.

Drury Lane, 24 novembre 1789. **The Haunted Tower** (*mainpiece*, « *Comic Opera* »)
Musique : Stephen STORACE (compositeur et compilateur) – Livret : James COBB.
Avec : Lord William (Kelly), Baron of Oakland (Baddeley), Hugo (Moody), Lewis (Suett), De Courcy (Whitfield), Robert (Dignum), Martin (Williames), Charles (Sedwick), Hubert (Webb), Servant (Lyons), Edward (Bannister junior), Lady Elinor (Mrs. Crouch), Cicely (Miss Romanzini), Maud (Mrs. Booth), Adela (Signora Storace).

N'étant plus en cour auprès de Guillaume le Conquérant, le baron d'Oakland s'enfuit en Normandie avec son jeune fils. Ses biens reviennent à un parent éloigné, un ancien paysan. Des années après, un mariage est décidé entre Edward, le fils de l'usurpateur, et Elinor de Courcy, la fille d'un comte normand. Elle s'est éprise du véritable héritier, lord William, qu'elle connaît sous le nom de Sir Palamede. Entretemps, Edward, amoureux de la paysanne Adela, la fait passer pour Lady Elinor auprès de son père, avant l'arrivée de la véritable Elinor, qui, de son côté, a échangé son identité avec celle de sa suivante Cicely. Lord William fait aussi partie de sa suite, déguisé en bouffon. La revendication de l'héritier légitime sur la baronnie d'Oakland est acceptée par le roi. A la recherche de l'armure de son père, lord William entre dans la tour, qui est supposée être hantée par les apparitions du vieux baron. Cette fable a été entretenue par les serviteurs qui ont écarté la famille du « baron » de ces chambres où ils font bombance le soir. Revêtu de l'armure, Lord William est pris pour un spectre par le « baron », alors que le château est assailli par ses troupes, assistées de celles levées par le frère d'Elinor. Ce dernier découvre que Sir Palamede est l'homme que le roi souhaitait pour époux à Elinor, et l'opéra se conclut par le double mariage de Lord William et Lady Elinor, et d'Edward et Adela. (d'après The Lady's Magazine)

Drury Lane, 16 avril 1790. **No Song, No Supper** (*afterpiece*, « *Opera* »)
Musique : Stephen STORACE (compositeur et compilateur) – Livret : Prince HOARE.
Avec : Frederick (Kelly), Robin (Bannister jun.), Endless (Suett), Crop (Dignum), Thomas (Alfred), William (Sedgwick), Margaretta (Signora Storace), Louisa (Mrs Crouch), Dorothy (Miss Romanzini), Nelly (Miss Hagley), Deborah (Mrs Booth).

Deux marins, Frederick et Robin, font naufrage près de chez eux. Ils espèrent pouvoir revoir leurs bien-aimées, Louisa Crop et Margaretta, et se rendent chez le fermier Crop, père de Louisa.

Dorothy, la seconde épouse du fermier, est éprise de l'homme de loi véreux Endless, qui a déjà contribué à séparer les amants. En l'absence de son mari, elle lui prépare un souper, consistant en un rôti et un gâteau, ce dont Margaretta (qui passe pour une chanteuse des rues) est témoin. Alors qu'Endless s'apprête à manger, Crop frappe à la porte. Endless se cache, et le souper est dissimulé. Margaretta chante une ballade, dont le premier couplet révèle la cachette du rôti, le second, celle du gâteau, et le troisième, la cachette d'Endless. Il est chassé et le couple de fermiers se réconcilie. Robin et Frederick, devenus riches grâce à un tonneau d'or sauvé du naufrage, peuvent désormais se marier, et annoncent la bonne nouvelle. (d'après Girdham 1997, 178)

Drury Lane, 1er janvier 1791. ***The Siege of Belgrade*** (mainpiece, « *Comic Opera* »)
Musique : Stephen STORACE (compositeur et compilateur) – Livret : James COBB.
Avec : The Seraskier (Kelly), Colonel Cohenberg (Palmer), Krohnfeldt (Palmer), Ismael (Fox), Yuseph (Suett), Leopold (Bannister Junior), Peter (Dignum), Anselm (Cooke), Michael (Hollingswoth), Soldier (Dubois), Katharine (Mrs Crouch), Fatima (Miss Hagley), Lilla (Sig. Storace), Ghita (Mrs Bland).
Un village de Serbie, près de Belgrade. Lilla et Leopold, deux fiancés, voient leur mariage contrarié par Yusef, le maire du village, et par le Sérasquier, commandant de l'armée turque à Belgrade, qui souhaite s'approprier Lilla pour son sérail. Par ailleurs, Katherine, l'épouse du colonel Cohenberg, qui va rejoindre son mari à Belgrade, est aussi capturée par le Sérasquier. Cohenberg tente de la délivrer, mais il est fait prisonnier et condamné à mort. Il sera délivré par l'assaut des Autrichiens, auxquels le Sérasquier et Katherine échappent, mais elle sera finalement sauvée par Cohenberg, qui épargne la vie de son ravisseur. (d'après la presse)

Drury Lane, 3 mai 1791. ***The Cave of Trophonius*** (afterpiece, « *Comic Opera* »)
Musique : Stephen STORACE (compositeur et compilateur) – Livret : Prince HOARE.
Avec : Aristo (Sedgwick), Dorilas (Bannister Junior), Amintas (Kelly), Dromo (Suett), Corin (Dignum), Trophonius (Fox), Daphne (Sga Storace), Phaedra (Mrs Crouch), Alinet (Mrs Bland), Dorcas (Mrs Williames), First Spirit (Miss De Camp).
Non loin de la grotte de Trophonius (dont la propriété est d'inverser les caractères de ceux qui y pénètrent) habitent Aristo et ses deux filles, Daphne et Phaedra, fiancées à Amintas et Dorilas. Phaedra persuade sa sœur de s'aventurer dans la grotte où se trouve une cascade. Elles se désaltèrent et permutent donc leurs personnalités. Atterré, Aristo envoie Dromo au temple de Trophonius pour demander de l'aide. Lors d'une scène de magie, le jeune homme est guidé par des esprits et des démons dans un puits magique, et remplit une bouteille d'une eau dont la propriété est d'inverser le sort. Rencontrant Dorilas, il l'en informe. Ayant bu de cette eau, ils sont transformés à leur tour. Divers incidents s'ensuivent. Aristo finit par aller lui-même implorer Trophonius, qui restaure les personnalités d'origine des quatre jeunes gens. (d'après la presse)

Drury Lane au King's Theatre, 21 novembre 1792. ***The Pirates***
(*mainpiece*, « *Opera* »)
Musique : Stephen STORACE (compositeur et compilateur) – Livret : James COBB.
Avec : Don Altador (Kelly), Don Gasparo (Suett), Don Guillermo (Sedgwick), Blazio (Bannister jun.), Genariello (Dignum), Sotillo (Wewitzer), Captain of the Guard (Cauldfield), Cosmino (Phillimore), Captain of the Ship (Benson), Sailor (Alfred), Stefano (Bland), Donna Aurora (Mrs Crouch), Fidelia (Mrs Bland), Fabulina (Signora Storace), Marietta (Miss Du Camp).

L'Espagnole Donna Aurora est arrivée à Naples où elle est supposée épouser Guillermo, un capitaine pirate, neveu de son tuteur Don Gasparo. Son amant Don Altador, sous le déguisement de Gasparo, tente de voir Aurora, mais le véritable tuteur arrive ; depuis l'extérieur du jardin, Altador entend Aurora accepter la main de Guillermo, et la pense infidèle, mais il ignore qu'elle a accepté sous la contrainte, menacée de mort par son tuteur. Fabulina, la cameriste d'Aurora, lui explique la situation et lui fixe un rendez-vous pour qu'il enlève sa maîtresse. Le portier Sotillo, ivre, s'endort, mais la tentative d'enlèvement est interrompue par Gasparo et Guillermo. L'intervention de la garde municipale les empêche de se venger sur Altador. Au second acte, Blazio, le serviteur d'Altador est intercepté alors qu'il allait glisser une lettre d'Altador à Aurora. Gasparo, apprenant qu'Altador est au courant de ses actes de piraterie, décide de s'en débarrasser. Il s'arrange pour qu'Aurora se rende à la foire où Altador la suivra. Des matelots à sa solde, s'emparent d'Altador et Blazio et les emmènent à bord de son vaisseau. Une tempête termine l'acte. Le troisième acte débute dans les vignobles de l'aubergiste Genarello, près de Naples. Marietta apprend à Fidelia, une ancienne servante d'Aurora, que cette dernière est enfermée dans le château de Gasparo. Le vaisseau où Altador est prisonnier est attaqué par une frégate napolitaine et s'échoue : après la bataille, Altador est libéré, et le capitaine de la frégate lui offre son assistance pour délivrer Aurora. Altador, Fabulina et Fidelia s'introduisent dans le château, déguisés en Savoyards avec une lanterne magique. Ils sont démasqués, et Altador ne peut déclencher le signal de l'attaque à l'intention des Napolitains. Toutefois, Fabulina s'empare d'un pistolet et tire un coup en l'air, ce qui provoque l'attaque du château, la délivrance des amants et l'arrestation des pirates.
(d'après *The Universal Magazine*)

Drury Lane au King's Theatre, 11 mars 1793, ***The Prize, or 2. 5. 3. 8.***
(*afterpiece*, « *Musical Farce* »)
Musique : Stephen STORACE – Livret : Prince HOARE.
Avec : Bannister, Jun. (Lenitive), Suett (Label), Wewitzer (Caddy), Whitsield (Heartwell), Mrs. Bland (Juba), Mrs. Lyons (Servant), Master Gregson (Boy), Mrs. Booth (Mrs. Caddy), Signora Storace (Caroline).

« *La péripétie principale [...] est celle d'un apothicaire de campagne qui apprend que son billet de loterie lui a fait gagner £ 10 000. Le sachant, il abandonne son négoce à son commis et se met à courtiser une jeune Lady. Pour la séduire, il endosse toute l'extravagance à la mode [...] avant d'être détrompé sur son gain.* » (*The European Magazine and London Review*)

Little Theatre in the Haymarket, 23 novembre 1793. ***Wives in plenty, or, the more the merrier*** (*mainpiece*, « *Comedy* » ou « *Comic Opera* »)
Musique : sélections de Samuel ARNOLD, Stephen STORACE, etc. – Livret : peut-être MADDOCKS ou WALDON junior.
Avec : Bellamy (Barrymore), Monsieur Caprice (Parsons), Valere (Cauldfield), Ranger (Suett), Le Bronze (Bannister Junior), Julia (Mrs Goodall), Fantast (Signora Storace), Filette (Mrs Hopkins), La Jupe (Mrs Gibbs).
Aucun synopsis n'est paru dans la presse, qui renvoie à The Coquet *de Molloy, pour l'intrigue.*

Little Theatre in the Haymarket, 16 décembre 1793, ***My Grandmother*** (*afterpiece*, « *Musical Farce* »)
Musique : Stephen STORACE – Livret : Prince HOARE.
Avec : Waldron (Sir Matthew Medley), Bannister jun. (Vapour), Sedgwick (Woodly), Suett (Gossip), Wewitzer (Souffrance), Bland (Tom), Lyons (Servant), Signora Storace (Florella), Mrs. Bland (Charlotte).
Florella se rend à un bal masqué, sans l'autorisation de son oncle, Sir Matthew Medley. Elle y rencontre Vapour, dont le père était un ami de Sir Matthew., et laisse tomber une miniature (son portrait qui la montre dans la même pose que la grand-mère de Sir Matthew à laquelle elle ressemble). Vapour tombe amoureux du portrait qu'il identifie chez Sir Matthew. Avec l'aide du charpentier Gossip, Florella se place dans la même pose que le portrait, et est prise pour une hallucination par Vapour. Charlotte, la fille de Sir Matthew, présente Florella à Vapour. Sir Matthew autorise leur mariage, ainsi que celui de Charlotte et Woodly, son soupirant. (d'après The European Magazine and London Review)

Drury Lane, 2 juillet 1794. ***The Glorious First of June*** (*afterpiece*, « *new and appropriate entertainment* »)
Musique : Stephen STORACE (compositeur et compilateur) – Livret : Joseph RICHARDSON (prologue), Richard Brinsley SHERIDAN et James COBB (dialogues), duc de Leeds, Lord Mulgrave, Mary ROBINSON (contributions).
Avec : Palmer (Commodore Broadside/Chace), Suett (Endless), Maddocks (Old Cottager), Barrymore (Robin), C. Kemble (William), Bannister jun. (Tom Oakum), Sedgwick (Ben), Splicem (Kelly), Master Walsh (Boy [Saylor]), Hollingsworth (Dick), Benson (Busy), Mrs Booth (Cottager's Wife), Miss De Camp (Mary), Miss Leak (Susan), Miss Menage (Girl), Miss Chatterley (Cicely), Signora Storace (Margaretta).
William a déserté pour aider la famille de son défunt camarade Russet. Il doit également protéger Susan, la sœur de celui-ci, de l'homme de loi Endless qui souhaite faire expulser cette famille par leur propriétaire, un commodore à la retraite, pour loyer impayé. Broadside annulera la dette, apprenant que William s'est réengagé dans la marine. Après la victoire du 1er juin, William revient en héros, et Endless est puni de ses manigances. (d'après la presse)

Drury Lane, 20 décembre 1794. ***The Cherokee*** (*mainpiece*, « *Opera* »)
Musique : Stephen STORACE (compositeur et compilateur) – Livret : James COBB.
Avec : Colonel Blandford (Kelly), Henry (Master Welsh), Officer (Cooke), Average (Hollingsworth), Jack Average (Bannister jun.), Ramble (Dignum), Serjeant Bluster (Bannister), Jeremy (Suett), Zilipha (Mrs Crouch), Eleanor (Signora Storace), Fanny (Miss Leak), Winifred (Mrs. Bland), Malooko (Barrymore), Zamorin (C. Kemble), Ontayo (Sedgwick), Patowmac (Caulfield), Indian (Phillimore), Partheca (Mrs. Branwell).

En Amérique. Près d'un lac non loin duquel résident plusieurs tribus hostiles d'Indiens, se trouve également une colonie anglaise. Harriet et son fils Henry, sont faits prisonniers par Malooko, le chef des Cherokees, qui s'éprend d'elle. Le Colonel Blandford, époux d'Harriet (appelée Zilipha par les Indiens), l'ignore. A la tête d'une troupe anglaise, Blandford vainc les Indiens et tente d'enterrer la hache de guerre avec Malooko. Zilipha et Henry s'échappent du camp de Malooko, avec l'aide de Zamorin, un Indien qui les prend en pitié, et d'Eleanor, la nièce du vieil Average, un marchand anglais. A la fin du second acte, ils sont surpris et fait prisonniers par Malooko, ainsi que Blandford. Zilipha est emprisonnée dans une grotte avec Blandford, enchaîné. Henry parvient à s'échapper et va trouver les Anglais, qu'il informe du sort de ses parents. Armé d'un arc, il retourne au camp indien à temps pour sauver son père, en tuant son assaillant. Les Anglais attaquent le camp indien, et Malooko est tué par Blandford, alors qu'il donnait des instructions pour faire sauter la grotte dans laquelle était retenue prisonnière Zilipha. L'intrigue secondaire relate les disputes des fiancés Jack Average et de sa cousine Eleanor, laquelle lui accorde sa main à la fin de l'opéra. (d'après The European Magazine and London Review et The Universal Magazine)

Drury Lane, 6 mai 1795, ***Jack of Newbury*** (*mainpiece*, « *Comic Opera* »)
Musique : James HOOK – Livret : Theodore Edward HOOK.
Avec : Jack of Newburry (Palmer), Sir Murdock O'Connel (Kelly), Edgar (Dignum), Flaw (Suett), Crafts (R. Palmer), Knap (Bannister jun.), Page (Master Welsh), Rowland (Phillimore), Dame Eleanor (Mrs Crouch), Emma (Signora Storace), Blanche (Miss Leak), Kathlane (Mrs Bland).

Sous le règne d'Henri VIII, Dame Eleanor a trois soupirants : Knap, un tailleur poète, Flaw, un homme de loi, et Crafts, une espèce de Falstaff. Elle les rejette tous trois et accorde sa main à Jack de Newbury, qui a laissé son nom dans l'histoire pour avoir valeureusement résisté à une invasion écossaise. La fin attendue est repoussée par la jalousie d'Eleanor qui supporte mal les attentions de Jack envers sa nièce, Blanche, qu'il courtise pour son ami Edgar. Une intrigue secondaire inclut Sir Murdock O'Connel, un guerrier fanfaron. (d'après The Sporting Magazine)

Drury Lane, 20 février 1796, ***The Shepherdess of Cheapside*** (*afterpiece*, « *Musical Farce* »)
Musique : ? – Livret : James COBB.
Avec : Captain Belford (C. Kemble), Monsieur L'Urbane (Wewitzer), Squire Sturdy (Wathen), Stingo (R. Palmer), Muddle (Suett), Diaper (Bannister jun.), Trespass (Cauldfield), Dick (Trueman), Sam (Evans), Miss Indigo (Miss Pope), Letitia (Signora Storace), Mary (Miss Mellon).

Miss Indigo s'est lassée de Londres et rêve de se retirer à la campagne. Cette « bergère de Cheapside », un quartier de Londres, hérite d'un domaine à la mort de son frère, et y emmène sa nièce Letitia. Le soupirant de cette dernière, le Capitaine Belford, les y accompagne, et les deux amants tentent par tous les moyens de dégoûter Miss Indigo de la campagne. Les contrariétés rencontrées par Miss Indigo vont dans leur sens : les ennuis créés par Sturdy, un notable local procédurier, par Muddle, le régisseur stupide du domaine et par Diaper, le commis d'un marchand drapier, amoureux de Miss Indigo, lui font regretter Londres. Le Capitaine Belford vient à l'aide de Miss Indigo et reçoit la main de Letitia en récompense. (d'après The Freemasons' Magazine)

Drury Lane, 12 mars 1796, **The Iron Chest** (*mainpiece*, « *Play* » : pièce de théâtre avec musique)
Musique : Stephen STORACE – Texte de George Colman le jeune.
Avec : Sir Edward Mortimer (Kemble), Captain Fitzharding (Wroughton), Wilford (Bannister jun.), Adam Wintertort (Dodd), Rawbold (Barrymore), Samson (Suett), Boy (Master Welsh), Cook (Hollingworth), Peter (Banks), Walter (Maddocks), Simon (Webb), Captain of the Robbers / Armstrong (Kelly), Robbers (Sedgwick, Dignum, Phillimore, Bannister), Helen (Miss Farren), Dame Rawbold (Miss Tidswell), Barbara (Signora Storace), Blanche (Mrs. Gibbs), Girl (Miss Grainger), Judith (Miss De Camp), etc.
L'action se déroule sous le règne de Charles I. Sir Edward Mortimer a commis un meurtre pour lequel il a été acquitté. Son homme de confiance, Wilford, apprend son secret et en découvre la preuve dans un coffre en fer habituellement sous clé. Sir Edward le surprend tandis qu'il examine les papiers du coffre et veut le poignarder, mais sa conscience l'en empêche. Il finit par confesser son secret à Wilford, qui s'enfuit, épouvanté, puisque Mortimer ne veut pas le laisser partir. Wilford est capturé par une bande de voleurs établis dans les ruines d'une abbaye, non loin du domaine de Mortimer. L'un d'eux révèle à Mortimer où se trouve Wilford. Mortimer accuse de vol son ancien homme de confiance, ayant préalablement caché des bijoux et papiers lui appartenant dans la malle de Wilford. Ce dernier est jugé par le Capitaine Fitzharding, frère de Mortimer, et déclaré coupable, puisqu'il ne souhaite pas dévoiler les anciens méfaits de son maître auquel il avait juré le secret. Dans l'un des documents soi-disant volés, on retrouve le poignard avec lequel Mortimer avait commis son crime, la vérité est dévoilée et Wilford est uni à son amante Barbara. (d'après The Freemasons' Magazine)

Drury Lane, 30 avril 1796. **Mahmoud; or The Prince of Persia** (*mainpiece*, « *Musical Romance* »)
Musique : Stephen STORACE (compositeur et compilateur) – Livret : Prince HOARE.
Avec : The Sultan (Aickin), Mahmoud (Kemble), Noureddin (Braham), Helim (Packer), Barakka (Suett), Abdoul Cassan (Bannister jun.), Mossafer (Kelly), Hassam (Dignum), Makek (Sedgwick), Aladdin (Miss Menage), Balsora (Miss Leak), Zobeide (Miss Miller), Zelica (Signora Storace), Desra (Mrs. Bland), etc.
Le Sultan fait emprisonner son fils aîné Mahmoud dès son enfance, afin d'établir son fils cadet Noureddin sur le trône. Mahmoud retrouve sa liberté et fait valoir ses droits. Il ne trouve aucune opposition auprès de son frère qui n'est pas désireux de régner. Par ailleurs, Abdoul Cassan, un riche marchand de tapis doit être enterré vivant avec son épouse défunte, selon la coutume, mais est

sauvé grâce à l'entregent de Zelica, son ancienne maîtresse. A la fin de l'opéra, Noureddine épouse Balsora, Mahmoud, Zobeide et Abdoul Cassan, Zelica. (d'après le *Bell's Weekly Messenger*)

Covent Garden, 9 décembre 1801. ***Chains of the Heart; or, The Slave by Choice*** (*mainpiece*, « Opera »)
Musique : Joseph MAZZINGHI, William REEVE – Livret : Prince HOARE.
Avec : Ala Bensalla (Braham), Azam (Munden), Taruda (Waddy), Seid (Atkins), Tucapel (King), Zulema (Signora Storace), Zara (Mrs. Edwards), Villaflor (Cory), Prince Henry of Portugal (Brunton), Meneses (Wilkinson), Don Manuel (Hill), Riccardo […] under the name of Osmin (H. Johnstone), Cotillon (Fawcett), O'Phelim (Johnstone), Juan (Master Standen), Gulnare (Miss Murray), Silvia (Miss Waters).
L'action se déroule en 1414. Depuis des années, Villaflor, un noble Portugais est prisonnier des Maures à Ceuta, ainsi que son fils Osmin et une jeune fille, Gulnare, qui occupe la même cellule. Azam, le maître des esclaves, accepte de relâcher Villaflor contre une rançon exorbitante. Afin de rassembler l'argent, Osmin décide de se vendre comme esclave, mais Gulnare le fait à sa place. Elle est achetée par Ala Bensalla, le roi de Ceuta, qui accepte de la restituer à son amant Osmin. Les Portugais attaquent Ceuta et investissent la ville. Le prince Henri de Portugal ordonne que Bensalla soit traité selon la clémence dont il a fait preuve. L'intrigue comique secondaire s'organise autour des aventures de Cotillon, un ancien maître à danser devenu soldat, et d'O'Phelim, un cuisinier irlandais de son régiment. Prisonniers, ils sont achetés par Azam et mis au service de Zulema, sa favorite, qui s'éprend de Cotillon et trouve refuge avec lui dans l'armée portugaise. (d'après *The Times*)

Covent Garden, 9 février 1802. ***The Cabinet*** (*mainpiece*, « Comic Opera »)
Musique : William REEVE, John MOOREHEAD, John DAVY, Domenico CORRI, John BRAHAM – Livret : Thomas DIBDIN.
Avec : [Count] Curvoso (Emery), Lorenzo (Incledon), [Prince] Orlando (Braham), Whimsiculo (Fawcett), Marquis de Grand Chateau (Blanchard), Manikin (Simmons), Peter (Munden), First Falconer (King), Second Falconer (Williams), Constancia (Mrs. H. Johnson), Floretta (Signora Storace), Crudelia (Mrs. Dibdin), Curiosa (Mrs. Mattocks), Leonora (Mrs. Atkins), Doralice (Mrs. Powel), Biancha (Mrs. Davenport), etc.
Curvoso, un comte italien avaricieux, a promis sa fille Constantia au prince Orlando, mais après la ruine de ce dernier, il revient sur sa décision et la fiance à un riche marquis français. Cette dernière rejette cette demande en mariage. Whimsiculo, le valet d'Orlando est surpris alors qu'il apporte une lettre de son maître à Constantia. Curvoso profite de l'incident pour faire retourner à Orlando tous les présents qu'il avait envoyés à Constantia. Parmi les cadeaux se trouve un meuble (Cabinet) *renfermant un oiseau chantant mécanique. Constantia se dissimule dans le meuble pour éviter le marquis, alors qu'on remporte les présents chez le prince. Constantia et sa suivante Floretta parviennent donc chez Orlando. Celui-ci souhaite renouveler sa demande en mariage, sachant qu'il a récupéré ses biens. Pour protéger sa réputation, Constantia s'enferme dans un appartement du château, accessible uniquement à Floretta, le chant de l'oiseau mécanique servant de signal pour annoncer des visiteurs. Ces dispositions sont découvertes par Curiosa, la camériste de Crudelia, amoureuse d'Orlando, laquelle en profite pour faire prisonnière Constantia. Pendant ce temps,*

Orlando a réussi à évincer le marquis, et Curvoso accepte également de donner en mariage son fils Lorenzo à Leonora, la sœur d'Orlando. Revenant chez lui, Orlando trouve les appartements de Constantia vide, mais découvre Floretta cachée dans le meuble, laquelle lui apprend ce qui s'est passé. Constantia s'est s'échappée de sa prison et est recueillie par Peter, un vieux serviteur de son père. Après plusieurs péripéties, elle est réunie avec son amant. L'intrigue secondaire s'organise autour des amours de Floretta et Whimsiculo, ainsi que de la jalousie de Curiosa envers Floretta. (d'après la presse et le livret)

Covent Garden, 18 décembre 1802. **Family Quarrels** (*mainpiece*, « *Comic Opera* »)
Musique : William REEVE, John MOOREHEAD, John DAVY, John BRAHAM, Charles INCLEDON. – Livret : Thomas DIBDIN.
Avec : Sir Peppercorn Crabstick (Munden), Argus (Blanchard), Mushroom (Emery), [Squire] Foxglove (Incledon), Squire Supplejack (Simmons), Charles Supplejack (Braham), Proteus (Fawcett), Landlord (Atkins), Lady Patience Crabstick (Miss Chapman), Caroline Crabstick (Miss Waddy), Susan (Signora Storace), Mrs. Supplejack (Mrs. Davenport), Kitty (Mrs. Dibdin), Lady Selina Sugarcane (Mrs. Mattocks), Betty Lilly (Mrs. Martyr).
Dans un village. Sir Peppercorn Crabstick a rompu les fiançailles entre sa fille Caroline et Charles Supplejack, car le père de ce dernier s'est moqué de la noblesse récente de Peppercorn, un ancien marchand. Les deux familles décident de marier Charles à Lady Selina Sugarcane, la veuve d'un nabab indien, et Caroline à Mushroom, le riche héritier d'un tisserand. Grâce à l'aide de son ami Foxglove, Charles parvient à rencontrer secrètement Caroline, mais ils sont surpris par Argus, un serviteur de Sir Peppercorn, qui interdit à Charles d'approcher Caroline. Après de nombreux artifices arrangés par Proteus, le valet de Charles, et Susan, la camériste de Caroline, les deux familles mettent fin à leur querelle et acceptent le mariage. (d'après la presse)

Covent Garden, 13 décembre 1803. **The English Fleet in 1342** (*mainpiece*, « *Historical Comic Opera* »)
Musique : John BRAHAM – Livret : Thomas DIBDIN.
Avec : De Mountford (Hill), Philip (Blanchard), Valentine (Braham), Capt. Fitzwater (Incledon), Mainmast (Munden), Charles, Count of Blois (Claremont), Bishop of Leon (Chapman), Jane, Countess of Blois (Mrs. Glover) ; Adela, Countess of Blois (Mrs. Humphries), Jeannetta (Mrs. Davenport), Katharine (Signora Storace), Isabel (Mrs Aikins).
Jeannetta, mère de lait du comte de Monfort, qui attend le retour d'Angleterre de son mari Philip et de son fils Valentine, se lamente sur la traîtrise du comte Charles de Blois qui a saisi les terres du comte de Monfort en son absence, tandis que Jane, la comtesse, est assiégée dans Hennebont. A son arrivée, Philip lui annonce la prochaine formation d'une flotte anglaise pour secourir cette dernière, et son fils lui présente sa nouvelle épouse anglaise, Katherine. Alors que Jeannetta se réjouit, ses voisins Hubert et Maurice ont découvert qu'elle abritait secrètement le comte de Monfort, échappé de sa prison nantaise. Ils le livrent au comte de Blois, afin de toucher la récompense promise. Le second acte s'ouvre sur le siège du château d'Hennebont. Philip et Valentine qui essayaient de passer à travers les lignes, sont capturés, mais Katherine qui les a secrètement suivis, appelle les troupes de la comtesse qui se portent à leur secours. Dans le château, la comtesse et ses alliés chantent les louanges de l'Angleterre et de ses navires. Valentine prend part à l'expédition qui doit libérer le comte de

Monfort. Avant de partir, il fait répéter à Katherine sa leçon de français. Le troisième acte voit l'évasion de Monfort, facilitée par le marin anglais Mainmast, la quasi capitulation de Jane, sauvée in extremis par la flotte anglais envoyée par le roi Edward et les réjouissances des vainqueurs.
(d'après le livret)

Covent Garden, 8 mars 1804. ***The Paragraph*** (*afterpiece*, « *Farce* »)
Musique : John BRAHAM – Livret : Prince HOARE.
Avec : Mr Toppit (Munden), Frank Toppit (Fawcett), Field-Air (Blanchard), Herbert (Braham), Sir George Rattle (Claremont), Major Yawn (Simmons), Baron Bias (Klanert), Solomon (Emery), Jervis (Davenport), Mrs. Toppit (Mrs. Davenport), Eliza (Signora Storace).
Par snobisme, Frank Toppit néglige son négoce et connaît des soucis d'argent. Sa sœur, Eliza, fait insérer un entrefilet dans le journal annonçant la mort de Mr. Toppit, laissant entendre qu'il est décédé d'une trop forte ingestion de médicaments, afin de le guérir de son hypocondrie. Frank lit le journal, et, persuadé qu'il vient d'hériter de son oncle, invite ses amis à la campagne pour l'enterrement, dans le domaine dont il vient d'« hériter ». Son oncle décide de punir sa vanité...
(d'après la presse)

Covent Garden, 10 décembre 1804. ***Thirty Thousand, or Who's the Richest?*** (*mainpiece*, « *Comic Opera* »)
Musique : John BRAHAM, John DAVY, William REEVE – Livret : Thomas DIBDIN.
Avec : Lawyer Plainly (Murray), Mr. Dubious (Blanchard), Arable (Incledon), [Captain] Foresail (Braham), Windmill (Fawcett), Clump (Emery), Gangway (Munden), Teddy (Rock), Jenkins (Harley), Clodpole (Street), Harry (King), Flip (Jefferies), Captain (Lewiss), Cable (Wilde), Waiter (Truman), Rosanna (Signora Storace), Mrs. Arable (Mrs. Dibdin), Henrica (Miss Davies), Mrs. Notable (Mrs. Mattocks), Margery (Mrs. Whitmore).
Pensant que sa fille est illégitime, un gentilhomme campagnard la déshérite. Il lègue sa fortune de £ 30 000 à celui de ses trois neveux (le capitaine Foresail, le fermier Arable et Windmill, un snob étourdi) qui sera le plus riche. Rosanna, une héritière amoureuse de Foresail, se fait passer pour la fille du testateur pour s'assurer de ses sentiments ; elle lui accorde finalement sa main, et grâce à sa fortune, Foresail est le vainqueur de l'épreuve. Mais le testament était finalement invalide et l'argent sera divisé entre tous, y compris la fille légitime qui épouse Windmill. (d'après la presse)

Covent Garden, 28 février 1805. ***Out of Place, or the Lake of Lausanne*** (*afterpiece*, « *Musical Farce* »)
Musique : William REEVE, John BRAHAM – Livret : Frederic REYNOLDS
Avec : Count Vancenza (Hill), Old Valteline (Simmons), Young [Capt.] Valteline (Braham), Cavalier Pomposo (Blanchard), Timothy (Fawcett), Lauretta (Signora Storace), Cicely (Miss Waddy).
Le vieux Valteline renvoie son serviteur Timothy sans lui donner de références. Ce dernier lui rappelle qu'il attend le Cavalier Pomposo qui vient s'enquérir du bon serviteur qu'il a entendu décrire le matin même par son neveu. Timothy qui se fait la barbe en prenant la place de son maître,

le visage enduit de mousse, est pris pour lui par Pomposo. Ce dernier l'engage, le faux Valteline ayant fait son propre éloge. Le reste de la pièce se passe en quiproquos entre les deux maîtres et le serviteur. Autre intrigue, le jeune Valteline est épris de Lauretta, nièce de Pomposo, fiancée au Comte Vancenza. Elle finit par l'épouser après son évasion de prison, car Valteline a été pris pour un traitre par le Conseil des Suisses. (d'après la presse)

Drury Lane, 22 janvier 1806. **The Travellers; or, Music's Fascination** (*mainpiece*, « Operatic Drama »)
Musique : Domenico CORRI - Livret : Andrew CHERRY.
Avec : Zaphimiri (Elliston), Koyan (Braham), O'Gallagher (Johnstone), Mindora (Mrs Powell), Celinda (Mrs. Mountain), Zaphani (Chatterley), The Emperor of China (Powell), Delvo (Bartley), Mustapha (Bartley), Chief Aga of the Janizaries (Dignum), Safie (Mrs. Bland), Duke of Posilepo (Holland), Diego (Webb), The Marchioness of Merida (Signora Storace), Admiral Lord Hauser (Dowton) ; Ben Buntline (Bannister), etc.
Le prince de Chine, épris de Celinda, la sœur de son ami Koyan, est envoyé par son père en Turquie, ainsi qu'en Europe pour y parfaire son éducation. Celinda (déguisée en page) et Mindora, sa mère, sont du voyage, ainsi qu'un Irlandais, ancien naufragé. Les voyageurs parviennent à Constantinople, d'où le prince doit fuir précipitamment pour s'être introduit dans un harem. Ils parviennent à Naples, où ils sont les hôtes du duc Posilipo, amoureux de la marquise Merida qui suscite également la flamme du prince. Le duc tente de le faire assassiner, et le prince est sauvé par l'entremise de Celinda et les charmes de la musique. Au cinquième acte, les voyageurs (auxquels s'est jointe la marquise Merida) arrivent en Angleterre. Un amiral anglais se révèle être le père de Koyan et Celinda, qui sont unis à Merida et au prince. (d'après la presse)

Drury Lane, 12 janvier 1807. **False Alarms; or, My Cousin** (*mainpiece*, « Comic Opera »)
Musique : John BRAHAM, Matthew Peter KING - Livret : James KENNEY.
Sir Damon Gayland (Wroughton) ; Edgar Gayland (Braham) ; Tom Surfeit (Bannister) ; Lt McLary (Johnstone) ; Plod (Matthews) ; Gabriel (Penley) ; Grinvelt (Wewitzer) ; Bumper (Dignum) ; Lady Gayland (Mrs Mountain) ; Caroline Sedley (Miss Duncan) ; Emily (Mrs Bland) ; Miss Umbrage (Miss Pope) ; Susan (Signora Storace).
Sir Damon Gayland, qui a eu un fils, Edgar, d'un premier lit, donne de l'inquiétude à son épouse par vanité, car il correspond avec une inconnue rencontrée lors d'un bal masqué. Lady Gayland voit sa jalousie soulagée par l'arrivée d'une amie de pension, Caroline Sedley, qui lui avoue être l'inconnue, et lui dit avoir découvert qui était son galant. Elle a décidé de venger l'honneur de son amie bafouée, et se fait passer pour le capitaine Bronze, lequel excite à son tour la jalousie du mari volage. Le faux capitaine feint d'être le cousin de l'inconnue du bal, qui aurait découvert l'intrigue et demande réparation. La seconde intrigue se focalise sur les amours d'Edgar avec Emily, pupille du vieux Plod qui souhaite l'épouser. D'autres quiproquos concernent les deux soupirants de Caroline, Tom Surfeit et le lieutenant Mc Lary. Susan est la camériste de lady Gayland, mariée à Grinvelt. (d'après la presse et le livret)

Drury Lane, 11 février 1808. **_Kais, or, Love in the deserts_** (*mainpiece*, « *Opera* »)
Musique : John BRAHAM, William REEVE – Livret : Isaac BRANDON.
Avec : Kais (Braham), Almanzor (Miss Lyon), Almoran (Bannister jun.), Salem (Kelly), Rashed (Penley), Amri (Raymond), Ahmed (Powell), Prince of the Arabs (Putnam), Leila (Mrs. Mountain), Rozella (Storace), An old Slave (Miss Tidswell), etc.

L'action se passe au Caire et dans les environs. L'émir Amri désapprouve l'amour que porte Kais à sa fille Leila. Avec l'aide de Rozella, esclave de Leila, Kais parvient à voir son amante lors d'un rendez-vous chez Almoran, un cafetier. Amri les y surprend, ce qui entraîne la fuite de Kais dans le désert et l'enfermement de sa fille. Almoran est en fait à la recherche de sa fiancée Rozella, et apprend qu'elle se trouve dans le harem de l'émir. Il s'y introduit sous un déguisement et permet son évasion. De son côté, Leila a fui la tente de son père et va trouver Ahmed, le père de Kais auquel elle demande assistance pour retrouver ce dernier. Almoran et Rozella, voyageant dans le désert avec des pèlerins pour la Mecque, sont attaqués par des bandits arabes et séparés. Kais apprend par le page de Leila qu'elle a fui à sa recherche, et se désespère de la retrouver. Les pères des deux amants s'accusent mutuellement de leur sort, avant que le prince n'oblige les deux familles à se réconcilier et à unir les deux couples sauvés des périls du désert. (d'après la presse)

Drury Lane, 3 mai 1808. **_The Jew of Mogadore_** (*mainpiece*)
Musique : Michael KELLY – Livret : Isaac BRANDON.
Avec : [The Prince] Selim (Holland), Sidi Hassan (Kelly), Abdallah (Raymond), Gezzar (Cooke), Benadi (Miller), Jovanni (Braham), Nadab (Downton), Rooney (Johnstone), Zelma (Mrs. Mountain), Brigida (Mrs. Bland), Mammora (Signora Storace), etc.

Zelma, fille du gouverneur de Chypre, est capturée par le capitaine sicilien Jovanni. Il la conduit en Sicile, mais avant de pouvoir la libérer, elle est enlevée par des corsaires maures et vendue à Mogador. Elle finit entre les mains du juif Nadab. Jovanni, parti à sa recherche, fait naufrage sur le rivage de Mogador et est fait prisonnier. Nadab apprend par Rooney, son esclave irlandais, que Jovanni est de haut rang et il l'achète. Zelma, aimée du prince Selim, fils de l'empereur du Maroc, est réunie à ce dernier grâce à la mansuétude de Nadab, qui libère également Rooney et son amante Mammora, une captive portugaise. (d'après la presse)

Sources et bibliographie

Seuls les écrits utilisés pour la rédaction de cet ouvrage ont été mentionnés.

I. Sources manuscrites – Archives.

Autriche
Vienne, Unsere Liebe Frau zi den Schot / Schottenkirche, *Traurungsbuch* et *Taufbuch*, accessibles sur <www.matricula-online.eu>

Grande-Bretagne
The National Archives
Public Record Office, testaments (familles Storace, Trusler, Toosey, Webb, Legg(e), Kennedy…) ; *Public Record Office, Census Returns of England and Wales* ; *Prerogative Court of Canterbury and Related Probate Jurisdictions: Will Registers*.

London Metropolitan Archives
Marriage Bonds and Allegations ; *London Land Tax Records* ; Divers registres paroissiaux.

Royal Society of Musicians
Governors Meetings ; *General Meetings*.

Sir John Soane's Museum (SJSM)
Private Correspondence. (Séries IV 6. 2 ; IV S. 6. 1 ; XIII S. 35 ; XIV H. ; XV A. 12) ; Carnet italien de John Soane : *'Notes Italy & Italian language &c'*, 1780 (SM volume 162).
(<http://www.jeromeonline.co.uk/sketchbooks/index.cfm?sketchbook_id=13>, consulté en juin 2015)

Cardiff University, Special Collection and Archives, Art and Social Studies Library
Nancy Storace Archives : LYNEX, Richard A., *Final Report*, 1978 ; [Arbres généalogiques] *Storace and Trusler*.

Surrey History Centre
Surrey Land Tax.

Somerset Archive and Record Service
Strachie collection, Mr. & Mrs. John Braham Correspondence : Correspondance entre John Braham et W. Spencer Braham Meadows ; correspondance adressée à J. Braham par S.A. Cottenli (1817) et une anonyme (1829).

Derbyshire Record Office
Sir William Gell (1777-1836) family letters 1801-1834.

City of Westminster Archives Centre
Selected Letters from A.M. Broadley's Annals of the Haymarket. A selection of letters from the Broadley albums at City of Westminster Archives Centre, with biographical notes. Compiled by David Evans and Judith Bottomley, April 2012. (<https://www.westminster.gov.uk/sites/default/files/uploads/workspace/assets/publications/Broadley-Haymarket-selected-lette-1334064302.pdf>, consulté en 2015)

France
Bibliothèque nationale de France, Richelieu-Musique
Lettre d'Ann Selina Storace à J. P. Harley, 18 août 1816.

Etats-Unis
Yale University, Beinecke rare book and manuscript Library
James Marshall and Marie-Louise Osborn Collection : Lettres d'Ann Selina Storace à Prince Hoare : Mss. 5228-5233 ; Lettres de Giovanni Coltellini à Prince Hoare: Mss. 3587-3588 ; Lettre de Giovanni Bastianelli à Prince Hoare : Mss. 867.

Certaines pièces d'archive ont été consultées sur les bases de données suivantes : *Ancestry* (<www.ancestry.co.uk>) ; *Familysearch* (<www.familysearch.org>) ; *Find My Past* (<www.findmypast.co.uk>) et *Electronic Enlightenment Correspondence*, Robert McNamee et al., éd. Version 2.5., University of Oxford, 2014. (<www.e-enlightment.com>)

II. Sources imprimées – Correspondances, Mémoires, Biographies, Catalogues et Ouvrages divers.

Divers livrets imprimés, *playbills*, feuilles de programmes pour Drury Lane, Covent Garden, le King's Theatre et autres lieux de spectacle.

Almanacco dei Teatri di Torino per l'anno 1837... Torino, s. d.

An Asylum for Fugitive Pieces, in Prose and Verse,... Vol. III. London, 1795. (2ᵉ éd.)

Candid and impartial strictures on the performers belonging to Drury-Lane, Covent-Garden, and the Haymarket Theatres... London, 1795.

The Collection of Autograph Letters and Historical Documents formed by Alfred Morrison. (Second Series, 1882-1893). The Hamilton & Nelson papers. Volume I. 1756-1797. [S. l.], 1893.

Correspondance politique et anecdotique sur les affaires de l'Europe, et particulièrement sur celles de l'Allemagne: depuis l'année 1780 jusqu'à présent. [S. l.], 1789 (t. I-IV) -1790 (t. V).

A guide to the exhibition of the Royal Academy, for 1797; Containing Historical and Biographical facts, illustrating the Principal pictures in the present exhibition, together with the names of all the portraits. Part I. London, [1797].

Letters from an Irish Student in England to his Father in Ireland. London, 1809. (2 vols.)

The London Budget of Wit, or a Thousand Notable Jests…, by a Friend to Rational Mirth. London, 1817.

A State of the case in regard to the point in dispute between Mr. Mosse and Mr. Sheridan. Dublin, [1750]. (2ᵉ éd.)

The Georgian Era. Memoirs of the Most Eminent Persons, who Have Flourished in Great Britain, from the accession of George the First to the demise of George the Fourth. 4. Political and rural economists,… composers, vocal, instrumental, and dramatic performers. London, 1834.

The Theatrical Repertory, containing Criticisms on the Performances which were represented at Drury-Lane and Covent-Garden Theatres, during the Season 1801-1802. London, [s. d.]

The Thespian Dictionary, or Dramatic Biography of the Eighteenth Century… London, 1802 ; London, 1805. (2ᵉ éd.)

The Trial at Full Length of Mr. Braham: The Celebrated Singer, for Crim. Con. with Mrs. Wright… To which is Added, the Life of Mr. Braham … Also, a Sketch of the Life of Signora Storace… London, 1816.

The Trial for Crim. Con.: Wright versus Braham, the celebrated singer and musical composer, in the Common Pleas on Tuesday, July 23, 1816. With Memoirs of the Life of Mr. Braham. London, 1816.

Two new dialogues of the dead. The first, between Handel and Braham. The second, between Johnson and Boswell. by J.B. [London], 1804.

ADOLPHUS, John, *Memoirs of John Bannister, Comedian.* London, 1839. (2 vol.)

ALMON, John, *An asylum for fugitive pieces, in prose and verse,…* London, 1785-1789.

[ARNETH, Alfred d', FLAMMERMONT, Jules, éd.] *Correspondance secrète du comte de Mercy-Argenteau avec l'Empereur Joseph II et le prince de Kaunitz,…* Paris, 1891. (2 vol.)

[BACHAUMONT, Louis Petit de, PIDANSAT DE MAIROBERT, Mathieu-François, et MOUFFLE D'ANGERVILLE, Barthélemy-François], *Mémoires secrets pour server à l'histoire de la République des Lettres en France… Tome Trente-cinquième.* Londres, 1789.

BARETTI, Giuseppe, *Opere di Giuseppe Baretti.* Milano, 1838-1839. (4 vol.).

BOADEN, James, *Memoirs of the life of John Philip Kemble, Esq: including a history of the stage, from the time of Garrick to the present period…* Philadelphia, R 1825. (2 vol.)

BOOTH CLARKE, Asia, *Booth memorials. Passages, incidents, and anecdotes in the life of Junius Brutus Booth (the elder.) By his daughter*. New York, 1866.

BOYLE, P[atrick], *The fashionable court guide, or town visiting directory, for the year 1792...* London, [1792].

BOYLE, P[atrick], *The fashionable court guide, or town visiting directory, for the year 1793...* London, [1793].

BRITTON, John, [JONES, T. E., éd.] *The Auto-biography of John Britton*. London, 1850.

BURGH, Allatson, *Anecdotes of Music, historical and biographical...* London, 1814. (3 vol.)

BURNEY, Charles, *A General History of Music from the Earliest Age to the Present Period*. Vol. IV. London, 1789.

{Burwick, Waldie} BURWICK, Frederick, éd. *The Journal of John Waldie Theatre Commentaries, 1799-1830*. Charles E. Young Research Library Department of Special Collections, UCLA Library, UC Los Angeles. (<http://escholarship.org/uc/uclalib_dsc_waldie>)

BUSBY, Thomas, *A General History of Music, from the earliest times to the present...* London, 1819. (2 vol.)

CASTI, Giambattista, *Epistolario*. (Antonino Fallico, éd.) Viterbo, 1984.

CHATEAUBRIAND, François-René de, *Mémoires d'Outre-Tombe*. Paris, (La Pléiade), 1951 (2 vol.).

CLUBBE, William, *The Omnium; containing the journal of a late three days tour into France; curious and extraordinary anecdotes...* Ipswich/London, 1798.

CROSBY, B[enjamin], *Crosby's pocket companion to the playhouses. Being the lives of all the principal London performers...* London, 1796.

{Da Ponte 1931} DA PONTE, Lorenzo, *Mémoires (1749-1838), suivis de Lettres inédites de Lorenzo Da Ponte à Jacques Casanova*. (Raoul Vèze, éd.) Paris, 1931.

{Da Ponte 1988} DA PONTE, Lorenzo, *Mémoires de Lorenzo Da Ponte, librettiste de Mozart*. (Trad. de M.C. D. de La Chavanne, revue et complétée.) Paris, (Coll. Le Temps retrouvé), 1988.

{Da Ponte 1991} DA PONTE, Lorenzo, *Memorie. I libretti mozartiani*. Milano, 1991 (4ᵉ éd.).

{Da Ponte 1999} DA PONTE, Lorenzo, *Estratto delle Memorie con la storia di alcuni drammi da lui scritti...* (Lorenzo della Chà, éd.) Milano, 1999.

DERMODY, Thomas, *The Histrionade, Or, Theatric Tribunal; A Poem, Descriptive of the Principal Performers at Both Houses. In Two Parts. By Marmaduke Myrtle*. London, 1802.

DIBDIN, Thomas John, The *Reminiscences of Thomas Dibdin, of the theatres Royal, Covent-Garden, Drury-Lane, Haymarket, etc.* ... London, 1827. (2 vol.)

DOANE, Joseph, *A musical directory for the year 1794. To be continued annually. Containing the names and address of the composers & professors of music, with a number of amateurs, vocal and instrumental...* London, [1794].

DONALDSON, Walter, *Theatrical Portraits; or, The Days of Shakespeare...* London, 1870.

FELTHAM, John, *The Picture of London for 1806, being a Correct Guide to all the curiosities...* London, [1806]

FERNANDEZ DE MORATIN, Leandro, *Obras pòstumas de D. Leandro Fernández de Moratín*. Madrid, 1867. (Manuel Silvela, éd.) (3 vol.)

FORSTER, George, *Voyage philosophique et pittoresque en Angleterre et en France fait en 1790... par George Forster, l'un des compagnons de Cook ; Traduit de l'Allemand, ... par Charles Pougens*. Paris, [1795].

GENEST, John, *Some Account of the English Stage from the Restoration in 1660 to 1830*. Bath, 1832. (10 vol.)

GERVASONI, Carlo, *Nuova Teoria di Musica... a cui si fanno precedere varie notizie storico-musicali*. Parma, 1812.

GILLILAND, Thomas, *A dramatic synopsis, containing an essay on the political and moral use of a theatre; involving remarks on the dramatic writers of the present day, and strictures on the performers of the two theatres*. London, [1804].

GILLILAND, Thomas, *Jack in Office; Containing Remarks on Mr. Braham's Address to the Public; with a full and impartial consideration of Mr. Kemble's Conduct with respect to the above gentleman*. London, [1805].

GILLILAND, Thomas, *The Dramatic Mirror: containing the history of the stage from the earliest period to the present time...* London, 1808.

[GIRLE POWYS, Caroline, CLIMENSON, Emily J., éd.] *Passages from the Diaries of Mrs. Philip Lybbe Powys... 1758-1808*. London, 1899.

GREPPI, Emanuele et GIULINI, Alessandro (éd.), *Carteggio di Pietro e di Alessandro Verri. Vol. I Parte II. Luglio 1767-Agosto 1768*. Milano, 1923.

GWYNN, Stephen, *Memorials of an Eighteenth century Painter (James Northcote)*. London, 1898.

[HASLEWOOD, Joseph] *The Secret History of the Green Rooms: containing authentic and entertaining memoirs of the actors and actresses in the three Theatres Royal.* ... [Vol. 1] *Drury-Lane.* London, 1790 ; London, 1792. (2ᵉ éd.) ; London, 1793. (3ᵉ éd.) ; London, [1794 ?]. (4ᵉ éd.)

[HASLEWOOD, Joseph.]*The Secret History of the Green-Rooms: containing authentic and entertaining memoirs of the actors and actresses in the three Theatres Royal. A new edition, with improvements. To which is prefixed A sketch of the history of the English stage, &c. In two volumes.* Volume 1. London, 1795.

HAZLITT, William. *Conversations of James Northcote, Esq., R. A.* London, 1830.

INGRAHAM, Edward D. (éd.), *Reports of Cases argued and determined in the English Ecclesiastical Courts: with tables of the cases and principal matters.* Vol. II. Philadelphia, 1831. (« Braham v. Burchell », 1826)

JONES, Thomas, *Journal de voyage à Rome et Naples, 1776-1783*. Paris, 2001. (Isabelle Baudino et Jacques Carré, trad.) [Un fac-similé du manuscrit est accessible sur <http://www.llgc.org.uk/pencerrig> (consulté en décembre 2012).]

KARAMZIN, N. M., *Letters of a Russian Traveler, 1789-1790: An Account of a Young Russian Gentleman's Tour through Germany, Switzerland, France, and England.* New York, 1957.

{Kelly} KELLY, Michael, *Reminiscences of Michael Kelly of the King's Theatre and Theatre Royal Drury Lane,...* London, 1826. (2 vol.) (2ᵉ édition)

KELLY, Michael, *Reminiscences; edited with an introd. by Roger Fiske.* London, 1975.

[L'ESTRANGE; G. A., éd.], *The Life of Mary Russell Mitford, related in a selection from her letters to her friends.* London, 1870. (2e éd.) (3 vol.)

LEIGH, R. A. (éd.), *Correspondance complète de Jean Jacques Rousseau.* Tome XXXI. Oxford, 1978.

LE PICHON, Alain, *China Trade and Empire: Jardine, Matheson & Co. and the Origins of British Rule in Hong Kong, 1827-1843*, Oxford, 2006.

LEVIEN, John Mewburn, *Six Sovereigns of Song.* London, 1948.

LEWES, Charles Lee et John Lee, *Memoirs of Charles Lee Lewes, containing Anecdotes, historical and biographical...* (Vol. II.) London, 1805. (4 vol.)

{Link 1998} LINK, Dorothea, *The National Court Theatre in Mozart's Vienna: Sources and Documents, 1783-1792.* Oxford, 1998.

LYSONS, Daniel, *The environs of London...* London, 1792- [1796.] (4 vol.)

LYSONS, Daniel, *History of the Origin and Progress of the Meeting of the Three Choirs of Gloucester, Worcester & Hereford...* Gloucester, 1812.

{Marsh Robins I} [MARSH, John,] *The John Marsh Journals: The Life and Times of a gentleman composer (1753-1828). Volume I.* Hillsdale, 2011. (Brian Robins, éd.) (Revised ed.)

{Marsh Robins II} [MARSH, John,] *The John Marsh journals: the life and times of a gentleman composer (1752-1828). Volume II.* Hillsdale, 2013. (Brian Robins, éd.)

MATHIAS, Thomas James, *The Grove. A Satire. ...* London, [1789 ?] (2ᵉ éd.)

MEISTER, Jacques-Henri, *Letters written during a residence in England. Translated from the French of Henry Meister. ...* London, 1799.

[MERLIN, Maria de las Mercedes Santa Cruz y Montalvo, comtesse de], *Memoirs of Madame Malibran, by the Countess de Merlin, and other intimate friends.* London, 1844. (2ᵉ éd.) (2 vol.)

MOLMENTI, Pompeo, *Epistolari Veneziani del secolo XVIII.* Milano, 1914.

{Molmenti 1917} MOLMENTI, Pompeo, *Carteggi Casanoviani. 1. Lettere di Giacomo casanova e di altri al lui.* Palermo, 1917.

MOORE, Thomas, *Memoirs of the Life of the Right Honourable Richard Brinsley Sheridan.* London, , 1825. (2 vol.)

MOZART, W. A., *Verzeichnis aller meiner Werke...* (E. H. Mueller von Asow, éd.) Wien, 1956.

MOZART, W. A., *Correspondance. IV, 1782-1785.* (Geneviève Geffray, trad. et éd.). Paris, 1991.

MOZART, W. A., *Correspondance. V, 1786-1791.* (Geneviève Geffray, trad. et éd.) Paris, 1992.

MOUNT EDGCUMBE, (Earl of), *Musical Reminiscences, Containing an Account of the Italian Opera in England, from 1773...* London, 1834 (4ᵉ éd.)

NATHAN, Isaac, *The Southern Euphrosyne, and Australian Miscellany...* London, [1842].

OLLESON, Philip, *The Letters of Samuel Wesley: Professional and Social Correspondence, 1797-1837.* Oxford, 2001.

OULTON, W. C., *An History of the Theatres of London, ...* London, 1817. (3 vol.) (2ᵉ édition)

PANANTI, Filippo, *Il Poeta di Teatro, Romanzo Poetico...* Milano, 1817 (2 vol.)

PARKE, William Thomas, *Musical memoirs, comprising an Account of the general state of music in England, from the first commemoration of Handel in 1784 to the year 1830*. London, 1830. (2 vol.)

PARKER, John R., *Musical biography: or, Sketches of the lives and writings of eminent musical characters...* Boston, 1825.

PASQUIN, Anthony, *The Children of Thespis, a poem, by Anthony Pasquin, Esq.* London, 1792. (13ᵉ éd.)

{Pasquin 1794} PASQUIN, Anthony, *A liberal critique on the Present Exhibition of the Royal Academy...* London, 1794.

{Pasquin 1796} PASQUIN, Anthony, *The Pin Basket To The Children of Thespis. A Satire. By Anthony Pasquin. With Notes Biographical, Critical, and Explanatory.* London, 1796.

{Pasquin 1796b} PASQUIN, Anthony, *A critical guide to the exhibition of the Royal academy, for 1796...* London, 1796.

PAYER VON THURN, Rudolf, *Joseph II als Theaterdirektor. Ungedruckte Briefe und Aktenstücke aus den Kinderjahren des Burgtheaters*. Wien/Leipzig, 1920.

PINDAR, Peter, *More money! Or, odes of instruction to Mr. Pitt: with a variety of other choice matters.* London, [1792].

[RAIMBACH, Abraham, et Michael Thomson Scott, éd.] *Memoirs and recollections of the late Abraham Raimbach, Esq., engraver...: including a Memoir of Sir David Wilkie, R.A.*. London, 1843.

[ROACH, J.,] *Roach's Authentic Memoirs of the Green Room, containing the lives of all the performers of the Theatres Royal...* London, 1796. (3 vol.)

SALIERI, Antonio, MOZART, Wolfgang Amadeus, CORNETTI, *Per la ricuperata salute di Ofelia, für Stingstimme und Bass (Klavier)*. (Timo Jouko Hermann, éd.), Leipzig, 2016.

SCHOPENHAUER, Arthur, *Journal de voyage*. Paris, 1989. (Didier Raymond, trad.).

SCHOPENHAUER, Johanna, *A Lady travels: Journeys in England and Scotland from the diaries of Johanna Schopenhauer*. London, 1988. (Ruth Ratcliff, Ruth Michaelis-Jenna et Willy Merson, éd.)

SIMOND, Louis, *Voyage d'un Français en Angleterre, pendant les années 1810 et 1811...* Paris, 1817. (2 vol.) (2ᵉ éd.)

SMART, G. T., COX, H. Bertram, et COX, C. L. E., *Leaves from the Journals of Sir George Smart*. London/New York, 1907.

SMITH, Horace, *Memoirs, Letters and Comic Miscellanies in prose and verse* ..., Vol. I. London, 1840.

SMITH, John Thomas, *Nollekens and his Times:... a Life of that celebrated sculptor...* London, 1829. (2ᵉ éd.) (2 vol.)

[STEPHENS, Alexander, etc] *Public Characters... of 1803-1804.* London, 1804.

STORACE, Stephen, *Gli Equivoci: opera buffa in two acts.* (Richard Platt, éd.) London, 2007.

TRUSLER, John, *Memoirs of the Life of the Rev. Dr. Trusler,... written by himself.* Part I. Bath, 1806. [La seconde partie n'a jamais été publiée.]

UPTON, William, *Poems on several occasions...* London, [1791].

YOUNG, Maria Julia, *Poems....* London, [1798].

[WALPOLE, Horace], *Horace Walpole's Correspondence. Tome 2: 1787-1788.* (W. S. Lewis et Warren Hunting Smith, éd.). New Haven/London, 1965.

WARNER, Richard, *Literary Recollections.* London, 1830. (2 vol.)

WEWITZER, R., *A brief Dramatic Chronology of Actors, &c on the London Stage... A New Edition.* London, 1817.

WILLIAMS, D. E., *The Life and Correspondence of Sir Thomas Lawrence,...* London, 1831. (2 vol.)

YOUNG, Mary Julia, *Poems...* London, [1798].

III. Sources imprimées – Presse périodique

Langue allemande
Allgemeine Musikalische Zeitung [AMZ] ; Münchner staats-, gelehrte, und vernischte Nachrichten ; Neueste Weltkunde.

Langue anglaise
The Albion and Evening Advertiser ; The Analytical Review ; The Annual Register ; Aris's Birmingham Gazette ; The Argus ; The Atlas ; The Attic Miscellany ; The Bath Chronicle and Weekly Gazette ; La Belle Assemblée ; Bell's Weekly Messenger ; Bingley's Journal ; The Bouquet ; The British mercury, or Annals of history, politics, manners, literature, arts, etc. ; The British Press ; The British Register ; The Bury and Norwich Post, or Suffolk, Norfolk, Essex and Cambridge Advertiser ; The Bystander or Universal Weekly Expositor ; The Cabinet, or Monthly Report of polite Literature ; The Caledonian Mercury ; The Cambridge Chronicle and Journal, and Huntingdonshire Gazette ; The Champion and Sunday Review ; The Chelmsford Chronicle ; The Cheltenham Chronicle and Gloucestershire Advertiser ; The Chester Chronicle ; The Chester Courant and Anglo-Welsh Gazette ; Cobbett's Political Register ; The Courier and

Evening Gazette ; *The Cumberland Pacquet, and Ware's Whitehaven Advertiser* ; *The Daily Advertiser* (devient *The Oracle and Public Advertiser* puis *The Oracle and Daily Advertiser*) ; *The Derby Mercury* ; *The Diary or Woodfall's Register* ; *The Durham County Advertiser* ; *Dwight's Journal of Music* ; *The Edinburg Annual Register* ; *The Edinburgh Magazine or Literary Miscellany* (également *The Scots Magazine and Edinburgh Literary Miscellany*) ; *The Edinburgh Observer, or Town and Country Magazine* ; *The English Lyceum, or Choice of Pieces in Prose and in Verse, selected from the Best Periodical Papers…* ; *The European Magazine and London Review* ; *The Evening Mail* ; *The Examiner* ; *The Exeter Flying Post* ; *Felix Farley's Bristol Journal* ; *The Free-Mason's Magazine, or General and Complete Library* ; *The General Evening Post* ; *The Gentleman's Magazine and Historical Chronicle* ; *The Gloucester Journal* ; *The Hampshire Chronicle and Courier* ; *The Hampshire Telegraph* ; *The Harmonicon* ; *Hereford Journal* ; *The Historical magazine; or Classical Library of public Events* ; *The Hull Packet* ; *The Huntingdon, Bedford, Peterborough Gazette…* ; *Ipswich journal* ; *Jackson's Oxford Journal* ; *The Kentish Gazette* ; *Kentish Weekly Post or Canterbury Journal* ; *The Lady's Magazine, or Entertaining Companion for the Fair Sex* ; *The Lancaster Gazette; and General Advertiser for Lancashire, Westmoreland, &c* ; *The Literary Gazette* ; *(Wright's) The Leeds Intelligencer* ; *The Leeds Mercury* ; *The Literary and Biographical Magazine, and British Review* ; *The Literary Gazette; and Journal of Belles Lettres, Arts, Politics, &c* ; *The Literary Panorama…* ; *The Liverpool Mercury* ; *The London Evening Post* ; *The London Gazette* ; *The Manchester Mercury and Harrop's General Advertiser* ; *The Metropolitan Magazine* ; *Monthly Literary Recreations; or Magazine of general Information and Amusement* ; *The Monthly Magazine or British Register* ; *The Monthly Mirror; Reflecting Men… and the Stage* ; *The Monthly Visitor and entertaining pocket companion* (puis *The Monthly visitor, and pocket companion* puis *The Monthly visitor, and new family magazine*) ; *The Morning Advertiser* ; *The Morning Chronicle (and London Advertiser)* ; *The Morning Post (and Daily Advertiser)* ; *The Musical World, a weekly record of Musical Science, Literature and Intelligence* ; *The New, General and Complete Weekly Magazine, or Entertaining Miscellany…* ; *The New London Magazine* ; *The New Monthly Magazine* ; *Northampton Mercury* ; *The Observer* ; *Oxberry's Dramatic biography and histrionic anecdotes* ; *The Oxford University and City Herald, and Midland County Chronicle* ; *The Pic Nic* ; *The Plenipotentiary* ; *The Port Folio, a Monthly Magazine….* ; *The Prompter; a Theatrical Paper* ; *The Public Advertiser* ; *The Public Ledger and Daily Advertiser* ; *The Quarterly Musical Magazine and Review* ; *The Rambler's Magazine; or Fashionable Emporium of Polite Literature…* ; *The Reading Mercury, Oxford Gazette, and General Advertiser…* ; *The Salisbury and Winchester Journal* ; *The Satirist, or Monthly Meteor* ; *The Spirit of the Public Journals* ; *The Sporting Magazine, or Monthly Calendar of the Transactions of the Turf…* ; *The Staffordshire Advertiser* ; *(The Lincoln Rutland and) Stamford Mercury* ; *The Sunday National Register* ; *The Sussex Advertiser* ; *The Tattler. A Daily Journal of Literature and the Stage* : *The Theatrical Guardian* ; *The Theatrical Inquisitor, and Monthly Mirror* ; *The Theatrical Recorder by Thomas Holcroft* ; *The Theatrical Repertory; or, Weekly Rosciad* ; *The Thespian Magazine and Literary Repository* ; *(The Daily Universal Register,* puis*) The Times* ; *The Tomahawk! or, Censor General* ; *The Town and Country Magazine; or Universal Repository of Knowledge, Instruction and Entertainment* ; *The True Briton* ; *The Union Magazine, and Imperial Register* ; *The Universal Magazine of Knowledge and Pleasure* ; *The Universal Magazine [New Series]* ; *Walker's Hibernian Magazine* ; *The Western County Magazine, for the year…* ; *Whitehall Evening Post* ; *The Worcester Journal* ; *The World, or Fashionable Advertiser* (puis *The World*) ; *The York Herald.*

Langue française

L'Ambigu, Variétés atroces et amusantes (devient *L'Ambigu ou Variétés littéraires et politiques*) [imprimé à Londres] ; *Le Bien Informé* ; *Le Censeur Dramatique* ; *La Clef du cabinet des souverains* ; *Correspondance politique et anecdotique sur les Affaires de l'Europe* ; *Le Courier de l'Europe, Gazette Franco-Angloise* [imprimé à Londres] ; *Le Courrier des Spectacles, Journal des théâtres* ; *La Décade philosophique, littéraire et politique* ; *L'Esprit des Journaux françois et étrangers* ; *Journal de Paris* ; *Le Ménestrel, Musique et Théâtres* ; *Le Mercure de France* ; *La Petite poste de Paris ou le Prompt avertisseur* ; *La Petite poste du soir ou Journal de politique, de littérature et de commerce* (1797, grosses lacunes) ; *Semaines critiques, ou Gestes de l'An Cinq (Six)*.

Langue italienne

Il Teatro moderno applaudito ; *Gazzetta Nazionale della Liguria* (puis *Gazzetta Nazionale Genovese*) ; *Gazzetta Toscana* ; *Gazzetta Universale* ; *Giornale dei Teatri di Venezia*.

IV. Ouvrages et articles

DICTIONNAIRES

Benezit Dictionary of Artists, 2007-2016 (Oxford Art Online)

The Dictionary of National Biography. New York/London, 1908.

The New Grove Dictionary of Music and Musicians. New York/ London, 2001. (2ᶜ éd.) et édition en ligne.

The New Grove Dictionary of Opera. New York/ London, Grove/Macmillan, 1998, et édition en ligne.

Oxford Dictionary of National Biography, Oxford University Press, 2004 ; édition en ligne (mai 2012), <http://www.oxforddnb.com>

CLIVE, Peter, *Mozart and His Circle. A Biographical Dictionary*. New Haven / London, 1993.

GRAVES, Algernon, *The Royal Academy of Arts; a complete dictionary of contributors and their work from its foundation in 1769 to 1904*. London, 1905-1906. (8 vol.)

{Highfill Burnim Langhans} HIGHFILL, Philip H., BURNIM, Kalman A., LANGHANS, Edward A. *A Biographical Dictionary of Actors, Actresses, Musicians, Dancers, Managers, and Other Stage Personnel in London, 1660-1800…* Carbondale, s, 1973-1993. (16 vol.) [Entrée sur Ann Selina Storace dans Vol. 14, (1991).]

JEFFARES, Neil, *The Dictionary of Pastellists before 1800*. (2006). (<www.pastellists.com>).

OUVRAGES ET ARTICLES

ARCE, Ángeles, « *Prima la musica, poi le parole: "Divertimento" metateatral de G. B. Casti* » dans *Cuadernos de Filología Italiana*, 9 (2002), p. 79-99.

ARCHER, Stephen M., *Junius Brutus Booth: theatrical Prometheus*. Carbondale, 1992.

ASHTON, John, *Old Times; a picture of social life at the end of the eighteenth century, collected, and illustrated from the satirical and other sketches of the day*. London, 1885.

BALDAUF-BERDES, Jane L., *Women Musicians of Venice: Musical Foundations, 1525-1855*. Oxford/New York, 1993.

[BARING GOULD, S., etc] *English minstrelsie; a national monument of English song; collated and edited with notes and historical introductions by S. Baring-Gould. The airs, in both natations, arr. by H. F. Sheppard, F. W. Bussell and W. H. Hopkinson*. Edinburgh, [1895 ?-1897 ?] (8 vols.)

BARLOW Jeremy, GILMAN, Todd, « *A monumental mistake. Newly discovered letters to Handel editor Samuel Arnold.* » dans *Händel-Jahrbuch* 60, 2014, p. 349-390.

BASCIALLI, Francesca, *Opera comica e opéra-comique al Teatro Arciducale di Monza (1778-1795)*. Lucca, 2002.

BAUMAN, Thomas, « *Mozart's Belmonte.* » dans *Early Music*, 19, n°4 (1991), p. 556-563.

BENAGLIA SANGIORGI, Roberto, « *I Melodrammi Giocosi dell'Abate Casti Poeta Cesareo e Successore del Metastasio a Vienna.* » dans *Italica*, 36, n°2 (1959), p. 101-126.

BIANCONI, Lorenzo, PESTELLI, Giorgio, *Histoire de l'opéra italien. Tome 4 : Le système de production et ses implications professionnelles*. Liège, Mardaga, 1992.

BISHOP, John George, "*A Peep Into the Past": Brighton in the Olden Time, with Glances at the Present*. Brighton, 1892.

BLACK, Clementina, *The Linleys of Bath*. London, 1911.

BLACK, David Ian, *Mozart and the practice of Sacred Music 1781-1791*. PhD thesis, Harvard University, 2007.

BLANCHARD, Roger, CANDE, Roland de, *Dieux & Divas de l'opéra. 1. Des origines au Romantisme*. Paris, 1986.

BORTHWICK, Edward Kerr, « *The Latin quotations in Haydn's London notebooks.* » dans *Music & Letters*, 71, n°4 (1990), p. 505-510.

BOTTURA, Giuseppe Carlo. *Storia aneddotica documentata del Teatro comunale di Trieste, dalla sua inaugurazione nel 1801 al restauro del 1884 con accenni al teatro vecchio dal 1705.* Trieste, 1885.

BOUQUET, Marie-Thérèse. *Il Teatro di Corte dalle origini al 1788. 1. Storia del Teatro Regio di Torino.* Torino, 1976.

BOYDELL, Brian, « *The Dublin Musical Scene 1749-50 and Its Background* » dans *Proceedings of the Royal Musical Association*, 105 (1978-1979), p. 77-89.

BRACE, Geoffrey, *Anna... Susanna. Anna Storace, Mozart's first Susanna: Her Life, Times and Family.* London, 1991.

BRACHTEL, Karl Robert, « *Mozarts erste Susanne* », dans *Mitteilungen der Internationalen Stiftung Mozarteum*, 16, n°1/2 (1968), p. 6.

BRAUNBEHRENS, Volkmar, *Salieri dans l'ombre de Mozart.* Paris, 1990.

BROOKE, Richard, *Liverpool as it was During the Last Quarter of the Eighteenth Century...* Liverpool, 1853.

BROWNE, P[hilip], *The History of Norwich from the earliest records to the present time.* Norwich, 1814.

BURDEN, Michael, « *Mrs Billington's embonpoint; scandal, hysteria, and Mozart.* », présenté à la *British Society for 18th-century Studies Annual Conference*, St Hugh's College, Oxford, le 4 janvier 2008.

BURDEN, Michael, « *Imaging Mandane: character, costume, monument.* » dans *Music in Art*, 34, n°1/2 (2009), p. 107-136.

BURDEN, Michael, « *Visions of Dance at the King's Theatre: Reconsidering London's "Opera House"* » dans *Music in Art*, n°1/2 (2011), p. 92-116.

BURLING, William J., *New Plays on the London Stage, 1700–1810.* Version 1.3 (Jan. 2006.
<http://people.missouristate.edu/WilliamBurling/Research/georgian%20theatre.htm> (Consulté en février 2006)

BURLING, William J., *Summer Theatre in London, 1661-1820, and the Rise of the Haymarket Theatre.* Madison, 2000.

{Burling LS} BURLING, William J., *The London Stage: 1800-1810. A Preliminary Chronology.* Version 1.2 January 2006. [Dates, lieu, titres des œuvres, auteurs, recettes et quelques détails mais pas de distributions, sauf exceptions. Calendrier incomplet.]
<http://people.missouristate.edu/WilliamBurling/Research/georgian%20theatre.htm> (Consulté en février 2006)

BURNIM, Kalman A., HIGHFILL, Philip H. Jr., *John Bell, patron of British Theatrical Portraiture. A Catalog of the Theatrical Portraits in His Editions of Bell's Shakespeare and Bell's British Theatre*. Carbondale, 1998.

BURROWS, Donald, DUNHILL, Rosemary, *Music and theatre in Handel's World: the family papers of James Harris, 1732-1780*. Oxford, 2002.

BURWICK, Frederick, *Romantic Drama. Acting and Reacting*. Cambridge, 2009.

CAMBIASI, Pompeo, *Rappresentazioni date nei reali Teatri di Milano, 1778-1872....* Milan, 1872. (2ᵉ éd.)

CAMPANA, Alessandra, « *Il libretto de Lo sposo deluso.* » dans Mozart-Jahrbuch 1988-89, p. 573-588.

CAMPANA, Alessandra, « *Mozart's Italian buffo Singers.* » dans Early Music, 19, n°4 (1991), p. 580-583.

CARNASSALE, Rachele, *I melodrammi giocosi inediti di Giovanni Battista Casti. Un viterbese alla corte di Vienna*. Facoltà di Lingue e Letterature straniere moderne, Tesi di laurea in Storia della musica, 2005-2006.

CARNELLEY, John, *George Smart and Nineteenth-Century London Concert Life*. Woodbridge, 2015.

CARTER, Tim, *W. A. Mozart: Le nozze di Figaro*. Cambridge, 1987.

{Chancellor 1990} CHANCELLOR, V. E., « *Nancy Storace. Mozart's Susanna* » dans The Opera Quarterly, 7/2 (1990), p. 104-124.

{Chancellor 2002} CHANCELLOR, Valerie E., « *Anti-Racialism or Censorship ? The 1802 Jewish Riots at Covent Garden Opera and the Career of Thomas John Dibdin* » dans The Opera Quaterly, 18, n°1 (2002), p. 18-25.

CHEW, Geoffrey, « *The public and private affairs of Josepha Duschek: a reinterpretation of Mozart's Bella mia fiamma, addio KV528.* » dans Early Music, XI, n°4 (2013), p. 639-657.

CHICK, Leonard H., *Nancy Storace, Mozart's First 'Susanna'*. London, 1987. (et rééd. 2000.)

COLE, Malcolm S., « *Mozart and Two Theaters in Josephinian Vienna* » dans *Opera in Context: Essays on Historical Staging from the Late Renaissance to the Time of Puccini*. (Mark A. Radice, éd.), Portland, 1998, p. 111-145.

COLLINGWOOD, Frances. « *John Braham (1774?-1856).* » dans The Musical Times, 97, n°1356 (1956), p. 73-75.

CONWAY, David, « *John Braham – from meshorrer to tenor* » dans Jewish Historical Studies, 41 (2007), p. 37-61.

CORNEILSON, Paul, « *"aber nach geendigter Oper mit Vergnügen": Mozart's Arias for Mme Duschek* » dans *Mozart in Prague. A Joint Conference of The Mozart Society of America & the Society for Eighteenth-Century Music. Prague, 9-13 June 2009.* (<http://www.academia.edu/9349907/_aber_nach_geendigter_Oper_mit_Vergn%C3%BCgen_Mozart_s_Arias_for_Mme_Duschek>)

COULTER, John, *Norwood Past*. London, 1996.

COURAL, Jean, GASTINEL COURAL, Chantal, *L'Elysée : histoire et décors depuis 1720*. Dijon, 1995.

COWGILL, Rachel Elizabeth, *Mozart's Music in London, 1764-1829: Aspects of Reception and Canonicity*. Ph. D Thesis, University of London (King's College), 2000. (2 vol.)

CRESPI MORBIO, Vittoria, « *Archi di Gloria* » dans *La Scala di Napoleone. Spettacoli a Milano. 1796-1814*. Milano, 2010, p. 15-43.

CHRISSOCHOIDIS Ilias, *Handel Reference Database, Created and maintained by Ilias Chrissochoidis*. <http://ichriss.ccarh.org/HRD>

COBCROFT, Samantha, « *The Nurturing of the Late Eighteenth-Century Operatic Prima Donna: The Advantages and Challenges of Singing in the Times of Mozart, Gluck and Stephen Storace* », dans *Aesthetics and Experience in Music Performance* (Elizabeth Mackinlay, Denis Collins, Samantha Owens, éd.). Newcastle, 2005, p. 85-98.

DARLEY, Gillian, *John Soane, An Accidental Romantic*. New Haven, 1999.

DEGRADA, Francesco, « *Un apologo politico nella Vienna di Mozart* » dans *Paisiello, Il Rè Teododo in Venezia*. Programme de salle, Padova, Teatro Verdi, Venezia, Teatro Goldoni, 1998, p. 79-88.

DELDONNA, Anthony R., « *Eighteenth-Century Politics and Patronage: Music and the Republican Revolution of Naples.* » dans *Eighteenth-Century Music*, 4, n°2 (2007), p. 211-250.

DELL'ANTONIO, Andrew, « *Il Compositore Deluso: The Fragments of Mozart's Comic Opera Lo Sposo Deluso (K424a/430)* » dans *Wolfgang Amadé Mozart: Essays on His Life and Work*. London, 1996 (Stanley Sadie, éd.).

DELLA CORTE, Andrea, *L'Opera comica italiana nel '700. Studi ed appunti, Volume secondo*. Bari, 1923.

{Deutsch 1934} DEUTSCH, Otto Erich, A. H. F. S., « *Austrian Currency Values and Their Purchasing Power (1725-1934)* » dans *Music & Letters*, 15, n°3 (1934), p. 236-238.

{Deutsch 1965} DEUTSCH, Otto Erich (éd.), *Mozart: A Documentary Biography*. (Eric Blom, Peter Branscombe, et Jeremy Noble, trad.). Standford, 1965.

DI PROFIO, Alessandro, *La révolution des Bouffons : l'opéra italien au Théâtre de Monsieur, 1789-1792*. Paris, 2003.

DRUMMOND, Pippa, « *The Royal Society of Musicians in the Eighteenth Century.* » dans *Music & Letters*, 59, n°3 (1978), p. 268-289.

{Drummond 2011} DRUMMOND, Pippa, *The Provincial Music Festivals in England, 1784-1914*. Farnham/Burlington, 2011.

DUBOIS, Pierre, « *Profession: Siren. The Ambiguous Status of Professional Women Musicians in Eighteenth-Century England.* » dans *The invisible woman: aspects of women's work in eighteenth-century Britain*. (Isabelle Baudino, Jacques Carré, Marie-Cécile Révauger, éd.), Aldershot/Burlington, 2005, p. 147-160.

DUBOIS, Pierre, « *Voix naturelle, voix dénaturées, voix maîtrisée : ambiguïté et métamorphose de la voix en Angleterre au XVIIIe siècle.* » dans *Poétiques de la voix. Angleterre, Irlande, Etats-Unis. (Sous la direction de Pierre Iselin et Elisabeth Angel-Perez.)* Paris, 2005, p. 27-48.

{Dubois 2009} DUBOIS, Pierre, *La Conquête du mystère musical en Grande-Bretagne au siècle des Lumières*. Lyon, 2009.

{Dubois 2013} DUBOIS, Pierre, « *"Les Angloises ont la voix douce et flexible, chantent très agréablement & fort juste", ou la construction d'un imaginaire de la voix féminine en Angleterre au XVIIIe siècle.* » dans *Les Sons du théâtre. Angleterre et France (XVIe-XVIIIe siècle). Eléments d'une histoire de l'écoute. (Sous la direction de Xavier Bisaro et Bénédicte Louvat-Molozay)*. Rennes, 2013, p. 199-213.

DUPONT-DANICAN PHILIDOR, Jean-François et Nicolas, *Les Philidor : une dynastie de musiciens*. Paris, 1995.

{Edge 1991} EDGE, Dexter, « *Mozart's Fee for 'Così fan tutte'* » dans *Journal of the Royal Musical Association*, 116, n°2 (1991), p. 211-235.

{Edge 2001} EDGE, Dexter, *Mozart's Viennese Copyists*. PhD thesis, University of Southern California, 2001.

{Edge 2010} EDGE, Dexter, *Musicological introduction to the complete facsimile edition of the autograph score of Mozart's Le nozze di Figaro*, 2010. (Première version du texte publié par Packard Humanities Institute/Bärenreiter Verlag, 2007, <http://idiography.blogspot.fr/p/writings.html>)

{Edge 2014} EDGE, Dexter, « *Report on the limitation of operatic encores in the court theaters* » dans *Mozart: New Documents*, Dexter Edge et David Black, éd., publié le 12 juin 2014, consulté en juillet 2014 <https://sites.google.com/site/mozartdocuments/documents/1786-05-10-figaro>

{Einstein 1954} EINSTEIN, Alfred, *Mozart, l'homme et l'œuvre*. Paris, 1991. (Rééd.) (Trad. de Jacques Delalande)

{Einstein 1991} [EINSTEIN, Alfred] *Alfred Einstein on Music: Selected Music Criticisms.* (Catherine Dower, éd.) New York/London, 1991.

EISEN, Cliff, *New Mozart Documents. A Supplement to O. E. Deutsch's Documentary Biography.* Standford, 1991.

EMERSON, Isabelle, *Five Centuries of Women Singers.* Westport, 2005.

EMERSON, Isabelle, « *Migrating Mozart, or Life as a Substitute Aria in the Eighteenth Century* » dans *Min-Ad: Israel Studies in Musicology Online,* 5, n°2 (2006), p. 40-56.

ENGEL, Laura, « *The Muff Affair: Fashioning Celebrity in the Portraits of Late-eighteenth-century British Actresses* » dans *Fashion Theory,* 13, n°3, p. 279-298.

FABIANO, Andrea, *Histoire de l'opéra italien en France (1752-1815). Héros et héroïnes d'un roman théâtral.* Paris, 2006.

F. G. E., « *The Royal Society of Musicians.* » dans *The Musical Times,* 46, n°752 (1905), p. 637-644.

FEJTÖ, François, *Joseph II, un Habsbourg révolutionnaire.* Paris, 2004. (Ed. corrigée et complétée)

FENNER, Theodore, *Opera in London: Views of the Press, 1785-1830.* Carbondale, 1994.

FERRARI, Paolo Emilio, *Spettacoli drammatico-musicali e coreografici in Parma dall'anno 1628 all'anno 1883.* Parma, 1884.

FISKE, Roger, « *The Operas of Stephen Storace* » dans *Proceedings of the Royal Musical Association,* 86th Sess. (1959-1960), p. 29-44.

FISKE, Roger, *English Theatre Music in the Eighteenth Century.* London, 1973.

FLOTHUIS, Marius, « *Mozart and Anna Selina Storace* » dans *Notes on Notes.* Amsterdam, Fritz Knuf, 1974, p. 43-47.

FOLENA, Gianfranco, « *Da Ponte interprete di Goldoni: la riduzione librettistica di "Le Bourru bienfaisant" per Martin y Soler* », dans *Omaggio a Lorenzo Da Ponte. Atti del Convegno "Lorenzo Da Ponte. Librettista di Mozart". Mostra del Libro "Il Poeta, Il Musicista, il Teatro".* Roma, 1992, p. 227-233.

FOSKETT, Daphne, *British Portrait Miniatures.* London, 1968. (2e éd.)

FRANKS, Rebecca, « *Le Nozze di Susanna.* » dans *Glyndebourne Festival 2016,* p. 87-90.

FRASER, Flora, *Beloved Emma. The Life of Emma Hamilton.* New York, 1986.

FRETWELL, Katie, GOODMAN, Judith, *The Fete of Abraham Goldsmid: A Regency Garden Tragedy.* London, 2000.

FRETWELL, Katie, « *Articles on Abraham Goldsmith.* », <http://discoverarchive.vanderbilt.edu/jspui/bitstream/1803/2181/1/Articles%20on%20Abraham%20Goldsmid.pdf> (Consulté en 2008)

FUSCH, Ingrid, « *Nuevas fuentes para la receptión de las óperas de Martín y Soler en Viena, y en particular, de* Una Cosa rara. » dans *Los siete mundos de Vicente Martín y Soler: Actas del Congreso Internacional, Valencia, 14-18 November 2006* (Dorothea Link, Leonardo J. Waisman, éd.), p. 255-264.

GARLINGTON Jr, Aubrey S., " *"Gothic" Literature and Dramatic Music in England, 1781-1802.* » dans *Journal of the American Musicological Society*, 15, n°1 (1962), p. 48-64.

GAUCI, P., *The Twelve Churches; Or, Tracings Along the Watling Street.* London, 1860.

GEIRINGER, Karl et GEIRINGER, Irene, « *Stephen and Nancy Storace in Vienna* » dans *Essays on the Music of J. S. Bach and Other Divers Subjects: A Tribute to Gerhard Herz.* (Robert L. Weaver, éd.) Louisville/New York, 1981, p. 235-244.

GENTILI, Vanna, « *Da Ponte s'imbatte in Shakespeare: "Gli Equivoci" e "The Comedy of Errors"* » dans *Omaggio a Lorenzo Da Ponte. Atti del Convegno "Lorenzo Da Ponte. Librettista di Mozart". Mostra del Libro "Il Poeta, Il Musicista, il Teatro".* Roma, 1992, p. 213-225.

GIBSON, Elizabeth, « *Earl Cowper in Florence and His Correspondence with the Italian Opera in London.* », dans *Music & Letters*, 68, n°3 (1987), p. 235-252.

{Girdham 1988} GIRDHAM, Jane, « *The Last of the Storaces.* » dans *The Musical Times*, 129, n°1739, (1988), p. 17-18.

{Girdham 1995} GIRDHAM, Jane, « *A Note on Stephen Storace and Michael Kelly.* » dans *Music and Letters*, 76, n°1 (1995), p. 64-67.

{Girdham 1997} GIRDHAM, Jane, *English Opera in Late Eighteenth Century London. Stephen Storace at Drury Lane.* Oxford, 1997.

GONCOURT, Edmond et Jules de, *Histoire de la société française pendant le Directoire.* Paris, 1864. (3ᵉ éd.)

GRAVES, Algernon, *The Royal Academy of Arts; a complete dictionary of contributors and their work from its foundation in 1769 to 1904.* London, 1905-1906. (8 vol.)

GUIDOTTI, Fabrizio, « *Il concerto publico nella Lucca settecentesta. Teatri e locande.* » dans *Lucca Musica* 15 (Avril 2004), <http://www.luccamusica.it/2004/aprile%202004/aprile5.htm> (Consulté en janvier 2005)

HARDWICK, Mollie, *Emma, Lady Hamilton: a study.* New York, 1969.

HARE, Arnold (éd.), *Theatre Royal Bath. The Orchard Street Calendar, 1750-1805*. Bath, 1977.

{Heartz 1982} HEARTZ, Daniel, « *Nicolas Jadot and the Building of the Burgtheater* » dans *The Musical Quarterly*, 68, n°1 (1982), p. 1-31.

{Heartz 1990} HEARTZ, Daniel, *Mozart's Operas*. Berkeley,1990.

{Heartz 2012} HEARTZ, Daniel, « *Nancy Storace, Mozart's Susanna* » dans *Sleuthing the Muse. Essays in Honor of William Prizer*. (Kristine K. Forney, et Jeremy L. Smith, éd.) Hillsdale, 2012, p. 218-233.

HERRERA, Jesús, « *Carlo Pozzi: compositor europeo de música profana presente en la catedral de México a fines del virreinato* » dans *Heterofonía*, n°143 (2010), p. 9-24.

HEWETT, Osbert Wyndham, *Strawberry Fair. A Biography of Frances, Countess Waldegrave, 1821-1879*. London, 1956.

HODGES, Sheila, « *"One of the most accomplished women of her Age". Anna Storace, Mozart's Ffirst Susanna.* » dans *The Music Review*, 50, n°2 (1789), p. 93-102.

HODGES, Sheila, « *Lorenzo da Ponte's first Susanna* » dans *Omaggio a Lorenzo Da Ponte. Atti del Convegno "Lorenzo Da Ponte. Librettista di Mozart". Mostra del Libro "Il Poeta, Il Musicista, il Teatro"* Roma, Ministero per i beni culturali e ambientali, 1992, p. 357-364.

HODGES, Sheila, *Lorenzo Da Ponte. The Life and Times of Mozart's Librettist*. Madison, 2002.

{London Stage 1776-1800} HOGAN, Charles Beecher, *The London Stage 1660-1800. A Calendar of Plays, Entertainments & Afterpieces, Together with Casts, Box-receipts, and Contemporary Comment… Part 5: 1776-1800*. Carbonale, 1968. (Vol. 1 : 1776-1783 ; 2 : 1783-1792 ; 3 : 1792-1800)

HUGHES, Rosemary S. M., « *Haydn at Oxford: 1773-1791* » dans *Music & Letters*, 20, n°3 (1939), p. 242-249.

HUME, Robert D. (éd.), *The London Theatre World 1660-1800*. Carbondale, 1980.

HUNTER, David, « *Music Copyright in Britain to 1800* » dans *Music & Letters*, 67, n°3 (1986), p. 269-282.

{Hunter 1989} HUNTER, Mary, « *'Se voul ballare' An Early Moment in the Reception History of 'Figaro'* » dans *The Musical Times*, 130, n°1758 (1989), p. 464-467.

JAHN, Otto, *Life of Mozart. Translated from The German by Pauline D. Townsend. With A Preface by George Grove,...* London, 1891. (3 vol.)

JAMES, Kenneth Edward, *Concert Life in Eighteenth-century Bath*. PhD thesis, Royal Holloway College, University of London, 1987.

JENKINS, Annibel, *I'll Tell You What: The Life of Elizabeth Inchbald*. Lexington, 2003.

JENKINS, John, *Mozart and the English Connection*. London, 1998.

JOHNSON, Robert, « *Moratín's Diary.* » dans *Bulletin of Hispanic Studies*, 47, n°1 (1970), p. 24-36.

{Jenkins 1961} JENKINS, Frank, *Architect and Patron: A Survey of Professional Relations and Practice in England from the Sixteenth Century to the Present Day*. London 1961.

JONCUS, Berta, « *'His spirit is in action seen': Milton, Mrs. Clive and the simulacra of the pastoral in Comus.* » dans *Eighteenth-Century Music*, 2, n°1 (2005), p. 7-40.

JONES, Rebecca Louise. *Luigi Marchesi: Life and Voice*. PhD thesis, University of Georgia, 2009.

{Kahan 2006} KAHAN, Jeffrey, *The Cult of Kean*. Aldershot, 2006.

KAHAN, Jeffrey, *Bettymania and the Birth of Celebrity Culture*. Bethlehem, 2010.

KAMINSKI, Piotr, « *Comme un habit bien fait.* » dans *L'Avant Scène Musique (Mozart, les airs de concerts)*, 2, 1984, p. 25-29.

{Kelly 1997} KELLY, Linda, *Richard Brinsley Sheridan, A Life*. London, 1997.

KESWICK, Maggie, WEATHERALL Clara, *The Thistle and the Jade: A Celebration of 175 Years of Jardine Matheson*. London, 2008.

KONRAD, Ulrich, STAEHELIN, Martin, *Allzeit ein buch. Die Bibliothek Wolfgang Amadeus Mozarts. [Ausstellung im Malerbuchkabinett der Bibliotheca Augusta vom 5. Dezember 1991 bis zum 15 März 1992.]* Weinheim, 1991.

KNIGHT, Joseph, « *Storace, Ann Selina [Nancy] (1765–1817)* », révisé par Jane Girdham, dans *Oxford Dictionary of National Biography*, Oxford University Press, 2004; édition en ligne, mai 2007 (<http://www.oxforddnb.com/view/article/26589>, consulté en décembre 2012.)

LANAPOPPI, Aleramo, *Un certain Da Ponte*. Paris, 1991.

{Landon Haydn} LANDON, Howard Chandler Robbins, *Haydn Chronicles and Works*. London, Thames and Hudson, 1976-1980 (5 vol.)

{Landon 1990} LANDON, Howard Chandler Robbins, *Mozart. The Golden Years*. London, 1990 (2e éd.)

{Landon 1991} LANDON, Howard Chandler Robbins, *Mozart and Vienna. Including selections from Johann Pezzl's Sketch of Vienna' 1786-90*. London, 1991.

LANGFORD, John Alfred, *A Century of Birmingham Life: or a Chronicle of Local Events, from 1741 to 1841*. Birmingham 1868. (2 vol.)

LIBIN, Kathryn L., « *Mozart's Piano and Dramatic Expression in the Concert Aria : 'Ch'io mi scordi di te ? … Non temer, amato bene,' K. 505.* » dans *Early Keyboard Journal*, 24 (2006), p. 69-96.

LILA, Maurice-Amour, « *Une berceuse anglaise du Matelot* (voir. M.O.T., la Pléiade, t. I, p. 200) » dans *Bulletin Chateaubriand*, 24 (1981), p. 109-113.

LILTI, Antoine, *Figures publiques. L'invention de la célébrité, 1750-1850*. Paris, 2014.

{Link 1991} LINK, Dorothea, *The Da Ponte Operas of Vincente Martín y Soler*. PhD thesis, Université de Toronto, 1991.

{Link 2002} LINK, Dorothea, *Arias for Nancy Storace. Mozart's First Susanna*. Middleton, 2002.

{Link 2004} LINK, Dorothea, *Arias for Francesco Benucci. Mozart's first Figaro and Guglielmo*. Middleton, 2004.

{Link 2005} LINK, Dorothea, « *Mozart's appointment to the Viennese Court.* » dans *Words about Mozart. Essays in honour of Stanley Sadie*. (Dorothea Link et Judith Nagley, éd.) Woodbridge/ Rochester, 2005, p. 153-178.

{Link 2008} LINK, Dorothea, « *The Fandango Scene in Mozart's Le nozze di Figaro.* » dans *Journal of the Royal Musical Association*, 133, n°1 (2008), p.69-92.

{Link 2010} LINK, Dorothea, « *Anna Morichelli, Vicente Martín y Soler's Champion Singer* » (version anglaise originale, révisée en août 2010, de l'article « *La cantante Anna Morichelli, paladín de Vicente Martín y Soler* » dans *Los siete mundos de Vicente Martín y Soler: Actas del Congreso Internacional, Valencia, 14-18 November 2006* (Dorothea Link, Leonardo J. Waisman, éd.), p. 328-355. (<http://dlink.myweb.uga.edu/articles/ Morichelli_article.pdf> (consulté en août 2010).

{Link 2011} LINK, Dorothea, *Arias for Vincenzo Calvesi: Mozart's First Ferrando*. Middleton, 2011.

{Link 2014} LINK, Dorothea, « *Nancy Storace's annus horribilis, 1785.* » dans *Newsletter of the Mozart Society of America*, 18, n°1 (2014), p. 1, 3-7.

{Link 2015} LINK, Dorothea, *Arias for Stefano Mandini: Mozart's first Count Almaviva*. Middleton, 2015.

LISTER, Warwick, *Amico. The Life of Giovanni Battista Viotti*. New York, 2009.

LOCKWOOD, Elisabeth M., « *Jane Austen and Some Drawing-Room Music of Her Time* » dans *Music & Letters*, 15, n°2 (1934), p. 112-119.

{Lorenz, 2004} LORENZ, Michael, [Article et notes de programmes portant sur l'identification de Victoire Jenamy.], <http://members.aon.at/michaelorenz/jenamy/>

{Lorenz 2008} LORENZ, Michael, « *Süßmayr und die Lichterputzer: von gefundenen und erfundenen Quellen* » dans *Mozart-Jahrbuch 2006*. Kassel, 2008, p. 425-438.

{Lorenz 2009} LORENZ, Michael, « *Mozart's Apartment on the Alsergrund.* » (08/06/2009), <http://homepage.univie.ac.at/michael.lorenz/alsergrund/> (Egalement dans *Newsletter of the Mozart Society of America*, 14, n°2 (2010), p. 4-9.)

{Lorenz 2011} LORENZ, Michael, [Compte rendu de] « *Melanie Unseld: Mozarts Frauen. Begegnungen in Musik und Liebe. – Reinbek bei Hamburg: Rowohlt Taschenbuch Verlag 2005.* » dans « *Musik und Liebe* », *Mozart-Jahrbuch* 2007/08 (Bärenreiter, Kassel etc, 2011), p. 227-231. Egalement publié sur <http://homepage.univie.ac.at/michael.lorenz/unseld_mozarts_frauen> (26/11/2001). [Révèle les dates de baptême et de décès de Josepha Fisher.]

{Lorenz 2013} LORENZ, Michael, « *Light on Vincenzo Calvesi's Origin.* » (06/03/2013), *Musicological Trifles and Biographical Paralipomena*, <http://michaelorenz.blogspot.fr/2013/03/light-on-vincenzo-calvesis-origin.html>

{Lorenz 2013b} LORENZ, Michael, « *Wolfgang von Mozart* » (09/06/2013), *Musicological Trifles and Biographical Paralipomena*, <http://michaelorenz.blogspot.fr/2013/06/wolfgang-von-mozart.html>

{Lorenz 2014} LORENZ, Michael, « *Ditters von Dittersdorf's First Names.* » (21/042014) *Musicological Trifles and Biographical Paralipomena*, <http://michaelorenz.blogspot.fr/2014/04/ditters-von-dittersdorfs-first-names.html>

LORENZEN, Richard L., *The History of the Prince of Wales's Theatre, London, 1771-1903*. Hatfield, 2014.

MABON, Charles B., « *The Jew in English Poetry and Drama.* » dans *The Jewish Quarterly Review*, 11, n°3 (1899), p. 411-430.

MACLAURIN MACKERRAS, Catherine, *The Hebrew Melodist: A Life of Isaac Nathan*. Sydney, 1963.

MARTIN, Christine, « *Una cuestión de toma y daca: Nancy y Stephen Storace como promotores de la Carrera de Vicente Martín y Soler en Londres.* » dans *Los siete mundos de Vicente Martín y Soler: Actas del Congreso Internacional, Valencia, 14-18 November 2006* (Dorothea Link, Leonardo J. Waisman, éd.), p. 283-295.

{Matthews 1969} MATTHEWS, Betty, « *The Childhood of Nancy Storace* » dans *Musical Times*, 110, n° 1517 (1969), p. 733-735.

MATTHEWS, Betty, « *1. Salisbury and Winchester, addenda and corrigenda communicated by Betty Matthews.* » dans *RMA Research Chronicle*, 8 (1970), p. 23-33.

MATTHEWS, Betty, « *Nancy Storace and the Royal Society of Musicians.* » dans *The Musical Times*, 128, n°1732 (1987), p. 325-327.

MAUNDER, Richard et ROWLAND, David, « *Mozart's Pedal Piano* » dans *Early Music*, 23, n°2 (1995), p. 287-296.

McVEIGH, Simon, « *Felice Giardini: a Violinist in Late Eighteenth-Century London.* » dans *Music & Letters*, 64 n°3-4, (1983), p. 162-172.

McVEIGH, Simon, « *The Professional Concert and Rival Subscription Series in London, 1783-1793.* » dans *Royal Musical Association Research Chronicle*, 22, n°1 (1989), p. 1-136.

{McVeigh 1993} McVEIGH, Simon, *Concert Life in London from Mozart to Haydn*. Cambridge, 1993.

McVEIGH, Simon, *Calendar of London Concerts 1750-1800*. Goldsmiths, University of London, <http://research.gold.ac.uk/10342/> (Version 2, consultée en avril 2015).

MEE, John H., *The Oldest Music Room in Europe. A record of Eighteenth-Century Entreprise at Oxford*. London, 1911.

MICHTNER, Otto, *Das Alte Burgtheater als Opernbühne: Von der Einrichtung des Deutschen Singspiels (1778) bis zum Tod Kaiser Leopolds II. (1792)*. Wien, 1970.

{Milhous Dideriksen Hume 2001} MILHOUS, Judith, DIDERIKSEN, Gabriella, HUME, Robert D., *Italian Opera in Late Eighteenth-Century London. Volume II: The Pantheon Opera and its Aftermath 1789-1795*. Oxford, 2001.

{Milhous Hume 1993} MILHOUS, Judith, HUME, Robert D., « *Opera Salaries in Eighteenth-Century London.* » dans *Journal of the American Musicological Society*, 46, n°1 (1993), p. 26-83.

MORROW, Mary Sue, *Concert life in Haydn's Vienna: aspects of a developing musical and social institution*. Stuyvesant, 1989.

NALBACH, Daniel, *The King's Theatre 1704-1867*. London, 1972.

NATHAN, Hans, FINK, Frances, « *Autograph Letters of Musicians at Harvard.* » dans *Notes*, Second Series, 5, n°4 (1948), p. 465-466.

NEBINGER, Gerhart, « *Das Trauungsbuch 1707-1785 der Holländischen Gesandtschaftskapelle bzw. der Reformierten Kirchengemeinde (Helvetische Konfession) in Wien.* » dans *Genealogie. Deutsche Zeitschrift für Familienkunde*, 21, n°3-4 (1993), p. 483-486.

NELLO VETRO, Gaspare. *Il Teatro ducale et la vita musicale a Parma, dai Farnese a Maria Luigia (1687-1829)*. Roma, 2010.

NEWMAN, Louis I., *Richard Cumberland, Critic and Friend of the Jews*. New York, 1919.

NIGH, Douglas Julian, *Lesser Luminaries: Samuel Foote and the Little Theatre in the Haymarket, from 1766 Through 1777*. PhD thesis, University of California, Los Angeles, 1971.

NUSSBAUM, Felicity, « *Actresses and the Economics of Celebrity, 1700–1800* » dans, *Theatre and Celebrity in Britain, 1660-2000*, (M. Luckhurst et al., éd.), New York, 2005, p. 148-168.

OZANAM, Didier (et Denise), *Les diplomates espagnols du XVIIIe siècle: introduction et répertoire biographique (1700-1808)*. Madrid/Bordeaux, 1999.

PADOVER, Saul Kussiel, *The Revolutionary Emperor, Joseph II of Austria*. London, 1967.

PALMER, Fiona M., *Domenico Dragonetti in England (1794-1846): The Career of a Double Bass Virtuoso*. Oxford, 1997.

{Palmer 2015} PALMER, Susan, *At Home with the Soanes. Upstairs, Downstairs in 19th Century London*. London, 2015.

PEAKMAN, Julie, *Emma Hamilton*, London, 2005.

PEARCE, Charles E., *The Jolly Duchess. Harriot Mellon, afterwards Mrs. Coutts and the Duchess of St. Albans*. London, 1915.

PECK, Louis F., *A Life of Matthew G. Lewis*. Cambridge, 1961.

PESQUE, Emmanuelle, « *Gertrud Elizabeth Mara (1749-1833)* » sur ODB-opéra (02/01/2007) (<www.odb-opera.com/joomfinal/index.php/les-dossiers/49-interpretes-historiques/108-gertrud-elisabeth-mara?showall=>)

{Pesqué 2008} PESQUE, Emmanuelle, « *'Le Mort saisit le Vif' Don Giovanni face à la Loi…* » dans *Actes du Colloque Droit et Opéra (Paris, 14 décembre 2007 – Poitiers, 14 mars 2008), sous la direction de Mathieu Touzeil-Divina et Geneviève Koubi*. Poitiers, 2008, p. 197-209.

PESQUE, Emmanuelle, *Nancy Storace (1765-1817). Ann Selina, 'L'Italiana in Londra' - L'art et la vie d'une cantatrice des Lumières.* (2016-…) <http://annselinanancystorace.blogspot.fr>

PESQUE, Emmanuelle et Jérôme, « *Splendeurs et scandales, à l'opéra comme à la ville : Ann Selina Storace (1765-1817) et John Braham (1774 ?-1856)* », dans Actes du colloque *De Farinelli à Bowie. L'invention de la célébrité en musique (xvııe-xxıe siècles) : dispositifs, figures, œuvres*, 26, 27 et 28 novembre 2015. (A paraître.)

PESQUE, Emmanuelle et Jérôme, « *Les publics de Nancy Storace (1765-1817) : cercles, figures et ruptures.* » dans Actes du colloque *Les scènes musicales et leurs publics en France (XVIIIe-XXIe siècles)*, Opéra-Comique, 4-6 décembre 2014. (A paraître.)

PETTY, Frederick C., *Italian Opera in London, 1760-1800*. Ann Arbor, 1980.

PINCHERLE, Marc, *Les musiciens peints par eux-mêmes : lettres de compositeurs écrites en français (1771-1910)*. Paris, 1939.

{Platoff 1992} PLATOFF, John, « *How Original Was Mozart? Evidence from "Opera buffa".* » dans *Early Music*, 20, n°1 (1992), p. 105-117.

{Platoff 2014} PLATOFF, John, « *Francesco Benucci, Nancy Storace, and Sarti's Fra i due litiganti in Vienna* » dans *Abstracts of Papers Read at the American Musicological Society. Eightieth Annual Meeting and the Society for Music Theory Thirty-seventh Annual Meeting, 6–9 November 2014, Hilton Hotel and Wisconsin Center Milwaukee, Wisconsin*, p. 53.

POLZONETTI, Pierpaolo, « *Oriental Tyranny in the Extreme West: Reflections on* Amiti e Ontario *and* Le Gare generose. » dans *Eighteenth-Century Music*, 4, n°1 (2007), p. 27-53.

{Price 1989} PRICE, Curtis, « *Italian Opera and Arson in Late Eighteenth-Century London.* » dans *Journal of the American Musicological Society*, 42, n°1 (1989), p. 55-107.

PRICE, Curtis, « *Mozart, the Storaces and Opera in London 1787-1790* » dans *Europa in Zeitalter Mozarts. Herausgegeben von Moritz Csáky und Walter Pass*. Wien/Köln/Weimar, 1995, p. 209-213.

PRICE, Curtis, MILHOUS, Judith and HUME, Robert D., « *A Royal Opera House in Leicester Square (1790).* » dans *Cambridge Opera Journal*, 2, n°1 (1990), p. 1-28.

PRICE, Curtis, MILHOUS, Judith and HUME, Robert D., « *The Rebuilding of the King's Theatre, Haymarket, 1789-1791.* » dans *Theatre Journal*, 43, n°4 (1991), p. 421-444.

{Price Milhous Hume 1995} PRICE, Curtis, MILHOUS, Judith, HUME, Robert D., *Italian Opera in Late Eighteenth-Century London. Vol. I: The King's Theatre, Haymarket, 1778-1791*. Oxford, 1995.

PRITCHARD, Brian, « *Some Festival Programmes of the Eighteenth and Nineteenth Centuries. 3. Liverpool and Manchester.* » dans *RMA Research Chronicle*, 7 (1967), pp 1-27.

PTOLEMY, Dean, *Sir John Soane and London*. Aldershot/Burlington, 2006.

RAEBURN, Christopher, « *Mozart's Operas in England* » dans *The Musical Times*, 97, n°1355 (1956), p. 15-17.

RAGUSSIS, Michael, « *Jews and Other "Outlandish Englishmen": Ethnic Performance and the Invention of British Identity under the George*s » dans *Critical Inquiry*, 26, n°4 (2000), p. 773-797.

REID, Douglas J., PRITCHARD, Brian, « *Some Festival Programmes of the Eighteenth and Nineteenth Centuries. 1. Salisbury and Winchester* » dans *RMA Research Chronicle*, 5 (1965), p. 51-79.

REID, Douglas J., « *Some Festival Programmes of the Eighteenth and Nineteenth Centuries. 2. Cambridge and Oxford* » dans *RRMA Research Chronicle*, 6 (1966), p. 3-23.

{Rice 1998} RICE, John A., *Antonio Salieri and Viennese opera*. Chicago, 1998.

{Rice 1991} RICE, John A., *W. A. Mozart: La Clemenza di Tito*. Cambridge, 1991.

[RICE, Paul F., éd.] *Venanzio Rauzzini: Piramo e Tisbe, A Dramatic Cantata*. Newcastle upon Tyne, 2014.

{Rice 2015} RICE, Paul F., *Venanzio Rauzzini in Britain. Castrato, Composer and Cultural Leader*. Rochester, 2015.

RICKARD, Seán T., « *The Fame privateer of Dublin* » dans *The Irish Sword*, 28, n°113, p. 279-298.

ROBERTSON-KIRKLAND, Brianna Elyse, *Are we all castrati? Venanzio Rauzzini: 'The father of a new style in English singing'*. PhD thesis, University of Glasgow, juin 2016.

RODDIER, Henri, *J.-J. Rousseau en Angleterre au XVIIIe siècle. L'œuvre et l'homme*. Paris, 1950.

ROGERS, Barbara Marion, *Bath in the time of Ralph Allen: A Cultural Survey*. PhD thesis, University of British Columbia, 1968.

ROHR, Deborah, *The Careers of British Musicians, 1750-1850. A Profession of Artisans*. Cambridge, 2001.

ROSSELLI, John, *Singers of Italian Opera. The history of a profession*. Cambridge, 1995.

ROSSI, Nick, FAUNTLEROY, Talmage, *Domenico Cimarosa: His Life and his Operas*. Wesport/London, 1999.

RUSHTON, Julian, *W. A. Mozart: Idomeneo*. Cambridge, 1993.

SADIE, Stanley, « *Book review – Mozart essayed* », dans *The Musical Times*, 124, n°1688 (1983), p. 616-617.

SALTER, Lionel, « *Footnotes to a Satire. Salieri's "Prima la musica, poi le parole"* » dans *The Musical Times*, 126, n°1703 (1985), p. 21, 23-24.

SANDOR, Peter E., « *Mozart's First Susanna: Nancy Storace* » dans *Mozart Society Newsletter*, Toronto, 12 (1986), p. 1-4.

{Sands 1942} SANDS, Mollie, « *The Singing-Master in Eighteenth-Century England.* » dans *Music & Letters,* 23, n°1 (1942), p. 69-80.

SANDS, Mollie, « *The Teaching of Singing in Eighteenth Century England.* » dans *Proceedings of the Musical Association,* 70th Sess. (1943-1944), p. 11-33.

SANDS, Mollie, « *These Were Singers.* » dans *Music & Letters,* 25, n°2 (1944), p. 103-109.

SANDS, Mollie, « *Nancy Storace.* » dans *The Musical Times,* 91, n°1283 (1950), p. 30.

SANDS, Mollie, « *Venanzio Rauzzini. Singer, Composer, Traveller.* » dans *The Musical Times,* 94, n°1319 (1953), p. 15-19.

SANDS, Mollie, « *Rauzzini at Bath* » dans *The Musical Times,* 94, n°1321 (1953), p. 108-111.

{Sands 1959} SANDS, Mollie, « *John Braham, Singer.* » dans *Transactions (Jewish Historical Society of England),* 20 (1959-61), p. 203-214.

{Sands 1987} SANDS, Mollie, *The Eighteenth-Century Pleasure Gardens of Marylebone, 1737-1777.* London, 1987.

SARTORI, Claudio, *I Libretti italiani a stampa dalle origini al 1800.* Cuneo, 1990-1994. (11 vol.)

SCHOLES, Percy A., « *George the Third as Music Lover* » dans *The Musical Quarterly,* 28, n°1 (1942), p. 78-92.

SCHIAVONE, Roberta, « *1801: cronaca artistico-musicale di un anno a Trieste.* », dans *Attorno al palcoscenico : la musica a Trieste fra Sette e Ottocento e l'inaugurazione del Teatro Nuovo (1801).* (Maria Girardi et Paolo Da Col, éd.) Sala Bolognese, 2001, p. 327-368.

SENICI, Emanuele, « *'Adapted to the modern stage': La clemenza di Tito in London.* » dans *Cambridge Opera Journal,* 7, n°1 (1995), p. 1-22.

SICHEL, Walter, *Sheridan.* London, 1909. (2 vol.)

{Smith 1955} SMITH, William C., *The Italian Opera and contemporary Ballet in London 1789-1820.* London, [1955].

SPRATT, Danielle, « *"Genius Thus Munificently Employed!!!": Philanthropy and Celebrity in the Theaters of Garrick and Siddons.* » dans *Eighteenth-Century Life,* 37, n°3 (2013), p. 55-84.

STEPTOE, Andrew, « *Mozart and Poverty: A Re-Examination of the Evidence.* » dans *The Musical Times,* 125, n°1694 (1984), p. 196-201.

STONE, George Winchester Jr., *The London Stage 1660-1800. A Calendar of Plays, Entertainments & Afterpieces, Together with Casts, Box-receipts, and Contemporary Comment… Part 4: 1747-1776*. Carbonale, 1968. (3 vol.)

{Stone 1990} STONE, Lawrence, *Road to divorce: England, 1530-1987*. Oxford, 1990.

STONE, Lawrence, *Broken lives: Separation and Divorce in England*. Oxford, 1993.

{Stroud 1961} STROUD, Dorothy, *The Architecture of Sir John Soane*. London, 1961.

STROUD, Dorothy. *Sir John Soane, architect*. London/Boston, 1984.

TAYLOR, George, *The French Revolution and the London Stage, 1789-1805*. Cambridge/New York, 2000.

{Taylor 2012} TAYLOR, Ian, *Music in London and the Myth of Decline: From Haydn to the Philharmonic*. Cambridge/New York, 2010.

TISSIER, André, *Les spectacles à Paris pendant la Révolution : répertoire analytique, chronologique et bibliographique*. Genève, 1992-2002. (2 vols.)

TOFT, Robert, *Heart to Heart: Expressive Singing in England, 1780-1830*. Oxford/New York, 2000.

VELIMIROVIC, Miloš, « *Belgrade as subject of musical compositions* » dans *Muzikološki Zbornik, Musicological Annual*, 17, n°1 (1981), p. 147-164.

VENTURI, Fulvio, *L'opera lirica a Livorno: 1658-1847 : dal Teatro di San Sebastiano al Rossini*. Livorno, 2004.

VIGNAL, Marc. *Joseph Haydn…*. Paris, 1988.

WAISMAN, Leonardo J., *Vicente Martín y Soler. Un músico español en el Clasicismo europeo*. Madrid, 2007.

WARD, M. Kingdon, « *Nancy Storace* » dans *The Musical Times*, 90, n°1281 (1949), p. 385-388.

WEAVER, Robert Lamar & Norma Wright, *A Chronology of Music in the Florentine Theater, 1751-1800: operas, prologues, farces, intermezzos, concerts, and plays with incidental music*. Warren, 1993.

WEBER, William, *The Rise of Musical Classics in Eighteenth-Century England: A Study in Canon, Ritual, and Ideology*. Oxford/New York, 1996.

WEST, Shearer, *The theatrical portrait in eighteenth century London*. PhD thesis, University of St Andrews, 1986.

WHEELER, H. F. B., BROADLEY, Alexander Meyrick, *Napoleon and the Invasion of England. The Story of the Great Terror.* London, 1908.

WIEL, Taddeo, *I Teatri musicali veneziani del Settecento, catalogo delle opere in musica rappresentate nel secolo XVIII in Venezia, 1701-1800, con prefazione dell'autore...* Venezia, 1897.

WILLIAMSON, A. R., *Eastern traders: some men and ships of Jardine, Matheson & Company and their contemporaries in the East India Company's Maritime service; a collection of articles.* [S.l.], 1975.

WILSON, Ellen, « *A Shropshire Lady in Bath, 1794-1807* » dans *Bath History Journal,* 4 (1992), p. 95-123.

WINESANKER, Michael, « *Musico-Dramatic Criticism of English Comic Opera 1750-1800.* » dans *Bulletin of the American Musicological Society,* n°11/12 (1948), p. 82-83.

{Wienesanker 1949} WINESANKER, Michael, « *Musico-Dramatic Criticism of English Comic Opera, 1750-1800.* » dans *Journal of the American Musicological Society,* 2, n°2 (1949), p. 87-96.

WHITLEY, William Thomas, *Artists and their friends in England, 1700-1799.* Vol 2. London/Boston, 1928.

WOLLENBERG, Susan, « *Music in 18th-Century Oxford* » dans *Proceedings of the Royal Musical Association,* 108 (1981-1982), p. 69-99.

{Woodfield 2000} WOODFIELD, Ian, « *John Bland: London Retailer of the Music of Haydn and Mozart.* » dans *Music & Letters,* 81, n°2 (2000), p. 220-221.

{Woodfield 2001} WOODFIELD, Ian, *Opera and Drama in Eighteenth-Century London. The King's Theatre, Garrick and the Business of Performance.* Cambridge/New York, 2001.

{Woodfield 2003} WOODFIELD, Ian, *Salomon and the Burneys: public patronage and a public Career.* Aldershot, 2003.

WOLLENBERG, Susan, « *Music in 18th-Century Oxford* » dans *Proceedings of the Royal Musical Association,* 108 (1981-1982), p. 69-99.

WROTH, Warwick William et Arthur Edgar, *The London Pleasure Gardens of the eighteenth century.* London, 1896.

WYNDHAM, Henry Saxe, *The Annals of Covent Garden Theatre, from 1732 to 1897.* London, 1906. (2 vol.)

YOUNG, George, DOOM, Jeffrey, BRUNTON, John, *Herne Hill Personalities: Biographies of 146 People who Lived in Herne Hill.* Herne Hill Society, 2006.

Discographie

On n'a indiqué que les œuvres principalement associées à Ann Selina Storace. La majeure partie de son répertoire de concert n'a pas été prise en compte. L'interprète du rôle chanté par Storace, l'orchestre, le chef d'orchestre et le label discographique ont été indiqués.

Cimarosa : *Artemisia*
Aria « *Entro quest'anima* » dans *Mozart & his contemporaries*, A. Roocroft, Academy of St Martin in the Fields, N. Marriner (CD EMI, 1995)
Trio « *Ti calma... tremante, confusa* » dans *100 Years of Italian Opera 1800-1810*, E. Harrhy (Artemisia), Philharmonia Orch., D. Parry (33t Opera Rara, 1983)

Cimarosa : *L'Italiana in Londra*
P. Orciani (Livia), M. A. Peters (Madama Brillante), Orch. Sinfonica di Piacenza, C. Rizzi (CD Bongiovanni, 1987)

Cimarosa : *Il Pittore parigino*
M. Szűcs (Eurilla), Salieri Chamber Orch., T. Pál (CD Hungaroton, 1988)

Haydn : *Il Ritorno di Tobia*
D. Jones (Anna), Royal Philharmonic Orch., A. Dorati (33t Decca, 1979)
A. Hallenberg (Anna), Capella Augustina, A. Spering (CD Naxos, 2007) [avec les chœurs « *Ah gran Dio !* » and « *Svanisce in un momento* » composés pour Vienne, 1784]

Haydn : Cantate *Miseri noi, misera patria*, Hob. XXIVa:7
dans *An Eighteenth Century Vocal Recital*, B. Beardslee, The Musica Viva Ensemble, J. Bolle (33t Monitor, 1966)
dans *Joseph Haydn, Arias, cantata, cavatina*, T. Berganza, Scottish Chamber Orch., R. Leppard (33t Erato, 1983)
dans *Joseph Haydn, Arias & Cantatas*, A. Auger, C. Hogwood (CD L'Oiseau-Lyre, 1990)

Martín y Soler : *Il Burbero di buon core*
Finale Secondo, dans *Harmonie Universelle II*, E. Kirchner (Angelica), Le Concert des Nations, J Savall (Live, 1995) (CD Alia Vox, 2004)
E. de la Merced (Angelica), Orquesta Sinfónica de Madrid, C. Rousset (CD Dynamic, 2009) (existe aussi en DVD)

Martín y Soler : *Una Cosa Rara Ossia Belleza ed Onesta*
M. Figueras (Lilla), Le Concert des Nations, J. Savall (CD Astrée, 1991)
R. Stanisci (Lilla), Orch. del Teatro La Fenice, G. Andretta (CD Mondo Musica, 2000)

Aria de Lilla, « *Dolce mi parve un di* »
dans *Divas of Mozart's Day*, P. Michaels, Classical Arts Orch., S. Alltop (CD Cedille, 2002)
dans *Cherry ripe: vocal treasures of the 18th & 19th centuries*, D. Riedel, Arcadia Lane Orch., R. Bonynge (CD Melba, 2008)

Mozart : *Le Nozze di Figaro,* KV 492
De très nombreux enregistrements, dont
M. Cebotari (Susanna), Orch. des Stuttgarter Rundfunks, K. Böhm, 1938 (CD Preiser, 1990) [Bien qu'enregistré en allemand, mérite le détour.]
L. Popp (Susanna), London Philharmonic Orch., G. Solti (CD Decca, 1982)
B. Bonney (Susanna), Court Theatre Orch., A. Östman [Propose certaines versions alternatives de 1786 et 1789] (CD L'Oiseau-Lyre, 1988. Réédition dans *Mozart 225* (CD n°128-130, Coffret Decca, 2016))
N. Focile (Susanna), Scottish Chamber Orch., C. Mackerras (CD Telarc, 1995) [Propose certaines versions alternatives de 1786 et 1789, le « *Voi che sapete* » orné par Domenico Corri, ainsi que le **rondo inachevé pour Susanna, « *Giunse il momento al fine... Non tardar amato bene* »**, réorchestré par C. Mackerras]
C. Oelze (Susanna), La Petite Bande, S. Kuijken (CD Accent, 1998)
Aria de Susanna « *Giunse alfin il momento... Deh vieni* », dans *Mozart Arias*, C. Bartoli, Wiener Kammerorchester, G. Fischer (CD Decca, 1991)

Mozart : *Lo Sposo Deluso,* KV. 430
F. Palmer (Eugenia), London Symphony Orch., C. Davis (CD Phillips, 1991) [Avec *L'Occa del Cairo*.] Réédition dans *Mozart 225* (CD n°127, Coffret Decca, 2016)

Mozart : Air de concert « *Ch'io mi scordi di te* », KV. 505
De très nombreuses versions.
dans *Tereza Berganza chante Mozart*, T. Berganza, G. Parsons (piano), London Symphony Orch., J. Pritchard (33t Decca (Ace of Diamonds, 1969 ; rééd. *Mozart, Haydn*, CD Decca, 1996)
dans *Mozart Arias*, C. Bartoli, A. Schiff (piano), Wiener Kammerorchester, G. Fischer (CD Decca, 1991.)
M. Kožená, J. van Immerseel (pianoforte), Orch. of the Age of Enlightment, S. Rattle (CD Arkiv, 2006) Réédition dans *Mozart 225* (CD n°147, Coffret Decca, 2016)
dans *J. C. Bach, Mozart, Concert Arias*, H. Thébaud, D. Kokkoni (pianoforte), Solamente Naturali, D. Talpain (CD Gefco, 2011)

Paisiello : *Il Barbiere di Siviglia*
G. Sciutti (Rosina), Virtuosi di Roma, R. Fasano (33t Everest, 1967 ; CD Palladio, 1993)
K. Laki (Rosina), Magyar Állami Hangversenyzenekar, A. Fischer (CD Hungaroton, 1985)
L. Cuberli (Rosina), Roumanian Philharmonic Orch., B. Campanella (33t Frequenz, 1984)
A. M. Dell'Oste (Rosina), Teatro Giuseppe Verdi Orch., G. Carella (CD Dynamic, 2002)

Paisiello : *Le due contesse*
S. Donzelli (Contessina di Bel Colore), Orch. Internazionale d'Italia, G. Carella (CD Dynamic, 2003)

Paisiello : *La Frascatana*
K. Velletaz (Violante), Orch. de Chambre de Genève, F. Trinca (CD Bongiovanni, 2004)

Paisiello : *I Giuochi d'Agrigento*
M. L. Martorana (Aspasia), Orch. Internazionale d'Italia, G. B. Rigon (CD Dynamic, 2008)

Paisiello : *L'Italiana in Londra*
P. Orciani (Livia). M. Angeles Peters (Madama Brillante), Orch. Sinfonica di Piacenza, C. Rizzi (CD Bongiovanni, 1987)

Paisiello : *La Passione di Nostro Signor Gesù Cristo*
R. Invernizzi (Pietro), A. Simoni (Maddalena), I Barocchisti, D. Fasolis (CD CPO, 2007)

Paisiello : *Il Re Teodoro in Venezia*
R. Stanisci (Lisetta), Orch. Teatro la Fenice, I. Karabtchevsky (CD Mondo Musica, 1998)
C. Fusco (Lisetta), I virtuosi di Roma, R. Fasano [Enregistrement de 1962] (CD Andromeda, 2012)

Paisiello : *La Serva Padrona*
J. M. Bima (Serpina), Münchner Rundfunkorchester, H. L. Hirsch (CD Arts Music, 1997)
C. Forte (Serpina), La Cetra, A. Cremonensi (CD Zig Zag Territoires, 2007)

Paisiello : *I Zingari in Fiera*
T. di Bari (Lucrezia), Orch. ICO della Magna Grecia, G. di Stefano (CD Bongiovanni, 2009)

Purcell : « *Mad Bess* » [« *From silent shades and the Elysian groves* » (*Bess of Bedlam*)]
dans *Henry Purcell : Songs from Orpheus Britannicus*, A. Mellon, C. Rousset (clavecin), W. Kuijken (viole de g.). (CD Auvidis, 1993)

Salieri : *La Grotta di Trofonio*
R. Milanesi (Ofelia), Les Talens Lyriques, C. Rousset (CD Ambroisie, 2005)
Aria d'Ofelia, « *Larala… Quel filosofo buffon* »,
dans *Divas of Mozart's Day*, P. Michaels, Classical Arts Orch., S. Alltop (CD Cedille, 2002)
dans *The Salieri Album*, C. Bartoli, Orch. of the Age of Enlightment, A. Fischer (CD Decca, 2003)

Salieri : *La Scuola dei gelosi*
F. Mazzulli Lombardi (Contessa), L'Arte del Mondo, W. Ehrhardt (CD Deutsche Harmonia Mundi, 2017)
Aria de la Contessa, « *Or ei con Ernestina... Ah sia già* » (air d'insertion, Vienne, 1783), dans *The Salieri Album*, C. Bartoli, Orch. of the Age of Enlightment, A. Fischer (CD Decca, 2003)
Aria de la Contessa « *D'un anno il solo giro come tutto cambiò!* », dans *Arien für Nancy Storace*, M-S. Pollak ou K. Ruckgaber, Accademia di Monaco, J. Tschiedel (sortie du CD prévue pour 2017)

Salieri, Mozart, Cornetti : *Per la ricuperata salute di Ofelia*, KV 477a
dans *Mozart 225*, C. E. Craig, F. Birsak (pianoforte de Mozart) (Coffret Decca, 2016, CD n°175)
K. Rafferty, V. Kattah (pianoforte), U. Groh (violoncelle), sur *Tutti Mozart*, <https://www.youtube.com/watch?v=K7MhqYZ5YmY> (5 mars 2016)
I. Troupová, L. Vendl (clavecin) [Radiodiffusé sur la radio tchèque Vlata, dans *Ad libitum*, le 13 mars 2016]

Salieri : *Prima la musica, poi le parole*
Extraits. R. Alexander (Donna Eleonora), Concertgebouw Orch., Amsterdam, N. Harnoncourt (CD Teldec, 1987)
M. Casula (Donna Eleonora), Orch. da Camera della Filarmonica della Boemia del Nord, D. Sanfilippo (CD Bongiovanni, enrt. 1986)

Sarti : *Fra i due litiganti, il terzo gode*
Pas d'enregistrement dans le commerce.
M. A. Peters (Dorina), Orch. Teatro Comunale di Bologna, P. Olmi [Radiodiffusé par la RAI en 1986.]

Sarti : *Giulio Sabino*
S. Prina (Giulio Sabino), Accademia Bizantina, O. Dantone (CD Bongiovanni, enrt. 1999)

Storace : *Captivity, a Ballad...*
dans *Jane Austen songs*, P. Wright, J. Gillaspie (pianoforte) (CD Pearl, 1989)
dans *Jane Austen's Songbook*, L. Heimes, K. Flint (piano), M. Davids (violon) (CD Albany, 2004) [première strophe uniquement]
dans *The Romantic muse: English music in the time of Beethoven*, A-M. Rincon, T. Roberts (piano) (CD Hyperion, 1994)
dans *Entertaining Miss Austen*, A.Pitt, D. Owen Norris (piano) (CD Dutton Epoch, 2011)

Storace : Aria « *Care donne che bramate* » (air d'insertion pour *Il Re Teodoro*, Londres, 1787)
dans sa version anglaise « *How mistaken is the lover* » (*The Doctor and the Apothecary*), dans *Divas of Mozart's Day*, P. Michaels, Classical Arts Orch., S. Alltop (CD Cedille, 2002)

Storace : *Gli Equivoci* [dans une version en anglais : *The Comedy of Errors.*]
Pas d'enregistrement intégral dans le commerce.
J. Price (Adriana [Sofronia]), BBC Northern Symphony Orchestra, S. Bedford [Radiodiffusé par la BBC, le 10 décembre 1977.]
Aria de Sofronia « *Che delirio è mai questo !* » dans *Arien für Nancy Storace*, M-S. Pollak ou K. Ruckgaber, Accademia di Monaco, J. Tschiedel (sortie du CD prévue pour 2017)

Storace : *Gli Sposi malcontenti*
Pas d'enregistrement dans le commerce.
[Pour mémoire, l'aria d'Eginia, « *Fra quest'orror…. Ma tarde le lagrime* » a été interprété par J. van Wanroij, Moderntimes_1800, I. Korol (Centre culturel de Sablé, 25 avril 2009]

Storace : *The Haunted Tower*
Pas d'enregistrement dans le commerce.
S. Hudak (Adela), J-L Wu, M. Burns (claviers), S. Cash (clarinette), J-L Wu (flûte), A. Van Norman (violoncelle), T. Pratt (violon). [Recréation américaine sans les dialogues, dirigée par le Dr. Frederic Burwick, Professor Emeritus, University of California Los Angeles (2006). Téléchargeable sur <http://www.sjsu.edu/faculty/douglass/music/album-haunted.html>.
Voir également « *Teaching Romantic Drama: Production and Performance of The Haunted Tower* » :
<http://www.rc.umd.edu/pedagogies/commons/theatre/HTML/commons4.2011.burwick.html>]

Storace : *No Song, No Supper*
Pas d'enregistrement dans le commerce.
L. Milne (Margaretta), BBC Scottish Orch., H. Bickett [Radiodiffusé par la BBC en 1996. Les dialogues ont été remplacés par un narrateur.]

Storace : *The Pirates*
Pas d'enregistrement intégral dans le commerce.
Air de Fabulina, « *Peaceful slumb'ring on the ocean* », dans *An Eighteenth Century Vocal Recital*, B. Beardslee, The Musica Viva Ensemble, J. Bolle (33t Monitor, 1966)
Duo de Leopold et Lilla, « *The jealous Don* », dans *Michael Kelly & Mozart*, S. Abrahams, P. Alexander (piano) (33t Decca (Ace of Diamonds), 1971)

Storace : *The Siege of Belgrade*
Pas d'enregistrement intégral dans le commerce.
Duo de Leopold et Lilla, « *Tho' you think by this to vex me* », dans *Jane's Hand. The Jane Austen Songbooks*, E. Henrickson-Farnum, A. Newman (pianoforte). (CD Classics, 1996)

Remerciements

Qu'il me soit permis d'exprimer ma vive reconnaissance à tous ceux qui par leur contribution ou leurs conseils, m'ont aidée dans ce travail.

Ma gratitude va tout particulièrement au Prof. Geneviève Geffray, ancien conservateur en chef de la Bibliothèque de la Fondation Mozarteum (Salzbourg) qui, en 1995, a été à l'origine de cette enquête biographique, en me communiquant l'ouvrage de Geoffrey Brace ; au Dr. Susan Palmer, conservateur au Sir John Soane's Museum ; au Dr. Johanna Senigl, conservateur à la Bibliothèque de la Fondation Mozarteum ; au Dr. Michael Lorenz ; au Dr. John Brunton, archiviste de la Herne Hill Society ; au Dr. Colin Coleman, archiviste de la Royal Society of Musicians of Great Britain ; à Alison Harvey, *Assistant Archivist* des Special Collections and Archives, Arts and Social Studies Library de la Cardiff University ; à Sandra Powlette, *Image Sales and Brand Licensing Manager* de la British Library, ainsi qu'à la Bibliothèque nationale de France ; à Pierre Benveniste, Peter Jones et Martin Lee.

Outre leur constant soutien amical, je suis également redevable à Anne-Louise Luccarini et à Catherine Sprague, ainsi qu'à Béatrice Cornet pour sa relecture attentive.

Enfin, *last but not least,* sans le soutien et la patience de mon époux Jérôme Pesqué, ce travail n'aurait jamais vu le jour.

Index onomastique

Les annexes iconographiques, chronologiques, bibliographiques et discographiques ne sont pas prises en compte.

A

Abel, Karl Friedrich, 31, 120, 165
Abrams, Harriet, 226
Abrams, Theodosia, 226
Acres, E., 373
Adamberger, Valentin, 63, 75, 76, 82, 98, 106
Addison, John, 306
Adolphus, John, 355
Alessandri, Felice, 57, 88
Allegranti, Maddalena, 78, 79, 144, 186
Allingham, Charles, 369
Allingham, John Till, 369
Ambrogetti, Giuseppe, 343
Andreozzi, Gaetano, 51, 290
Anfossi, Pasquale, 46, 48, 49, 57, 75, 79, 117
Annesley, Mr, 332, 334, 344
Anseaume, Louis, 188, 218
Anspach, Elizabeth, margravine d' (Lady Craven, née Berkeley), 320, 321
Aprile, Giuseppe, 256
Arlaud Louis-Ami (dit Arlaud-Jurine), 236, 373
Arne, Thomas Augustine, 22, 33, 267, 302, 306, 369
Arnold, Samuel, 25, 34, 151, 165, 217, 222, 227, 237, 266, 267, 279
Arrighi, Pier Domenico, 51
Ashe, Andrew, 309
Ashe, Mary (née Comer) (Mrs), 309, 317, 322
Ashley, John, 110, 265
Ashley, Josiah, 265

Astley, Philip, 279
Attwood, Thomas, 110, 132, 135, 137, 138, 195, 198, 234, 241, 300, 363, 381
Auersperg, Johann Adam, prince, 83, 108
Austen, Jane, 189, 378
Autier [Autié], Léonard-Alexis (dit Léonard), 167

B

Bach, Johann-Christian, 31, 32, 120, 131, 138, 157, 165
Badini, Carlo Francesco, 161, 210
Baldauf-Berdes, Jane L., 35
Balelli, Antonio, 157
Ballarini, Luigi, 57
Bannister, John junior, 178, 179, 180, 182, 185, 207, 212, 219, 227, 228, 294, 309, 311, 318, 319, 355
Banti, Brigida (née Giorgi), 156, 225, 237
Bantzer, Christoph, 384
Barbauld, Anna Maria Letitia (née Aikin), 179
Baretti, Giuseppe, 19, 20
Barnard, William Harry Vane, vicomte, 118, 121, 123, 127, 128, 129, 136, 137, 138, 139, 140, 146, 381, 383
Barrett, Bryant, 233, 240, 363
Barrett, Isaac, 233
Barrymore, Lord, 206
Basili, Andrea, 253
Baskett, Mr, 350
Bastianelli, Giovanni, 46
Bates, Joah, 35, 150

Bathurst, comte, 226
Beach, Thomas, 374
Beaumarchais, Pierre-Augustin Caron de, 15, 76, 94, 109, 110, 186, 227, 245, 274
Bedford, duc de, 190, 215, 239
Beethoven, Ludwig von, 123, 190, 275
Belgrave, Lord, 118
Bell, John, 286, 287, 369
Benini, Anna (épouse Mengozi), 143, 147
Benney, Thomas, 53
Benson, Robert, 231, 233
Benucci, Francesco, 47, 52, 54, 55, 56, 61, 62, 68, 69, 73, 74, 75, 76, 77, 78, 82, 87, 91, 93, 96, 101, 102, 104, 105, 107, 108, 113, 115, 116, 118, 119, 120, 121, 122, 127, 169, 170, 171, 173, 174, 175, 185, 381
Berry, Charles-Ferdinand, duc de, (futur Charles X), 302, 321
Bertati, Giovanni, 210
Bettelini, Pietro, 371, 385
Betty, William-Henry West, 281, 283, 289
Bianchi, Francesco, 41, 44, 47, 49, 61, 120, 184, 185, 211, 226, 256
Bickerstaffe, Isaac John, 232, 306
Billington, Elizabeth (Mrs.), 144, 150, 151, 152, 162, 185, 191, 194, 204, 253, 256, 257, 259, 260, 261, 262, 265, 267, 268, 273, 275, 290, 296, 298, 303, 309, 310, 317, 320, 321, 322, 335, 341, 365, 379
Birchall and Andrews, 158
Bland, John, 187
Bland, Maria Theresa (née Romanzini) (Mrs), 229, 297
Bluwal, Marcel, 384
Boaden, James, 357, 365
Boissieu, Jean, 383
Bolla, Maria, 260, 280
Bonaparte, Jérôme, 251
Bonaparte, Joséphine, 251
Bonaparte, Napoléon, 251, 283
Booth, Junius Brutus, 318, 319, 342
Borghi, Giovanni Battista, 120, 216
Borghi, Luigi, 193, 194

Borselli, Elisabetta, 168
Borselli, Fausto, 185
Bouilly, Jean-Nicolas, 310
Boyce, William, 25, 329
Brace, Geoffrey, 10, 57, 205, 206, 315
Braham (puis Meadows), Martha Burchell (née Martin), 349
Braham (puis Meadows), William Spencer Harris (dit Spencer), 85, 155, 267, 323, 324, 337, 339, 341, 342, 343, 344, 345, 346, 347, 348, 349, 350, 351
Braham, Frances Elizabeth (née Bolton), 337
Braham, Frances, Lady Waldegrave, 349
Braham, John, 155, 224, 225, 227, 230, 231, 232, 233, 234, 235, 237, 238, 239, 240, 241, 243, 246, 248, 249, 250, 251, 252, 253, 254, 255, 256, 257, 258, 259, 260, 261, 262, 263, 264, 265, 266, 267, 268, 269, 272, 273, 274, 275, 276, 277, 278, 279, 280, 281, 283, 284, 285, 286, 287, 288, 289, 290, 291, 293, 294, 295, 296, 298, 299, 300, 301, 302, 303, 305, 306, 307, 308, 309, 310, 311, 315, 316, 317, 318, 320, 321, 322, 323, 324, 325, 326, 327, 328, 329, 331, 332, 333, 334, 335, 336, 337, 338, 339, 340, 341, 343, 344, 346, 347, 350, 361, 363, 364, 365, 379, 383
Braham, Josephine (épouse Wilson), 349
Brandon, John, 287
Branston, Elizabeth, 80
Bridgetower, George Augustus Polgreen, 190
Britton, John, 234, 330
Broderip, Francis, 157, 200
Brown, John, 283
Brunati, Gaetano, 96
Buchanan, Isabel, 384
Bugnetti, Signor, 68, 78
Burchell, Joseph, 233, 242, 344, 345, 346
Burgh, Allatson, 146
Burke, Jonathan, 383

Burney, Charles, 24, 33, 145, 151, 161
Burwick, Frederick, 179
Bussani, Dorothea [Dorotea] (née Sardi), 113, 119, 122
Bussani, Francesco, 65, 68, 69, 76, 78, 91, 108, 112, 113
Buxton, John, 242
Byng, George, capitaine, 276
Byron, George Gordon, Lord, 297, 315, 319, 320

C

Calvesi, Giuseppe, 144, 157
Calvesi, Vincenzo, 49, 62, 69, 95, 96, 101, 108, 118, 122, 126
Cambridge, Adolphus, duc de, 290, 299
Campigli, Andrea, 45
Campo y Pérez de La Serna, Bernardo del, 245
Cappelletti, Teresa, 199
Casanova, Giacomo, 70, 102, 210, 215
Casentini, Anna (épouse Borghi), 194, 216
Casti, Giambattista, abbé, 56, 66, 87, 88, 89, 90, 91, 93, 95, 100, 101, 103, 104, 105, 124, 175, 198, 381, 382
Castries, duc de, 302
Catalani, Angelica, 302, 303, 310, 319, 323, 379
Catherine II, tsarine, 88
Cavalieri, Caterina, 63, 68, 82, 90, 96, 98, 106, 111, 112, 118, 121
Cervetto, James, 31, 37
Chateaubriand, François-René de, comte, 208
Cherry, Andrew, 295
Cherubini, Bartolomeo, 42
Cherubini, Luigi, 42, 43, 167, 221, 258, 372
Chesterfield, comte de, 239
Chevallier, Martine, 384
Church, Mary, 342
Cimador [Cimadoro], Giambattista, 266

Cimarosa, Domenico, 52, 54, 56, 75, 92, 93, 161, 169, 201, 256, 280, 309, 317
Clarence, William Henry, duc de, (futur Guillaume IV), 197, 239
Clarke, Mary, 326
Clement, Franz Joseph, 189
Clementi, Muzio, 79
Clive, Kitty, 371
Cobb, James, 178, 179, 182, 196, 204, 208, 221, 360
Coleridge, Samuel, 198
Colloredo, Giovanni Battista, comte, 256
Colloredo, Hieronimus Franz de Paula, prince-archevêque de Salzbourg, 138
Colloredo, Maria Isabella Anna Ludmilla, comtesse (née Mansfeld, épouse de Franz de Paula Gundacker), 138
Colman, George senior, 217, 227, 228
Colman, George junior, 228, 229, 310
Coltellini, Celeste, 47, 78, 92, 95, 101, 104, 105, 111, 120
Coltellini, Giovanni, 43, 44, 45, 47, 78
Coltellini, Marco, 44
Condé, Jean (ou John), 370, 373
Congreve, William, 260
Contat, Louise, 139
Conway, David, 272
Corbould, George, 370
Corfe, Arthur Thomas, 241, 462
Corfe, Joseph, 28, 31, 153, 241
Cornet, Alessandro, 99, 100
Corri, Domenico, 263, 264, 266, 275, 295, 306, 318
Corri, Frances, 318
Corri, Haydn, 275
Cosway, Richard, 40, 373
Cottenli, S. A. (Miss ou Mrs), 337
Cowgill, Rachel Elizabeth, 186, 266
Cowper, George Nassau Clavering, comte, 41, 47, 120, 145
Cramer, Wilhelm, 165, 174, 191, 195, 201, 202, 209, 266, 275
Crane, Nancy, 383
Craven, Miss, 368
Crouch, Anna Maria (née Phillips) (Mrs), 176, 178, 179, 180, 191, 195,

198, 205, 207, 212, 221, 223, 294, 365, 370
Cruikshank, George, 329, 368
Cumberland et Strathearn, Henry Frederick, duc de, 164, 290, 302
Cumberland, Richard, 308

D

D'Egville, James Harvey, 310
D'Israeli, Isaac, 306
D'Orta, Rachele, 57
Da Ponte, Lorenzo, abbé, 62, 65, 66, 88, 89, 93, 96, 99, 100, 101, 103, 105, 107, 108, 109, 110, 112, 121, 122, 123, 125, 134, 161, 210, 215, 216, 225, 238, 381
Dalayrac, Nicolas, 138, 139, 264
Dalton, John, 369
David[e], Giacomo, 199, 200, 253
Davies, Cecilia, 34, 41, 44
Davis, Miss (élève de Corfe), 45, 207
Davy, John, 263, 272
De Camp, Maria Theresa (épouse Kemble) (Mrs), 223, 263, 294, 298
De Camp, Vincent, 310
De Fesch, Willem, 22
De Michele, Leopoldo, 158
De Wilde, Samuel, 370
Decamp [De Camp], Jean Hubert ou Johann Hubert, 113
Dejaure, Jean-Élie Bédéno, 221
del Campo y Pérez de La Serna, Bernardo, 246
Delp[h]ini, Isabella, 327
Des Entelles [Maréchaux Desentelles], M., 166
Deutsch, Otto Erich, 100
Devienne, François, 208
Devonshire, Georgiana Cavendish, duchesse de, 375
Dezède, Florine, 139
Dezède, Nicolas, 139
Dibdin, Charles, 181, 232, 261, 306
Dibdin, Nancy (née Hilliar) (Mrs), 283
Dibdin, Thomas John, 261, 263, 271, 276, 277, 283, 321, 341, 342, 344

Dickons, Maria (née Poole) (Mrs), 301
Diede, Louise von, 113
Dietrichstein, Johann Baptist Walther, prince, 117
Disraeli, Benjamin, 306
Distler, Elizabeth, 95
Distler, Johann Georg, 95
Dittersdorf, Johann Carl Ditters von, 90, 120, 135, 208
Dolfin, Daniele Andrea, 57
Dollond, Mrs, 321
Dombasle, Arielle, 384
Downman, John, 374
Dragonetti, Domenico, 302
Drossdik, Johann Baptist von, 94
Drossdik, Josepha Theresia von, 94
DuBois, Edward, 308, 328
Dubois, Pierre, 149, 150
Dugazon, Louise-Rosalie, 138
Dupuis, Thomas Sanders, 173, 206
Duquesnoy, Isabelle, 382
Durazzo, Giacomo, comte, 61, 103
Duschek [Dušek], Josepha, 135, 138, 385
Dussek, Jan Ladislas, 138, 258, 266
Dussek, Sophia (née Corri), 266, 275

E

Earl, Mr., 154
Edge, Dexter, 111
Edgcumbe, George, comte de Mount Edgcumbe, 364
Edgcumbe, Richard, comte de Mount Edgcumbe, 83, 153, 186, 354, 364
Einstein, Alfred, 9, 133, 134, 380
Elliston, Robert William, 310
Emery, John, 284
Engel, Laura, 362
Erwin, K. Lynette, 380
Este, Marie Béatrice d', 55
Esterhàzy, Nikolaus II, prince, 77
Evans, Mr., 32

F

Fabrizi, Vincenzo, 185
Farley, Charles, 284

Farren, Elizabeth, 220
Fawcett, John, 238, 286
Ferdinand VI de Bourbon, roi de Naples et de Sicile, 256
Ferdinand, archiduc d'Autriche, Gouverneur général de Lombardie, 54, 55
Ferguson, Elizabeth (née Vincent), 204
Feron [Fearon] (Miss ou Madame, également appelée Mrs Glossop), 319
Ferrarese [Ferraresi del Bene], (Francesca) Adriana (née Gabriel[l]i), 112, 120, 143, 175, 381
Fillette-Loraux, Fillette, François dit, 221
Fineschi, Vincenzo, 157, 175
Finucci, Giuseppe, 51
Fioravanti, Valentino, 309
Fischer, Johann Christian, 31
Fisher, Jebe B., 364
Fisher, John Abraham, 37, 79, 80, 81, 82, 85, 86, 87, 92, 154, 155, 297, 349, 350, 359, 375, 379
Fisher, Josepha, 94, 97
Fiske, Roger, 184
Foote, Samuel, 307
Forlivesi, Giuseppe, 175
Forman, Milos, 384
Foskett, Daphne, 373
Frazer, famille, 53
Friberth [Frieberth], Carl ou Karl, 82, 108
Fries, Joseph Johann von, comte, 123
Fries, Moritz von, comte, 123
Frugoni, Carlo Innocenzo, 41
Fuseli, Henry, 42

G

Gainsborough, Thomas, 372, 375
Galitzine, princesse (épouse de Dimitri Michailovitch), 107
Gallet, Sébastien, 246
Galli, Caterina, 237
Gallini, Giovanni Andrea, 120, 140, 141, 142, 143, 156, 157, 159, 164, 168, 169, 174, 175, 182, 183, 186, 190, 191, 193, 194, 199, 201
Gallot, Mr. (violoniste), 275
Galuppi, Baldassare, 24, 55
Garat, (Dominique) Pierre (Jean), 248
Garrick, David, 77, 281
Gassmann, Florian, 48, 82
Gayton, Mrs, 310
Gazzaniga, Giuseppe, 57, 107, 170
Gell, William, 257
Genest, John, 262, 264, 284
Genève, Max, 382
Gentleman, Francis, 377
Genzinger, Marianne von, 198
George III, roi d'Angleterre, 151, 164, 169, 189, 206, 262, 290
George, prince de Galles, Régent, puis futur roi George IV, 53, 144, 164, 190, 193, 194, 195, 197, 202, 239, 268, 298, 299, 317, 363
Gervasoni, Carlo, 254
Gherardi, Teresa (épouse Calvesi), 49
Giardini, Felice, 19, 184
Gilliland, Thomas, 12, 289
Giornovichi, Giovanni Mane, 226, 258
Girowetz, Adalbert, 202
Gloucester, William Henry, duc de, 164, 302
Gluck, Christoph Willibald, 108, 139, 377
Gnecco, Francesco, 256
Godefroy, Jean, 371, 372
Godwin, William, 228
Goldoni, Carlo, 48, 55, 101, 103
Goldsmid, Abraham, 299
Goldsmid, Benjamin, 299
Goldsmid, famille, 224, 295, 299, 320, 321
Gottlieb, (Maria) Anna, 113
Grant, famille, 53
Grassi, Cecilia, 31
Grassini, Giuseppina, 281, 289, 290, 291, 296, 310
Green, Mary, 328
Grenville, Lord, 321
Grétry, André Ernst Modeste, 139
Greville, Charles Francis, Honorable, 145
Grey, Mr., 239
Griesinger, Georg August, 201
Grimaldi, William, marquis, 373

Grimm, Friedrich Melchior, baron, 227
Grundy, Thomas, 345
Guglielmi, Pietro Alessandro, 90
Guglielmi, Pietro Carlo, 257, 299

H

Hadfield, Maria (épouse Cosway), 40
Haendel, Georg Friedrich, 22, 23, 31, 33, 149, 150, 165, 173, 183, 189, 191, 201, 205, 207, 226, 239, 280, 287, 288, 296, 298
Hall, John, 27, 168, 234, 236
Hall, Julia (épouse Kennedy), 198
Hall, Sarah Jemima (épouse Burchell), 233
Hamilton, Emma (Lady), 40, 255, 291, 293, 294, 296, 303, 320, 321
Hamilton, William, Sir, 40, 145
Harley, John Pritt, 317, 318, 341
Harrington, Mr, 240
Harris, Elizabeth, 36
Harris, Gertrude, 30
Harris, James, 30, 35, 36, 37
Harris, Louisa, 35, 36, 37
Harris, Thomas, 141, 220, 258, 260, 261, 263, 267, 273, 286, 289, 295, 342, 369
Harrop, Sarah (épouse Bates), 34, 150
Haslewood, Joseph, 11, 17, 88, 155, 359, 360, 363, 364
Hasse, Johann Adolf, 24, 108, 150, 183
Hatzfeld, (Maria Anna) Hortensia, comtesse, 108
Haydn, Joseph, 77, 82, 89, 90, 95, 138, 161, 170, 187, 190, 191, 194, 195, 198, 199, 200, 201, 202, 204, 205, 206, 226, 231, 235, 246, 257, 258, 266, 296, 298, 372, 381
Haydon, Benjamin Robert, 233
Heartz, Daniel, 41, 98
Heidenreich, Joseph, 185
Herbert, Henry, 45
Hermann, Timo Jouko, 99
Hesse-Cassel, Charles de, futur landgrave de, 258
Hidelsheimer, Wolfgang, 134

Hill, James, 287
Hill, Thomas, 367
Hoare, Prince, 40, 42, 43, 44, 45, 46, 162, 188, 198, 205, 218, 227, 230, 231, 232, 241, 245, 260, 261, 279, 320, 345, 367, 372
Hoare, William, 42, 372
Hoffman, Johann, 122
Holcroft, Thomas, 186, 274
Holland, Henry, 219
Holman, Joseph George, 274
Hook, James, 226
Hook, Theodore Edward, 18, 226
Hooper, Dr, 343, 344
Hopkins, William, 368
Horváth-Stansith, Emerich, 130
Hovyn, Augustin-Benoît, 250
Howe, Richard, amiral, 221
Huff, William, 269
Hull, Thomas, 125
Humphry, Ozias, 372
Hunt, (James Henry) Leigh, 297, 307
Hunter, Mary, 119
Hutchinson, Joseph, 373
Hyde, John, 275

I

Inchbald, Elizabeth (Mrs), 378
Incledon, Benjamin (dit Charles), 263, 264, 272, 278, 379
Irving, Washington, 198
Isola, Gaetano, 255

J

Ja[c]quet, Marie Anne (épouse Adamberger), 76
Jacob, Naomi, 382
Jahn, Otto, 133
Jardine, William, 338
Jean, Philip, 372
Jervis, John, amiral, comte de St Vincent, 239
Johnson, Samuel (Dr.), 209
Johnstone, John Henry (dit Jack), 262
Jommelli, Niccolò, 41, 205, 298
Jones, Thomas, 18, 39, 54

Jordan, Dorothy (Mrs.), 176, 178, 232, 279
Joseph II, empereur, 45, 54, 56, 61, 63, 64, 65, 68, 71, 74, 76, 78, 83, 85, 87, 88, 92, 94, 96, 97, 101, 103, 104, 106, 107, 109, 110, 112, 114, 116, 117, 120, 124, 125, 129, 135, 140, 156, 167, 360, 363, 381

K

Kadlecova, Zuzana, 384
Kaminski, Piotr, 13
Karamzine, Nikolaï Mikhaïlovitch, 189
Kaunitz, Joseph, 56
Kazinczy, Ferenc, 113
Kean, Edmund, 319, 364
Kearsley, Thomas, 368
Keats, John, 307
Keith, Robert Murray, 75, 83, 129, 146, 154
Kelly, Michael, 17, 18, 21, 28, 35, 39, 40, 41, 44, 45, 51, 52, 53, 54, 57, 58, 61, 68, 73, 76, 77, 78, 79, 80, 81, 83, 85, 89, 90, 91, 96, 100, 108, 109, 110, 112, 113, 115, 117, 118, 121, 122, 125, 126, 127, 128, 129, 134, 135, 137, 138, 139, 151, 152, 170, 174, 175, 178, 179, 188, 190, 191, 195, 198, 201, 205, 206, 207, 209, 210, 211, 215, 216, 221, 222, 226, 229, 231, 232, 239, 242, 290, 294, 302, 303, 308, 309, 310, 319, 341, 343, 357, 364, 365, 379, 380, 382, 385
Kemble, Charles, 198, 223
Kemble, John Philip, 176, 179, 188, 208, 220, 223, 228, 229, 230, 234, 260, 273, 276, 281, 287, 288, 289, 295, 357
Kennedy, John, 242
Kennedy, Rann, 198, 242, 348
Kenney, James, 300
Kent et de Strathearn, Edward-August, duc de, 299
Kent, Dr., 37
King, Matthew Peter, 301
Kinnaird, Douglas, 317, 319, 343
Kinnaird, Lord, 239

Kotzebue, August von, 378
Krattner, Franz, 130
Kraus, Joseph Martin, 109
Kreutzer, Rodolphe, 190, 221
Kurzböck, Joseph von, 99

L

La Cainea, (Francis) Ferdinand (Raibari) de, 291
La Motte [LaMotte], Franz, 36, 37
Lambert, John, Mrs, 321
Lambert, Mrs, 280, 291
Lanapoppi, Aleramo, 66
Landon, H. C. Robbins, 82, 89, 200
Lange, Aloysia (née Weber), 75, 111, 135, 380, 382
Lanza, Giuseppe ou Gesualdo, 28, 320
Larpent, John, 198
Laschi, Luisa (épouse Mombelli), 68, 91, 92, 93, 102, 111, 113, 118, 119, 122, 126, 175, 381
Laurenti, Mariana, 184
Lavallée, Joseph de, marquis de Boisrobert, 248
Lawrence, Thomas, 38
Lays [Lai, Laïs, Lay], François, 139
Leak, Elizabeth (Miss), 222, 368
Leander, Lewis Henry, 280
Leander, Vincent Thomas, 280
Leeds, duc de, 239
Legg(e), Joseph, 242
Legge, Nathaniel, 242
Lemoyne, Jean-Baptiste, 139
Leopold II, empereur, 41, 55, 64, 116, 210
Lessing, G. E., 104
Lewis, Matthew Gregory, 212, 320
Lewis, William Thomas, 273
Lichtenstein, Marie de, 77
Liechtenstein, Karl von, prince zu, 129
Lilti, Antoine, 358
Link, Dorothea, 13, 66, 73, 91, 100
Linley, Jane Nash, 243
Linley, Samuel, 255
Linley, Thomas junior, 25, 32, 255

Linley, Thomas senior, 27, 36, 176, 178, 255, 281, 372
Lobkowitz, prince, 130, 131
Lolli, Giuseppe, 119
Lomax, George, 241
Longman, James, 157, 200
Löschenkohl, Johann Hieronymus, 104, 371
Louis-Stanislas-Xavier, comte de Provence, (futur Louis XVIII), 167
Lowe, Thomas, 22, 25
Luján, Nèstor, 381
Lumaraca, Signor, 76
Lynde, Mrs, 293
Lynex, Richard A., 134
Lyon, Elizabeth Sarah (Miss), 307, 309, 310

M

Maccapani, Achille, 382
Macdonald, Étienne-Jacques-Joseph-Alexandre, maréchal, 252
Maddocks, Walter, 363
Malibran, Maria (née Garcia), 381
Mandini, Maria, 73, 104, 113
Mandini, Stefano, 61, 73, 76, 78, 82, 90, 91, 96, 104, 105, 108, 113, 115, 118, 119, 122, 123
Manners, Charles, 213, 218, 363
Manservisi, Rosa, 78, 87, 88, 91, 93
Mansfeld, Johann Georg, 102
Mansfield, Lord, 155
Manzuoli, Giovanni, 310
Mara, Gertrud (née Schmeling) (Madame), 151, 155, 162, 165, 187, 189, 193, 199, 205, 206, 209, 227, 231, 260, 268, 317, 365
Marchesi, Antonio, 78
Marchesi, Luigi, 41, 42, 44, 45, 46, 48, 54, 67, 75, 97, 98, 104, 105, 120, 157, 164, 165, 173, 174, 187, 201, 253, 257, 378, 381
Marie-Antoinette, reine de France, 22, 140, 147, 167, 212
Marie-Caroline, reine de Naples et de Sicile, 40, 255
Marie-Christine, archiduchesse d'Autriche, 104

Marmontel, Jean-François, 232
Marsh, John, 31, 34, 153, 154, 290, 298
Marsollier des Vivetières, Benoît-Joseph, 264
Martín y Soler, Vincente, 49, 52, 57, 61, 92, 103, 121, 122, 123, 125, 126, 184, 186, 196, 211, 217, 225, 238, 257, 266, 289, 306
Martin, Edward, 349
Martyr, Margaret (Mrs.), 274, 365
Masséna, André, maréchal, 255, 361
Massinger, Philip, 364
Mat[t]hews, Charles, 300
Mathews, Mrs, 310
Mathias, Thomas James, 156
Mattocks, Isabella (née Hallam) (Mrs), 283
Maturin, Charles Robin, 318
Maximilien François, archiduc d'Autriche, 68
Mayr, Johann Simon, 253, 255, 256, 257, 280
Mazzinghi, Joseph, 157, 161, 170, 195, 236, 237, 259, 306
Mazzolà, Caterino, 66
McVeigh, Simon, 149
Meadows, Elizabeth, 349
Memmo, Andrea, 70
Mendoza, Daniel, 272
Mengozi, Bernardo, 143
Mercy-Argenteau, Florimond Claude, comte de, 140
Metastasio, Pietro, 43, 66, 89, 93, 205
Meyer, Fréderic Charles, 280, 291
Meyer, Philippe Jacques, 280
Michtner, Otto, 73
Milton, Henry, 379
Milton, John, 369
Mingotti, Regina, 19
Mitford, Mary Russell, 329
Molinelli, Rosalinda Marconi, 118
Molloy, Charles, 217
Molteno, Anthony, 374
Mombelli, Domenico, 62, 91, 118, 119
Moneta, Giuseppe, 253
Monsigny, Jacqueline, 381
Montagu, Mrs, 280

Montansier, Mademoiselle (Marguerite Brunet dite), 147, 167, 246, 248, 249, 251
Monzani, Tebaldo, 266
Moore, Mrs, 207
Moorehead [Moorhead], John, 263, 272
Moratín, Leandro Fernández de, 356
Moreau, Jean Michel (le jeune), 370
Morelli, Giovanni, 143, 144, 145, 157, 158, 161, 163, 164, 165, 166, 167, 169, 175, 209, 211, 215, 237, 265, 279, 290, 296, 302
Morichelli, Anna, 79, 97, 121, 156, 216, 238, 248
Morigi, Andrea, 143, 157, 163, 164
Morrow, Mary Sue, 67, 131
Mortellari, Michele, 54, 204
Mossé, Claude, 381
Mountain, Rosemond (Mrs), 294, 307, 310
Mozart (puis von Nissen), Constanze (née Weber), 328
Mozart, Franz Xaver (Wolfgang Amadeus junior), 194
Mozart, Leopold, 109, 110, 113, 114, 132, 137, 380, 385
Mozart, Maria Anna, dite Nannerl, (épouse von Berchtold zu Sonnenburg), 114, 132, 328
Mozart, Raimund Leopold, 98
Mozart, Theresia Constanzia, 98
Mozart, Wolfgang Amadeus, 9, 10, 11, 25, 27, 32, 47, 49, 52, 55, 61, 63, 65, 69, 75, 79, 83, 90, 93, 94, 95, 99, 100, 101, 104, 106, 108, 109, 110, 111, 112, 113, 114, 115, 116, 130, 132, 133, 134, 135, 136, 137, 142, 171, 174, 184, 185, 186, 187, 191, 194, 195, 196, 200, 202, 204, 208, 266, 288, 328, 379, 380, 381, 382, 383, 384
Munden, Joseph Shepherd, 278, 284
Mussini, Niccolò, 186
Myers, Henry, 381

N

Naldi, Giuseppe, 256, 299, 302, 309, 317
Nasolini, Sebastiano, 253
Naumann, Johann Gottlieb, 108
Nelson, Fanny (Mrs puis Lady), 225
Nelson, Horatia, 321
Nelson, Horatio, amiral, 40, 254, 255, 294, 296, 298, 321
Neri, Michele Angiolo (dit *Il Manzuolino*), 47, 143
Neuhof, Theodor von, baron, 89, 158
Newland, Abraham, 260
Niccolini, Giuseppe, 254
Nicolini, Giuseppe, 253
Niemetschek [Niemczek, Němeček], Franz Xaver, 110
Nixon, John, 368
Norfolk, duc de, 323
Northcote, James, 40, 42, 44, 181
Novello, Vincent, 194, 328
Noverre, Jean-Georges, 142, 246
Noverre, Louise Victoire (épouse Jenamy), 142
Novosielski, Michael, 183

O

O'Reilly, Robert Bray, 190, 191, 193, 194, 195, 204
Orczy, Emma, baronne, 377
Orléans, Bathilde d', duchesse de Bourbon, 250
Orléans, Louis-Philippe, duc d', (futur roi des Français), 302
Orsini-Rosenberg, Franz Xaver Wolf, 64, 66, 74, 76, 78, 88, 89, 92, 95, 97, 101, 103, 104, 112, 114, 120, 121, 126, 135, 156, 167, 175, 184

P

Pacchierotti [Pacchiarotti], Gasparo ou Gaspare, 189, 193
Paisiello, Giovanni, 46, 47, 57, 61, 74, 75, 76, 78, 88, 89, 90, 104, 108, 111, 120, 143, 157, 164, 171, 174, 181,

184, 186, 190, 198, 200, 211, 226, 227, 231, 237, 238, 257, 280, 290, 406
Palmer, John, 276
Palmer, John junior, 364
Pananti, Filipo, 310
Panton, Mr., 235
Panza, Pierluigi, 382
Parish, famille, 258
Parke, John, 273
Parke, Maria Frances, 273
Parke, William Thomas, 174, 211, 212, 262, 273, 276, 278, 293, 361, 379
Parson, Mary Ann, 241
Pascali, Francis, 150
Pasquali, Niccolò, 20
Pasquin, Anthony [pseudonyme de John Williams], 204
Patterson, John, 331
Paul Petrovitch, tsar Paul Ier, 54
Pergolesi, Giovanni Battista, 24
Perry, James, 334
Petrosellini, Giuseppe, 75
Pezzl, Johann, 62, 70, 122
Philidor, Angélique, 165
Philidor, François-André Danican, 165, 188
Piccinelli, Maria, 61, 91
Piccinni, Niccolò, 163
Pindar, Peter (pseudonyme de John Wolcot), 359
Pinto, Thomas, 25, 80
Piozzi, Gabriel, 209
Piozzi, Hester Lynch, 209
Pitt, William, 189
Pleyel, Ignace, 138
Plymley, Katherine, 235
Podleská, Tekla (épouse Batková), 127
Poniatowski, prince, 105
Pope, Alexander, 369
Porpora, Niccolò ou Nicola, 32, 263
Powell, Jane (Mrs), 297
Powell, Lawrence Clark, 380
Powell, William, 80
Powlet, Katherine Margaret, puis Lady Barnard, 147
Pozzi, Carlo, 171, 211
Price, Curtis, 195
Purcell, Henry, 201, 226, 265, 280

R

Raaf [Raaff], Anton, 138
Raffanelli, Luigi, 249
Raimbach, Abraham, 13, 27, 234, 236, 356, 357, 363, 364
Rameau, Jean-Philippe, 41
Rathbone, Hannah Mary (née Reynolds) (Mrs), 379
Rauch, Joseph, 28
Rauzzini, Venanzio, 32, 33, 34, 35, 36, 37, 153, 161, 175, 187, 223, 224, 227, 231, 235, 241, 253, 260, 263, 285, 294, 298, 306, 312, 316, 317
Ravelli, Antonio [Anthony], 166, 175
Reeve, William, 157, 259, 263, 264, 272, 279, 285, 306, 308
Reynold, Frederick, 285, 286, 365, 374
Reynolds, John Hamilton, 307
Rice, John A., 66, 100
Richer, Louis Augustin, 165, 166
Richter, François-Xavier, 138
Righi, Tommaso, 296
Righini, Vincenzo, 100, 109, 110
Roach, James, 359
Robertson-Kirkland, Brianna, 33
Robinson, Mary dite *Perdita* (née Darby), 53
Rochlitz, Friedrich, 136
Rosenbaum, Joseph Carl, 257
Rousseau, Jean-Jacques, 24
Rovedino, Carlo, 37, 215, 260, 280, 296, 323, 341
Rovedino, Tommaso, 323, 341, 343, 344
Rowlandson, Thomas, 271
Ruskin, John, 315
Ruskin, John senior, 315
Rust [Rusti], Giacomo, 47
Ryder, Thomas, 368

S

Saal, Ignaz, 258
Sacchini, Antonio, 35, 37, 139, 163
Sade, Donatien Alphonse François de, marquis, 179, 382
Sadie, Stanley, 134

Sageret, Charles-Barnabé, 249
Saint-Foix, Georges de, 142
Saint-Huberty [Huberti], Antoinette Cécile de (née Clavel), 139
Salieri, Antonio, 47, 49, 52, 54, 57, 61, 62, 63, 65, 66, 68, 79, 88, 92, 93, 97, 98, 99, 100, 101, 104, 105, 109, 110, 115, 196, 197, 198, 257, 382
Salisbury, James Cecil, marquis de, 190, 215
Salomon, Johann Peter, 170, 187, 188, 191, 194, 199, 200, 201, 205, 212, 231, 237, 300, 323
Salter, Lionel, 66
Sands, Mollie, 25, 33
Sarti, Giuseppe, 13, 43, 47, 54, 55, 57, 73, 75, 77, 79, 88, 89, 98, 111, 118, 119, 164, 211, 219, 279, 280
Satchell, Susanna (épouse Benson), 233
Savory, Dr, 343
Saxe Teschen, Albert de, 104
Scarpetta, Guy, 382
Schaffer, Peter, 384
Schinotti, Teresa, 143
Schopenhauer, Arthur, 277
Schopenhauer, Johanna, 275
Schröder, Friedrich Ludwig, 76, 77, 94
Schubert, Franz (Peter), 123
Second, Sarah (née Mahon) (Mrs.), 207, 288
Sedgwick, Thomas, 179
Serres, J., 124, 129
Sestini, Giovanna, 143, 157
Shakespeare, William, 53, 125, 126, 127, 176, 259, 307, 361
Sharp, Michael William, 368
Sharp, Mrs, 310
Sheldon, William, 193
Shelley, Mary, 228
Shelley, Percy Bysshe, 307
Shepherd, J., 335
Sheridan, Elizabeth Ann (née Linley), 27, 29, 243
Sheridan, Richard Brinsley, 19, 27, 29, 30, 36, 141, 176, 183, 209, 217, 219, 222, 226, 228, 229, 233, 234, 273, 299, 316
Sheridan, Thomas, 19, 27

Shield, William, 185, 263, 274
Shotwell, Vivien, 380
Shute, Mr, 34
Siboni, Giuseppe, 302
Siddons, Sarah (Mrs), 144, 170, 176, 198, 223, 273, 359
Simond, Louis, 315, 331
Smart, George Thomas, 268, 291, 317, 318, 322, 330, 331
Smith, Armand Wilhelm, 130
Soane, Eliza [Elizabeth] (née Smith), 276, 290, 321
Soane, John, Sir, 40, 48, 261, 276, 281, 290, 301, 314, 319, 320, 326, 331, 334, 339, 340, 341, 343, 344, 345, 346, 369
Spencer, comte de, 239
Spratt, Danielle, 361
Spurgin, Anthony, 134
Stagi, Domenico, 42
Statford, marquise de, 302
Still, Mr., 154
Storace (puis Kennedy), Mary (née Hall), 168, 198, 230, 232, 236, 241, 242, 243, 301, 344, 367, 379
Storace, Bernardo, 18
Storace, Brinsley John, 168, 232, 241, 301
Storace, Elizabeth (née Trusler), 18, 21, 23, 24, 81, 87, 137, 230, 241, 243, 341, 342, 343, 344, 345, 347, 348, 349, 350
Storace, Stefano, 18, 19, 20, 21, 24, 25, 27, 29, 30, 32, 36, 37, 38, 40, 54, 80, 145
Storace, Stephen, 18, 23, 24, 28, 29, 37, 39, 42, 43, 44, 48, 49, 51, 52, 53, 54, 73, 81, 89, 90, 95, 96, 97, 99, 120, 121, 124, 125, 126, 128, 129, 131, 133, 135, 136, 138, 140, 144, 146, 147, 153, 154, 156, 157, 162, 164, 168, 174, 176, 177, 179, 182, 184, 188, 196, 197, 198, 205, 207, 208, 209, 210, 211, 212, 216, 217, 218, 221, 225, 227, 228, 229, 230, 231, 232, 233, 234, 236, 242, 243, 246, 260, 269, 294, 316, 319, 344, 360, 373, 379, 384, 385
Suck, Charles J., 173
Suett, Richard, 198

Sussex, Augustus Frederick, duc de, 291, 302, 320, 321, 322, 341, 342, 349

T

Tajana, Giovanni, 200
Tarchi, Angelo, 98, 171
Tartini, Giuseppe, 28
Tasca, Luigi, 175
Taylor, George, 222
Taylor, Samuel, 319
Taylor, William, 120, 141, 190, 193, 203, 209, 216
Tenducci, Giusto Ferdinando (dit *Il Senesino*), 33, 34
Teyber, Anton, 126
Teyber, Therese, 68, 73, 78, 82, 96
Thackeray, William Makepeace, 379
Thompson, Benjamin, 365
Thornthwaite, James, 370
Thornton, famille, 258
Thorwart, Johann, 65
Thurlow, Lord, 313
Todi, Luiza, 151, 247
Toosey, Emily, 241, 242, 348, 350
Toosey, William, 242
Toosey, William Francis, 350
Torre, Giovanni Battista, 22
Traetta, Tommaso, 41
Trusler, Bertha, 23, 25
Trusler, Catherine [Catharine] (épouse Legg), 23, 241, 242, 346
Trusler, Elizabeth (née Webb), 22, 25
Trusler, George, 24
Trusler, John junior, 21, 23, 24, 37, 242, 377
Trusler, John senior, 21, 22, 24, 25
Trusler, Mary, 23
Trusler, Miss, 23, 25, 242
Trusler, Sarah, 23, 34, 241, 346
Trusler, Selina Charlotte (épouse Leach), 243
Turner, J. M. W., 276, 290
Tyers, Jonathan junior, 233

U

Ulton, William, 364

V

Valabrègue, Paul de, 323
Valentini, Giovanni, 52, 56
Vandergucht, Benjamin, 374
Vanhal [Wanhal], Johann Baptist, 90
Vassa, Gustavus, 383
Vedralová, Adéla, 380
Vélez de Guevara, Luis, 122
Victor Amédée III, duc de Savoie, 54
Viganoni, Giuseppe, 90, 91, 237, 266, 296
Vignal, Marc, 89, 202
Villeneuve, Luisa ou Louise, 175
Vinci, Leonardo, 199
Viotti, Battista, 167, 237
Viotti, Giovanni Battista, 167
Voltaire, François-Marie Arouet dit, 89, 139

W

Waisman, Leonardo, 58
Waldie, John, 274, 288, 290, 299, 320, 323
Waldron, Juliet, 382
Walpole, Horace, comte d'Orford, 158, 179
Walthew, Maria, 325, 336, 341, 343, 346
Wanko, Cheryl, 361
Ward, Charles William, 243
Wassenauer, Carel George, comte de, 70
Webb, Benjamin, 22
Webb, Philip Carteret, 22
Weber, Carl Maria von, 337
Weichsell, Charles, 290
Wells, Mary (née Stephens, puis épouse Sumbel), 365
Wendling, Dorothea, 135
Wesley, Samuel, 328
Wewitzer, Ralf, 219
Wheatley, Clara Maria (née Leigh, puis Mrs Pope), 369
White, Emma, 242
Wiel, Taddeo, 57
Wilson, R., Mr et Mrs, 320
Winston, James, 364

Winter, Peter von, 295
Wissin, Thomas, 83
Wolfe Tone, Theobald, 377
Wollstonecraft, Mary, 228
Woodfield, Ian, 30, 194
Woodham, Mr., 269
Wren, Christopher, 176
Wright, Amelia Sophia Harriet, 327
Wright, Harry Braham, 327
Wright, Henry, 325, 326, 327, 331, 333, 334, 336, 337, 338, 341
Wright, John, 326
Wright, Mary, 327
Wright, Sophia (veuve Specht), 325, 326, 327, 328, 329, 330, 331, 332, 334, 337
Wrighten, James, 359
Wurtemberg, Elisabeth, princesse de, 71
Wynn, Watkin Williams, 40, 150
Wyzewa, Théodore, 142

X

Ximenez, Nicholas, 29

Y

York, Charlotte de Prusse, duchesse d', 236
York, Frederick Augustus (Fredéric-Auguste), duc d', 164, 239

Z

Zingarelli, Niccolò Antonio, 254, 290
Zinzendorf und Pottendorf, Karl von, comte, 69, 70, 73, 74, 75, 76, 77, 79, 85, 87, 88, 89, 91, 93, 95, 96, 97, 98, 99, 101, 102, 104, 107, 113, 116, 118, 119, 120, 121, 123, 126, 127, 130, 131, 134, 168

Table des matières

Avant-propos 9
I. Origines : les familles Storace et Trusler 17
II. 1765-1778 : Une carrière très précoce 27
III. 1778-1780 : « *L'Inglese* » en Italie 39
IV. 1781-1783 : De Livourne à Venise 51
V. 1783 : Premiers pas à Vienne 61
VI. 1783-1784 : Les noces d'Ann 73
VII. 1784-1785 : Les époux mécontents 85
VIII. 1785-1786 : Le rétablissement d'« Ofelia » 97
IX. 1786 : *Le Nozze di Figaro* 107
X. 1786 : *Una Cosa rara* 117
XI. 1786-1787 : « *Ch'io mi scordi di te* » 125
XII. 1787 : « *L'Italienne* » à Londres 137
XIII. 1787 : Concerts & Négociations 149
XIV. 1788-1789 : *La Cameriera astuta* 161
XV. 1789 : Au Theatre Royal, Drury Lane 173
XVI. 1790 : « *Batti Batti, o bel Pipetto* » 183
XVII. 1790-1791 : Mozart & Haydn 193
XVIII. 1791-1793 : « Storace est mourante ! » 203
XIX. 1793-1794 : Les chimères de Da Ponte 215
XX. 1794-1796 : Le décès de Stephen Storace 225
XXI. 1796-1797 : A la scène comme à la ville 235
XXII. 1797-1801 : Le *Grand Tour* de Braham 245
XXIII. 1801-1802 : Au Theatre Royal, Covent Garden 259
XXIV. 1802-1804 : Tumultes & Périls 271
XXV. 1804-1805 : Démission & Déclin 283
XXVI. 1805-1807 : Retour à Drury Lane 293

XXVII. 1807-1808 : Les adieux à la scène 305

XXVIII. 1808-1816 : Une retraite dorée 313

XXIX. 1815-1816 : Querelles de Famille 325

XXX. 1816-1883 : Séparation & Succession 339

XXXI. « La célèbre Signora Storace » 353

XXXII. Madame Storace : reflets et images 367

XXXIII. « Nancy Storace », personnage de fiction 377

Dossier iconographique 387

Chronologie de carrière 413

Opéras anglais créés par Ann Selina Storace 443

Sources et bibliographie 455

Discographie 485

Remerciements 491

Index onomastique 493

Le Code de la propriété intellectuelle n'autorisant, aux termes de l'article L. 122-5, alinéas 2 et 3, d'une part, que les « *copies ou reproductions strictement réservées à l'usage privé du copiste et non destinées à une utilisation collective* », et, d'autre part, que les analyses et les courtes citations dans un but d'exemple ou d'illustration, « *toute représentation ou reproduction intégrale ou partielle faite sans le consentement de l'auteur ou de ses ayants droit, ou ayants cause, est illicite* » (article L. 122-4). Cette représentation ou reproduction, par quelque procédé que ce soit, serait donc une contrefaçon, sanctionnée par les articles L. 335-2 et suivants du Code de la propriété intellectuelle.

Tous droits d'adaptation et de traduction, intégrale ou partielle réservés pour tous pays. L'auteur ou l'éditeur est seul propriétaire des droits et responsable du contenu de ce livre.

Printed in Poland
by Amazon Fulfillment
Poland Sp. z o.o., Wrocław